谨以此书纪念我的
先祖父郑柏和　先祖母梁柳香　先外祖父凌炽檀　先外祖母杨升添
先父郑锦淳　先母凌雪芝
先姨妈凌洁诚

CHINESE LAW AND LEGAL SYSTEM
中国法律和法律体系

郑文辉 著

- 宪　法
- 程序法
- 刑　法
- 民商法
- 行政法
- 经济法
- 社会法
- 国际法

中山大学出版社
·广州·

版权所有　翻印必究

图书在版编目（CIP）数据

中国法律和法律体系/郑文辉著. —广州：中山大学出版社，2017.12

ISBN 978-7-306-06169-0

Ⅰ.①中…　Ⅱ.①郑…　Ⅲ.①法律体系—研究—中国　Ⅳ.① D909.2

中国版本图书馆 CIP 数据核字（2017）第 220342 号

出 版 人：徐　劲
策划编辑：钟永源
责任编辑：钟永源
封面设计：曾　斌
责任校对：杨文泉
责任技编：何雅涛
出版发行：中山大学出版社
电　　话：编辑部 020-84110283，84113349，84111997，84110779
　　　　　发行部 020-84111998，84111981，84111160
地　　址：广州市新港西路 135 号
邮　　编：510275　　传　真：020-84036565
网　　址：http://www.zsup.com.cn　　E-mail：zdcbs@mail.sysu.edu.cn
印 刷 者：佛山市浩文彩色印刷有限公司
规　　格：787mm×1092mm　1/16　30.5 印张　761 千字
版次印次：2017 年 12 月第 1 版　2017 年 12 月第 1 次印刷
定　　价：100.00 元

如发现本书因印装质量影响阅读，请与出版社发行部联系调换

序　言

　　本书主题是中国法律和法律体系，即1949年10月中华人民共和国成立后的法律和法律体系，不包括香港、澳门的法律，也不包括1949年以前国民政府的法律和台湾现时的法律。如果说，21世纪之前，特别是20世纪80年代以前，对于中国是否有自己的法律，人们存有疑念尚且可以理解的话，那么，在21世纪第二个十年早已过半的今天，若还如此认识中国法律现状，那未免有点不切实际了。中国早于21世纪初就向世人宣示要在2010年建成中国自己的法律体系。诚然，虽则现在还不能断言中国法律体系已经成熟，但是，如果抛开偏见而以客观审慎的态度纵观中国法律近30年来，尤其是21世纪以来的变化发展，那么可以说，现在展现于世人面前的，在古老东方的中国大地上已经真正地有了自己的法律，并已孕育出一个内容可谓庞杂、结构相对合理、形式颇为独特的中国法律体系。中国向世人宣示在2010年建成自己的法律体系，本书正是基于这个背景。

　　中国自20世纪80年代以来逐渐形成一个新兴而庞大的市场体系，至90年代中，其市场经济初步形成。随着市场经济制度的确立，作为规范市场体系和市场运作的法律也在逐步建立和完善。过去几十年的思维定式，由于历史形成的原因，要能从与苏俄式计划经济和中央集权相吻合的人治逐渐转变为与市场经济和民主制度相适应的法治，这需要勇气，也需要时间，更需要智慧；然而，国人已开始这样做了，且初有成效。中国的市场经济业已形成，一个个经济奇迹确实令人眼花缭乱，成为世界第二大经济体，人们的生活大大改善，不过，与之配套的政治运作方式却未跟进，用国人都熟悉的理论来套解，那就是上层建筑越来越不适应经济基础了，因而若隐若现的社会深层次的矛盾不断发生；一个社会的矛盾只有经过法律层面的解决，它才是健康的、正常的。诚然，用来规范社会生活、解决各种社会纠纷的中国法律的现状如何，尤其是其立法现状怎样，恐怕很多国人不太清楚；但想了解国家的法律，用法律来维护自己的权益不受侵犯，那也许又是许多国人所渴望的。

　　纵观中国这30多年所走过的历程，从一开始仍坚守计划经济这块阵地，到后来羞羞答答地承认有计划的商品经济以及以计划经济为主、市场调节为辅，再到最后完全摒弃计划经济而全面实行市场经济。与市场经济发展相吻合，中国制定了许多与之相适应的法律规范。尤其到了20世纪90年代以后，中国每年新立法，包括法律、法规、规章，都有好几百部，甚至过千部。正是伴随这种立法势头，直至21世纪第一个十年过去，中国法律已初具规模，最后形成自己独特的法律体系。在市场与法律的相得益彰的发展中，尤其在经济自由化、市场化、全球化、法制化这个大潮中，中国和世界都面临一个新课题：中国要进一步走向世界，加入世界市场体系，融入国际社会，成为世界大家庭的一员；面对中国这个庞大而诱惑的市场，世界也想了解中国，尤其中国2001年加入了世界贸易组织（WTO），中国与世界各国或世界各国与中国的市场交往越来越频繁。这样，不但中国要多了解世界，而且世界也想多认识中国。

出于上述两个动因，作者写作本书，希望借此为人们认识中国法律做些事情。毋庸置疑，中国现在离完善法治尚有距离，但也相信，以宪制和法治精神去立法、司法、行政这一点，中国现在比过去的确有了很大的进步，建立宪制民主和法治社会的国家已成为国人共识。

要了解中国法律，尤其是要了解已初步形成体系的中国法律，固然有不少书籍可读。例如，要掌握中国法律第一手资料，可以直接阅读中国的法律、法规和规章本身；要更详尽地理解中国法律，可以参考有关中国法律的教科书，如此等等。不过，对于一个欲要尽快了解中国法律和法律体系的人，现有的中国法律的书籍都似有不足：若是中国法律法规全书之类的，虽然它们会是关于中国法律的原始文献，但因中国法律条文太多太杂，对于一般人而言，的确不好读，也不知从何入门；若是有关中国法律的教科书，例如《民法教程》《刑法教程》《著作权法教程》《继承法教程》《民事诉讼法教程》之类的，它们基本是一本书只论述一个法律部门甚至一个法律关系，若要企图仅从某一本教科书就想窥视中国法律和法律体系的全貌，那是不可能的。对庞杂的中国法律作相对全面而系统描述的书似不多见，而对于中国法律和法律体系并不熟悉但又想尽快了解它的读者来说，一本客观而系统阐述中国法律和法律体系的书，应该是他们所渴望的。

基于以上目的，本书有自己的特点：首先，力图全面描述中国法律的内容，包括一个甲子以来至今有效的法律、法规、规章和司法解释。其次，力图系统地刻画中国法律体系，包括宪制法、程序法、刑法、民商法、行政法、经济法、社会法和国际法等法律部门。最后，作为中国法律和法律体系的读本，力求保持一种客观性，让读者对中国法律有一个较真实的了解，并从中获得某些启发和指引。因此，本书不是一般罗列中国法律的内容，而是从法理上描绘中国法律的精华；本书也不是面面俱到地阐述中国法律体系，而是通过汲取其他法系的精华，结合中国法律特点，力求客观而又站在现代法治文明高度来勾勒中国法律体系的框架结构，如对行政法的描述，不墨守成规，而抓住行政权的授予、行政权的行使、行政权的制约为重点来展开；本书更不是着眼于中国法律问题的争论，即不跟读者过多地探讨中国法律能不能作某些修正之类的话题，而是重点告诉读者中国法律是什么。

孟子说过："徒善不足以为政，徒法不能以自行。"空有仁心而没有仁政，不足以治理国家；反之，空有仁政却没有仁心，仁政也不能自动施行。用今天的话语来说就是，空有治国之心而没有治国的律例，国家不能治好，但有了治国的律例却又没有实行的愿望，该律例也不能自动实行。纵观中国现时情形，可说是法律法规已十分繁多，不可谓无法。然而，为何那么多的法律法规有时仍出现诸多状况，其个中原因恐怕不是没有法律，而是法律有时形同虚设，没有对法律真正加以施行，即便施行了，也未能贯穿始终和落实各处。

在一本篇幅有限的书中企图囊括庞杂的法律的全部细节，甚至每一条款是不可能的，因为本书不是法律大全，也不是法律汇编。当读者在阅读本书后想进一步深入中国法律的某一特定领域而获得更多的有关法律信息时，本书无疑也是一本中国法律导引性的读本，因为本书已清晰勾勒了一个相对完整的中国法律体系和详细涵盖了中国法律的基本内容，这就有利于读者从宏观上把握中国法律的完整体系、从微观上领会中国法律的基本含义；而且在结构形式上，本书后面附有每章可供读者查阅的中国法律、法规和规章的目录，这就便于读者在需要时搜索有关的中国法律资料，以探寻本书因篇幅所限而无法深入的主题。通过阅读本书，读者可以受到启发，在有关中国法律的书店、图书馆或互联网寻找更多的中国法律文献，以深入中国法律某个特定主题；读者在阅读本书时将会感到方便，并可以获得事半功倍的效果，通过本书便可以容易懂得如何去思考中国法律和应用中国法律。

本书所阐述的中国法律和法律体系有一个不断完善的过程，因为一个真正意义上的法律不是自我封闭或一成不变的，而是开放或演变的，将随着社会变化发展而不断自我调整和自我完善。尽管中国已经经历了30多年的经济改革和对外开放，中国的社会、政治、经济、法律等各方面已经发生了翻天覆地的变化，国人的思想观念和思维方式也愈来愈融合世界潮流，但冷静分析，中国正处于社会转型期，包括经济、政治、法律，乃至整个社会的转型，可以预见，中国今后还会遇到更多更复杂的问题，例如，经济如何才能真正地而不是口号地实现可持续发展；政治改革如何与经济发展同步，如何采取一种渐进的民主政制改革模式令国人心理容易承受其变革以减少变革成本，司法如何真正独立，使法律成为社会矛盾的中立裁判者和社会公义的最后守护神，这都是整个 21 世纪中国所必然面临的。不管社会如何演变，如果有了不断成熟的法律去辅助之，就是民族和国家成熟的标志，也是人民之大幸。在市场经济和社会转型推动下，中国法律体系在世界先进法律思想影响下必定会不断自我修正和完善。不断完善的中国法律固然会促进本书以后版次的不断修订，但好在不管中国法律与普世价值接触中如何不断自我矫正，本书特点已给读者在认识中国法律时提供一种方法和启示，并留有一个可供遐想的空间。这亦是本书作者始终感到欣慰之处。

目 录

第一章　导论：一般原理

　一　法律的定义、宗旨、特征 …………………………………………………（2）
　二　中国法律分类 ………………………………………………………………（5）
　三　中国法律渊源 ………………………………………………………………（6）
　四　中国法律体系 ………………………………………………………………（7）
　五　中国法律一个甲子 …………………………………………………………（8）

第二章　中国的法制环境

第一节　法院 …………………………………………………………………………（14）
　一　法院的性质和任务 …………………………………………………………（14）
　二　法院审判工作的基本原则和审判工作制度 ………………………………（15）
　三　法院的管辖权：审判权限分工 ……………………………………………（17）
　四　法院组织结构和法官 ………………………………………………………（19）
　五　最高人民法院的司法解释 …………………………………………………（21）
第二节　法律职业和法律服务 ………………………………………………………（21）
　一　法律职业准入制度和法律服务业概况 ……………………………………（22）
　二　律师业：与法律服务业相关的法律职业（一） …………………………（23）
　三　公证业：与法律服务业相关的法律职业（二） …………………………（24）
　四　法律援助：一种法律服务性质的法律救济 ………………………………（26）

第三章　宪制法

第一节　宪法文本 ……………………………………………………………………（30）
　一　宪法概述：宪法定义、立宪原则、宪法文本的体系结构 ………………（30）
　二　中国宪法的产生和发展 ……………………………………………………（33）

	三	宪法制定、宪法解释、宪法保障	(34)
第二节		公民权	(37)
	一	公民的宪法权利和宪法义务	(37)
	二	特定群体公民权益保障的宪法规范	(38)
第三节		中国的国家机构	(41)
	一	全国人民代表大会：最高国家权力机关和国家立法机关	(41)
	二	中华人民共和国主席：中国集体元首的首席代表	(41)
	三	国务院：最高国家行政机关	(42)
	四	中央军事委员会：最高国家军事领导机关	(42)
	五	地方各级人大、政府：地方各级国家权力机关、国家行政机关	(43)
	六	人民法院和人民检察院	(43)
第四节		中国的民族区域自治制度和特别行政区设置	(44)
	一	民族区域自治制度	(44)
	二	特别行政区设置	(45)
第五节		中国的宪法保障制度和法律监督机制	(47)
	一	中国的宪法保障制度	(47)
	二	中国的法律监督机制：作为国家法律监督机关的检察院	(48)
第六节		中国的人民代表大会选举制度	(48)
	一	人民代表大会选举制度的基本原则	(49)
	二	各级人民代表大会代表名额的配置	(49)
	三	人大代表选举的选举组织、方法和程序	(49)
第七节		中国的立法制度	(50)
	一	概述：立法的定义和立法的原则	(50)
	二	法律的立法	(51)
	三	行政法规的立法	(53)
	四	地方性法规、自治条例和单行条例的立法	(54)
	五	规章的立法	(54)
	六	各种规范性文件的效力与适用	(55)

第四章　诉讼和非诉讼程序法

第四·一分章　程序和证据			(59)
第一节		证据的概述：证据的意义和特征	(59)
	一	证据的意义：体现司法公正	(59)
	二	证据的特征	(60)
第二节		证据的法定种类和逻辑划分	(61)
	一	证据的法定种类	(61)
	二	证据的逻辑划分	(62)

第三节 证据规则 ……………………………………………………………… (63)
　一 举证责任的规则 ………………………………………………………… (63)
　二 提供证据的规则 ………………………………………………………… (65)
　三 收集证据的规则 ………………………………………………………… (66)
　四 对证据进行质证的规则 ………………………………………………… (68)
　五 审核认定证据的规则 …………………………………………………… (68)
　六 证据保全的规则 ………………………………………………………… (69)

第四·二分章 诉讼程序法 ……………………………………………………… (70)
第一节 刑事诉讼程序 …………………………………………………………… (70)
　一 刑事诉讼的一般规定 …………………………………………………… (70)
　二 立案、侦查和提起公诉程序 …………………………………………… (75)
　三 刑事诉讼的审判程序 …………………………………………………… (77)
　四 涉外刑事案件的审理程序 ……………………………………………… (81)
　五 刑事诉讼的执行程序 …………………………………………………… (82)
　六 刑事诉讼的特别程序 …………………………………………………… (82)
第二节 民事诉讼程序（含海事诉讼特别程序）……………………………… (83)
　一 民事诉讼的一般规定 …………………………………………………… (84)
　二 民事诉讼的审判程序 …………………………………………………… (88)
　三 民事诉讼的执行程序 …………………………………………………… (95)
　四 涉外民事诉讼程序 ……………………………………………………… (97)
　五 海事诉讼特别程序 ……………………………………………………… (99)
第三节 行政诉讼程序 …………………………………………………………… (103)
　一 行政诉讼的一般规定 …………………………………………………… (103)
　二 行政诉讼的审判程序 …………………………………………………… (106)
　三 行政诉讼的执行程序 …………………………………………………… (107)
　四 涉外行政诉讼的特定原则 ……………………………………………… (108)

第四·三分章 非诉讼程序法 …………………………………………………… (109)
第一节 非诉讼仲裁程序 ………………………………………………………… (109)
　一 仲裁的一般规定 ………………………………………………………… (109)
　二 仲裁的裁决程序 ………………………………………………………… (113)
　三 申请撤销裁决程序 ……………………………………………………… (113)
　四 仲裁裁决的执行程序 …………………………………………………… (114)
　五 中国国际经济贸易仲裁程序 …………………………………………… (114)
　六 中国海事仲裁程序 ……………………………………………………… (116)
第二节 非诉讼调解程序 ………………………………………………………… (116)
　一 人民调解的一般规定 …………………………………………………… (117)
　二 调解程序和调解协议 …………………………………………………… (119)

第五章　刑　法

第一节　刑法概述：一般规定 (122)
　　一　刑法的定义、体系结构和适用范围 (122)
　　二　刑法的基本原则 (124)
第二节　刑事犯罪与刑罚 (125)
　　一　刑事犯罪 (125)
　　二　刑罚 (131)
第三节　罪名和量刑 (138)
　　一　罪名概述 (138)
　　二　《刑法》规范的各类各种犯罪的罪名及其量刑 (139)
第四节　中国特色的惩治犯罪的法律规范 (158)
　　一　惩治犯罪的政策：惩罚和改造相结合、教育和劳动相结合 (158)
　　二　刑罚的执行、执行机关及狱政管理 (158)

第六章　民商法

第六·一分章　民法 (163)
第一节　民法概述：一般规定 (164)
　　一　民法的定义、性质、特征、分类和法律渊源 (164)
　　二　民法基本原则 (166)
　　三　民事法律关系 (167)
　　四　民事法律关系的主体：自然人、法人、非法人组织 (168)
　　五　民事法律关系的客体：物、行为、智力成果、人身利益 (171)
　　六　民事法律关系的内容：民事权利和民事责任 (173)
　　七　民事法律行为和代理 (176)
　　八　民事诉讼时效和期间 (179)
　　九　民法有关数目的规定 (181)
第二节　人格权：民事权利（一） (182)
　　一　人格权概述 (182)
　　二　生命权、身体权、健康权 (183)
　　三　姓名权、名称权 (184)
　　四　肖像权 (185)
　　五　名誉权、荣誉权 (186)
　　六　信用权 (187)
　　七　隐私权、婚姻自主权、人身自由权 (187)
　　八　性自主权、胎儿人格利益、死者人格利益 (189)

第三节	物权：民事权利（二）	（191）
	一　物权概述	（192）
	二　所有权	（194）
	三　用益物权	（198）
	四　担保物权	（201）
	五　占有	（205）
第四节	债权：民事权利（三）	（206）
	一　债权概述	（206）
	二　债的相关规范	（207）
第五节	知识产权：民事权利（四）	（212）
	一　知识产权概述	（212）
	二　著作权	（215）
	三　专利权	（218）
	四　商标权	（222）
第六节	继承权：民事权利（五）	（226）
	一　继承权概述	（226）
	二　法定继承	（227）
	三　遗嘱继承	（229）
	四　遗赠和遗赠扶养协议	（230）
	五　遗产的处理	（232）
第七节	合同法——违反合同的民事责任：民事责任（一）	（234）
	一　合同法总则（一）：合同的定义、适用范围、类型和基本原则	（234）
	二　合同法总则（二）：合同的订立、履行、变更、转让和终止	（236）
	三　合同法分则：各类各种合同	（240）
第八节	侵权责任法——侵权的民事责任：民事责任（二）	（246）
	一　侵权责任法概述	（246）
	二　产品责任	（249）
	三　机动车交通事故责任	（250）
	四　医疗损害责任	（251）
	五　环境污染责任	（253）
	六　高度危险作业责任	（254）
	七　动物致人损害责任	（255）
	八　物件致人损害责任	（256）
第九节	婚姻家庭法——婚姻家庭方面的民事责任：民事责任（三）	（257）
	一　婚姻家庭法概述	（257）
	二　私法角度的婚姻家庭法：结婚、离婚、子女、财产	（259）
	三　公法角度的婚姻家庭法：父母权利和责任、收养	（262）
第十节	涉外民事关系的法律适用	（265）
	一　概述：涉外民事关系法律适用的一般规定	（265）

	二　涉外民事关系的法律适用	(267)
第六·二分章	**商法**	**(270)**
第一节	商法概述：一般规定	(270)
	一　商法定义、性质、特征和分类	(270)
	二　商法基本原则	(271)
第二节	不同所有权形式的商事主体：商事组织法律制度（一）	(272)
	一　一般规定	(272)
	二　商个人	(273)
	三　商合伙	(275)
	四　商法人	(278)
	五　中国农村特色的商事主体——乡镇企业	(281)
第三节	不同组织形式的商事主体：商事组织法律制度（二）	(282)
	一　公司的定义及其一般的运作	(282)
	二　有限责任公司	(283)
	三　股份有限公司	(283)
第四节	一般商事行为：商事行为法律制度（一）	(284)
	一　一般规定	(284)
	二　商事债权行为	(285)
	三　商事物权行为	(286)
	四　商事给付行为	(287)
	五　商事交互计算行为	(287)
第五节	特殊商事行为：商事行为法律制度（二）	(288)
	一　一般规定	(288)
	二　合同法规范的特殊商事行为	(289)
	三　其他相关单行法律所规范的特殊商事行为	(293)

第七章　行政法

第一节	行政法概述：一般规定	(316)
	一　行政法的定义、性质、内容、特征、地位和作用	(316)
	二　行政法的基本原则	(320)
	三　中国行政法的法律渊源和体系结构	(322)
第二节	一般行政法（Ⅰ）：行政权的授予	(323)
	一　行政权的权力合法性来源	(324)
	二　行政权的地位、行政机关分类和行使行政权的组织	(325)
	三　行使国家行政权的特定人员：公务员	(326)
第三节	一般行政法（Ⅱ）：行政权的行使	(327)
	一　概述：抽象行政行为和具体行政行为	(327)

二　行政程序：行政主体实施行政行为的程序…………………………………（328）
　　三　行政立法：一种抽象行政行为………………………………………………（331）
　　四　行政许可：一种依申请的具体行政行为……………………………………（333）
　　五　其他依申请的具体行政行为…………………………………………………（334）
　　六　行政处罚：一种依职权的具体行政行为……………………………………（335）
　　七　行政强制：另一种依职权的具体行政行为…………………………………（339）
　第四节　一般行政法（Ⅲ）：行政权的制约……………………………………………（341）
　　一　概述：行政权的分权与制约…………………………………………………（342）
　　二　行政监察：行政权自我制约与救济（Ⅰ）…………………………………（343）
　　三　国家审计：行政权自我制约与救济（Ⅱ）…………………………………（344）
　　四　行政复议：行政权自我制约和救济（Ⅲ）…………………………………（345）
　　五　行政诉讼：对滥用行政权的司法审查………………………………………（347）
　　六　行政赔偿：对滥用行政权的国家赔偿………………………………………（348）
　第五节　部门行政法（Ⅰ）：国家安全、公共安全、军事、外交、海关……………（349）
　　一　国家安全………………………………………………………………………（349）
　　二　公共安全………………………………………………………………………（351）
　　三　军事……………………………………………………………………………（352）
　　四　外交……………………………………………………………………………（353）
　　五　海关……………………………………………………………………………（353）
　第六节　部门行政法（Ⅱ）：司法、监察、民政、侨务、宗教………………………（354）
　　一　司法和监察……………………………………………………………………（354）
　　二　民政……………………………………………………………………………（355）
　　三　侨务、宗教……………………………………………………………………（355）
　第七节　部门行政法（Ⅲ）：教育、科学技术、文化、卫生、体育…………………（356）
　　一　教育……………………………………………………………………………（356）
　　二　科学技术………………………………………………………………………（357）
　　三　文化……………………………………………………………………………（357）
　　四　卫生、体育……………………………………………………………………（358）
　第八节　部门行政法（Ⅳ）：住房和城乡建设、环境保护、气象……………………（359）
　　一　住房和城乡建设………………………………………………………………（359）
　　二　环境保护、气象………………………………………………………………（359）

第八章　经济法

　第一节　经济法概述：一般规定………………………………………………………（362）
　　一　经济法的定义和性质…………………………………………………………（362）
　　二　经济法的基本原则……………………………………………………………（364）
　　三　中国经济法的法律渊源和体系结构…………………………………………（364）

第二节 市场规制法 …… (365)
    一 市场规制法概述 …… (365)
    二 市场行为法 …… (367)
    三 市场诚信法 …… (369)
    四 市场秩序法 …… (370)
第三节 宏观调控法 …… (372)
    一 宏观调控法概述 …… (372)
    二 计划法 …… (373)
    三 财税法 …… (377)
    四 金融法 …… (383)
第四节 资源配置法 …… (385)
    一 土地资源配置法 …… (386)
    二 水资源配置法 …… (389)
    三 森林草原资源配置法 …… (390)
    四 矿产资源配置法 …… (391)
    五 农业资源配置法 …… (393)
第五节 经济法范畴内特定行业规范法 …… (395)
    一 交通运输行业规范法 …… (395)
    二 邮电行业规范法 …… (397)
    三 烟草行业规范法 …… (398)
    四 政府采购业规范法 …… (399)

第九章 社会法

第一节 社会法概述：一般规定 …… (402)
    一 社会法的定义和性质 …… (402)
    二 社会法的基本原则 …… (404)
    三 社会法的法律渊源和体系结构 …… (405)
第二节 中国的社会保障制度 …… (405)
    一 中国社会保障制度的历史进程 …… (406)
    二 社会保障制度的基本框架 …… (407)
    三 社会保险法 …… (408)
    四 社会救助法 …… (412)
    五 社会福利法 …… (413)
第三节 中国的劳动制度 …… (415)
    一 劳动合同制度和就业制度 …… (415)
    二 劳动保护制度 …… (418)
    三 劳动争议解决办法 …… (421)

第四节 中国关于保护特殊群体的制度……………………………………（423）
　　一 未成年人保护制度…………………………………………………（424）
　　二 残疾人保障制度……………………………………………………（425）
　　三 老年人权益保障制度………………………………………………（425）
　　四 妇女权益保障制度…………………………………………………（426）
第五节 中国关于公益事业的法律规范……………………………………（427）
　　一 财产捐赠的法律规范………………………………………………（428）
　　二 以公益事业为己任的中国红十字会组织…………………………（429）

第十章　国际法

第一节 国际法概述：一般规定……………………………………………（432）
　　一 国际法的定义、特征、基本原则…………………………………（432）
　　二 国际法的法律渊源…………………………………………………（433）
　　三 中国与国际法………………………………………………………（434）
第二节 与国际法相关的国内法……………………………………………（434）
　　一 领土方面的与国际法相关的国内立法……………………………（435）
　　二 外交方面的与国际法相关的国内立法……………………………（435）
　　三 条约方面的与国际法相关的国内立法……………………………（436）
　　四 国际司法协助方面的与国际法相关的国内立法…………………（436）
　　五 刑事方面的与国际法相关的国内立法……………………………（437）
　　六 出入境方面的与国际法相关的国内立法…………………………（437）
第三节 中国参与缔结或者参加的国际条约………………………………（438）

附　各章主要涉及的法律、法规、规章……………………………………（443）

后记……………………………………………………………………………（456）

CHINESE LAW AND LEGAL SYSTEM

CONTENTS

Chapter 1   Introduction: General Principles

1. The Definition, Purpose and Characteristics of Law ⋯⋯⋯⋯⋯⋯⋯⋯⋯ (2)
2. The Classification of Chinese Law ⋯⋯⋯⋯⋯⋯⋯⋯⋯⋯⋯⋯⋯⋯⋯⋯ (5)
3. The Source of Chinese Law ⋯⋯⋯⋯⋯⋯⋯⋯⋯⋯⋯⋯⋯⋯⋯⋯⋯⋯⋯ (6)
4. The System of Chinese Law ⋯⋯⋯⋯⋯⋯⋯⋯⋯⋯⋯⋯⋯⋯⋯⋯⋯⋯⋯ (7)
5. A Jiazi (A Cycle of Sixty Years) of Chinese Law ⋯⋯⋯⋯⋯⋯⋯⋯⋯⋯ (8)

Chapter 2   Chinese Legal Environment

Section 1   Courts ⋯⋯⋯⋯⋯⋯⋯⋯⋯⋯⋯⋯⋯⋯⋯⋯⋯⋯⋯⋯⋯⋯⋯⋯ (14)
1. The Role and Function of the Court ⋯⋯⋯⋯⋯⋯⋯⋯⋯⋯⋯⋯⋯⋯⋯⋯ (14)
2. The Basic Principles and Rules of Trial ⋯⋯⋯⋯⋯⋯⋯⋯⋯⋯⋯⋯⋯⋯⋯ (15)
3. Jurisdiction of the Court: Extent of Trial Competence ⋯⋯⋯⋯⋯⋯⋯⋯⋯ (17)
4. Court Organization and Judges ⋯⋯⋯⋯⋯⋯⋯⋯⋯⋯⋯⋯⋯⋯⋯⋯⋯⋯ (19)
5. The Judicial Interpretation Adopted by the Supreme People's Court ⋯⋯⋯⋯⋯ (21)

Section 2   Chinese Legal Profession and Legal Services ⋯⋯⋯⋯⋯⋯⋯⋯⋯ (21)
1. Admission to the Profession and Overview of the Chinese Legal Services ⋯⋯⋯⋯ (22)
2. Lawyer: the Legal Profession (A) ⋯⋯⋯⋯⋯⋯⋯⋯⋯⋯⋯⋯⋯⋯⋯⋯ (23)
3. Notary: the Legal Profession (B) ⋯⋯⋯⋯⋯⋯⋯⋯⋯⋯⋯⋯⋯⋯⋯⋯ (24)
4. Legal Aid: a Type of Legal Remedy Provided by an Organization Established to Serve the Legal Needs of the Poor ⋯⋯⋯⋯⋯⋯⋯⋯⋯⋯⋯⋯⋯⋯⋯ (26)

Chapter 3   Constitutional Law

Section 1   Text of the Constitution ⋯⋯⋯⋯⋯⋯⋯⋯⋯⋯⋯⋯⋯⋯⋯⋯⋯ (30)
1. Definition, Principles, Structure and Principal Provisions of the Constitution ⋯⋯⋯ (30)
2. Legislative History of the Chinese Constitution ⋯⋯⋯⋯⋯⋯⋯⋯⋯⋯⋯ (33)

    3. Enactment, Interpretation and Protection of the Constitution ……………………… (34)
Section 2   Civil Rights ……………………………………………………………… (37)
    1. Citizens' Constitutional Rights and Duties ………………………………………… (37)
    2. Constitutional Norm of the Protection of Citizens' Rights among Special Groups … (38)
Section 3   Government Department of China ……………………………………… (41)
    1. The National People's Congress: The Highest Organ of State Power and Legislature
      …………………………………………………………………………………………… (41)
    2. The President of the People's Republic of China: A Chief Delegate of Collective
      Heads of State ……………………………………………………………………… (41)
    3. The State Council: The Highest Organ of State Administration ………………… (42)
    4. The Central Military Commission: The Highest Organ of State Military Leadership
      …………………………………………………………………………………………… (42)
    5. The Local People's Congresses and Local People's Governments at Various Levels:
      The Local Organs of State Power at the Corresponding Levels and the Local Organs
      of State Administration at The Corresponding Levels …………………………… (43)
    6. The People's Courts and the People's Procuratorate ……………………………… (43)
**Section 4   System of National Regional Autonomy and Establishment of Special
              Administrative Regions** ………………………………………………… (44)
    1. The System of National Regional Autonomy ……………………………………… (44)
    2. Establishment of Special Administrative Regions ………………………………… (45)
**Section 5   System of Protection of the Constitution and the Mechanism of Legal
              Supervision** ……………………………………………………………… (47)
    1. The System of Protection of the Constitution ……………………………………… (47)
    2. Mechanism of Legal Supervision: the People's Procuratorates as State Organs for
      Legal Supervision …………………………………………………………………… (48)
Section 6   The Electoral System of the People's Congresses ……………………… (48)
    1. Basic Principles of the Electoral System of the People's Congresses …………… (49)
    2. Number Allocation of Deputies to the People's Congresses at Various Levels …… (49)
    3. Electoral Organizations, Methods and Procedures for Electing Deputies to the
      People's Congresses ………………………………………………………………… (49)
Section 7   Legislative System ……………………………………………………… (50)
    1. Overview: the Definition and Principles of Legislation …………………………… (50)
    2. Legislation: Enactment of Laws ………………………………………………… (51)
    3. Formulation of Administrative Regulations ……………………………………… (53)
    4. Formulation of Local Regulations, Autonomous Regulations and Separate Regulations
      …………………………………………………………………………………………… (54)
    5. Formulation of Rules, of Departments Under the State Council and of Local
      Governments ………………………………………………………………………… (54)

6. The Legal Effects and Applications Among the Constitution, Laws, Local Administrative Regulations, Autonomous and Separate Regulations, and Rules of Departments Under the State Council and of Local Governments ·········· (55)

Chapter 4　Procedures for Litigation, Arbitration and Mediation

Chapter 4.1　Procedure and Evidence ·········· (59)
Section 1　Outline of Evidence: The Function and Characteristics of Evidence ·········· (59)
　1. The Function of Evidence: The Justice of Judicature ·········· (59)
　2. The Characteristics of Evidence ·········· (60)
Section 2　The Legal Forms and Logical Classifications of Evidence ·········· (61)
　1. The Legal Forms of Evidence ·········· (61)
　2. The Logical Classifications of Evidence ·········· (62)
Section 3　Rules of Evidence ·········· (63)
　1. Rules of the Burden of Proof ·········· (63)
　2. Rules of Producing Evidence ·········· (65)
　3. Rules of Investigating Evidence ·········· (66)
　4. Rules of Questioning Evidence ·········· (68)
　5. Rules of Examining and Corroborating Evidence ·········· (68)
　6. Rules of Preserving Evidence ·········· (69)
Chapter 4.2　Procedural Law ·········· (70)
Section 1　Criminal Procedure ·········· (70)
　1. General Provisions of Criminal Procedure ·········· (70)
　2. Procedure for Filing a Case, Investigation and Initiating Public Prosecution ·········· (75)
　3. Criminal Trial Procedure ·········· (77)
　4. Criminal Trial Procedure for Cases Involving a Foreign Litigant ·········· (81)
　5. Criminal Trial Procedure for Execution ·········· (82)
　6. Special Procedure of Criminal Trials ·········· (82)
Section 2　Civil Procedure (including Special Maritime Procedure) ·········· (83)
　1. General Provisions of Civil Procedure ·········· (84)
　2. Civil Trial Procedure ·········· (88)
　3. Civil Procedure for Execution ·········· (95)
　4. Civil Trial Procedure for Cases Involving a Foreign Litigant ·········· (97)
　5. Special Maritime Procedure ·········· (99)
Section 3　Administrative Litigation Procedure ·········· (103)
　1. General Provisions of Administrative Litigation Procedure ·········· (103)
　2. Administrative Trial Procedure ·········· (106)
　3. Administrative Trial Procedure for Execution ·········· (107)

4. Principle Provisions of the Administrative Trial Procedure for Cases Involving a Foreign Elements ……………………………………………………………… (108)

Chapter 4.3 Procedure of Arbitration and Mediation ……………………………… (109)

Section 1 Procedure of Arbitration …………………………………………………… (109)
  1. General Provisions of Arbitration ………………………………………………… (109)
  2. Procedure of Arbitral Adjudication ……………………………………………… (113)
  3. Procedure of Request for Abrogation of Arbitral Adjudication ………………… (113)
  4. Execution Procedure of Arbitral Adjudication …………………………………… (114)
  5. Procedure of Arbitration for International Economic Trade in China …………… (114)
  6. Procedure of Maritime Arbitration in China ……………………………………… (116)

Section 2 Mediation Proceedings ……………………………………………………… (116)
  1. General Provisions of Mediation …………………………………………………… (117)
  2. Proceeding and Agreement of Mediation ………………………………………… (119)

Chapter 5 Criminal Law

Section 1 Overview of Criminal Law: General Provisions …………………………… (122)
  1. Definition, System and Scope Application of Chinese Criminal Law …………… (122)
  2. Basic Principles of Criminal Law ………………………………………………… (124)

Section 2 Crimes and Punishments …………………………………………………… (125)
  1. Crimes ……………………………………………………………………………… (125)
  2. Punishments ………………………………………………………………………… (131)

Section 3 Accusation and Sentencing ………………………………………………… (138)
  1. Overview of Accusation …………………………………………………………… (138)
  2. Various Crimes and Their Accusations …………………………………………… (139)

Section 4 Legal Norms of Punishing Crimes with Chinese Characteristics ………… (158)
  1. Policy of Punishing Crimes: Combination of Punishment and Reformatory;
     Combination of Reform through Labor and Reformatory Education …………… (158)
  2. Execution of Punishments ………………………………………………………… (158)

Chapter 6 Civil Law and Commercial Law

Chapter 6.1 Civil Law ………………………………………………………………… (163)

Section 1 Overview of Civil Law: General Provisions ……………………………… (164)
  1. Definition, Function, Characteristics and Classification of Civil Law …………… (164)
  2. Basic Principles of Civil Law ……………………………………………………… (166)
  3. Relations of Civil Law ……………………………………………………………… (167)
  4. Status of Relations of Civil Law: Natural Persons, Legal Persons, Non-incorporated Organizations ……………………………………………………………………… (168)

5. Objects of Relations of Civil Law: Res, Act, Intellectual Property, Personal Rights ………………………………………………………………………………… (171)
6. Content of Relations of Civil Law: Civil Rights and Civil Liability ……………… (173)
7. Civil Juristic Acts and Agencies ……………………………………………… (176)
8. Limitation of Actions for Protection of Civil Rights …………………………… (179)
9. About the Terms "not less than," "not more than," "within," "expires," "under," "beyond" …………………………………………………………… (181)

Section 2 Personality Rights: Civil Rights (Part 1) ……………………… (182)
1. Overview of Personality Rights ……………………………………………… (182)
2. Rights to Life, Body and Health …………………………………………… (183)
3. Rights to Personal Name and Rights to Name ……………………………… (184)
4. Rights to Portrait …………………………………………………………… (185)
5. Rights to Reputation and Honor …………………………………………… (186)
6. Rights to Credit ……………………………………………………………… (187)
7. Rights to Private Matters, Marriage by Choice and Personal Freedom ………… (187)
8. Rights to Sexual Behavior by Choice, Personality of Fetus and Personality of Corpse ………………………………………………………………………… (189)

Section 3 Real Rights: Civil Rights (Part 2) ………………………………… (191)
1. Overview of Real Rights …………………………………………………… (192)
2. Ownership …………………………………………………………………… (194)
3. Usufruct Rights ……………………………………………………………… (198)
4. Real Rights for Security …………………………………………………… (201)
5. Possession …………………………………………………………………… (205)

Section 4 Creditor's Rights: Civil Rights (Part 3) ………………………… (206)
1. Overview of Creditor's Rights ……………………………………………… (206)
2. Rules of Debt ………………………………………………………………… (207)

Section 5 Intellectual Property Rights: Civil Rights (Part 4) ……………… (212)
1. Overview of Intellectual Property Rights …………………………………… (212)
2. Copyrights …………………………………………………………………… (215)
3. Patent Rights ………………………………………………………………… (218)
4. Exclusive Rights to the Use of a Trademark ………………………………… (222)

Section 6 Rights to Inheritance: Civil Rights (Part 5) ……………………… (226)
1. Overview of Rights to Inheritance ………………………………………… (226)
2. Statutory Succession ………………………………………………………… (227)
3. Testamentary Succession …………………………………………………… (229)
4. Legacy and Legacy-Support Agreement …………………………………… (230)
5. Disposition of the Estate …………………………………………………… (232)

Section 7 Contract Law—Civil Liability for Breach of Contract:
Civil Liability (Part 1) ...... (234)
1. General Provisions of Contract Law (A): Definition of Contract, Scope of Application of Contract, Varieties of Contract, and Basic Principles of a Contract ...... (234)
2. General Provisions of Contract Law (B): Making of the Contract, Fulfillment of the Contract, Modification and Transfer of Contract, and Termination of Rights and Obligations under the Contract ...... (236)
3. Specific Provisions of Contract Law: Various Contracts ...... (240)

Section 8 Tort Liability Law—Civil Liability for Tort: Civil Liability (Part 2)
...... (246)
1. Overview of Tort Liability Law ...... (246)
2. Products Liability ...... (249)
3. Liability for Motor Accidents ...... (250)
4. Medical Liability ...... (251)
5. Liability for Environmental Pollution ...... (253)
6. Liability for Highly Dangerous Operations ...... (254)
7. Animal Liability ...... (255)
8. Liability for Damage Caused by Articles and Properties ...... (256)

Section 9 Marriage and Family Law—Civil Liability for Marriage and Family:
Civil Liability (Part 3) ...... (257)
1. Overview of Marriage and Family Law ...... (257)
2. Marriage and Family Law from the Viewpoint of Private Law: Marriage, Divorce, Children and Properties ...... (259)
3. Marriage and Family Law from the Viewpoint of Public Law: Rights and Responsibilities of Parents, Adoption ...... (262)

Section 10 The Application of Law to Foreign-related Civil Relations ...... (265)
1. General Provisions of the Application of Law to Foreign-related Civil Relations ...... (265)
2. Law of the Application of Law to Foreign-related Civil Relations ...... (267)

Chapter 6.2 Commercial Law ...... (270)

Section 1 Overview of Commercial Law: General Provisions ...... (270)
1. Definition, Nature, Characteristics and Classification of Commercial Law ...... (270)
2. Basic Principles of Commercial Law ...... (271)

Section 2 Commercial Subjects Based on Different Forms of Ownership:
Legal System of Business Organizations (Part 1) ...... (272)
1. General Provisions ...... (272)
2. Individual Business ...... (273)
3. Partner Business ...... (275)
4. Corporate Business ...... (278)
5. Township Enterprises ...... (281)

**Section 3   Commercial Subjects Based on Different Forms of Organization:
Legal System of Business Organizations (Part 2)** ………………… (282)
   1. Definition and Operating Rules of a Company ……………………… (282)
   2. Limited Liability Company …………………………………………… (283)
   3. Joint Stock Limited Company ………………………………………… (283)

Section 4   General Commercial Acts: Legal System of Commercial Acts (Part 1)
………………………………………………………………………………… (284)
   1. General Provisions ……………………………………………………… (284)
   2. Commercial Creditors' Rights Behavior ……………………………… (285)
   3. Commercial Real Rights Behavior …………………………………… (286)
   4. Commercial Payment Behavior ………………………………………… (287)
   5. Commercial Interactive Settlement of Accounts Behavior …………… (287)

Section 5   Special Commercial Acts: Legal System of Commercial Acts (Part 2)
………………………………………………………………………………… (288)
   1. General Provisions ……………………………………………………… (288)
   2. Special Commercial Acts Regulated by Contract Law ……………… (289)
   3. Special Commercial Acts Regulated by Other Related Laws ……… (293)

Chapter 7   Administrative Law

Section 1   Overview of Administrative Law: General Provisions ………… (316)
   1. Definition, Nature, Content, Characteristics, Status and Function of
      Administrative Law …………………………………………………… (316)
   2. Basic Principles of Administrative Law ……………………………… (320)
   3. Sources, System and Structure of Chinese Administrative Law …… (322)

**Section 2   General Administrative Law (Part 1): The Power Delegated to the
Executive of a Government** ……………………………………… (323)
   1. Overview: Legal Basis of the Executive of a Government ………… (324)
   2. The Status of Executive Power, Classification and Organization of
      Administrative Organs ………………………………………………… (325)
   3. Civil Servants …………………………………………………………… (326)

Section 3   General Administrative Law (Part 2): Exercise of Administrative Power
………………………………………………………………………………… (327)
   1. Overview: Abstract Administrative Acts and Specific Administrative Acts ……… (327)
   2. Procedure of Administration: Procedure of Implementation of Administrative Acts
      ………………………………………………………………………… (328)
   3. Administrative Legislation: A Type of Abstract Administrative Act ……… (331)
   4. Administrative License: A Type of Specific Administrative Act upon Application
      ………………………………………………………………………… (333)

    5. Other Specific Administrative Acts upon Application ·································· (334)
    6. Administrative Penalty: A Type of Ex Officio Specific Administrative Act ········· (335)
    7. Administrative Compulsion: Another Type of Ex Officio Specific Administrative Act
       ··· (339)
Section 4   General Administrative Law (Part 3): Supervising Administrative Power
       ··· (341)
    1. Overview: Decentralization and Restriction of Administrative Power ·············· (342)
    2. Administrative Supervision: Self Constraints and Self Remedies of Administrative
       Power (A) ·· (343)
    3. State Audit: Self Constraints and Self Remedies of Administrative Power (B)
       ··· (344)
    4. Administrative Reconsideration: Self Constraints and Self Remedies of Administrative
       Power (C) ·· (345)
    5. Administrative Litigation: Judicial Review for Abuse of Administrative Power ··· (347)
    6. Executive Compensation: State Compensation for Abuse of Administrative Power
       ··· (348)
Section 5   Administrative Law Department (Part 1): State Security,
       Public Security, Military, Diplomatic and Customs ······························ (349)
    1. State Security ··· (349)
    2. Public Security ··· (351)
    3. Military ··· (352)
    4. Diplomatic ·· (353)
    5. Customs ··· (353)
Section 6   Administrative Law Department (Part 2): Judicature, Supervision,
       Civil Administration, Overseas Chinese Affairs and Religion ············· (354)
    1. Judicature and Supervision ·· (354)
    2. Civil Administration ··· (355)
    3. Overseas Chinese Affairs and Religion ······································· (355)
Section 7   Administrative Law Department (Part 3): Education, Science and
       Technology, Culture, Health, Physical Culture and Sports ················ (356)
    1. Education ··· (356)
    2. Science and Technology ··· (357)
    3. Culture ··· (357)
    4. Health, Physical Culture and Sports ·· (358)
Section 8   Administrative Law Department (Part 4): Housing and Urban
       Construction, Environmental Protection, Meteorology ························ (359)
    1. Housing and Urban Construction ·· (359)
    2. Environmental Protection, Meteorology ····································· (359)

Chapter 8 Economic Law

Section 1 Overview of Economic Law: General Provisions ······ (362)
   1. Definition and Function of Economic Law ······ (362)
   2. Basic Principles of Economic Law ······ (364)
   3. Source, Content and System of Chinese Economic Law ······ (364)

Section 2 Market Rules and System ······ (365)
   1. Overview of Market Rules and System ······ (365)
   2. Rules of Market Behavior ······ (367)
   3. Rules of Market Integrity ······ (369)
   4. Rules of Market Order ······ (370)

Section 3 Rules and System of Macro-economic Control ······ (372)
   1. Overview of Rules and System of Macro-economic Control ······ (372)
   2. Plan Law ······ (373)
   3. Law of Government Finance and Taxation ······ (377)
   4. Financial Law ······ (383)

Section 4 Law of Resources Allocation ······ (385)
   1. Law of Land Resources Allocation ······ (386)
   2. Law of Water Resources Allocation ······ (389)
   3. Law of Forest Resources Allocation ······ (390)
   4. Law of Mineral Resources Allocation ······ (391)
   5. Law of Agricultural Resources Allocation ······ (393)

Section 5 Law of Regulating Particular Industries ······ (395)
   1. Regulation of the Transportation Industry ······ (395)
   2. Regulation of the Posts and Telecommunications Industry ······ (397)
   3. Regulation of the Tobacco Industry ······ (398)
   4. Regulation of the Government Procurement Industry ······ (399)

Chapter 9 Social Law

Section 1 Overview of Social Law: General Provisions ······ (402)
   1. Definition and Function of Social Law ······ (402)
   2. Basic Principles of Social Law ······ (404)
   3. Source, Content and System of Chinese Social Law ······ (405)

Section 2 The Chinese Social Security System ······ (405)
   1. Historical Process of the Chinese Social Security System ······ (406)
   2. Basic Framework of the Chinese Social Security System ······ (407)
   3. Social Insurance Law ······ (408)

4. Social Assistance Law ......（412）
   5. Social Welfare Law ......（413）
Section 3　The Chinese Labor System ......（415）
   1. Labor Contract System and Employment System ......（415）
   2. Labor Protection System ......（418）
   3. Settlement of Labor Disputes ......（421）
Section 4　Chinese Systems on the Protection of Special Group ......（423）
   1. Chinese System on the Protection of Minors ......（424）
   2. Chinese System on the Protection of Disabled Persons ......（425）
   3. Chinese System on the Protection of Rights and Interests of the Elderly ......（425）
   4. Chinese System on the Protection of Rights and Interests of Women ......（426）
Section 5　Chinese Law on Public Welfare ......（427）
   1. Chinese Law on Donations for Public Welfare ......（428）
   2. Chinese Law on the Red Cross Society ......（429）

Chapter 10　International Law

Section 1　Overview of International Law: General Provisions ......（432）
   1. Definition, Characteristics and Basic Principles of International Law ......（432）
   2. Resources of International Law ......（433）
   3. China and International Law ......（434）
Section 2　Domestic Law with Relation to International Law ......（434）
   1. Domestic Law with Relation to International Law Regarding Territory ......（435）
   2. Domestic Law with Relation to International Law Regarding Diplomacy ......（435）
   3. Domestic Law with Relation to International Law Regarding Treaty ......（436）
   4. Domestic Law with Relation to International Law Regarding International Legal Assistance ......（436）
   5. Domestic Law with Relation to International Law Regarding Criminal Law ......（437）
   6. Domestic Law with Relation to International Law Regarding Exit and Entry ......（437）
Section 3　International Treaties Acceded by China or Concluded Between China and Foreign States ......（438）

Referenced Laws in Each Chapter ......（443）

Postscript ......（456）

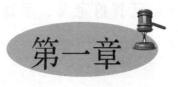

第一章

导论：一般原理

作为本书的预备知识，本章主要涉及一些基本概念和一般原理以及中国法律的历史回溯。

一　法律的定义、宗旨、特征

（一）法律的定义

中外思想史上的先哲们对法律作过不同的论述。中国先秦诸子百家，尤以法家张扬法治至为突出。管子曰："法者，天下之程式也，万事之仪表也……故以法诛罪，则民就死而不怨；以法量功，则民受赏而无德也。此以法举错之功也。故明法曰：'以法治国，则举错而已。'"①韩非子曰："法者，编著之图籍，设之于官府，而布之于百姓者也。""人主虽使人，必以度量准之，以刑名参之。以事遇于法则行，不遇于法则止。"②

古希腊思想家十分推崇法律精神。亚里士多德基于人的社会性和政治性，认为法律至高无上。伊壁鸠鲁学派基于幸福是最大的善以及正义就是要追求最大的幸福的观点，认为制定法律是为了避免邪恶，保证人们对幸福的追求。中世纪的欧洲，思想家们在探求经院哲学时，在神学框架下建立国家和法的理论，尤以托马斯·阿奎那的工作最出色，他认为"法是人们赖以导致某些行动和不作其他一些行动的行为准则或者尺度；法的目的是公共幸福，只有整个社会或者负有保护公共幸福之责的政治人才有权公布法律""法律不外乎是对于种种有关公共幸福的事项的合理安排，由任何负有管理社会之责的人予以公布"③。近代的欧洲，与启蒙运动同步诞生了影响至今的早期法治思想，其中最突出的数卢梭的社会契约思想和孟德斯鸠的关于国家和法的理论。卢梭认为："人生而自由，但却又无往不在枷锁之中；要保持一种为其他一切权利提供基础的社会秩序，人们必须把自身置于公意的最高指导之下，并形成一种反映公意的社会契约，这种社会契约就是法律；因此，法律是结合意志的普遍性和对象的普遍性的社会契约的行为。"④孟德斯鸠主张一切存在物都有其法：上帝有他的法，物质世界有它的法，高于人类的"智灵们"有他们的法，兽类有它们的法，人类有他们的法；而不同的法可归结为自然法，即先于所有规律存在着并单纯渊源于生命本质的法，以及人为法，即人类社会状态下处理彼此之间关系而制定的法律，分为国际法、政治法、民法三种。⑤霍布斯则认为："法律就是关于正义与不义问题的法

---

① 管子：《明法解》，见《管子》卷二十一。
② 韩非子：《难三篇》《难二篇》，见《韩非子》卷十六、卷十五。
③ 托马斯·阿奎那：《神学大全》。
④ 卢梭：《社会契约论》。
⑤ 孟德斯鸠：《论法的精神》。

规，被认为不义的事没有一种不是和某些法律相冲突的。"①

先哲们对法的论述不胜枚举。古今中外关于法的思想和规范尽管各不相同，但有一点却可以达至共识：如果没有某种与自身相适应的法律体系，就没有一个社会能够长久地维持下去。任何一个社会都需要法律，法律也影响着任何一个社会及其社会进程。

在回顾了古今中外先哲们关于法的理论以后，我们可以对法律这个概念从内涵和外延的不同方面予以界定。不同法律体系对法律的内涵定义是大致相通的：法律是通过国家立法机关制定或批准，并由国家执法机关强制实施，作为调整社会关系、规范人们行为，从而支配一个社会的一系列原则和规则。但不同法律体系对法律的外延定义却有差异。可从法律部门和法律渊源两方面给出中国法律体系关于法律的外延定义：中国法律部门含宪法、程序法、刑法、民商法、行政法、经济法、社会法这几个组成部分，中国法律渊源含宪法、法律、行政法规、地方性法规、民族自治地方的自治条例和单行条例、国务院部门规章和地方政府规章这几个法律构成形式。

（二）法律的宗旨

第一，法律是一种秩序，目的是要维持一个社会的秩序，保持该社会发展的平衡。无法和违法都是社会一种无序和失衡的状态，是社会的一个大毒瘤。一个社会没有法律，就没有秩序，处于一种失衡的状态；而法律对违法者带有惩罚的功能，其最终目的仍是要将违法者和违法行为打破或即将打破的社会秩序的平衡性得以恢复或得以保持。基于法律的这一宗旨，国家必须根据社会生活的现状和历史发展的需要而适时地制定法律。法律的制定是指具有立法权的国家机关根据宪法和法律规定的权限通过法定程序创制、修改、废止法律规范的专门活动。

第二，法律是一种规范，目的是要调整社会关系和规范人们行为，实质是要作为社会关系的准则和人们行为的标准。法律被制定后，通过法律实施，把法律的准则和标准广泛而统一应用于社会生活的各个层面和人们行为的各个方面，从而使社会始终在法律的原则和规则下存在和发展。法律实施是指所有国家机关和国家机关工作人员、社会团体和组织、全体公民实现法律规范的活动，包括司法机关对法律的适用、监察机关对法律的监督、行政机关对法律的执行、所有组织和公民对法律的遵守，它是实现法治社会的前提之一，没有它，法律是一纸空文。

第三，法律是一种保障，目的是要保障权利和义务的实现。法律规定的权利和义务的关系与自由和约束的关系是一致的：为了获得应有的权利，必须负有应尽的义务；为了得到最大的自由，必须受到必要的约束。反之，尽了应尽的义务，会更好获得应有的权利；受了必要的约束，会得到最大的自由。法律既保障权利，又保证义务；法律既保障自由，又限制、约束一部分自由。为了理顺权利和义务、自由和约束的相辅相成的关系，全体社会成员必须严格遵守法律。与法律遵守一致的，是不仅要有法可依，而且要违法必究。违法必须是行为人一种外部举动的行为，而不是一种思维意识或心理活动；违法必须是行为人一种侵犯了法律所保护的社会关系和社会秩序，对社会或他人造成一定危害或损失的行为；违法必须是行为人对其违法行为有主观上的过错责任的行为，存在故意或过失；违法

---

① 霍布斯：《利维坦》。

必须是行为人达到法定年龄,有法定行为能力而作出的行为。

第四,法律是一种裁判,目的是当社会出现矛盾和冲突时,由法律予以裁判。一个理想社会当然是全体成员实现均富、自由、平等、博爱、奉公守法,但由于经济、政治、文化、社会发展等原因,一个绝对理想社会难以存在,社会一定有矛盾和冲突。当社会出现了矛盾、冲突以后,法律的目的和作用就更明显了,法律的公义性就更迫切了。一个现代政治文明的社会不是说没有社会矛盾,而是说当社会矛盾出现时是用法治的方式而不是用人治的手腕去解决社会矛盾,这又涉及如何适用法律和执行法律的问题。法律适用是指国家司法机关运用宪法和法律授予的权力去应用法律,使社会关系得到调整、人们行为得到规范、一定法律关系下的权利和义务得到实现、冲突和纠纷的案件得到处理。法律执行是指国家行政机关运用宪法和法律授予的权力去执行法律,使行政案件得到处理。适用法律和执行法律都具有国家强制力的性质,其后果直接影响国家公权力的声誉,因而宪法和法律对其权限和程序有严格的规定和限制。

(三) 法律的特征

第一,法律的公义性,指现代文明法治社会的公义原则,即法律的公平性原则和正义性原则:法律的公平性原则指基于每个人生而平等的天赋人权是法治社会的一个根本追求,法律对所有人一律平等,不偏不倚,一视同仁;法律的正义性原则指基于每个人生而自由的社会公共利益是法治社会的又一根本追求,法律反映并代表的是一种体现为对这种社会公共利益诉求的公意。现代文明国家的法律,必须且必然具有公义性特征,否则就不是文明的法律。

第二,法律的普遍性,指法律对所有人所有行为均具有约束力。基于法律公义性原则的法律不是从某些个人或利益集团需求出发,而是着眼于以所有个人的自由为基础的社会公共利益和需求,因而对全体社会成员都有约束力。诚然,法律普遍性特征并不否定法律规范的效力要求,该效力要求包括:法律规范生效时间和失效时间及法律对其颁布实施前的事件、行为、法律关系主体有无溯及力,即时间效力;法律规范适用的地域范围及主体范围,即空间效力。正确理解法律规范的效力问题,可以正确适用法律和实施法律,从而保证法律的普遍约束力。

第三,法律的稳定性和连贯性,指法律不能朝令夕改,法律的颁布和施行具有相对稳定性,法律之间具有前后连贯性。既然法律反映社会公意,充当裁判角色,是人们行为的规范和准则,那么它就应当可以为人们所预见,即人们能够预见自己行为的后果,有法可依、有章可循,并知道什么可以做,什么不可以做,如果可以做,又应当怎样做。法律要能够切实被人们所预见,它就应当具有稳定性和连贯性的特征,否则人们无所适从,就等于无法。

第四,法律的发展性,指法律不是一个一成不变的封闭系统,而是一个不断自我调节和自我完善的开放系统;当社会发展了,法律也要跟随调整自己,以适应社会发展要求。尤其是,法律对于社会转型更为敏感;因而随着中国社会的转型,中国法律也应在不断完善当中。要体现法律发展性特征,就要针对需要及时创制、修改、废止、解释有关法律。

第五,法律的灵活性,指为了公正、全面、准确地适用法律,审判过程中遇到现行法律没有明文规定的情形时,可通过比照或参照现行法律中最相类似的法律来裁判案件。法律不可能百分之百地涵盖全部社会问题，法律的制定相对于社会发展往往是滞后的，法律不可能先知先觉而预先被制定出来解决现存社会中每一个法律关系问题以及现在被制定出来解决将来才可能出现的法律关系问题，法律规范的用语和行文通常是高度概括的以及表述有时会含糊不清的，加之中国法律不属于普通法系而使判例成为审判的依据，因而法律灵活性显得尤为重要。但是，法律的灵活性只适用于民事诉讼和行政诉讼，不适用于刑事诉讼；因为刑事诉讼的审判必须严格实行罪刑法定原则。

二　中国法律分类

　　法律分类是法律学的一门技术性业务，它按各种不同法律的性质、特点，聚同去异，使其成为有系统的排列的一种方法，所以法律分类也就等同于一个法律整体的不同分支。就方法论而言，法律分类与其说是法律的，不如说是逻辑的，即法律分类采用的是一种对法律这个概念进行逻辑划分的方法。法律分类的目的在于更准确地理解和实施法律，尽可能避免立法的失误和司法的误用。基于不同的逻辑划分标准，法律有不同角度的分类。

　　中国关于法律分类与国际上流行的，存在某些异同。国际上流行的法律分类有各种各样，但主要的、并值得中国法律借鉴的，是大陆法系着重于私法和公法的划分、普通法系着重于实体法和程序法的划分。① 就法律涉及的是作为平等主体之间的权利和义务，还是作为社会成员的公民应有的权利和义务，法律分为私法和公法：私法规范平等主体之间的权利和义务，包括民法和商法；公法规范作为社会成员的公民相对于政府的权利和义务，也规范政府及其权力范围，包括宪法、刑法、行政法、国际法等。就法律涉及的是权利和义务本身，还是解决权利和义务纠纷的过程，法律分为实体法和程序法：实体法是关于权利和义务本身规范的法律，程序法是关于在诉讼和非诉讼过程中如何实现权利和义务的程序和方法的法律。客观而论，国际上流行的这些法律分类法，是历史的、科学的，是体现法律的宗旨和特征的，是反映法律的结构和内容的，是值得中国在建构和完善自己的法律体系时借鉴的。中国法律既不属于普通法，也不属于大陆法。但就成文法与条例法的特征看，中国法律与大陆法接近。中国法律不区分私法和公法，但其法律内容固然涵盖了私法和公法的相关内容。中国目前形成的法律体系，有自己的法律分类法。根据中国至2017年的立法和官方对法典汇编的意图，中国法律分类如下：

　　第一，从调整关系和规范行为的不同层次，中国法律分为根本法、基本法和一般法。根本法是母法，而基本法和一般法是子法。根本法是国家根本大法，具有最高法律效力，规定国家根本制度，包括政治制度、经济制度、法律制度，体现全体人民的意志；宪法是根本法，由全民授权全国人大制定并通过。基本法作为构成整个中国法律体系的各个不同法律部门，既是根本法的子法，又是一般法的母法，它是仅次于根本法的一级国家大法，如暂代民法典的民法总则、② 民法通则、物权法、合同法、婚姻法、继承法及刑法和各种诉讼法等，通常由全国人大制定并通过。一般法是就某一法律关系的行为规则和关系准则

---

① 参看 Encyclopedia Britannica, World Book, Oxford Legal History 等。
② 《民法总则》即为《中华人民共和国民法总则》。本书所引法律名称，为简便起见，均将"中华人民共和国"字眼略去，如《中华人民共和国宪法》，简称为宪法，其他如此类推。

制定的法律规范，它是更具体的法律，如《公司法》《侵权责任法》等，既是根本法的子法，也是基本法的子法，一般由全国人大常委会制定并通过。

第二，从涉及权利和义务的法律规范本身，还是涉及适用这些权利和义务的过程、方式，中国法律分为实体法和程序法。在中国法律体系中，除了几部诉讼法、仲裁法、调解法等属于程序法外，其余都属于实体法。区分实体法和程序法相当重要，因为法律的本质就是规则，当把规则区分为实体规则和程序规则后，法院、仲裁机构、调解组织在审判、仲裁、调解案件时就会分别依据这两种规则进行。事实上，光有实体规则是不够的，因为案件的处理，除了遇到实体争议外，还将大量甚至首先碰到程序合法性的争议问题。把程序规则与实体规则区分开来，就可以有效地保证案件的处理既做到实体合法又做到程序合法。

第三，从法律所调整的不同关系以及所规范的不同权利和义务，中国法律分为民事法律、刑事法律、行政法律。① 民事法律涉及的是平等主体之间民事权利和义务关系以及为实现这些权利和义务所赖以的程序的法律，包括民事实体法和民事程序法；如果就私法和公法的划分而言，民事法律当属私法的范畴。刑事法律涉及的是针对不同性质和不同程度的对抗、危害社会的犯罪行为而确定不同罪名和刑罚以及为惩治犯罪所赖以的程序的法律，包括刑事实体法和刑事程序法；如果就私法和公法的划分而言，刑事法律当属公法的范畴。行政法律涉及的是政府机构运作和国家机关工作人员执行公务的职权、权限范围和过程以及为实现行政诉讼法律救济所赖以的程序的法律，包括各种行政实体法和行政诉讼程序法；如果就私法和公法的划分而言，行政法律也当属公法的范畴。

三　中国法律渊源

法律渊源是指规范人们权利和义务关系的法律的各种具体构成形式或来源形式，又称为法律形式。世界各主要法系的国家都有自己的法律渊源，例如美国就把宪法、国际条约、联邦政府条例、州政府条例、地方政府条例、司法判决和判例、习惯等作为其法律渊源。中国法律的法律渊源包括：宪法，由全民制定，规定国家纲领、原则和立国精神，是国家根本大法；法律，指狭义的法律，即由全国人大及其常委会根据宪法制定的法律规范性文件总称，为国家一级大法，常冠以"法"的表达方式；行政法规，由国务院根据宪法和法律制定的行政规范性文件总称，常以通知、条例、办法、规定、决定、命令等形式制定；地方性法规，由省、直辖市、设区的市的人大及其常委会根据宪法、法律制定的在本辖区生效的规范性文件的总称；民族自治地方的自治条例和单行条例，统称为自治法规，由自治区、自治州、自治县人大根据宪法和法律制定的具有变通性特点的在本民族自治地方生效的规范性文件的总称；国务院部门规章和地方政府规章，前者是国务院职能部门按法律、法规授权制定的本部门或本专门事项的行政规章，后者是地方政府根据宪法、法律、行政法规、地方性法规制定的在本辖区内生效的地方行政规章；国际条约，中国缔结

---

① 当然，就中国法律部门而言，除民商法、刑法、行政法外，还涵盖经济法和社会法。但这里的法律分类只是将法律大致分为民事、刑事、行政这几个方面，而经济法和社会法的内容可以分属民法和行政法，作为其中的部分。

或参加的双边、多边国际条约是中国法律形式之一。

各种法律构成形式在法律地位和效力上存在一个法律顺序、法律优先，或者法律地位高低、法律效力次序的问题，即它们之间在适用过程中存在冲突时以哪一个为准的问题。中国各种法律渊源的优先次序为：宪法、国际条约，法律，行政法规，地方性法规、自治法规，国务院部门规章、地方政府规章。

在这个优先次序中，尤其要注意国际条约与国内法之关系：一般而言，中国参与缔结或参加的国际条约与国内法相冲突时，国际条约优先于国内法，除非是该国际条约中，中国所声明保留的条款。

四　中国法律体系

（一）从一般法律体系的逻辑性要求看中国法律体系

论述法律体系的逻辑性要求，将面临两个问题：好的法律体系具备什么条件，怎样才是好的法律体系；基于好的法律体系的价值评判标准，中国法律体系是怎样的法律体系。

世界上存在不同法律体系，但不管何种法律体系，要想成为完善的法律体系，都必须要符合自身的逻辑性要求，即无矛盾性要求，或曰一致性要求。法律体系的无矛盾性或一致性是指一个法律体系中不能存在两个相反的法律规范，其中一个允许主体某种行为，而另一个则禁止主体这种行为。例如"允许农村集体经济组织及其属下的农户承包土地"这一规范与"禁止包产到户"这一规范之间，就是两个相互矛盾的法律规范，它们是不一致的，因而不可能在同一个法律体系中并存，否则该法律体系就违反了无矛盾性要求。正是基于这样的要求，中国在进行法律建构过程中，常将过时的或与新法相悖的旧法予以删除或修正。以法律体系的逻辑性要求来衡量中国法律体系，它仍有这方面的问题。一个好的法律体系，其规范之间不能相互抵触、自相矛盾。以这一标准看，中国法律体系似有完善的空间，例如《宪法》第35条规定就不好捉摸，因为言论自由当指有发表错误言论的自由，而正确言论不但不会被禁止，而且还会被鼓励，显然第35条的规定不是指有正确言论的自由。

对自己的法律体系存在规范之间不协调的现象，中国在立法中也逐渐注意到，并在新的立法中有所改善。例如，1979年制定，并经1982年和1986年两次修正的《选举法》，其中的第14条就规定全国人大代表的名额，"按照农村每一代表所代表的人口数八倍于城市每一代表所代表的人口数的原则分配"；后来经过1995年和2004年的再两次修正后，将原先的"八倍"修正为"四倍"；但无论哪种规定，均与《宪法》第33条和第34条的规定相悖，因为无论"八倍"还是"四倍"的规定，实际上都是一种歧视性的规定，农民在人大代表选举上没有获得国民待遇，这是严重的不合理；直至2010年的第5次修正后，该法才在第16条推翻了原先的不合理规定，最终实现了人大代表名额分配上实行城乡同票同权的平等。

（二）从一般法律体系的内容结构要求看中国法律体系

世界上的法律体系主要有两种类型：普通法系（common law system），或曰英美法系，即基于判例法的法系，始于数百年前的英格兰，包括英国、美国、加拿大以及其他英联邦的国家，英国人之所以把自己的法律体系称为普通法，乃因为它适用于整个国家；大陆法系（civil law system），或曰罗马法系，即基于条例法的法系，源于东罗马查士丁尼大帝公元5世纪授权制定的罗马民法法典，包括法国、意大利、德国、西班牙、葡萄牙等国家，其特点是将法律文本集结为法典，判案虽可以涉及先例，但最终则以法典为依据。还有其他不同于上述两种法系，如社会主义法系、伊斯兰法系等。因20世纪90年代的变迁，现仍属社会主义法系的，大概只剩中国、朝鲜、古巴、越南等国。中国法律体系属何种类型，按全国人大要在2010年建成自己法律体系的宣示，它当属社会主义类型法系；当然，中国法律体系吸收了其他法系有益的东西，尤其是大陆法系的成功经验，在立法技术层面上也吸收了普通法系的长处，所以它已不纯粹是原先那种社会主义法系的东西，用中国话语系统来说，是具有中国特色的社会主义法律体系。

任何一个法律体系都由特定的法律部门构成，而构成中国法律体系的法律部门包含如下：宪法，宪法部门涉及保障公民权利和限制国家权力的宪法规范，包括公民权、国家机构、选举制度、立法制度等宪法规范，而且，宪法迈向司法化时就是宪制法，从而标志宪制制度的建立，这是国人为之奋斗了一个多世纪的梦寐以求的终极目标；程序法，程序法部门涉及解决实体争议的诉讼和非诉讼程序规则的法律规范，包括刑事诉讼、民事诉讼、行政诉讼、仲裁、调解等程序方面的法律；刑法，刑法部门涉及犯罪和刑罚的法律规范，反映在刑法典里；民法[①]，民法部门涉及平等主体之间的财产关系、人身关系的法律规范，包括物权、债权、合同、侵权责任、亲属、继承以及商事等方面的法律；行政法，行政法部门涉及行政主体与行政相对人之间公权力与私权利关系的法律规范，既规范、限制公权力，又规范、保障私权利；经济法，经济法部门涉及国家在经济管理中发生的经济关系的法律规范，含公司、企业组织、税收、财政、市场管理等方面的法律规范，而且经济法与民法、行政法、社会法有交叉关系，一部分属于民法部门的商法范畴，一部分属于行政法部门的经济行政的范畴，一部分属于社会法部门的社会保障范畴；社会法，社会法部门涉及公民社会权利，尤其是弱势群体权益的保障的法律规范，包括劳动制度、社会福利、社会保障、弱势群体权益保障等方面的法律规范；国际法，国际法部门涉及中国与外国之间关系的法律规范，包括基于国际交往需要而建立的有关领土、国籍、外交、条约、海洋、国际司法协助、军事等方面的国内法及与中国相关的双边、多边国际条约。

五 中国法律一个甲子

现代中国法律始于何时，有认为是中共在延安时期或中华苏维埃共和国时期，这不准确，因为那时中华人民共和国尚未建立，那时仍是中华民国的法律，而不是中华人民共和国的法律。现代中国法律始于1949年中华人民共和国成立后的《中国人民政治协商会议共同纲领》（简称共同纲领），它在宪法诞生以前起着宪法性作用，并在此基础上诞生后来1954年的宪法，而制定共同纲领的中国人民政治协商会议在第一届全国人大产生以前实际代行最高国家权力机关的职权，故以它作为现代中国法律的历史起点是准确的。从

---

① 这里的民法当指后面所界定的广义民法，即涵盖商法在内的民法。

《共同纲领》至辛亥革命百年之 2011 年后，中国法律走过了超过一个甲子的历史，形成自己的体系。回顾中国法律这 60 多年的历史进程，对于更准确更全面地了解中国当代法律的成因和现状，从而客观而全面地理解中国法律是有帮助的。一个法律体系应当包括立法、司法、行政执法、法律界等多方面的情形，但本书只着重从立法方面检视中国法律和法律体系的概貌，因此，对中国法律和法律体系的历史回顾，也着重是对中国法律和法律体系在立法方面的历史回顾。中国法律 60 多年的历史可以分为前后大致各 30 年的两个时期。

（一）中国法律的发端：1949—1979

这是中国法律的开始和探索时期。这时期从 1949 年中华人民共和国成立前制定的共同纲领算起至 1979 年同时制定的刑法和刑事诉讼法时止，经历了 30 年的历史①。这时期的中国法律虽经历许多挫折，但也为以后建立中国法律体系积累了经验和教训。新政权一建立，即以苏联为榜样，实行社会主义制度，对如何建设国家和怎样建立自己的法律体系的问题，虽一直在探索，一直处于选择过程，但因国家指导思想出现偏差，世界观、认识论存在问题，导致走了不少弯路。这时期，中国只有零散的法律法规，涉及的法律部门很不齐全，没有建立起自己的法制，更无法言及形成自己的法律体系，其法律处于一种极为痛苦的选择过程，特别是这一时期的后 10 多年，国家更是陷入疯狂愚昧境地，法律处于空白状态。中国法律这 30 年历史又可以将前后各约 15 年划分为两个阶段。

1. 中国法律的萌芽阶段：1949—1965

如果说中国法律在头 30 年历史中有什么价值的话，那就是 1949 年至 1965 年这一阶段在立法上还是有值得借鉴的东西。这是中国法律的发萌阶段。这阶段的立法主要包括：

宪法。当西方国家立宪运动已有一两百年历史时，中国才开始意识立宪问题。中国近现代史有过 3 次立宪和 3 部不同宪法。第一次是 1908 年清末立宪运动，制定颁布《钦定宪法大纲》，准备君主立宪，实行君主立宪制政体，可惜没有成功，其失败与又一次革命并行，而革命又引来军阀混战，灾难深重的中国丝毫未尝到第一次立宪的甜头，历史有自己固有走向，无法怨天尤人，这就是宿命的历史。第二次是一百多年前与君主立宪并行的辛亥革命后的立宪运动，1912 年制定颁布《中华民国临时约法》，1946 年年末至 1947 年年初制定颁布的《中华民国宪法》，力图走共和之路，实行宪政民主、五权分立，可惜还是没有成功，国人仍未尝到第二次立宪的甜头，历史又一次走向自己的宿命，同样无法怨天尤人。第三次是一个甲子前开始的又一次立宪运动，此次立宪一直延伸至现在，情况如何，当由国民自己评判，作者无力为之，而仅把这次立宪运动简述出来。1949—1965 年的立宪，除 1949 年《共同纲领》外，还有 1954 年的第一部②宪法。共同纲领作为当时中国过渡时期具有宪法意义的纲领性文件，对当时国家经济政策的制定，对恢复国民经济乃至推进以后国家经济、政治、社会的发展都相当重要，可惜中国后来轻易改变自己的初衷，

---

① 用中国古人的话语说，这是一个"而立"的历史，但它却没有立起来。

② 同一法统下的宪法之所以有不同的几部，乃因后一部是对前一部的推倒重来，而不是修正或者补充。这是世界宪政史上所不多见的。但愿中国有一部经得起历史考验的、真正体现宪制的、令国家可以长治久安的宪法。

否定了一个结合中国社会实际的宪法性文件。1954年宪法在某些方面对共同纲领有所后退，开始对私营经济有所约束，规定对资本主义工商业采取利用、限制和改造的政策，并已包含国家对农业、手工业和资本主义工商业的三大社会主义改造的精神，至1956年，中国基本完成三大改造，完成所谓过渡时期而进入社会主义阶段；尽管如此，该宪法相对于后来的几部宪法仍不失为一部较好的宪法。这阶段与宪法相关的法律立法包括《中央人民政府组织法》《中国人民政治协商会议组织法》《全国人民代表大会组织法》《国务院组织法》《人民法院组织法》《人民检察院组织法》等。

民商法。有1950年的《婚姻法》，1951年的有关保险的法规，1959年和1963年的有关商标的法律和法规，1964年最高法院关于继承的司法解释等。民商法立法严重不足，与中国自1949年起实行苏俄式计划经济，没有商品经济，更没有市场经济这一状态有关。民商法的欠缺与计划经济是一脉相承的，这没有什么奇怪，中国历史的走向正是如此。

刑法。主要是1951年的惩治反革命条例、1952年的惩治贪污条例，并一直沿用至1980年元旦，涉及罪名仅限于"反革命"和"贪污"这两个，并把所有需要刑事处罚的罪名统统归结为这两个中的一个，且采取溯及既往的定罪判刑原则。从头30年历史看，当时刑法相当严厉，但规则却比较笼统，定罪也含糊，在刑事司法实践上有许多主观随意性，故造成大量的冤假错案。

行政法。当时中国没有行政法这一概念，倒是因政务需要制定了不少法规和规章，涉及财政、税务、金融、土地、贸易、海关、交通、邮电、农业、科教文体卫、新闻出版、民族、华侨、宗教、社团、人事管理、劳动、国家和公共安全、军事、民政、检察等。

程序法。程序观念在当时中国司法制度中较为淡薄，诉讼方面立法是20世纪50年代几个刑事诉讼的立法，且很不成熟，仲裁方面立法是20世纪50年代设立仲裁委员会的两个决定。

国际法。有涉及领土和外交的几个立法及有几个有关领土边界的国际条约。

至于现在中国法律体系所包含的经济法、社会法等法律部门，连有关的法律概念都没有，就更谈不上立法了。

2. 中国法律的痛苦阶段：1966—1979

这是一段可以而且应当引起我们及我们的子孙后代不断反思的特殊历史，它堪称中华几千年文明史中之一绝；它是中国法律的悲哀，也是整个中国社会和中华民族的悲哀。这段历史的发生不能完全归结于个人因素，它有着深刻的根源，包括历史状况的、经济发展的、政治结构的、国际环境的、法律制度的、意识形态的、传统思维的、民族心理的等多方面的根源。当1908年第一次立宪运动失败，本来有益于大中华历史循序渐进发展的君主立宪夭折时，就已命定中华民族的历史走向，并会有这样的劫数，不必任何假设。这与其说是一种历史宿命，不如说是国人几千年传统文化和心理习惯的一种延续。"文革"出现绝对不仅仅是因为某个人的存在，其实从那段历史过来之人，我们都应反思，在公义面前，我们都有不可推卸之原罪。事实上，当人的思维中没有法律的地位时，正常社会秩序和社会生活就无法得到保障，人的尊严就无法得到保护。历史是残酷的，又是公正的，它告诉我们一个事实：当一个民族不关心法律时，甚至当一个民族面对有人受到违反法律的不公正的对待还无动于衷，没有公义，如同鲁迅笔下的麻木的看客时，这种不公正的境遇离我们每个人就不远了，我们迟早也会获得那个待遇。

这一阶段立法几乎一片空白：1975 年宪法明显打上时代烙印，而"拨乱反正"的 1978 年宪法仍深受其影响；民商法和刑法的立法一片空白，更以诸如"一打三反"运动①代替刑事法律制度；行政法因行政管理之需曾制定过一些行政法律性文件；程序法仅有关于仲裁的一个立法；与国际法相关的仅制定一个有关外交的法律性文件。从 1966 年至 1979 年，中国制定的法律规范性文件总共还不到 20 个。这近 15 年的历史使中国法律出现倒退，从另一个角度恰好印证，由于没有建立法律的权威，因而出现 1966 年至 1976 年这整整 10 年的荒唐历史便无可避免，这是一个沉痛的历史教训。

(二) 中国法律体系的逐步形成：1979—2017

这是中国法律体系形成和完善的时期。经历过苦痛的人更渴望宪制、民主、自由、平等的社会生活。从 20 世纪 80 年代始，国人已感悟到法律虚无的惨痛历史教训，如果不建立法律的绝对权威，中国就难免再次陷入类似 1966 年至 1976 年那段荒唐历史的泥坑。痛定思痛，中国迎来了法律的春天，从那时起，逐渐加大立法步伐，提出依法治国，建设法治国家的宪法规范，每年制定法律、法规、规章、司法解释的数量加速度增长，就吉林人民出版社出版的《中华人民共和国法律全书》反映的情形，真可谓管中窥豹、可见一斑，直至 2010 年已初步形成了自己的法律体系：

宪法。1982 年制定的现行宪法伴随社会变迁而诞生，完善了宪法相关法的立法工作，含公民权、国家机构、选举制度、人大工作、立法、民族区域自治、特别行政区设置、公民权益保障等方面的宪法规范。

程序法。基本形成了中国程序法的体系结构，其立法包括了诉讼和非诉讼程序法的内容：1979 年的刑事诉讼法、1991 年的民事诉讼法、1999 年的海事诉讼特别程序法、1989 年的行政诉讼法、1994 年的仲裁法、2010 年的人民调解法。

民商法。制定了民商法一系列法律、法规、规章，基本形成民商法体系结构。民法有民法总则、民法通则、婚姻法、继承法、收养法、物权法、侵权责任法、著作权法、专利法、商标法、合同法等；商法有担保法、票据法、信托法、单据法、公司法、全民所有制工业企业法、合伙企业法、个人独资企业法、乡镇企业法、中外合资经营企业法、中外合作经营企业法、外资企业法、证券法、拍卖法、保险法等。特别值得一提的是，作为民法基本规范的单行立法已基本完成，只差个别单行立法的进一步完成，未来民法典即可形成。

刑法。制定了作为刑法典的刑法和与其相关的一系列法律规范，基本形成中国刑法的体系结构；相关刑法规范有监狱法、治安管理处罚法、预防未成年人犯罪法、关于惩治骗购外汇、逃汇和非法买卖外汇犯罪的决定、关于取缔邪教组织、防范和惩治邪教活动的决定、关于维护互联网安全的决定等法律性文件。

行政法。制定了行政法的一系列法律、法规、规章，基本形成中国行政法体系结构。基于中国 21 世纪后的立法构想，把本来属于行政法部门的一些分支分离出来，构成经济法部门和社会法部门。现时行政法仅仅涉及行政机构、环保、人事和监察、海关、公安、

---

① "一打三反"运动是指打击反革命破坏活动，反对贪污盗窃，反对投机倒把，反对铺张浪费的运动。

司法、民政、军事、宗教、科技、教育、文化、体育、卫生、城建、旅游等规范。

经济法。制定了经济法的一系列法律、法规、规章，基本形成中国经济法体系结构，主要涉及财政和财务、会计、税务、金融、交通和民航、国土资源、农林牧、水利、对外贸易、审计、统计、邮电、工商、商业和物价、货物运输等方面的规范。

社会法。制定了社会法的一系列法律、法规、规章，基本形成中国社会法体系结构，主要涉及劳动、社会保障、社会组织、人力资源、特殊群体保护等方面规范。

国际法。制定了一系列与国际关系有关的国内法，涉及国籍、领土、外交、军事、刑事、缔结条约等方面的规范，有国籍法、领海及毗连区法、引渡法、专属经济区和大陆架法、外交特权与豁免条例、领事特权与豁免条例、缔结条约程序法；缔结或参加了相关多边或双边国际条约，涉及知识产权、保险、贸易、海运、环境资源、银行、农林业、教育、科学、文化、卫生、技术监督、邮政、劳工和社会保障、航空航天、海关、刑事法律、司法协助、人权、外交等方面。基本形成与中国相关的国际法体系结构。

总之，中国法律的第二个时期，随着中国经济改革开放和全面实行市场经济以及正式加入WTO，为与市场经济的发展相吻合以及与国际政治经济运作规则接轨，中国一直在加紧各个方面的立法，乃至2010年已经初步形成既力图参照世界其他法系成果，又具有自己特色的中国法律体系。相信，随着中国现代社会的转型，中国法律一定会有长足的发展，中国法律体系一定会不断自我修正和完善，到那时，我们可以自信地说，中国已经真正成为现代政治文明的国家。相信这一天的到来不会太久远，这正是全体国人翘首以待的国家大事。

第二章

中国的法制环境

一个法律体系的法制环境主要取决于两个因素：该法制的审判体系，该法制的法律职业状况和法律服务市场。没有一个独立而公义的审判体系，没有一个自由而自律的法律职业状况，没有一个健康而成熟的法律服务市场，就没有一个真正法治的法制环境，就更谈不上法律体系的完善和公义；独立而公义的审判体系、自由而自律的法律职业状况、健康而成熟的法律服务市场，既是衡量法制环境好坏的晴雨表，也是良好法制环境的守护神。本章之所以作出先于宪制法章的结构安排，正是出于这样的考虑：法律之存在，不是之于自然界，而是之于人类社会的；当作为社会人的我们接触法律，需要法律，通过法律诉讼解决问题时，就势必会遇到法院及其法官，并且如何寻找律师为自己缠身的官司提供法律服务这样的事情。

第一节 法　　院

一个国家能否成为真正法治的现代文明国家，一个法律体系能否真正形成，除了要有一个健全的立法制度，并基于它制定一整套完备而成熟的法律、法规和规章外，还需要有一个完善而配套的审判制度，而法院正是一个审判制度的主体和核心。

一　法院的性质和任务

《宪法》第123条和《法院组织法》第1条从各自角度完全一样地明确规定了中国法院的性质，是国家的审判机关。国家机构是根据宪法和法律设置的行使国家权力和管理国家事务的工作部门，又称为国家机关。法院之所以区别于诸如国家权力机关、国家行政机关、国家军事机关、国家法律监督机关的其他国家机构，就因为它是国家的审判机关。审判机关是一个依法行使国家审判权的国家机关，通常称为法院。与其他国家机关一样，各级法院的组成由各级人大产生，并对产生它的同级人大及其常委会负责及报告工作。

法院的性质决定了法院之间的关系。根据《宪法》第127条，最高法院监督地方各级法院和专门法院的审判工作，上级法院监督下级法院的审判工作。换言之，上下级法院之间的关系，不是领导与被领导或服从与被服从而是监督与被监督的关系。这由法院两审终审、审判监督的审级制度和法院独立审判的基本原则决定：因为法院实行两审终审制度和审判监督制度，所以上级法院对下级法院的审判工作只能通过上诉程序、审判监督程序进行监督，纠正下级法院不合乎实体法律规范或程序法律规范的审判结果和审判行为，保护诉讼当事人的合法权益，保证国家法律的正确适用，维护国家法制的统一性和严肃性；也因为法院独立行使审判权，不仅独立于其他任何组织和个人，而且也独立于其他法院，尤其是上级法院，所以法院之间不能是领导与被领导或者服从与被服从的关系。

法院的任务是行使国家的审判权：依法行使诉讼审判权，审判各类各种案件，包括刑事案件、民商事案件、行政案件；依法行使诉讼执行权，执行各类各种生效裁判文书，包括刑事判决、裁定，民商事判决、裁定及仲裁裁决书、调解书，行政诉讼判决、裁定及行政机关依法作出的具体行政行为；依法行使诉讼处分权，对各类各种诉讼的某些事项进行处分，包括刑事案件中对犯罪嫌疑人和被告人采取拘传、取保候审、监视居住或逮捕的强制措施，或对强制措施撤销或变更，民事诉讼中对有关赡养、抚养和扶养的案件必要时裁定暂先给付，对必须到庭而无正当理由拒不到庭的被告采取拘传和对违反法庭规则，或妨害司法的诉讼参与人或其他人或单位采取训诫、责令退出法庭、罚款或拘留的强制措施，或对强制措施予以解除或变更，行政诉讼中对妨害行政诉讼的人采取类似民事诉讼规定的相应强制措施；用自己全部审判活动教育公民遵守宪法和法律，并懂得用宪法和法律维护自己的合法权益，以达到以案说法的示范作用和教育效果。

二　法院审判工作的基本原则和审判工作制度

（一）法院审判工作的基本原则

法院审判工作的基本原则也是各种诉讼程序的诉讼基本原则：相对于法院所扮演的角色而言，称为审判工作的基本原则；相对于规范诉讼主体和其他诉讼参与人诉讼行为的角度而言，称为诉讼的基本原则。法院审判工作的基本原则如下：

审判工作基本原则1　法院独立行使审判权原则

《宪法》第126条和《法院组织法》第4条对本原则作了相同规定，法院依法独立行使审判权，不受行政机关、社会团体和个人的干涉；刑事诉讼法、民事诉讼法、行政诉讼法对此有相关规定。作为执政党的中国共产党，作为握有权柄的各级领导人，特别是中央最高核心层领导人，均受宪法和法律约束，无权干预法院审判。

审判工作基本原则2　审判必须以事实为根据，以法律为准绳原则

《刑事诉讼法》第6条、《民事诉讼法》第7条、《行政诉讼法》第4条对本原则作了相同规定，法院审理各种各类案件，均必须以事实为根据，以法律为准绳。

审判工作基本原则3　所有人在法律面前一律平等原则

《宪法》第33条从宪法原则的角度，《法院组织法》第5条从审判工作规范的角度，《刑事诉讼法》第6条和第14条、《民事诉讼法》第8条、《行政诉讼法》第7条从诉讼角度对本原则作了严格规定，所有公民在适用法律方面一律平等，法院审判案件赖以进行裁判的实体法律标准和程序法律标准均只有一个，不能因人而异，必须一视同仁，所有人都有平等的诉讼权利。

审判工作基本原则4　辩论原则

《刑事诉讼法》第160条、《民事诉讼法》第12条、《行政诉讼法》第9条从不同诉讼程序角度对本原则作了规定，有关诉讼参加人在诉讼中均有权进行辩论。法院不得剥夺诉讼双方的辩论权；审判人员对双方的辩论应当保持中立的立场，不得参与双方的辩论，并避免在双方辩论中发表具有倾向性的意见。

审判工作基本原则5　检察院对诉讼实行法律监督原则

《检察院组织法》第5条、《刑事诉讼法》第8条、《民事诉讼法》第14条和《行政诉讼法》第10条对本原则均作了规定，检察院在各种诉讼中享有监督权。

审判工作基本原则6　使用本民族语言文字诉讼原则

《宪法》第134条、《法院组织法》第6条以及《刑事诉讼法》第9条、《民事诉讼法》第11条、《行政诉讼法》第8条从不同角度对本原则予以规定，各民族都有用本民族语言文字进行诉讼的权利，起诉书、判决书、布告等法律文书应使用当地通用的文字。

（二）法院审判工作制度

法院审判工作制度是法律规定的法院在审判工作中应当遵循的具有规范性的涉及诉讼程序各个方面的基本规则体系，包括：

审判工作制度1　公开审判制度

公开审判制度是指为防止司法腐败，法院审判案件，除法律另有规定外，一律公开进行的制度。《宪法》第125条、《法院组织法》第7条以及各种诉讼法对此均有相关规定。

审判工作制度2　合议制度

合议制度是指为有效抑制对审判权的误用、滥用，法院审判案件，除法定可独任审判案件外的第一审案件和全部的第二审案件，均由3人以上单数的审判员或审判员和陪审员组成合议庭进行审判的制度。《法院组织法》第10条及各种诉讼法对此有相关规定。

审判工作制度3　回避制度

回避制度是指为消除司法腐败和保证法律的公义性，规定法院审判案件时与其经办的案件或案件当事人有特殊关系，以致可能影响案件公正处理的审判人员和其他法院工作人员不得参与处理该案的一种制度。《法院组织法》第16条及各种诉讼法对此均有规定，这些规定包括谁在案件审理的始终应当回避、谁提出或者说谁有资格提出应当回避的人员回避、什么时候可以并且应当提出回避申请、由谁决定应当回避的人员回避等内容。

审判工作制度4　两审终审制度

两审终审制度是指为了对一审案件的法律救济，一个案件经过两级法院审判才宣告终结的制度。最高人民法院是最高级别的法院，为了保证两审终审制，应成为二审法院或曰终审法院；因为当最高人民法院为一审法院时，实质就成了一审终审。到目前为止，除审判林彪集团和"四人帮"外再无最高人民法院为一审法院的情形。《法院组织法》第12条、《刑事诉讼法》第10条、《民事诉讼法》第10条、《行政诉讼法》第6条均规定了两审终审制度。

审判工作制度5　陪审制度

陪审制度是指为体现人民主权和社会公义精神，有效地防止司法腐败和保证司法公正，由法院依法召集从公民中产生的非职业法官作为陪审员在法院参加案件审判工作的制度。陪审制度自11世纪由英国率先采用后逐渐通行于英美法系国家，后来大陆法系的法国和德国等国也先后采用，它是现代法治国家法律制度的一种基本形式。《刑事诉讼法》

第 13 条对此有规定，法院组织法、民事诉讼法、行政诉讼法也有类似规定。

审判工作制度 6　审判监督制度

审判监督制度是指为给审判予以法律救济，法院依当事人申诉或检察院抗诉，或者依职权对生效的判决、裁定依法再审，审查其事实是否真实、证据是否已被证实、适用法律是否正确的一种特定诉讼程序制度。法院组织法和各种诉讼法对此均有规定，包括谁有资格发动审判监督程序、提起审判监督程序的前提条件等内容。审判监督制度与两审终审制度一样均具法律救济性质，其区别只在于两审终审制度的上诉审是对未生效的判决、裁定的法律救济，而审判监督制度的再审或重审是对生效的判决、裁定的法律救济。如果上诉审是第一次法律救济，那么再审或重审就是第二次法律救济。

审判工作制度 7　国际司法协助制度

国际司法协助制度是指两国间法院审理刑事案件、民事案件时根据双方缔结或参加的国际条约，或者按互惠原则相互代为履行某些诉讼事项或代为进行某些诉讼行为的制度。刑事诉讼法、引渡法规定中国司法机关与外国司法机关之间可按有关国际条约或互惠原则，相互请求刑事司法协助和进行引渡合作。民事诉讼法规定中国法院与外国法院之间可按有关国际条约或互惠原则，相互请求代为送达文书、调查取证等司法协助。

三　法院的管辖权：审判权限分工

管辖权不同于受案范围：管辖权是指上下级法院之间和同级法院之间受理第一审诉讼案件权限分工的制度，受案范围是指法院与其他国家机关、社会组织等之间处理诉讼案件的职责权限分工问题。管辖权处理的是审判权的内部分工，受案范围处理的则是审判权的外部分工。管辖权与受案范围是互为条件的：法院对一个案件有管辖权，该案件就属于法院的受案范围，即管辖权是受案范围的充分条件；一个案件只有属于法院的受案范围，法院对它才有管辖权，即受案范围是管辖权的必要条件。判别法院有无权力去审理一个案件的逻辑是：先看案件是否属于法院的受案范围，然后再看法院对该案有无管辖权。

规定管辖权对审判工作有重要意义：管辖权建立一种对案件处理或审理权限的制约机制，使得司法机关处理案件、法院审理案件都必须严格依照权限范围进行，对司法权、审判权起着制约作用；管辖权使得体现为两审终审制的审级制度不仅具有法理依据，而且具有司法依据，从而使得审级制度更具可操作性；管辖权的规定更便于司法机关对司法权、法院对审判权的行使；管辖权的建立更便于当事人进行诉讼，使得他们知道到哪个法院起诉，也知道如何通过对管辖权提出异议来保护自己在诉讼中的合法权益免受侵犯。

中国关于管辖权的分类详见图 1 及其解释：

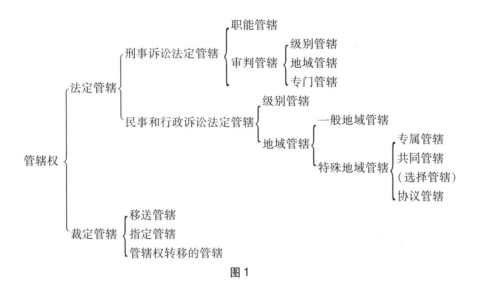

图1

第一，法定管辖和裁定管辖：前者指法律规定第一审案件由哪一级或哪一个法院行使管辖权，受理和侦查刑事案件由哪一种司法机关行使管辖权的管辖，包括刑事诉讼法定管辖和民事诉讼、行政诉讼法定管辖；后者指根据法院的裁定或决定，确定第一审案件由哪一级或哪一个法院行使管辖权的管辖，包括移送管辖、指定管辖和管辖权转移的管辖。

第二，法定管辖中的刑事诉讼法定管辖及民事诉讼、行政诉讼法定管辖：前者指法律规定受理和侦查刑事案件由哪一种司法机关行使管辖权，第一审刑事案件由哪一级或哪一个法院行使管辖权的管辖，包括职能管辖和审判管辖；后者指法律规定第一审民事案件、行政案件由哪一级或哪一个法院行使管辖权的管辖，包括级别管辖和地域管辖。

第三，刑事诉讼法定管辖中的职能管辖和审判管辖：前者指法律规定法院、检察院、公安机关之间在受理和侦查刑事案件职权分工的管辖；后者指法律规定上下级法院之间、同级法院之间、普通法院与专门法院之间、专门法院之间，对第一审刑事案件由哪一级、哪一个或哪一种法院行使管辖权的管辖，包括级别管辖、地域管辖和专门管辖。

第四，民事和行政诉讼法定管辖中的级别管辖和地域管辖：前者指法律规定上下级法院之间对第一审案件由哪一级法院行使管辖权的管辖；后者指法律规定不同地域同级法院之间对第一审案件由哪一个法院行使管辖权的管辖，包括一般地域管辖和特殊地域管辖。

第五，刑事诉讼审判管辖中的级别管辖、地域管辖和专门管辖：级别管辖和地域管辖含义与民事和行政诉讼的相同；专门管辖是刑事诉讼特有的一种审判管辖，指法律规定除海事法院外的其他专门法院之间及其与普通法院之间对第一审刑事案件由哪一种法院行使管辖权的管辖，与民事和行政诉讼的级别管辖和地域管辖的上位概念是其法定管辖不同，刑事诉讼的级别管辖和地域管辖的上位概念是其审判管辖，再上位概念才是其法定管辖。

第六，民事和行政诉讼地域管辖中的一般地域管辖和特殊地域管辖：前者指法律规定在民事诉讼中根据被告或原告住所地、在行政诉讼中根据最初作出具体行政行为的行政机关所在地在不同地域的同级法院之间，对第一审民事、行政案件由哪一个法院行使管辖权的管辖；后者指法律规定根据特定法律事实发生地在不同地域的同级法院之间，对第一审民事、行政案件由哪一个法院行使管辖权的管辖，包括专属管辖、共同管辖和协议管辖。

第七,民事和行政诉讼特殊地域管辖中的专属管辖、共同管辖和协议管辖:前者指法律规定根据特定案件由特定法院管辖的原则,在不同地域的同级法院之间对第一审民事、行政案件由哪一个法院行使管辖权的管辖;中者指法律规定根据某些特定案件可由两个以上法院管辖并由原告选择管辖法院的原则,在不同地域的同级法院之间对第一审民事、行政案件由哪一个法院行使管辖权的管辖,又曰选择管辖;后者指法律规定合同纠纷发生前或后由双方当事人在不违反级别管辖和专属管辖前提下,书面协议约定管辖法院的管辖,它是"当事人意思自治原则"在民事诉讼管辖权方面的体现,但行政诉讼没有协议管辖。

第八,裁定管辖中的移送管辖、指定管辖和管辖权转移的管辖:前者指法院对已经受理的案件经审查发现本院没有管辖权时,或者对已经受理的案件虽存在共同管辖权,但受理后发现其他同样有管辖权的法院已先行立案而不能行使管辖权时,裁定将案件移送给有管辖权的或有管辖权且已先行立案的法院行使管辖权的管辖;中者指对于有管辖权的法院因特殊原因不能行使管辖权的,或者法院之间因管辖权发生争议而又协商不成的,或者管辖不明的案件,由上级法院以裁定的形式确定某一下级法院行使管辖权的管辖;后者指由上级法院决定或同意,在上下级法院之间将案件的管辖权相互转移,即由上级法院转移给下级法院、由下级法院转移给上级法院,从而通过改变级别管辖而行使管辖权的管辖。

四 法院组织结构和法官

(一) 法院组织结构

法院组织结构包括外部组织结构和内部组织结构。外部体系结构是指法院与法院之间的组织结构,主要解决法院之间关系问题。法院组织外部结构见图2及其解释[①]:

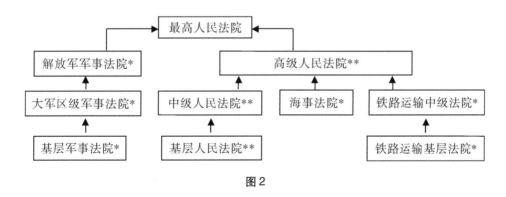

图2

第一,法院的类别:最高人民法院、地方各级法院、专门法院。地方各级人民法院包括高级人民法院、中级人民法院、基层人民法院;专门法院包括军事法院、海事法院、铁路运输法院等。

第二,法院的级别:基层人民法院,即图2的第4行法院;中级人民法院,即图2的

---

① 单星号*表示专门法院,双星号**表示地方各级人民法院,箭头所指法院为上一级法院,又称为上诉法院、第二审法院或者终审法院。

第3行法院；高级人民法院，即图2的第2行法院；最高人民法院，即图2的第1行法院。

第三，地方各级法院：基层人民法院，含县、自治县、不设区的市、市辖区法院；中级人民法院，含省和自治区内按地区设立的、直辖市内设立的、省和自治区辖市（设区的市）设立的、自治州设立的法院；高级人民法院，含省、自治区、直辖市高级人民法院。

第四，专门法院：军事法院，含基层军事法院，大军区级军事法院（相当于地方中级人民法院），解放军军事法院（相当于地方高级人民法院）；海事法院（相当于地方中级人民法院，上诉法院为所在辖区的地方高级人民法院）；铁路运输法院，含铁路运输基层人民法院和中级人民法院，铁路运输中级法院的上诉法院为所在辖区的地方高级人民法院。

法院组织的内部管理结构是指法院内部各部门、机构之间的组织管理结构，解决法院内部各部门、机构之间的关系问题，包括日常工作部门和临时性组织机构。法院日常工作部门包括：审判庭，含刑事审判庭、民事审判庭、行政审判庭、经济审判庭、立案庭、审判监督庭，以及根据需要而设的房地产庭、小额钱债审判庭、上诉庭、交通运输审判庭、少年犯罪审判庭等；审判委员会，仅对经合议庭审理的重大、复杂、疑难案件进行讨论并作出决定，不直接审判案件；基层法院按地区大小、人口多少、案件数量、经济发展状况等情形设立的人民法庭，作为基层法院的派出机构和组成部分。法院针对某一特定案件而组成的临时性组织机构，即审判组织：独任庭，由审判员1人独任审判案件的审判组织形式，适用简易程序的民事案件、适用除选民资格或重大疑难案件外的其他特别程序审理的民事案件，适用简易程序的刑事自诉案件和其他轻微的刑事案件，可以组成独任庭进行审理；合议庭，由3人以上单数的审判员组成或审判员和陪审员组成的合议审判案件的审判组织，除上述适用独任审理情形外的其余案件，一般都应当组成合议庭进行审判，尤其是所有的第一审行政诉讼案件、所有的第二审案件、所有的按照审判监督程序审理的再审或重审案件、所有的死刑复核案件，一律必须由合议庭审判。

（二）法官

法官法将法官界定为依法行使国家审判权的审判人员，包括最高人民法院、地方各级人民法院和各专门法院的院长、副院长、审判委员会委员、庭长、副庭长、审判员和助理审判员。初任法官的准入制度采用严格考核的办法，从通过国家统一司法考试取得资格且具备法官条件的人员中择优提出人选，按任职条件录用。法官实行4等12级的等级制度：一等法官为首席大法官；二等法官为大法官，分为一级和二级；三等法官为高级法官，分为一级、二级、三级和四级；四等法官为法官，分为一级、二级、三级、四级和五级。法官等级的晋升，依据一定年限有严格的晋升制度，一级法官以上等级的晋升实行选升制度。

法律规定了严格的法官任职回避规范。法官任职回避与审判工作的回避制度有区别：审判工作的回避制度如前所述，法官任职回避是指法官之间因存在法律规定的亲戚关系而不能同时担任某些职务的一种任职制度。法官任职回避包括：一是法官之间有夫妻关系、直系血亲关系、三代以内旁系血亲以及近姻亲关系的，不得在以下几个职务系列内的同一系列的职位中同时任职：同一法院的院长、副院长、审判委员会委员、庭长、副庭长；同一法院的院长、副院长和审判员、助理审判员；同一审判庭的庭长、副庭长、审判员、助理审判员；上下相邻两级法院的院长、副院长。二是法官从法院离任后 2 年内不得以律师身份担任诉讼代理人或辩护人，离任后不得担任原任职法院办理案件的诉讼代理人或辩护人。三是法官的配偶、子女不得担任该法官所任职法院办理案件的诉讼代理人或辩护人。

五　最高人民法院的司法解释

司法解释是由司法机关对于在执行法律过程中对法律规范所作的有权解释，又称为正式解释或官方解释。司法解释只要不违反宪法和法律，对规范社会关系和人们行为，尤其对司法工作就具有普遍的法律约束力；司法解释可帮助对法律规范的正确理解和适用，因而是法律规范的一种展开。司法解释有两种：最高人民法院关于审判工作如何具体适用法律而对下级法院作出的具有法律约束力的司法解释，最高检察院关于检察工作如何具体适用法律而对下级检察院作出的具有法律约束力的司法解释。最高法院制定司法解释的职权是全国人大常委会 1981 年《关于加强法律解释工作的决议》中规定的，最高法院 1997 年《关于司法解释工作的若干规定》就制定司法解释的职权重申了全国人大常委会的规定。

最高法院制定司法解释，必须经审判委员会讨论并经立项、起草、审核、通过并发布等几个步骤完成，方能生效。其内容有关于程序法方面的，即对刑事诉讼法、民事诉讼法、海事诉讼特别程序法、行政诉讼法的司法解释，也有关于实体法方面的，即对刑事实体法、民商事实体法、行政实体法的司法解释。最高人民法院司法解释的形式包括：解释，即规定审判工作如何应用某一法律、规定某一类案件或某一类问题如何适用法律所用的形式；规定，即对于审判工作提出规范、意见时所使用的形式；批复，即答复高级人民法院、解放军军事法院就审判工作具体应用法律问题的请示所用的形式。最高人民法院司法解释的效力范围包括：时间效力，一般以在《人民法院报》上公开发布的日期为开始生效的日期，除非司法解释有专门的关于生效时间的规定，最高人民法院对其司法解释的溯及力未作一般性的规定，而只对于刑事司法解释的溯及力作了"从旧兼从轻"的原则规定；空间效力，对于地方各级人民法院和各种各级专门法院的审判工作都有法律约束力，法院在审判中可在依据法律规定的同时，也依照最高人民法院的司法解释，除非它与法律相悖。最高人民法院司法解释与有关法律规定一并作为法院判决、裁定的依据时，应当在司法文书中援引，并应先引用适用的法律条款，再引用适用的司法解释条款。

第二节　法律职业和法律服务

一个社会存在健康而成熟的法律职业及与之有关的法律服务市场，是评判这个社会法制环境的重要指标之一。从事法律职业的，包括从事法官、检察官、律师、公证员等职业的,通常被称为法律人。本节主要阐述律师、公证员等与法律服务业相关的法律职业。

一 法律职业准入制度和法律服务业概况

随着中国市场经济的确立和社会转型的到来,法律职业在中国社会生活中所起的作用越来越大,法律职业也就越来越受到人们的青睐。为了规范法律职业,国家从1986年起就设立了每两年一次的统一的律师资格考试,作为律师业准入的一个门槛。为了适应国家法制化需要,不仅律师业有严格的准入制度,而且法官业、检察官业、公证员业,也有相应从业资格考试,设置职业准入制度。与国家法制建设相适应,从2002年起,国家将法官业、检察官业、律师业、公证员业等法律职业准入制度统一起来,设立统一的国家司法考试。根据法官法、检察官法、律师法、公证法以及国家司法考试办法,凡初任法官、初任检察官、申请律师执业、担任公证员的,即凡要从事法官业、检察官业、律师业、公证员业的,都必须要先通过国家统一司法考试,取得法律职业资格,方可申请成为法官、检察官、律师或公证员。根据《香港特别行政区和澳门特别行政区居民参加国家司法考试若干规定》和《台湾居民参加国家司法考试若干规定》,香港、澳门永久性居民中的中国公民和具有台湾地区居民身份的人员,可报名参加国家司法考试。

中国法律服务业既古老又新兴。说其古老,乃因为作为法律服务业的律师业在中国古已有之,律师古时称为讼师;说其新兴,又因为以现政权框架下的律师业为标志的法律服务业,则主要是20世纪80年代初期以来的事情,至今不过30多年历史。然而,一个完善的法律体系不能没有法律服务业,因为:首先,法律服务业是法制社会不可或缺的行业,是国家法制建设的晴雨表。以美国法律服务之律师业为例,1970年全美约有35万律师,其律师与人口比例约为1:572;至20世纪末,约有80万律师,其律师与人口比例降至约1:275。姑且勿论如何评价美国律师业的这种状况,但它事实上却反映了美国律师服务市场需求的不断扩大,而这种需求的增长恰好体现了美国社会整体的法制水平。在当代中国,法律服务业反映了社会转型的历史:1949年至1979年的30年,中国社会本质上没有法律服务市场,特别是50年代末至70年代末这20多年间,更是完全取消律师业。1949年中华人民共和国成立后,一党执政的政权方式与人治的政治环境也许是相适应的,绝不是用某个人的过错就能解释得通的,它是一种没有选择的历史选择。80年代初起,尽管在以后30年时间里仍然是一党执政的政权方式,但因社会生活已经逐渐渗入市场经济的因子,故在政治、法律等方面不得不重新建构与之相适应的上层建筑领域,这样就又一次面临国家重大历史选择的问题。是保留一个停留于以前与计划经济基本适应的人治政权,还是重新建立一个与市场经济相配套的法治政权,尽管这是一个艰难而痛苦的选择,但历史的发展迫使国人不得不面对。痛定思痛,国人对此基本上达成共识,就是要逐步建立一个法治的政权形式。一个国家如果有相对完善的法律体系,有完善的立法机制,不是通过人治意义上的人去统治,而是通过法律去治理,国家的法律条文便会越来越多。面对浩瀚的法律条文,普通人往往望而生畏,因而通常需要专业人士为自己提供法律服务。其次,法律服务业是市场经济的组成部分,属于贸易服务业一种。1949年后经过三大改造,中国已变成公有制为主要所有制形式的国家,个体经济逐渐弱化,发展至"文革"时几乎为零;但随着改革开放的进一步深入,国家又一次面临所有制的转型,一些国有企业实行股份制，甚至变卖，转变为私有企业。从 1949 年至 21 世纪初期，中国社会发展经历了从私有到公有，再到公有私有并存这样一个怪圈，尽管国人的智慧善用黑格尔的辩证法，但这样一个怪圈绝非黑格尔的所谓否定之否定原理就可以说得通的，它面临许多新的问题，这其中就需要针对所有制又一次转型时所伴随的大量立法。1992 年市场经济出现，大量立法出现众多的法律条文，这样就势必需要许多法律人为社会提供法律服务，包括诉讼的和非诉讼的。市场经济需要规范的法律服务，法律服务反过来又完善市场经济的秩序，形成良性循环。再次，法律服务业是中国面对国际经济共同体的需要。世界经济在 20 世纪 60 年代、70 年代后逐渐形成经济共同体，并相继诞生许多维持国际经济秩序的法律规范。中国自 80 年代后打开国门，逐渐融入国际社会，特别是 2001 年加入 WTO，成为世界经济体之一员。中国融入国际社会后面临许多法律问题，需要开始适应、开始学习，在国际经济交往中，要了解国际贸易的游戏规则，接受国际经济贸易规则和国际惯例的约束，通过法律途径解决涉外的民商事纠纷，这就需要法律人提供涉外的法律服务，包括涉外诉讼的和涉外非诉讼的。最后，法律服务业也是政府依法行政的需要。要依法治国，重要的一个方面就是要建立一个法治政府。一个法治政府依法行政必然面临两个基本问题：政府只能依授权在行政权范围内制定行政法规和部门规章，政府应严格按法律、法规行政。政府在依法行政过程中同样需要各种法律服务，特别是行政法方面的法律服务，通过建立、完善政府及其领导人的律师顾问团，使法律服务工作进入决策层，促进依法行政；而政府律师顾问团通过提供法律服务，保障政府依法行政。

中国法律服务业主要包括：律师业，它是法律服务业的主导方面，与其他法律体系一样，中国大量的法律服务市场来自律师提供的法律服务，包括一般律师、公职律师、公司律师、军队律师等，提供的各种各类法律服务，并涉及诉讼和非诉讼的各个领域，范围广泛；公证业，它是有别于律师业的另一个法律服务行业，即公证机构代表国家对专门事项予以法律证明，从而提供法律证明的服务；基层法律服务，是非诉讼法律服务，由城镇街道居民区和农村村民区的称为法律服务工作者的专职人员提供，其准入门槛比律师低。

二 律师业：与法律服务业相关的法律职业（一）

规范律师业的主要是经 2012 年最新修订的律师法及律师事务所管理办法和律师执业管理办法等。律师是指依法取得律师执业证书，接受委托或指定，为当事人提供法律服务的执业人员。律师所提供服务的当事人可以是自然人，也可以是法人和非法人组织；可以是企业单位、事业单位或社会团体，也可以是政府机关；可以是中国籍的，也可以是外国籍的或无国籍的；可以是诉讼的当事人，也可以是非诉讼的当事人；可以是诉讼的原告人，也可以是诉讼的被告人，还可以是某些特定诉讼中的第三人。律师为当事人提供诉讼方面的法律服务主要包括：在民事诉讼、行政诉讼中，受当事人委托，作为原告或被告的诉讼代理人；在刑事诉讼中，受当事人委托或者由法院指定，作为被告的辩护人，或者作为受害人的诉讼代理人，作为刑事自诉案件原告的诉讼代理人或作为刑事附带民事诉讼原告人或被告人的诉讼代理人。律师在非诉讼方面的法律服务，主要包括受当事人委托进行调解、仲裁等程序方面的法律事务及其他非程序方面的法律事务。

律师执业必须先后取得两个证书：一个是司法考试合格后由司法部颁发的法律职业资

格证书,或全国统一司法考试前通过律师资格考试合格后由司法部颁发的律师资格证书;另一个是获得前述资格证书后在律师事务所实习满1年,申请领取的律师执业证书。目前法律还规定了兼职律师制度,主要针对法学教学和研究人员提出;兼职律师制度与20世纪80年代以来律师人数短缺有关,相信随着律师制度的完善,兼职律师制度会被取消。

律师在执业过程中受宪法和法律保护,享有基本执业权利,包括律师在执业活动中的人身权利不受侵犯,人身自由和人格尊严受法律保护,不受任何人或组织、机关的侵犯和干扰,特别是律师担任诉讼代理人、辩护人的,其辩论或辩护的权利依法受到保障。律师在执业过程中也应承担相应的法律义务,包括律师有履行执业职责的义务,在执业中有恪守职业道德的义务,在执业中负有避免利益冲突的义务,有履行法律援助的义务等。

律师不能自行执业,必须在一个律师事务所执业。律师事务所是律师的执业机构,现行的律师事务所有包括普通合伙律师事务所和特殊合伙律师事务所的合伙律师事务所、个人律师事务所、国家出资律师事务所等3种形式。普通合伙律师事务所的合伙人对律师事务所的债务承担无限连带责任。特殊合伙律师事务所一个或数个合伙人在执业活动中因故意或重大过失造成律师事务所债务的,应承担无限责任或无限连带责任,其他合伙人以其在律师事务所中的财产份额为限承担责任;合伙人在执业活动中非因故意或重大过失造成的律师事务所债务,由全体合伙人承担无限连带责任。个人律师事务所的设立人对律师事务所的债务承担无限责任。国家出资律师事务所以其全部资产对其债务承担责任。

律师协会属于社会团体法人的性质,是律师的自律性组织,对律师执业、律师事务所实行行业自律。全国设立中华全国律师协会,省、自治区、直辖市设立地方律师协会,设区的市也可设立地方律师协会。所有执业律师应加入所在地的地方律师协会,且凡加入地方律师协会的执业律师,同时也是中华全国律师协会的会员。律师协会会员享有律师协会章程所列的权利和履行章程所规定的义务。律师协会的职责主要是保障律师依法执业。

三 公证业:与法律服务业相关的法律职业(二)

规范公证业的是经2015年修正的公证法及公证程序规则、公证机构执业管理办法和公证员执业管理办法等。80年代初恢复公证制度以来,公证业发展迅猛,在经济活动、社会生活和对外交往中发挥了越来越大的作用。公证是公证机构根据当事人申请,按法定程序对民事法律行为、有法律意义的事实和文书的真实性、合法性予以证明的活动。公证具有证明效力的性质,凡经公证的法律事实和法律文书,具有强有力证明的作用,除非出现相反证据足以推翻其证明力;也具有强制执行力的性质,凡经公证的法律事实和法律文书,具有强制执行力的作用,除非出现相反证据足以推翻其证明力。

公证员是符合法律规定的条件,在公证机构从事公证业务的执业人员。国家对公证员的准入制度也作了严格规定。在国家统一司法考试之前,与律师资格考试一样,国家设立了公证员资格考试。国家统一司法考试后,公证员资格的授予与律师资格、初任法官资格和初任检察官资格的授予合并为同一司法考试。要担任公证员的,在通过国家司法考试而获得法律职业资格证书后,在公证机构实习规定年限,符合法定条件,可以担任公证员。公证员依法享有法律规定的执业权利,也应当承担执业义务,特别是保守执业秘密,不得私自出具公证书。与律师执业情形相类似,公证员同样不能自行执业,必须在一个公证机构中执业。公证机构是公证员执业的组织,具有服务、公证的职能,其宗旨是以公证的职能为社会提供公证证明服务。公证机构的设立应具备法定条件,并依照法定程序。

所有公证均基于当事人的申请,其种类包括:

第一,合同公证,即证明当事人之间签订合同的行为具有真实性、合法性、公平性的公证。

第二,继承公证,又称为继承权公证,即对当事人享有遗产继承权的真实性、合法性给予确认、证明的公证,含法定继承公证和遗嘱继承公证。

第三,委托、声明、赠予、遗嘱公证:委托公证,含委托书公证,即证明委托人授权他人以自己名义实施某种法律行为的意思表示的真实性、合法性的公证,以及委托合同公证,即证明委托人与受托人之间签订委托合同的双方意思表示的真实性、合法性的公证;声明公证,又称为声明书公证,即证明申请人在民事法律行为中单方意思表示的真实性、合法性的公证;赠予公证,即证明作为财产所有权人将个人所有的财产无偿赠予他人的公证,或者是赠予人赠予财产、受赠人收受赠予财产或赠予人与受赠人签订赠予合同的行为的真实性、合法性的公证,又分为赠予书公证(证明其单方以书面形式将财产无偿赠予他人的行为的真实性、合法性的公证)、受赠书公证(证明其单方以书面形式表示接受赠予人赠予财产的行为的真实性、合法性的公证)、赠予合同公证(证明双方以书面形式就财产无偿赠予达成协议的真实性、合法性的公证);遗嘱公证,即证明其设立遗嘱行为的真实性、合法性的公证。

第四,财产分割公证,或曰析产公证,实质是财产分割协议公证,即证明当事人之间经协商一致签订分割共有财产协议的真实性、合法性的公证,含家庭共有财产分割公证、夫妻共有财产分割公证、共同继承或收益的遗产分割公证、合伙经营财产分割公证、合资合作联营财产分割公证。

第五,招标投标、拍卖公证:招标投标公证,即证明招标投标行为真实性、合法性的公证;拍卖公证,即对整个拍卖活动真实性、合法性进行审查、监督、证明的公证。

第六,婚姻状况、亲属关系、收养关系公证:婚姻状况公证,即对其现存婚姻状况,包括未婚、结婚、离婚、丧偶、未再婚等法律事实的真实性、合法性予以证明的公证行为,含结婚公证、未婚公证、离婚公证、丧偶公证、未再婚公证;亲属关系公证,即证明申请人与关系人之间因血缘、婚姻、收养而形成的血亲、姻亲、拟制血亲等亲属关系的真实性、合法性的公证;收养关系公证,包括确认收养关系公证(证明其与非亲生子女建立拟制血亲父母子女权利义务关系的民事法律行为的真实性、合法性的公证行为)、解除收养关系公证(证明收养人与被收养人之间解除拟制血亲父母子女权利义务关系的民事法律行为的真实性、合法性的公证)。

第七,出生、生存、死亡、身份、经历、学历、学位、职务、职称、有无违法犯罪记录公证:出生公证,即对其中国领域内出生(尤其是出生日期)的法律事实予以证明的公证;生存公证,即对其健在的法律事实予以证明的公证;死亡公证,即对公民死亡(尤其是死亡日期)法律事实予以证明的公证;身份公证,即证明其居民身份、社会地位、职业等一般身份或其因法律授权而享有特定资格的特殊身份的真实性、合法性的公证;经历公证,即证明其于某段时间内在某地、某单位从事某种工作的法律事实的真实性、合法性的公证;学历公证,即证明其持有的毕业证书、结业证书、学习成绩单等的真实性、合法性的公证；学位公证，即证明其持有的学位证书的真实性、合法性的公证；职务公证，即证明其所获得的技术职务或专业职务真实性、合法性的公证；职称公证，即证明其所获得的技术职称或专业职称真实性、合法性的公证；有无违法犯罪记录公证，即证明其在中国居住期间违法犯罪记录或未有违法犯罪记录真实性的公证。

第八，公司章程公证，即对公司章程真实性、合法性予以证明的公证。

第九，保全证据公证，即在诉讼开始之前对与申请人权益有关的、以后可能灭失的或难以取得的证据，事先加以验证、收存、固定、保全，以保持其真实性和证明力的公证。

第十，文书上的签名、印鉴、日期公证，及文书的副本、影印本与原本相符公证：文书上的签名、印鉴、日期公证，即对其申办文书上的签名、印鉴、日期的真实性、准确性、合法性予以证明的公证；文书的副本、影印本与原本相符公证，即对其申办的文书的副本或影印本与原本同时存在这一情况，依法证明文书的副本与原本或文书的影印本与原本相符，使得文书的副本与原本或文书的影印本与原本具有同等的法律效力的公证。

第十一，自然人、法人和非法人组织自愿申请办理的其他公证事项，包括遗赠扶养协议公证、赡养协议公证、婚前财产公证、提存公证、国籍公证等：遗赠扶养协议公证，即证明遗赠人与扶养人签订的为明确相互之间遗赠和扶养的权利义务关系的遗赠扶养协议的真实性、合法性的公证；赡养协议公证，即证明赡养人和被赡养人就赡养人履行赡养义务或各个赡养人之间为分担赡养义务订立的赡养协议的真实性、合法性的公证；婚前财产公证，婚前财产约定协议公证之简称，即对将要结婚的男女双方就各自婚前财产和债务范围、权利的归属问题所达成的协议的真实性、合法性予以证明的公证；提存公证，即对债务人或担保人为债权人的利益而交付的债之标的物或担保物（含担保物的替代物）进行寄托、保管，在条件成就时交付债权人的公证；国籍公证，即证明当事人国籍状况真实性、合法性的公证。

公证必须严格依照法定程序办理：首先，办理公证应当遵循公证机构管辖权的规定，向住所地、经常居住地、行为地或事实发生地的公证机构提出。申请办理涉及不动产的公证，向不动产所在地的公证机构提出；但申请办理涉及不动产的委托、声明、赠予、遗嘱的公证，仍可向住所地、经常居住地、行为地或事实发生地的公证机构提出。其次，办理公证应当遵循公证当事人、委托人的规定：公证当事人指与公证事项有法律上的利害关系并以自己的名义申请公证的，在公证活动中享有权利和承担义务的自然人、组织。当事人、当事人的法定代理人或法定代表人，可以委托代理人申办公证事项，但申办遗嘱、遗赠扶养协议、赠予、认领亲子、收养、解除收养、委托、声明、生存及其他与当事人人身有密切关系的公证事项除外。再次，办理公证应当遵循办证规则：当事人应当如实说明申请公证事项的有关情况，提供真实、合法、充分的证明材料，公证机构应当依法审查申请的合法性、真实性、充分性。最后，公证机构经审查，认为申请符合公证规定的，应当按法定要求制作公证书，否则，不予出具公证书，并说明理由。

四　法律援助：一种法律服务性质的法律救济

法律援助是一个真正法治社会的重要体现，是一个完善法律体系不可或缺的有机组成部分，其基本性质是对需要法律帮助又无力支付法律服务费用的弱势群体施与法律援助。

因此，法律援助是落实"公民在法律面前一律平等"的宪法原则、保障公民享受平等公正的法律保护、完善社会保障制度、健全人权保障机制的一项重要法律制度。法律援助实质是一种法律服务性质的法律救济，即通过提供免费的法律服务使当事人获得法律救济。规范法律援助的，除宪法等规范外，还有《法律援助管理条例》。

法律援助是指在国家设立的法律援助机构的指导和协调下，律师、公证员、基层法律工作者等法律服务人员为经济困难或特殊案件的公民给予免费提供法律服务的一项法律救济制度。在法律援助的法律规范下，经济困难或特殊案件的公民有权依法获得法律咨询、代理、刑事辩护等无偿的法律服务。法律援助是政府责任，因此各级政府将依法设置相应的法律援助机构，统一负责受理、审查法律援助申请，指派或安排法律服务人员为符合获得法律援助资格的公民提供法律援助。司法部设立全国性的法律援助中心，指导和协调全国法律援助工作；地方各级司法行政部门设立相应的法律援助机构，负责指导、协调、组织本地区法律援助工作。律师事务所、公证机构、基层法律服务机构有义务在本地区法律援助机构的统一协调下实施法律援助，为受援人提供符合标准的法律服务。

法律援助范围包括：一是公民对以下民事代理事项，因经济困难没有委托代理人的，可获得法律援助：依法请求国家赔偿的，请求给予社会保险待遇或最低生活保障待遇的，请求发给抚恤金、救济金的，请求给付赡养费、抚养费、扶养费的，请求支付劳动报酬的，主张因见义勇为行为产生的民事权益的。二是刑事诉讼有下列情形之一的，公民可获得法律援助：犯罪嫌疑人在被侦查机关第一次讯问后或被采取强制措施之日起，因经济困难没有聘请律师的；公诉案件的被害人及其法定代理人或近亲属，自案件移送审查起诉之日起，因经济困难没有委托诉讼代理人的；自诉案件的自诉人及其法定代理人，自案件被法院受理之日起，因经济困难没有委托诉讼代理人的。三是公诉案件的被告人有下列情形之一的，可获得法律援助：被告人因经济困难或其他原因没有委托辩护人，法院为被告指定辩护时；被告人是盲、聋、哑人或未成年人而没有委托辩护人的，或者可能被判处死刑而没有委托辩护人的，法院为被告人指定辩护时，且无须对其进行经济状况的审查。

法律援助可以采取以下几种形式：法律咨询、代拟法律文书，刑事辩护、刑事代理，民事诉讼代理、行政诉讼代理，非诉讼法律事务代理，公证证明等。法律援助应依据法定程序办理。法律援助第一方面范围的申请人申请法律援助的，按以下情形申请：请求国家赔偿的，向赔偿义务机关所在地的法律援助机构提出申请；请求给予社会保险待遇、最低生活保障待遇或请求发给抚恤金、救济金的，向其义务机关所在地的法律援助机构提出申请；请求给付赡养费、抚养费、扶养费的，向其义务人住所地的法律援助机构提出申请；请求支付劳动报酬的，向其义务人住所地的法律援助机构提出申请；主张因见义勇为行为产生的民事权益的，向被请求人住所地的法律援助机构提出申请。法律援助第二方面范围的申请人申请法律援助的，向审理案件的法院所在地的法律援助机构提出申请。法律援助申请人为无民事行为能力人或限制民事行为能力人的，由其法定代理人代为提出申请；但如果无民事行为能力人或限制民事行为能力人与其法定代理人之间发生诉讼或因其他利益纠纷需要法律援助的，由与该争议事项无利害关系的其他法定代理人代为提出申请。法律援助申请人申请法律援助应当依照规定提交有关证件、证明材料，包括身份证明文件、经济困难证明、有关寻求法律援助事项的案件材料等。法律援助机构收到申请后应当依法审查，对于符合法律援助条件的申请，应当及时决定提供法律援助。

提供法律援助的人员应当遵照法律、法规、规章的规定以及职业道德的要求，为法律援助受援人提供符合职业标准的法律服务，否则应当承担相应的责任，直至法律责任。法律援助机构及其工作人员有下列情形之一的，对直接责任人员依法给予纪律处分；情节严重，构成犯罪的，依法追究刑事责任：为不符合法律援助条件的人提供法律援助或者拒绝为符合法律援助条件的人提供法律援助的；办理法律援助案件收取财物，从事有偿法律服务的；侵占、私分、挪用法律援助经费的。律师事务所拒绝法律援助机构指派，不安排本所律师办理法律援助案件的，给予警告和责令改正；情节严重的，给予1个月以上3个月以下停业整顿的处罚。律师无正当理由拒绝接受、擅自终止法律援助案件的，或者办理法律援助案件收取财物的，给予警告和责令改正；情节严重的，给予1个月以上3个月以下停止执业的处罚；若收取财物的，责令退还违法所得的财物，可并处所收财物价值1倍以上3倍以下的罚款；违反职业首先和执业纪律的，依照律师法规定予以处罚。司法行政部门工作人员在法律援助的监督管理中，有滥用职权、玩忽职守行为的，依法给予行政处分；情节严重，构成犯罪的，依法追究刑事责任。

宪制法

本章描述的是英文的 Constitutional Law，本书将它汉译为宪制法，即关于宪法规范的法律，它是一个国家用以规范其行政、立法、司法及其相互关系的法律。因此，本章阐述的不是单一一部《宪法》，而是以《宪法》为主线，勾勒和阐述一个关于宪制法的逻辑架构和内容体系。宪法是关于国家和国民或曰公民的法律，即有关国家的性质、权力构成，有关国民在国家中的地位，包括其权利和义务，有关国家与国民之间关系等法律原则都是宪法要调整的法律关系，而所有这些法律原则，有赖于将宪法文本规则化，也就是对宪法规则性法律进行立法，从而构成宪制法。宪法规则性法律可称为国家法，但称为宪制法似乎更准确。本章除了论述宪法文本的宪法规范以外，还将阐释由其衍生的公民权、国家机构设置、选举制度、立法制度、民族区域自治制度、特别行政区设置规定等宪法规定的宪法规则性法律，从而揭示中国宪制法的基本体系结构。从逻辑上看，《宪法》的外延小于宪制法的外延，所以本章命名为宪制法。

第一节　宪法文本

一　宪法概述：宪法定义、立宪原则、宪法文本的体系结构

"宪法"一词最早出自《国语》的"赏善罚奸，国之宪法"。《左传》有"宪令"之说："此君之宪令，而小国之望也。"近代"宪法"一词源于日文对英文 constitution 的汉译，constitution 又源于拉丁文 constitatutio（共同制定），它由 con（共同）和 stitatutio（制定）合成而来。宪法之本意是，凡政府权力未被制约或分权未确立者和公民权无保障者，就没有宪法。从世界范围的宪制史看，宪法有几种：依其制定者有协定宪法和钦定宪法，前者依国民代表之间协定所制定，如美国宪法，后者由一国君主单独制定，如日本宪法；依其构成形式有成文宪法和不成文宪法，前者由国家机构依一定立法程序制定并颁布，如美国、法国的宪法，后者以各时期习惯、风俗及部分法令、条约为基础，逐渐演变为条文，如英国宪法；依其性质有刚性宪法和柔性宪法，前者效力远在其他法律之上，如美国宪法，后者效力与其他法律的效力无太多差异，如英国宪法。

中国宪法将宪法定义为：宪法"规定了国家的根本制度和根本任务，是国家的根本法，具有最高的法律效力"。宪法的定义反映了宪法的宗旨：一是宪法确定国家的社会制

度和国家制度。社会制度是一个国家的政治、经济、法律等基本制度的总和，它反映为一种社会形态；中国社会制度是社会主义制度，其政治制度、经济制度、法律制度都具有社会主义性质。社会制度决定国家制度，它包括一个国家的国体、政体和国家结构形式：国体指国家的性质，是国家制度的核心；政体指国家的政权组织形式，即国家管理形式；国家结构形式指国家的整体和部分、中央和地方相互之间关系的构成形式。国体的性质决定政体形式和国家结构形式。中国的国体是工人阶级领导的社会主义国家，工人阶级领导实质指中国共产党领导，以某一政党执政及某主义、思想、理论为指导思想，这在世界宪法史上是少有的，也许正是中国特色社会主义所绝无仅有的创举。中国的政体是人民代表大会（简称"人大"）制度，其权力性质是一切权力属于人民，即人民主权的表述；权力形式是全国人大和地方各级人大，即区别于分权制约的中国式民主集中制；权力要求是人民管理国家、社会事务，人大实行"议行合一"制度，行政权与人大权力之间不存在权力的相互制衡关系。中国的国家结构形式是单一制，即统一的多民族国家；中央和地方关系基于中央统一领导，发挥地方积极性，实行民族区域自治制度和特别行政区制度。顺便提及，国家结构形式通常分为单一制和联邦制：前者指国家由若干行政单位或自治单位组成的统一体，通常只有一部宪法，一个中央政府，一个统一的最高权力机关，公民有统一的一种国籍，对外关系只有一个主权国家；后者由两个以上的州或共和国组成的联盟国家，设有最高立法机关和行政机关，有统一的联邦宪法和法律，并由联邦行使国家立法、外交、军事、财政等主要权力，而各成员国也可有自己的宪法、法律、警察、财政等权力。二是宪法必须保障公民权。公民与人民是两个不同概念：公民是一个法律概念，又称为国民，是国家的基本成员，只要是中国公民就享有宪法规定的公民权；人民是一个历史的、政治的、国家的概念，不同历史时期、不同政治环境、不同国家，对人民有不同界定。公民概念的外延大于人民概念的外延；公民被判处刑罚并被剥夺政治权利时，就不属于人民范畴。人民享有权力与公民权是不同的：人民享有权力指人民作为集合概念所享有的国家权力，是现代民主思想的体现；公民权则从更广泛角度去体现主权在民的现代民主思想，其核心是公民的权利和自由。无论人民享有权力还是公民权都是天赋人权思想在宪法上的体现。三是宪法要限定国家权力即国家机构权力。宪法对国家机构职权范围规定为：全国人大是最高国家权力机关[1]，行使国家立法权；国家主席是中国集体元首的集中代表，对内对外代表国家行使国家元首职权；国务院是最高国家权力机关的执行机关，是最高国家行政机关，是中央政府，行使国家行政权；中央军事委员会是最高国家军事领导机关，领导全国武装力量；地方各级人大是地方各级国家权力机关，地方各级政府是地方各级国家权力机关的执行机关，是地方各级国家行政机关；民族自治地方的自治机关包括各级自治地方的人大和政府；法院是国家审判机关，行使国家审判权，检察院是国家法律监督机关，行使国家检察权，国家审判权和检察权属于国家司法权[2]。

宪法的定义也决定了宪法的性质和特征。中国宪法属于社会主义性质，故以社会主义

---

[1] 1954年宪法起规定的"最高国家权力机关"不同于《共同纲领》规定的"国家最高政权机关"。二者变化之微妙值得探讨，其含义是不同的；为了摆正执政党同国家最高权力机关的关系，采用《共同纲领》的提法似为恰当。

[2] 宪法没有宣示司法权独立于立法权、行政权。

作为出发点和归结点。中国宪法具有以下特征：一是《宪法》宣示自己具有民主政治和法治精神的特征。民主政治方面，宪法规定国家的"一切权力属于人民"[1]；法治精神方面，宪法规定国家"实行依法治国"[2]。二是《宪法》宣示自己体现国家法制的特征。宪法对许多关系和行为的规范都只是一种原则陈述，而不是具体法律规范；但宪法规范将成为其他法律部门立法的基础和依据。三是《宪法》规定自己在所有规范中具有最高的法律效力。宪法的最高法律效力不应是抽象的，而应是具体的、可操作的，对具体法律关系和行为有直接的约束力，可以作为它们直接而具体的法律依据。正是基于这一宪法特征，宪法理当程序化、规则化，并在此基础上成立专门的宪法法院或至少在现有法院组织内设立宪法审判庭，对违宪进行审查和审判；宪法程序化和规则化亦是宪制的基本要求。

宪法的定义还影响了宪法的地位和作用。中国宪法在整个法律体系中居于主导的地位，具有最高的法律权威和法律效力，是国家治国安邦的总章程和总纲领，是公民立身处世的总依据，是国家机构及其工作人员行使国家权力的行为规范，因此它体现了中国的立国精神。西方国家宪法的诞生，其经济基础是现代意义的市场经济体系的确立和完善；其思想基础是人生而平等的天赋人权和与之相应的民主自由理念；其法律基础是国家法律体系的确立和完善；其政治基础是与现代意义的市场经济体系相应的实行分权制约的国家政权制度。中国立宪道路也经历了一个类似于西方所走过的历程，尽管它不是完全西方意义上的那种宪法。与其地位一致，中国宪法具有以下的作用：以宪法形式确立国家的根本政治制度，并为国家政治体制改革提供宪法依据；以宪法形式确立国家的基本经济制度，并为国家经济体制改革提供宪法依据；以宪法形式确立国家的基本法律制度，并为国家法律体系的建构和司法制度的改革提供宪法依据；以宪法形式确认国家的根本权力归属，规定国家一切权力属于人民，并为建立国家民主制度提供宪法依据；以宪法形式确认和保障公民的基本权利和自由，并为国家的人权保障提供宪法依据；以宪法形式确认其对国家和社会生活的监督作用，其宪法监督采用的是最高国家权力机关的监督制。[3]

中国宪法的立宪原则：社会主义原则，这是立宪的出发点，即社会、政治、经济、法律等方面的制度均具社会主义性质；民主原则，或曰人民主权原则，即人民只有普选国家各级领导人才能真正拥有国家权力，而国家一切权力属于人民；法治原则，或曰权力制约原则，法治的本质是权力制衡，权力一天没有被制约，法治就一天没有实现，因而《宪法》明确规定实行依法治国、公民在法律面前一律平等和法院独立审判；平等原则，其实质是一种社会公义原则，平等归根结底是社会平等，体现为各民族平等和公民权利平等。

《宪法》文本含序言、4 章共 138 条，体系结构比较成熟，结构和内容包括：序言，共 13 个自然段，其内容均为原则性的宪法宣示或规定；第一章"总纲"，共 32 条，规定国体、政体、基本经济制度、法律制度、各项事业的发展方针和政策等；第二章"公民的基本权利和义务"，共 24 条，规定公民享有基本人权、法律平等权、政治参与权、民主自由权、宗教信仰自由权、人身自由权、社会保障权、获取物质帮助权等基本权利，以及公民应当承担劳动、受教育、遵纪守法、维护祖国安全、纳税等基本义务；第三章"国家机

---

[1] 第 2 条。
[2] 第 5 条。
[3] 参看《宪法》第 62 条。

构",共 7 节 79 条,规定国家的各级政权形式,包括立法、行政、司法等各方面;第四章"国旗、国歌、国徽、首都",共 3 条,规定国旗、国歌、国徽、首都。

二 中国宪法的产生和发展

回顾中国当代宪制史,先后有过 4 部宪法和 1 部起临时宪法作用的国家纲领性文件。

第一,1949 年的《共同纲领》:现政权的临时宪法。中华人民共和国诞生于公元 1949 年 10 月 1 日,此前两天,即 1949 年 9 月 29 日,中国人民政治协商会议第一届全体会议通过了一部起临时宪法作用的国家纲领性文件——《中国人民政治协商会议共同纲领》,简称《共同纲领》。《共同纲领》包括序言和 7 章共 60 条,规范了人民民主统一战线的政权形式和组织形式、国体和国家政策、国家政权和国家政权机关、军队建制和兵役制度、国家经济建设的根本方针、文化教育的新民主主义性质、民族平等和民族区域自治、中国外交政策的原则,它不失为适应社会发展的好规范。

第二,1954 年宪法:现政权的第一部宪法——一部新民主主义性质的宪法。在《共同纲领》指引下,第一届全国人大制定了 1954 年宪法。众所周知的原因,只可惜从第一届开始的全国人大直至现在都不是《共同纲领》第 12 条所规定的真正意义上的普选产生,这只能说是一种历史遗憾,唯有留待历史来解决。与背离《共同纲领》普选初衷而诞生的第一届全国人大这种历史遗憾一致,1954 年宪法也只能带有历史的烙印。这部宪法包括序言和 4 章共 106 条,虽在许多方面不及《共同纲领》,但仍不失为一部较好的宪法;且值得注意,其亮点虽将立法权与行政权分立开来,但国家还没有建立宪制制度的准备。

第三,1975 年宪法:现政权的第二部宪法——"文革"的产物。1954 年宪法还算是走法治道路的良好开端,可惜因没有宪制的准备,至 50 年代中期起,中国的形势正在发生变化,国家游戏规则被人为力量逐渐打破,失去应有平衡,导致 1966 年起整整 10 个年头的动荡,走向执政党自己也不想面对的反面,出现了反历史反自然的反常状态,"文革"成为中国现代史中因没有宪制而生的一个怪胎。这也许有更深层的原因,绝不是以某个人的过失所能解释或可以自圆其说的,因为这段历史的产生,确实是冰冻三尺非一日之寒,它是中国近百年历史的必然归宿。1975 年宪法正是中国那段令人刻骨铭心的历史的必然产物,包括序言和 4 章共 30 条,其形式结构简陋,内容偏差,仿如一部"文革"宣言书。

第四,1978 年宪法:现政权的第三部宪法——一部过渡期的宪法。1977 年前后,中国从梦中苏醒,结束了备受争议的"文革"。在这样的历史转变时期,国人普遍发现 1975 年宪法根本不可能成为新生活的关系准则和行为规范,因而有了 1978 年宪法,这部宪法包括序言和 4 章共 60 条。虽然"文革"结束了,但其影响远未结束,因而 1978 年宪法在许多方面不可避免地带有 1975 年宪法的痕迹和特征。对于 80 年代初正处于改革开放历史转折关头的中国而言,1978 年宪法怎么修改都陷入自身的怪圈,从而催生了 1982 年宪法。

第五,1982 年宪法:现政权的第四部宪法——中国现行宪法。80 年代初,中国面临着历史发展的转折点,国人敢不敢面对过去、面对现在、面对未来,一时间就集中反映在敢不敢面对自己的宪法上。宪法乃国之大法;没有宪制,大法不立。改革开放,虽给人感觉有点要回到《共同纲领》的新民主主义历史,但时过境迁,没有宪制,改革开放是会有后遗症的。改革开放的大气候和大环境,确令能够反映它的体现宪制思维的新宪法呼之欲出。1982年制定了沿用至今的新宪法，并经过了迄今为止的1988年、1993年、1999年、2004年先后4次共31条修正案的修订。虽然1982年宪法还不是宪制的产物，但其形式结构较前严谨、宪法用语相对恰当，它以1954年宪法为基础，并有重大发展。

宪法本应具有长期性和稳定性，不能动辄推倒重来。中国1949年后再三推倒已有宪法，这在世界宪政史上的确少见。好在上天以怜悯为怀，不苛求人间的一切，给了国人再次的机会；但愿中国在改革中走上宪制的坦途，完成不痛苦的社会转型。

三　宪法制定、宪法解释、宪法保障

宪法怎样制定，制定后面对新情况怎样修正，即宪法制定问题；实施宪法过程中对宪法规范的理解如何解释，即宪法解释问题；如何保障实施宪法规范，即宪法保障问题。

第一，宪法制定。宪法制定涉及宪法制定权和宪法制定程序。宪法制定权简称为制宪权，指制定宪法的权力。从宪法史考察，就由谁制定宪法而言，宪法分为钦定宪法和协定宪法：钦定宪法由君主依君权所单独制定，协定宪法由国民代表者之间或国民代表者与君主之间通过协定所制定。根据中国宣示的立国精神，中国宪法当属协定宪法。从近代天赋人权的启蒙思想分析，人民主权通过宪法制定而实现，宪法制定权属于人民，宪法制定权不是一种国家权力，而是一种自然天赋权力。既然宪法制定权属于人民，那么任何国家机关，任何组织，任何政党，任何社会团体，都不享有宪法制定权，人民才享有宪法制定权，是人民委托全国人大制定宪法；"人民"是一个集合概念，任何个人，包括最高领导人个人在内，也都不享有宪法制定权。《宪法》第62条在规范全国人大与制宪相关职权时也规定其仅有修改宪法和监督宪法实施的职权。制宪权不同于立法权，虽全国人大没有制宪权，但第58条将国家立法权授予全国人大及其常委会。无论钦定宪法还是协定宪法，制宪权均先于宪法而存在，制定宪法才有其合法性，而中国宪法属于协定宪法，其制宪权是自然赋予全体人民的，是人民先有了天赋的制宪权，并委托其代表制宪，才有宪法的产生，这种制宪权与宪法之间的逻辑顺序不能颠倒；宪法所指之立法权则是宪法确认并授予的制定法律的权力，它由宪法授予，不是天赋的，立法法关于全国人大及其常委会行使国家立法权的规定正是相对于法律立法而言的。因中国宪法没有类似"中国人民制定本宪法"的表述，故其制宪权与立法权的关系在宪法表述上似乎不是十分清晰，当然这不影响制宪权与立法权的本来含义。相比之下，美国宪法关于制宪权与立法权的关系清晰得多，其第1条关于立法权的规定与中国宪法第58条规定无异："本宪法所授予的立法权，均属于由参议院和众议院所组成的合众国国会。"然而，关键是美国宪法序文："我们美国人民，为着建立一个更完美的合众国、树立正义、保证国内治安、筹设国防、增进全民福利并谋吾人及子子孙孙永享自由的幸福起见，特制定美利坚合众国宪法。"这说明制定美国宪法的是美国人民，而不是美国的某个国家机构；有这部宪法，才有美利坚合众国，也才有美国的国家机构。美国先哲们代表美国人民制定的美国宪法所涉及的制宪权与立法权的关系，正是现代宪制思想的体现；而中国宪法所涉之制宪权与立法权的关系与它应该是同一层次的界定。但中国宪法无类似"谁依据什么为了什么制定本宪法"的表述，就容易造成对制宪权的归属产生不必要的误解。与制宪权有关的有一个修宪权问题。修宪权指对宪法进行变更、增删、修正的权力。修宪权不同于制宪权，它要以制宪权为前提；有了制宪权，才有修宪权。修宪权也属于人民，相对于制宪来说，修宪根据社会发展情况往往会有多次，如果每一次宪法修改都要全体人民选出代表去完成，在修宪实践中就不好操作，而如果宪法制定后，将修改权授予某个特定的国家机构，就使得修宪权既能便于操作落实，又能体现人民修宪的人民主权精神。通过宪法规范授权的宪法修改权与宪法制定者本身享有的宪法修改权的性质是不同的：前者的修改权是授权的，所以是有限的；后者的修改权是与制定权一起自身固有的，故是原始的、天赋的。《宪法》第62条在规定全国人大职权时，第一项职权就是修改宪法。[①] 由于宪法是一个国家的根本大法和总章程，必须具有稳定性，所以宪法制定和修改都必须严格按法定程序进行。因为宪法制定通常是一个国家开国之初完成，并具有长期稳定性，所以这种程序在一个国家的宪制史上用得不多，虽则如此，它仍有一个严格的程序。制宪需要历经设立宪法制定机构、提出宪法草案、通过宪法草案、公布宪法等环节。修宪程序也大致如此。[②]

第二，宪法解释。宪法解释指宪法制定者或依照宪法规定享有宪法解释权的特定国家机关或其他特定主体根据宪法的主要精神和基本原则，对宪法规范的内容、含义，及其他法律、法规、规章有无抵触宪法等所做的一种具有宪法效力的说明。宪法制定后，总会遇到对宪法规范有不同理解的问题，故宪法解释是统一宪法理解的不可或缺的重要方面。宪法具有绝对权威性，但它又不是法律大全，不可能涵盖全部法律，制定之后又需要有相对稳定性，不能朝令夕改，而社会是不断发展变化的，所以宪法有一个不断完善的过程，完善宪法可通过宪法修改、宪法解释、宪法惯例等几种形式来完成。不能动辄通过修改宪法去完善宪法，因为宪法有相对稳定性，且宪法修改程序比较复杂；也不能老是依赖宪法惯例来完善宪法，因为宪法惯例的形成需经过相当长的时间，加之中国法不是普通法系判例法的法律体系，司法实践中难以形成宪法惯例。中国要完善宪法，更多、更可行的是依赖宪法解释的形式。由于缺乏相应的法律规范，宪法解释在中国立法中是一个薄弱环节。1954年宪法和1975年宪法均未规定全国人大的宪法解释权，1978年宪法和1982年宪法才规定全国人大的宪法解释权，故多数学者和业界人士认为仅1983年的《全国人大常委会关于国家安全机关行使公安机关的侦查、拘留、预审和执行逮捕的职权的决定》属于宪法解释，因为它是对《宪法》第37条、第40条规定的扩大解释，起了补充宪法规范的作用；但若以此为标准，则还有其他一些也当属宪法解释，如1999年全国人大常委会对《香港特别行政区基本法》有关港人内地子女居港权的有关条文作出的解释，也当属宪法解释，因为基本法在中国法律体系中属于与宪法相关的法律。为规范宪法解释，有必要制定一部《宪法解释法》，以规范宪法解释权、宪法解释程序、宪法解释主体资格、宪法解释效力和形式。关于宪法解释程序的规范，主要见于立法法。要解释宪法，就要提出解释宪法的法律案，经委员长会议决定，将该法律案公布，经有关专门委员会审议和常委会最后审议，提出该法律案表决稿，最后由常委会全体组成人员过半数通过，并予以公布。通过宪法解释，阐述宪法精神，保障宪法权威。而且，因中国没有宪法法院，对违宪案件难以通过诉讼程序来解决，而只能通过宪法解释来处理。

第三，宪法保障。宪法保障指宪法诞生后，国家采取相应措施，以保障宪法的地位和

---

① 宪法只规定全国人大有宪法修改权，而没有规定其有宪法制定权。
② 参见《宪法》第64条第1款。

效力,避免其他法律、法规、规章与其抵触、冲突,对宪法的公民权利予以保护,对立法、司法、行政的违宪行为予以审查并禁止的一种宪制制度。宪法保障措施有宪法自身保障、宪法监督、宪法审查、宪法诉讼等。宪法自身保障是指宪法文本中有相关条文规定本宪法处于根本大法地位,具有最高法律效力,以保证宪法实施的宪法保障制度。① 宪法监督即宪法实施的监督,广义的是指监督宪法实施的各项制度的总称,包括特定国家机关对宪法实施的专门监督,及诸如政党、社会团体、公民、舆论等各种社会力量对宪法实施的监督;狭义的是指特定国家机关对宪法实施的专门监督,其范围包括审查和裁决法律、法规、规章等规范性文件是否符合宪法,审查和裁决国家机关及其工作人员行使公权力的行为,及各政党、武装力量、社会团体、企业事业单位和全体公民的行为是否符合宪法,以保证宪法的实施的宪法保障制度。② 对于立法是否违宪的监督,全国人大及其常委会主要采取事前审查和事后审查的监督措施:事前审查指全国人大常委会对行政法规、地方性法规、自治条例和单行条例的备案及批准程序,对于违宪的不予批准;事后审查指全国人大有权撤销全国人大常委会的违宪立法,全国人大常委会有权撤销国务院的违宪行政法规以及有权撤销地方人大及其常务委员会制定的地方性法规、自治条例和单行条例。宪法审查,或曰违宪审查,是指宪法专门授权的特定国家机关依据一定程序,通过对宪法条文含义的解释,对国家机关实施国家公权力于特定主体的具体公权力行为和进行普通立法的抽象公权力行为等是否违宪进行审查并作出裁决的宪法保障制度。世界主要法系国家的宪法审查制度有司法审查制、宪法委员会审查制、代议机关审查制。司法审查制即司法监督制,其实质是宪法诉讼,指由宪法法院或违宪审判庭对违宪的具体公权力行为或违宪的抽象公权力行为进行审查并作出判决的审查制度;中国没有对宪法实施的司法审查制,因而中国没有宪法法院和宪法诉讼。宪法委员会审查制指根据宪法授权,国家成立专门宪法委员会,对违宪的抽象公权力行为予以审查并作出裁决的审查制度;宪法委员会一般不对违宪的具体公权力行为予以审查,因为对具体公权力的违宪审查通常是法院,尤其是宪法法院的职责;中国也没有宪法委员会,但相对于司法审查制的宪法诉讼,宪法委员会审查制似乎较易被接受,当然要迈出这一步,也许要作出痛苦选择。代议机关审查制是指代议机关依据宪法授权而具有对违宪的抽象公权力行为予以审查并作出裁决的审查制度;与宪法委员会一样,代议机关审查制通常是对违宪的抽象公权力行为予以审查,而不对违宪的具体公权力行为予以审查;③ 虽然宪法规定全国人大有审查违宪行为的职权,但至今还没有一桩这样的案例,这其实并非没有违宪行为,而是因众所周知之原因而未能真正启动这方面的审查机制,这不能不说是个遗憾。宪法诉讼是指专门宪法法院或宪法审判庭根据宪法纠纷当事人的起诉,直接使用宪法规范审判因违宪引起的宪法纠纷的诉讼活动。宪法诉讼不同于普通诉讼,普通诉讼包括刑事诉讼、民事诉讼、行政诉讼,并适用各自的诉讼程序法;而宪法诉讼是专门解决因违宪行为引起的宪法纠纷,它只适用特定的宪法诉讼程序法。宪法诉讼成立基于以下要件:原告可以是任意主体,只要该主体认为自己的宪法权利受到违宪侵害,都可以向特定法院提起宪法诉讼,但被告必须是特定主体,即被告必须是

---

① 参见《宪法》序言的相关规定。
② 参见《宪法》第62条和第66条的相关规定。
③ 参见《宪法》第62条。

实施公权力的主体，宪法诉讼的原告主体与被告主体本身就处于一种不平等的主体关系之中，不像民事诉讼那样，但倒有点类似行政诉讼，不过行政诉讼是原告认为被告违反了行政法律，而宪法诉讼是原告认为被告违反了宪法；法院判决宪法诉讼案件，必须按特定的宪法诉讼程序和依据宪法的实体规范，即宪法成为宪法诉讼的裁判依据，而中国没有宪法诉讼程序法；宪法诉讼结果，只要被告一旦被判处违宪侵权，就要承担违宪责任，即或者撤销违宪的规范性文件，或者停止违宪的具体公权力行为。宪法诉讼与宪法审查既有联系又有区别，宪法诉讼逻辑上真包含于宪法审查，即宪法诉讼是一种宪法审查，但宪法审查除了宪法诉讼外还有诸如宪法委员会审查、代议机关审查等方式。在各种宪法审查方式中，最好操作、最有效的方式当数宪法诉讼，然而，宪法诉讼在中国目前法制环境中仍是一片空白，要使其实行则有赖于中国法律体系的最后完成。

第二节 公民权

公民权是指一国公民由宪法和法律规定的一种能力、资格，它是公民在国家的政治、经济、文化、社会生活中所处地位的宪法和法律的体现。公民权包含权利和义务，权利义务又分为基本权利义务和一般权利义务，基本权利义务由宪法规范，一般权利义务由法律、法规、规章规范。本节所涉是公民宪法权利义务、特定群体公民权益保障的宪法规范。

一 公民的宪法权利和宪法义务

《宪法》涉及公民基本权利的一共有序言及21条10种：序言规定的受国家尊重和保护的人权，第33条、第5条、第125条和第126条规定的公民在法律面前一律平等的法律平等权，第34条规定的包括选举权和被选举权的政治参与权，第35条至第40条规定的基本自由权，第41条规定的对国家机关和国家工作人员的批评权、建议权、申诉权、控告权、检举权和取得赔偿权，第42条至第45条规定的社会经济权利，第46条和第47条规定的社会教育文化权，第48条规定的妇女平等权，第49条规定的作为家庭弱势成员的老人、妇女、儿童的受保护权，第50条规定的华侨、归侨和侨眷的受保护权。公民基本权利中的人权规范值得注意，它已不是一国本身的事情，而是人类面临的共同问题。有诸多规范人权的国际公约，中国也签署了许多，如《世界人权宣言》《公民和政治权利国际公约》《经济、社会及文化权利国际公约》《禁止酷刑和其他残忍、不人道或有辱人格的待遇或处罚公约》《儿童权利公约》《联合国反腐败公约》《制止恐怖主义爆炸事件的国际公约》《消除一切形式种族歧视国际公约》《禁止并惩治种族隔离罪行国际公约》等。

公民的自由和权利总是相对的、有条件的，任何一个法律体系都如此。卢梭说得好："人是生而自由的，但却无往不在枷锁之中。"① 法律从诞生开始就意味着对人的约束；任何人要想得自由，就要交出一部分自由。因此，一个法律体系在规定公民的基本权利时，也规定公民的基本义务。《宪法》涉及公民基本义务的条文共 8 条 8 种：第 42 条规定的劳动义务，第 46 条规定的受教育义务②，第 49 条规定的家庭义务，第 52 条规定的维护国家统一和民族团结义务，第 53 条规定的遵纪守法义务，第 54 条规定的维护祖国安全、荣誉和利益义务，第 55 条规定的保卫祖国的义务，第 56 条规定的纳税义务。

二 特定群体公民权益保障的宪法规范

特定群体公民权益保障是对弱势群体的公民权益保障，含国家赔偿、未成年人保护、老年人权益保障、妇女权益保障、残疾人保障、归侨侨眷保障等宪法规范。

（一）国家赔偿制度：具有法律救济的性质

国家赔偿制度是指国家机关和国家工作人员违法行使职权侵犯公民合法权益，造成损害的，由国家对受害人给予赔偿的一种赔偿制度。国家赔偿不同于民事赔偿：两种赔偿制度中的赔偿人和受赔人之间的关系不同，前者之间不是平等主体关系，后者之间是平等主体关系；两种赔偿制度中的赔偿主体和受赔主体不同，前者赔偿主体是国家，受赔主体是受国家公权力侵犯的客体，后者的赔偿主体和受赔主体均为平等主体；两种赔偿的诱因和归责原则不同，前者由国家权力运作过程中的国家侵权行为引起，故其归责原则是违法原则，后者由民事活动过程中的民事侵权行为引起，故其归责原则是过错原则。《宪法》第 41 条对国家赔偿制度作了原则规定，并在行政诉讼法基础上，国家赔偿法对行政赔偿范围、赔偿程序、赔偿标准作了具体规定，并增加了刑事赔偿的规范。造成国家赔偿的原因，是对国家权力的滥用。被滥用的国家权力通常是国家行政权和国家司法权这两种，因此国家赔偿也相应地有两种：第一种是行政赔偿。行政赔偿是指国家行政机关和国家行政机关工作人员在行使行政权时，侵犯公民合法权益而造成损害的，由国家承担赔偿责任的一种国家赔偿。行政赔偿首先涉及其范围，指国家行政机关及其工作人员行使行政职权，侵犯公民、法人和非法人组织的合法权益造成损害而引起国家赔偿的方面。国家承担行政赔偿责任的范围，包括因侵犯人身权的行政赔偿和因侵犯财产权的行政赔偿；但国家不承担行政赔偿责任的范围包括行政机关工作人员与行使职权无关的个人行为，因公民、法人和非法人组织自己的行为致使损害发生的情形，以及法律规定的其他情形。国家承担行政赔偿责任的范围，当属法院对行政赔偿案件的受案范围。有关行政赔偿规范将会在行政法一章进一步展开。

国家赔偿的第二种是司法赔偿。司法赔偿是指国家司法机关和国家司法机关工作人员在行使司法职权时，侵犯公民合法权益而造成损害的，由国家承担赔偿责任的一种国家赔偿。由于司法过程滥用司法权主要是指刑事诉讼中的侦查、检察、审判、监狱管理等过程

---

① 卢梭：《社会契约论》，商务印书馆 1980 年版，第 8 页。
② 受教育，既是公民的基本权利，也是公民的基本义务。

的滥用司法权，以及民事诉讼、行政诉讼中的采取对妨害诉讼的强制措施、保全措施、执行措施等过程滥用司法权，因而司法赔偿又分为刑事赔偿和涉及民事诉讼、行政诉讼的司法赔偿两种。刑事赔偿是指国家司法机关和国家司法机关工作人员刑事诉讼过程中违法行使侦查权、检察权、审判权、监狱管理权等司法职权，侵犯公民合法权益而造成损害的，由国家承担赔偿责任的一种司法赔偿。涉及民事诉讼、行政诉讼的司法赔偿是指国家审判机关和国家审判机关工作人员在民事诉讼、行政诉讼过程中违法采取对妨害诉讼的强制措施、保全措施及执行措施，侵犯公民合法权益而造成损害的，由国家承担赔偿责任的一种司法赔偿。刑事赔偿涉及的范围，指行使侦查、检察、审判、监狱管理职权的公安机关、国家安全机关、检察机关、审判机关、劳改机关，及其工作人员在行使司法职权时，侵犯公民、法人和非法人组织的合法权益造成损害而引起国家赔偿的方面，包括因侵犯人身权的刑事赔偿和因侵犯财产权的刑事赔偿。但国家不承担刑事赔偿责任的范围包括：因公民自己故意作虚伪供述或伪造其他有罪证据被羁押或被判处刑罚；因不满16周岁不予刑事处罚的人，以及在不能辨认或不能控制自己行为时造成危害结果并经法定程序鉴定确认而不负刑事责任的精神病人，被依法羁押过的，不能以此为由取得刑事赔偿；因情节显著轻微和危害不大且不认为是犯罪的、犯罪已过追诉时效期限的、经特赦令免除刑罚的、按《刑法》告诉才处理的犯罪而没有告诉或撤回告诉的、犯罪嫌疑人和被告人死亡的、其他法律规定免予追究刑事责任的等6类不追究刑事责任的人，被依法羁押过的，不能以此为由取得刑事赔偿；行使国家侦查、检察、审判、监狱管理职权的机关工作人员与行使职权无关的个人行为；因公民自伤、自残等故意行为致使损害发生；法律规定的其他情形。刑事赔偿由刑事赔偿义务机关执行，刑事赔偿义务机关指因违法或错误的刑事司法行为侵犯公民、法人和非法人组织的合法权益造成损害的，代表国家受理刑事赔偿请求，对赔偿请求作出处理决定并履行赔偿义务的机关。根据规定，行使国家侦查、检察、审判、监狱管理职权的机关及其工作人员在行使职权时侵犯公民、法人和非法人组织的合法权益并造成损害的，该机关为赔偿义务机关；对没有犯罪事实或没有事实证明有犯罪重大嫌疑的人错误拘留的，作出拘留决定的机关为赔偿义务机关；对没有犯罪事实的人错误逮捕的，作出逮捕决定的机关为赔偿义务机关。

（二）未成年人保护制度

未成年人是指未满18周岁的公民。规范未成年人保护制度的，包括《未成年人保护法》及中国签署或批准的《儿童生存、保护和发展世界宣言》《执行90年代儿童生存、保护和发展世界宣言行动计划》《儿童权利公约》《准予就业最低年龄公约》《禁止使用童工规定》《〈儿童权利公约〉关于买卖儿童、儿童卖淫和儿童色情制品问题的任择议定书》《跨国收养方面保护儿童及合作公约》《儿童权利公约关于儿童卷入武装冲突问题的任择议定书》等国际公约。保护未成年人是要保障未成年人的人身权、财产权的合法权益，保护未成年人是要尊重未成年人的人格尊严，保护未成年人应注重未成年人的身心特点，保护未成年人应做到教育与保护相结合。对未成年人保护，包括家庭保护、学校保护、社会保护和司法保护。有关未成年人保护将在社会法一章中进一步展开。

（三）老年人权益保障制度

老年人是指60周岁以上的公民。规范老年人权益保障的有《老年人权益保障法》，以及散见于婚姻法、继承法。中国正逐步实现老年人老有所养、老有所医、老有所为、老有所学、老有所乐。老年人权益保障制度的内容是：老年人合法权益得到保障，包括家庭保障和社会保障；老年人参与社会发展。有关规范在社会法一章中进一步展开。

（四）妇女权益保障制度

中国在1980年就签署并批准了1979年的《消除对妇女一切形式歧视公约》，这表明中国对妇女权益问题的关注，表明中国注意到《联合国宪章》重申对基本人权、人格尊严及男女平等权利的信念，表明中国承认妇女权益保障的普世观念。规范妇女权益的除婚姻法、继承法外，还有专门的妇女权益保障法。妇女权益保障实质是男女平等权利的确立；要实现男女平等权，就要反对对妇女的歧视，《消除对妇女一切形式歧视公约》将其界定为："'对妇女的歧视'一词是指基于性别而作的任何区别、排除和限制其作用或目的是要妨碍或破坏对在政治、经济、社会、文化、公民或任何其他方面的人权和基本自由的承认以及妇女不论已婚未婚在男女平等的基础上享有或行使这些人权和基本自由。"保障妇女享有的与男子平等的权利包括政治权利、财产权利、劳动权利、文化教育权利、婚姻家庭权利和人身权利。有关妇女权益保障的规范将在社会法一章中展开。

（五）残疾人保障制度

残疾人是弱势群体中最弱势的一群人。规范残疾人保障制度的有残疾人保障法。残疾人保障制度涉及残疾人的康复、残疾人的教育、残疾人的劳动就业、残疾人的文化生活和残疾人的福利等方面。有关残疾人保障制度的规范将在社会法一章中进一步展开。

（六）归侨侨眷权益保护制度

归侨侨眷权益保护是具有中国特色的公民权益保障的重要方面，规范它的主要是归侨侨眷权益保护法。华侨是指定居在国外的中国公民；归侨指回国定居的华侨；侨眷指华侨、归侨在国内的眷属，包括华侨、归侨的配偶、父母、子女及其配偶、兄弟姐妹、祖父母、外祖父母、孙子女、外孙子女，以及同华侨、归侨有长期扶养关系的其他亲属。归侨、侨眷受法律保护，可享受国家给予的适当照顾。有关规范将在行政法一章中展开。

第三节　中国的国家机构

中国的国家机构又称为国家机关，是由国家政权组织形式即政体的性质决定并行使国家权力和管理国家事务的设置形式。中国的国家机关包括：作为国家立法机关的国家权力机关、国家行政机关、国家武装力量的领导机关、国家审判机关、国家法律监督机关。按照宪制理论，所有国家机关最重要的运作原则是权力制衡。因为各种不同的国家机关，其实质是一样的，都是一种公权力，只是公权力的不同方式。之所以需要不同的公权力方式，乃为了公权力之间有一个平衡点，这个平衡点就是权力的相互制约，从而避免权力的滥用。没有权力制衡，一定会导致权力腐败，而最终走向权力崩溃。宪法没有用权力制衡的宪制理论，而用分工协作作为国家机关之间的运作原则，其第3章对各种国家机关的性质、职权、权限、任期等分别作了规定，提出了一系列的关于国家机关运作的宪法原则。

一　全国人民代表大会：最高国家权力机关和国家立法机关

全国人民代表大会是最高国家权力机关，行使国家立法权。应当注意，全国人大不是一般仅拥有立法权，而且还拥有最高的国家决策权，这是中国全国人大议行合一制度的体现，即不仅具有一般议会的议事职能，而且还具有行政权中的执行职能，行政机关只是它的执行机关。全国人大的组成和任期：全国人大由省、自治区、直辖市、特别行政区和军队选出的代表组成，每届任期为5年。全国人大设民族委员会、法律委员会、财政经济委员会、教育科学文化卫生委员会、外事委员会、华侨委员会等各种专门委员会。全国人大的职权包括：国家立法权，含宪法修改权、基本法律的制定权和修改权；选举权、决定权和罢免权；国家重大事情的审批权、决定权；监督权；由最高国家权力机关行使的其他职权。全国人大常委会是全国人大的常设机关，是最高国家权力机关的组成部分，从属于全国人大，对全国人大负责，报告工作，在全国人大闭会期间行使全国人大的职权。全国人大常委会同国家主席、中央军委一起共同行使国家元首职责。全国人大常委会由委员长、副委员长若干人、秘书长、委员若干人组成，每届任期同全国人大的相同，委员长、副委员长连续任职不得超过两届。全国人大代表从各省、自治区、直辖市人大及解放军、特别行政区中选举产生，每届任期5年。

二　中华人民共和国主席：中国集体元首的首席代表

从国际法看，国家元首是国家最高领导人，拥有公布法律权、任免权、发布命令权、召集议会权、统帅武装力量权、外交权等权力。中国实行的是集体元首制，即行使国家元首职权的是全国人大常委会、国家主席、中央军委。集体元首制也许是为了令国家元首的几种权力角色获得相互制衡，且几种权力角色中，以全国人大及其常委会为最高国家权力机关，而国家主席、中央军委组成人员由它产生和对它负责。在集体元首制当中，国家主席对外对内都以国家最高代表的身份进行职务活动，因而居于国家首脑的地位。但国家主席又由全国人大选举和罢免，其职权的行使乃根据全国人大和全国人大常委会的决定，它不能单独决定国家事务，也不能统帅国家的武装力量，故仅是集体元首之一。有选举权和被选举权的年满45周岁的中国公民可以被选举为国家主席、副主席。主席、副主席每届任期同全国人大的相同，连续任职不得超过两届。国家主席的职权主要是根据全国人大或其常委会决定的某些职权，法律公布权、任免权、荣典权、命令发布权、某些外交权。

三　国务院：最高国家行政机关

国务院即中央人民政府，是最高国家权力机关的执行机关，是最高国家行政机关，行使国家行政权。国务院组成人员由全国人大决定，并对其负责和报告工作。行使国家行政权的国家行政机关从属于拥有立法权的国家权力机关，之间不是平行的，不存在行政权与立法权的分立制约。国务院由总理、副总理若干人、国务委员若干人、各部部长、各委员会主任、审计长、中国人民银行行长、秘书长组成，每届任期同全国人大相同，总理、副总理、国务委员连续任职不得超过两届。国务院职权包括行政立法权、人大议案提议权、国家行政工作统一领导权、经济宏观调控权、行政管理权、行政立法监督权、国家重大事项决定权、行政人事权等。现政权建制一个甲子以来，作为行使国家行政权的最高国家行政机关的国务院，其组织机构设置经历了多次调整和改革的过程：1949年建政时，政务院下设4个委员会，分别指导30个部、会、院署、行的工作，1952年政务院所属机构有过调整和增设；1954年全国人大成立，改政务院为国务院，下设35个部、委，后经20世纪50年代中至60年代中和80年代初的多次政府机构调整，随着改革开放的不断深化，国务院又经历1982年、1988年、1993年、1998年、2003年、2008年和2013年共7次的机构改革，之后至2017年，酝酿机构的进一步改革。目前，国务院组织机构分为7类。类型Ⅰ：国务院办公厅。类型Ⅱ：国务院组成部委，有外交部等25个。类型Ⅲ：国务院直属特设机构1个，即国务院国有资产监督管理委员会。类型Ⅳ：国务院直属机构，有海关总署等15个。类型Ⅴ：国务院办事机构，有国务院侨务办公室等4个。类型Ⅵ：国务院直属事业单位，有新华通讯社等16个。类型Ⅶ：国务院部委管理的国家局，有国家信访局等24个。

四　中央军事委员会：最高国家军事领导机关

中央军事委员会领导全国武装力量，是最高国家军事领导机关，与国家主席、人大常委会一道，是中国集体元首之一。中央军委由主席、副主席若干人、委员若干人组成，实行主席负责制。中央军委主席由全国人大选举产生，并根据中央军委主席的提名，全国人大决定中央军委其他组成人员的人选。全国人大有权罢免中央军委主席和中央军委其他组成人员，中央军委主席对全国人大及其常委会负责。中央军委每届任期同全国人大相同。值得注意，《宪法》对国家主席、人大常委会、总理均有连续任职限制，唯独对中央军委主席没有限制，也没有规定中央军委主席对全国人大及其常委会报告工作。

五　地方各级人大、政府：地方各级国家权力机关、国家行政机关

地方各级人大包括省、直辖市、县、市、市辖区、乡、民族乡、镇的人大。它们是地方各级国家权力机关，即是本行政区域内人民行使国家权力的机关。省、直辖市、设区的市人大代表由下一级人大选举产生，县、不设区的市、市辖区、乡、民族乡、镇的人大代表由选民直选产生。省、直辖市、县、市、市辖区的人大，每届任期5年，并设常委会；乡、民族乡、镇的人大，每届任期3年，不设常委会。县级以上地方各级人大的职权包括地方性法规的立法权、保证宪法和法律法规的遵守执行以及国家计划和国家预算的执行、地方重大事项的审批权和决定权、人事选举权和罢免权、监督权等。乡镇级人大的职权包括决议发布权、保证宪法和法律法规的遵守执行、重大事项审批权和决定权、选举权和罢免权、监督权等。县以上地方各级政府的职权包括规定行政措施和制定规章、领导所属各工作部门和下级政府的工作、改变或撤销所属各部门的不适当的命令等、任免国家行政机关工作人员、执行国民经济和社会发展计划预算和管理本行政区域内的行政工作、保护公有财产和私有的合法财产、保护各种经济组织的合法权益、保障少数民族的权利和尊重少数民族的风俗习惯、保障宪法和法律赋予妇女的各项权利等。乡镇级政府的职权包括执行本级人大决议和上级行政机关的决定和命令、发布决定和命令、管理本行政区域内的行政工作。虽然城市居民委员会和农村村民委员会不是一级国家地方政权组织的形式，但它们作为国家机构与群众联系的一种具有纽带性质的辅助形式，即国家政权与社区联系的一种结合中国国情的形式，是中国政权建设的一个创造，尤其是在其属下设置的人民调解委员会，更是民事纠纷适用调解原则的一个调解组织，具有解决民事纠纷的中国特点。

六　人民法院和人民检察院

法院和检察院都是国家机构，在法律体系的逻辑结构上，均属本章一部分。法院的宪法规范已在第一章详述；检察院与宪法保障和法律监督有关，故将在本章第五节详述。

第四节　中国的民族区域自治制度和特别行政区设置

中国实行民族区域自治制度和设置特别行政区，是由自身的历史发展特点决定的。《宪法》第 4 条是实行民族区域自治制度的宪法依据，第 31 条是设置特别行政区的宪法依据。

一　民族区域自治制度

中国是一个统一的多民族国家，共 56 个民族。各民族之间在民族历史、民俗习惯、宗教信仰、文化传统、价值观念、经济水平等方面都存在差异，所以既要照顾少数民族的特点，尊重其习惯，又要保证国家主权和领土完整，维护国家统一。《共同纲领》第 51 条是实行民族区域自治的最早的宪法性规范；1952 年的民族区域自治实施纲要，使民族区域自治制度从建政一开始就有了相对完备的法律依据。经过 30 多年的发展，全国人大 1984 年制定了民族区域自治法，并经 2001 年修正；相信随着国家社会转型，该法会有进一步修正，甚至为适应转型后的社会而重新立法。民族区域自治制度是中国解决民族问题的基本政治制度，并与人大制度、中共领导下多党合作和政治协商制度，并称为中国三大基本政治制度。实行民族区域自治应遵循以下基本原则：国家统一的原则，各少数民族拥有管理本民族内部事务权利的原则，各民族平等、团结和共同繁荣的原则。

民族区域自治类型分为 3 种：自治区，省一级的国家行政区域之一种，下辖自治州、县、自治县、市，目前有西藏自治区、新疆维吾尔自治区、内蒙古自治区、宁夏回族自治区、广西壮族自治区 5 个自治区；自治州，设区的市一级的行政区域，下辖县、自治县、市，中国目前的自治州在几个省、自治区中设置；自治县，县一级行政区域，下辖乡、民族乡、镇，目前有自治县的省、自治区约占一半。民族区域自治地方设立自治机关，这是民族区域自治的形式保障，行使自治权是民族区域自治的实质保障。自治机关指民族自治地方的人大和政府，行使职权时具有双重性质，既行使地方国家机关职权，又行使民族自治地方自治权。自治机关的组成和任期，与一般地方国家机关的相同，民族自治地方的人大常委会中应有实行区域自治的民族的公民担任主任或副主任，民族自治地方的政府的正职领导人，须由实行区域自治的民族的公民担任。民族自治地方自治机关的自治权包括自治条例和单行条例的立法权、对上级国家机关的政策有灵活的执行权、执行公务使用民族语言权、经济建设自主权、财政自治权、金融机构的设立权、教科文卫体的自治权等。民族自治地方的法院和检察院的领导成员和工作人员中，应有实行区域自治的民族的人员，并应当用当地通用的语言文字审理、检察案件。

二 特别行政区设置

16世纪中叶，澳门被葡萄牙逐步占领；1840年鸦片战争后，香港被英国占领；1949年中华人民共和国成立，台湾仍由国民政府统治，历史地形成隔岸而治的态势。经过百多年奋斗，中国仍未统一。建立一个统一的自由、民主、宪制的中国，是近代以来国人的梦想。为解决历史遗留问题，中英两国政府于1984年签署了《中英香港问题联合声明》，确认中国政府于1997年7月1日恢复对香港行使主权；中葡两国政府于1987年签署了《中葡澳门问题联合声明》，确认中国政府于1999年12月20日恢复对澳门行使主权。如何面对香港和澳门恢复行使主权，是摆在中国政府和包括香港人、澳门人在内的全体中国人面前的重大问题。这问题处理得如何，将直接影响到香港、澳门的顺利过渡，回归祖国大家庭，也会影响到日后对台湾遗留问题的历史解决，甚至还会影响到世人对业已经济改革和国门开放了的中国大陆的信心。因此，恢复对香港、澳门行使主权有两个基本点：必须维护国家的统一和领土的完整，必须在恢复行使主权后继续保持香港、澳门的稳定和繁荣。考虑到香港、澳门的历史和现状，也考虑到以后台湾的实际情况，统一在大陆现有制度下是困难的，故提出"一个国家，两种制度"（简称"一国两制"）的政治构想，并以"国家在必要时得设立特别行政区"的宪法规范来体现。特别行政区设置的国内法依据是《宪法》第31条、《中华人民共和国香港特别行政区基本法》和《中华人民共和国澳门特别行政区基本法》各第5条，国际法依据是前述两个联合声明。特别行政区是一个享有高度自治权的地方行政区域，直辖于中央政府。中央拥有对特别行政区的外交事务权、驻军防务权、人事任免权、对违反基本法的特别行政区法律发回权等，特别行政区则享有行政管理权、立法权、独立的司法权和终审权等。

（一）香港特别行政区的居民、政治体制、经济等事务的原则规定

1990年制定的《中华人民共和国香港特别行政区基本法》（简称香港基本法），《香港基本法》包括序言9章10节160条及3个附件，内容涉及：一是香港特别行政区的居民，简称香港居民，包括永久性居民和非永久性居民。永久性居民指在香港特别行政区成立前或后在香港出生的中国公民等6项情形的人；非永久性居民指有资格按香港特别行政区法律取得香港居民身份证，但没有居留权的人。香港居民享有选举权和被选举权、法律平等权、基本自由权、私有财产权。二是香港特别行政区的政治体制：特别行政区行政长官，代表香港特别行政区，对中央政府和香港特别行政区负责；特别行政区行政机关，设政务司、财政司、律政司和各局、处、署，主要官员由在香港通常连续居住满15年并在外国无拘留权的永久性居民中的中国公民担任；特别行政区立法机关，即特别行政区立法会，主要由在外国无居留权的香港永久性居民中的中国公民组成，非中国籍或有外国居留权的永久性居民也可当选立法会议员，但比例不得超过全体议员的20%；特别行政区司法机关，指特别行政区各级法院，行使特别行政区审判权，设终审法院、高等法院、区域法院、裁判署法庭和其他专门法庭，原在香港实行的司法体制，除因设立终审法院而产生变化外，予以保留，原实行的陪审制度予以保留，刑事审判实行无罪推定原则；区域组织，

非政权性的，接受特别行政区政府就有关地区管理和其他事务的咨询，或负责提供文化、康乐、环境卫生等服务；公务人员，须是永久性居民，可任用原香港公务人员中的或持有永久性居民身份证的英籍和其他外籍人士。三是香港特别行政区的经济等事务：财政、金融、贸易和工商业，香港特别行政区财政独立，中央不在特别行政区征税，其自行制定金融政策，港元为其可自由兑换的法定货币，不实行外汇管制政策，继续开放外汇、黄金、证券、期货等市场；香港特别行政区保持自由港地位，不征收关税，保障货物、无形财产和资本流动自由，香港特别行政区为单独的关税地区，并可以"中国香港"名义参加WTO；土地契约，特别行政区成立前已批出、决定或续期的超越1997年6月30日年期的所有土地契约和与土地契约有关的一切权利，均按香港特别行政区的法律继续予以承认和保护，从1985年5月27日至1997年6月30日期间批出的，或原没有续期权利而获得续期的，超出1997年6月30日年期而不超过2047年6月30日的一切土地契约，承租人从1997年7月1日起不补地价，但需每年缴纳相当于当日该土地应课差饷租值3%的租金；航运，保持原在香港实行的航运经营和管理体制，私营航运及与航运有关的企业和私营集装箱码头，可继续自由经营；民用航空，继续实行原在香港实行的民用航空管理制度，外国国家航空器进入香港须经中央政府特许，特别行政区成立前在香港注册并以香港为主要营业地的航空公司和与民用航空有关的行业，可继续经营；其他事务如教科文体等依据《香港基本法》。

（二）澳门特别行政区的居民、政治体制、经济等事务的原则规定

1993年制定的《中华人民共和国澳门特别行政区基本法》（简称澳门基本法），《澳门基本法》包括序言9章7节145条及3个附件，内容涉及：一是澳门特别行政区的居民，简称澳门居民，包括永久性居民和非永久性居民。永久性居民指在澳门特别行政区成立以前或以后在澳门出生的中国公民及其在澳门以外所生的中国籍子女等6项情形的人；非永久性居民为有资格领取澳门居民身份证，但没有居留权的人。澳门居民享有的权利，除关于在澳门的葡萄牙后裔居民的权利规定外，其他与香港居民权利的规定相同。二是澳门特别行政区的政治体制：有关规定除如下规定外，其他的与香港特别行政区的类似：行政长官由选举委员会按澳门基本法选出；立法会设正、副主席各1人，并由在澳门通常居住连续满15年的永久性居民中的中国公民担任；特别行政区设初级、中级和终审法院，另设行政法院，管辖行政诉讼和税务诉讼，其上诉法院为中级人民法院；检察长由澳门特别行政区永久性居民中的中国公民担任；可设立非政权性的市政机构，其规定与香港特别行政区区域组织相同。三是澳门特别行政区的经济等事务：承认和保护澳门特别行政区成立前已批出或决定的年期超过1999年12月19日的合法土地契约和与土地契约有关的权利，澳门特别行政区自行制定旅游娱乐业的政策。对澳门特别行政区经济等事务的其他规定，与香港特别行政区的相似。

第五节 中国的宪法保障制度和法律监督机制

现代政治文明的标志是权力制衡制度或曰分权制度。实现权力制衡制度或分权制度，需要法律体系包含宪法保障制度和法律监督机制；真正的宪法保障制度和法律监督机制一定是宪制的结果。中国法律体系的宪法保障制度和法律监督机制尚有欠缺，需国人努力，更需大智慧大胆识的政治家的努力。随着宪制的法律体系最后形成，宪法保障制度和法律监督机制将最后确立，但不影响对中国现有宪法保障制度和法律监督机制的阐述。

一 中国的宪法保障制度

宪法保障指国家通过各种方式使宪法得以实施的一种特定的法律监督制度。宪法没有得到完全而正确的实施，再好的宪法也是一纸空文，而得不到正确实施的宪法也根本谈不上好的宪法，因为一部好的宪法本身也已经蕴含了实施宪法的机制。为了令宪法得到真正实施，为了使宪法成为国家最权威的而不是挂在嘴边的东西，还需要宪法保障。宪法保障的目的是要让宪法成为真正的国之大法，不承认违背它的任何个人、组织和政党崇拜，只承认自己存在本身价值就是一组规则、一个秩序、一种平衡，最终实现社会公义。宪法保障如此重要，许多国家都十分重视。像美国就有专门的 constitutional law（宪制法），即基于、涉及或解释宪法的条文和案例法的法律体系，相应有 court of the union（联合法院），由 50 个州的高级法院首席法官组成，对联邦最高法院的决议、决定，只要属违宪即可裁决。像德国就有专门的宪法法院，裁决有关宪法的案件或处理有关违宪的问题。

中国虽没有设立专门的宪法法院，还未形成完整的宪制法体系，但也有自己特定的宪法保障制度，其内容涉及：宪法除其文本外，还有与其相关的一系列法律和法律性文件，从而形成类似宪制法的体系，这是中国从宪制法意义上落实的宪法保障，因为一部孤立的宪法要全面落实其规范是难以想象的，而通过对宪法相关的法律予以立法，就可以不断充实和完善宪法本身，这正是对宪法的一种保障；宪法将其性质、地位和效力写进其文本，这是对宪法保障的中国式表述，即规定了宪法具有最高法律效力和最高权威性；宪法权威是具体的，即可操作的或可司法化的，其实质也是宪法法律化，形成一个宪制法的体系，把有关宪法规范的争议统统交由法院审理，即引入诉讼程序，而法院审理宪法案件时，可以而且应当直接以宪法为裁判的法律依据，并在裁判文书中予以援引，中国正尝试宪法司法化，相信不久会形成自己的宪制法体系；宪法规定了宪法监督机关是全国人大及其常委会，在组织上予以保障；宪法规定了数码式的修宪程序，宪法修改由全国人大常委会或1/

5 以上的全国人大代表提议，并由全国人大以全体代表的 2/3 以上多数通过，这有利于宪法的稳定性，从而有利于对宪法的保障；宪法规定了地方各级人大对宪法在本行政区域内的执行，这使得宪法保障形成上下各个层级的保障体系；《宪法》形成对法律文件的审查机制，即对各种立法进行宪法审查。

二 中国的法律监督机制：作为国家法律监督机关的检察院

广义的法律监督，其监督主体包括人民、舆论对法律实施的监督，其监督客体包括对宪法实施的监督。这里所述法律监督指狭义之法律监督，即由专门机关监察并督促法律的实施和执行的行为。检察院是专门的国家法律监督机关，独立行使检察权，不受任何行政机关、社会团体和个人干涉，最高检察院对全国人大及其常委会负责，地方各级检察院对产生它的国家权力机关和上级检察院负责。检察院分为最高检察院、地方各级检察院和军事检察院等专门检察院。地方各级检察院分为省、自治区、直辖市检察院，省、自治区、直辖市检察院分院，自治州、省辖市检察院，县、市、自治县、市辖区检察院。省一级和县一级检察院根据需要，提请本级人大常委会批准，可以在工矿区、农垦区、林区等区域设置检察院，作为派出机构。检察院行使检察权应遵循国家法制、实事求是、在适用法律上一律平等、在办理刑事案件中与法院及公安机关分工配合和互相制约等原则。检察院人事制度主要是检察官制度，其规范是 1995 年的《检察官法》。检察官级别分为 12 级：1 级检察官，即首席大检察官，为最高检察院检察长；2 级至 12 级检察官，分为大检察官、高级检察官、检察官。担任检察官必须具备法定条件，初任检察官从经过国家统一司法考试取得资格的人员中，经过法定程序予以任用。一个公义社会要由司法公正来保障，检察官又是司法公正的保护神。检察官必须按法律规定履行自己的检察职责，依法进行法律监督工作，代表国家进行公诉，对某些法定犯罪案件进行侦查；也应按法律规定承担自己的检察义务，接受法律监督和人民群众监督。

第六节　中国的人民代表大会选举制度

中国还没有现代政治文明的普选制度，即便《共同纲领》约定的人大普选也未最后实现。普选制度既是现代政治文明的逻辑起点，也是现代政治文明的逻辑终点，它涉及权力来源之合法性问题，所以它成了现代政治学和宪法学的核心。相信随着社会转型，普选制度将会在中国实现。现行中国选举制度的逻辑是，国家一切权力属于人民，人民行使国家权力的方式是人大，故从中央到地方的各级官员的产生，全部由人大选举决定；讲现行中国选举制度，实质是讲各级人大选举制度。规范人大选举制度的是宪法及 2015 年修改的

《全国人民代表大会和地方各级人民代表大会选举法》（简称选举法）。

一　人民代表大会选举制度的基本原则

尽管目前还没有全民普选，但作为现时人大选举制度，如何尽可能体现人民的选择，这对于实现法治相当重要。因而人大选举应遵循以下基本原则：选举的平等性原则，即年满18周岁的公民，不分民族、种族、性别、职业、家庭出身、宗教信仰、教育程度、财产状况、居住期限，都有选举权和被选举权，除非是被剥夺政治权利者及不能行使选举权的精神病患者；代表的广泛性原则，即少数民族代表的名额应占总名额的12%左右，港澳单独组成人大代表团，并占有一定比例名额，台湾配备一定名额，从各省、自治区、直辖市和军队的台湾籍同胞中选出，归侨拥有一定代表名额，照顾妇女代表名额；选民拥有对人大代表的监督权和罢免权原则，这样才能真正体现主权在民；投票的公平性原则，含一人一票、秘密投票或曰无记名投票、直接选举与间接选举相结合、差额选举等分原则。

二　各级人民代表大会代表名额的配置

第一，全国人大代表名额的配置：全国人大代表名额总数不超过3000人；省级行政区应选全国人大代表的名额，由全国人大常委会根据各该行政区的人口数，按每一代表所代表的城乡人口数相同的原则进行分配，归国华侨、台湾、解放军、香港、澳门的代表名额应有一定比例，少数民族代表名额约占总名额的12%，对民族较多、人口较少的广西、贵州、云南、新疆等增加一定名额，对人口特少的约35个民族各分配1个代表名额。

第二，地方各级人大代表名额的配置：省级行政区人大代表的名额，由全国人大常委会确定；设区的市一级行政区人大代表的名额，由省级人大常委会确定，报全国人大常委会备案；县级行政区人大代表名额，由本级人大常委会确定，报上一级人大常委会备案，且在县级人大中，人口特别少的乡、民族乡、镇，至少应有人大代表1人；乡镇级行政区人大代表名额，由县级人大常委会确定，报上一级人大常委会备案。

三　人大代表选举的选举组织、方法和程序

主持中国各级人大代表选举的组织机构是：实行间接选举人大代表的选举组织是本级人大常委会；实行直接选举人大代表的选举组织是依法设立的选举委员会，选举委员会的组成人员由各该县级人大常委会任命。人大选举的方法和程序如下：

第一，直接选举。无论是直接选举还是间接选举，人大代表均实行差额选举。县级及县级以下人大代表由选民直接选举产生。直接选举应依法划分选区，其代表名额分配到各个选区，按选区进行选举；实行直接选举的行政区域，在划分好选区后，进行选民登记，经登记确认的选民资格长期有效，但对于某些新增的或除名的要依规定及时处理；登记完毕后，是人大代表候选人的提名，人大代表候选人由各选区的选民和各政党、各团体提名推荐，由选举委员会汇总后，在选举日之前向选民介绍候选人情况，并根据较多数选民意见，确定正式候选人名单；直接选举的投票、计票、当选，均按法定程序进行。

第二，间接选举。县级以上人大代表由人大代表间接选举产生。间接选举是在人大会议内由人大代表投票选举上一级人大代表，因此在操作上与直接选举有所不同：间接选举的人大代表候选人，按选举单位提名产生；推荐代表候选人的主体，可以是各政党和各人民团体的联名或单独推荐，也可以是人大代表10人以上联名推荐；人大主席团应在选举日前向代表介绍代表候选人的情况；间接选举的投票、计票、当选，与直接选举的相同。

第七节　中国的立法制度

建设真正的法治国家有赖于一个完整法律体系，一个完整法律体系则有赖于立法，立法又有赖于一个健全的立法制度。立法之成为一种制度，乃因为一个正当而合法的立法机制是构建完整法律体系的助产婆。为了建立一个健康的立法制度，中国于2000年制定了立法法，这是一部规范立法活动的法律，其地位仅次于宪法，而高于其他法律，它的诞生标志着中国立法制度的初步形成。

一　概述：立法的定义和立法的原则

（一）立法的定义

立法就是由国家立法机关以及国家立法机关授权的其他国家机关根据宪法原则履行立法职能，制定、修改和废止各种法律、法规和规章的活动。该定义包含：立法主体，即立法者，是履行立法权的立法机关，行使国家立法权的是全国人大及其常委会，而国务院及其所属部门，及省、自治区、直辖市和其他设区的市人大及其常委会、政府等，经全国人大或全国人大常委会的授权，可以行使与其工作职能相关的部分立法职权；立法客体，即立法对象，是立法主体依法进行立法活动所制定、修改和废止的各种规范性文件，包括法律、行政法规、地方性法规、自治条例和单行条例、部门规章、地方政府规章；立法权限，即立法权划分，是不同国家立法机关所担负的不同立法职能，或曰担负立法权的国家机关不同的立法分工，其中，法律和法律性文件，含基本法律和一般法律，由全国人大及其常委会立法，法律解释由全国人大常委会立法，行政法规由国务院立法，地方性法规、自治条例和单行条例由省级、设区的市级人大及其常委会立法，部门规章由国务院相关部门立法，地方政府规章由省级、设区的市级政府立法；立法行为，即立法活动，是立法主体依职权或授权作用于立法客体，制定、解释、修改和废止法律、行政法规、地方性法规、自治条例和单行条例、部门规章、地方政府规章的活动，不同的立法活动，有不同类型的立法，换言之，就立法方式，立法活动包括制定法律法规规章、解释法律法规规章、修改法律法规规章、废止法律法规规章，就立法主体，立法活动包括法律的立法、行政法规的立法、地方性法规的立法、自治条例和单行条例的立法、部门规章的立法、地方政府规章的立法。

(二) 立法的原则

立法原则是宪法原则在立法行为上的体现。立法活动是否遵循基于宪法原则的立法原则，关乎法律的制定、修改、废止是否合宪合法，关乎所立之法是良法，还是恶法，因此，任何一个法律体系都有自己的立法原则。中国的立法原则包括：

原则1　立法的社会主义原则

根据宪法的社会主义精神，国家立法也须遵循该原则。既然宪法以一种主义来规定，就应先界定该主义，这是基本的逻辑要求，但可惜的是宪法和法律对此未作任何界定。

原则2　立法的法治原则

本原则又曰国家法制统一原则，指立法应统一在宪法之下，凡与宪法相抵触的立法均无效。立法工作是要建立和完善法律体系，因此必须坚持立法统一性的原则。

原则3　立法的民主原则

本原则是指立法应反映人民意愿，按主权在民的原则进行。为遵循本原则，既要保证国家立法权由全国人大及其常委会来履行，其他国家机关只有在宪法规定权限内或授权范围内才能进行相关立法活动，又要保障全体人民通过多种途径参与国家立法活动。

原则4　立法的平等原则

本原则是指立法要反映社会公平正义，不允许包括执政党在内的任何政党、包括国家机关在内的任何组织、包括从最高领导人到各级领导人在内的任何个人对立法活动享有特权，也就是不允许立法所制定的法律规范反映利益集团和个人的特权，否则所立之法就不是良法，而是恶法。立法应公义地规范公民的权利和义务，防止公权力被滥用。

原则5　立法的可操作性原则

本原则是指法律规范应明确、具体，具有针对性和可执行性，即它是可操作的。

二　法律的立法

(一) 法律立法的权限

法律立法的权限是指哪些立法机关有权对哪些事项进行法律立法。这有两层意思：具有法律立法权的立法机关有哪些，这涉及立法主体的立法权限；哪些事项的立法只能以法律形式立法，这涉及立法客体的立法权限。涉及立法主体的立法权限：全国人大行使对基本法律的立法权，制定和修改刑事、民事、国家机构的和其他的基本法律，基本法律指除宪法外只能由全国人大制定和修改的法律，含涉及宪制法的法律及各法律部门的一级大法，人大选举法、立法法、刑事诉讼法、刑法、民事诉讼法、民法总则、民法通则、婚姻法、合同法、行政诉讼法、行政处罚法等均属此类；全国人大常委会行使对基本法律外的其他法律的立法权，包括制定和修改除应由全国人大制定的法律外的其他法律，其他法律指除基本法律外的涉及各法律部门的一般法律，引渡法、担保法、著作权法等均属此类，以及全国人大闭会期间对全国人大制定的法律进行部分补充和修改，但不得同该法律基本原则相抵触，刑法、婚姻法、民族区域自治法等均经其修改。

涉及立法客体的立法权限，是法律立法客体受立法权限制约的问题，因为它，政府就不能为了方便管理而把本应法律立法的事项却越权制定法规或规章，据此，如下事项只能制定法律：国家主权，如领海及毗连区法、海域使用管理法；各级人大、政府、法院、检察院的产生、组织、职权，如全国人大组织法、国务院组织法、法院组织法；民族区域自治制度、特别行政区制度、基层群众自治制度，如民族区域自治法、香港特别行政区基本法；犯罪和惩罚，如刑法；对公民政治权利的剥夺、限制人身自由的强制措施和处罚，如治安管理处罚法，但城市流浪乞讨人员收容遣送办法由制定之初带有社会福利性质，发展成带有剥夺、限制人身自由的强制措施和处罚性质，就违反了立法法规范，故后来把它废了；税种的设立、税率的确定和税收征收管理等税收基本制度，如税收征收管理法、个人所得税法、企业所得税法等；对非国有财产的征收、征用，涉及国家对公民私有财产和集体所有财产的征用权，必须通过法律立法来规范，而不能通过法规或规章来规范，否则就是违法违宪的，故《城市房屋拆迁管理条例》是不符合立法法的，相信迟早被废；民事基本制度，如民法总则、婚姻法、继承法、合同法；基本经济制度及财政、海关、金融和外贸的基本制度，如会计法、个人独资企业法、合伙企业法、乡镇企业法、中外合资经营企业法、对外贸易法、中国人民银行法；诉讼和仲裁制度，如刑事诉讼法、民事诉讼法、行政诉讼法、仲裁法；必须由全国人大及其常委会制定法律的其他事项，如环境保护法、产品质量法、反不正当竞争法、药品管理法、国家通用语言文字法。

（二）法律立法的程序

全国人大法律立法的程序主要包括以下几个环节：提出法律案，人大开会期间，人大主席团、人大常委会、国务院、中央军委、最高人民法院、最高人民检察院、人大各专门委员会、一个代表团、30名以上代表联名均可提出法律案，而人大闭会期间，有关主体可先向常委会提出，并经常委会决定提请人大审议；审议法律案，法律案提出后分别由不同审议主体审议，列入全国人大会议议程的法律案，分别由各代表团、有关专门委员会进行审议；撤回法律案，列入全国人大会议议程的法律案在交付表决前，提案人要求撤回，并经主席团同意的，其审议即行终止；修改法律案，审议法律案时可授权常委会提出修改方案，提请人大下次会议决定，或法律草案修改稿经各代表团审议，再由法律委员会进行修改，提出法律草案表决稿；表决法律案，法律委员会将法律草案表决稿最后确定后，由主席团提请大会全体会议表决，而法律案未获通过的，提案人可重新提出；公布法律，人大通过的法律案正式成为法律，由国家主席签署主席令予以公布。法律修改和废止的程序适用法律立法程序的有关规定。

全国人大常委会法律立法的程序与全国人大的相当，包括提出法律案、审议法律案、撤回法律案、搁置法律案、修改法律案、表决法律案、公布法律等几个环节。搁置法律案这一环节是全国人大常委会法律立法程序特有的，它是指法律案经常委会3次审议后仍有问题需研究的，由委员长提出，经联组会议或全体会议同意，搁置法律案，暂不表决。人大常委会对法律的修改和废止程序，适用法律立法程序的有关规定。

(三) 法律解释及其效力

法律解释是一种官方解释，或曰立法机关解释，不能与法律相抵触，同法律具有同等效力，是中国法律渊源之一。法律解释权属于全国人大常委会。什么情况需要法律解释？当法律条文需要进一步明确具体含义和界限时，或者当法律制定后出现新情况，需要明确适用法律依据，即需要做补充规定时，拥有法律解释权的全国人大常委会有权对法律进行解释。谁可以启动法律解释的程序？全国人大常委会认为必要，有权就某事项进行法律解释；国务院、中央军委、最高人民法院、最高人民检察院、全国人大各专门委员会、省级人大常委会认为对法律的含义、界限、适用依据需要进行解释时，有权向全国人大常委会提出法律解释的要求，而一般组织或公民个人则无权直接提出法律解释的要求。法律解释也是一种立法，须依法定程序进行。

法律解释同被解释的法律本身，具有同等的法律效力，但法律解释同被解释的法律不能相抵触。

(四) 法律制定的技术性问题

法律立法的技术性要求是完善法律立法所必不可少的：一是每件法律要明确规定施行日期，表述可以是"公布即日起施行"，也可以是公布后"某年某月某日起施行"。二是签署公布法律的主席令应载明该法律制定机关及通过和施行日期。三是法律基于内容所需可分为编、章、节、条、款、项、目：编、章、节、条的序号用中文数字依次表述；条之下的一自然段为一款，且不编序号；项的序号用中文数字加括号依次表述；目的序号用阿拉伯数字依次表述；分为编的法律不多，通常只是一些具有法典性的法律；编之下的章，有的是各编自行排序，有的是各编统一排序；章之下的节，各章自行排序；条则不管编、章、节怎样排序，都是从头至尾统一排序；项、目都是各条自行排序。四是法律标题的题注应当载明制定机关、通过日期；经修改的，载明修改机关、修改日期。五是法律由国家主席签署并公布后应及时刊登，并以全国人大常委会公报刊登的法律文本为标准文本。六是法律部分条文修改或废止的，须公布新法律文本。

三　行政法规的立法

(一) 行政法规立法的权限

行政法规的立法主体是国务院，其有权根据宪法和法律就行政管理和行政事务制定相关行政法规。行政法规的立法客体：为执行法律需要制定行政法规的事项，即为了规范行政机关执行法律的行政行为和调整执行法律所引发的行政主体同行政对象之间的关系而需要制定行政法规；《宪法》第89条规定的国务院行政管理职权的事项；本应由全国人大及其常委会制定法律，但其授权国务院先行制定行政法规的事项，一旦当制定法律的条件成熟时，国务院应及时提请全国人大及其常委会制定法律。

（二）行政法规立法的程序

行政法规立法，其程序比法律立法要简单，一般包括报请立项、起草行政法规、审查行政法规、决定行政法规并报备案、公布行政法规等几个主要环节。

四 地方性法规、自治条例和单行条例的立法

（一）地方性法规、自治条例和单行条例立法的权限

省、自治区、直辖市的地方性法规、自治条例和单行条例，立法主体是其人大及其常委会，或者是其人大。从立法客体看，以下事项可以制定地方性法规：为执行法律、行政法规需要根据本行政区域实际情况作出具体规定的事项；属于地方性事务需要制定地方性法规的事项；除只能制定法律的 11 个方面事项外，其他事项尚未制定法律或行政法规的，根据本地方实际可先行制定地方性法规。自治区、自治州、自治县的人大可按当地民族的政治、经济和文化的特点对法律和行政法规的规定作变通规定，制定自治条例和单行条例，但不得对宪法、法律、行政法规就民族自治地方作的规定再作变通规定。设区的市的人大及其常委会根据本市具体情况和实际需要，在不同宪法、法律、行政法规和本省、自治区的地方性法规相抵触的前提下，可以对城乡建设和管理、环境保护、历史文化保护等方面的事项制定地方性法规。

（二）地方性法规、自治条例和单行条例立法的程序

地方性法规、自治条例和单行条例的立法程序包括提出、审议、表决、公布等步骤。公布地方性法规、自治条例和单行条例按以下规定进行：省、自治区、直辖市人大制定的地方性法规由大会主席团发布公告予以公布；省、自治区、直辖市人大常委会制定的地方性法规由人大常委会发布公告予以公布；设区的市人大及其常委会制定的地方性法规报经批准后，由其人大常委会发布公告予以公布；自治条例和单行条例报经批准后，分别由自治区、自治州、自治县人大常委会发布公告予以公布。

五 规章[①]的立法

（一）国务院部门规章的立法

国务院部门规章的立法主体是国务院各部门，它们可以根据法律和行政法规，在本部门的权限范围内制定规章。部门规章的立法客体是执行法律或行政法规的事项；涉及两个以上部门职权范围的事项，提请制定行政法规或由有关部门联合制定规章。部门规章立法程序含报请立项、起草规章、送国务院审查、经会议决定、报国务院备案、公布等环节。

---

① 规章又称为行政规章，包括国务院各部门的规章和地方政府的规章。国务院各部门的规章又称为部门规章，地方政府规章又称为地方规章或政府规章。

(二) 地方政府规章的立法

地方政府规章的立法主体是省级政府和设区的市级政府，它们可以根据法律、行政法规和本行政区的地方性法规制定政府规章。政府规章的立法客体是为执行法律、行政法规和地方性法规需要制定规章的事项，或者属于本行政区域的具体行政事务管理的事项。政府规章立法程序含报请立项、起草规章、送审查、经会议决定和报备并公布等环节。

六 各种规范性文件的效力与适用

(一) 各种规范性文件的效力比较

各种规范性文件之间在法律效力上存在一个法律顺序或曰法律优先的问题。法律顺序是指国内法中任何两个在法律效力上都有一个上位法与下位法的关系问题，于其中上位法效力高于下位法效力。法律优先原则是上位法与下位法不一致时，以上位法为优先，以上位法为标准或依归，下位法不能违反上位法。法律顺序问题很重要，能有效地解决法律冲突的问题。法律顺序如下：宪法具有最高法律效力，是最上位法，其他规范性文件不得同它相抵触；法律的效力高于行政法规、地方性法规、规章，它既是宪法的下位法，又是行政法规、地方性法规、规章的上位法；行政法规的效力高于地方性法规、规章，它既是宪法、法律的下位法，又是地方性法规、规章的上位法；地方性法规的效力高于本级和下级政府规章，它既是宪法、法律、行政法规的下位法，又是本级和下级政府规章的上位法；省、自治区政府规章的效力高于本行政区域内的设区的市政府规章，它既是宪法、法律、行政法规、本行政区域内同级地方性法规的下位法，又是本行政区域内设区的市政府规章的上位法；国务院部门规章之间、部门规章与地方政府规章之间具有同等效力，在各自权限范围内施行；自治条例和单行条例依法对法律、行政法规、地方性法规作变通规定的，仅在本自治地方有效，在效力上它与法律、行政法规不存在孰高孰低的问题；经济特区法规根据授权对法律、行政法规、地方性法规作变通规定的，仅在本经济特区有效；地方性法规与部门规章之间没有上位法与下位法之分，一般不存在效力上的比较[①]。

(二) 规范性文件之间不一致时的适用或者裁决

规范性文件之间出现不一致时按如下原则适用或裁决：一是同一机关制定的规范性文件，特别规定与一般规定不一致的，适用特别规定；新规定与旧规定不一致的，适用新规定。二是规范性文件均不溯及既往，但为更好保护自然人、法人和非法人组织的权利的特别规定除外。三是法律之间对同一事项新的一般规定与旧的特别规定不一致，不能确定如何适用的，由全国人大常委会裁决。四是行政法规之间对同一事项新的一般规定与旧的特别规定不一致，不能确定如何适用的，由国务院裁决。五是地方性法规、规章之间不一致，由有关机关按照如下规定的权限裁决：同一机关制定的新的一般规定与旧的特别规定不一致的，由制定机关裁决；地方性法规与部门规章之间对同一事项规定不一致，不能确

---

① 这就是后面所阐述的它们之间出现不一致时有一个裁决问题。

定如何适用时由国务院提出意见,即国务院认为应适用地方性法规的,应决定在该地方适用地方性法规,认为应适用部门规章的,应提请全国人大常委会裁决;部门规章之间、部门规章与地方政府规章之间对同一事项规定不一致的,由国务院裁决。六是根据授权制定的法规与法律不一致,不能确定如何适用的,由全国人大常委会裁决。

(三) 对不适当和违法的规范性文件的改变或者撤销

法律、行政法规、地方性法规、自治条例和单行条例、规章有如下情形之一的,由有关机关依法改变或撤销:超越权限立法的;下位法违反上位法的;规章之间对同一事项规定不一致,经裁决应改变或撤销一方规定的;规章的规定被认为不适当,应予以改变或撤销的;违反法定程序的。改变或撤销规范性文件应依据如下法定权限:全国人大有权改变或撤销其常委会制定的不适当的法律,有权撤销其常委会批准的违宪违法的自治条例和单行条例;全国人大常委会有权撤销同宪法和法律相抵触的行政法规,撤销同宪法、法律和行政法规相抵触的地方性法规,撤销省级人大常委会批准的违宪违法的自治条例和单行条例;国务院有权改变或撤销不适当的部门规章和地方政府规章;省级人大有权改变或撤销其常委会制定和批准的不适当的地方性法规;地方人大常委会有权撤销本级政府制定的不适当的规章;省、自治区政府有权改变或撤销下一级政府制定的不适当的规章;授权机关有权撤销被授权机关制定的超越授权范围或违背授权目的的法规,必要时可撤销授权。

(四) 法律规范性文件审查机制的启动

尽管中国目前对立法进行宪法审查和司法审查的机制仍未完善,但对规范性文件某些审查是有的。国务院、中央军委、最高人民法院、最高人民检察院及省级人大常委会有权向全国人大常委会书面提出对行政法规、地方性法规、自治条例和单行条例进行审查的要求,其他国家机关和所有组织及公民有权向全国人大常委会书面提出审查上述规范性文件的建议。

(五) 司法解释与法律规范性文件的关系

立法法对司法解释作了严格规定。司法解释主体只能是最高法院、最高检察院,其他各级法院、检察院不得作出司法解释;司法解释客体是审判、检察工作的具体应用法律,并应当针对具体法律条文,且符合立法的目的、原则和原意,不能与法律相悖。特别是遇有以下情形,只能由全国人大常委会作出法律解释,而不能作出司法解释:法律的规定需要进一步明确具体含义的;法律制定后出现新的情况,需要明确适用法律依据的。

第四章

诉讼和非诉讼程序法

如果说，本书其他各章主要是关于中国法律体系中的实体法的话，那么本章涉及的就是它的程序法，包括诉讼程序和非诉讼程序的法律。程序法与实体法相对，它是关于在诉讼或者非诉讼程序中实现实体权利和义务以及获得法律补救的程序和方法的法律，或者说，是在解决实体争议或者冲突的程序中保证实体权利和义务得以实现的法律。本章主要阐明刑事诉讼程序、民事诉讼程序、行政诉讼程序等诉讼程序，以及仲裁程序、调解程序等非诉讼程序。

一个真正的法律体系，实体法固然重要，但是相对而言，程序法更为重要，尤其是作为最基本的刑事诉讼程序法和民事诉讼程序法。因为程序的公平性和正义性是保证整个法律体系公义性的基础。没有程序的公平和正义，就根本谈不上实体的公平和正义，甚至更谈不上整个法律体系的公义性。正是基于这一点，一个完善的刑事诉讼程序系统决不容许一个专横的政府滥用公权力，违法地不公允地将一个清白无罪的人宣判为有罪；政府的运作必须在法律的框架底下。在公权力与私权利之间，为了寻求一个法治的平衡点，现代政治文明的法治理论主张，如果代表公权力的警察犯错，宁愿让犯罪嫌疑人暂且获得自由，很多人不了解这一点，觉得不可思议；因为公权力的犯错带来的恶果远甚于私权利的违法所造成的伤害，这就是为保护公民权而只能付出一定代价的法治精髓。同样正是基于程序的公平和正义，坚持严格的民事诉讼程序规则相当重要。这如同在博弈之前，建立一整套让彼此熟悉的"游戏规则"，比什么都重要，因为没有人愿意在了解"游戏规则"之前就匆匆忙忙博弈。一个人在冒着诉讼所花掉的时间、精力、金钱的风险以前，他一定渴望先行了解诉讼过程的规则。尤其对于民商事纠纷而言，预知民事诉讼程序规则或者仲裁程序规则，是任何要进入民事诉讼程序或仲裁程序的人要先做的。

本章分为程序和证据、诉讼程序法、非诉讼程序法三个分章。程序和证据这一分章主要涉及证据特征、证据种类，特别是证据规则，包括举证责任的规则、提供证据的规则、收集证据的规则、对证据进行质证的规则、审核认定证据的规则、证据保全的规则；诉讼程序法这一分章阐述刑事诉讼程序、民事诉讼程序、行政诉讼程序这三大诉讼程序；非诉讼程序法这一分章阐述非诉讼仲裁程序和非诉讼调解程序。

第四·一分章 程序和证据

　　一个完善的法律体系，其程序框架必然包含证据规则。程序的核心是证据，这是因为程序的公正性有赖于证据的规范性。程序法是解决实体法最终实现的过程，它应体现和反映法治的精神。因此，体现和反映法治精神的这种解决实体权利和义务的过程，应具有合法性和客观真实性。法律程序的合法性主要来源于各种各类法律规范，包括实体的法律规范和程序的法律规范；法律程序的客观真实性主要来源于通过质证和审核认定的各种各类证据。这就是中国宪法和法律明文规定的"以事实为根据，以法律为准绳"的基本含义："以事实为根据"就是要保证程序的客观真实性，"以法律为准绳"就是要保证程序的合法性。可见，合法性和客观真实性是一个公正程序的两大支柱，缺一不可。作为裁判案件所依据的事实，指的就是各种证据；以客观真实的证据作为裁判的根据，是一个公正裁判的生命线。具有相对完善法律体系的国家通常都制定专门的证据法。因为，证据规范在程序法中较之其他法律问题具有相对独立性，即不论是刑事诉讼法还是民事诉讼法或者行政诉讼法，也不论是诉讼法还是仲裁法，它们都十分强调诉讼中或者仲裁中的证据规范，而证据规范对它们来说具有许多共通性。这样，对于证据规范，完全可以而且有必要抽出来单独立法。十分遗憾，中国法律体系尽管基本建构出来，但至今仍缺少一部证据法，其证据规范仅散见于各种诉讼法和非诉讼法中。

第一节　证据的概述：证据的意义和特征

一　证据的意义：体现司法公正

　　要体现法治精神，就要在程序上保证法律的公正执行；要在程序上公正执行法律，就要依据事实，即依据证据来裁判案件。诉讼或仲裁、调解的过程实质上就是证据的证明过程，离开充分且必要的证据，刑事的和民事的实体问题都不可能得到公正的解决。从一般科学理论分析，证据是被引用来证明某事物真实性或某观点正确性的论据，其逻辑意义在于它是逻辑证明的依据。从法律意义上分析，证据实际上是一种程序证据。程序证据包括诉讼证据和仲裁证据、调解证据，它们是司法机关或仲裁机构、调解组织在诉讼程序中或在仲裁程序中、调解程序中用来证明案件事实情况并正确处理案件，或者当事人及其代理人用来证明案件事实并配合司法机关或仲裁机构、调解组织正确处理案件的根据。

根据程序的不同性质，证据分为刑事诉讼证据、民事诉讼证据、行政诉讼证据和仲裁证据、调解证据。刑事诉讼证据是用来证明刑事案件事实情况，严格分清罪与非罪、罪轻与罪重，正确审理刑事案件，保护受害者、惩治犯罪者、保障被告人的诉讼权利的根据；民事诉讼证据是用来证明民事案件事实情况，严格分清是非责任，确认民事权利义务关系，正确审理民事案件的根据；行政诉讼证据是用来证明行政案件事实情况，严格审查行政主体具体行政行为的合法性，依法确认行政相对人主张的恰当性，正确审理行政诉讼案件，解决行政相对人与行政主体在行政法律关系领域所发生纠纷的根据；仲裁程序证据是用来证明仲裁案件事实情况，严格分清是非责任，确认民事权利义务关系，正确裁决仲裁案件的根据；调解程序证据是用来证明调解案件事实情况，严格分清是非责任，确认民事权利义务关系，正确处理调解案件的根据。证据是构成程序的基础之一；没有证据，程序就失去法治意义。证据是有关主体处理案件的依据，也是当事人保护自己合法权益的重要手段。因为法院、检察院、公安机关审理刑事案件或进行刑事诉讼，法院审理民事案件或行政诉讼案件，仲裁机构裁决仲裁案件，调解组织调解案件都应当以事实为根据，当事人及其代理人或辩护人参加诉讼或仲裁、调解活动，也是围绕事实根据说明有关的法律权利和义务。

二 证据的特征

程序证据有以下特征：证据的真实性，即用来证明案件事实的证据是已经获得证实的客观存在，因为只有运用真实的证据，并且以这真实的证据为前提，并作出合乎逻辑的推理，才能得出合乎逻辑的真实结论，从而得出对案件处理的正确裁判；证据的关联性，即作为案件裁判的事实依据的证据必须与被它证明的案件事实存在必要的相关性，或者说，证据与案件事实的逻辑联系体现为证据与案件事实之间存在一种因果关系或对应关系，因而凡与案件毫无关联的事实，即使真实，也不能作为本案的证据；证据的合法性，即证据的内容和形式，以及证据的取得方式和证明程序，必须是合乎法律规范的，所以通过某些非法手段获取的证据是不合法的，通过刑讯逼供方式获取的证据是非法的，某些法定不可以作为证据使用的情形是不合法的，诸如无行为能力人、继承人、受遗赠人、与继承人或受遗赠人有利害关系的人等见证的遗嘱是不合法的。任何程序证据，只有同时具备真实性、关联性和合法性的特征才可以作为案件裁判的事实根据；辩论双方只要抓住对方赖以支持自己诉讼或非诉讼请求的证据缺乏这3个基本特征的任何一个，就可以反驳对方的证据，从而反驳其诉讼或非诉讼的请求。

第二节　证据的法定种类和逻辑划分

一　证据的法定种类

证据的法定种类，或曰证据的立法种类，是证据的法定形式。《刑事诉讼法》第48条、《民事诉讼法》第63条、《行政诉讼法》第31条分别从不同诉讼角度规定了证据的法定种类。法律对不同证据形式的次序一般按其证明力大小来排列。刑事诉讼法把物证放在书证之前，而民事诉讼法、行政诉讼法则把物证放在书证之后；刑事诉讼法把视听资料放在最后，而民事诉讼法、行政诉讼法则把视听资料放在第四位或第三位，这是根据不同性质诉讼的证明力来安排的，刑事诉讼定案的事实根据，更看重物证，而民事诉讼和行政诉讼更看重书证。证据的法定形式包括：

第一，物证。它是指以其外形、特征、性质、质量、数量等有形的存在形式对查明案件事实真实性有价值的作为物品或痕迹的证据，包括：物品形式的物证，如所偷窃的物品；痕迹形式的物证，如鞋印、指纹。

第二，书证。它是指通过文字或符号表达形式记载内容，并能证明案件事实真实性的作为书面材料的证据，如书信、合同、租约、委托书等。书证和物证虽都表现为一定实物形态，但本质不同：物证以其外在实物形式作为证据，书证以其文字或符号反映的内容作为证据。例如，伪造的货币是物证而非书证，作案现场遗留下一本书，是物证而非书证。

第三，证人证言。它是指证人提供的证言，即证人把自己所了解的案件事实情况向法院作出的口头或书面陈述。证人是指除当事人外其他了解案件事实的有关情况，并能对案件提供证据而接受法院询问或被传唤到庭作证的非当事人。

第四，被害人陈述，犯罪嫌疑人、被告人供述和辩解，当事人的陈述。被害人陈述是指受犯罪行为侵害的人把受害经过和事实叙述出来。被害人陈述带有明显作证性质，同证人证言有类似之处。与许多国家把被害人陈述作为证人证言之一种不同，中国把它作为独立证据形式，既不等同于民事诉讼和行政诉讼的当事人陈述，也不等同于证人证言。犯罪嫌疑人、被告人供述是指犯罪嫌疑人、被告人陈述自己所做的事情，包括承认自己犯罪事实的供述和揭露本案其他共犯犯罪事实的供述。犯罪嫌疑人、被告人供述虽重要，但为防止刑讯逼供，仅有被告人供述，没有其他证据的，不能认定被告人有罪和处以刑罚；且在认定犯罪时也不是必需的，即没有被告人供述，证据充分确定的，可以认定被告人有罪和处以刑罚。不能因不供述而加重对被告人的处罚，这反映中国法律对犯罪嫌疑人、被告人享有沉默权的肯定，虽还没有关于沉默权的明确法条。犯罪嫌疑人、被告人辩解是其享有的诉讼权利，它是指犯罪嫌疑人、被告人就有关机关、组织或个人对其犯罪行为的指控加以申辩和解释，为自己无罪或轻罪申辩，为自己行为的事实作解释。当事人的陈述是指当事人在民事诉讼、行政诉讼或仲裁、调解中向法院或仲裁机构、调解组织作出的关于案件事实情况的陈述。当事人陈述通常包括当事人从自己的诉愿立场出发陈述有关的案件事实，以及对对方当事人或证人作出的诉愿请求或证据主张表示承认、不承认、部分承认部分不承认或者反驳这两方面。民事诉讼法将当事人陈述放在所有证据形式之首。

第五，鉴定意见。它是指为查明案情，法院指定、聘请有专门知识的人对案件中的事实情况或专门问题进行分析研究并提出结论性意见的证据形式，有医学鉴定、化学鉴定、技术鉴定、会计鉴定、文书鉴定、物品属性鉴定、交通事故鉴定、痕迹和字迹鉴定等。

第六，勘验、检查、辨认、侦查实验笔录。它是指审判人员或其他司法工作人员对案件相关的物证及相关的现场进行勘查检验所作出的书面记录，包括文字记载、拍照、录音、录像、测量、绘图等证据形式。这种证据形式本质上是保全物证的一种方法，但它又不是物证本身；这种保全物证的方法通常都采用书面记录的形式，但它又不是一种书证。

第七，视听资料。它是指通过录音、录像磁带或其他音响影视反映的声音和形象来证明案件事实真实性的证据。它较之其他证据更生动、更形象、更直观，可重复案件过程。

第八，电子数据。它是指通过电脑软件贮存的资料来证明案件真实性的证据。它较之其他证据形式更准确，尤其现已进入电子时代，传统的数据贮存方式已过时。

二　证据的逻辑划分

证据的逻辑划分是证据的逻辑分类，可以从不同划分标准对证据作逻辑分类如下：

第一，从证据的真实性能否直接证明案件事实这一标准，可以把证据分为直接证据和间接证据。直接证据是指能够直接证明而不是通过一个逻辑推论过程来证明案件事实真实性的单个独立的证据形式。在民事诉讼、行政诉讼或仲裁中，直接证据是一些能独立证明特定民事法律关系或行政法律关系的书证或物证，如作为书证的合同书、作为物证的鉴定或印鉴等；在刑事诉讼中，直接证据是一种目击证据，如证人目击犯罪嫌疑人在实施犯罪行为。间接证据是指不能凭借单个独立证据直接证明，而只能通过对基于它与待证案件事实之间关系的有关证据进行一个逻辑推论过程才能证明案件事实真实性的证据形式。间接证据虽然不能直接证明案件事实，但是经过把间接证据与案件事实合乎逻辑地联结起来，经过逻辑的分析综合判断和演绎归纳推理，则可得出正确的结论，即案件事实的真实性。区分直接证据和间接证据的意义在于要尽量找寻直接证据。

第二，从证据来源这一标准，可以将证据分为原始证据和传来证据。原始证据是直接来源于法律事实的第一手材料的证据，如书证或物证的原件、目击证人或当事人对案件事实的陈述等。传来证据是从间接的非第一手材料来源获得的，或者说是从原始证据派生出来的第二手材料的证据，如书证的抄本或复印件、物证的复制品或照片、证人把听来的案件事实作出的陈述等。区分原始证据和传来证据的意义在于使得更精确地把握各种证据的证明力，因为传来证据的证明力不及原始证据；但在案件囿于线索时抓住传来证据作为了解案件事实的切入点，有时十分重要。

第三，从举证责任这一标准，可以把证据分为主证和反证。主证又称为本证，即负有举证责任的诉讼主体为证明其在案件中的主张所提出的证据。反证是指不负举证责任的诉讼主体为反驳对方诉讼主体的主张及其主证而提出的证据。在刑事诉讼中，主证又称为控诉证据，指负有举证责任的公诉案件的公诉人和自诉案件的自诉人为其指控或控诉犯罪的主张所提出的证据，即肯定被告人犯罪事实存在，证明被告人有罪或罪重的证据；反证又称为辩护证据，指被告人及其辩护人为反驳指控或控诉犯罪的主体所举出的控诉证据而提出的证据，即否定被告人全部或部分犯罪事实存在，证明被告人无罪或罪轻的证据。在民事诉讼中，负有举证责任的原告为支持自己主张所提出的证据是主证；而本来不负举证责任的被告为反驳原告的诉讼主张及其主证所提出的证据则是反证。在行政诉讼中，负有举证责任的作为行政诉讼被告人的行政主体为自己作出的具体行政行为提出的证据是主证，而本来不负举证责任的行政诉讼原告人为反驳作为行政诉讼被告人的行政主体的答辩主张及其主证所提出的证据则是反证。区分主证与反证的意义是通过对正反证据的分析判定，更准确把握案件性质并作出公正裁判。

第四，从证据的显示形式分析，可以将证据分为人证和物证。人证是指法律规定的当事人、证人、鉴定人等特定的人就案件事实情况以口头的或书面的言辞形式作出的具有证据性质的陈述。证人证言、被害人陈述、犯罪嫌疑人和被告人供述和辩解、鉴定人的鉴定意见等均属人证。这里的物证与作为证据种类的物证不同：证据种类的物证是狭义的，指以其有形物的外在形式对查案有价值地体现为物品或痕迹的证据形式；逻辑分类的物证是广义的，指并非通过人的言词形式而是通过实物形式显示的证据，包括证据法定类型中的书证、物证、视听资料、勘验笔录、检查笔录、辨认笔录、侦察实验笔录等。人证实质上是一种言词证据，物证实质上是一种实物证据。区分人证与物证的意义是根据其各自性质和特点，更有效更准确地判定案件的事实真相。

第三节　证据规则

保证程序公正性的关键环节在于具体应用证据的证据规则，证据规则主要包括：

一　举证责任的规则

举证责任又称为证明责任，是指在诉讼和非诉讼程序中，当事人或有关诉讼主体对自己的权利主张、对犯罪的指控、对自己实施的行为、对案件的事实等负有提供证据加以证明的责任。规定举证责任的意义在于，通过明确谁负有提出证据证明案件事实的责任，从而在证据规则中确立"疑点利益归于被告"① 这一源于罗马法的现代法治原则。举证责任这一原则表明,当事人或有关诉讼主体对其陈述中所主张的事实,包括对自己的权利主张或对犯罪的指控,依法负有提出证据证明的责任,而对方当事人对此则没有举证的责任;当诉讼双方都提不出证据,尤其负有举证责任的一方提不出证据且法院也无法调取到证据时,负有举证责任的一方,即主张权利或指控犯罪的一方只能承担败诉的风险。

(一) 刑事诉讼举证责任的规则

进行刑事诉讼,指控犯罪,是由控方提起的,因而举证责任由控方承担:

第一,公诉案件举证责任由公诉人承担。公诉人举证责任,首先体现在提起公诉过程中,即履行国家公诉人职责的检察院,对于侦查终结的案件,向有关法院提起公诉,提交起诉书应附有证据目录,承担举证责任;公诉人承担举证责任,也体现在庭审过程中,即庭审中首先由对犯罪提起公诉的公诉人对犯罪事实举证。作为侦查机关的公安机关、国家安全机关间接负有举证责任,侦查终结向检察院移送案件时,一并提供侦查所得证据。

第二,自诉案件举证责任由自诉人承担。自诉案件是告诉才处理并且是被害人即自诉人有证据证明被告实施了自诉案件范围内的刑事犯罪行为的案件,故自诉案件要能成立,自诉人提起自诉控诉犯罪时,必须同时提供必要的能证明犯罪的证据,即对自诉负有举证责任。被告对自诉人提起反诉的,依据"反诉适用自诉的规定",同样负有举证责任。

(二) 民事诉讼和非诉讼程序举证责任的规则

民事诉讼和非诉讼程序举证责任的规则包括举证责任的分担和举证时限的规定:

第一,民事诉讼和非诉讼程序举证责任的分担。举证责任分担是指由哪一方当事人承担举证责任。民事举证责任分担的原则是"谁主张谁举证"。民事诉讼举证责任的分担有两种情形:本诉的原告和在本诉中提出反诉的被告,以及有独立请求权而提起诉讼的第三人和虽没有独立请求权但有权申请参加诉讼的第三人,对其权利主张负有举证责任;被告在本诉中、原告在反诉中、第三人在诉讼中,若反驳对方当事人的权利主张及其证据,也同样负有举证责任。民事举证责任分担依据"谁主张谁举证"时有两种例外情形:一种是免除举证责任情形,即当事人提出的权利主张不需要任何证据都可以证明该主张的正确与否,法院据此免除其举证责任。这些情形指:已为一方当事人承认的,众所周知的事实,自然规律和定理,根据法律规定、已知事实或日常生活经验法则就能推定的事实,已为法院发生法律效力的裁判所确认的事实,已为仲裁机构生效裁决所确认的事实,已为有效公证文书所证明的事实。另一种是举证责任倒置情形,即本应负举证责任的不负举证责任,本应不负举证责任的负举证责任。这些情形包括:特定的侵权诉讼,即原告对被告的侵权行为提起的诉讼;特定的劳动争议纠纷案件,即作为原告方的劳动者因作为被告方的用人单位作出开除、除名、辞退、解除劳动合同、减少劳动报酬、计算劳动者工作年限等决定而发生劳动争议的案件。仲裁、调解程序的举证责任分担情形,与民事诉讼的相似。

---

① "疑点利益归于被告"又称为"疑罪从无"或者"存疑时有利于被告",其意思是其证据处于有罪与无罪之间定罪存在疑问时,定为无罪;处于重罪与轻罪之间定罪存在疑问时,定为轻罪;处于数罪与一罪之间定罪存在疑问时定为一罪。换言之,只要证据存在疑问时,就作出有利于被告的推定。

第二，民事诉讼和非诉讼程序的举证时限。举证时限是指负有举证责任的当事人通过当事人之间的约定并经法院认可的，或者由法院指定的提供证据的期限。民事诉讼的举证期限有两种方式：一种是由当事人协商一致，并经法院认可，从而确定的举证期限；另一种是由法院指定的不得少于30日的举证期限。负有举证责任的当事人应按规定在举证期限内举证，否则视为放弃举证权利，承担败诉风险。非诉讼程序的举证时限按诉讼程序的举证时限的规定处理。

（三）行政诉讼举证责任的规则

行政诉讼举证责任的规则也包括举证责任的分配以及举证期限的规定：

第一，行政诉讼举证责任的分配。行政诉讼具有"民告官"的特点，所以其举证责任的分配，不同于刑事诉讼的，也不同于民事诉讼的，行政诉讼的原告和被告在规定范围内都负有举证责任。首先，被告对作出的具体行政行为负有举证责任。从举证责任的法理依据看，这与刑事诉讼的由控方负举证责任或民事诉讼的"谁主张谁举证"的原则是一脉相承的，因为法律一般规定由诉讼中处于相对强势的主动的诉讼一方负举证责任。其次，原告、第三人在以下特定事项中负有举证责任：自然人、组织向法院提起行政诉讼时，应当提供其符合起诉条件的相应的证据材料；在起诉被告不作为的行政诉讼案件中，原告应当提供其在行政程序中曾经提出请求被告作为的申请而被告不作为的证据材料，除非被告应当依职权主动履行法定职责的，或者除非原告因被告受理申请的登记制度不完备等正当事由不能提供相关证据材料并能够作出合理说明的；在行政赔偿诉讼中，原告应当对被诉具体行政行为造成损害的事实提供证据；在行政诉讼中一些应由原告承担举证责任的事项，如原告告被告滥用职权、原告告被告实施具体行政行为侵犯了自己的人身权或财产权。

第二，行政诉讼举证期限。负有举证责任的当事人应当在法定期限内完成诉讼程序的举证，否则要承担因举证不能而引起的败诉风险。被告应在法定期限内完成对作出的具体行政行为的举证，否则视为被诉具体行政行为没有相应证据。原告、第三人对负有举证责任的事项应在开庭前或法院指定的交换证据之日提供证据，否则，视为放弃举证权利。

二　提供证据的规则

提供证据是指当事人或有关司法机关为证明案件事实根据法律规定向法庭出示证据的行为。严格规范提供证据的行为，目的在于保证证据的真实性和合法性。

（一）刑事诉讼提供证据的规则

规则包括：公诉案件的起诉书应附有证据目录、证人名单和主要证据复印件或照片；公诉人、辩护人应向法庭出示物证，让当事人辨认，对未到庭的证人证言笔录、鉴定人的鉴定结论、勘验笔录和其他作为证据的文书，要当庭宣读；书证、物证应是原件、原物，不是原件、原物的，其复印件或照片经与原件、原物核实无误或经鉴定证明真实的，才具有与原件、原物同等证明力；书面证据材料由提供人确认无误后签名或盖章，单位提供书面证据材料的，由提供人署名，并加盖单位印章；有关司法机关对提供的证据，应出具收据；在公开审理案件时，对于公诉人、诉讼参与人提供的证据涉及国家秘密或个人隐私的，应予制止，如确与本案有关的，应决定案件转为不公开审理。

（二）民事诉讼提供证据的规则

规则包括：提供的证据应是原件或原物，提供复印件、复制品、照片的，须经法院核对无异；对其提交的证据材料应逐一分类编号，并对证据材料的来源、证明对象和内容作简要说明，签名盖章，注明提交日期，并依照对方当事人人数提出副本；提供的证据在中国领域外形成的，该证据应当经所在国公证机构证明，并经中国驻该国使领馆认证，或履行中国与该所在国订立的有关条约中规定的证明手续，提供的证据在港、澳、台地区形成的，应履行相关证明手续；提供外文书证或外文说明资料的，应附中文译本。非诉讼仲裁程序和调解程序提供证据的规则，参照民事诉讼提供证据的规则。

（三）行政诉讼提供证据的规则

规则包括：提供书证的，应当提供原件，提供原件有困难的，可以提供影印件，并注明出处，经原件保管部门核对无异后加盖其印章；提供物证的，应当提供原物，提供原物有困难的，可以提供与原物核对无异的复制件；提供视听资料的，应当提供原始载体，提供原始载体有困难的，可以提供复制件；提供证人证言的，要有证人的签名；提供在行政程序中采用的鉴定结论的，要载明委托人和委托鉴定的事项；提供现场笔录的，要载明时间、地点和事件等；提供中国领域外的证据的，须经有关证明和认证；提供外文书证或外文视听资料的，要附翻译；证据涉及国家秘密、商业秘密或个人隐私的，要作出标注；要对提交的证据材料分类编号；法院收到证据材料要出具收据；法院可对案情复杂或证据多的案件组织交换证据。

三　收集证据的规则

收集证据是指特定的诉讼主体以举证或裁判案件为目的把能够证明案件事实的证据聚集在一起从而获得证据的行为。收集证据须符合法律规定，保证证据的合法性和真实性。

（一）法院收集调取证据的规则

法院行使宪法赋予的审判权，在各种审判活动中，有权依法收集调取证据。

第一，法院在刑事审判中收集调取证据，严禁刑讯逼供和以非法手段收集证据，不得强迫任何人证实自己有罪，保证与案件有关或了解案情的人有客观充分提供证据的条件，对涉及国家秘密、商业秘密、个人隐私的证据，应保密，保障证人及其近亲属的安全。

第二，法院在民事审判中收集调取证据，有责任收集调取当事人及其诉讼代理人因客观原因不能自行收集的证据，或者法院认为审理案件所需的证据；对前一类证据，法院应依当事人申请进行调查收集；后一类证据含涉及有损国家利益、社会公共利益或他人合法权益的证据，涉及依职权追加当事人、中止诉讼、终结诉讼、回避等程序事项的证据。

第三，法院在行政诉讼中收集调取证据，与民事诉讼法院有权调取的两类证据一样，除非是第二类证据，法院才依职权主动调取。第一类证据只能由当事人提出申请法院才调取，且当事人可申请法院调取的证据只能是3种：由国家有关部门保存而须由法院调取的证据，涉及国家秘密、商业秘密、个人隐私的证据，确因客观原因不能自行收集的证据。

（二）检察机关、公安机关、国家安全机关收集调取证据的规则

在刑事诉讼中，作为国家公诉人的检察机关和履行刑事侦查责任的公安机关、国家安全机关收集调取证据的职责，主要针对刑事案件的侦查工作而言。所以《刑事诉讼法》第50条、第52条和第61条不仅规定审判人员而且也规定检察人员、侦查人员有责任依法定程序收集证实犯罪嫌疑人、被告人有罪或无罪及罪重或罪轻的各种证据；在收集调取证据时严禁刑讯逼供，严禁以威胁、引诱、欺骗和其他非法方式收集证据，不得强迫任何人自证有罪；必须忠实于事实真相，故意隐瞒事实真相、伪造证据、隐匿证据或毁灭证据的，必须受到法律的追究；应保障证人及其近亲属的安全；对涉及有关秘密和隐私的证据予以保密。

（三）当事人、辩护人、诉讼代理人收集证据的规则

第一，当事人及其诉讼代理人或辩护人在刑事诉讼中有权收集与本案有关的证据：被害人作为原告方在公诉案件中虽可自行收集证据，但主要是依靠检察机关、公安机关去收集证据，而在自诉案件中则主要由自诉人自己去收集证据并据此提起自诉；犯罪嫌疑人、被告人作为被告方在公诉案件中通常被提起公诉前就已被先行羁押，只能通过辩护人，主要是通过辩护律师收集证据，而在自诉案件中往往也是通过辩护人收集证据；辩护律师收集证据应遵循《刑事诉讼法》第41条和第42条的规定，特别是，不得帮助犯罪嫌疑人、被告人隐匿、毁灭、伪造证据或串供，不得威胁、引诱证人改变证言或作伪证，否则会犯《刑法》第306条规定的，即罪名279规定之罪，并被依法追究刑事责任[①]。

第二，当事人及其诉讼代理人在民事诉讼中有权收集与本案相关证据：因客观原因不能自行收集证据，有权申请法院收集；对一些专门性事项，认为在认定时有疑问的，有权申请鉴定。仲裁、调解程序的当事人及其代理人收集证据的规范与民事诉讼的相同。

第三，当事人及其诉讼代理人在行政诉讼中收集证据的规则分为被告收集证据的规则和原告收集证据的规则：作为被告的作出具体行政行为的行政主体不得自行向作为行政相对人的原告和证人收集证据，这主要考虑到在实施具体行政行为过程中作为行政诉讼被告的行政主体处于主导地位，而作为行政诉讼原告的行政相对人处于服从地位，之间的地位不平等，故行政主体不得自行向原告和证人收集证据的规定，正是要令其在实施具体行政行为时就须先行握有证据，否则就要承担因举证不能而败诉的风险；代理原告诉讼的律师有权向有关组织和公民调查和收集证据，查阅超出庭审材料范围的、包括涉及国家秘密和个人隐私的、与本案有关的一切材料，且不受法院许可的限制，而当事人和其他诉讼代理人只可以查阅不涉及国家秘密和个人隐私的本案庭审材料，且必须经过法院许可。由上述规则可见，当事人及其诉讼代理人在行政诉讼中收集证据实际上是指原告及其诉讼代理人在行政诉讼中收集证据。

---

① 关于《刑法》第306条对辩护律师的规限可能有一个度的问题，否则容易被滥用，并导致剥夺被告人及其辩护人的辩护权利的恶果。

四　对证据进行质证的规则

对证据进行质证是指在诉讼中由法庭主持下双方当事人及有关诉讼主体和有关人员对证据当庭提出质疑和辩论，以辨别证据真假的一种庭审行为。要保证证据的真实性，对证据进行质证便是庭审一个重要环节；只有经质证的证据，才可作为认定案件事实的根据。

（一）刑事诉讼对证据进行质证的规则

所有证据须经当庭出示、辨认、质证等法庭调查程序的查证属实，才能作为定案的根据；对进行质证的证据，刑事诉讼双方在质证时应围绕证据的真实性、合法性、关联性，针对证据对有罪或无罪、罪重或罪轻的证明力的有无和大小，进行质疑、说明和辩驳。

（二）民事诉讼对证据进行质证的规则

所有证据应当在法庭上出示，由当事人互相质证，未经质证的证据不能作为认定案件事实的根据；在庭审中进行质证的对象是在法庭上出示的证据，在质证时，当事人应按规定的程序和有关要求，围绕证据的真实性、合法性、关联性，针对证据证明力的有无和大小，进行质证、说明与反驳。仲裁、调解程序对证据质证的规则与民事诉讼的相同。

（三）行政诉讼对证据进行质证的规则

所有证据应按法定程序在法庭上出示，并围绕其真实性、合法性、关联性，针对其有无证明效力及证明效力的大小进行质证，只有经庭审质证的证据才能作为定案的根据。

五　审核认定证据的规则

审核认定证据是指法院、仲裁机构、调解组织在审判、仲裁、调解案件过程中依法对证据进行审查、核实，对能够证明案件事实的证据予以确认，并把认定的证据作为定案的依据这样一种裁判行为。审核认定证据主要是审核认定证据的形式是否属于各种程序法所规定的证据形式，证据的内容是否具备真实性，证据的来源是否具备合法性，证据之间及证据与案件事实之间是否具备关联性。只有经过审核认定的证据才能作为定案的依据。审核认定证据既是法院、仲裁机构、调解组织的一种权利，也是它们的一种职责。

（一）刑事诉讼审核认定证据的规则

经审核认定的证据是要证明被告人身份，证明被指控的犯罪行为是否存在及为被告人所为，证明被告人有无罪过及动机目的为何，证明实施行为的时间、地点、手段、后果等情节，证明被告人责任及与其他同案人关系，证明被告人的行为是否构成犯罪及有无法定或酌定从重、从轻、减轻、免除处罚的情节，证明其他与定罪量刑有关的事实；对证据的审查要按法定程序进行，审查时可向有关主体调查、核实证据，并对证据进行法庭调查。

（二）民事诉讼审核认定证据的规则

法院应对证据作全面而客观的审核，对于单一证据，要审核认定是否为原件或原物、与本案事实是否相关、其形式和来源是否合法、其内容是否真实、证人或提供证据的人与当事人有无利害关系；对于全部证据，要从各个证据与案件事实的关联程度及各个证据之间的联系进行审查判断。仲裁、调解程序审核认定证据的规则与民事诉讼的类似。

（三）行政诉讼审核认定证据的规则

法庭审查证据，应根据案件的具体情况，审查证据形成的原因、发现证据时的客观环境、证据是否为原件或原物、提供证据的人或证人与当事人是否具有利害关系等，审查证据是否符合法定形式、证据的取得是否合法、是否有影响证据效力的其他违法情形，审查证据材料与案件事实之间是否具有关联性以及同为证明某个案件事实的数个证据之间证明力大小的关联性；对当事人之间提出的证据或在质证中涉及的证据要按规定审查认定。

六　证据保全的规则

证据保全是指在民事诉讼、行政诉讼或仲裁程序中于证据可能灭失或以后难以取得的情况下，法院根据诉讼参加人或仲裁当事人的申请，或者依职权主动采取措施保全证据，以及在诉讼或仲裁之前公证机构根据证据的利害关系人的申请，通过公证方式保全证据的一项证据制度。刑事诉讼一般不涉及证据保全问题。广义的证据保全既包括法院依诉讼参加人或仲裁当事人的申请或者依职权保全证据，又包括公证机构依证据利害关系人的申请保全证据：公证机构保全证据是一种诉前的证据保全，即在发生争议之前或在发生争议之后提起诉讼或申请仲裁之前，为了使证据不会灭失而在以后容易取得，证据的利害关系人申请公证机构以诸如提存公证的公证形式保全证据；法院保全证据是一种诉讼中的证据保全，即诉讼或仲裁程序开始后举证期限届满前，为使证据不会灭失而在以后容易取得，诉讼参加人或仲裁当事人申请法院或法院依职权主动保全证据。狭义的证据保全仅指诉讼或仲裁中法院依诉讼参加人或仲裁当事人申请或依职权主动保全证据。

证据保全必须具备以下条件之一：若不及时采取证据保全措施，证据可能灭失，致使无法举证，如物证将会腐烂、变质；若不及时采取证据保全措施，证据在以后难以取得，也致使无法举证，如作为人证的证人要出国定居。

证据保全方式，可根据证据的具体情况，采取查封、扣押、拍照、录音、录像、复制、鉴定、勘验、制作询问笔录等保全措施。在对证据采取保全措施时，可以要求诉讼当事人或者诉讼代理人、仲裁当事人或者仲裁代理人到场，这些有关人员不到场的，不影响法院对证据采取保全措施，也不影响证据保全的效力。

第四·二分章　诉讼程序法

诉讼是指作为国家审判机关的法院，根据当事人的起诉申请或检察机关的公诉提起，依照法定程序，解决刑事、民事、行政等纠纷，审理刑事案件、民事案件、行政诉讼案件的专门活动。诉讼涉及程序，因而往往将诉讼与程序合在一块表述。根据诉讼案件的不同性质，诉讼程序又分为刑事诉讼程序、民事诉讼程序、行政诉讼程序。刑事诉讼程序、民事诉讼程序是最基本的诉讼程序，有一些法律体系就没有专门设置行政诉讼程序，而是将其纳入民事诉讼程序中，即行政诉讼程序适用民事诉讼程序。中国在1989年制定《行政诉讼法》前，行政诉讼程序就是适用民事诉讼程序的有关法律规定；即便制定了行政诉讼法，中国法院在审理行政诉讼案件时，由于行政诉讼与民事诉讼在许多方面有相通之处，因而除适用行政诉讼法外，行政诉讼同时还适用民事诉讼法的相关规定。

第一节　刑事诉讼程序

规范刑事诉讼程序的是2012年修正的刑事诉讼法以及相关的一系列司法解释。

一　刑事诉讼的一般规定

（一）刑事诉讼的特定原则

进行刑事诉讼，除应当遵循一般诉讼的基本原则，即本书第2章第1节所述的法院审判工作的基本原则之外，还应当遵循刑事诉讼本身的以下的特定原则：

刑事诉讼特定原则1　未经审判不得定罪原则：无罪推定原则的表述

《刑事诉讼法》第12条是未经审判不得定罪原则的表述。这是现行中国法律对起源于罗马法的"疑点利益归于被告"（in dubio, pro reo）这一无罪推定原则最接近的表述。无罪推定原则是法治精神在刑事法律中的重要体现，虽然它在中国法律中还未有直接表述出来，但相信随着社会转型成功，它将会写在中国法律上。无罪推定原则指刑事被告在未经法院依法判决为有罪之前不得认定其有罪。对任何刑事被告进行定罪处罚，首先应证明他确实有罪，没有证据证明时，则只能确定被告无罪；任何刑事被告在法庭上，在没有被法庭判决为有罪之前，都应假设他为无罪，或者说，都应推定他为无罪。无罪推定原则对现代刑事诉讼理论十分重要：它体现了审判的公平性，使得犯罪嫌疑人和刑事被告人有一个公平而合法的审判环境，因为刑事被告面对强大的国家法制和国家机器总是处于弱势的位置，而当他们在强大的国家法律审判面前能够获得公平对待时，这种法律才有可能是正义的；它也体现了法律的权威性，因为对犯罪嫌疑人和刑事被告人是否确定为有罪，罪重还是罪轻，只能由法院通过法定程序的审判才能确定，这实质上给予法律一种权威，一个社会只有使得法律具有这种权威，它才是法治的和正义的。

刑事诉讼特定原则2　法院、检察院、公安机关刑事诉讼分工负责原则

《刑事诉讼法》第7条是特定原则2的表述。这一原则在现有中国法律体系中乃聊胜于无：在中共统一领导的司法体系中，强调司法机关之间分工负责，可以相对有效抑制司法机关滥用职权，从而保证刑事诉讼的公平性和合法性。但从现代法治精神看，本原则值得商榷，仍然存在修正的空间。本来法院审判案件具有独立的司法权，不受其他主体的任何影响，与检察院和公安机关的角色是不同的；强调法院与检察院、公安机关在刑事诉讼时相互配合，可能会侵蚀法院的独立性。一个国家刑事案件的公正处理是这个国家的社会公义性和法律平等性的一个重要指数；一个国家在诉讼程序上公平正义地对待刑事被告，是这个国家法治水平的试金石；刑事诉讼中的一次不公正审判，不仅是对刑事被告本人的不公平，而且足可腐蚀一个国家法治的基石，从而最终瓦解这个国家法治的大厦。

（二）刑事诉讼的管辖权

第一，职能管辖。职能管辖由刑事诉讼特定原则2决定，它指协调法院、检察院、公安机关在刑事诉讼中职权分工所产生的管辖，有3种情形：告诉才处理的案件，检察院没有提起公诉但被害人有证据证明的轻微刑事案件，被害人有证据证明对被告人侵犯自己人身、财产权利的行为应依法追究刑事责任，而公安机关或检察院不予追究被告人刑事责任的案件等自诉案件由法院直接受理；贪污贿赂犯罪案，国家工作人员渎职犯罪案，国家机关工作人员利用职权实施非法拘禁、刑讯逼供、报复陷害、非法搜查的侵犯公民人身权利的犯罪案和侵犯公民民主权利的犯罪案，经省级检察院决定可以由检察院立案侦查的国家机关工作人员利用职权实施的其他重大犯罪案等特定刑事案件，由检察院立案侦查并提起公诉；其他刑事案件由公安机关、国家安全机关分工立案侦查并移送检察院提起公诉。

第二，审判管辖。审判管辖指在刑事诉讼中法院之间对刑事案件审判权的管辖分工。一是级别管辖：基层人民法院管辖第一审普通刑事案件，中级人民法院管辖危害国家安全、恐怖活动的及可能判处无期徒刑、死刑的刑事案件，高级人民法院管辖全省、自治区、直辖市性的第一审重大刑事案件，最高人民法院管辖全国性的第一审重大刑事案件。中国实行两审终审的审级制度，而最高人民法院又是最高级别的上诉法院、终审法院；当最高人民法院审理第一审刑事案件时，也就是把第一审案件直接弄到最高人民法院审理时，其第二审无论在法理上还是在审判操作上都不好处理，此种情形乃变相废止了第二审；因此，刑事诉讼法实施以来，除对林彪集团和"四人帮"审判由最高人民法院审理第一审外,无其他由最高人民法院审理的第一审刑事案件。二是地域管辖:刑事案件由犯罪地的法院管辖;刑事案件若以被告居住地法院管辖更为适宜,则可由被告居住地法院管辖。三是移送管辖:下级法院认为案情重大、复杂,需要由上级法院管辖的,基层人民法院认为可能判处无期徒刑、死刑的案件依法应由中级人民法院管辖的,或者有管辖权的法院因案件涉及本院院长需要回避等原因,不宜行使管辖权的,下级法院可以或应当将案件移送上级法院管辖;当几个同级法院之间都有管辖权时,一般情形下应由最初受理的法院管辖,但在必要时,对尚未开庭审判的案件,可以将案件移送主要犯罪地的法院管辖。四是指定管辖:上级法院指定下级法院管辖,即两个以上同级法院对管辖权发生争议时,应当协商解决,协商不成的,分别逐级报请其共同的上一级法院指定管辖;上级法院根据某些法定原因,例如有管辖权的下级法院因案件涉及本院院长需要回避等原因,不宜行使管辖权的,可以指定该下级法院将其受理或管辖的案件移送其他法院管辖,但应由上级法院管辖的,不能指定下级法院管辖。五是管辖权转移:上级法院在必要时可以审判下级法院管辖的第一审刑事案件,从而改变管辖权,使管辖权发生转移。刑事诉讼管辖权只能从下级法院转移给上级法院,而不能从上级法院转移给下级法院。六是专门管辖,即专门法院之间以及专门法院与其他法院之间对第一审刑事案件的管辖权分工。军事法院和铁路运输法院均依法审理刑事案件:军事法院审理现役军人、文职干部和军内在编职工的刑事案件,由统帅部、最高法院授权的作战区、戒严区的刑事案件,《刑法》分则第10章规定的军人违反职责罪的刑事案件;铁路运输法院管辖由铁路公安机关侦破、铁路检察机关起诉的发生在铁路沿线的刑事案件。但海事法院不审理刑事案件。

(三) 辩护与代理

1. 刑事诉讼当事人、参加人

刑事诉讼当事人(一):犯罪嫌疑人和被告人。犯罪嫌疑人和被告人通常是同一主体在刑事诉讼不同阶段的称谓:犯罪嫌疑人是在检察院依法提起公诉前对被告人的先前称谓,被告人是在检察院依法提起公诉后对犯罪嫌疑人的后来称谓。区分犯罪嫌疑人和被告人十分重要:它区别了刑事诉讼不同阶段,体现了未经审判不得定罪原则;事实上,并非所有犯罪嫌疑人都成为被告人,只有当检察机关对犯罪嫌疑人提起公诉且法院依法受案后,犯罪嫌疑人才成为被告人。

刑事诉讼当事人(二):被害人和自诉人。被害人和自诉人通常是刑事公诉案件和刑事自诉案件对刑事犯罪加害的客体对象的不同称谓:在公诉案件中,被犯罪行为加害的对象直接称为被害人,但提起公诉的主体是检察机关,而被害人作为当事人有权参加诉讼,并有权在庭上陈述受害情形以作证据;在自诉案件中,由被害人自己向法院提起诉讼,被害人即自诉人。

刑事诉讼当事人(三):刑事附带民事诉讼的原告人和被告人。前者通常就是刑事诉讼中的被害人,包括公诉案件的被害人和自诉案件的自诉人;后者通常就是依法对刑事附带民事诉讼负有赔偿责任的人,既包括刑事诉讼中的被告人,也包括没有被追究刑事责任的其他共同致害人,未成年被告的监护人,已被执行死刑的罪犯的遗产继承人,共同犯罪案件审结前已经死亡的被告人的遗产继承人,其他应承担民事赔偿责任的个人或单位。

刑事诉讼当事人(四):自诉案件的反诉人和被反诉人。自诉案件的被告人对自诉案件的原告人即自诉人提起反诉的,是自诉案件的反诉人;反诉案件中的被反诉人是自诉案件的自诉人即原告人。

刑事诉讼参加人（一）：法定代理人。刑事诉讼法定代理人包括被代理人的父母、养父母、监护人、负有保护责任的组织的代表,他们有权代为行使当事人的权利,包括诉讼权利和实体权利。

刑事诉讼参加人（二）：辩护人和诉讼代理人。辩护人和诉讼代理人作为刑事诉讼当事人、法定代理人的委托代理人参加刑事诉讼。犯罪嫌疑人、被告人在刑事诉讼中处于被侦查、被指控的地位,其委托代理人是为其无罪或罪轻辩护,因而被称为辩护人。刑事附带民事诉讼就民事赔偿争议性质而言,属于平等主体之间的诉讼,因而被告的委托代理人在刑事附带民事诉讼中不称为辩护人,而称为诉讼代理人。公诉案件的被害人、自诉案件的自诉人在刑事诉讼中处于控诉的地位,因而其委托代理人就称为诉讼代理人。

2. 辩护

辩护是刑事诉讼中处于弱势的犯罪嫌疑人、被告人为自己被指控的行为进行的申述和辩解。辩护涉及辩护权和诉讼权利：诉讼权利是刑事诉讼当事人和刑事诉讼参加人在诉讼中享有的权利;辩护权是诉讼权利之一种,指刑事诉讼的犯罪嫌疑人、被告人根据事实和法律反驳控诉人、告诉人对其提出的刑事控诉、告诉的全部或一部分,说明自己无罪或罪轻及免予刑罚或减轻刑罚的一种诉讼权利。犯罪嫌疑人、被告人不仅有权为自己辩护,而且有权委托辩护人为自己辩护,因此,广义的辩护权包括犯罪嫌疑人、被告人为自己辩护的权利以及委托辩护人为自己辩护的权利,也包括辩护人为被辩护人辩护的权利。辩护权的法律意义在于体现刑事诉讼程序的公平性和正义性。犯罪嫌疑人、被告人面对国家的指控和强大的法律,总是处于被审判的弱势地位,所以只有让他们及其辩护人在法庭上有充分说话的权利,才能杜绝滥用国家公器而造成冤假错案,才能保证刑事审判的公义性。

犯罪嫌疑人、被告人有权获得辩护,首先是有权自我辩护,即有权不委托辩护人而自我辩护,或者即便有了辩护人,仍有权为自己辩护,并随时有权拒绝辩护人为自己辩护或更换辩护人;其次是有权委托辩护人,尤其是委托辩护律师为自己辩护;最后是以下特定案件,当犯罪嫌疑人、被告人未有委托辩护人时,法院有责任指定承担法援义务的律师为其辩护：公诉案件的被告人因经济困难等原因没有委托辩护人的,作为盲、聋、哑或未成年被告人没有委托辩护人的,可能被判处死刑的被告人没有委托辩护人的,共同犯罪案件其他被告人已委托辩护人而有的没有委托辩护人的,具有外国国籍的被告人没有委托辩护人的,案件有重大社会影响的被告人没有委托辩护人的,法院认为起诉意见和移送的案件证据材料可能影响正确定罪量刑而被告又没有委托辩护人的。公诉案件自案件审查起诉之日起,犯罪嫌疑人有权委托辩护人;自诉案件的被告人有权随时委托辩护人。律师、人民团体或犯罪嫌疑人、被告人所在单位推荐的人,犯罪嫌疑人、被告人的监护人、亲友,都可以担任辩护人;被宣告缓刑和刑罚尚未执行完毕的人,依法被剥夺、限制人身自由的人,无行为能力或限制行为能力的人,法院以及其他司法机关的现职人员,本案的陪审员,与本案有利害关系的人,外国人或无国籍人等7种人,不得担任辩护人,但被告人委托的是后4种人而且是其近亲属或监护人的,经法院许可,仍可担任辩护人。

3. 代理

刑事代理制度是公诉案件的被害人或其法定代理人、自诉案件的自诉人或其法定代理人及刑事附带民事诉讼的当事人或其法定代理人,为维护自己诉讼中的合法权益,委托律师或其他人代为参加诉讼的一种制度。辩护制度①与代理制度都是一种委托制度:刑事诉讼被指控一方的委托,目的是为其辩护,故称为辩护人;刑事诉讼受害一方的委托,目的是代理其诉讼,故称为代理人。代理人的主体资格与辩护人的一致。被代理人有权获得委托权,即委托他人代为诉讼的权利。公诉案件的被代理人自检察院收到移送审查起诉的案件材料之日起,有权委托诉讼代理人,自诉案件的被代理人有权随时委托诉讼代理人。

(四) 刑事诉讼的强制措施

刑事诉讼的强制措施是法院、检察院、公安机关为防止犯罪嫌疑人、被告人逃匿、毁灭罪证或继续犯罪,对犯罪嫌疑人、被告人的人身自由采取某种限制的强制手段。刑事诉讼强制措施由轻到重包括:拘传,即法院、检察院、公安机关对经合法传唤无正当理由而不到案的犯罪嫌疑人、被告人采取强制到案的措施;取保候审,即法院、检察院、公安机关责令犯罪嫌疑人、被告人通过提出保证人或交纳保证金后听候审理,并随传随到的强制措施;监视居住,即法院、检察院、公安机关通过限定犯罪嫌疑人、被告人的活动区域和住所,从而限制其行动自由的强制措施;拘留,即公安机关对现行犯或重大嫌疑分子因情况紧急而采取的临时性限制人身自由,及检察院对直接立案侦查的案件认为需要采取临时性限制人身自由,依法作出决定交由公安机关执行的强制措施;逮捕,即法院、检察院、公安机关对犯罪嫌疑人、被告人依法采取暂时剥夺其人身自由,予以羁押的一种最严厉的强制措施。

(五) 刑事附带民事诉讼

刑事附带民事诉讼是指刑事诉讼的被害人由于被告人的犯罪行为而遭受物质损失时,在刑事诉讼过程中为要求被告人及有关赔偿责任人作出民事赔偿而提起的具有民事性质的诉讼。在刑事诉讼过程中,能够提起刑事附带民事诉讼必须符合以下要件:提起附带民事诉讼的主体必须是由于刑事被告人的犯罪行为而遭受物质损失的被害人;在附带民事诉讼中依法负有赔偿责任的主体必须是其犯罪行为致害于被害人而使被害人遭受物质损失的被告人;被害人要求被告人赔偿的物质损失必须是由被告人的犯罪行为造成的;被害人提起的附带民事诉讼必须是由刑事诉讼派生出来的,即必须先存在刑事诉讼,然后才有附带民事诉讼;被害人提起附带民事诉讼,必须要有请求赔偿的具体要求和事实根据;被害人提起附带民事诉讼必须属于法院受理附带民事诉讼的范围。

(六) 刑事诉讼的期间、送达和审限

刑事诉讼的期间以时、日、月计算。期间开始的时和日不计算在期间内,计算法定期间应将路途时间扣除,期间的最后一天为节假日的,以节假日后的第一日为期间届满日期,但计算在押期限,节假日也计算在内。以月计算的期限,自本月某日至下月某日为1个月,半月按15日计算期限。

刑事诉讼的送达有直接送达、留置送达、委托送达、邮寄送达、转交送达。

---

① 就犯罪嫌疑人、被告人有权委托他人为自己辩护而言。

刑事诉讼的审限：一审审限均从受案后开始计算；改变管辖的案件，从改变后法院收到案件之日起计算审限；检察院补充侦查的公诉案件，补充侦查完毕移送法院后，法院重新计算审限。公诉案件第一审普通程序审限为 2 个月，至迟不得超过 3 个月，但对可能判处死刑的案件或附带民事诉讼的案件及有《刑事诉讼法》第 156 条规定情形之一的，经上一级法院批准，可延长 3 个月；因特殊情况还需要延长的，报请最高法院批准。自诉案件第一审普通程序审限，若被告人被羁押的，适用公诉案件有关审限的规定；未被羁押的，审限为 6 个月。适用简易程序案件审限为 20 日；对可能判处的有期徒刑超过 3 年的，审限可延长至 1 个半月。第二审刑事上诉、抗诉案件审限为 2 个月，对可能判处死刑案件或附带民事诉讼案件及有《刑事诉讼法》第 156 条规定情形之一的，经高级法院批准或决定，可延长 2 个月；因特殊情况还需要延长的，报请最高法院批准。最高法院受理的上诉、抗诉案件审限，由最高法院决定。适用审监程序重审案件审限为 3 个月，自作出提审、再审法定之日起计算，需要延长的，不得超过 6 个月。

二　立案、侦查和提起公诉程序

这是公诉案件进入审判程序之前的先行程序，分为立案、侦查、提起公诉等阶段，它们均为公安机关、检察机关行使侦查权、公诉权的过程。

（一）立案

这里的立案不是法院受理案件，而是侦查机关依职权对刑事案件设立专案侦查的一种司法行为。立案的来源：公安机关、检察院自己发现的犯罪事实或犯罪嫌疑人，任何组织和个人控告和检举的犯罪事实或犯罪嫌疑人，犯罪人自首的，上级机关交办的，有关机关移送的。审查和决定立案的程序：一是检察院对刑事案件各种来源的处理。检察院举报中心对各种案件来源的处理：需要追究刑事责任，但属于自诉案件范围的，告知被害人直接向法院起诉；需要追究刑事责任，且属于公诉案件范围，但不属检察院管辖的，移送公安机关处理；需要追究刑事责任，属于公诉案件范围，且属检察院管辖的，立案侦查；没有犯罪事实或证据不足，或有《刑事诉讼法》第 15 条规定情形之一的，不予立案。检察院控告举报检察部门对行政执法机关移送的涉嫌犯罪案件，提出移送有关部门的处理意见：对不属于检察机关管辖的案件，移送有管辖权的机关处理；对属于检察机关管辖，但不属于本院管辖的案件，移送有管辖权的检察院办理；对属于本院管辖的案件，转本院反贪、渎职侵权检察部门办理。对行政执法机关移送的属于本院管辖的涉嫌犯罪的案件，检察院反贪、渎职侵权检察部门经审查符合立案条件的，及时作出立案决定；不符合立案条件的，作出不立案决定，或提出检察意见，移送有关主管部门处理。二是公安机关对刑事案件各种来源的处理。公安机关对公民扭送、报案、控告、举报或犯罪嫌疑人自首的，经审查作出相应处理：认为有犯罪事实，但不属自己管辖的案件，移送有管辖权的机关处理；对告诉才处理的案件和被害人有证据证明的轻微刑事案件，将案件材料和有关证据送交有管辖权的法院，并告知当事人向法院起诉；对不够刑事处罚需要给予行政处理的，依法处理；认为有犯罪事实需要追究刑事责任，且属于自己管辖的，予以立案；认为没有犯罪事实，或犯罪情节显著轻微不需要追究刑事责任，或具有其他依法不追究刑事责任情形的，作出不予立案的处理。公安机关对行政执法机关移送的涉嫌犯罪案件，经审查作出相应处理：认为有犯罪事实，需要追究刑事责任的，予以立案；否则，不予立案。

(二) 侦查

侦查是指公安机关、检察院在办理刑事案件时依法对犯罪事实进行专门调查、对犯罪嫌疑人实施有关强制性措施的司法行为。侦查工作主要包括：讯问犯罪嫌疑人，并可采取强制措施，而被讯问的犯罪嫌疑人有权聘请律师，有权拒绝回答与本案无关的问题，虽然中国法律还没有沉默权的规定；询问证人和被害人，并应当保证证人有客观而充分提供证据的条件，为证人保守秘密，保证被害人有充分而客观陈述被害事实的条件；勘验、检查，并应制作笔录，而为还原案件真相，可进行必要的侦查实验，但不可滥用，禁止造成危险、侮辱人格或有伤风化的行为；搜查，其范围是犯罪嫌疑人、窝藏人的人身、物品、住所和其常去的、曾去的或与其犯罪有关的地方；扣押物证、书证，扣押对象是与本案有关的物品和文件，但与本案无关的物品和文件则不得扣押，且扣押应当严格按法定程序办理；查询、冻结存款、汇款；鉴定，对案件中某些专门性问题进行鉴别和确定；辨认，让被害人、证人、犯罪嫌疑人对与犯罪有关的物品、文件、尸体、场所进行辨认；通缉，以缉捕在逃的犯罪嫌疑人。公安机关对由自己立案侦查的案件侦查终结时，应作出结案报告，并作出相应处理：认为需要追究刑事责任的，应当制作起诉意见书，连同案卷材料、证据一并移送检察院，由检察院审查决定是否提起公诉；发现犯罪事实不存在，不应追究刑事责任的，应当终结侦查，并撤销案件；发现犯罪嫌疑人不够刑事处罚但需要行政处理的，经县级以上公安机关负责人批准，对犯罪嫌疑人依法予以行政处理；接到检察院的纠正违法通知后，应当及时查处或纠正，检察院退回补充侦查的，应按要求补充侦查。

检察院对直接立案侦查终结的案件应分别处理：需要追究刑事责任的，应当制作起诉意见书；不需要判处刑罚或免除刑罚的，应当制作不起诉意见书；对具有《刑事诉讼法》第 15 条规定情形之一的，对没有犯罪事实的，或依法不负刑事责任和不是犯罪的，应当写出撤销案件意见书。

(三) 提起公诉

提起公诉是指检察院通过对刑事案件的事实情况和证据以及刑法适用的审查，对证据确实、充分，构成犯罪，依法应当追究刑事责任的，代表国家向法院提起诉讼，指控犯罪并要求惩治犯罪的行为。检察院享有的公诉权是代表国家对刑事案件提起公诉的决定权和对刑事案件进行公诉的行使权。提起公诉阶段是检察院完成从侦查机关向公诉机关的角色转换以及进入审判程序的必经环节。提起公诉包括以下规范：一是检察院对移送审查起诉案件的受理。审查起诉阶段的受理是指检察院依法对侦查机关在侦查终结后移送审查起诉的案件进行初步审查，并作出是否受理审查起诉案件决定的行为。检察院审查起诉部门经初步审查后决定是否受理审查起诉的案件：对具备受理条件的，应当决定受理；对起诉意见书、案卷材料不齐备，对作为证据使用的实物未移送的，或移送的实物与物品清单不相符的，应要求公安机关或本院侦查部门按规定补送；对犯罪嫌疑人在逃的，应要求公安机关或本院侦查部门在采取必要措施保证犯罪嫌疑人到案后移送审查起诉。检察院审查起诉部门进行初步审查时对审判管辖应作相应处理：受理同级公安机关移送审查起诉的案件，认为属上级法院管辖的第一审案件时，应报送上一级检察院，认为属同级其他法院管辖的，应移送有管辖权的检察院或报送共同的上级检察院指定管辖；上级检察院受理同级公安机关移送审查起诉的案件，认为属下级法院管辖的，可直接交下级检察院审查，由下级检察院向其同级的法院提起公诉；一人犯数罪、共同犯罪和其他需要并案审理的案件，只要其中一人或一罪属上级检察院管辖的，全案就由上级检察院审查起诉。二是检察院对移送审查起诉案件的审查。审查起诉阶段的审查不同于审查起诉阶段受理环节中的初步审查，它是检察院依法对侦查机关在侦查终结后移送审查起诉的案件进行审查，并提出是否提起公诉意见的审查起诉的行为。如果受理环节的审查是一种程序审查或形式审查因而是一种初步审查，那么审查环节的审查就是一种实体审查或实质审查因而是一种最后审查；术语上把受理环节的审查称为初步审查，将审查环节的审查直接称为审查。三是检察院对移送审查起诉案件审理后作出起诉或不起诉的决定。检察院对移送审查起诉的案件经审查后，认为案件具备以下条件的，应决定提起公诉：犯罪嫌疑人的犯罪事实已经查清，证据确实、充分；对犯罪嫌疑人的犯罪行为依法应当追究刑事责任的。检察院对移送审查起诉的案件经过审查后，对以下情形作出相应决定：对退回补充侦查的案件，仍认为证据不足，不符合起诉条件的，可作出不起诉决定；对符合《刑事诉讼法》第15条规定的情形之一，应作出不起诉决定；按刑法规定不需判处刑罚或免除刑罚的，可作出不起诉决定。

三 刑事诉讼的审判程序

（一）审判组织的组成

刑事案件的审判组织形式分为合议庭和独任庭两种：基层人民法院、中级人民法院审判第一审刑事案件由审判员或由审判员和陪审员共3人组成合议庭进行，高级人民法院、最高人民法院审判第一审刑事案件由审判员或由审判员和陪审员共3至7人单数组成合议庭进行，各级法院审判第二审刑事案件由审判员3至5人单数组成合议庭进行；基层人民法院适用简易程序的案件，由审判员1人组成独任庭。对疑难、复杂、重大案件，必要时提交审判委员会决定。

（二）公诉案件第一审普通程序

依据不同标准，可以将第一审程序分为：公诉案件第一审程序和自诉案件第一审程序；第一审普通程序和第一审简易程序；自然人犯罪案件第一审程序和单位犯罪案件第一审程序。除单位犯罪案件第一审程序外，其余均为自然人犯罪案件第一审程序。公诉案件第一审普通程序包括以下规范：一是法院收到公诉案卷材料应进行形式审查，包括管辖权是否明确、起诉书及有关证据材料是否齐备、指控的被告人身份及犯罪的基本情况是否明确等，然后作出相应处理：不属本院管辖或被告人不在案的退回检察院、需要补充材料的通知检察院补送、检察院依法重新起诉的依法受理、宣判前检察院要求撤诉的作出是否准许的裁定、符合《刑事诉讼法》第15条第2项至第6项规定情形的作出终止审理或不予受理的裁定、被告人身份不明但符合《刑事诉讼法》第158条第2款规定的依法受理、起诉书有明确的指控犯罪事实的应当决定开庭审判。二是决定开庭审判后，指定审判长并确定合议庭组成人员、起诉书副本送达当事人、通知相关诉讼参加人参加诉讼。三是法院审判第一审案件应公开进行，但涉及国家秘密或个人隐私的案件不公开审理；对14周岁以上不满16周岁的未成年人犯罪案件一律不公开审理；对16周岁以上不满18周岁的未成年人犯罪案件一般也不公开审理；对当事人提出申请的确属于涉及商业秘密的案件，应决定不公开审理。四是庭审包括宣布开庭、法庭调查、法庭辩论、被告人最后陈述、合议庭评议、裁判和宣告判决等环节。法庭调查属"事实审"，解决"以事实为根据"的问题；法庭辩论既属"事实审"也属"法律审"，全面解决"以事实为根据，以法律为准绳"的问题。五是庭审后合议庭作出裁判①：指控事实清楚，证据确实、充分，依法认定的罪名成立的，作出有罪判决；指控事实清楚，证据确实、充分，指控罪名与法院认定的罪名不一致的，作出有罪判决；案件事实清楚，证据确实、充分，依法认定被告人无罪的，作出无罪判决；证据不足，不能认定被告人有罪的，作出无罪判决；案件事实部分清楚，证据确实、充分的，作出有罪或无罪的判决，事实不清，证据不足部分，依法不予认定；被告人因不满16周岁而不予刑事处罚的，判决被告人不负刑事责任；被告人是精神病人，在不能辨认或不能控制自己行为时造成危害结果，不予刑事处罚的，判决被告人不负刑事责任；犯罪已过追诉时效期限，且不是必须追诉或经特赦令免除刑罚的，裁定终止审理；被告人死亡的，裁定终止审理，但对于根据案件事实和证据材料能够确认被告人无罪的，仍然作出无罪判决。

（三）自诉案件第一审普通程序

审理自诉案件应遵循以下特定原则：可以适用调解原则，即告诉才处理的案件和轻微刑事案件适用调解，但被害人有证据证明，本应追究刑事责任提起公诉但公安机关和检察院不予追究而现在由被害人自诉的案件，不适用调解；被告人可以反诉原则，自诉人撤诉也不影响反诉案件的审理，但反诉人必须是本案的被告人，被反诉人必须是本案的自诉人，且反诉适用自诉的规定，也适用调解原则。自诉人向法院提起自诉的，可以同时提起附带民事诉讼。法院收到自诉状并经审查后作出相应处理：认为符合受案范围和起诉条件的，应决定立案，开庭审理；认为不符合受案范围或起诉条件的，应说服自诉人撤回起诉或裁定驳回起诉；缺乏罪证而自诉人又提不出补充证据的，应说服自诉人撤回起诉或裁定驳回起诉，自诉人提出新的证据而再次提起自诉的，则应受理；自诉人明知有其他共同侵害人，但只对部分侵害人提起自诉的，法院应受理，但宣判后就同一事实对其他共同侵害人提起自诉的，不再受理；共同被害人中只有部分人告诉的，应通知其他被害人参加诉讼，被通知人不参加诉讼或不出庭的，视为放弃权利，宣判后被通知人就同一事实又提起自诉的，不予受理，但另行提起民事诉讼的，不受此限；被告人实施两个以上犯罪行为，分属公诉案件和自诉案件的，可在审理公诉案件时，一并审理自诉案件。审理自诉案件，通常适用独任审判的简易程序；不适用简易程序的，其审判程序则参照公诉案件第一审程序。

---

① 刑事诉讼、民事诉讼、行政诉讼，其裁判均分为两种：判决，即经过审理对案件的实体事项作出的裁判；裁定，即诉讼过程中对程序事项作出的裁判。

(四) 第一审简易程序

第一审简易程序简称为简易程序。简易程序相对于普通程序，具有统一采取独任审判的方式、庭审程序灵活简便、审限短等特点。简易程序适用4类案件：对可能判处3年以下有期徒刑及其以下刑罚的，事实清楚、证据充分，检察院建议或同意适用简易程序的公诉案件；告诉才处理的案件；被害人起诉的有证据证明的轻微刑事案件；被告人可能被判处免予刑事处分的公诉案件。其他案件一般不适用简易程序，以下案件即便属于上述4类，也一律不适用简易程序：被告人否认犯罪事实的公诉案件，较复杂的共同犯罪案件，被告人是盲、聋、哑人的案件，作无罪辩护的案件，其他不宜适用简易程序的案件。

(五) 第二审程序

第二审程序称为上诉程序或终审程序，第二审称为上诉审或终审。第一审程序完结后，所作出的判决、裁定仍未发生法律效力，在程序上仍要再经过第二审程序。第二审程序实质是给诉讼双方一次机会，以纠正第一审的裁判，因而第二审程序具有法律救济的性质。第二审程序规范包括：一是上诉不加刑是刑事诉讼第二审程序特有原则。因被告人上诉的，二审不得加重被告人刑罚；发回原审法院重审案件，原审法院不得加重被告人刑罚，除非发现新的犯罪事实。上诉不加刑原则在于保障被告人的辩护权、上诉权，如果没有这原则，被告人就可能因怕加重刑罚而不敢或怠于提出上诉，这样就无法体现两审终审制度，更可能因此对审判失去了制约，从而导致整个法治体系瓦解。二是引发第二审程序原因是有关当事人提出上诉或者检察院提出抗诉。三是上诉人不服一审判决、裁定提出上诉后又要求撤回的，法院应作相应处理：上诉期限内要求撤回上诉的，一审法院应准许；上诉期满后要求撤回上诉的，是否准许，由二审法院决定，若认为原判决、裁定认定事实和适用法律正确，量刑适当，应裁定准许撤回上诉，如果认为原判决、裁定认定事实不清、证据不足或将无罪判为有罪、轻罪重判，应裁定不准撤回上诉。四是检察院认为一审判决、裁定确有错误提出抗诉后又撤回的，法院应作相应处理：抗诉期限内撤回抗诉的，一审法院应准许；抗诉期满后二审法院终审裁判前撤回抗诉的，二审法院可以准许；检察院不派员出庭的，应裁定按撤回抗诉处理。五是二审法院对上诉、抗诉案件的审理程序包括审查、审理、作出裁判这3个环节。审查包括初步审查即形式审查，以及全面审查即实质审查。审理上诉案件，通常应开庭，但特定情形下也可不开庭；审理抗诉案件，一律应开庭。庭审程序一般包括法庭调查、法庭辩论两个阶段。二审法院对一审判决审理后应当在2个月①审限内作出终审裁判：原判决认定事实和适用法律正确，量刑适当，裁定驳回上诉或抗诉，维持原判；原判决认定事实没有错误，但适用法律有错误或量刑不当，依法改判；原判决事实不清楚或证据不足，可以在查清事实后依法改判，也可裁定撤销原判，发回原审法院重审；一审法院违反有关公开审判规定的，或者违反回避制度的，或者剥夺或限制了当事人的法定诉讼权利，可能影响公正审判的，或者审判组织的组成不合法的，

---

① 可能判处死刑的或者附带民事诉讼的案件，有《刑事诉讼法》第156条规定情形之一的案件，其审限经高级人民法院批准或决定可以延长2个月，因特殊情况需要再延长的，报经最高人民法院批准决定。

或者有其他违反法定诉讼程序，可能影响公正审判的，二审法院裁定撤销原判，发回原审法院重审。二审法院对一审裁定审理后应在审限内作出相应的终审裁判，即用裁定的形式驳回上诉、抗诉，或者撤销、变更原裁定。

(六) 死刑复核程序

死刑复核程序是指法院对判处死刑的案件在法院内部进行复审核准的一种具有监督性质的特别程序。死刑是所有刑罚中最严厉的一种，许多国家出于人道及对于犯罪的惩罚效果考虑，已废除死刑制度。但中国从自己实际出发，至今仍保留死刑这种刑罚方式。但是死刑绝不能滥用，因为人的生命只有一次，其他刑罚的冤假错案都可以通过法律救济的方式予以补救，唯有死刑的冤假错案是任何法律救济的方式都无可弥补的，即使所谓中国式平反，也无济于事；加之究竟死刑是不是对极端犯罪的一种最好的惩罚方式，这仍有待于讨论和探究。在仍保留死刑的情况下，为慎重适用死刑，中国刑事法律制度规定了死刑复核程序。死刑核准权经历了一个认识和完善的过程，由人治逐步迈向法治。1954 年的《人民法院组织法》第 11 条规定核准权由高级法院行使，1979 年的《人民法院组织法》第 13 条规定核准权由最高法院行使，部分由高级法院和解放军军事法院行使，2006 年的《人民法院组织法》第 12 条规定核准权统一由最高法院行使，2012 年修订后的《刑事诉讼法》第 235 条规定死刑由最高法院核准。本来死刑核准程序是一种带有法律救济意义的监督程序，即二审终审后，对死刑案件再来一个特别的监督程序，以便最大限度地避免死刑案件的冤假错案发生。如果死刑案件由高级法院核准，那就势必导致混淆死刑核准的监督程序和死刑上诉审程序的区别，即既由高级法院担任死刑二审的角色，又由高级法院担任死刑核准的角色，实际上就使得核准程序形同虚设，失去最后法律救济的意义。

(七) 审判监督程序

当两审终审之后，法院作出的判决、裁定，就是具有法律效力的判决、裁定。不过，有关当事人或者检察院仍认为已生效的判决、裁定是错误的并有证据证明的，或者法院自己发现已生效的判决、裁定确有错误的，可以通过审判监督程序对错误裁判予以纠正，从而达到另一种法律救济的目的。为此，因当事人申诉可以提起审判监督程序①，因检察院抗诉也可以提起审判监督程序②，但二者不同：检察院抗诉的案件，接受抗诉的法院应组成合议庭对案件按审判监督程序重审；但并非当事人一申诉就进入审判监督程序。法院自己还可以提起审判监督程序：各级法院院长对本院生效判决、裁定发现确有错误，提交审判委员会决定是否需要提起审判监督程序再审；最高人民法院对各级法院生效判决、裁定，发现确有错误，有权提审，也有权指令下级法院再审；上级法院对下级法院生效判决、裁定，发现确有错误，有权提审，也有权指令下级法院再审。审判监督程序再审有两个原则：除检察院抗诉外，再审一般不加重原审被告人的刑罚，且再审决定书或抗诉书只

---

① 当事人申诉引发审判监督程序，在中国法律语汇上，民事诉讼当事人申诉的用语是"申请再审"，刑事诉讼和行政诉讼的用语是"申诉"。

② 检察院抗诉在不同诉讼阶段有不同情形：检察院认为第一审法院的判决、裁定有错误而提出抗诉，引发第二审程序；检察院认为第二审法院的判决、裁定有错误提出抗诉，引发审判监督再审程序。

针对部分原审被告人的，不得加重其他同案原审被告人的刑罚；审判监督程序再审，另行组成合议庭进行，凡参与过本案一审、二审、复核程序审判的合议庭组成人员，不得参与本案的再审程序。法院对申诉人申诉审查后作出相应处理：有《刑事诉讼法》第242条规定情形之一的，由院长提请审判委员会决定重审；对不符合规定的申诉，说服其撤回，仍坚持申诉的，书面通知驳回，申诉人对驳回不服的，可向上一级法院申诉，上一级法院认为不符合规定，应予以驳回，经两级法院处理后又提出申诉的，若没有新理由，可不予受理。法院对检察院抗诉审查后应作出相应处理：不属本院管辖的，决定退回检察院；按抗诉书提供的住址无法找到原审被告人的，应要求该检察院协助查找，找不到的，决定退回检察院；抗诉书没有原审被告人准确住址的，应要求其补充，否则裁定维持原判；以有新证据证明原判决、裁定认定的事实确有错误为由提出抗诉，未附新证据目录、证人名单和主要证据复印件或照片的，检察院应补充，否则裁定维持原判。法院按审判监督程序再审，可以由第一审法院负责，也可以由第二审法院负责，还可以由任何上级法院负责。法院按审判监督程序再审，原来是第一审案件的，应按第一审程序进行；原来是第二审案件或是上级法院提审案件的，应按第二审程序进行。再审的审限为3个月，至迟不得超过6个月。再审后应作出相应处理：原判决、裁定认定事实和适用法律正确、量刑适当的，裁定驳回申诉或抗诉；原判决、裁定认定事实没有错误，但适用法律有错误或量刑不适当的，应改判；应对被告人数罪并罚的案件，原判决、裁定没有分别定罪量刑的，应撤销原判决、裁定，重新定罪量刑，并决定执行的刑罚；原判决、裁定认定事实不清或证据不足的，可以在查清事实后改判，或者裁定撤销原判，发回原审法院重审，再审后仍无法查清，应以证据不足，指控的犯罪不能成立，判决宣告被告人无罪；再审的刑事自诉案件，参照前面情形处理。

四 涉外刑事案件的审理程序

涉外刑事案件是具有涉外因素的刑事案件，即在中国领域内外国人犯罪或中国公民侵犯外国人合法权益的犯罪案件，符合《刑法》第8条、第10条规定情形的外国人在中国领域外对中国国家或中国公民犯罪的案件，中国公民在中国领域外犯罪的案件，以及符合《刑法》第9条规定情形的中国在所承担国际条约义务范围内行使刑事管辖权的案件。涉外刑事诉讼除应遵守刑事诉讼一般原则外，还应遵循以下特定原则：诉讼主权原则，涉外刑事诉讼适用中国《刑法》和《刑事诉讼法》，除非法律另有规定，外国籍和无国籍当事人委托律师代为诉讼的，应委托具有中国律师资格和执业证书的律师，中国法院审判涉外刑事案件应使用中国通用的语言文字；诉讼平等原则，外国籍和无国籍当事人享有中国法律规定的与中国当事人同等诉讼权利，包括起诉权、辩护权、最后陈述权、上诉权、申诉权，并承担与中国当事人同等诉讼义务；适用国际条约原则，若中国缔结或参加的国际条约有关于刑事诉讼程序具体规定的，在审判时适用该国际条约，当中国法律与该国际条约不一致时，优先适用国际条约，中国声明保留的条款除外；外交特权和豁免原则，享有外交特权和豁免权的外国人的刑事责任，通过外交途径解决。中国法院在涉外刑事诉讼中根据多边国际条约和双边司法协助协定寻求国际刑事司法协助，包括按照对等互惠原则，代为一定的诉讼行为；根据双边引渡条约及某些涉及引渡条款的多边条约，在涉外刑事诉讼中，在遵循平等互惠和不得损害中国国家主权、安全和社会公共利益的原则下，中国积极寻求与缔约国之间必要的引渡协助，包括给予向中国请求引渡协助的国家以方便，以及在必要时中国向有关缔约的外国请求引渡，以保证涉外刑事诉讼的顺利进行。

五　刑事诉讼的执行程序

刑事诉讼的执行是指法院、检察院、公安机关、劳动改造机关及其他有关机关为实施已发生法律效力的刑事判决、裁定而依法采取刑法规定的刑事惩罚措施的一种刑事司法行为。刑事诉讼的执行是刑事诉讼的必经程序，刑事判决、裁定一经生效，就立即交付执行。已过法定期限没有上诉、抗诉的第一审判决和裁定、最高人民法院作出的第一审判决和裁定、第二审即终审的判决和裁定、最高人民法院核准死刑的判决和裁定，都是已发生法律效力的判决和裁定，必须依法立即执行。刑事诉讼的执行包括：对无罪和免除刑罚的判决、裁定的执行；对减刑、假释的判决、裁定的执行；对缓刑的判决、裁定的执行，被宣告缓刑的犯罪分子必须接受一个考验期限；对财产刑和刑事附带民事诉讼涉及财产的判决、裁定的执行；对管制、剥夺政治权利的判决、裁定的执行；对拘役、有期徒刑、无期徒刑的判决、裁定的执行，拘役由公安机关执行，有期徒刑、无期徒刑由监狱执行；对死刑缓期两年执行的判决、裁定的执行，缓期两年期满后，没有故意犯罪，减为无期徒刑，有重大立功表现，减为15年以上20年以下有期徒刑，期间故意犯罪，执行死刑；对死刑判决、裁定的执行。上述各种执行中，尤其对死刑交付执行时应做好以下工作：发现裁判可能有错误的，或者罪犯揭发重大犯罪事实或有重大立功表现而可能需要改判的，或者罪犯正在怀孕的，应停止执行；罪犯提出会见其近亲属或其近亲属提出会见罪犯申请的，法院可以准许；通知同级检察院派员临场监督，检察院发现被执行人并非应当执行死刑的罪犯的，或者罪犯犯罪时不满18岁的，或者判决可能有错误的，或者执行前罪犯检举揭发重大犯罪事实或有其他重大立功表现而可能需要改判的，或者罪犯正在怀孕的，应建议法院停止执行；指挥执行的审判人员对罪犯应验明正身，询问有关事项后交付执行人员执行死刑。

六　刑事诉讼的特别程序

（一）未成年人刑事案件诉讼程序

未成年人刑事案件诉讼程序的规范如下：保障未成年人的诉讼权利，未成年的犯罪嫌疑人、被告人没有委托辩护人的，应当通知法援机构指派律师为其辩护；对未成年犯罪嫌疑人、被告人应当严格限制适用逮捕措施；对未成年犯罪嫌疑人、被告人在询问、审判时，应当通知其法定代理人到场，在其不能到场或其是共犯的，通知其他成年亲属、学校等单位代表到场；对未成年人涉嫌犯《刑法》分则第4章至第6章规定之罪，可能判处1年有期徒刑以下刑罚，符合起诉条件，但有悔罪表现的，检察院可作出附条件不起诉决定；审判时被告不满18周岁的案件，不公开审理；犯罪时不满18周岁，被判处5年有期徒刑以下刑罚的，应当对相关犯罪记录封存。

(二) 当事人和解的公诉案件诉讼程序

当事人可和解的公诉案件包括：因民事纠纷引起，涉嫌《刑法》分则第4章和第5章规定的犯罪案件，可能判处3年有期徒刑以下刑罚的；除渎职犯罪外的可能判处7年有期徒刑以下刑罚的过失犯罪案件。犯罪嫌疑人、被告人5年内曾故意犯罪，不适用和解程序。和解案件须基于犯罪嫌疑人、被告人真诚悔罪，向被害人赔偿损失、赔礼道歉，被害人自愿和解；对当事人达成和解的公诉案件，公安机关、检察院、法院应审查其和解的自愿性、合法性，并主持制作和解协议书；和解案件属犯罪情节轻微的，检察院可不起诉，法院可从宽处罚。

(三) 犯罪嫌疑人、被告人逃匿、死亡案件违法所得的没收程序

没收违法所得程序适用贪污贿赂犯罪、恐怖活动犯罪等重大犯罪案件，犯罪嫌疑人、被告人逃匿，通缉1年后不能到案，或犯罪嫌疑人、被告人死亡，按刑法规定应追缴其违法所得及其他涉案财产。没收违法所得程序由检察院向法院提出申请，并由犯罪地或犯罪嫌疑人、被告人居住地中级人民法院组成合议庭审理。对经查证属违法所得及其他涉案财产，除依法返还被害人外，裁定予以没收；对不属应追缴财产的，裁定驳回申请。

(四) 依法不负刑事责任的精神病人的强制医疗程序

可以给予强制医疗的精神病人是：实施暴力行为，危害公共安全或严重危害公民人身安全，并有继续危害社会可能，经法定程序鉴定依法不负刑事责任的精神病人。并非凡精神病人都可以强制医疗，也并非任何单位或个人都可以决定对精神病人强制医疗，对精神病人给予强制医疗的决定，由法院按法定程序作出，并涉及公、检、法三方各自职责：公安机关发现符合强制医疗条件的精神病人，应当写出意见书，移送检察院；检察院对公安机关移送的或者在审查起诉中发现的符合强制医疗条件的精神病人，应当向法院提出强制医疗申请；法院在审理案件中发现符合强制医疗条件的被告人，或者受理检察院强制医疗申请后应当组成合议庭审理，对符合强制医疗条件的，应当作出强制医疗决定。

第二节 民事诉讼程序
(含海事诉讼特别程序)

规范民事诉讼程序的是2012年修正的民事诉讼法和1999年的海事诉讼特别程序法。民事诉讼程序是关于包括财产权益纠纷、人身权纠纷、婚姻家庭纠纷和商事活动纠纷在内的民商事纠纷案件诉讼过程的程序规范，解决民商法实体规范的纠纷均适用民事诉讼程

序。解决民商事纠纷方式有多种,有当事人自行和解、通过调解组织的调解、通过行政机关的行政处理、通过仲裁机构的仲裁、通过法院的诉讼,前四种是非诉讼方式,最后一种是诉讼方式。以哪种方式解决纠纷,当事人之间有绝对选择权。但诚如美国林肯总统作为执业律师时曾劝导学法律的学生那样:"诉讼令人沮丧。无论何时,只要可以,应当劝服你的邻居寻求和解的方法,向他们指出,诉讼中的名义上的胜方如何常常在费用和时间的浪费方面是实际上的败方。"① 确实如此,一旦进入诉讼程序,当事人就有可能提高了解决纠纷的成本,一个好律师总是为自己的当事人先考虑有没有更好的办法,既可避免陷入高成本的诉讼,又可实际解决了纠纷。诉讼实在是不得已而为之的事情。

一 民事诉讼的一般规定

(一) 民事诉讼的适用范围

民事诉讼适用范围是指什么案件可以纳入民事诉讼的范围,并依据民事诉讼法律规范适用民事诉讼程序。只有符合提起民事诉讼的主体资格和民事诉讼解决的客体问题这两个条件,当事人才可以向法院提起民事诉讼:自然人之间、法人之间、非法人组织之间及他们相互之间的关系属于一种平等主体之间的关系,民事诉讼正是要解决这些平等主体之间的民事纠纷,自然人、法人、非法人便具有提起民事诉讼的主体资格,而且,除了上述主体以外,外国人、无国籍人、外国企业和组织,在涉外民事诉讼中,同样具有提起民事诉讼的主体资格;民事诉讼解决的客体对象是具有民事诉讼当事人资格的平等主体之间因财产关系、人身关系发生的民商事纠纷②。财产关系是指以包括金钱、财物及其孳生的民事权利和民事义务总和的物质财富为对象,直接与包括财产所有人、财产使用人、财产得益人等在内的财产关系人的经济利益相关联的民事法律关系,如继承关系、财产所有权关系、财产租赁关系、保险关系、合同关系、知识产权关系等都属民事法律意义上的财产关系,而所有这些财产关系最终可以归结为物权关系、债权关系和知识产权关系。所有这些涉及财产关系的民商事纠纷都是民法调整范围,可以向法院提起民事诉讼。人身是指人的生命、健康、行动、名誉等;人身权是指人的生命权、健康权、行动自由权、名誉权等;人身关系是指与人身和人身权不可分离但又不直接与经济利益相联系的民事法律关系,如生命权、健康权、姓名权、名誉权、荣誉权、行动自由权等纠纷就是一种基于人身关系的纠纷,如婚姻关系、抚养或扶养关系、收养关系等纠纷也是一种基于人身关系的纠纷,都是民法调整范围,可以向法院提起民事诉讼。

(二) 民事诉讼的特定原则

民事诉讼特定原则1 民事诉讼适用调解原则

本原则所讲的调解是审判上的调解,又称法院调解,区别于审判外的调解,即行政调

---

① 转引自《第三选择》第 6 章。
② 诸如国家与企业、个人等不平等主体之间的财产关系或由财产关系引起的管理关系所产生的纠纷,不由民事诉讼程序解决,而由行政诉讼程序解决。

解及人民调解，也区别于当事人的自行和解。法院调解具有诉讼的性质，所达成的调解协议与诉讼裁判文书一样具有同等法律约束力。法院调解应遵循自愿原则和合法原则，通常在诉讼程序开始后提出来，但不是诉讼必经程序。法院调解适用于民事诉讼各个环节。

民事诉讼特定原则2　民事诉讼适用处分原则

本原则讲当事人在民事诉讼过程中有权在法律规定范围内自主行使、变更、转移或放弃自己依法享有的民事实体权利和民事诉讼权利，处分权只能由民事诉讼的当事人享有。

民事诉讼特定原则3　民事诉讼适用诚实信用原则

本原则讲当事人在民事诉讼过程中应当态度诚实，行为讲信用，不能提供虚假证据，不能伪造证据，应当遵守承诺，遵守合同的约定。

（三）民事诉讼的管辖权

级别管辖：基层人民法院管辖除中级人民法院、高级人民法院、最高人民法院管辖的第一审民事案件以外的其他第一审民事案件；中级人民法院管辖重大涉外的、在本辖区有重大影响的、最高人民法院确定由中级人民法院管辖的[①]这3类第一审民事案件；高级人民法院管辖在本辖区有重大影响的第一审民事案件；最高人民法院管辖在全国有重大影响的及最高人民法院认为应由本院审理的案件。

地域管辖：一般地域管辖，包括由被告住所地法院管辖、由原告住所地法院管辖、由不特定当事人住所地法院管辖这3种情形；特殊地域管辖，包括因合同纠纷提起的诉讼由被告住所地或合同履行地法院管辖，因保险合同纠纷提起的诉讼由被告住所地或保险标的物所在地法院管辖，因铁路、公路、水上、航空运输和联合运输合同纠纷提起的诉讼由运输始发地、运输目的地或被告住所地法院管辖，因票据纠纷提起的诉讼由票据支付地或被告住所地法院管辖，因公司设立、确认股东资格、分配利润、解散等纠纷提起的诉讼，由公司住所地法院管辖，因侵权行为提起的诉讼由侵权行为地或被告住所地法院管辖，因铁路、公路、水上、航空事故请求赔偿提起的诉讼由事故发生地或车辆、船舶最先到达地、航空器最先降落地或被告住所地法院管辖，因船舶碰撞或其他海事损害事故请求损害赔偿提起的诉讼由碰撞发生地、碰撞船舶最先到达地、加害船舶被扣留地或被告住所地法院管辖，因海难救助费用提起的诉讼，由救助地或被救助船舶最先到达地法院管辖，因共同海损提起的诉讼由船舶最先到达地、共同海损理算地或航程终止地法院管辖等10种情形；专属管辖，包括因不动产纠纷提起的诉讼由不动产所在地法院管辖，因港口作业发生纠纷提起的诉讼由港口所在地法院管辖，因继承遗产纠纷提起的诉讼由被继承人死亡时住所地或主要遗产所在地法院管辖这3种情形；协议管辖，即在不违反级别管辖和专属管辖的前提下，合同或者其他财产权益纠纷的当事人可以书面协议选择被告住所地、合同履行地、合同签订地、原告住所地、标的物所在地等与争议有实际联系的地点的法院管辖；先立案管辖，即原告向两个以上有管辖权的法院起诉的，由最先立案的法院管辖。

移送管辖和指定管辖：因法院受案后发现该案不属本院管辖，或受案后发现其他也有管辖权的法院已先行立案，或受案后当事人对管辖权有异议且该异议成立的，均可以适用

---

① 最高人民法院确定由中级人民法院管辖的是海事和海商纠纷、专利权纠纷、著作权民事纠纷、商标民事纠纷、涉及计算机网络域名民事纠纷等案件。

移送管辖；有管辖权的法院因特殊原因不能行使管辖权的、法院之间因管辖权发生争议而又协商不成的、受移送的法院认为依规定不属本院管辖的，均可以适用指定管辖。

（四）民事诉讼的参加人

当事人，是以自己名义参加民事诉讼并承担包括有权享有民事权利和有义务履行民事责任在内的民事诉讼后果的诉讼参加人：一是原告和被告。原告是为请求保护自己的民事权益向法院提起民事诉讼的一方当事人，被告是被提起民事诉讼追究民事责任并有义务应诉、有权反诉的一方当事人。二是共同诉讼人和共同诉讼代表人。共同诉讼是当事人一方或双方为2人以上，诉讼标的是共同的或是同一种类的诉讼；诉讼标的是共同的，为不可分的共同诉讼，不必经当事人同意，法院应合并审理；诉讼标的是同一种类且法院认为可合并审理并经当事人同意的，为可分的共同诉讼。共同诉讼人是在共同诉讼中2人以上的一方或双方当事人，2人以上的原告称为共同原告，2人以上的被告称为共同被告。共同诉讼代表人是因至少一方共同诉讼人人数众多而由该方众多的共同诉讼人推选出来代表各共同诉讼人进行共同诉讼的人。三是第三人，包括有独立请求权的第三人和没有独立请求权的第三人，前者是对当事人双方的诉讼标的有独立请求权而有权提起诉讼的人，后者是虽没有独立请求权，但案件同其有利害关系而有权申请参加诉讼或由法院通知其参加诉讼的人。与民事诉讼当事人相关的是其诉讼权利能力和诉讼行为能力，这与民法讲的民事权利能力和民事行为能力是相当的，只是这里的前者为程序概念，后者为实体概念。当事人的民事诉讼权利能力是指当事人能够以自己的名义在法院进行民事诉讼的资格，包括为保护自己的民事权益免受侵犯而在法院提起民事诉讼并取得民事诉讼原告人的资格，以及当民事原告起诉后被诉称侵犯他人民事权益的人有责任应诉及有权反诉而作为被告人的资格。凡是具有民事权利能力的法律关系主体在民事诉讼中就必定具有民事诉讼权利能力，反之亦然。因此，作为当事人的自然人，其诉讼权利能力始于出生，终于死亡；作为当事人的法人和非法人组织，其诉讼权利能力始于依法成立，终于终止。当事人的民事诉讼行为能力是指当事人能够以自己行为独立有效地行使诉讼权利并履行诉讼义务的能力。只有具备完全民事行为能力的自然人才具备诉讼行为能力。当事人在民事诉讼中有权委托代理人代为诉讼或协助诉讼，有权提出回避申请，有权收集、提供证据，有权进行法庭辩论，有权请求调解和自行和解，有权对第一审裁判提出上诉，有权对生效裁判向法院申请执行，有权对认为错误的裁判申请再审，原告有权放弃或变更诉讼请求，被告有权承认或反驳诉讼请求以及反诉，第三人有权成为当事人或参加诉讼，共同诉讼当事人有权推选代表人诉讼。

诉讼代理人，是以原告、被告、第三人等当事人的名义在法定的或委托的权限范围内在法院进行民事诉讼的诉讼参加人，包括法定代理人和委托代理人。法定代理人是根据法律规定以无诉讼行为能力人的名义在法定的权限范围内在法院进行民事诉讼的诉讼代理人。未成年人的监护人、无民事行为能力或限制民事行为能力的精神病人的监护人，是作为民事诉讼当事人的未成年人、精神病人的法定代理人。委托代理人是根据被代理人的委托以被代理人的名义在授权委托的权限范围内在法院进行民事诉讼的诉讼代理人，其中的被代理人包括当事人、法定代理人、法定代表人、共同诉讼代表人。诉讼代理人在诉讼中有权调查收集证据，有权按规定查阅案件材料。

（五）民事诉讼的期间和送达

民事诉讼的期间是指法定的或法院指定的进行并完成一个诉讼，或者进行并完成一个诉讼过程的某个程序所必需遵守的期限。期间计算应当遵循以下规则：期间以公历时、日、月、年计算；期间开始的时和日，不计算在期间内；期间届满的最后一日为节假日的，以节假日后的第一日为期间届满的日期，但期间开始的那一日或期间中间的某一日为节假日的，不能顺延期间；期间不包括在途时间；期间最后一日的截止时间为24点，有业务时间的，到停止业务活动的时间为截止时间。

民事诉讼的送达是法院依法定程序和法定方式将诉讼文书交有关收件人的一种司法行为。送达方式有：直接送达，即送达人将诉讼文书直接送交受送达人；留置送达，即送达人因受送达人或其他代收人拒绝接收诉讼文书而依法将诉讼文书置放于受送达人的住所并视为送达；委托送达，即委托有关其他法院代为送达；邮寄送达，即通过邮寄方式送达；转交送达，即依法通过受送达人所在单位转交诉讼文书给受送达人签收；公告送达，即法院在公告栏或受送达人原住所地张贴公告或在报纸上刊登公告，从而视为送达。

（六）民事诉讼的调解

民事诉讼调解是指法院调解。法院认为法律关系明确、事实清楚，在征得当事人同意后，可以调解；调解达成协议的，制作调解书，调解不成的，作出判决。法院调解一般是制作调解书；第二审调解结案的，一律制作调解书；法定代理人代理的无民事行为能力人离婚案件，调解达成协议但要求发给判决书的，可以制作判决书；调解和好的离婚案件、调解维持收养关系的案件、能够即时履行的案件等调解达成协议的，可以不制作调解书。

（七）民事诉讼的财产保全和先予执行

民事诉讼财产保全是指法院在诉讼前对于利害关系人因情况紧急，不立即申请财产保全将会使自己的合法权益受到难以弥补的损害情形，或者在诉讼中对于可能因当事人一方的行为或其他原因，使判决不能执行或难以执行的案件，根据利害关系人或对方当事人的申请，或者法院认为必要的，依法作出对有关财产采取保护性措施裁定的一种程序。可见，财产保全有诉讼前财产保全和诉讼中财产保全这两种方式。为了公平性，提出财产保全申请应同时提供担保，担保的数额应相当于请求保全财产的数额；申请有错误的，应当承担赔偿责任。

民事诉讼的先予执行是指法院在诉讼过程中基于当事人的生活、生产经营之急需并根据当事人申请而裁定义务人提前履行以后生效判决所确定义务的一种程序。先予执行限于3类案件：追索赡养费、扶养费、抚育费、抚恤金、医疗费用的案件；追索劳动报酬的案件；因需要立即停止侵害、排除妨碍，需要立即制止某项行为，需要立即返还用于购置生产原料、生产工具货款，或者追索恢复生产、经营急需的保险理赔费等情况紧急需要先予执行的案件。先予执行须符合两个条件：当事人之间权利义务关系明确，不先予执行将严重影响申请人的生活或生产经营；被申请人有履行能力。裁定先予执行应限于诉讼请求范围，并可责令申请人提供相应担保，否则驳回申请。终审判决后，对先予执行作出相应处理：申请人胜诉的，应将先予执行中已实现的权利载入判决书，并扣除这部分权利；申请人败诉的，应赔偿被申请人因先予执行遭受的财产损失，返还先予执行取得的利益。

（八）对妨害民事诉讼的强制措施

以下行为适用妨害民事诉讼强制措施：负有赡养、抚育、扶养义务和不到庭就无法查清案情而必须到庭的被告，经两次传票传唤，无正当理由拒不到庭的；诉讼参与人或其他人一般违反法庭规则但情节显著轻微的，或者扰乱法庭秩序但情节较轻的；诉讼参与人或其他人伪造、毁灭重要证据的，以暴力、威胁、贿买方法阻止证人作证或指使、贿买、胁迫他人作伪证的，隐藏、转移、变卖、毁损已被查封、扣押或已被清点并责令其保管的财产及转移已被冻结的财产的，侮辱、诽谤、诬陷、殴打或打击报复司法工作人员、诉讼参加人、证人、翻译人员、鉴定人、勘验人、协助执行的人的，以暴力、威胁或其他方法阻碍司法工作人员执行职务的，或拒不执行法院生效判决、裁定的；有义务协助调查、执行的单位拒绝或妨碍法院调查取证的，接到法院协助执行通知后拒不协助查询、冻结或划拨存款的，接到法院协助执行通知后拒不协助扣留被执行人的收入、办理有关财产权证照转移手续、转交有关票证和证照或其他财产的，或者有其他拒绝协助执行情形的。强制措施有：拘传，对被拘传人签发拘传票强制其到庭；训诫，对违反法庭规则情节较轻者进行公开警告让其遵守法庭规则；责令退出法庭，对违反法庭规则情节较重者强行命令其离开法庭；罚款，对实施妨害民事诉讼行为的人或单位强制其缴纳一定数额金钱作为处罚；拘留，对实施妨害民事诉讼行为情节较严重的人在一定期限内暂时关押起来。

（九）民事诉讼费用的规定

民事诉讼费用是民事诉讼当事人依法在法院进行民事诉讼而按规定应向法院缴纳的费用：案件受理费，涉及的案件有离婚案件，侵害姓名权、名称权、肖像权、名誉权、荣誉权案件，其他非财产案件，财产案件，侵害专利权、著作权、商标权案件，破产案件，海事海商案件；申请费，涉及的申请有执行申请，诉讼保全措施申请，支付令、催示公告申请，请求法院执行仲裁裁决、债权公证文书、行政处理或处罚决定的申请；其他与诉讼相关的费用，例如勘验费、鉴定费、公告费、翻译费、复制费等。诉讼费用实行预交的方式。案件受理费由原告预交，被告反诉时也预交案件受理费；上诉费由上诉人预交，双方上诉的，由双方分别预交；申请费由申请人预交。诉讼费用的实际分担，视诉讼结果而定。

二 民事诉讼的审判程序

（一）第一审普通程序

民事诉讼第一审普通程序是指法院依法审判第一审民事权益纠纷案件通常所适用的程序，与民事诉讼第一审简易程序对称，其审限为6个月，包括以下几个诉讼阶段：

第一，起诉。提起民事诉讼的条件：原告必须具有提起民事诉讼的主体资格；必须有明确的被告；必须有具体诉讼请求和事实、理由，诉讼请求即原告起诉请求保护自己民事权利和判令被告履行民事义务的具体内容，事实和理由即原告起诉时提出诉讼请求所依据的发生民事纠纷的事实、法律依据；属于法院受理民事诉讼的范围，属于受诉法院管辖。

第二，受理。法院对起诉的处理：符合起诉条件的予以受理，否则裁定不予受理；对本院没有管辖权的，应告知向有管辖权的法院起诉。法院对符合起诉条件的案件应受理，予以立案，并产生以下法律后果：该法院对该案有了审判权，须承担裁判该案的义务，除非立案后发现起诉不合条件或发现本院没有管辖权；当事人的诉讼地位得到确立；民法规定的诉讼时效中断。法院立案要有一定的案由，即民事诉讼案件的名称，反映案件所涉及的民事法律关系的性质，是案件所讼争的民事法律关系的概括，是法院立案和当事人起诉和应诉的依据。为规范法院审判案件的案由，最高人民法院把民事案件案由分为10部分（第一级案由）、43类（第二级案由）、424种（第三级案由）、367个（第四级案由）[①]：第一部分"人格权纠纷"，含1类、9种；第二部分"婚姻家庭继承纠纷"，含2类、20种、12个；第三部分"物权纠纷"，含6类、36种、40个；第四部分"合同、无因管理、不当得利纠纷"，含3类、64种、101个；第五部分"知识产权与竞争纠纷"，含4类、39种、118个；第六部分"劳动争议、人事争议"，含2类、4种、15个；第七部分"海事海商纠纷"，含1类、55种、2个；第八部分"与公司、证券、保险、票据等有关的民事纠纷"，含10类、113种、39个；第九部分"侵权责任纠纷"，含1类、30种、34个；第十部分"适用特殊程序案件案由"，含13类、54种、6个。

第三，审理前的准备。法院立案时应向原告送达受案通知书，将起诉书副本和应诉通知书发送被告，于开庭前组成合议庭，由审判人员审核有关诉讼材料及相关法律、专业知识，按规定必须共同进行诉讼的当事人没有参加诉讼的，法院应当通知其参加诉讼。

第四，诉讼中止和终结。诉讼中止的法定情形：一方当事人死亡，要等待继承人表明是否参加诉讼的；一方当事人丧失诉讼行为能力，尚未确定法定代理人的；作为一方当事人的法人或非法人组织终止，尚未确定权利义务承受人的；一方当事人因不可抗拒的事由，不能参加诉讼的；本案必须以另一案的审理结果为依据，而另一案又尚未审结的；有其他应当中止诉讼的情形的。诉讼终结的法定情形：原告死亡，没有继承人，或者继承人放弃诉讼权利的；被告死亡，没有遗产，也没有应承担义务的人的；离婚案件一方当事人死亡的；追索赡养费、扶养费、抚育费及解除收养关系案件的一方当事人死亡的。

第五，开庭审理和裁判。审理和裁判的步骤为：开庭准备，确定开庭日期和地点，通知当事人和其他诉讼参与人开庭日期等，对公开审理的案件，需公告有关开庭事宜；宣布开庭，查明当事人和诉讼参与人是否到庭，宣布法庭纪律、审判人员名单、案由，告知当事人诉讼权利和义务，询问当事人是否提出回避申请；法庭调查，含当事人陈述、出示证据并进行质证、认定证据、必要时再次开庭并继续就未经调查的事项进行调查和审理、归纳总结以便法庭辩论；法庭辩论，含原告及其诉讼代理人发言、被告及其诉讼代理人答辩、（若有）第三人及其诉讼代理人发言或答辩、相互之间辩论；制作庭审笔录，由相关人签名确认，不签名者应记录在案；裁判案件并宣判，庭审后合议庭评议，对于有必要提交审判委员会讨论决定的重大、疑难、复杂案件，对于在适用法律方面有重大分歧的案件，对于审判委员会确定由自己讨论决定的案件，合议庭应提请院长决定提交审判委员会

[①] 参见最高人民法院《民事案件案由规定（2013年修订）》。

讨论决定。合议庭作出评议结论或审判委员会作出决定后依法制作裁判文书[①]，当庭或定期宣判。

开庭审理应当注意几种特殊情形：一是涉及国家秘密、个人隐私或法律另有规定的案件，不公开审理，当事人申请不公开审理的离婚案件、涉及商业秘密的案件，可不公开审理。二是以下情形可缺席判决：被告反诉，原告经传票传唤无正当理由拒不到庭或未经法庭许可中途退庭的；被告经传票传唤无正当理由拒不到庭或未经法庭许可中途退庭的；宣判前原告申请撤诉，法院裁定不予准许，原告经传票传唤无正当理由拒不到庭的；被告方的无民事行为能力当事人的法定代理人经传票传唤无正当理由拒不到庭的；无独立请求权的第三人经传票传唤无正当理由拒不到庭或未经法庭许可中途退庭的；有独立请求权的第三人经传票传唤无正当理由拒不到庭或未经法庭许可中途退庭的。三是申请撤诉须在裁判前，以书面形式申请，是否准许，由法院裁定。四是以下情形可按撤诉处理：原告经传票传唤无正当理由拒不到庭或未经法庭许可中途退庭的；原告应预交而未预交案件受理费，经通知后仍不预交，或申请预交、缓交、免交未获批准而仍不预交的；无民事行为能力的原告的法定代理人经传票传唤无正当理由拒不到庭的；有独立请求权的第三人经传票传唤，无正当理由拒不到庭或未经法庭许可中途退庭的。五是以下情形可延期审理：必须到庭的当事人和其他诉讼参与人有正当理由没有到庭的；当事人临时提出回避申请的；需通知新证人到庭，调取新证据，重新鉴定、勘验，或需要补充调查的；有其他应延期审理的情形的。

（二）第一审简易程序

民事诉讼第一审简易程序是指基层人民法院及其派出法庭在审理事实清楚、权利义务关系明确、争议不大的简单民事案件时适用的与普通程序不同的第一审程序，它的适用范围包括：结婚时间短、财产争议不大或当事人婚前就患有法定不准结婚疾病的离婚案件；权利和义务关系明确，只是赡养费、扶养费、抚育费的给付时间和金额尚有争议的案件；双方争议不大的确认或者变更收养、抚养关系的案件；借贷关系明确、证据充分和金额不大的债务案件；事实清楚、责任明确、赔偿金额不大的损害赔偿案件；遗产和继承人范围明确、讼争遗产数额不大的继承案件；事实清楚、情节简单、是非分明、争议焦点明确、讼争金额不大的其他案件。但以下案件不适用简易程序：起诉时被告下落不明的案件，共同诉讼中一方或双方当事人人数众多的案件，发回重审的案件，法定应当适用特别程序、督促程序、公示催告程序、审判监督程序的案件，法院认为不宜适用简易程序的案件。适用简易程序的审限为3个月，不得延长。适用简易程序审理的案件，审理时不受普通程序各个环节规定的限制。

（三）第二审程序

民事诉讼第二审程序因当事人不服第一审裁判的上诉而引发，包括以下阶段：

第一，上诉，是当事人不服一审法院判决或裁定，在法定期限内按法定程序请求上一

[①] 裁判文书包括判决书，即对实体权利和义务作出的裁判文书，以及裁定书，即对诉讼过程中的程序事项作出的裁判文书。

级法院改判或改裁的诉讼行为，也是一种体现两审终审制的诉讼制度。当事人上诉才引发第二审程序，否则一审裁判依法生效。上诉涉及上诉人和被上诉人，即上诉程序当事人：提出上诉的一方当事人称为上诉人；与上诉人的上诉请求有直接利害关系的对方当事人称为被上诉人；如果各方当事人在上诉程序中都提出上诉的，则均为上诉人，当然又同时都是对方的被上诉人。在共同诉讼中，必要的共同诉讼人可以全体一起提出上诉，也可以其中一人或一部分人提出上诉。若一人或一部分人提出上诉，其他共同诉讼人正式同意的，则上诉的法律后果对其他正式同意上诉的共同诉讼人有效力。若其他共同诉讼人没有同意上诉的，则按以下不同情形分别处理：该上诉是对与对方当事人之间的权利义务分担有意见，不涉及其他共同诉讼人利益的，对方当事人为被上诉人，未上诉的同一方当事人依原审诉讼地位列明；该上诉仅对共同诉讼人之间权利义务分担有意见，不涉及对方当事人利益的，未上诉的同一方当事人为被上诉人，对方当事人则依原审诉讼地位列明；该上诉对双方当事人之间以及共同诉讼人之间的权利义务承担有意见的，未提出上诉的其他当事人均为被上诉人。可以上诉的裁判包括：可以上诉的判决，是地方各级法院适用第一审普通程序和简易程序作出的判决，及二审法院裁定撤销原判决，发回原审法院重审后作出的判决；可以上诉的裁定，是地方各级法院作为一审法院作出的不予受理的、对管辖权有异议的、驳回起诉的裁定，及二审法院裁定撤销原判决，发回原审法院重审并经原审法院重审后作出的裁定。上诉期限：不服一审判决的为 15 日，不服一审裁定的为 10 日。

第二，受理。上诉案件受理不同于一审案件受理：除《民事诉讼法》第 154 条规定不可上诉的裁定和第 178 条规定不可上诉的实行一审终审制的按照特别程序审理的几种案件外，二审法院对上诉案件均应依法受理。

第三，审理和裁判。二审法院受理上诉案件后应组成合议庭开庭审理。以下几类案件认为不需开庭的可径行裁判：一审就不予受理、驳回起诉、管辖权异议作出裁定的案件；当事人提出上诉请求明显不能成立的案件；原审裁判认定事实清楚但适用法律错误的案件；原判决违反法定程序，可能影响正确判决而需发回重审的案件。审理判决的上诉案件审限为 3 个月，审理裁定的为 30 日。二审裁判的适用形式：维持原判和改判的，适用判决；发回重审及裁判不服一审裁定的，适用裁定；当事人自愿调解的，适用调解。对不服一审判决的二审裁判：原判决认定事实清楚，适用法律正确的，判决驳回上诉，维持原判；原判决适用法律错误的，或者原判决认定事实错误或认定事实不清，证据不足的，依法改判，或撤销原判，发回重审；原判决认定事实错误或认定事实不清，证据不足的，撤销原判，发回重审，或者依法改判，或者原判决违反法定程序，可能影响案件正确判决的，撤销原判，发回重审。对不服一审裁定的二审裁判：不予受理的裁定有错误的，在撤销原裁定同时，指令一审法院立案受理；驳回起诉的裁定有错误的，在撤销原裁定的同时，指令一审法院审理；处理管辖权异议的裁定有错误的，在撤销原裁定同时，指令一审法院移送管辖或审理。二审裁判是终审裁判，一经作出即具法律效力，当事人不可以再上诉，也不得重新起诉。但二审法院发回原审法院重审的判决、裁定，仍视为一审判决、裁定，当事人不服的，仍然有权上诉。

（四）特别程序

特别程序是指法院审理选民资格案件、宣告失踪或宣告死亡案件、认定公民无民事行为能力或限制民事行为能力案件、认定财产无主案件、确认调解协议案件、实现担保物权案件所适用的程序。这种程序的特点是，其诉讼主体通常只有一方当事人，另一方则不明确，其诉讼不具有民事权益争议，诉讼请求通常只是确认某种法律事实及其后果，具有非讼的性质。法院审理适用特别程序的案件，统一由有管辖权的基层法院审理，实行一审终审制，不适用第一审普通程序、简易程序和第二审程序；选民资格案件仍称起诉及由合议庭审理，其他的以申请形式提出，实行独任审理；除选民资格案件外，审限为30日。

第一，选民资格案件及其审理程序。选民资格案件是指公民认为选举委员会公布的选民名单不恰当，向选举委员会申请处理，并在选举委员会处理后对其处理不服而向法院提起民事诉讼的案件。严格地说，选民资格案件不涉及民事法律关系，而涉及宪制法的选举制度，但鉴于目前中国法律体系尚未有宪法司法化或宪法程序化的制度，因而有关选民资格案件只能暂时置于民事诉讼之内。相信随着中国社会转型的成功，宪制法将成为中国法律体系的重要组成部分，法院在审判案件时既可以直接以宪法规范作为审判的法律依据，又可以对因宪法问题引发的争议交由专门的宪法法院或宪法审判庭进行审判。法院受案后，由审判员组成合议庭于选举日前审结。选民资格案件涉及的选举是人大代表的选举，选民指有选举权和被选举权的年满18周岁的中国公民，选民资格指选民按选区进行登记后被确认的参加选举活动所具备的条件。选民资格案件的起诉主体只能是公民，不能是组织。

第二，宣告公民失踪案件及其审理程序。宣告公民失踪案件是指公民下落不明已达法定期限，经利害关系人申请，法院依法宣告其为失踪人的案件。引发本程序的是当事人向法院申请，并须满足以下条件：申请人只能是与被申请宣告失踪的公民之间存在民事权利义务关系的人[①]，被申请宣告失踪的公民必须下落不明满2年。此类案件由下落不明人住所地基层法院管辖。法院收到申请书后，应进行审查，符合条件的应予受理，发出为期3个月的寻找公告，同时进行审理：被宣告失踪人出现或已查明其下落，应判决驳回申请，终结宣告失踪程序；公告期间届满，应依据被宣告失踪的事实是否得到确认，作出宣告失踪的判决或驳回申请的判决；判决宣告失踪的，失踪人财产由其配偶、父母、成年子女或其关系密切的其他亲属、朋友代管；作出宣告失踪的判决后，被宣告失踪的公民重新出现，经本人或利害关系人申请，应作出新判决，撤销原判决，同时终止财产代管关系。

第三，宣告公民死亡案件及其审理程序。宣告公民死亡案件是指公民下落不明已达法定期限，经利害关系人申请，法院依法宣告其死亡的案件。引发本程序的是当事人向法院申请，且须满足以下条件：申请人只能是与被申请宣告死亡的公民之间存在利害关系的人，该利害关系人及其顺序，包括配偶、父母、子女、兄弟姐妹、祖父母、外祖父母、孙子女和外孙子女，其他有民事权利义务的人；被申请人下落不明须满4年，因意外事故下落不明满2年，因意外事故下落不明，经有关机关证明该公民不可能生存。此类案件由下落不明人住所地基层法院管辖。法院收到申请书后，符合规定的，应予受理，发出为期1年的寻找公告，并进行审理：被宣告死亡人出现或已查明其下落，应判决驳回申请，终结宣告死亡程序；公告期间届满，应根据被宣告死亡的事实是否得到确认而作出宣告死亡的

[①] 包括被申请宣告失踪人的配偶、父母、子女、兄弟姐妹、祖父母、外祖父母、孙子女、外孙子女以及其他与被申请人有民事权利义务关系的人。

判决或驳回申请的判决；作出宣告死亡的判决后，被宣告死亡公民重新出现的，经本人或利害关系人申请，撤销原判决，作出新判决，被撤销死亡宣告的人有权请求返还财产。

第四，认定公民无民事行为能力、限制民事行为能力案件及其审理程序。本案件是指法院依据因病不能正确表达自己意志或不能完全正确表达自己意志的人的近亲属或其他利害关系人申请，依法认定其为无民事行为能力人或限制民事行为能力人的案件。引发本程序的是当事人向法院申请，并须满足以下条件：申请人只能是被申请人的近亲属[①]或其他利害关系人[②]，只能因被申请人的患病原因而导致其无民事行为能力或限制民事行为能力。此类案件由被申请人住所地基层法院管辖。法院收到申请书后，符合规定的，应予受理，并进行审理，必要时应对被申请人进行鉴定。经审理，认定申请有事实根据的，判决被申请人为无民事行为能力人或限制民事行为能力人，并按以下顺序指定其监护人：配偶，父母，成年子女，其他近亲属，关系密切的其他亲属、愿意承担监护责任并经精神病人所在单位或住所地居民委员会或村民委员会同意的朋友。经审理，认定申请没有事实根据的，判决予以驳回申请。法院根据被判决的当事人或其监护人的申请，该公民的无民事行为能力或限制民事行为能力的原因已消除的，应撤销原判决，作出新判决，并根据新判决对一些相关决定或处理作出相应改变。

第五，认定财产无主案件及其审理程序。认定财产无主案件是指法院根据有关申请人的申请，依法将某项所有权人不明确或不存在的财产确定为无所有权人并判决收归国家或集体所有的案件。引发本程序的是有关公民或组织的申请，被申请认定为无主的财产是所有权人不明确，所有权人不存在，或者所有权人死亡而既无法定继承人又无遗嘱继承人的财产。此类案件由财产所在地基层法院管辖。法院收到申请书后，符合规定的应予受理，发出为期1年的该项财产的认领公告，并进行审理，作出相关裁判：公告期间有人对财产主张权利的，裁定终结特别程序，告知请求人另行起诉；公告期满无人认领，作出判决，认定为无主财产，收归国有或集体所有；判决后，原财产所有人或继承人出现，在法定诉讼时效期间对财产主张权利的，对请求经审查属实后，应撤销原判决，作出新判决。

第六，确认调解协议案件及其审理程序。当事人在民事活动中通过调解组织达成调解协议，为使该调解协议更具效力，双方当事人可以按规定共同向调解组织所在地基层法院申请司法确认。法院受理申请审查后，符合法律规定的，裁定调解协议有效，一方当事人拒绝履行或未全部履行的，对方当事人有权向法院申请执行；不符合法律规定的，裁定驳回申请，当事人可通过调解变更原调解协议或达成新调解协议，也可提起诉讼。

第七，实现担保物权案件及其审理程序。在民事活动中确立担保物权后，担保物权人及其他有权请求实现担保物权的人为实现该担保物权，可向担保财产所在地或担保物权登记地基层法院申请实现担保物权。法院受理申请后，符合规定的，裁定拍卖、变卖担保财产，当事人据此裁定可向法院申请执行；不符合规定的，裁定驳回申请，当事人不服裁定的，可向法院提起诉讼。

---

① 近亲属是指配偶、父母、子女、兄弟姐妹、祖父母、外祖父母、孙子女、外孙子女。
② 其他利害关系人是指其他亲属、被申请人所在工作单位或住所地的居民委员会、村民委员会、民政部门等。

(五) 审判监督程序

与刑事诉讼审判监督程序的一样，民事诉讼审判监督程序同样起着再一次法律救济的作用。发动民事诉讼审判监督程序取决于以下因素之一：法院发现生效判决、裁定、调解书确有错误，依职权可提审或决定再审；当事人认为已生效的判决、裁定有错误，可向上一级法院申请再审，当事人有证据证明调解违反自愿原则或调解协议内容违法的，可申请再审，但已生效的解除婚姻关系的判决、调解，不得申请再审；检察院发现生效判决、裁定有《民事诉讼法》第 200 条规定情形之一的，或发现调解书损害国家和社会公共利益的，可提出抗诉，引发审判监督程序；法院驳回再审申请的，法院逾期未对再审申请作出裁定的，或再审判决、裁定有明显错误的，当事人可向检察院申请检察建议或抗诉。审判监督程序被提起后，法院应决定再审、提审或指令再审。再审时，再审案件生效裁判是由第一审法院作出的，按第一审程序审理，适用第一审普通程序的 6 个月审限，所作的再审裁判可以上诉；再审案件的生效裁判是由第二审法院作出的，按第二审程序审理，适用第二审程序的 3 个月审限，所作的再审裁判是生效的裁判，不可以上诉；上级法院按审判监督程序提审的，按第二审程序审理，所作的再审裁判是生效的裁判，不可以上诉。再审应作出相应裁判：维持原判决、裁定；撤销、改变原判决、裁定，并依法改判；发回重审。

(六) 督促程序

督促程序是法院根据债权人请求债务人给付金钱、有价证券，向债务人发出支付令，督促其在法定期限内向债权人清偿债务的程序。该程序的法理依据是，假设债权人的请求没有争议，请求人又没有对待给付的义务，它只适用于请求给付金钱、有价证券一类的债务案件。督促程序不具有民事讼争的对抗性，本质上属于非讼程序，因而只允许债权人参加，并实行独任审理。经审理，申请不成立的，裁定驳回申请，不得上诉；申请成立的，向债务人发出支付令。为了给债务人一个公平机会，债务人有特定的异议权，对法院的支付令有权提出异议。债务人按规定提出异议后，法院经审查认为异议成立的，应裁定终结督促程序，支付令自行失效，并转入诉讼程序，除非申请支付令的一方当事人不同意提起诉讼。可见，债务人的异议权与债权人的申请权是对等的。债务人在法定期间内既不对支付令提出异议，又拒绝清偿债务，债权人就有权申请强制执行。

(七) 公示催告程序

公示催告程序是法院根据可背书转让的票据持有人的申请，将其申请的事项通过公示方式催告不明的利害关系人在法定期限内申报权利，若逾期无人申报，则依法作出除权判决的程序。这也是一种民事非讼程序，也只有申请人一方。这类案件可由审判员 1 人独任审理，但判决宣告票据无效的，即作出除权判决时，应组成合议庭审理。审理这类案件，在通知公示催告申请人予以受理的同时，要通知支付人停止对票据的支付，至公示催告程序终结为止，并向社会发出为期不少于 60 日的公告，催促利害关系人申报与被申请公示催告的票据相关的权利。无利害关系人对被公示催告的票据在权利申报期间内申报权利，或虽有人申报权利，但被法院驳回申报，申请人应按规定申请法院作出除权判决，法院应根据申请，作出除权判决公告，除去票据票面上载明的权利，宣告票据无效；申请人自判决公告之日起，有权向支付人请求支付；利害关系人因正当理由不能在判决前向法院申报的，自知道或应当知道判决公告之日起1年内可向作出除权判决的法院提起诉讼。有利害关系人申报权利，法院应裁定终结公示催告程序，通知其向法院出示票据，并通知公示催告申请人在指定期间察看该票据；申请人的票据与申报人出示的票据不一致的，法院应裁定驳回利害关系人的申报；一致的，就意味着申请人与申报人对票据权利主张存在纠纷，双方都可向法院提起民事诉讼。申请人撤回申请的，利害关系人在公示催告期间向法院申报权利的，或申请人逾期不申请除权判决的，法院应裁定终结公示催告程序。

三 民事诉讼的执行程序

（一）关于民事诉讼执行程序的一般规定

民事诉讼执行程序是使生效法律文书最终能得以实现的一种不同于民事审判程序的民事诉讼程序。民事执行范围是以下生效法律文书：民事判决、裁定、调解书，民事制裁决定、支付令，刑事附带民事判决、裁定、调解书；依法由法院执行的行政处罚、处理决定；中国仲裁机构的仲裁裁决书和调解书，法院依仲裁法作出的财产保全、证据保全裁定；公证机构关于追偿债款、物品的债权文书；经法院裁定承认其效力的外国法院生效判决、裁定及国外仲裁机构的仲裁裁决，经法院裁定承认其效力的港澳台法院的判决、裁定及仲裁机构的仲裁裁决；法定由法院执行的其他法律文书。生效民事判决、裁定及刑事判决、裁定的财产部分，由一审法院或与其同级的被执行财产所在地法院执行；法定由法院执行的其他法律文书，由被执行人住所地或被执行财产所在地法院执行；上一级法院对申请执行人因下一级法院在法定期限内未执行而越级申请执行的，可责令原法院在一定期限内执行，也可由本院执行或指令其他法院执行；两个以上法院都有执行管辖权的，当事人可向其中一个法院申请执行，向两个以上法院申请的，由最先立案的法院执行；法院之间因管辖权发生争议的，由双方协商解决，协商不成的，报请双方共同的上级法院指定管辖；基层人民法院和中级人民法院管辖的执行案件，因特殊情况需由上级法院执行的，可报请上级法院执行；专利管理机关作出的处理和处罚决定，国务院各部门、省级政府和海关作出的处理和处罚决定，涉外和涉港澳台生效法律文书执行，由有关中级人民法院执行。被执行人或被执行财产在外地的，可委托当地法院执行。被执行人、被执行财产在外地的，负责执行的法院可直接到当地执行，并可要求当地法院协助执行；当地法院应根据要求协助执行。

民事诉讼执行程序的几个规范：执行回转，即因已经强制执行的法律文书依法被撤销而将原申请执行人通过执行所得的财产返还给被执行人的一种具有法律救济性质的执行制度；执行担保，即被执行人为使执行暂缓而向法院提供财产作为担保物或提供特定人作为担保人以保证在规定期限内履行生效法律文书规定义务的一种执行制度；执行和解，即双方当事人根据自愿、公平、合法的原则自行达成和解协议的一种执行制度；被执行主体变更，即作为被执行人的公民死亡的，以其遗产偿还债务，从而变更被执行主体，或者作为被执行人的法人或非法人组织终止的，由其权利义务承受人履行义务，从而变更被执行主体；案外人执行异议，即在执行案件当事人之外对执行标的有利害关系的案外人在执行过程中对执行标的依法提出权利主张，致使执行程序中止的一种执行制度，其中的案外人指在执行案件当事人之外的对执行标的提出权利主张的人；执行监督，即法院自身监督机制和检察机关对法院执行工作监督机制，从而形成对执行工作的监督。

（二）执行程序的提起：执行的申请和移送

只有具备以下条件，法院才能依法受理执行案件，才可以依法进入执行程序：据以执行的法律文书已经生效；申请执行人是生效法律文书确定的权利人或其继承人、权利承受人；申请执行人在为期2年的法定期间提出执行申请；申请执行的法律文书载有给付内容，且有明确的执行标的和被执行人；义务人在生效法律文书确定的期限内未履行义务；属于受申请执行的法院管辖。提起执行程序有两种方式：一是当事人向法院申请执行。当事人一方拒绝履行生效法律文书的，对方当事人有权向法院申请执行。但是，申请人申请执行的仲裁裁决，被申请人能够提出证据证明仲裁裁决有下列情形之一的，经法院组成合议庭审查核实后，裁定不予执行：当事人在合同中没有订有仲裁条款或事后没有达成书面仲裁协议的；裁决的事项不属于仲裁协议的范围或仲裁机构无权仲裁的；仲裁庭的组成或仲裁的程序违反法定程序的；认定事实的主要证据不足的；适用法律确有错误的；仲裁员在仲裁该案时有贪污受贿，徇私舞弊，枉法裁决行为的。法院认定执行某一仲裁裁决违背社会公共利益的，或者公证债权文书确有错误的，同样裁定不予执行。二是审判庭移送执行庭执行。生效的民事判决、裁定，一方拒绝履行的，尤其生效的具有给付赡养费、扶养费、抚育费内容的法律文书和民事制裁决定书以及刑事附带民事判决、裁定、调解书，由审判庭移送执行庭执行。

（三）执行措施

执行措施是指法院依当事人申请或依职权对被执行人及被执行财产采取强制执行的方式和手段，包括实体和程序两方面。执行措施具有法律强制性质，任何人或组织都不可抗拒，否则要承担法律责任。实体方面的执行措施，即履行法律文书规定的实体义务的执行措施：金钱给付的执行措施，即存款、债券、股票、基金份额等的查封、扣押、冻结、划拨、拍卖、变卖；交付财产的执行措施，即交付法律文书指定标的物的执行措施，如强制迁出房屋；完成行为的执行措施，即按法律文书指定行为予以履行的执行措施，如强制执行法律文书指定行为；处罚迟延履行的执行措施，即未按法律文书指定期间履行义务而带有处罚性质的执行措施，如加倍迟延履行期间的债务利息；对被执行人到期债权的执行措施，即因被执行人不能清偿债务但其对本案外的第三人有到期债权而被执行。程序方面的执行措施，即程序上保证履行法律文书规定的实体义务的执行措施：罚款、拘留的执行措施，即被执行人拒绝报告或虚假报告当前以及收到执行通知之日前1年的财产情况的，予以罚款、拘留；搜查的执行措施，即被执行人隐匿财产的，搜查其住所或其财产隐匿地；协助执行的执行措施，即有关金融机构、单位、个人对执行措施的协助；限制出境的执行措施，即对被执行人限制出境；征信系统记录信息、媒体公布信息的执行措施。

（四）执行中止、执行终结、执行结案

执行中止指在执行中因出现法定情形，法院依法裁定中途停止执行的一种执行制度；

有《民事诉讼法》第256条规定情形之一的,应中止执行,按审判监督程序提审或再审的案件,也应中止执行。执行终结指在执行中因出现法定情形,法院依法裁定结束执行程序的一种执行制度;有《民事诉讼法》第257条规定情形之一的,应终结执行。执行结案指经过一定的执行程序后,因出现法定情形,法院依法对执行案件作出最后处理使其结束的一种执行制度。执行结案方式包括:生效法律文书确定的内容全部执行完毕,法院依法裁定终结执行,法院依法裁定不予执行,当事人之间达成执行和解协议并已履行完毕。

四 涉外民事诉讼程序

(一) 涉外民事诉讼的基本术语

涉外民事案件,指有以下涉外因素之一的民事案件:作为诉讼主体的当事人至少一方为外国籍的或无国籍的,作为讼争标的的民事法律关系设立、变更、终止的法律事实发生在中国领域外的,作为诉讼标的物的双方当事人讼争财产在中国领域外的。涉外民事诉讼程序,指满足下列条件的民事诉讼程序:审理的是涉外民事案件,诉讼程序在中国领域内进行,审理的法院是中国法院,案件审理适用中国法律及中国缔结或参加的国际条约。

(二) 涉外民事诉讼程序的特定原则

涉外民事诉讼首先要遵循法院审判工作的基本原则以及一般民事诉讼的基本原则,此外还要遵循自身的特定原则。

涉外民事诉讼特定原则1　国家司法主权原则

本原则体现为:中国法院对涉外民事案件享有属地和属人管辖权;中国律师对涉外民事案件有排他的诉讼代理权;审理涉外民事案件只使用中国通用语言文字;外国法院的裁判和国外仲裁机构的裁决在中国领域内执行的,须由中国有管辖权的法院承认并执行。

涉外民事诉讼特定原则2　平等和对等原则

平等原则指外国籍的或无国籍的当事人在中国法院起诉、应诉,同中国籍的当事人有同等诉讼权利义务和实体权利义务;对等原则指外国法院对中国籍当事人的民事诉讼权利加以限制的,中国法院对该国当事人的民事诉讼权利也加以同样限制。

涉外民事诉讼特定原则3　适用中国法与国际条约优先双结合原则

本原则指涉外民事诉讼既要适用中国法律,又要遵循国际条约优先,当中国缔结或参加的国际条约同中国法律有冲突时,适用该国际条约规定,除非是中国声明保留的条款。

(三) 涉外民事诉讼的管辖

第一,是中国法院还是外国法院管辖?包括地域管辖、专属管辖、基于司法主权原则管辖、基于国际条约管辖。涉外民事案件地域管辖:因合同纠纷或其他财产权益纠纷,对在中国领域内有住所的被告提起的诉讼,由其住所地中国法院管辖;对在中国领域内没有住所的被告提起的诉讼,若合同在中国领域内签订或履行,诉讼标的物在中国领域内,被告在中国领域内有可供扣押财产,或被告在中国领域内设有代表机构,可由合同签订地、合同履行地、诉讼标的物所在地、可供扣押财产所在地、侵权行为地或者代表机构住所地中国法院管辖。涉外民事案件专属管辖：因在中国履行中外合资经营企业合同、中外合作经营企业合同、中外合作勘探开发自然资源合同发生纠纷提起的诉讼，只能由中国法院管辖；因中国领域内的不动产纠纷提起的诉讼，因中国领域内的港口作业发生纠纷提起的诉讼，因中国领域内继承遗产纠纷提起的诉讼，由中国法院管辖。涉外民事案件基于司法主权原则管辖：中国法院与外国法院都有管辖权的案件，一方向外国法院起诉，另一方向中国法院起诉，中国法院可予受理；判决后，外国法院申请或当事人请求中国法院承认并执行外国法院对本案作出的判决、裁定的，中国法院不予准许，除非中国和该外国共同参加或签订有国际条约。涉外民事案件基于国际条约管辖：中国缔结或参加的国际条约对管辖权有规定且中国对该规定未声明保留的，涉外民事案件管辖权首先应适用该国际条约。

第二，中国法院管辖的，又由哪一级及哪一个中国法院管辖？含地域管辖和级别管辖。涉外民事案件地域管辖包括：一般地域管辖，在中国领域内有住所的被告，由其住所地法院管辖。特殊地域管辖，在中国领域内没有住所的被告，视以下情形确定其地域管辖：合同在中国领域内签订或履行的，由合同签订地或履行地法院管辖；诉讼标的物在中国领域内的，由诉讼标的物所在地法院管辖；被告在中国领域内有可供扣押财产的，由可供扣押财产所在地法院管辖；被告在中国领域内设有代表机构的，由代表机构住所地法院管辖。上述4种特殊地域管辖，也可以由各特定情形引起纠纷的侵权行为的侵权行为地法院管辖。涉外民事案件级别管辖包括：一般涉外民事案件由基层人民法院管辖，重大涉外民事案件由中级人民法院管辖。

（四）涉外民事诉讼的送达、期间

对在中国领域内没有住所的当事人的送达方式：按受送达人所在国与中国缔结或共同参加的国际条约规定的方式送达；通过外交途径送达；受送达人是中国公民的，可委托中国驻受送达人所在国的使领馆代为送达；向受送达人委托的有权代其接受送达的诉讼代理人送达；向受送达人在中国领域内设立的代表机构或有权接受送达的分支机构、业务代办人送达；受送达人所在国法律允许邮寄送达的，可邮寄送达；采用传真、电子邮件等能确认受送达人收悉的方式送达；不能用上述方式送达的，公告送达。涉外民事诉讼期间为：在中国领域内没有住所的被告提出答辩的期间为30日；在中国领域内没有住所的当事人提出上诉的期间为30日，被上诉人提出答辩的期间为30日；适用第一审普通程序的涉外民事案件不受6个月审结的限制，审理涉外民事上诉案件不受3个月审结的限制。

（五）与涉外民事案件相关的涉外仲裁

民商事纠纷以诉讼还是以仲裁方式解决，这主要看合同中有无仲裁条款或事后有无达成书面仲裁协议。选择仲裁一定出于当事人的意愿，只要一方不愿意，就不能通过仲裁解决纠纷。不管选择诉讼还是仲裁，一经选择了其中一种方式，就自动丧失了用另一种方式解决纠纷的请求权。当事人在涉外民商事合同中订有仲裁条款或事后达成书面仲裁协议，提交中国涉外仲裁机构或其他仲裁机构的，当事人不得向中国法院提起诉讼；涉外合同解除或终止，不影响合同中仲裁条款的效力，故当事人一方因订有仲裁条款的涉外合同被解除或被终止而向中国法院提起诉讼的，中国法院依法不予受理。仲裁实行一裁终局制，仲裁裁决一经作出便生效。经中国涉外仲裁机构裁决的，当事人不得向中国法院提起诉讼；

但是一方不履行仲裁裁决的，另一方可向被申请人住所地或财产所在地的中国中级人民法院申请执行。不过对中国涉外仲裁机构作出的裁决，两种原因下中国法院经审核裁定不予执行。一种是被申请人能够提出证据证明中国涉外仲裁机构作出的裁决有以下情形之一的：当事人在合同中没有订有仲裁条款或事后没有达成书面仲裁协议的；被申请人没有得到指定仲裁员或进行仲裁程序通知，或由于其他不属于被申请人负责的原因未能陈述意见的；仲裁庭的组成或仲裁的程序与仲裁规则不符的；裁决的事项不属于仲裁协议的范围或仲裁机构无权仲裁的。另一种原因是中国法院认定执行该裁决违背社会公共利益。

（六）与涉外民事案件相关的国际司法协助

国际司法协助是指不同国家的法院之间根据所在国彼此缔结或共同参加的有关国际条约，或根据国际通行的互惠原则，互为对方代为实行一定的诉讼行为或与诉讼相关的其他行为的一种国际法原则。国际司法协助主要包括：相互代为送达司法文书和司法外文书，相互代为调查取证，相互代为进行其他诉讼行为，相互代为进行与诉讼相关的其他行为。中国法院和外国法院司法协助主要涉及：依据中国和外国法院所在国之间缔结的有关司法协助双边国际条约，相互之间请求和提供司法协助；依据中国和外国法院所在国之间共同缔结或共同参加的有关司法协助多边国际条约和国际公约规定，相互之间请求和提供司法协助；根据互惠原则，通过外交途径实现两国法院之间的司法协助；根据互惠原则，通过本国驻外使领馆协助的途径实现司法协助。外国法院请求中国法院提供司法协助应遵循以下规则：请求协助的事项不能有损于中国的主权、安全和社会公共利益，否则中国法院不予执行；外国驻中国使领馆可向该国公民送达文书和调查取证，但不得违反中国法律，不得采取强制措施；外国法院请求中国法院提供司法协助的请求书及其所附文件，应按规定附有中文译本或国际条约规定的其他文字的文本。外国法院作出的生效民事判决、裁定及外国仲裁机构作出的有效仲裁裁决需要由中国法院承认并执行的，可由当事人向有管辖权的中国法院申请，也可由外国法院或外国仲裁机构经过外国法院按该国与中国缔结或共同参加的国际条约的规定，或按互惠原则，向中国法院提出申请。中国法院对于有关申请认为不违反中国法律基本原则，裁定承认其法律效力，并依法予以执行，否则裁定不予承认和执行。中国法院请求外国法院提供司法协助，若被请求提供司法协助的外方国家和中国有缔结或共同参加的关于司法协助的国际条约，则可由当事人直接向有管辖权的外国法院申请承认和执行；若被请求提供司法协助的外方国家与中国没有缔结也没有共同参加有关司法协助的国际条约，则通过外交途径解决请求外国法院提供司法协助的问题。中国涉外仲裁机构作出的有效仲裁裁决，如果被执行人或其财产不在中国领域内，当事人请求执行的，则应由当事人直接向有管辖权的外国法院申请承认并执行。

五 海事诉讼特别程序

海事诉讼特别程序适用海事诉讼特别程序法和民事诉讼法。

（一）海事法院受理案件的范围

海事法院受案范围是海事法院与一般法院审判权限分工问题。海事法院受案范围包括

4类63种：第一类的海事侵权纠纷案件，含船舶碰撞损害赔偿等10种案件；第二类的海商合同纠纷案件，含海上、通海水域货物运输合同纠纷等22种案件；第三类的其他海事海商纠纷案件，含在海上或者通海水域、港口的运输、作业（含捕捞作业）中发生的重大责任事故引起的赔偿纠纷等26种案件；第四类的海事执行案件，含申请执行海事法院及其上诉审高级人民法院和最高人民法院就海事请求作出的生效法律文书等5种执行案件。

（二）海事诉讼的管辖权

如果说海事法院受案范围是海事法院与一般法院审判权限的分工，那么，海事诉讼管辖权则是海事法院之间对海事海商案件审理权限的分工。地域管辖：海事诉讼的一般地域管辖依照《民事诉讼法》的相关规定，特殊地域管辖包括：因海事侵权行为提起的诉讼，可由船籍港所在地海事法院管辖；因海上运输合同纠纷提起的诉讼，可由转运港所在地海事法院管辖；因海船租用合同纠纷提起的诉讼，由交船港、还船港、船籍港所在地、被告住所地海事法院管辖；因海上保赔合同纠纷提起的诉讼，由保赔标的物所在地、事故发生地、被告住所地海事法院管辖；因海船的船员劳务合同纠纷提起的诉讼，由原告住所地、合同签订地、船员登船港或离船港所在地、被告住所地海事法院管辖；因海事担保纠纷提起的诉讼，由担保物所在地、被告住所地的海事法院管辖，因船舶抵押纠纷提起的诉讼，还可由船籍港所在地海事法院管辖；因海船的船舶所有权、占有权、使用权、优先权纠纷提起的诉讼，由船舶所在地、船籍港所在地、被告住所地海事法院管辖。专属管辖：因沿海港口作业纠纷提起的诉讼，由港口所在地的海事法院管辖；因船舶排放、泄露、倾倒油类或其他有害物，海上生产、作业或拆船、修船作业造成污染损害提起的诉讼，由污染发生地、损害结果地或采取预防污染措施地海事法院管辖；因在中国领域和有管辖权的海域履行海洋勘探开发合同纠纷提起的诉讼，由合同履行地海事法院管辖。协议管辖：当事人为外国籍或无国籍，书面协议选择中国海事法院管辖，即使纠纷地不在中国领域内，中国海事法院也有管辖权。指定管辖：海事法院与地方法院之间因管辖权发生争议，争议双方协商解决；协商不成的，报请共同上级法院指定管辖。海事非诉讼案件的管辖：申请认定海上财产无主的，向财产所在地海事法院提出；申请因海上事故宣告死亡的，向处理海事事故主管机关所在地或受理相关海事案件的海事法院提出；申请执行海事仲裁裁决，申请承认并执行外国法院判决、裁定及国外海事仲裁裁决的，向被执行的财产所在地或被执行人住所地海事法院提出，没有海事法院的，向其中级人民法院提出；认定海事仲裁协议效力案件的，由被申请人住所地、合同履行地或约定的仲裁机构所在地海事法院管辖；申请船舶保全案件由船籍港所在地或船舶所在地海事法院管辖。涉外海事诉讼案件的管辖：涉外海事诉讼案件含涉外海事侵权纠纷案件和涉外海上运输合同纠纷案件，其管辖权适用民事诉讼法的有关规定；没有规定的，适用《海事诉讼特别程序法》第6条规定，即前述有关海事侵权和海上运输合同纠纷管辖的规定。

（三）海事强制措施

海事请求保全，是财产保全之一种，即海事法院根据海事请求人申请，为保障其海事请求的实现，对被请求人的财产所采取的强制措施。海事请求保全适用海事诉讼特别程序法的有关规定；没有规定的，适用民事诉讼法的相关规定。海事请求保全由被保全财产所在地的海事法院管辖,并不受当事人关于该海事请求的诉讼管辖协议或仲裁协议的约束。海事请求保全包括对船舶及船载货物的扣押和拍卖。船舶的扣押因海事请求人的申请而发生,最高人民法院规定了海事请求人可以因诸如船舶营运造成的财产灭失或损坏等 22 种原因,向海事法院申请扣押船舶;船舶的拍卖可以因船舶扣押期间届满、被请求人不提供担保、船舶不宜继续扣押、海事请求人提起诉讼或申请仲裁后等原因及海事请求人的申请而发生。船载货物的扣押因海事请求人提出申请而发生,其申请必须是以保障其海事请求为目的,被申请扣押的船载货物必须属于被请求人所有,申请扣押的船载货物的价值应当与其债权数额相当;船载货物的拍卖可以因船载货物的扣押期间届满、被请求人不提供担保、货物不宜继续扣押、海事请求人提起诉讼或申请仲裁后等原因及海事请求人的申请而发生。海事法院对于符合法定条件的船舶扣押、拍卖,以及船载货物的扣押、拍卖的海事请求的申请,可以依法予以相关的扣押或者拍卖。

海事强制令,是海事法院根据海事请求人的申请,为使其合法权益免受侵害,责令被请求人作为或不作为的强制措施。海事请求人在起诉前申请海事强制令,向海事纠纷发生地的海事法院提出,在诉讼中申请的,向受诉海事法院提出。被请求人应当执行海事强制令,否则视其情节轻重予以罚款、拘留。但申请海事强制令错误的,应当承担赔偿责任。

海事证据保全,是海事法院根据海事请求人申请,为避免海事诉讼证据灭失或以后难以获得,对海事请求的证据予以提取、保存或封存的强制措施。海事请求人在起诉前申请海事证据保全向证据所在地海事法院提出,申请海事证据保全错误的,应承担赔偿责任。

(四) 海事担保

海事担保是当事人依法对海事请求和被请求向海事法院或海事请求人提供财产或信誉的保证。海事担保范围是对前述海事强制措施提供的担保,所以是程序上的担保。海事担保分为海事请求人提供担保和海事被请求人提供担保。海事法院受理海事强制措施申请,可责令海事请求人提供担保,否则驳回申请;由于海事请求人与被请求人在海事诉讼中处于不同的诉讼地位,所以海事请求人申请时法院通常要其提供担保,不然不予受理,但被请求人不提供担保的,不影响申请的执行。

(五) 海事诉讼审判程序的特别规定

海事诉讼审判程序除了适用民事诉讼法的相关规定以外,还有以下特别规定。

审理船舶碰撞案件的规定:原告起诉、被告答辩均应填写《海事事故调查表》;当事人陈述事实和完成举证后,不能推翻其在该表中的陈述和已完成的举证,除非有新证据,并有理由说明该证据不能在举证期间内提交;审限为 1 年,要延长的,由本院院长批准。

审理共同海损案件的规定:当事人就共同海损的纠纷,可以协议委托理算机构理算,也可以直接诉至海事法院;未经理算的,海事法院应责令当事人自行委托理算;若当事人申请,可由海事法院委托理算;审限为 1 年,因故需要延长的,由本院院长批准。

海上保险人行使代位请求赔偿权利的规定:海上保险人在行使代位请求赔偿诉讼中应当作为原告,即保险人行使代位请求赔偿权利,被保险人未向造成保险事故的第三人提起诉讼的,保险人应当以自己名义作为原告向该第三人提起诉讼;保险人行使代位请求赔偿权利,被保险人已向造成保险事故的第三人提起诉讼的,保险人可以提出变更当事人的请求,或请求作为共同原告参加诉讼,代位行使被保险人对第三人请求赔偿的权利。对船舶造成油污损害的赔偿请求,受损害人可以向造成油污损害的船舶所有人提出,也可以直接向承担船舶所有人油污损害责任的保险人或提供财务保证的其他人提出;油污损害责任的保险人或提供财务保证的其他人被起诉的,有权要求造成油污损害的船舶所有人参加诉讼,而海事法院根据他们的请求,也可以通知船舶所有人作为无独立请求权的第三人参加诉讼。

海事诉讼的简易程序、督促程序、公示催告程序:海事法院审理事实清楚、权利义务关系明确、争议不大的海事案件,可适用简易程序;债权人基于海事事由请求债务人,包括在中国领域内有住所、代表机构或分支机构并能送达支付令的债务人,给付金钱或有价证券,符合民事诉讼法规定,可按督促程序向有管辖权的海事法院申请支付令;提单等提货凭证持有人因提货凭证失控或灭失,可向货物所在地海事法院申请公示催告,海事法院经审查决定受理申请的,应于 3 日内发出催示公告期间不少于 30 日的公告,并通知承运人及其代理人或货物保管人停止交付货物;公示催告期间,利害关系人可向海事法院申请权利,因正当理由不能在公示催告期间申报权利的,自知道或应当知道判决公告之日起 1 年内,可以向作出判决的海事法院提起诉讼。

(六) 海事诉讼非审判程序的特别规定

设立海事赔偿责任限制基金程序。海事赔偿责任限制基金是法定主体在海事事故发生后为取得法定的责任限制权利,使因其引发海事事故的赔偿责任能够排除其他财产而局限于所设定范围的限制海事赔偿责任的基本金。船舶所有人、承租人、经营人、救助人、保险人,可在海事事故发生后、起诉前提出申请,也可在诉讼中提出申请,最迟应在一审判决前提出。经申请人向海事法院提出设立海事赔偿责任限制基金的申请后,法院受理后应向已知的利害关系人发出通知,同时通过媒体予以公告,在法定期限内若没有利害关系人提出异议或异议不成立的,法院裁定准予申请人设立海事赔偿责任限制基金,申请人并应在 3 日内在海事法院设立该基金。申请错误的,应赔偿利害关系人因此而受的损失。

债权登记与受偿程序。海事法院裁定强制拍卖船舶公告和受理设立海事赔偿责任限制基金公告发布后,债权人有权依法登记债权,公告期满不登记的,视为放弃债权。海事法院审理并确认债权后,应向债权人发出债权人会议通知,召开会议,具体落实受偿事项。

船舶优先权催告程序。船舶转让时,受让人有权向转让船舶交付地或受让人住所地的海事法院申请船舶优先权催告。受让人申请船舶优先权后,海事法院经审查认为申请符合规定的,作出准予申请的裁定,并发布公告,船舶优先权催告期间届满,无人主张船舶优先权的,法院遂根据申请人的申请作出判决,宣告该转让船舶不附有船舶优先权。

第三节　行政诉讼程序

规范行政诉讼程序的是 2014 年修订的行政诉讼法，并可参照《民事诉讼法》。

一　行政诉讼的一般规定

（一）行政诉讼的特征和目的

行政诉讼是指作为行政相对人的自然人、法人和非法人组织认为行政主体及其工作人员实施的具体行政行为违反法律规定，侵犯其合法权益，为寻求一种行政法律救济，保护其在行政法律关系中的合法权益，以实施具体行政行为的行政主体为被告向法院提起的诉讼。行政诉讼有以下特征：一是行政诉讼当事人的资格是特定的，其被告只能是作出具体行政行为的作为行政主体的行政机关、法律法规授权的组织以及行政机关委托的组织，其原告只能是行政主体的具体行政行为实施对象，即作为行政相对人的自然人、法人和非法人组织，当然也包括外国籍的、无国籍的个人，包括外国籍的组织。行政主体不能因行政相对人违反行政法律规范将其作为行政诉讼被告诉至法院；行政主体对行政相对人违反行政法律规范的行为，可通过行使行政权力来解决；行政诉讼是专为行政相对人不服行政主体具体行政行为而设立的具有行政法律救济性质的一种法律程序或曰司法程序。二是行政诉讼客体对象只能是行政主体实施的具体行政行为，即行政诉讼案件只能是行政主体实施的具体行政行为引起行政相对人与行政主体纠纷的案件。当事人不能因行政机关行政立法活动的抽象行政行为提起行政诉讼，这种诉讼涉及宪制的问题，目前中国没有这方面的规范。三是行政诉讼具有法律救济和司法审查的双重性质，即行政诉讼对行政相对人具有法律救济性质，因为行政相对人认为具体行政行为侵犯自己合法权益，是不容易令行政主体改变其具体行政行为的，只有依赖行政诉讼，而行政诉讼对行政主体的具体行政行为具有司法审查性质，因为通过行政诉讼对具体行政行为的合法性进行司法审查，从而制约行政权。可见，行政诉讼的目的是明显的：保护自然人和有关组织的合法权益，维护行政主体依法行使行政职权，监督行政主体依法行使行政职权。

（二）行政诉讼的特定原则

行政诉讼除了应当遵循一般诉讼的基本原则以外，还应当遵循自身的特定原则。

行政诉讼特定原则 1　行政诉讼适用对具体行政行为司法审查原则

本原则是要把掌握国家行政权的国家行政机关实施的具体行政行为置于掌握国家审判

权的国家审判机关的审判活动之下，是要用国家审判权来监督、制约国家行政权。这是关于权力相互制衡原理在行政权与审判权之间的一种运用。承认本原则等于承认行政权和审判权相互独立，并通过司法审查这条行政诉讼特定原则实现审判权对行政权的制约。法院对具体行政行为的司法审查，是对其合法性进行审查，其结果是法院审理行政诉讼案件，对于适用法律法规正确且程序合法的具体行政行为判决维持，否则判决撤销，从而维护行政相对人的合法权益。

行政诉讼特定原则 2　行政诉讼不适用调解原则

行政诉讼不适用调解，乃因行政诉讼本质是一种国家司法审查制度，通过国家审判权实现对国家行政权的一种制衡；允许调解，等于又否定了这种权力制衡的司法审查制度。调解只适用于平等主体之间，行政诉讼当事人之间并不存在民法上平等主体之间的关系。

（三）行政诉讼的受案范围

行政诉讼受案范围，指法院受理行政相对人对具体行政行为提起行政诉讼的范围。行政诉讼受案范围必须符合作为行政诉讼原告的主体资格、作为行政诉讼被告的主体资格、行政诉讼事由这 3 个要件。据此，行政诉讼受案范围包括可诉性行政行为和不可诉性行政行为。可诉性行政行为包括：对行政拘留、暂扣或吊销许可证和执照、责令停产停业、没收违法所得、没收非法财物、罚款、警告等行政处罚不服的；对限制人身自由或对财产的查封、扣押、冻结等行政强制措施和行政强制执行不服的；申请行政许可，行政机关拒绝或在法定期限内不予答复，或对行政机关作出的有关行政许可的其他决定不服的；对行政机关作出的关于确认土地、矿藏、水流、森林、山岭、草原、荒地、滩涂、海域等自然资源的所有权或使用权的决定不服的；对征收、征用决定及其补偿决定不服的；申请行政机关履行保护人身权、财产权等合法权益的法定职责，行政机关拒绝履行或不予答复的；认为行政机关侵犯其经营自主权或农村土地承包经营权、农村土地经营权的；认为行政机关滥用行政权力排除或限制竞争的；认为行政机关违法集资、摊派费用或违法要求履行其他义务的；认为行政机关没有依法支付抚恤金、最低生活保障待遇或社会保险待遇的；认为行政机关不依法履行、未按约定履行或违法变更、解除政府特许经营协议、土地房屋征收补偿协议等协议的；认为行政机关侵犯其他人身权、财产权等合法权益的。不可诉性行政行为有：国防、外交等国家行为，行政法规、规章或行政机关制定、发布的有普遍约束力的决定、命令，行政机关对行政机关工作人员的奖惩、任免等决定，法律规定由行政机关最终裁决的行政行为。最高法院规定下列也不属法院行政诉讼受案范围：公安、国家安全等机关依法授权实施的对刑事案件侦查、执行拘留逮捕等司法行为，行政机关居间的调解行为和依法的仲裁行为，出于行政相对人自愿的不具有强制力的行政指导行为，驳回当事人对行政行为提起申诉的重复处理行为，对自然人、组织的权利义务不产生实际影响的行为。

（四）行政诉讼的管辖

法院受理第一审行政案件的职权分工，涉及级别管辖、地域管辖、移送管辖、指定管辖、管辖权转移，专门法院和人民法庭不审理行政案件。级别管辖：基层人民法院管辖的第一审行政案件是除行政诉讼法规定由中级人民法院、高级人民法院、最高人民法院管辖的特定的第一审行政案件以外的其余大部分的行政案件;中级人民法院管辖的第一审行政案件是确认发明专利权的案件和海关处理的案件、对国务院各部门或省级政府所作的具体行政行为提起诉讼的案件、本辖区内重大而复杂的案件;高级法院管辖本辖区内重大而复杂的第一审行政案件;最高人民法院管辖全国范围内重大而复杂的在国内外均有重大影响的第一审行政案件,自行政诉讼法实施以来未有过此种的案例。地域管辖:行政案件由最初作出具体行政行为的行政机关所在地法院审理的一般地域管辖,包括未经复议机关复议而直接向法院提起诉讼的行政案件、虽经复议机关复议但复议机关未改变原具体行政行为的行政案件;某些原因的特殊地域管辖,包括因不动产提起的行政诉讼,由不动产所在地法院审理的专属管辖,以及当两个法院都有管辖权时,由原告选择法院审理的选择管辖。移送管辖:受理案件的法院发现该案件不属于自己管辖时,应移送有管辖权的法院;受移送案件的法院即使发现自己对该案没有管辖权也不得自行移送,应报请上级法院指定管辖。指定管辖:有管辖权的法院因特殊原因不能行使管辖权,由其上级法院指定管辖;法院之间对管辖权发生争议,由争议双方协商解决,协商不成的,报请其共同上级法院指定管辖。管辖权转移:上级法院有权审判下级法院管辖的第一审案件;上级法院可把自己管辖的第一审案件移交给下级法院审判;下级法院对其管辖的第一审案件,需要时可报请上级法院决定。

(五) 行政诉讼的参加人

原告。原告的主体资格必须满足3个条件:原告必须是作为具体行政行为的行政相对人,可以是公民、法人和非法人组织,也可以是外国籍的、无国籍的;原告必须认为自己的合法权益受到具体行政行为侵犯;原告必须以自己的名义向法院提起行政诉讼。作为原告的自然人死亡或组织终止,其近亲属或其权利承受者有权以原告主体资格提起诉讼。

被告。被告的主体资格必须满足3个条件:被告必须是具有行政职能的行政主体,可以是行政机关,也可以是法律法规授权的或行政机关委托的组织;被告必须实施了被原告认为侵犯其合法权益的具体行政行为并被起诉到法院;该主体被法院依法作为被告应诉。

共同诉讼人。当事人一方或双方为2人以上,因同一的或同样的具体行政行为发生的行政案件,法院应当或可以合并审理的,为共同诉讼,其当事人为共同诉讼人。同一的具体行政行为指具体行政行为对象为同一个标的物,因此而成就的共同诉讼为必要的共同诉讼,即所谓不可分之诉,法院应当合并审理;同样的具体行政行为指具体行政行为对象为同一类标的物,因此而成就的共同诉讼为普通的共同诉讼,即所谓可分之诉,法院可以合并审理。共同诉讼之同案原告人数众多,由各共同诉讼原告人推选诉讼代表人参加诉讼。

第三人。第三人必须是原告之外与原告地位相当,同被诉具体行政行为有利害关系的行政相对人,或被告之外与被告地位相当,同被诉具体行政行为有利害关系的行政主体。与原告地位相当的第三人由自己申请参加诉讼,或由法院通知参加诉讼,与被告地位相当的第三人由法院通知参加诉讼。第三人参加诉讼的时间必须是诉讼开始后至审判结束前。

诉讼代理人:法定代理人和委托代理人。无行为能力的原告或第三人,由其法定代理人代为诉讼。原告、被告、共同诉讼人、第三人、法定代理人可由委托代理人代为诉讼。

(六) 行政诉讼的法律适用

行政诉讼的法律适用是指法院在审理行政案件时运用法律对具体行政行为的合法性进行审查并作出裁判的活动，包括行政诉讼程序的法律适用和对行政案件进行实体审查的法律适用。行政诉讼程序的适用法律主要是行政诉讼法，并可以参照民事诉讼法；在涉外行政诉讼中，除适用上述国内法外，还适用中国缔结或参加的国际条约，并遵循国际条约优先的原则。对行政案件进行实体审查的法律适用有两种形式：法律依据的形式，即法院审理行政案件以法律和行政法规、地方性法规为依据；规章参照的形式，即法院审理行政案件参照国务院部门规章和省级政府、省政府所在地的市、设区的市政府规章。

二 行政诉讼的审判程序

(一) 第一审程序

因行政诉讼具有司法审查性质，故第一审程序均应组成合议庭审理。其他情形与民事诉讼程序相当。第一审程序包括几个环节。一是起诉。当行政相对人与实施具体行政行为的行政主体发生行政纠纷时，可以通过行政复议或行政诉讼去解决，而选择行政复议还是行政诉讼解决行政纠纷，又有两个途径：先行政复议后行政诉讼，即行政相对人先向行政复议机关申请行政复议，对行政复议不服的，再提起行政诉讼；直接提起行政诉讼，即行政相对人不经过行政复议的行政程序，直接提起行政诉讼的司法程序。选择行政复议还是行政诉讼解决行政纠纷，又有两种情形：非限制性情形，即行政复议不是解决行政纠纷必经程序的，行政相对人可以选择任何一种方式，若既提起行政诉讼又申请行政复议，由先受理的机关管辖，两机关同时受理的，由行政相对人自己选择，但已申请行政复议，复议程序已启动，在法定复议期间内又向法院起诉的，法院依法不予受理；限制性情形，即行政复议是解决行政纠纷必经程序的，行政相对人应先申请行政复议，对行政复议不服的，再提起行政诉讼。二是审查与受理。法院接到起诉状后，组成合议庭予以审查，符合条件的，应依法立案；不符合条件的，应依法裁定不予受理；一时不能决定是否受理的，应先予受理，审查后不符合条件的，裁定驳回起诉。三是审理前的准备。法院在开庭前依规定发送诉讼文书，把本案诉讼信息告知双方当事人，视不同情形决定是否合并审理。四是开庭审理并裁判。审理应公开进行，除非涉及国家秘密、个人隐私和法律另有规定，审限为3个月，并依法作出一审判决：具体行政行为证据确凿，适用法律法规正确，符合法定程序的，判决维持该具体行政行为；主要证据不足，适用法律法规错误，违反法定程序，超越职权，或滥用职权，判决撤销或部分撤销该具体行政行为，或判决被告重新作出具体行政行为；行政处罚显失公正的，判决变更。以下行政案件适用判决：认为被诉具体行政行为合法，但不适宜判决维持或驳回诉讼请求的，作出确认其合法或有效的判决；被告不履行法定职责而判决其履行已无实际意义的，被诉具体行政行为违法但又不具有可撤销内容的，或者被诉具体行政行为依法不成立或无效的，作出确认被诉具体行政行为违法或无效的判决；起诉被告不作为的理由不成立的，被诉具体行政行为合法但存在合理性问题的，被诉具体行政行为合法但因法律法规变化需要变更或废止的，或有其他应判决驳回诉讼请求的情形的，判决驳回原告诉讼请求。以下行政案件适用裁定：不予受理，驳回起诉，管辖异议，终结诉讼，中止诉讼，移送管辖或指定管辖，诉讼期间停止具体行政行为的执行或驳回停止执行的申请，财产保全，先予执行，准许或不准许撤诉，补正裁判文书中的笔误，中止执行或终结执行，提审、指令再审或发回重审，准许或不准许执行行政机关的具体行政行为，其他需要裁定的事项。当事人不服上述前三项裁定的，可以上诉；不服其余裁定的，不可以上诉。

（二）第二审程序

与民事诉讼一样，上诉是引发第二审程序的必经环节。当事人不服一审裁判而希望进入第二审程序的，应当直接向有关法院提出上诉。二审法院收到一审法院报送的上诉材料后应依法审查，符合上诉条件的，予以受理；不符合上诉条件的，依法驳回上诉请求。二审的审限为2个月，应视不同情形分别处理：原判决认定事实清楚，适用法律法规正确的，判决驳回上诉，维持原判；原判决认定事实清楚，但适用法律法规错误的，依法改判；原判决认定事实不清，证据不足，或因违反法定程序可能影响案件正确判决的，裁定撤销原判，发回原审法院重审，也可查清事实后改判。

（三）审判监督程序

提起行政诉讼审判监督程序有3种方式：通过当事人申诉或再审申请提起审判监督程序，通过法院自身发现生效的判决、裁定确有错误决定再审而引发审判监督程序，通过检察院按审判监督程序抗诉而引发审判监督程序。检察院抗诉不能按上诉程序，即便是对一审裁判的抗诉，也一律按审监程序提出。当事人再审申请符合《行政诉讼法》第91条规定的8种情形之一的，检察院按审监程序抗诉的，法院均应按审监程序组成合议庭再审：再审案件的生效裁判是一审法院作出的，按一审程序审理，审限为3个月，所作出的再审裁判，当事人可以上诉；再审案件的生效裁判是二审法院作出的，或再审案件是上级法院按审监程序提审的，按二审程序审理，审限为2个月，所作出的再审裁判是生效的裁判，当事人不可以上诉。按审监程序再审案件审理后应作出裁判：认为原生效判决、裁定确有错误，在撤销同时，可对其内容作出相应裁判，也可以发回重审；对原审法院受理、不予受理或驳回起诉错误的，应分别不同情形处理，即二审法院维持一审法院不予受理裁定错误的，再审法院应撤销一、二审裁定，指令一审法院受理，以及二审法院维持一审法院驳回起诉裁定错误的，再审法院应撤销一、二审裁定，指令一审法院审理；审理本案的审判人员和书记员应回避而未回避的，依法应开庭审理而未经开庭即作出判决的，未经合法传唤当事人而缺席判决的，遗漏必须参加诉讼的当事人的，对与本案有关的诉讼请求未予裁判的，或者其他违反法定程序可能影响案件正确裁判的，应裁定发回重审。

三 行政诉讼的执行程序

行政诉讼的执行程序与民事诉讼的有两方面不同：民事诉讼的执行主要是对财产予以执行，而行政诉讼不仅对财产予以执行，而且对涉及人身自由的行为，包括作为和不作为，也予以执行；民事诉讼既执行民事诉讼和刑事附带民事诉讼法律文书，又执行仲裁机构的仲裁裁决；而行政诉讼则既执行行政诉讼法律文书，又执行行政主体合法的具体行政行为。因此，行政诉讼执行涉及：一是对生效的行政诉讼法律文书的执行。行政诉讼当事人必须履行法院生效的行政判决、裁定，否则，对方当事人可以依法申请法院执行。生效行政诉讼法律文书由一审法院执行；一审法院认为需要由二审法院执行的，可以报请二审法院执行；二审法院可以决定由其执行，也可以决定由一审法院执行。行政诉讼原告拒绝履行行政诉讼判决、裁定的，行政机关可以向法院申请强制执行，也可以由自己依法强制执行。二是对具体行政行为的执行。行政相对人对具体行政行为在法定期限内不提起行政诉讼又不履行的，行政机关有权申请法院强制执行，也有权自己依法强制执行。所以对具体行政行为的执行，可以是一种司法行为，也可以是一种行政行为。在行政诉讼过程中，作为行政诉讼被告的行政主体或被诉具体行政行为确定的权利人申请法院强制执行被诉具体行政行为的，法院不予执行；但是，不及时执行可能给国家利益、社会公共利益或他人合法权益造成不可弥补的损失的，申请人可以申请先予执行，法院也可以依申请依法先予执行，但申请人应提供相应财产担保。法院受理申请后应组成合议庭审查，并作出裁定：对符合法律规定的申请裁定准予执行；对被申请执行的具体行政行为明显缺乏事实证据或法律依据的，或者有其他明显违法并损害被执行人合法权益的，裁定不准予执行。

四 涉外行政诉讼的特定原则

涉外行政诉讼是指行政诉讼原告一方为外国籍或无国籍的个人，或为外国籍的组织的行政诉讼。涉外行政诉讼除应遵循一般行政诉讼的基本原则外，还应当遵循自身的特定原则：

涉外行政诉讼特定原则1　平等原则

外国人、无国籍人、外国组织在中国进行行政诉讼，同中国公民、组织有同等的诉讼权利和诉讼义务。

涉外行政诉讼特定原则2　对等原则

外国法院对中国公民、组织的行政诉讼权利加以限制的，中国法院对该国的公民、组织的行政诉讼权利，实行对等原则，即同样加以对等的限制。

涉外行政诉讼特定原则3　司法主权独立原则

外国人、无国籍人、外国组织在中国进行行政诉讼，若委托律师代理诉讼，则应当委托中国律师机构的律师；外国籍或无国籍的原告要委托外国律师代理行政诉讼是可以的，但该外国律师不能以律师身份，而只能以外国公民的身份代理行政诉讼。

涉外行政诉讼特定原则4　适用国际条约原则

中国缔结或参加的国际条约同中国的行政诉讼法等法律有不同规定的，适用该国际条约，但中国声明保留的条款除外。

第四·三分章　非诉讼程序法

如前所述，由于程序区分为诉讼方面的程序和非诉讼方面的程序，因而本章分为诉讼程序和非诉讼程序两个分章。本分章是关于非诉讼程序方面的。非诉讼程序是一种通过仲裁、调解等非诉讼方式解决民商事纠纷的程序。中国法律体系既有专门法律规范刑事诉讼程序、民事诉讼程序、行政诉讼程序，也有专门法律规范仲裁程序、人民调解程序。相对于实体法，中国程序法更成熟和完善。解决民商事纠纷的非诉讼程序涉及：非诉讼仲裁程序，即通过仲裁委员会仲裁解决民商事纠纷的一种非诉讼程序，不含行政机关的行政仲裁及国际仲裁组织的国际仲裁；非诉讼调解程序，即通过人民调解委员会调解解决民事纠纷的一种非诉讼程序，不含法院的司法调解及行政机关的行政调解。而且，这里的仲裁程序和调解程序，仅民商法意义上的解决民商事纠纷的仲裁程序和调解程序，而不涉及社会法意义上的解决劳动争议的调解仲裁程序。因此，本分章主要阐述非诉讼仲裁程序和非诉讼调解程序，并将其分为两节。

第一节　非诉讼仲裁程序

本节所阐述的非诉讼仲裁程序以及下一节所讨论的非诉讼调解程序与各种诉讼程序一样，涉及的是实体法律纠纷的解决过程，因而它们都是中国程序法的组成部分。规范非诉讼仲裁程序的是 2009 年修正的仲裁法及有关仲裁的规则和国际条约。

一　仲裁的一般规定

（一）仲裁的构成要件及适用范围

仲裁是指平等主体的自然人、法人和非法人组织之间发生合同纠纷和其他财产权益纠纷时，根据双方当事人在民商事纠纷发生之前或之后自愿达成的书面仲裁协议，把纠纷交给双方同意的作为第三者的仲裁机构居中仲裁的一种解决民商事纠纷的非诉讼程序。申请仲裁必须满足以下要件：有权申请仲裁的主体是民事法律关系中作为平等主体的公民、法人和非法人组织，涉外仲裁中含外国人、无国籍人、外国组织，即申请仲裁的适格主体与提起民事诉讼的适格主体一致；可以被申请仲裁的客体是平等主体之间发生的合同纠纷、其他财产权益纠纷等民商事纠纷，即仲裁的客体对象与民事诉讼的客体对象一致；当事人申请仲裁必须出于双方自愿，单方自愿不行，即双方当事人必须在民商事纠纷发生之前或之后达成书面仲裁协议；当事人选择仲裁者，包括仲裁机构及仲裁员，并组成仲裁庭。

申请仲裁必备的仲裁客体对象这一要件，从肯定和否定角度规定了仲裁适用范围。可以仲裁的纠纷包括：合同纠纷，包括合同法界定的合同引起的纠纷、合乎中国缔结或参加的有关仲裁的国际条约规范的合同引起的纠纷，均可以适用仲裁法进行仲裁；其他财产权益纠纷，即除合同纠纷以外的涉及财产权益的民商事纠纷，包括民法总则、民法通则、物权法界定的财产引起的纠纷、中国缔结或参加的有关仲裁的国际条约规范的财产引起的纠纷，也同样可以适用仲裁法进行仲裁。不可以仲裁的纠纷包括：人身关系的民事纠纷，如婚姻、收养、监护、扶养、抚养、继承纠纷，不可以仲裁；依法应由行政机关处理的具有行政关系性质的行政争议，诸如劳动争议、农村土地承包经营纠纷等就不可以仲裁。

（二）仲裁的性质和特点

就程序法与实体法划分而言，仲裁法属于程序法之一种，仲裁规则是一种程序规则，故具有程序的性质。程序规则最明显的性质是其可操作性和可重复性，它是具体的、有章可循的、可以反复为审裁活动所应用的；程序规则的这些性质当然也为仲裁规则所具有，即通过应用仲裁规则可以有效地完成仲裁，解决纠纷，也可以反复地为各种的仲裁活动所应用，规范所有的仲裁行为。解决民商事纠纷可以有和解、调解、仲裁、诉讼的方式，仲裁与其他方式不同。

仲裁不同于和解：和解是双方当事人互谅互让、友好协商解决争议，以达成和解协议，其和解协议仅具合同性质，不具法律强制力；仲裁则是双方协商一致交由第三者居中裁决，裁决具有法律强制力。

仲裁不同于调解：二者作为第三者解决纠纷的主体不同，广义调解程序的居中第三者可以是专门调解组织，也可以是法院，还可以是仲裁庭，甚至可以是行政机关，狭义调解程序的居中第三者是专门调解组织，但仲裁程序的居中第三者只能是仲裁庭；二者作出法律文书的生效条件不同，调解书即使作出，只要一方未签字，就未生效，但仲裁裁决书一经作出，即时生效；二者自愿程度不同，调解是一种彻底自愿，即当事人对先前订立的解决纠纷的调解协议可以反悔，但仲裁是一种有条件自愿，即双方当事人只要依法订立了解决纠纷的仲裁协议，任何一方都不能提起诉讼。

仲裁不同于诉讼：解决民商事纠纷的对象不完全相同，民事诉讼解决的民商事纠纷是广泛的，包括因财产关系和人身关系引发的各种各样的纠纷，而仲裁所解决的民商事纠纷仅限于因财产关系引发的纠纷；管辖权的规定不同，民事诉讼有管辖权问题，即当事人必须向有管辖权的法院提起诉讼，而仲裁没有管辖权问题，即当事人可以选择任何一个仲裁机构解决纠纷，甚至在涉外仲裁中，当事人可以选择中国仲裁机构，还可以选择外国仲裁机构，即使双方当事人均为外国籍或无国籍的，争议事项与中国无关，只要选择中国仲裁机构，该中国仲裁机构有权受理；自愿原则的规定不同，任何个人和组织为保护自己的合法权益，均有权向法院提起民事诉讼，不需对方当事人同意，而仲裁必须出于双方当事人的自愿，只有双方达成仲裁协议，才能申请仲裁，而一经达成仲裁协议，任何一方不能提起民事诉讼；裁判者的规定不同，民事诉讼是国家司法行为，所以当事人不可以选择法院和法官，虽然可以对管辖权提出异议和申请法官回避，而仲裁是民间性质行为，所以当事人有权选择仲裁机构和仲裁员；是否应当公开裁判的规定不同，公开审判是法院审判制度之一，除涉及国家秘密、个人隐私和法律另有规定外，民事诉讼应当公开进行，而仲裁不公开进行，除非双方当事人要求公开；审裁级和期限不同，民事诉讼实行两审终审制，一审审限，普通程序为6个月，简易程序为3个月，二审审限，对判决的上诉案件为3个月，对裁定的上诉案件为30日，而仲裁实行一裁终局制，期限为4个月；费用成本不同，诉讼费用通常比仲裁费用高。

（三）仲裁的基本原则

仲裁基本原则1　自愿仲裁原则

《仲裁法》第4条规定了自愿仲裁原则。本原则有两层意思：仲裁须出于双方自愿，没有达成仲裁协议的，任何一方不能单方面申请仲裁，达成仲裁协议的，任何一方不能提起诉讼；自愿选择仲裁机构和仲裁员。

仲裁基本原则2　公平合理原则

《仲裁法》第7条规定了仲裁应当公平合理原则本原则要求在仲裁中做到公平合理地解决纠纷，要落实这一仲裁的基本原则，即要确保双方当事人在仲裁中享有平等的仲裁地位，就要在整个仲裁过程中，始终要做到以事实为根据，以法律为准绳，这样才能够体现公平合理。

仲裁基本原则3　独立仲裁原则

《仲裁法》第8条规定了独立仲裁原则本原则体现为两方面：仲裁裁决具有独立的、与法院裁判同等的法律效力，对双方均具法律约束力；仲裁机构是独立组织，依法独立仲裁，仲裁机构独立于行政机关，仲裁机构之间也没有上下级之间那种隶属关系，仲裁员仲裁案件具有独立人格，不受任何干扰。

仲裁基本原则4　一裁终局原则

《仲裁法》第9条规定了一裁终局原则本原则规定，仲裁实行一裁终局制，仲裁裁决一经依法作出，即具法律效力，对双方当事人均具法律约束力，只要一方不履行仲裁裁决，对方当事人就有权申请法院强制执行。

（四）仲裁委员会：仲裁机构

在《仲裁法》颁布以及实施以后，中国在原有所设立的基础上，对仲裁机构的设置予以完善，以适应现代市场经济，特别是适应加入世界贸易组织之后所面临的国际市场秩序。仲裁委员会是对仲裁案件依法裁决的仲裁机构，相互之间没有隶属关系，独立于权力机关、行政机关，不受任何政党、组织和个人的干预，只服从法律，根据事实独立仲裁。可以在直辖市、省级政府所在地的市、设区的市设立一个统一的仲裁委员会。仲裁委员会有聘任的仲裁员，但不设专职仲裁员；仲裁委员会可以设立专家咨询机构，但不按不同专业设立专业仲裁委员会或专业仲裁庭。仲裁委员会运作基于其两种工作会议：仲裁委员会会议，审议仲裁委员会的工作方针、计划、年度工作报告、财务报告，决定负责人人选、仲裁员等；仲裁委员会主任会议，负责仲裁委员会会议闭会期间仲裁委员会日常工作。

（五）仲裁协会：仲裁委员会的自律性组织

中国建立全国性仲裁协会，是社会团体法人，属于行业性质的协会，是具有民间性和自律性的组织。仲裁协会依据仲裁法和民事诉讼法制定有关仲裁规则，依据中国仲裁协会章程对作为中国仲裁协会会员的仲裁委员会及其组成人员、仲裁员的违纪行为予以监督。

（六）仲裁员

仲裁员是仲裁委员会的主体。基于自愿仲裁原则，仲裁员由当事人各自选定和共同选定，组成或成立仲裁庭。为便于选定仲裁员，仲裁委员会按专业设立仲裁员名册。仲裁员必须符合以下条件之一：从事仲裁工作满8年的，从事律师工作满8年的，曾任审判员满8年的，从事法学研究、教学工作并具有高级职称的，具有法律知识、从事经济贸易等专业工作并具有高级职称或具有同等专业水平的。现职审判员不得兼职受聘为仲裁员。仲裁员聘任期满未被续聘的、不称职或违纪的，应被解聘；仲裁员有违法行为或者构成犯罪的，应承担法律责任。

（七）仲裁协议

仲裁协议是指平等主体的自然人、组织之间在发生合同和其他财产权益纠纷之前或之后以书面形式自愿将纠纷交由约定的仲裁机构仲裁解决的一种协议形式。仲裁协议是当事人申请仲裁和仲裁委员会受理仲裁申请的依据和必要条件。仲裁协议直接关乎能否以仲裁方式解决纠纷，故其效力十分重要。仲裁协议效力的判定依据是：约定的仲裁事项超出法定仲裁范围的，仲裁协议是无民事行为能力人或限制民事行为能力人订立的，仲裁协议是一方采取胁迫手段迫使对方订立的，该仲裁协议无效；仲裁协议不完整，当事人可以补充协议，使之完整，达不成补充协议的，该不完整的仲裁协议无效；仲裁协议独立于主合同而单独订立的，主合同的变更、解除、终止或无效，不影响仲裁协议效力；合同包含仲裁条款，合同部分无效部分有效，且无效部分不影响仲裁条款部分的，仲裁条款部分仍然有效，但合同包含的仲裁条款独立存在，即使合同无效、被撤销或终止，也不影响仲裁条款的效力。

（八）仲裁庭：仲裁组织

仲裁庭与仲裁委员会不同：仲裁委员会是仲裁机构，常设性的；仲裁庭是仲裁某个案件的仲裁组织，临时性的。仲裁庭的形成方式有两种，或者仲裁庭由3名仲裁员组成，设首席仲裁员，或者由1名仲裁员成立仲裁庭。选择何种仲裁庭，由当事人双方约定，当事人双方约定由3名仲裁员组成仲裁庭的，由双方各自选定1名或由双方各自委托仲裁委员会主任指定1名仲裁员，充当首席仲裁员的第3名由双方共同选定或共同委托仲裁委员会主任指定；双方约定由1名仲裁员成立仲裁庭的，由双方共同选定或共同委托仲裁委员会主任指定这名仲裁员。

二 仲裁的裁决程序

仲裁的裁决程序相当于诉讼的审判程序。我们知道，诉讼实行两审终审制，因而一个诉讼程序通常包含第一审程序和第二审程序；但是，仲裁实行一裁终局制，所以一个仲裁程序只是单一地包含申请和受理以及开庭和裁决等几个环节。

（一）申请和受理

当事人在发生民商事纠纷后要求仲裁解决纠纷，只要有仲裁协议，有具体仲裁请求及事实和理由，并属于仲裁委员会的受理范围，就可以向仲裁委员会申请。仲裁委员会对申请经审查后，认为符合条件的，应受理；认为符合条件，但申请材料不完备的，通知其规定时间内补正，按规定补正的，予以受理，否则视为未提出申请；认为不符合条件的，作出不予受理决定。

（二）开庭和裁决

开庭仲裁应遵循仲裁应当开庭原则、仲裁不公开进行原则、谁主张谁举证的仲裁举证原则、当事人有权进行辩论原则、和解及调解原则。当事人在开庭仲裁过程中依法享有以下特定的权利：有权自行和解以及对和解协议反悔，有权申请证据保全，有权对出示的证据进行质证，有权进行辩论，有权在辩论终结时作最后意见陈述，有权对自己陈述的记录申请补正。

开庭仲裁包括以下阶段：提供和出示证据及对证据进行质证，辩论，当事人陈述最后意见。仲裁庭开庭后，在查明案件事实、分清责任基础上应依法对案件作出调解或裁决。对仲裁案件是调解结案的，即经仲裁庭居中调解后，双方当事人达成协议的，仲裁庭应依规定制作调解书或根据协议结果制作裁决书。调解书与裁决书具有同等法律效力。调解书经签收后生效；拒绝签收的，调解书不生效，仲裁庭应及时作出裁决。对仲裁案件是仲裁结案的，若由3名仲裁员组成仲裁庭裁决，则需要通过表决决定，并遵循少数服从多数和首席仲裁员一票意见的表决原则。上述表决原则基于《仲裁法》第53条的规定："裁决应当按照多数仲裁员的意见作出，少数仲裁员的不同意见可以记入笔录。仲裁庭不能形成多数意见时，裁决应当按照首席仲裁员的意见作出。"所谓"不能形成多数意见"是指，在3名仲裁员中，3名仲裁员各执己见，无法形成多数意见的情况，即无法形成2:1的情况，这时，裁决就按照首席仲裁员的意见作出。当然，其他两名仲裁员的各自意见可以记入笔录。经开庭裁决后，应当制作裁决书。

三 申请撤销裁决程序

申请撤销裁决程序虽与仲裁相关，但不属于仲裁程序，因为它是仲裁当事人通过法院裁定解决不当仲裁裁决的过程。申请撤销裁决程序是为了给当事人一个法律救济机会，对仲裁裁决进行司法审查，因此它与诉讼的二审程序或审监程序有某些相似之处，并有异曲同工之效。当事人向仲裁委员会所在地中级人民法院申请撤销仲裁裁决，须在仲裁裁决后

6个月内提出，并有证据证明仲裁裁决有下列情形之一：没有仲裁协议的，裁决的事项不属于仲裁协议的范围或仲裁委员会无权仲裁的，仲裁庭的组成或仲裁过程违反法定程序的，裁决所依据的证据是伪造的，对方当事人隐瞒了足以影响公正裁决的证据的，仲裁员在仲裁该案时有受贿索贿、徇私舞弊、枉法裁决行为的。法院受理申请后应组成合议庭审查，在2个月内作出处理：认定仲裁裁决有前述6种情形之一的，或有违背社会公共利益的，应依法裁定撤销该仲裁裁决；认定仲裁裁决既没有证据证明有前述6种情形之一，又没有证据显示是违背社会公共利益的，应依法裁定驳回撤销裁决的申请；认为既不明显出现可裁定撤销裁决的证据事实，又不明显出现可裁定驳回撤销裁决申请的情形，并认为可重新仲裁的，可通知仲裁庭重新仲裁，并同时裁定中止撤销裁决程序，但仲裁庭拒绝重新仲裁的，法院应裁定恢复撤销裁决程序，并依法作出撤销仲裁裁决的裁定，或作出驳回撤销裁决申请的裁定。

四　仲裁裁决的执行程序

对仲裁裁决的执行，除依据仲裁法外，更多的还要依据《民事诉讼法》，因为仲裁机构无权执行仲裁裁决，有权执行仲裁裁决的只能是法院。仲裁裁决一经作出，就是即时具有法律效力，对双方当事人均具法律约束力，双方当事人必须履行。一方当事人不履行仲裁裁决，对方当事人有权向法院申请执行，受申请的有管辖权的法院应依法执行，除非被申请人有证据证明该仲裁裁决有《民事诉讼法》第237条第2款或第3款规定情形的。法院作出不予执行仲裁裁决的裁定是即时生效的裁定，当事人不可上诉；但当事人对不予执行可依据《民事诉讼法》第237条第5款和《仲裁法》第9条第2款，并依据仲裁协议重新申请仲裁或提起诉讼。当事人一方向法院申请执行仲裁裁决，另一方向法院申请撤销仲裁裁决，法院应先裁定中止执行，然后对仲裁裁决组成合议庭进行全面审查，并对两种截然相反的申请合并处理。审查后，法院裁定撤销仲裁裁决的，应同时裁定终结执行；法院裁定驳回撤销裁决申请的，应同时裁定恢复执行仲裁裁决。

五　中国国际经济贸易仲裁程序

中国国际经济贸易仲裁属于中国涉外仲裁的一部分，规范它的主要有仲裁法和《中国国际经济贸易仲裁委员会仲裁规则》（简称仲裁规则）。

（一）中国国际经济贸易仲裁委员会

中国国际经济贸易仲裁委员会，又名中国国际商会仲裁院，原名中国国际贸易促进委员会对外贸易仲裁委员会。中国国际经济贸易仲裁委员会仲裁范围包括：国际的或涉外的契约性或非契约性的经贸争议，涉港澳台的契约性或非契约性的经贸争议，外商投资企业相互之间及外商投资企业与中国其他法人、自然人及/或经济组织之间的契约性或非契约性的经贸争议，涉中国法人、自然人及/或其他经济组织利用外国的、国际组织的或港澳台的资金、技术或服务进行项目融资、招标投标、工程建筑等活动的契约性或非契约性的经贸争议，中国法律、行政法规特别规定或特别授权由仲裁委员会受理的契约性或非契约性的经贸争议。仲裁协议是仲裁委员会管辖案件的依据，其效力相当重要。因此，仲裁委员会有权对仲裁协议的存在、效力及管辖权作出决定。当事人对仲裁协议效力有异议的，一方请求仲裁委员会作出决定，他方请求法院作出裁定，则由法院裁定。合同的仲裁条款应视为与合同其他条款分离地、独立地存在的条款，附属于合同的仲裁协议也应视为与合同其他条款分离地、独立地存在的一个部分；合同的变更、解除、终止、失效或无效以及存在与否均不影响仲裁条款或附属于合同的仲裁协议的效力。

中国国际经济贸易仲裁委员会设仲裁员名册，仲裁员由仲裁委员会从法律、经济贸易、科学技术等方面具有专门知识和实践经验的中外人士中聘任。中国国际经济贸易仲裁委员会总部设在北京，在深圳、上海等地设立分会。

（二）中国国际经济贸易仲裁委员会仲裁程序

当事人申请中国国际经济贸易仲裁委员会仲裁案件，应提交申请书及有关证明文件。仲裁委员会对申请审查后，认为申请符合要求且手续完备的，应予受理；认为申请手续不完备的，可要求予以完备；认为申请不符合条件的，应告知不予受理及其理由。仲裁委员会决定受理案件，应向被申请人发出仲裁通知，被申请人应提交答辩书及有关证明文件，不答辩的，不影响仲裁的进行。被申请人有权对仲裁申请提出反请求，仲裁委员会收到反请求书及有关证明文件后，应发送被反请求人，即原申请人，并告知有关答辩的事宜。当事人应选定或委托指定仲裁员，以便组成仲裁庭。当事人对仲裁员的公正性和独立性产生具有正当理由的怀疑的，可以书面形式向仲裁委员会提出要求该仲裁员回避的请求，但应在请求书中说明具体事实和理由，并举证。仲裁员是否回避，由仲裁委员会主任决定，仲裁委员会主任的回避，由仲裁委员会集体决定。中国国际经济贸易仲裁委员会仲裁案件，应开庭裁决案件，除非经双方当事人申请或征得双方当事人同意，仲裁庭也认为不必开庭的，仲裁庭才可只依据书面文件进行审裁。对于双方当事人自行和解，是在庭外自行达成和解的，可请求仲裁庭根据其和解协议作出裁决书结案，也可申请撤销案件。双方当事人愿意调解的，仲裁庭可进行调解。仲裁庭审理案件应在9个月内结案。在仲裁过程中，在最后作出最终裁决前根据需要或要求可对某些问题或请求事项作出非终局裁决，即作出中间裁决或部分裁决。任何一方当事人不履行中间裁决或部分裁决的，不影响仲裁程序的继续进行，也不影响作出最终裁决。裁决书一经作出，对双方当事人均具法律约束力，双方当事人必须履行，否则享受权利的一方可向中国法院申请执行，或可依据有关国际条约向有管辖权的外国法院申请执行。

（三）中国国际经济贸易仲裁的简易程序

在中国国际经济贸易仲裁程序中，争议金额不超过人民币50万元，或虽超过但经一方当事人书面申请，并经对方当事人书面同意的仲裁案件，可以适用简易程序，由1名独任仲裁员成立仲裁庭，采取书面或开庭方式裁决。

六　中国海事仲裁程序

中国海事仲裁委员会原名中国国际贸易促进委员会海事仲裁委员会，是国务院1958年为了以仲裁方式解决海事海商争议而决定设立的，1982年后，其受案范围扩展至双方当事人协议要求仲裁的海事案件。规范海事仲裁的，有仲裁法、中国海事仲裁委员会仲裁规则。

中国海事仲裁委员会设立仲裁员名册的规定及仲裁程序类似一般仲裁，尤其与中国国际经济贸易仲裁相当。首先是申请仲裁，被申请人答辩或提出反请求；然后由双方当事人约定仲裁庭组成方式并选定或委托指定仲裁员，从而组成仲裁庭；仲裁庭对案件进行审理，并作出裁决或调解。

海事仲裁委员会总部设在北京，并根据需要在中国境内其他地方设立分会。

第二节　非诉讼调解程序

调解是一种具有中国民族特色的化解社会矛盾、消除民间纠纷的非诉讼方式。中国式调解有长久历史传统：中国法律审判不发达，加之儒家文化和为贵观念的影响，中国人一直长于用调解方式解决纠纷。所以，中国式调解被国际法律界誉为解决民间纠纷的"东方经验"。调解包括人民调解、行政调解、仲裁调解、司法调解几种，它们共同构成中国式调解体系。本节之非诉讼调解程序，指人民调解或曰民间调解，而不涉及行政调解、仲裁调解和司法调解。行政调解是行政机关对民间纠纷的居中调解，包括基层政府对民事纠纷和轻微刑事案件的调解、婚姻登记机关对婚姻家庭矛盾的调解、工商行政管理机关对合同纠纷的调解、公安机关对民间纠纷引起的治安案件的调解。仲裁调解是仲裁过程中出于当事人自愿，由仲裁庭居中调解仲裁案件。司法调解或曰法院调解，是法院在民事诉讼或刑事附带民事诉讼中居中调解民事纠纷，及法院在审理自诉的轻微刑事案件中居中调解。规范非诉讼调解程序的是2010年制定的《人民调解法》；于此以前，中国1954年制定了《人民调解委员会暂行组织通则》，1989年制定了《人民调解委员会组织条例》，而宪法更明确提出以调解方式解决民间纠纷。

一 人民调解的一般规定

(一) 调解的构成要件及适用范围

人民调解(简称调解)指人民调解委员会(简称调解委员会)通过说服、疏导方式,促使当事人在平等协商基础上自愿达成调解协议,解决民间纠纷的活动。基于上述定义,调解成立的构成要件包括:有权申请调解的主体是民事法律关系的当事人,特别是居民委员会属下的居民、村民委员会属下的村民、企业事业单位内的职工;可被申请调解的客体是民间纠纷,所谓民间纠纷是指公民之间有关人身、财产权益和其他日常生活中发生的纠纷,包括公民之间、组织之间及相互之间涉及人身、财产权益和其他日常生活中有关民事权利义务争议的各种纠纷[①];当事人申请调解和调解委员会主动调解应出于双方自愿,即自愿调解必须是双方当事人在平等协商基础上达成的,单有一方愿意调解而另一方不愿调解也不行;当事人选择人民调解员(简称调解员)或调解委员会指定调解员。

调解委员会调解案件的适用范围:居民委员会辖区内居民之间的纠纷、村民委员会辖区内村民之间的纠纷、企业事业单位内部职工之间的纠纷;纠纷包括当事人之间人身权利、财产权利和其他权利的纠纷,通常涉及债权债务纠纷、婚姻家庭纠纷、邻里关系纠纷、房产权属租赁关系纠纷、生产经营承包纠纷、干部群众关系纠纷等方面。

(二) 调解的性质和特点

调解是一种在居民委员会、村民委员会、企业事业单位下设的调解委员会主持下解决民间纠纷的切实可行且容易被接受的方式,具有群众自治的性质,而作为履行调解职责的调解委员会本身就是一种群众性自治组织。调解的性质使得它与诉讼、仲裁不同,也与行政调解、仲裁调解和司法调解不一样,有自己的特点:止讼息争的特点,即调解不必因诉至法院大动干戈而有失感情,它迎合了中华民族和为贵的儒家传统,是大多数国人愿意接受的解决纠纷的方式,因为调解的当事人往往是左邻右舍的老熟人,在日常生活中出现这样那样的纠纷纯属正常,一有纠纷就诉至法院,确实不符合普通人的思维方式和感情习惯;群众自治的特点,即调解不是依靠仲裁机构、政府或法院来解决纠纷,而是依靠百姓自己来解决纠纷,调解委员会是群众性自治组织,调解员主要是经群众选举或接受聘任的群众本身,他们来源于群众,服务于群众;灵活快捷的特点,即调解可以减少和避免诉讼、仲裁或行政调解的许多烦琐程序,灵活快捷地解决纠纷,而以诉讼为例,诉讼一般要经历两审的程序,看似简单的案件,一诉至法院,从起诉到结案,要走完一审、二审的程序,往往要拖上较长一段时间,有时弄得人筋疲力尽,即便赢了官司,却大有得不偿失之感;解决纠纷低成本的特点,即调解不用交纳调解费,但诉讼或仲裁就要交纳诉讼费或仲裁费,对当事人来说,实际上增加了解决纠纷的成本。

---

① 根据人民调解工作若干规定,法律、法规规定只能由专门机关管辖处理的,或者禁止采用民间调解方式解决的,或者法院、公安机关、其他行政机关已经受理或解决的纠纷,不属于可以由人民调解方式解决的民间纠纷。

（三）调解的基本原则

《人民调解法》第 3 条对调解的基本原则作了立法上的表述。

调解基本原则 1　自愿、平等调解原则

《人民调解法》第 3 条规定的"在当事人自愿、平等的基础上进行调解"是本原则的立法表述。自愿调解是指调解解决纠纷应依据当事人意愿，任何一方不能将调解强加于另一方，任何第三方也不能将调解强加于当事人；平等调解是指当事人在调解中的地位是平等的。

调解基本原则 2　依法调解原则

《人民调解法》第 3 条规定的"不违背法律、法规和国家政策"是本原则的立法表述。依法调解有两层含义：调解必须依据法律、法规，调解必须符合法定程序。

调解基本原则 3　尊重当事人诉讼权利、行政解决权利、仲裁权利原则

《人民调解法》第 3 条规定的"尊重当事人的权利，不得因调解而阻止当事人依法通过仲裁、行政、司法等途径维护自己的权利"是本原则的立法表述。本原则有三层含义：一方希望调解解决纠纷，另一方希望通过诉讼、仲裁或行政调解途径解决纠纷的，应当尊重这另一方当事人的意愿；双方都愿意调解，并已进行调解，但调解不成的，不影响当事人进一步通过仲裁、行政、司法等途径解决纠纷；虽然调解委员会主动调解，但是至少有一方不愿意调解，调解委员会或任何人、任何组织都无权阻止当事人通过仲裁、行政、司法等途径解决纠纷。换言之，调解虽是解决纠纷的一个好方式，但它不是解决纠纷的唯一方式或必经程序，当事人有权选择自己属意的方式解决纠纷。

（四）人民调解委员会：调解机构

调解委员会是依法设立的调解民间纠纷的群众性组织，是居民委员会、村民委员会、企业事业单位依法设立的调解本居民委员会内、本村民委员会内、本单位内民间纠纷的调解机构。居民委员会、村民委员会、企业事业单位的调解委员会由居民会议，村民会议或村民代表会议，职工大会、职工代表大会或工会组织推选的委员组成，每届任期 3 年。调解委员会的任务主要是：调解民间纠纷，防止民间纠纷激化；通过调解工作宣传法制观念，教育公民遵纪守法；向居民委员会、村民委员会、所在单位和基层政府反映民间纠纷和调解工作的情况。

（五）人民调解员和调解小组

调解员具体调解案件，其在调解程序中的地位和作用，相当于诉讼中的法官和仲裁中的仲裁员，由调解委员会委员或调解委员会聘任的人员担任。调解员应当符合以下条件：公道正派，不偏不倚，不偏袒任何一方当事人；热心调解工作，联系群众，愿意为本辖区、本单位的居民、村民、职工服务；具有一定文化水平、政策水平和法律知识；成年公民。调解员从事调解工作，依法享有相关的权利，以及应尽相应的责任。调解员组成调解小组完成调解，与诉讼由审判庭完成、仲裁由仲裁庭完成一样；调解一个案件，不直接由调解委员会而由临时性调解组织去完成，调解小组就是针对某一调解案件而设的临时性调解组织。

二 调解程序和调解协议

（一）调解程序

调解委员会调解民间纠纷，应当依照法定的程序进行。启动调解程序有两种方式：一是当事人申请调解，即当事人发生纠纷后向调解委员会申请调解；基层法院、公安机关受案时对适宜调解的，告知当事人可申请调解，当事人根据被告知的情况，可以向所在的调解委员会申请调解。当事人申请调解，符合条件的，调解委员会应受理；不符合条件的，应告知其解决纠纷的方式；对随时可能激化矛盾的，应当在采取必要的缓解疏导措施后，及时提交有关机关处理。二是调解委员会主动调解，即调解委员会发现或得知存在纠纷的，可以主动调解；但当事人一方明确拒绝调解的，不得调解。

调解委员会受案后应当依法组成调解小组。调解小组由双方当事人共同选择1名，或者分别或共同选择数名调解员组成，或者由调解委员会指定1名或数名调解员组成。与诉讼开庭前组成审判庭、仲裁开庭前组成仲裁庭一样，调解开始前也应当按规定组成临时性的调解组织对调解案件进行调解，这个为某一特定调解案件而专门设立的调解组织，可以相应地称之为调解小组。

调解员调解过程中征得当事人同意，可邀请当事人的亲属、邻里、同事、朋友或具有专门知识、特定经验的人员参与调解。调解可公开进行，但涉及当事人隐私、商业秘密或当事人反对的除外。调解员发现矛盾可能激化的，应采取预防措施并及时报告有关机关。调解员应告知当事人调解的性质和效力，告知其有权选择或接受调解员，有权接受调解、拒绝调解或终止调解，有权要求调解公开或不公开进行，有权自愿达成调解协议。调解应在1个月内调结。调解不成的，应终止调解，告知当事人有权通过仲裁、行政、司法等维护自己权利；调解成立的，即调解达成调解协议的，或者制作调解协议书，或者采取口头协议方式，但无论哪种方式，均应记录调解情况，并记录协议内容。

（二）调解协议

调解成立所达成的调解协议具有民事合同的性质，即所达成的是一种具有民事性质的契约关系或曰合同关系。既然是合同关系，那么双方应当遵守自己的契约承诺；既然是合同关系，那么就适用合同法，双方应当按照合同执行。虽然合同没有强制执行力，但是有法律约束力，如同《合同法》第8条关于"依法成立的合同，对当事人具有法律约束力"及《人民调解法》第31条关于"经人民调解委员会调解达成的调解协议，具有法律约束力，当事人应当按照约定履行"所规定的那样，只要一方违反协议，另一方就可以通过仲裁、行政乃至司法的途径寻求解决；这时的调解协议只要是合法地约定的，就成为仲裁、行政裁决或诉讼的重要证据之一。

调解协议有调解协议书和口头协议方式这两种：制作调解协议书的，应当载明当事人基本情况、纠纷的主要事实、争议事项、各方责任、达成调解的内容、履行方式和期限等；采取口头调解协议方式的，应当记录口头协议的内容。

调解协议书自各方当事人签名、盖章或按指印，调解员签名并加盖调解委员会印章之日起生效；口头调解协议自各方当事人达成协议之日起生效。调解协议只要依法成立，对双方当事人均具法律约束力。调解协议一经达成，当事人就要履行，调解委员会有责任监督调解协议的履行。

围绕调解协议的效力，双方有权作出如下行为：具有合同性质的调解协议达成后，当事人之间就调解协议的履行或内容发生争议的，一方当事人有权向法院提起诉讼；达成调解协议后，双方当事人认为有必要的，可以共同向法院申请司法确认，并适用民事诉讼特别程序，而法院一经确认调解协议有效，一方当事人拒绝履行或未全部履行的，对方当事人有权向法院申请强制执行，① 但法院确认调解协议无效的，当事人有权通过调解方式变更原调解协议或达成新的调解协议，也有权向法院提起诉讼。

---

① 调解协议对当事人有法律约束力，但没有强制执行力；法院确认调解协议有效后，调解协议就不纯粹带有合同性质，而带有司法裁决书性质，故具有强制执行力，一方当事人不履行经司法确认的调解协议时，对方当事人便有权申请法院强制执行。

刑 法

本章是中国法律体系一个重要组成部分，涉及刑事实体法律规范问题。中国制定刑法典，经历了一个从无到有、不断完善的艰难曲折的过程。中华人民共和国成立后的前30年，一个拥有10亿人口的泱泱大国，仅有1951年的《惩治反革命条例》和1952年的《惩治贪污条例》，而且一用竟达30年之久，直到1979年才制定了《刑法》。以后，经过1997年的修订和2000年的释法，尤其是经过1999年、2001年8月和12月、2002年、2005年、2006年、2009年、2011年、2015年共9次的修正案，这部《刑法》日臻完善，至21世纪第二个10年开始，它真正成为现时中国的《刑法典》。

　　根据刑事实体法的性质和内容，从中国刑法立法和刑法法理学的角度，本章分为刑法概述、刑事犯罪与刑罚、罪名和量刑，中国特色的惩治犯罪的法律规范等4节。

第一节　刑法概述：一般规定

一　刑法的定义、体系结构和适用范围

　　刑法是为防止犯罪行为危害社会而由国家根据宪法制定的关于什么是犯罪、犯罪应受什么惩罚、如何惩罚犯罪的实体法律规范的总称。该定义的含义是：制定刑法的宗旨是为了防止犯罪行为危害社会；刑法制定的是一系列规定了什么行为属于犯罪及实施了某种犯罪行为应受什么刑罚的禁止性规范，这些禁止性规范包括罪名和罚则两部分；刑法是由享有国家立法权的全国人大根据宪法并代表国家而制定，是仅次于宪法的国家基本法之一；刑法是不同于刑事诉讼法的关于各种罪名及相应刑罚的刑事实体性法律规范；刑法是包括全国人大及其常委会的刑事法律规范性文件及有关刑事法律司法解释的刑事法律规范的总称。刑法具有以下特征：刑法惩治的是法律所禁止的具有不法性质的犯罪行为，即刑法惩治犯罪，是惩治一个人的犯罪行为，即一般具有犯罪意图，并受这种犯罪意图支配而表现在行为人外部的有形的客观的违反刑事法律规范的活动，而不是其思想上的犯罪意念，这就要求刑法惩治的是行为犯，不是思想犯，而既然刑法惩治的是犯罪行为，因而惩治犯罪必须基于犯罪人实施犯罪行为的事实，而不是仅仅基于逻辑推导；刑法所惩治的犯罪行为应当具有应受惩罚的性质，即应受惩罚性就是一种刑事责任，是犯罪行为必须具有的特

性，行为人只有实施了应受惩罚的行为，才要负刑事责任。刑法的任务包括：保卫国家安全，保卫人民民主专政政权和社会主义制度；保卫国有财产和集体所有的财产，保卫个人私人所有的财产；保卫公民人身权利、民主权利和其他权利；维护经济秩序和社会秩序，保障国家和社会稳定；惩治职务犯罪及与此相关的犯罪，保障国家建设事业顺利进行。

现行《刑法》是刑法典，分为总则、分则两编，总则5章，分则10章，另有一个附则、两个附件，共452条[①]。总则涉及刑法的任务、基本原则和适用范围（第1章），以及犯罪（第2章）和刑罚（第3章、第4章）。分则涉及468个罪名，并将罪名划分为10类犯罪，及各种罪名下的刑罚和量刑等法律规范。刑法规定的10类犯罪为：危害国家安全罪（第1章）；危害公共安全罪（第2章）；破坏社会主义市场经济秩序罪（第3章）；侵犯公民人身权利、民主权利罪（第4章）；侵犯财产罪（第5章）；妨害社会管理秩序罪（第6章）；危害国防利益罪（第7章）；贪污贿赂罪（第8章）；渎职罪（第9章）；军人违反职责罪（第10章）。

刑法的适用范围即刑法的效力范围，是讲刑法在何处、何时适用，包括刑法的空间效力和时间效力两方面。刑法的空间效力，指刑法在地域方面的效力范围，即它在何处对何人适用。就刑法的法理看，刑法空间效力有几种原则：属地原则，以一个国家的地域内或地域外为刑法的效力准则，即凡发生在本国领域内的犯罪，不管犯罪行为人是本国人还是外国人，不管被侵害人是本国人还是外国人或被侵害利益是本国人的还是外国人的，都一律适用本国刑法，反之即使本国人在本国领域外犯罪，也不适用本国刑法；属人原则，以人即一个国家的本国公民为刑法效力准则，即凡本国公民犯罪，不论其是在本国领域内还是本国领域外，也不论其侵犯的是本国人还是外国人或其侵犯的是本国利益还是外国利益，都一律适用本国刑法，反之即使外国人在本国领域内犯罪也不适用本国刑法；保护原则，一种属地原则和属人原则之外的补救原则，即当外国人在本国领域外对本国国家或公民犯罪时，以保护本国利益为刑法效力的准则；条约原则，以国际条约的约定为刑法效力的准则，即一个国家的刑法效力可依据国际条约约定的范围适用，而适用本原则的国家必须是缔结或参加该国际条约的国家，被依据的国际条约有明确规定为犯罪的条款，被依据的国际条约有明确规定缔约国在承担条约义务范围内行使刑事管辖权的条款。中国刑法在空间效力方面综合适用上述原则：刑法基于属地原则的适用范围，其中国领域包括领陆、领水、领空，一国领域包括延伸意义的领域，故航行于公海或某国领水，或停泊于某国港口的一国船舶，飞行于公海上空或某国领空，或停泊于某国航空港的一国航空器，以及一国驻外使领馆，均视为该国延伸意义上的领域，且犯罪行为或结果，有一项发生在中国领域内的，即视为在中国领域内犯罪，均适用中国刑法；刑法基于属人原则的适用范围，中国公民在中国领域外犯中国刑法规定之罪，适用中国刑法，但可选择性地适用，即按《刑法》规定的最高刑为3年以下有期徒刑的，可以不予追究，除非是第93条界定的国家工作人员和全国人大常委会界定的军人在中国领域外犯中国刑法规定之罪[②]；《刑法》基于

---

① 因《刑法》2015年修正案将第199条删除，排序上空了该条号码，实际上是451条，但《刑法》不因此重新排序，故法条总排序仍是452条。

② 根据《刑法》第7条和第93条的规定，国家工作人员和军人在中国领域外犯中国刑法规定之罪的，一律适用中国刑法，而不是选择适用。

保护原则的适用范围，外国人在中国领域外对中国国家或公民犯中国刑法规定之罪，适用中国刑法，但根据第 8 条并比照第 7 条，就外国人在中国领域外对中国国家或公民犯罪，按中国刑法规定的最高刑为 3 年以下有期徒刑的或按犯罪地法律不受处罚的，可不予追究；刑法基于条约原则的适用范围，即中国缔结或参加的国际条约所规定的罪行，中国在所承担条约义务的范围内行使刑事管辖权的，适用中国刑法，第 9 条是对刑法适用范围的条约原则的立法表述。在刑法空间效力的规定中，属人原则规定的中国公民在中国领域外犯中国刑法规定之罪和保护原则规定的外国人在中国领域外对中国国家或公民犯中国刑法规定之罪的具体处理，应依照《刑法》第 10 条规定执行，即凡在中国领域外犯罪，按中国刑法应负刑事责任的，虽经过外国审判，仍然可以按中国刑法追究，但在外国已受过刑罚处罚的，可免除或减轻处罚。

刑法的时间效力简称刑法的时效，指刑法生效和失效的时间，以及刑法是否有溯及既往的效力或曰溯及力，即是否适用于生效前的行为。刑法的生效时间：1979 年《刑法》第 9 条规定的"本法自 1980 年 1 月 1 日起生效"，1997 年《刑法》第 452 条规定的"本法自 1997 年 10 月 1 日起施行"；刑法的失效时间：1979 年《刑法》自修订后施行的 1997 年 10 月 1 日起自然失效，《刑法》每次修正案，其被修正的条款也随修正条款而失效；刑法的溯及力：《刑法》采取不溯及既往的从旧兼从轻原则，第 12 条对此原则规定为，旧法有利于被告而从旧法的不溯及既往的从旧原则、新法有利于被告而从新法的不溯及既往的从轻原则。1997 年 9 月 30 日是一条关于不溯及既往而从旧兼从轻的时间界线。

二　刑法的基本原则

中国将世界上通行的、作为现代文明社会法治基础之一的刑法基本原则写进自己的《刑法》。根据《刑法》的规定，刑法基本原则包括如下三个：

刑法基本原则 1　罪刑法定原则

《刑法》第 3 条①是本原则的立法表述。本原则由意大利启蒙思想家贝卡利亚提出，为刑事古典学派观点，以后经过长期的司法实践和法律架构的完善，至今发展成为现代刑法重要原则，从肯定和否定两个方面理解其含义是：罪刑法定（肯定方面），法无规定者不罪不罚（否定方面）。本原则涉及刑法合法性要求，并有四引则②：

引则一　刑法不适用类推

本引则指刑法不能比照某一罪行的法律规定推出与它类似的其他罪行相应的法律适用。1979 年《刑法》规定的类推适用具有模糊性，与罪刑法定原则相悖，这也是 1979 年《刑法》的瑕疵之一，故 1997 年《刑法》将其条款删去。

引则二　刑法效力不溯及既往

本引则指刑法的时间效力仅对该法颁布以后的行为有效。刑法效力溯及既往与罪刑法定原则格格不入、背道而驰，溯及既往违反了刑法合法性要求，因为溯及既往可能扩大犯罪判定或者加重犯罪程度判定。

---

① 本章以下所引条文，凡未注明者，均引自《刑法》。
② 引则是一逻辑术语：相对于原则，指引申原则；相对于规则，指引申规则。

引则三　刑罚不适用不确定刑期

不确定刑期指对犯罪的刑罚不作明确而具体规定，而由法官采用自由裁量方式加以确定。本引则从限制法官自由裁量权方面确保罪刑法定原则的确立，以保证刑罚的合法性。

引则四　刑法只能由国家立法机关制定

本引则表明以习惯或行政立法作为刑法的法律渊源，这与罪刑法定原则相悖，因为罪刑法定指的是罪刑由法律规定，且这种法律是国家的基本法，只能由全国人大常委会立法。

刑法基本原则2　罪刑等价原则

第4条是本原则的立法表述，即对犯罪行为课以刑罚不能以犯罪行为者身份、地位、关系，只能以刑事法律和犯罪事实为定罪处刑的标准。本原则摒弃了"刑不上大夫"的等级观念及"窃钩者诛，窃国者侯"的虚伪法律的反常和不公平，体现了法律平等性要求。本原则是基本原则1的伸展，因为法无定者不得定罪处刑的本质与本原则的犯罪同刑罚等价的规定是一致的。

刑法基本原则3　罪刑相适应原则

第5条是本原则的立法表述，即根据行为人所犯罪行危害性大小及相应刑事责任来决定刑罚的处刑原则。本原则由贝卡利亚提出，体现了现代刑法理论的合理性要求，因为罪与刑如果不对称，重罪轻判、轻罪重判、畸重畸轻、罚不当罪，犯罪就得不到合理处罚。本原则既是对基本原则1的补充，即刑法原则不仅要求罪刑必须法定，而且要求罪刑应当相应相称，又是对基本原则2的展开，因为如果罪刑不相适应，就违背了罪刑等价原则的那种平等性要求。

罪刑法定原则讲法无规定者不罪不罚，涉及定罪处刑的合法性要求；罪刑等价原则讲定罪处刑对所有主体都仅有一个准则，涉及定罪处刑的平等性要求，是罪刑法定原则的伸展；罪刑相适应原则讲罪刑均衡，涉及定罪处刑的合理性要求，是罪刑法定原则的补充。

第二节　刑事犯罪与刑罚

本节涉及的犯罪与刑罚，是刑法规范具体罪名的依据和原则。

一　刑事犯罪

（一）　犯罪的定义、特征和界定标准

第13条是关于犯罪的立法定义。据此，犯罪是指法律禁止的，危害国家、社会和个人利益及破坏社会和经济秩序，依法应以刑罚制裁，并由国家法律规定的行为。基于其定义，犯罪有如下特征：任何犯罪都具有社会危害性，包括危害社会公共利益和社会私人利益；任何犯罪都具有刑事违法性，即凡构成犯罪需要追究刑事责任的社会危害性行为必定具有刑事违法性，具有社会危害性而不具有刑事违法性的行为只是情节显著轻微危害不大的社会危害性行为；任何犯罪都具有应受刑罚性，因为一种行为只要具有社会危害性和刑事违法性，就必然同时具有应受惩罚性的特征；任何犯罪都具有法律规定性[①]，即犯罪由法律规定，法无规定者不罪不罚。

判定一个行为是否犯罪，存在一个界定标准，即认定罪与非罪、罪重与罪轻的界限依据。这是关乎一个法律体系的法治程度的问题。对此不仅要求具有原则性，而且要求具有可操作性。《刑法》分则在规定各个罪名时对此作了限定：以具体数额作为罪与非罪或罪重与罪轻的界限，以数额是否较大或巨大作为罪与非罪或罪重与罪轻的界限，以行为情节是否严重或特别严重、是否恶劣或特别恶劣作为罪与非罪或罪重与罪轻的界限，以行为后果的严重性或恶劣性作为罪与非罪或罪重与罪轻的界限，以行为人是否故意作为罪与非罪或罪重与罪轻的界限，以行为人是否明知作为罪与非罪或罪重与罪轻的界限，以行为人是否具有某种目的作为罪与非罪或罪重与罪轻的界限，以行为人是否使用某种方法作为罪与非罪或罪重与罪轻的界限，以行为人是否属于首要分子或积极参加者作为罪与非罪或罪重与罪轻的界限，以引诱未成年人犯罪或对特定年龄以下的人犯罪作为罪与非罪或罪重与最轻的界限。

(二) 犯罪的构成要件

犯罪构成要件是指刑法规定的确定某种行为因其社会危害性、刑事违法性和应受刑罚性而构成犯罪所必须具备的包括一切客观和主观必要条件的总和。对定罪量刑有决定意义的犯罪构成要件有这样的性质，它应当是可以确定犯罪行为具有社会危害性、刑事违法性和应受惩罚性的特征，也应当包括导致犯罪产生的一切客观的和主观的原因，且据罪刑法定原则，它必须由刑法明文规定。犯罪构成要件包括犯罪客体要件、犯罪主体要件、犯罪客观方面要件、犯罪主观方面要件这4个，它们是区别罪与非罪、罪重与罪轻的界限和标准。若犯罪界定标准是由《刑法》分则反映的关于定罪量刑准则的可操作性要求，则犯罪构成要件是由《刑法》总则反映的关于定罪量刑准则的原则性要求。犯罪构成要件包括：

第一，犯罪客体，指为刑法所保护而为犯罪行为所侵害的一定的社会关系。社会关系的社会学定义是指人们在社会生活中形成的人与人之间的关系，但作为刑法学的犯罪客体必须具备一定是某种犯罪行为作用的或施加影响的对象和由刑法规定加以保护的对象这两个条件。由于任何犯罪都必定侵犯特定的客体，即特定的社会关系，因而如果一个行为没有侵犯任何由刑法保护的社会关系，就意味着该行为并不是犯罪，如盗窃罪就是侵犯了财产所有权所反映的社会关系，故意杀人罪就是侵犯了人身权所反映的社会关系。犯罪客体不同于犯罪对象：犯罪客体如前所述，犯罪对象是犯罪行为指向的对象，包括物和人，是犯罪客体的外在物理形态；有时被侵犯的对象不一定受损害，受损害的是被侵害的犯罪客体，如盗窃罪加害的社会关系即享有被盗财产所有权的人失去所有权和占有权，就受到损害，而盗窃行为指向的被盗物即犯罪对象，不一定受损害，且往往不会被损害；犯罪客体

---

① 这实际是罪刑法定原则在犯罪概念方面的一种体现。

作为犯罪构成要件是一定存在的,但作为犯罪指向的犯罪对象有时不一定存在,如偷越国(边)境罪就不存在这种犯罪对象。《刑法》予以保护的犯罪客体是中国社会关系整体,根据其分则规定,包括国家安全、公共安全、社会和经济秩序、公民权利等10类。

第二,犯罪主体,指达到法定刑事责任年龄,具有刑事责任能力,并实施了法律规定的违反刑事法律规范且应受刑罚处罚的危害社会行为的自然人,以及实施了上述危害社会行为的单位。自然人作为犯罪主体应具备两个条件:一是达到法定刑事责任年龄。各国通行的刑事责任年龄划分大致包括以下4类:第一类分为绝对负刑事责任年龄、相对负刑事责任年龄、减轻负刑事责任年龄、绝对不负刑事责任年龄,第二类分为绝对负刑事责任年龄、相对负刑事责任年龄或减轻负刑事责任年龄、绝对不负刑事责任年龄,第三类分为绝对负刑事责任年龄、绝对不负刑事责任年龄,第四类分为绝对负刑事责任年龄、相对不负刑事责任年龄。《刑法》第17条将中国关于刑事责任年龄分为5种:第1款规定的绝对负刑事责任年龄[①],第2款规定的相对负刑事责任年龄,第3款和第17条之一规定的从轻或减轻负刑事责任年龄[②],从第17条引申的绝对不负刑事责任年龄,第4款规定的相对不负刑事责任年龄。二是达到法定刑事责任能力,即法定的行为人能够理解自己行为的目的、性质和后果并可辨认和控制自己行为及对自己行为负责的主观条件。根据《刑法》第18条和第19条,中国刑法将刑事责任能力分3种:第18条第1款规定的绝对不负刑事责任能力,即无刑事责任能力;第18条第2款和第4款规定的绝对负刑事责任能力,即有刑事责任能力;第18条第3款和第19条规定的相对负刑事责任能力,即有刑事责任能力,但可从轻、减轻或免除处罚。单位作为犯罪主体的定义、主体资格和刑事责任能力由第30条规定,即单位犯罪指具有犯罪主体资格的公司、企业、事业单位、机关和团体实施了危害社会的行为,并应负刑事责任,上述可以作为犯罪主体的单位,包括国有的、集体所有的、合资经营的、合作经营的、具有法人资格的独资的、具有法人资格的私营的,但个人为进行犯罪而设立的上述单位实施犯罪的、上述单位设立后以实施犯罪为主要活动的、盗用单位名义实施犯罪且违法所得由实施犯罪的个人私分的,均不以单位犯罪论处;单位犯罪的刑罚形式由第31条规定,即对犯罪单位判处罚金,对直接负责的主管人员和其他直接责任人员判处刑罚。

第三,犯罪的客观方面又称为犯罪的客观要件,指《刑法》明文规定的危害社会并应受刑罚处罚的行为及其结果。犯罪的客观方面包括犯罪行为、犯罪结果及它们之间构成的因果关系;没有这些客观要件,就不构成犯罪:犯罪行为,它在犯罪构成中起着决定性作用,只有实施了犯罪行为,才构成犯罪,不存在思想或意识方面的犯罪,现代文明国家一定不能以言治罪,一定不能有文字狱、思想犯,而犯罪行为又包括犯罪的作为,即犯罪主体用积极的行动去实施刑法明文禁止的危害社会的行为,侵犯刑法保护的社会关系,以及犯罪的不作为,即犯罪主体用消极的行为不去实施法律规定的有义务实施的行为,侵犯刑法保护的社会关系;犯罪结果,即犯罪客体在作为或不作为的犯罪行为作用下发生的变化或达到的最后状态,某些定罪量刑正是以犯罪结果为依据;犯罪行为和犯罪结果的因果关

[①] 此处以及下面涉及的年龄均为犯罪时的年龄,而非逮捕时的年龄。

[②] 第49条也规定的犯罪时不满18周岁的,即使犯死罪,也不适用死刑。第5款规定的已满75周岁的人故意犯罪的可以从轻或减轻处罚;过失犯罪的应当从轻或减轻处罚。

系，是把握犯罪客观要件的重要方面，因为犯罪结果对某些定罪量刑是一个重要依据，但一个犯罪结果只有属于某个犯罪行为所为，才能确定实施该犯罪行为的主体的刑事责任，严谨的法律不允许有一丁点儿的张冠李戴，这就需要探求犯罪行为和犯罪结果之间的因果关系。

第四，犯罪的主观方面即犯罪的主观要件，指犯罪主体在实施犯罪行为时所具有的故意或过失的主观心理状态。中国刑法否定客观归罪原则，即行为人在主观上没有犯罪故意或过失，即便其行为在客观上造成了损害结果，即其行为在客观上与损害结果存在因果关系，也不构成犯罪。犯罪主观要件的不同主观心理决定故意犯罪和过失犯罪这两种不同性质的犯罪。故意犯罪，《刑法》第14条第1款是其立法定义，它须具备两个要件：明知自己的行为可能发生危害社会的结果，行为人有意识实施这种明知可能发生危害结果的犯罪行为。后一要件有不同行为模式，因而故意犯罪分为直接故意犯罪和间接故意犯罪：明知自己的行为会发生危害社会的结果，而希望这种结果发生，是直接故意犯罪；明知自己的行为会发生危害社会的结果，而放任这种结果发生，是间接故意犯罪。显然，这两种程序不同的故意犯罪，其区别就在于前者"希望"危害结果发生，后者"放任"危害结果的发生："希望"是一种心理欲望，在行为上往往表现为采取主动、积极的动作去达到目的；"放任"是一种听之任之态度，在行为上通常有意识地采取置之不理的态度而导致危害结果的发生。直接故意犯罪比间接故意犯罪具有更大的犯罪恶行，在量刑上应当为重。《刑法》界定的罪名，大多数故意犯罪没有写明"故意"字眼，是因为这些罪名从其性质便可断定它们只能是故意犯罪，如抢劫罪、强奸罪、贪污罪等；相比之下的个别罪名标明"故意"字眼，乃因有相对应的过失犯罪，如杀人罪、伤害罪，因有过失杀人、过失伤害，故有故意杀人、故意伤害。过失犯罪，《刑法》第15条第1款是其立法定义，它须具备两个要件：应当预见自己的行为可能发生危害社会的结果，行为人因疏忽或自信而实施这种导致发生危害结果的行为。后一要件有不同行为模式，因而过失犯罪分为疏虞过失犯罪和自信过失犯罪：应当预见自己的行为可能发生危害社会的结果，因为疏忽大意而没有预见，以致发生这种结果的，是疏虞过失犯罪；已经预见自己的行为可能发生危害社会的结果，因为自信而轻信能避免，以致发生这种结果的，是自信过失犯罪。因过失犯罪轻于故意犯罪，故法律有规定的，即有《刑法》分则关于过失犯罪规定的，才负刑事责任，且在量刑方面比故意犯罪轻得多。《刑法》分则351个条款中有10个条款、468个罪名中有16个罪名涉及过失犯罪。犯罪目的和犯罪动机涉及犯罪的主观要件，都是一种犯罪心理活动。故意犯罪都带有某个目的或动机，过失犯罪一般不带有某个目的或动机。犯罪目的是犯罪主体在实施犯罪行为时所希望达到的一种特定结果，它表现为一种犯罪的外部志向；犯罪动机是促使犯罪主体实施犯罪行为的一种念头，它是犯罪在意识上的起因，表现为一种犯罪的内部冲动。区分犯罪目的和犯罪动机很重要：某些罪名中，犯罪目的之于某些罪名是定罪标准，而之于另些罪名又是量刑依据；犯罪动机有时是用来区分不同罪名的衡量标准，有时又是对同一罪名考虑不同量刑的依据。

（三）正当防卫和紧急避险：两种法定的不负刑事责任的行为

第一，正当防卫，一种法定不负刑事责任的制止不法侵害的行为，《刑法》第20条第1款是其立法定义，它须具备以下要件：正当防卫必须是针对不法的侵害行为，正当防卫针对的这种不法侵害行为必须是正在进行中，正当防卫对象必须是正在进行不法侵害的人而不能损害第三者。正当防卫法理依据是，既然存在不法侵害行为，那么，遭受其侵害的人或对不法侵害有反击能力的人就有权利或有义务用反击的方式去防止本人或被侵害者遭受不法侵害，因而它是公民宪法权利的体现。诚然，行使正当防卫权利须合乎法律规范，否则要负相应刑事责任，这是所谓防卫过当，即超过必要限度的正当防卫。何谓"过当"或"必要限度"，这是模糊概念，法律本身也没有严格界定。从审判实践看，必要限度可理解为防卫强度应是正好可制止不法侵害的行为；这里有个相对利益的评价问题，即应在侵害者权益与被侵害者权益之间寻找一个平衡点，不能用严重损害侵害者的极端手段来保卫被侵害者的较小利益。例如不能用置其死地的极端防卫手段来对付一个小偷小摸的侵害行为，因为小偷小摸行为者的生命权远大于被小偷小摸侵害的财产利益。强调正当防卫不能超过必要限度造成重大损害，这也是法律公义性的要求。但因防卫过当往往产生于一瞬间，防卫者也无时间考虑采用哪种防卫方式才不是防卫过当，故对正当防卫要求不能过于苛刻，只要防卫强度同侵害强度大体相当，就不能认为超出防卫限度。对正在进行行凶、杀人、抢劫、强奸、绑架以及其他严重危及人身安全的暴力犯罪，采取防卫行为，即便造成不法侵害人伤亡，也不属防卫过当。当然，不能滥用正当防卫的权利：对于任何合法行为，不能使用正当防卫；不能对正当防卫实施正当防卫；不能故意挑逗他人首先侵犯自己，然后，以正当防卫的借口再对他人施以危害的行为；正当防卫只能针对侵害人本人，不能针对第三者，包括侵害人的家属。

第二，紧急避险，一种法定不负刑事责任的避免遭受危险的行为，《刑法》第21条第1款是其立法定义，它须具备以下要件：紧急避险必须是针对危险状况，紧急避险针对的危险应是正在发生中，紧急避险须出于不得已，紧急避险保护的利益须是法律保护的利益。紧急避险是在突发性侵害行为或危害事件中出于人性本能的自我保护的合法行为。同样，行使紧急避险权利须合乎法律规范，不能超过必要限度，否则要负相应刑事责任。此处的"必要限度"也是个模糊概念，法律没有严格界定。这里也有个相对利益的评价问题，紧急避险毕竟不是按常理出牌的行为，通常具有以损害较小利益而保护较大利益的特点，故所谓的"必要限度"应理解为紧急避险损害的利益大于或等于保护的利益，都属于"超过必要限度"，也即避险过当。问题是如何评价两个利益之间的大小：一般说，人身权大于财产权，生命权大于一般人身权，两个财产利益的大小通常以财产价格来衡量。因紧急避险也往往在意念的一瞬间，没有充分时间去衡量利益的大小，故对要负刑事责任的避险过当的人，不能过于苛求，在处罚时应减轻或免除处罚。同样也不能滥用紧急避险：避免本人危险，不适用于职务上、业务上负有特定责任的人，客轮失事时船员就不能罔顾乘客生命擅自逃命，学校集体活动出现危险情况时，老师，尤其是领导者就不能罔顾学生生命擅自逃命，因为相对于乘客，船员在职务上、业务上是负有特定责任的人，相对于学生，老师，尤其领导者在职务上、业务上是负有特定责任的人。

（四）犯罪的预备、未遂、既遂和中止

犯罪的预备、未遂、既遂和中止是实施故意犯罪的几个不同阶段：

第一，犯罪的预备，《刑法》第22条第1款是其立法界定，它是介于犯罪决意与实施犯罪之间的一个为实施犯罪做准备的阶段，实施犯罪预备的行为人称为预备犯。犯罪预备

不同于单纯犯意：单纯犯意还不具有实际危害性，不追究其刑事责任；犯罪预备从客观上、主观上都已初具犯罪构成的要件，要追究刑事责任。犯罪预备也不同于犯罪未遂，更不同于犯罪既遂，所以对于预备犯，可比照既遂犯从轻、减轻或免除处罚。

第二，犯罪的未遂和既遂，《刑法》第23条第1款是犯罪未遂的立法定义。犯罪未遂特征：犯罪分子已着手实行犯罪，异于犯罪预备；犯罪未得逞，又异于犯罪既遂；犯罪未得逞乃犯罪分子意志外原因，还异于犯罪中止。犯罪未遂分为两种：未了未遂，即犯罪行为人已开始实施犯罪，由于其意志外原因，使得犯罪分子未能实施完为达到犯罪意图的全部行为便未得逞的犯罪未遂；既了未遂，即犯罪行为人已开始实施犯罪，并已完成为达到犯罪意图所必要的全部行为，由于其意志外原因，使得犯罪未得逞的犯罪未遂。不管哪种犯罪未遂，都已具备犯罪构成要件，故未遂犯应负刑事责任，但可比照既遂犯从轻或减轻处罚。与犯罪未遂对称的犯罪既遂，即犯罪行为人实施犯罪行为完全具备犯罪构成要件，已达到犯罪目的，是故意犯罪的最后阶段，即完成阶段。《刑法》以犯罪既遂作为故意犯罪的各种罪名的成立条件，故分则没有预备犯、未遂犯、中止犯的刑罚，而仅有既遂犯的刑罚。

第三，犯罪的中止，《刑法》第24条第1款是其立法定义，特征是：它须是在犯罪过程中，即在犯罪预备阶段或在已着手实行犯罪的阶段中止；它须是犯罪分子的一种自动行为，而不是犯罪未遂的因外力作用令其停止；它须是危害结果尚未出现，即尚未发展到犯罪既遂的最后阶段。犯罪中止有两种：犯罪分子在犯罪过程中自动放弃犯罪，犯罪分子在犯罪过程中自动有效地防止犯罪结果发生。若说前一种犯罪中止发生于未完成犯罪行为的情况，则后一种发生于已完成犯罪行为但危害结果尚未出现的情况。并非所有采取措施防止犯罪结果发生一定属于犯罪中止：虽然犯罪分子采取措施防止危害结果发生，但是危害结果之所以没有发生，乃因犯罪分子意志外的原因造成，而不因犯罪分子采取措施使然，这样就不能算是犯罪中止，而只能算是犯罪未遂；虽然犯罪分子采取措施防止犯罪结果发生，但是并未有效阻止危害结果的发生，这样就不能算是犯罪中止，而只能算是犯罪既遂。中止犯实际减轻或消除危害，对其没有造成损害的，免除处罚；造成损害的，减轻处罚。

（五）共同犯罪

《刑法》第25条第1款是共同犯罪的立法定义。共同犯罪的客观要件：2人以上共同实施犯罪行为；2人以上实施共同的犯罪行为，不是共同犯罪，而是犯罪客体相同的"同时犯"。共同犯罪的主观要件：2人以上共同故意实施犯罪行为；2人以上共同过失犯罪，不以共同犯罪论处。共同犯罪分类：一般共同犯罪和集团共同犯罪，前者指2人以上共同犯罪，但没有犯罪组织的共同犯罪，特点是一种临时纠合，后者指3人以上为共同犯罪组成的犯罪集团实施共同犯罪；事前无通谋共同犯罪和事前通谋共同犯罪，前者指共同犯罪的共同故意不是在实施共同犯罪前串谋形成的，而是在实施故意犯罪过程中形成的，特点是一种偶然的共同犯罪，后者指共同犯罪的共同故意是在实施共同犯罪前串谋形成的；任意共同犯罪和必要共同犯罪，前者指可以1人单独实施的犯罪由2人以上共同实施犯罪的共同犯罪，后者指犯罪主体必须是2人以上才能构成犯罪的共同犯罪。一般共同犯罪可以是事前无通谋共同犯罪，也可以是事前通谋共同犯罪；集团共同犯罪一定是事前通谋共同犯罪，并以事前通谋为要件。共同犯罪的犯罪主体称为共同犯罪人，或称为共犯，有4

类：一是主犯，《刑法》第 26 条第 1 款是其立法定义，有两种：集团共同犯罪主犯，又称为组织、领导犯罪集团的首要分子，对这种主犯按集团所犯全部罪行处罚；共同犯罪中起主要作用的主犯，包括犯罪集团共同犯罪中虽不是首要分子但起主要作用的主犯、一般共同犯罪中起主要作用的主犯，对这种主犯按其参与或组织、指挥的全部犯罪处罚。二是从犯，《刑法》第 27 条第 1 款是其立法定义，又称为帮助犯，有 3 种：在犯罪行为实施前起辅助作用，为共同犯罪的实施创造便利条件的事前从犯；在犯罪行为实施后提供帮助，为完成共同犯罪创造最后条件的事后从犯；在犯罪行为实施中直接参与犯罪，但仅起次要作用或仅参与某些犯罪的在场从犯。对从犯一般从轻、减轻处罚或免除处罚。三是胁从犯，即被胁迫参加犯罪的人。因其是被胁迫才参与犯罪的，所以对这类应按其犯罪情节减轻处罚或免除处罚。四是教唆犯，即故意用言语、行为动作或其他方法引起并促使他人实施犯罪行为以实现犯罪意图的人。教唆犯具有主观上的故意教唆企图以及客观上的引起并促使他人犯罪的教唆行为这两个要件。对教唆犯的处罚原则是：教唆他人犯罪的，按其在共同犯罪中所起作用处罚；教唆不满 18 周岁的人犯罪的，从重处罚；教唆未遂的，可从轻或减轻处罚。

二 刑 罚

（一）刑罚的定义、特征及中国刑罚体系

刑罚是审判机关依法对实施危害社会而应负刑事责任的犯罪行为的犯罪主体采用的一种剥夺其某种权益的惩罚性的强制处分。它有以下特征：惩罚性的特征，因为对犯罪不予惩罚，对犯罪主体就没有惩戒作用；强制力的特征，刑罚代表全体社会成员的利益，所以需要通过国家强制力来保护；平等性的特征，任何行为主体，只要违反刑法明文规定的，就要受到刑罚处罚，反之，就不应被施以刑罚处罚，刑罚适用应是一视同仁的；依法适用性的特征，即刑罚只能由国家审判机关依法适用，其他任何主体均无权适用刑罚。刑罚对维护社会秩序和稳定，对社会公义相当重要：只有通过对犯罪分子适用刑罚，才能有效地预防其再犯罪；只有通过用刑罚来惩罚犯罪，才能对社会产生一种警诫作用，对潜在犯罪产生一种威慑作用。

刑罚体系指刑法规定的按一定方式和标准排列的刑罚种类①的次序和结构，它是其法律体系在刑事法律中的具体化。中国有自己的刑罚体系，其刑罚分为主刑和附加刑两类：主刑与附加刑对称，指独立适用的主要刑罚种类，自身不能附加适用，对一个罪名只能判处一种主刑，主刑包括管制、拘役、有期徒刑、无期徒刑、死刑 5 种；附加刑与主刑对称，指附随或补充主刑适用的附带刑罚种类，视案件性质和需要，既可以附加适用，也可以独立适用，对一个罪名可以判处一种主刑和一种附加刑，也可以判处一种主刑和数种附加刑，还可以独立判处一种或数种附加刑，附加刑包括罚金、剥夺政治权利、没收财产 3 种。无论主刑抑或附加刑，其排列次序都分别由轻到重，体现了刑罚由轻到重的选择适用原则。除主刑和附加刑外，还有针对犯罪主体和客体一些特殊情形的处罚：对外国人犯罪

---

① 刑罚的种类通常又可以简称为刑种。

的刑罚，可独立或附加适用驱逐出境；对犯罪分子除判处刑罚外还视其犯罪行为造成被害人经济损失的程度判处承担民事赔偿责任的民事强制处罚，这种处罚优于同时被判处的罚金、没收财产的处罚；对因情节轻微免予刑事处罚的，可视不同案情予以某些非刑罚的处罚，包括训诫、责令具结悔过、赔礼道歉、赔偿损失、行政处罚、行政处分，但行为属于《刑事诉讼法》第15条第1项规定的不认为是犯罪情形的，则不能适用；因利用职业便利实施犯罪或实施违背职业要求的特定义务的犯罪被判处刑罚的，法院可以根据犯罪情况和预防再犯罪需要，禁止其自刑罚执行完毕之日或假释之日起从事相关职业，期限为3年至5年，违反此规定者，由公安机关予以处罚，严重者，按第313条规定处罚。

（二）主刑：刑罚种类（一）

管制，对犯罪情节较轻的犯罪分子由法院依法判处不予关押而在公安机关监管下限制其一定行动自由的刑罚最轻的一种主刑，是中国独创刑种。除贪污贿赂罪、渎职罪、军人违反职责罪外，其余7类犯罪分别有不同的罪名适用管制。管制期限为3个月以上2年以下；数罪并罚的，最高不能超过3年。被管制的犯罪分子管制期间应遵守第39条规定。

拘役，将罪行较轻的犯罪分子短期监禁在就近的一定场所或可同时使其服劳役，从而剥夺其人身自由的主刑中次轻的一种主刑。各类犯罪都有不少罪名适用拘役。拘役期限为1个月以上6个月以下；数罪并罚的，最高不能超过1年。

有期徒刑，有一定期限，刑期幅度最大和适用最广的主刑中较重的一种主刑，也是徒刑的一种，期限除第50条、第69条规定外，为6个月以上15年以下，其刑期从判决执行之日起计算，判决执行以前先行羁押的，羁押一日折抵刑期一日。徒刑是将犯罪分子拘禁于监狱等场所，剥夺其人身自由，强制有劳动能力的接受劳动改造的刑罚，分为有期徒刑和无期徒刑。

无期徒刑，无限期监禁，被剥夺自由终身的主刑中次重的一种主刑。无期徒刑与有期徒刑区别只是刑期不同，即其严厉程度不同，其他方面如执行场所、强制劳动是相同的。

死刑，剥夺犯罪分子生命的主刑中最重的一种主刑，又称为生命刑或极刑。因死刑是一种以剥夺人的生命为特征的刑罚，故世界上许多国家废除了死刑，中国则基于国情保留死刑，但严格规定其只适用于罪行极其严重的犯罪分子：除第103条第2款、第105条、第107条、第109条外，分则第1章规定的对国家和人民危害特别严重、情节特别恶劣的危害国家安全罪；诸如放火、决水、爆炸、投毒等致人重伤、死亡或使公私财产遭受重大损失的严重危害公共安全罪；诸如生产、销售假药致人死亡或对人体健康造成特别严重危害的严重破坏市场经济秩序罪；诸如故意杀人或故意伤害他人身体致人死亡或以特别残忍手段致人重伤造成严重残疾的严重侵犯公民人身权利、民主权利罪；诸如以暴力、胁迫或其他方法入屋抢劫的严重侵犯财产罪；诸如聚众打砸抢或聚众斗殴，致人重伤、死亡的严重妨害社会管理秩序罪；诸如破坏武器装备、军事设施、军事通信，情节特别严重的严重危害国防利益罪；个人贪污数额在10万元以上且情节特别严重的、个人受贿数额在10万元以上且情节特别严重的严重贪污贿赂罪①；诸如战时违抗命令，对作战造成危害而致使

---

① 中国情况较为复杂，现在未见贪污10万元而判处死刑的，事实上贪污几百万元甚至上千万元、上亿元的贪污犯都没判处死刑的。

战斗、战役遭受重大损失的军人严重违反职责罪。注意,渎职罪不适用死刑。以下犯罪分子不适用死刑:犯罪时不满18周岁的人和审判时怀孕的妇女;审判时已满75周岁的人,除非以特别残忍手段致人死亡。死刑除依法由最高法院判决的外,均应报请最高法院核准[①]。对于死刑,不是必须立即执行的,可判处死刑同时宣告缓期2年执行,简称为死缓;这是中国独创的一种死刑执行制度,它须满足按刑法规定应当判处死刑和按其所犯罪行不是必须立即执行这两个条件,并在缓期期满后面临3种可能结果,在死刑缓期执行期间,没有故意犯罪的,2年期满后减为无期徒刑,确有重大立功表现的,2年期满后减为25年有期徒刑,故意犯罪并查证属实的,最高法院核准执行死刑。

这里涉及刑法死刑规则的反思问题。中国是保留死刑的国家之一,尽管现时对死刑已严加限制,但其执行数字的比例仍大于其他保留死刑的国家。就世界政治文明的发展历史来看,相信世界最终会废除死刑。中国对于死刑的保留或许有其现状、历史、法制建设、文化传统、民族心理等多种原因在左右。在最高法院收回死刑复核权之时,最突出的不是要不要废除死刑,而是死刑标准是否贯彻如一的问题;换言之,既然存有死刑规则,那么死刑标准就至为重要,尤其对于底层百姓,统一的死刑量刑标准才是公平正义的。

(三) 附加刑:刑罚种类(二)

罚金,法院附加适用或独立适用判处犯罪分子被强制在一定期限内,向国家交纳一定数额金钱的一种最轻附加刑的刑罚,是财产刑的一种。财产刑是指法院附加适用或独立适用判处剥夺犯罪主体一部分或全部属于其所有的财产,并无偿收归国有的刑罚,包括罚金刑和没收财产刑。罚金不同于刑事赔偿损失,后者是法院判处犯罪主体对因其犯罪行为的侵犯而遭受经济损失的被害人给予经济上的一定赔偿,它不是一个刑种,而仅是对有关刑种的补充;罚金也不同于行政罚款,后者是行政机关对违反行政法规又不够刑事处罚的行政相对人依法强制在一定期限内交纳一定数额金钱收归国有的一种行政处罚。除危害国家安全罪、渎职罪、军人违反职责罪没有罚金刑外,其余各类各种犯罪都有罪名适用罚金刑。凡单位犯罪,除对责任人员处以相应刑罚外,对单位处罚一律适用罚金刑;仅有罚金刑既可适用自然人,又可适用单位。对自然人适用罚金,主要是破坏市场经济秩序和贪污贿赂的经济犯罪、涉及财产的不正当得利的犯罪、出于贪利动机的妨害社会管理秩序的犯罪及某些出于或非出于贪利动机的轻罪。对于罚金的具体数额,《刑法》分则只对破坏市场经济秩序罪的自然人犯罪主体的罚金数额作了规定;凡未作规定者,由法院依据第52条,视犯罪情节自由裁量地决定罚金数额。罚金刑的处罚有单处、并处、并处或单处3种:单处是只对犯罪分子判处罚金刑,没有同时判处其他刑罚;并处是对犯罪分子首先判处一种刑罚,主要是主刑之一种,然后同时判处罚金刑;并处或单处是可以选择性处罚金。

剥夺政治权利,法院依照刑法规定附加适用或独立适用判处剥夺犯罪分子在法定时期内享受宪法和法律所规定的公民政治权利的一种较重附加刑。剥夺政治权利与其他法系的剥夺公权或褫夺公权大致相当,为与其他法系区别,《共同纲领》把名称改为剥夺政治权

[①] 中国曾于20世纪80年代、90年代,21世纪初,为配合严打犯罪,将死刑核准权下放至有关高级人民法院行使,但2007年元旦后,随着国家法律体系的完善,将死刑核准权收归最高人民法院行使。

利,并一直沿用至今。剥夺政治权利范围包括:选举权和被选举权;言论、出版、集会、结社、游行、示威自由的权利;担任国家机关职务的权利;担任国有公司、企业、事业单位和人民团体领导职务的权利,包括担任中外合资、中外合作企业的领导职务的权利。剥夺政治权利的适用形式有附加适用和独立适用。附加适用包括:对危害国家安全的犯罪分子,应当附加适用;对故意杀人、强奸、放火、爆炸、投毒、抢劫等严重破坏社会秩序的犯罪分子,可以附加适用,对故意伤害、盗窃等其他严重破坏社会秩序的犯罪分子,若犯罪分子的主观恶性较深、犯罪情节恶劣、罪行严重的,也可以附加适用;对被判处死刑、无期徒刑的犯罪分子,应当附加适用,且适用终身。独立适用包括情节较轻的以下犯罪:危害国家安全罪,侵犯公民人身权利民主权利罪,妨害社会管理秩序之扰乱公共秩序罪,危害国防利益罪。剥夺政治权利的期限:对被判处死刑、无期徒刑的,期限是终身;对死缓或无期徒刑减为有期徒刑的,期限改为3年以上10年以下;对被判处管制附加剥夺政治权利的,期限与管制的相等;其余的剥夺政治权利的期限是1年以上5年以下。

没收财产,附加适用或独立适用判处将属于犯罪分子个人所有的财产的一部分或全部强制无偿地收归国有的一种最重的财产刑。本刑仅有并处一种形式,仅适用于自然人,不适用于单位。适用没收财产刑的有:危害国家安全罪,情节严重的破坏市场经济秩序罪、侵犯公民人身权利民主权利和其他权利罪、侵犯财产罪、妨害社会管理秩序罪、贪污贿赂罪。

(四)刑法的具体运用

第一,量刑,是法院对犯罪分子决定刑罚时根据其犯罪的事实、性质、情节和危害程度,依照刑法裁量犯罪的轻重和适用刑种的一种审判行为。量刑要恰当,就要依据量刑情节,即法院对犯罪分子量刑处罚所依据的与犯罪相关的各种事实情况,包括法定量刑情节和酌定量刑情节。法定量刑情节是刑法明文规定的在量刑处罚时应当依据的事实情节:既包括《刑法》总则规定的对各种各类犯罪普遍适用的量刑情节,又包括《刑法》分则规定的对某种犯罪个别适用的量刑情节;既包括从重处罚的量刑情节,又包括从轻、减轻或免除处罚的量刑情节。总则规定的从重处罚的法定量刑情节,包含教唆不满18周岁的人犯罪的教唆犯、累犯,分则规定的从重处罚的法定量刑情节包含策动、胁迫、勾引、收买国家机关工作人员、武装部队人员、警察、民兵进行武装叛乱或暴动等31种犯罪;总则规定的从轻、减轻或免除处罚的法定量刑情节包含在外国领域外犯罪,已经过外国审判并在外国已受过刑罚处罚的15种犯罪,分则规定的从轻、减轻或免除处罚的法定量刑情节包含对公司、企业人员行贿的行贿人在被追诉前主动交代行贿行为的6种犯罪。从轻、减轻或免除处罚的法定量刑情节,有时相容,有时不相容;有的是"应当",有的是"可以"。分则中的一些术语,如情节较轻、情节严重、情节特别严重、情节恶劣、情节特别恶劣、后果严重、后果特别严重、造成损失、造成较大损失、造成重大损失、造成特别重大损失、数额较大、数额巨大、数额特别巨大,大部分已作为犯罪构成要件,有相应法定刑,不属于法定量刑情节。酌定量刑情节是刑法没有明文规定,但在量刑时法院可以根据案件事实和相关法律规定综合、灵活掌握的情节,包括犯罪动机、犯罪手段、犯罪的具体环境、犯罪后的态度等因素,从而合情合理合法地作出自由裁量。分则通常以"依照前款的规定酌情处罚"或"依照第几条的规定酌情处罚"等字眼作为对酌情量刑情节的规定。

第二，累犯，分为一般累犯和特定累犯。一般累犯是指除危害国家安全犯罪、恐怖活动犯罪、黑社会性质的组织犯罪以外的其他所有犯罪的累犯。第65条第1款是其立法定义，其构成要件是：前罪和后罪至少有一个是一般刑事犯罪，前罪和后罪都必须是被判处有期徒刑以上刑罚之罪，后罪必须发生在前罪的刑罚执行完毕或赦免以后的5年以内，前罪和后罪必须都是故意犯罪，犯罪时应年满18周岁。特定累犯是指危害国家安全犯罪、恐怖活动犯罪、黑社会性质的组织犯罪的累犯。第66条是其立法定义，其构成要件是：前罪和后罪都必须是危害国家安全犯罪、恐怖活动犯罪或黑社会性质的组织犯罪，也因而必定都是故意犯罪；前罪和后罪可以是被判处任何一个刑种，包括主刑或附加刑；前罪刑罚执行完毕或赦免以后的任何时候，只要再犯该类累犯所犯前述之罪，都构成累犯。

第三，自首和立功。第67条是自首的立法定义。自首有两种形式：一般自首形式，即犯罪后在尚未被发觉前自动投案供述自己的罪行；特定自首形式，即已被发觉犯罪并已被采取强制措施的犯罪嫌疑人、被告人和正在服刑的罪犯自动如实供述司法机关还未掌握的本人其他罪行。不论哪种形式，自首都应有以下要件：自首须在犯罪行为被发觉之前，包括特定的自首形式中在其他罪行尚未被司法机关掌握之前；自首须是犯罪行为人自动投案供述罪行，包括特定自首形式中罪犯如实供述其他罪行；向司法机关自首的须是自己的犯罪行为；自首者须接受审判机关裁判。最高人民法院规范了第67条"自动投案""如实供述"的含义。自首者，可从轻、减轻或免除处罚。

第68条是立功的法律规范。立功表现为：犯罪分子到案后有检举、揭发他人犯罪行为，包括共同犯罪中犯罪分子揭发同案犯共同犯罪外的其他犯罪，且经查证属实的；犯罪分子提供侦破其他案件的重要线索，且经查证属实的；犯罪分子阻止他人犯罪活动的；犯罪分子协助司法机关抓捕包括同案犯在内的其他犯罪嫌疑人的；具有其他有利于国家和社会的突出表现的。重大立功表现为：犯罪分子有检举、揭发他人重大犯罪行为，且经查证属实的；犯罪分子提供侦破其他重大案件的重要线索，且经查证属实的；犯罪分子阻止他人重大犯罪活动的；犯罪分子协助司法机关抓捕包括同案犯在内的其他重大犯罪嫌疑人的；犯罪分子对国家和社会有其他重大贡献等表现的。"重大犯罪""重大案件""重大犯罪嫌疑人"，指犯罪嫌疑人、被告人可能被判处无期徒刑以上刑罚，或案件在本省、自治区、直辖市或全国有较大影响。

第四，数罪并罚，指判决宣告以前一人犯数罪的，或判决宣告以后，刑罚执行完毕以前，发现被判刑的犯罪分子在判决宣告以前还有其他罪没有判决的或被判刑的犯罪分子又犯罪的，对犯罪分子所犯的两个以上数罪分别定罪量刑，并按一定原则合并执行刑罚的一种刑罚制度。数罪包括原判之数罪、原判之罪与漏判之罪、原判之罪与新犯之罪；故若有漏判之罪或新犯之罪，则与原判之罪一起数罪并罚。数罪并罚的特点：一是一人犯数罪。数罪指一个犯罪主体出于数个犯罪故意或犯罪过失，实施了数个犯罪行为，侵犯了数个犯罪客体，并造成数个危害结果的情形。数罪与继续犯罪不同：继续犯罪指犯罪行为在一个相对较长的时间内不间断地持续着的犯罪，它具有犯罪行为与不法状态同时不间断地持续着的特点。例如非法拘禁罪，往往体现为继续犯罪。数罪与连续犯罪不同：连续犯罪指一定时期内同一犯罪主体为了同一个犯罪目的，出于同一犯罪故意，间断地连续实施数个独立而又同种类的犯罪行为，触犯同一罪名的犯罪，它具有触犯同一罪名的数个独立且同种类的犯罪行为间断地连续着的特点。例如数次贪污行为所犯的贪污罪。数罪与惯犯不同：

惯犯指以某种犯罪为常业，犯罪成为一种习性，在一段较长的时间内反复犯同种之罪的一种犯罪，它具有反复多次犯同一种罪并以此为常业的特点。二是对一人犯数罪实行合并处罚。从各主要法系的司法实践看，数罪并罚的原则有：吸收原则，即对一人犯数罪，处罚时采取重罪吸收轻罪、重刑吸收轻刑的原则，也即只对数罪中的重罪加以定罪量刑而予以处罚，只执行最重的一种刑罚；合并原则，或曰一罪一刑合并处罚原则，即对数罪分别判处刑罚，然后将数刑相加，合并执行；限制加重原则，即对一人犯数罪，以数罪中最重的刑罚为本刑，然后参照其他罪应科之刑再加重一定的刑罚，最后作合并执行，或在数刑的总和刑期以下，数刑的最高刑期以上，决定执行的刑期，并规定不得超过一定期限。上述原则各有长短，若采取单一原则，则难免失之偏颇。中国刑法根据刑罚种类、犯罪情形对一人犯数罪提出以限制加重原则为主，兼用吸收原则和合并原则的数罪并罚原则：对含有死刑或无期徒刑的数罪并罚采取重刑吸收轻刑的吸收原则，即数罪中宣告若干个主刑刑种，而其中最重的是死刑，就只执行一个死刑而不执行其他主刑刑种，数罪中宣告若干个主刑刑种，而其中最重的是无期徒刑，就只执行一个无期徒刑而不执行其他主刑刑种；对死刑、无期徒刑以外的其他主刑，数罪并罚采取限制加重原则，即在总和刑期以下、数刑中最高刑期以上，酌情决定执行的刑期，但管制最高不能超过 3 年，拘役最高不能超过 1 年，有期徒刑总和刑期不满 35 年的，最高不能超过 20 年，总和刑期在 35 年以上的，最高不能超过 25 年；数罪中有判处附加刑的，附加刑仍须执行，其中附加刑种类相同的，采取合并原则，种类不同的，分别执行；对漏判之罪的数罪并罚，采取"先并后减"计算方法，即先对漏判之罪作出判决，然后把前后两罪按数罪并罚执行刑期，但减去已执行的刑期；对新犯之罪的数罪并罚采取"先减后并"的计算方法，即对新犯之罪作出判决后，先减去前罪已执行的刑罚，然后把前罪剩下的刑罚和后罪判处的刑罚合并起来按数罪并罚计算执行。顺及，刑法对新犯之罪的数罪并罚采用"先减后并"的计算方法显然比对漏判之罪的数罪并罚采用"先并后减"的计算方法要严厉；之所以这样，乃因为考虑到判决后又犯新罪比判决后发现有漏判之罪对于社会的危害性更大，恶性更明显，且触犯刑律的性质更为严重，故在考虑数罪并罚的处罚时理应更重。

第五，缓刑。起源于美国波士顿 1870 年缓刑法的缓刑制度对于某些较轻的刑罚，特别对那些具备一定条件的诸如拘役、有期徒刑之类的自由刑的具体执行，有重要的司法意义，因而至 1889 年布鲁塞尔国际刑法会议被通过作为刑事法律的一项基本制度，相继为各国所仿效，中国也提出了自己的缓刑制度。缓刑指对符合法定条件的犯罪分子，在法定期限内暂缓执行其刑罚的执行制度。对符合缓刑法定条件的被判处拘役或 3 年以下有期徒刑的犯罪分子可以适用缓刑；对前述符合缓刑法定条件的犯罪分子，不满 18 周岁的、怀孕的或已满 75 周岁的，应当适用缓刑。前述所谓法定条件是：犯罪情节较轻，有悔罪表现，没有再犯罪的危险，宣告缓刑对所居住社区没有重大不良影响。缓刑制度是一种附条件的不执行：首先是缓刑有一个考验期限[①]，若犯罪分子在缓刑考验期限内违反有关规定

[①] 缓刑考验期限是根据《刑法》规定，对被判处拘役或 3 年以下有期徒刑并被宣告缓刑的犯罪分子在法定条件下予以延缓刑罚执行或不执行所赖以考察、检验对该犯罪分子是否要恢复执行刑罚的一个法定时间限期，拘役的为原判刑期以上 1 年以下，但不少于 2 个月；有期徒刑的为原判刑期以上 5 年以下，但不少于 1 年。

则恢复执行；若在缓刑考验期限内没有恢复执行的法定情形出现，缓刑考验期满后，原判刑罚则不再执行。其次是犯罪分子在缓刑考验期限内，应遵守以下规定：遵守法律、行政法规，服从监督；按照考察机关的规定报告自己的活动情况；遵守考察机关关于会客的规定；离开所居住的市、县或迁居，应当报经考察机关批准。

第六，减刑。减刑制度是中国刑事法律制度的一个创造，它实际上可以看作是赦免的一种。减刑是对被判处管制、拘役、有期徒刑、无期徒刑的犯罪分子，因其在刑罚执行期间确有悔改表现或立功表现，从而对其执行中的刑罚予以减轻的一种执行制度。减刑不同于减轻处罚：减刑是在判决确定后和刑罚执行中将其原判刑期酌情减轻，减轻处罚是在量刑判决时根据量刑情节对犯罪分子判处低于法定最低刑的刑罚。减刑也不同于死缓两年后的减刑：减刑是针对无期徒刑及其以下刑罚，死缓两年后的减刑是一种针对死缓的法定的特殊性质的减刑。减刑必须符合两个法定条件：只适用于被判处管制、拘役、有期徒刑、无期徒刑的犯罪分子，只适用于在刑罚执行期间确有悔改表现或立功表现的犯罪分子。减刑有一个适度，不论经过多少次减刑，其减刑的期限原则上不能超过原判刑期的一半。

第七，假释。假释最早由法国提出，并只适用于少年犯；假释适用于一般犯人是始于英国，后陆续为世界各国所仿效，成为一项基本刑事法律制度。中国刑法体系也包含假释制度。假释是指对被判处徒刑的犯罪分子服刑期尚未届满但在一定条件下暂予释放，并经过一定时期的考验，如无重新收监的法定情形出现，即视为刑罚执行完毕这样一种执行制度。假释与缓刑不同：缓刑是在判决同时宣告适用的刑罚制度，假释是在执行一定刑期后适用的刑罚制度。假释不同于监外执行：监外执行是对具有严重疾病需要保外就医、怀孕及正在哺乳自己婴儿的犯罪分子，暂不予羁押而交付公安机关监管的执行措施，当监外执行的法定情形消失后刑期未满的，仍需收监；假释是附条件的提前释放，假释考验期限内未有重新收监的法定情形出现，考验期限届满时视为刑罚已经执行完毕。假释须满足以下要件：假释只适用于被判处徒刑的犯罪分子，但累犯及因故意杀人、强奸、抢劫、绑架、放火、爆炸、投放危险物质或有组织的暴力性犯罪被判处10年以上有期徒刑、无期徒刑的犯罪分子不适用假释；假释只适用于被判处徒刑且已执行一部分刑期的犯罪分子，即有期徒刑的，已执行原判刑期二分之一以上，无期徒刑的，实际执行13年以上，除非经最高人民法院特许；假释只适用于确有悔改表现，没有再犯罪危险的犯罪分子。假释也有一个考验期限：有期徒刑的假释考验期限为未执行完毕的刑期，无期徒刑的为10年。在假释考验期限内犯新罪或有漏判之罪的，撤销假释，依法实行数罪并罚，在假释考验期限内违反法律法规或有关规定，尚未构成新罪的，撤销假释，收监执行未执行完毕的刑罚；在假释考验期限内无重新收监的法定情形出现的，假释考验期满，视为原判刑罚执行完毕。

第八，时效，指刑法规定的对犯罪分子追究刑事责任的有效期限，即刑事责任的追诉时效。犯罪已过追诉时效期限的，就不再追究刑事责任，除非认为存在法定不受追诉时效期限限制的情形。追诉时效：法定最高刑为不满5年有期徒刑的，经过5年；法定最高刑为5年以上不满10年有期徒刑的，经过10年；法定最高刑为10年以上有期徒刑的，经过15年；法定最高刑为无期徒刑、死刑的，经过20年，20年后认为必须追诉的，须报请最高人民检察院核准。超过追诉时效期限，对相关犯罪一般不能再追诉，除非出现时效中止或时效中断的情形。追诉期限从犯罪之日起计算；犯罪行为有连续或继续状态的，从犯罪行为终了之日起计算。犯罪之日，指犯罪行为完成或停止之日；犯罪行为有连续或继续状态,指连续犯罪或继续犯罪。时效期限的计算很重要,关系到追诉犯罪的合法性问题,它涉及时效中止和时效中断这两个不同概念:时效中止又称为时效延长或时效停止,指法定事由存在期间时效暂时停止进行,自该事由消除时起,时效继续进行,而时效停止前所经过的时效进行期间仍然有效的时效计算方式;时效中断是指法定事由因在时效进行期间发生而使在此以前所经过的时效期间归于无效,当该事由终了时,时效重新开始计算的时效计算方式。造成时效中止的法定事由有两个:犯罪嫌疑人、被告人在检察院、公安机关、国家安全机关立案侦查或在法院受案后逃避侦查或审判的;被害人在追诉期限内提出控告,法院、检察院、公安机关应当立案而不予立案的。这两个法定事由至少一个存在期间,其追诉时效立即停止,无论这期间存续多长时间,起诉主体都有权对其追诉;当有关事由消失后,时效继续进行计算,而时效停止以前经过的时效进行期间仍然有效。造成时效中断的法定事由是犯罪嫌疑人、被告人在追诉期限内又犯罪,这一事由令前罪追诉时效期间归于无效,当后罪的犯罪行为停止之日,其前罪的追诉期限从犯后罪之日起重新计算。

第三节 罪名和量刑

如果上节是关于《刑法》总则规范的犯罪与刑罚的一般理论和原则,那么本节就是关于《刑法》分则规范的罪名。在结构上,本节是上节的展开,上节是本节的依据和原则。

一 罪名概述

(一) 罪名的表述结构

罪名是指由法律根据犯罪行为性质和特征明确规定的犯罪名称。在《刑法》分则中,有的一个条款表述一个罪名,有的一个条款表述数个罪名,有的数个条款表述一个罪名,有的数个条款表述数个罪名。罪名的立法表述有一定的结构模式,包括罪状和法定刑两部分。罪状是对犯罪行为、犯罪事实和犯罪构成的摹状、描摹,是罪名构成的基本组成部分。例如第102条的背叛国家罪,"勾结外国,危害中华人民共和国的主权、领土完整和安全的"便是对该罪的摹状,即罪状。罪状形式有4种:简单罪状,即对所犯罪行的摹状只简单规定犯罪名称,对罪的特征要件没作规定,适用于那些众所周知的罪行;说明罪状,即对所犯罪行的摹状,具体规定犯罪的特征要件,多见于分则规定的罪名结构模式;引证罪状,即引用同一法典其他条款来规定犯罪构成的特征要件,目的是为避免对罪行规定在文字上的重复;参见罪状,即参照其他法律、行政法规来规定犯罪构成的特征要件,主要用于对触犯其他法律、行政法规,而其犯罪构成特征不必在刑法重复表述的罪名。

法定刑是分则根据罪状明确规定的刑罚，包括刑种和刑幅：刑种是总则规定的5种主刑和3种附加刑；刑幅即刑罚幅度，是分则依据量刑情节明确规定的对某个罪名判处的刑罚从法定最低刑至法定最高刑的允许度。法定刑不同于宣告刑：相对于法定刑，宣告刑是法院在审判刑事案件时根据量刑情节，对刑事被告人所实际宣告的刑罚。除法律规定外，宣告刑应当严格在法定刑的刑幅内作出。分则对刑幅规定为几种情形：明确规定法定最低刑和法定最高刑的刑幅，包括规定有两种以上主刑、规定有两种以上主刑并规定附加刑或规定有两种以上主刑并规定可以附加刑、规定有期徒刑一种主刑等3种不同情形的法定刑刑幅；只规定法定最高刑，而法定最低刑则按总则的规定执行；只规定法定最低刑，而法定最高刑则按总则的规定执行。后两种情形，即分则只规定法定最高刑或法定最低刑，而相应的法定最低刑或法定最高刑则参照总则规定，这是针对有期徒刑的，因为有期徒刑才存在一个范围较大的刑幅，从6个月至15年不等，而管制或拘役虽也有个幅度，但由于范围较小，分则都没有具体规定它们的刑期，对它们的裁量权交给法院。

（二）罪名：中国特色的犯罪分类

《刑法》把犯罪分为10类，罪名为468个，有中国特色：以犯罪客体为犯罪分类标准，即相同类型犯罪客体为同类犯罪；以危害程度为犯罪分类的排列标准，即各种各类犯罪以由重到轻、由大到小的原则排列；突出了与社会生活息息相关的破坏市场经济秩序罪和妨害社会管理秩序罪，故仅有这两类再细分为若干种犯罪；对犯罪分类相对合理，把妨害婚姻家庭的犯罪归为侵犯公民人身权利、民主权利一类犯罪，突出了贪污、受贿索贿、行贿、挪用公款一类犯罪与职务相关的性质，把军人违反职责的犯罪作为独立的一类，把危害国防利益的犯罪作为涉及国家军事利益的犯罪而独立于危害国家安全的犯罪和军人违反职责的犯罪；对罪名规定相对准确。为方便读者阅读，本书的罪名术语依据最高人民法院、最高人民检察院1997年以来对罪名的司法解释。

二 《刑法》规范的各类各种犯罪的罪名[①]及其量刑

《刑法》规范了10类犯罪的罪名，有几类犯罪又区分为若干种犯罪，在一类犯罪或者一种犯罪之中，最后区分为若干个罪名。这就是中国刑事法律规范下的犯罪和罪名体系。

（一）危害国家安全罪

危害国家安全罪这类犯罪，共包括12个条款、12个罪名。
罪名1 背叛国家罪（102，113）[②]：最高刑为无期徒刑，可死刑。
罪名2 分裂国家罪（103-1，106，113）[③]：最高刑为无期徒刑，可死刑。

---

① 本书所列所有罪名，均统一序号，其内容仅涵盖该罪名名称以及处罚的《刑法》条款依据、该罪名的刑罚最高刑规定等内容。

② 本章各罪名所依据的《刑法》条款按统一形式表示，例如：（102，113）的意思是第102条，第113条。

③ 本章各罪名所依据的《刑法》条款按统一形式表示，例如：（103-1，106，113）的意思是第103条第1款，第106条，第113条。

罪名 3　煽动分裂国家罪（103-2，106，113）：最高刑为 15 年有期徒刑。
罪名 4　武装叛乱、暴乱罪（104，106，113）：最高刑为无期徒刑，可死刑。
罪名 5　颠覆国家政权罪（105-1，106，113-2）：最高刑为无期徒刑。
罪名 6　煽动颠覆国家政权罪（105-2，106，113-2）：与罪名 3 相同。
罪名 7　资助危害国家安全犯罪活动罪（107，113-2）：与罪名 3 相同。
罪名 8　投敌叛变罪（108，113）：最高刑为无期徒刑，可死刑。
罪名 9　叛逃罪（109，113-2）：最高刑为 10 年有期徒刑。
罪名 10　间谍罪（110，113）：最高刑为无期徒刑，可死刑。
罪名 11　为境外窃取、刺探、收买、非法提供国家秘密、情报罪（111，113）：最高刑为无期徒刑，可死刑。
罪名 12　资敌罪（112，113）：最高刑为无期徒刑，可死刑。

（二）危害公共安全罪

危害公共安全罪这类犯罪，共包括 26 个条款，52 个罪名。
罪名 13　放火罪（又称为纵火罪）（114，115-1）：最高刑为死刑。
罪名 14　决水罪（114，115-1）：最高刑为死刑。
罪名 15　爆炸罪（114，115-1）：最高刑为死刑。
罪名 16　投放危险物质罪（114，115-1）：最高刑为死刑。
罪名 17　以危险方法危害公共安全罪（114，115-1）：最高刑为死刑。
罪名 18　失火罪（115-2）：最高刑为 7 年有期徒刑。
罪名 19　过失决水罪（115-2）：最高刑为 7 年有期徒刑。
罪名 20　过失爆炸罪（115-2）：最高刑为 7 年有期徒刑。
罪名 21　过失投放危险物质罪（115-2）：最高刑为 7 年有期徒刑。
罪名 22　过失以危险方法危害公共安全罪（115-2）：最高刑为 7 年有期徒刑。
罪名 23　破坏交通工具罪（116，119-1）：最高刑为死刑。
罪名 24　破坏交通设施罪（117，119-1）：最高刑为死刑。
罪名 25　破坏电力设备罪（118，119-1）：最高刑为死刑。
罪名 26　破坏易燃易爆设备罪（118，119-1）：最高刑为死刑。
罪名 27　过失损坏交通工具罪（119-2）：最高刑为 7 年有期徒刑。
罪名 28　过失损坏交通设施罪（119-2）：最高刑为 7 年有期徒刑。
罪名 29　过失损坏电力设备罪（119-2）：最高刑为 7 年有期徒刑。
罪名 30　过失损坏易燃易爆设备罪（119-2）：最高刑为 7 年有期徒刑。
罪名 31　组织、领导、参加恐怖组织罪（120）：最高刑为无期徒刑。
罪名 32　资助恐怖活动罪（120 之一）：最高刑为 15 年有期徒刑。单位犯本罪，对单位处罚金；对有关人员①按本罪法定刑处罚。
罪名 33　准备实施恐怖活动罪（120 之二）：最高刑为 15 年有期徒刑。
罪名 34　宣扬恐怖主义、极端主义煽动实施恐怖活动罪（120 之三）：最高刑同上。

---

① 指"直接负责的主管人员和其他直接责任人员"，以下简称为"有关人员"。

罪名 35 利用极端主义破坏法律实施罪（120 之四）：最高刑同上。

罪名 36 强制穿戴宣扬恐怖主义、极端主义服饰、标志罪（120 之五）：最高刑为 3 年有期徒刑。

罪名 37 非法持有宣扬恐怖主义、极端主义物品罪（120 之六）：最高刑同上。

罪名 38 劫持航空器罪（121）：最高刑为死刑。

罪名 39 劫持船只、汽车罪（122）：最高刑为无期徒刑。

罪名 40 暴力危及飞行安全罪（123）：最高刑为 15 年有期徒刑。

罪名 41 破坏广播电视设施、公用电信设施罪（124-1）：最高刑为 15 年有期徒刑。

罪名 42 过失损坏广播电视设施、公用电信设施罪（124-2）：最高刑为 7 年有期徒刑。

罪名 43 非法制造、买卖、运输、邮寄、储存枪支、弹药、爆炸物罪（125-1）：最高刑为死刑。单位犯本罪的，对单位处罚金；对有关人员按本罪的法定刑处罚。

罪名 44 非法制造、买卖、运输、储存危险物质罪（125-2）：最高刑为死刑。单位犯本罪，对单位处罚金；对有关人员按本罪法定刑处罚。

罪名 45 违规制造、销售枪支罪（126）：对犯本罪的单位处罚金；对有关人员最高刑为无期徒刑。

罪名 46 盗窃、抢夺枪支、弹药、爆炸物、危险物质罪（127-1）：最高刑为死刑。

罪名 47 抢劫枪支、弹药、爆炸物、危险物质罪（127-2）：最高刑为死刑。

罪名 48 非法持有、私藏枪支、弹药罪（128-1）：最高刑为 7 年有期徒刑。

罪名 49 非法出租、出借枪支罪（128-2、3、4）：最高刑为 7 年有期徒刑。单位犯本罪的，对单位处罚金；对其有关人员按上述法定刑处罚。

罪名 50 丢失枪支不报罪（129）：最高刑为 3 年有期徒刑。

罪名 51 非法携带枪支、弹药、管制刀具、危险物品危及公共安全罪（130）：最高刑为 3 年有期徒刑。

罪名 52 重大飞行事故罪（131）：最高刑为 7 年有期徒刑。

罪名 53 铁路运营安全事故罪（132）：最高刑为无期徒刑。

罪名 54 交通肇事罪（133）：最高刑为 15 年有期徒刑。

罪名 55 危险驾驶罪（133 之一）：最高刑为拘役。

罪名 56 重大责任事故罪（134-1）：最高刑为 7 年有期徒刑。

罪名 57 强令违章冒险作业罪（134-2）：最高刑为 15 年有期徒刑。

罪名 58 重大劳动安全事故罪（135）：最高刑为 7 年有期徒刑。

罪名 59 大型群众性活动重大安全事故罪（135 之一）：最高刑为 7 年有期徒刑。

罪名 60 危险物品肇事罪（136）：最高刑为 7 年有期徒刑。

罪名 61 工程重大安全事故罪（137）：最高刑为 10 年有期徒刑。

罪名 62 教育设施重大安全事故罪（138）：最高刑为 7 年有期徒刑。

罪名 63 消防责任事故罪（139）：最高刑为 7 年有期徒刑。

罪名 64 不报、谎报安全事故罪（139 之一）：最高刑为 7 年有期徒刑。

（三）破坏社会主义市场经济秩序罪

破坏社会主义市场经济秩序罪这类犯罪，分为 8 种，92 个条款，108 个罪名。

1. 生产、销售伪劣商品罪

生产、销售伪劣商品罪这种犯罪，共包括 11 个条款，9 个罪名。

罪名 65　生产、销售伪劣产品罪（140）：最高刑为无期徒刑。

罪名 66　生产、销售假药罪（141）：最高刑为死刑。

罪名 67　生产、销售劣药罪（142）：最高刑为无期徒刑。

罪名 68　生产、销售不符合安全标准的食品罪（143）：最高刑为无期徒刑。

罪名 69　生产、销售有毒、有害食品罪（144）：最高刑为死刑。

罪名 70　生产、销售不符合标准的医用器材罪（145）：最高刑为无期徒刑。

罪名 71　生产、销售不符合安全标准的产品罪（146）：最高刑为 15 年有期徒刑。

罪名 72　生产、销售伪劣农药、兽药、化肥、种子罪（147）：最高刑为无期徒刑。

罪名 73　生产、销售不符合卫生标准的化妆品罪（148）：最高刑为 3 年有期徒刑。

2. 走私罪

走私罪这种犯罪，共包括 7 个条款，10 个罪名。

罪名 74　走私武器、弹药罪（151-1）：最高刑为无期徒刑。

罪名 75　走私核材料罪（151-1）：最高刑为无期徒刑。

罪名 76　走私假币罪（151-1）：最高刑为无期徒刑。

罪名 77　走私文物罪（151-2）：最高刑为无期徒刑。

罪名 78　走私贵重金属罪（151-2）：最高刑为无期徒刑。

罪名 79　走私珍贵动物、珍贵动物制品罪（151-2）：最高刑为无期徒刑。

罪名 80　走私国家禁止进出口的货物、物品罪（151-3）：最高刑 15 年有期徒刑。

单位犯罪名 74 至罪名 80 之罪，对单位处罚金，对有关人员按照各该罪名的法定刑定罪处罚。

罪名 81　走私淫秽物品罪（152-1）：最高刑为无期徒刑。单位犯本罪，对单位处罚金；对有关人员按本罪法定刑处罚。

罪名 82　走私废物罪（152-2）：最高刑为 15 年有期徒刑。单位犯本罪，对单位处罚金，对有关人员按本罪法定刑处罚。

罪名 83　走私普通货物、物品罪（153）：最高刑为无期徒刑。单位犯本罪，对单位处罚金；对有关人员最高刑为 15 年有期徒刑。

3. 妨害对公司、企业的管理秩序罪

妨害对公司、企业的管理秩序罪这种犯罪，共包括 12 个条款，17 个罪名。

罪名 84　虚报注册资本罪（158）：最高刑为 3 年有期徒刑。单位犯本罪，对单位处罚金；对有关人员的最高刑为 3 年有期徒刑。

罪名 85　虚假出资、抽逃出资罪（159）：最高刑为 5 年有期徒刑。单位犯本罪，对单位处罚金；对有关人员的最高刑为 5 年有期徒刑。

罪名 86　欺诈发行股票、债券罪（160）：最高刑为 5 年有期徒刑。单位犯本罪，对单位处罚金；对有关人员法定刑与罪名 85 的处罚相同。

罪名87　违规披露、不披露重要信息罪（161）：最高刑为3年有期徒刑。

罪名88　妨害清算罪（162）：最高刑为5年有期徒刑。

罪名89　虚假破产罪（162，162之二）：其法定刑与罪名88的相同。单位犯本罪的，对单位处罚金；对有关人员按本罪法定刑处罚。

罪名90　隐匿、故意销毁会计凭证、会计账簿、财务会计报告罪（162，162之一，162之二）：本罪法定刑与罪名88相同。单位犯本罪的，对单位处罚金；对有关人员按本罪法定刑处罚。

罪名91　非国家工作人员受贿罪（163，184-1）：最高刑为15年有期徒刑。

罪名92　对非国家工作人员行贿罪（164）：最高刑为10年有期徒刑。单位犯本罪的，对单位处罚金；对有关人员的最高刑为10年有期徒刑。

罪名93　对外国公职人员、国际公共组织官员行贿罪（164）：最高刑为10年有期徒刑。单位犯本罪的，对单位处罚金；对有关人员的法定刑与罪名92的相同。

罪名94　非法经营同类营业罪（165）：最高刑为7年有期徒刑。

罪名95　为亲友非法牟利罪（166）：本罪法定刑与罪名94的相同。

罪名96　签订、履行合同失职被骗罪（167）：最高刑为7年有期徒刑。

罪名97　国有公司、企业、事业单位人员失职罪（168）：其法定刑与罪名96的相同。

罪名98　国有公司、企业、事业单位人员滥用职权罪（168）：本罪法定刑与罪名96和罪名97的相同。

罪名99　徇私舞弊低价折股、出售国有资产罪（169）：法定刑与罪名96的相同。

罪名100　背信损害上市公司利益罪（169之一）：最高刑为7年有期徒刑。单位犯本罪的，对单位处罚金；对有关人员的法定刑与罪名99的相同。

4. 破坏金融管理秩序罪

破坏金融管理秩序罪这种犯罪，共包括22个条款，30个罪名。

罪名101　伪造货币罪（170）：最高刑为无期徒刑。

罪名102　出售、购买、运输假币罪（171-1）：最高刑为无期徒刑。

罪名103　金融工作人员购买假币、以假币换取货币罪（171-2）：最高刑无期徒刑。

罪名104　持有、使用假币罪（172）：最高刑为15年有期徒刑。

罪名105　变造货币罪（173）：最高刑为10年有期徒刑。

罪名106　擅自设立金融机构罪（174）：最高刑为10年有期徒刑。单位犯本罪的，对单位处罚金；对有关人员的最高刑为10年有期徒刑。

罪名107　伪造、变造、转让金融机构经营许可证、批准文件罪（174）：法定刑与罪名106相同。单位犯本罪的，对单位处罚金；有关人员与罪名106的相同。

罪名108　高利转贷罪（175）：最高刑为7年有期徒刑。单位犯本罪的，对单位处罚金；对有关人员的最高刑为3年有期徒刑。

罪名109　骗取贷款、票据承兑、金融票证罪（175之一）：最高刑为7年有期徒刑。单位犯本罪的，对单位处罚金；对有关人员的最高刑为7年有期徒刑。

罪名 110　非法吸收公众存款罪（176）：最高刑为 10 年有期徒刑。单位犯本罪的，对单位处罚金；对有关人员的最高刑为 10 年有期徒刑。

罪名 111　伪造、变造金融票证罪（177）：最高刑为无期徒刑。单位犯本罪的，对单位处罚金；对有关人员处罚的最高刑为无期徒刑。

罪名 112　妨害信用卡管理罪（177 之一）：最高刑为 10 年有期徒刑。

罪名 113　窃取、收买、非法提供信用卡信息罪（177 之一）：法定刑与罪名 112 的相同。

罪名 114　伪造、变造国家有价证券罪（178 - 1、3）：最高刑为无期徒刑。单位犯本罪的，对单位处罚金；对有关人员的最高刑为无期徒刑。

罪名 115　伪造、变造股票、公司、企业债券罪（178 - 2、3）：法定刑与罪名 112 的相同。单位犯本罪的，对单位处罚金；对有关人员的最高刑为 10 年有期徒刑。

罪名 116　擅自发行股票、公司、企业债券罪（179）：最高刑为 5 年有期徒刑。单位犯本罪的，对单位处罚金；对有关人员的最高刑为 5 年有期徒刑。

罪名 117　内幕交易、泄露内幕信息罪（180 - 1、2、3）：最高刑为 10 年有期徒刑。单位犯本罪的，对单位处罚金；对有关人员的最高刑为 5 年有期徒刑。

罪名 118　利用未公开信息交易罪（180 - 4）：本罪法定刑与罪名 117 的相同。

罪名 119　编造并传播证券、期货交易虚假信息罪（181 - 1、3）：最高刑为 5 年有期徒刑。单位犯本罪的，对单位处罚金；对有关人员的最高刑为 5 年有期徒刑。

罪名 120　诱骗投资者买卖证券、期货罪（181 - 2、3）：最高刑为 10 年有期徒刑。单位犯本罪的，对单位处罚金；对有关人员的最高刑为 5 年有期徒刑。

罪名 121　操纵证券、期货市场罪（182）：最高刑为 10 年有期徒刑。单位犯本罪的，对单位处罚金；对有关人员的最高刑为 10 年有期徒刑。

罪名 122　背信运用受托财产罪（185 之一）：对单位处罚金。对有关人员的最高刑为 10 年有期徒刑。

罪名 123　违法运用资金罪（185 之一）：仅对有关人员处罚，其法定刑与罪名 122 的相同。

罪名 124　违法发放贷款罪（186）：最高刑为 15 年有期徒刑。单位犯本罪的，对单位处罚金；对有关人员的最高刑为 15 年有期徒刑。

罪名 125　吸收客户资金不入账罪（187）：最高刑为 15 年有期徒刑。单位犯本罪的，对单位处罚金；对有关人员的最高刑为 15 年有期徒刑。

罪名 126　违规出具金融票证罪（188）：最高刑为 15 年有期徒刑。单位犯本罪的，对单位处罚金；对有关人员的最高刑为 15 年有期徒刑。

罪名 127　对违法票据承兑、付款、保证罪（189）：最高刑为 15 年有期徒刑。单位犯本罪的，对单位处罚金；对有关人员的最高刑为 15 年有期徒刑。

罪名 128　逃汇罪（190）：对犯本罪单位处罚金；对有关人员最高刑 5 年有期徒刑。

罪名 129　骗购外汇罪（《全国人大常委会关于惩治骗购外汇、逃汇和非法买卖外汇犯罪的决定》第 1 条）：最高刑为无期徒刑。单位犯本罪的，对单位处罚金；对有关人员的最高刑为无期徒刑。

罪名130　洗钱罪（191）：最高刑为10年有期徒刑。单位犯本罪的，对单位处罚金；对有关人员的最高刑为10年有期徒刑。

5. 金融诈骗罪

金融诈骗罪这种犯罪共包括9个条款，8个罪名。

罪名131　集资诈骗罪（192，200）：最高刑为无期徒刑。单位犯本罪的，对单位处罚金；对有关人员的最高刑为无期徒刑。

罪名132　贷款诈骗罪（193）：最高刑为无期徒刑。

罪名133　票据诈骗罪（194-1，200）：最高刑为无期徒刑。单位犯本罪的，对单位处罚金；对有关人员的最高刑为无期徒刑。

罪名134　金融凭证诈骗罪（194-2，200）：法定刑及对单位犯本罪的处罚与罪名133的相同。

罪名135　信用证诈骗罪（195，200）：法定刑及对单位犯本罪的处罚与罪名133和罪名134的相同。

罪名136　信用卡诈骗罪（196）：最高刑为无期徒刑。

罪名137　有价证券诈骗罪（197）：法定刑与罪名132的相同。

罪名138　保险诈骗罪（198）：最高刑为15年有期徒刑。单位犯本罪的，对单位处罚金；对有关人员的最高刑为15年有期徒刑。

6. 危害税收征管罪

危害税收征管罪这种犯罪共包括12个条款，14个罪名。

罪名139　逃税罪（201）：最高刑为7年有期徒刑。

罪名140　抗税罪（202）：最高刑为7年有期徒刑。

罪名141　逃避追缴欠税罪（203）：最高刑为7年有期徒刑。

罪名142　骗取出口退税罪（204）：最高刑为无期徒刑。

罪名143　虚开增值税专用发票及用于骗取出口退税、抵扣税款发票罪（205-1、2）：最高刑为无期徒刑。单位犯本罪的，对单位处罚金；对有关人员的最高刑为无期徒刑。

罪名144　虚开发票罪（205之一）：最高刑为7年有期徒刑。单位犯本罪的，对单位处罚金；对有关人员的最高刑为7年有期徒刑。

罪名145　伪造、出售伪造的增值税专用发票罪（206）：最高刑为无期徒刑。单位犯本罪的，对单位处罚金；对有关人员的最高刑为无期徒刑。

罪名146　非法出售增值税专用发票罪（207）：最高刑为无期徒刑。

罪名147　非法购买增值税专用发票、购买伪造的增值税专用发票罪（208）：最高刑为5年有期徒刑。

罪名148　非法制造、出售非法制造的用于骗取出口退税、抵扣税款发票罪（209-1）：最高刑为15年有期徒刑。

罪名149　非法制造、出售非法制造的发票罪（209-2）：最高刑为7年有期徒刑。

罪名150　非法出售用于骗取出口退税、抵扣税款发票罪（209-3）：法定刑与罪名148的相同。

罪名 151　非法出售发票罪（209-4）：法定刑与罪名 149 的相同。
单位犯罪名 139、罪名 141、罪名 142、罪名 146、罪名 147、罪名 148、罪名 149、罪名 150、罪名 151 的，对单位处罚金；对有关人员按各该罪名法定刑处罚。

罪名 152　持有伪造的发票罪（210 之一）：最高刑为 7 年有期徒刑。单位犯本罪的，对单位处罚金，对有关人员按本罪法定刑处罚。

7. 侵犯知识产权罪

侵犯知识产权罪这种犯罪共包括 8 个条款，7 个罪名。

罪名 153　假冒注册商标罪（213）：最高刑为 7 年有期徒刑。

罪名 154　销售假冒注册商标的商品罪（214）：法定刑与罪名 153 的相同。

罪名 155　非法制造、销售非法制造的注册商标标识罪（215）：最高刑为 7 年有期徒刑。

罪名 156　假冒专利罪（216）：最高刑为 3 年有期徒刑。

罪名 157　侵犯著作权罪（217）：法定刑与罪名 153 和罪名 154 的相同。

罪名 158　销售侵权复制品罪（218）：法定刑与罪名 156 的相同。

罪名 159　侵犯商业秘密罪（219）：法定刑与罪名 153、罪名 154 和罪名 157 的相同。

单位犯罪名 153 至罪名 159 的，对单位处罚金；对有关人员依照各该罪名的法定刑处罚。

8. 扰乱市场秩序罪

扰乱市场秩序罪这种犯罪共包括 11 个条款，13 个罪名。

罪名 160　损害商业信誉、商品声誉罪（221）：最高刑为 2 年有期徒刑。

罪名 161　虚假广告罪（222）：法定刑与罪名 160 的相同。

罪名 162　串通投标罪（223）：最高刑为 3 年有期徒刑。

罪名 163　合同诈骗罪（224）：最高刑为无期徒刑。

罪名 164　组织、领导传销活动罪（224 之一）：最高刑为 15 年有期徒刑。

罪名 165　非法经营罪（225）：最高刑为 15 年有期徒刑。

罪名 166　强迫交易罪（226）：最高刑为 7 年有期徒刑。

罪名 167　伪造、倒卖伪造的有价票证罪（227-1）：最高刑为 7 年有期徒刑。

罪名 168　倒卖车票、船票罪（227-2）：最高刑为 3 年有期徒刑。

罪名 169　非法转让、倒卖土地使用权罪（228）：最高刑为 7 年有期徒刑。

罪名 170　提供虚假证明文件罪（229-1、2）：最高刑为 10 年有期徒刑。

罪名 171　出具证明文件重大失实罪（229-3）：法定刑与罪名 162 的相同。

罪名 172　逃避商检罪（230）：法定刑与罪名 162、罪名 171 的相同。

单位犯罪名 160 至罪名 172 的，对单位处罚金；对有关人员依照各该罪名的法定刑处罚。

（四）侵犯公民人身权利、民主权利罪

侵犯公民人身权利、民主权利罪这类犯罪共包括 31 个条款，42 个罪名。

罪名 173　故意杀人罪（232）：最高刑为死刑。

罪名 174　过失致人死亡罪（233）：最高刑为 7 年有期徒刑。

罪名175　故意伤害罪（234-1、2）：最高刑为死刑。

罪名176　组织出卖人体器官罪（234之一）：最高刑为15年有期徒刑。未经本人同意摘取其器官，摘取不满18周岁的人的器官，或强迫、欺骗他人捐献器官的，按罪名175、罪名173所规定之罪定罪处罚，最高刑为死刑；违背本人生前意愿摘取其尸体器官，或本人生前未表示同意，违反国家规定，违背其近亲属意愿摘取其尸体器官的，按罪名274所规定之罪定罪处罚，最高刑为3年有期徒刑。

罪名177　过失致人重伤罪（235）：最高刑为3年有期徒刑。

罪名178　强奸罪（236）：最高刑为死刑。

罪名179　强制猥亵、侮辱妇女罪（237-1、2）：最高刑为15年有期徒刑。

罪名180　猥亵儿童罪（237-3）：法定刑与罪名179的相同，法定从重处罚。

罪名181　非法拘禁罪（238-1）：最高刑为3年有期徒刑。

罪名182　绑架罪（239）：最高刑为无期徒刑。犯本罪，致人死亡或杀害被绑架人的，处死刑。

罪名183　拐卖妇女、儿童罪（240）：最高刑为死刑。

罪名184　收买被拐卖的妇女、儿童罪（241-1）：最高刑为3年有期徒刑；但收买被拐卖的妇女，强行与其发生性关系的（241-2），最高刑为死刑。

罪名185　聚众阻碍解救被收买的妇女、儿童罪（242-2）：对首要分子的最高刑为5年有期徒刑。

罪名186　诬告陷害罪（243）：最高刑为10年有期徒刑。

罪名187　强迫劳动罪（244）：最高刑为10年有期徒刑。单位犯本罪的，对单位处罚金；对有关人员的最高刑为10年有期徒刑。

罪名188　雇用童工从事危重劳动罪（244之一）：最高刑为7年有期徒刑。

罪名189　非法搜查罪（245）：最高刑为3年有期徒刑。

罪名190　非法侵入住宅罪（245）：最高刑为3年有期徒刑。

罪名191　侮辱罪（246）：最高刑为3年有期徒刑。

罪名192　诽谤罪（246）：最高刑为3年有期徒刑。

罪名193　刑讯逼供罪（247）：法定刑与罪名189和罪名190的相同。

罪名194　暴力取证罪（247）：法定刑与罪名189和罪名190的相同。

罪名195　虐待被监管人罪（248）：最高刑为10年有期徒刑。

罪名196　煽动民族仇恨、民族歧视罪（249）：最高刑为10年有期徒刑。

罪名197　出版歧视、侮辱少数民族作品罪（250）：最高刑为3年有期徒刑。

罪名198　非法剥夺公民宗教信仰自由罪（251）：最高刑为2年有期徒刑。

罪名199　侵犯少数民族风俗习惯罪（251）：最高刑为2年有期徒刑。

罪名200　侵犯通信自由罪（252）：最高刑为1年有期徒刑。

罪名201　私自开拆、隐匿、毁弃邮件、电报罪（253-1）：法定刑与罪名198、罪名199的相同。

罪名202　出售、非法提供公民个人信息罪（253之一1、2、4）：最高刑为7年有期徒刑。单位犯本罪的，对单位处罚金；对有关人员按该罪法定刑处罚。

罪名203　非法获取公民个人信息罪（253之一3）：同罪名202的相同。
罪名204　报复陷害罪（254）：最高刑为7年有期徒刑。
罪名205　打击报复会计、统计人员罪（255）：与罪名189和罪名190的相同。
罪名206　破坏选举罪（256）：最高刑为3年有期徒刑。
罪名207　暴力干涉婚姻自由罪（257）：最高刑为7年有期徒刑。
罪名208　重婚罪（258）：与罪名198和罪名199的相同。
罪名209　破坏军婚罪（259-1）：与罪名189和罪名190的相同。
罪名210　虐待罪（260）：最高刑为7年有期徒刑。
罪名211　遗弃罪（261）：最高刑为5年有期徒刑。
罪名212　拐骗儿童罪（262）：法定刑与罪名185的相同。
罪名213　组织残疾人、儿童乞讨罪（262之一）：最高刑为7年有期徒刑。
罪名214　组织未成年人进行违反治安管理活动罪（262之二）：法定刑与罪名213的相同。

（五）侵犯财产罪

侵犯财产罪这类犯罪共包括14个条款，13个罪名。
罪名215　抢劫罪（263）：最高刑为死刑。
罪名216　盗窃罪（264，265）：最高刑为无期徒刑。
罪名217　诈骗罪（266）：法定刑与罪名216的相同。
罪名218　抢夺罪（267）：法定刑同罪名216；携带凶器抢夺的，最高刑为死刑。
罪名219　聚众哄抢罪（268）：最高刑为10年有期徒刑。
罪名220　侵占罪（270）：最高刑为5年有期徒刑。
罪名221　职务侵占罪（271-1）：最高刑为15年有期徒刑。
罪名222　挪用资金罪（272-1）：最高刑为10年有期徒刑。
罪名223　挪用特定款物罪（273）：最高刑为7年有期徒刑。
罪名224　敲诈勒索罪（274）：最高刑为15年有期徒刑。
罪名225　故意毁坏财物罪（275）：最高刑为7年有期徒刑。
罪名226　破坏生产经营罪（276）：最高刑为7年有期徒刑。
罪名227　拒不支付劳动报酬罪（276之一）：最高刑为7年有期徒刑。单位犯本罪的，对单位处罚金；对有关人员按本罪法定刑处罚。

（六）妨害社会管理秩序罪

妨害社会管理秩序罪这类犯罪分为9种，共91个条款，136个罪名。

1. 扰乱公共秩序罪

扰乱公共秩序罪这种犯罪共包括28个条款，50个罪名。
罪名228　妨害公务罪（277）：最高刑为3年有期徒刑。
罪名229　煽动暴力抗拒法律实施罪（278）：最高刑为7年有期徒刑。
罪名230　招摇撞骗罪（279）：最高刑为10年有期徒刑。
罪名231　伪造、变造、买卖国家机关公文、证件、印章罪（280-1）：最高刑为10

年有期徒刑。

罪名232 盗窃、抢夺、毁灭国家机关公文、证件、印章罪（280-1）：最高刑为10年有期徒刑。

罪名233 伪造公司、企业、事业单位、人民团体印章罪（280-2）：最高刑为3年有期徒刑。

罪名234 伪造、变造居民身份证罪（280-3）：最高刑为7年有期徒刑。

罪名235 使用虚假身份证、盗用身份证罪（280之一）：最高刑为拘役。

罪名236 非法生产、买卖警用装备罪（281）：最高刑为3年有期徒刑。单位犯本罪的，对单位处罚金；对有关人员按本罪法定刑处罚。

罪名237 非法获取国家秘密罪（282-1）：法定刑与罪名229的相同。

罪名238 非法持有国家秘密、机密文件、资料、物品罪（282-2）：最高刑为3年有期徒刑。

罪名239 非法生产、销售专用间谍器材或者窃听、窃照专用器材罪（283）：最高刑为7年有期徒刑。单位犯此罪的，对单位处罚金，对有关人员按本罪法定刑处罚。

罪名240 非法使用窃听、窃照专用器材罪（284）：最高刑为2年有期徒刑。

罪名241 组织考试作弊罪（284之一1、2）：最高刑为7年有期徒刑。

罪名242 非法出售、提供试题、答案罪（284之一3）：最高刑同上。

罪名243 代替考试罪（284之一4）：最高刑为拘役。

罪名244 非法侵入计算机信息系统罪（285-1）：最高刑为3年有期徒刑。

罪名245 非法获取计算机信息系统数据、非法控制计算机信息系统罪（285-2）：最高刑为7年有期徒刑。

罪名246 提供侵入、非法控制计算机信息系统程序、工具罪（285-3）：法定刑与罪名245的相同。

单位犯罪名244至罪名246的，对单位处罚金，对有关人员按本罪法定刑处罚。

罪名247 破坏计算机信息系统罪（286）：最高刑为15年有期徒刑。单位犯此罪的，对单位处罚金，对有关人员按本罪法定刑处罚。

罪名248 拒不履行信息网络安全管理义务罪（286之一）：最高刑为3年有期徒刑；单位犯此罪的，对单位处罚金，对有关人员最高刑为3年有期徒刑。

罪名249 非法利用信息网络罪（287之一）：最高刑为3年有期徒刑；单位犯此罪的，对单位处罚金，对有关人员按本罪法定刑处罚。

罪名250 帮助信息网络犯罪活动罪（287之二）：刑罚及单位犯罪的处罚同上。

罪名251 扰乱无线电通讯管理秩序罪（288）：最高刑为7年有期徒刑；单位犯本罪的，对单位处罚金，对有关人员按本罪法定刑处罚。

罪名252 聚众扰乱社会秩序罪（290-1）：对首要分子最高刑为7年有期徒刑；对其他积极参加者最高刑为3年有期徒刑。

罪名253 聚众冲击国家机关罪（290-2）：对首要分子最高刑为10年有期徒刑；对其他积极参加者最高刑为5年有期徒刑。

罪名254 扰乱国家机关工作秩序罪（290-3）：最高刑为3年有期徒刑。

罪名 255　组织资助非法聚集罪（290-4）：刑罚同上。

罪名 256　聚众扰乱公共场所秩序、交通秩序罪（291）：对首要分子最高刑为 5 年有期徒刑。

罪名 257　投放虚假危险物质罪（291 之一 1）：最高刑为 15 年有期徒刑。

罪名 258　编造、故意传播虚假恐怖信息罪（291 之一 1）：刑罚同上。

罪名 259　编造、故意传播虚假信息罪（291 之一 2）：最高刑为 7 年有期徒刑。

罪名 260　聚众斗殴罪（292-1）：最高刑为 10 年有期徒刑。致人重伤、死亡的，依照罪名 175、罪名 173 所规定之罪定罪处罚。

罪名 261　寻衅滋事罪（293）：最高刑为 10 年有期徒刑。

罪名 262　组织、领导、参加黑社会性质组织罪（294-1）：最高刑 15 年有期徒刑。

罪名 263　入境发展黑社会组织罪（294-2）：最高刑为 10 年有期徒刑。

罪名 264　国家机关工作人员包庇、纵容黑社会性质组织罪（294-3）：最高刑为 15 年有期徒刑。

罪名 265　传授犯罪方法罪（295）：最高刑为无期徒刑。

罪名 266　非法集会、游行、示威罪（296）：对有关人员的最高刑为 5 年有期徒刑。

罪名 267　非法携带武器、管制刀具、爆炸物参加集会、游行、示威罪（297）：最高刑为 3 年有期徒刑。

罪名 268　破坏集会、游行、示威罪（298）：与罪名 266 的相同。

罪名 269　侮辱国旗、国徽、国歌罪（299）：最高刑为 3 年有期徒刑。

罪名 270　组织、利用会道门、邪教组织或者利用迷信破坏法律实施罪（300-1）：最高刑为无期徒刑。

罪名 271　组织、利用会道门、邪教组织或者利用迷信致人死亡罪（300-2）：处罚与罪名 270 的相同。

罪名 272　聚众淫乱罪（301-1）：对首要分子或多次参加者处罚，处罚与罪名 256 的相同。

罪名 273　引诱未成年人聚众淫乱罪（301-2）：在罪名 256 法定刑基础上从重处罚。

罪名 274　盗窃、侮辱、故意毁坏尸体、尸骨、骨灰罪（302）：最高刑为 3 年有期徒刑。

罪名 275　赌博罪（303-1）：最高刑为 3 年有期徒刑。

罪名 276　开设赌场罪（303-2）：最高刑为 10 年有期徒刑。

罪名 277　故意延误投递邮件罪（304）：最高刑为 2 年有期徒刑。

2. 妨害司法罪

妨害司法罪这种犯罪共包括 13 个条款，20 个罪名。

罪名 278　伪证罪（305）：最高刑为 7 年有期徒刑。

罪名 279　辩护人、诉讼代理人毁灭证据、伪造证据、妨害作证罪（306）：处罚与罪名 278 的相同。

罪名 280　妨害作证罪（307-1）：最高刑为 7 年有期徒刑。

罪名 281　帮助毁灭、伪造证据罪（307-2）：最高刑为 3 年有期徒刑。

罪名 282　虚假诉讼罪（307 之一）：最高刑为 7 年有期徒刑；单位犯此罪的，对单位处罚金，对有关人员最高刑为 7 年有期徒刑。

罪名 283　打击报复证人罪（308）：最高刑为 7 年有期徒刑。

罪名 284　泄露不应公开的案件信息罪（308 之一 1）：最高刑为 3 年有期徒刑。

罪名 285　披露、报道不应公开的案件信息罪（308 之一 3）：处罚同上；单位犯此罪的，对单位处罚金，对有关人员处罚同上。

罪名 286　扰乱法庭秩序罪（309）：最高刑为 3 年有期徒刑。

罪名 287　窝藏、包庇罪（310）：最高刑为 10 年有期徒刑。

罪名 288　拒绝提供间谍犯罪、恐怖主义、极端主义犯罪证据罪（311）：最高刑为 3 年有期徒刑。

罪名 289　掩饰、隐瞒犯罪所得、犯罪所得收益罪（312）：最高刑为 7 年有期徒刑。单位犯本罪的，对单位处罚金；对有关人员按本罪法定刑处罚。

罪名 290　拒不执行判决、裁定罪（313）：最高刑为 7 年有期徒刑；单位犯此罪的，对单位处罚金，对有关人员按本罪法定刑处罚。

罪名 291　非法处置查封、扣押、冻结的财产罪（314）：最高刑为 3 年有期徒刑。

罪名 292　破坏监管秩序罪（315）：最高刑为 3 年有期徒刑。

罪名 293　脱逃罪（316 - 1）：最高刑为 5 年有期徒刑。

罪名 294　劫夺被押解人员罪（316 - 2）：最高刑为 15 年有期徒刑。

罪名 295　组织越狱罪（317 - 1）：对首要分子和积极参加者，最高刑为 15 年有期徒刑；对其他参加者，最高刑为 5 年有期徒刑。

罪名 296　暴动越狱罪（317 - 2）：对首要分子和积极参加者，最高刑为死刑；对其他参加者，最高刑为 10 年有期徒刑。

罪名 297　聚众持械劫狱罪（317 - 2）：与罪名 296 的相同。

3. 妨害国（边）境管理罪

妨害国（边）境管理罪这种犯罪共包括 6 个条款，8 个罪名。

罪名 298　组织他人偷越国（边）境罪（318）：最高刑为无期徒刑。

罪名 299　骗取出境证件罪（319）：最高刑为 10 年有期徒刑。单位犯本罪的，对单位处罚金；对有关人员按本罪法定刑处罚。

罪名 300　提供伪造、变造的出入境证件罪（320）：最高刑为 15 年有期徒刑。

罪名 301　出售出入境证件罪（320）：最高刑为 15 年有期徒刑。

罪名 302　运送他人偷越国（边）境罪（321）：最高刑为 15 年有期徒刑。

罪名 303　偷越国（边）境罪（322）：最高刑为 1 年有期徒刑；为恐怖活动目的犯此罪的，最高刑为 3 年有期徒刑。

罪名 304　破坏界碑、界桩罪（323）：最高刑为 3 年有期徒刑。

罪名 305　破坏永久性测量标志罪（323）：最高刑为 3 年有期徒刑。

4. 妨害文物管理罪

妨害文物管理罪这种犯罪共包括 6 个条款，10 个罪名。

罪名 306　故意损毁文物罪（324 - 1）：最高刑为 10 年有期徒刑。

罪名 307　故意损毁名胜古迹罪（324 - 2）：最高刑为 5 年有期徒刑。

罪名 308　过失损毁文物罪（324 - 3）：最高刑为 3 年有期徒刑。

罪名 309　非法向外国人出售、赠送珍贵文物罪（325）：最高刑为 5 年有期徒刑。单位犯本罪的，对单位处罚金；对有关人员按本罪法定刑处罚。

罪名 310　倒卖文物罪（326）：最高刑为 10 年有期徒刑。单位犯本罪的，对单位处罚金；对有关人员按本罪法定刑处罚。

罪名 311　非法出售、私赠文物藏品罪（327）：本罪属于单位犯罪，对单位处罚金；对有关人员按罪名 308 法定刑处罚。

罪名 312　盗掘古文化遗址、古墓葬罪（328-1）：最高刑为无期徒刑。

罪名 313　盗掘古人类化石、古脊椎动物化石罪（328-2）：与罪名 312 的相同。

罪名 314　抢夺、窃取国有档案罪（329-1）：最高刑为 5 年有期徒刑。

罪名 315　擅自出卖、转让国有档案罪（329-2）：最高刑为 3 年有期徒刑。

5. 危害公共卫生罪

危害公共卫生罪这种犯罪共包括 8 个条款，11 个罪名。

罪名 316　妨害传染病防治罪（330）：最高刑为 7 年有期徒刑。单位犯本罪的，对单位处罚金；对有关人员依照本罪法定刑处罚。

罪名 317　传染病菌种、毒种扩散罪（331）：最高刑为 7 年有期徒刑。

罪名 318　妨害国境卫生检疫罪（332）：最高刑为 3 年有期徒刑。单位犯本罪的，对单位处罚金；对有关人员按本罪法定刑处罚。

罪名 319　非法组织卖血罪（333-1）：最高刑为 5 年有期徒刑。

罪名 320　强迫卖血罪（333-1）：最高刑为 10 年有期徒刑。

罪名 321　非法采集、供应血液或制作、供应血液制品罪（334-1）：最高刑为无期徒刑。

罪名 322　采集、供应血液或制作、供应血液制品事故罪（334-2）：本罪属于单位犯罪，对单位处罚金；对有关人员最高刑为 5 年有期徒刑。

罪名 323　医疗事故罪（335）：最高刑为 3 年有期徒刑。

罪名 324　非法行医罪（336-1）：最高刑为 15 年有期徒刑。

罪名 325　非法进行节育手术罪（336-2）：与罪名 324 的相同。①

罪名 326　妨害动植物防疫、检疫罪（337）：最高刑为 3 年有期徒刑。单位犯本罪的，对单位处罚金；对有关人员按本罪法定刑处罚。

6. 破坏环境资源保护罪

破坏环境资源保护罪这种犯罪共包括 9 个条款，15 个罪名。

罪名 327　污染环境罪（338）：最高刑为 7 年有期徒刑。

罪名 328　非法处置进口的固体废物罪（339-1）：最高刑为 15 年有期徒刑。

罪名 329　擅自进口固体废物罪（339-2）：最高刑为 10 年有期徒刑。

罪名 330　非法捕捞水产品罪（340）：最高刑为 3 年有期徒刑。

罪名 331　非法猎捕、杀害珍贵、濒危野生动物罪（341-1）：最高刑为 15 年有期徒刑。

罪名 332　非法收购、运输、出售珍贵、濒危野生动物以及珍贵、濒危野生动物制品

---

① 本罪名应当是针对国家计划生育国策而设的。当这一国策改变以后，相信这一罪名也不复存在。

罪（341-1）：最高刑为15年有期徒刑。
罪名333 非法狩猎罪（341-2）：与罪名330的相同。
罪名334 非法占用农用地罪（342）：最高刑为5年有期徒刑。
罪名335 非法采矿罪（343-1）：最高刑为7年有期徒刑。
罪名336 破坏性采矿罪（343-2）：最高刑为5年有期徒刑。
罪名337 非法采伐的、毁坏国家重点保护植物罪（344）：最高刑为7年有期徒刑。
罪名338 非法收购、运输、加工、出售国家重点保护植物、国家重点保护植物制品罪（344）：最高刑为7年有期徒刑。
罪名339 盗伐林木罪（345-1）：最高刑为15年有期徒刑。
罪名340 滥伐林木罪（345-2）：最高刑为7年有期徒刑。
罪名341 非法收购、运输盗伐、滥伐的林木罪（345-3）：与罪名340的相同。

单位犯罪名327至罪名341所规定之罪的，对单位处罚金；对有关人员依照各该罪名的法定刑予以处罚。

7. 走私、贩卖、运输、制造毒品罪

走私、贩卖、运输、制造毒品罪这种犯罪共包括11个条款，11个罪名。

罪名342 走私、贩卖、运输、制造毒品罪（347）：最高刑为死刑。单位犯本罪的，对单位处罚金；对有关人员按本罪法定刑处罚。
罪名343 非法持有毒品罪（348）：最高刑为无期徒刑。
罪名344 包庇毒品犯罪分子罪（349-1、2）：最高刑为10年有期徒刑。
罪名345 窝藏、转移、隐瞒毒品、毒赃罪（349-1、2）：最高刑为10年有期徒刑。
罪名346 非法生产、买卖、运输制毒物品罪（350-1）：最高刑为15年有期徒刑。单位犯此罪以及以制造毒品罪的共犯论处的，对单位处罚金；对有关人员按此罪的法定刑处罚。
罪名347 非法种植毒品原植物罪（351）：最高刑为15年有期徒刑。
罪名348 非法买卖、运输、携带、持有毒品原植物种子、幼苗罪（352）：最高刑为3年有期徒刑。
罪名349 引诱、教唆、欺骗他人吸毒罪（353-1）：最高刑为7年有期徒刑。
罪名350 强迫他人吸毒罪（353-2）：最高刑为10年有期徒刑。
罪名351 容留他人吸毒罪（354）：最高刑为3年有期徒刑。
罪名352 非法提供麻醉药品、精神药品罪（355）：最高刑为7年有期徒刑。向走私、贩卖毒品的犯罪分子或者以牟利为目的，向吸食、注射毒品的人提供国家规定管制的能够使人形成瘾癖的麻醉药品、精神药品的，按罪名342即《刑法》第347条法定刑处罚，最高刑为死刑。单位犯本罪的，对单位处罚金；对有关人员按本罪法定刑处罚。

8. 组织、强迫、引诱、容留、介绍卖淫罪

组织、强迫、引诱、容留、介绍卖淫罪这种犯罪共包括5个条款，6个罪名。

罪名353 组织卖淫罪（358-1、2）：最高刑为无期徒刑。
罪名354 强迫卖淫罪（358-1、2）：最高刑为无期徒刑。
罪名355 协助组织卖淫罪（358-4）：最高刑为10年有期徒刑。

罪名 356　引诱、容留、介绍卖淫罪（359-1）：最高刑为 15 年有期徒刑。
罪名 357　引诱幼女卖淫罪（359-2）：最高刑为 15 年有期徒刑。
罪名 358　传播性病罪（360）：最高刑为 5 年有期徒刑。

9. 制作、贩卖、传播淫秽物品罪

制作、贩卖、传播淫秽物品罪这种犯罪共包括 5 个条款，5 个罪名。

罪名 359　制作、复制、出版、贩卖、传播淫秽物品牟利罪（363-1）：最高刑为无期徒刑。
罪名 360　为他人提供书号出版淫秽书刊罪（363-2）：最高刑为 3 年有期徒刑。
罪名 361　传播淫秽物品罪（364-1）：最高刑为 2 年有期徒刑。
罪名 362　组织播放淫秽音像制品罪（364-2）：最高刑为 10 年有期徒刑。
罪名 363　组织淫秽表演罪（365）：与罪名 362 的相同。

单位犯罪名 359 至罪名 363 所规定之罪的，对单位处罚金；并对有关人员依照各该罪名的法定刑处罚。

（七）危害国防利益罪

危害国防利益罪这类犯罪共包括 14 个条款，23 个罪名。

罪名 364　阻碍军人执行职务罪（368-1）：最高刑为 3 年有期徒刑。
罪名 365　阻碍军事行动罪（368-2）：最高刑为 5 年有期徒刑。
罪名 366　破坏武器装备、军事设施、军事通信罪（369-1）：最高刑为死刑。
罪名 367　过失损坏武器装备、军事设施、军事通信罪（369-2）：最高刑为 7 年有期徒刑。
罪名 368　故意提供不合格武器装备、军事设施罪（370-1）：最高刑为死刑。单位犯本罪的，对单位处罚金；对有关人员依照本罪法定刑处罚。
罪名 369　过失提供不合格武器装备、军事设施罪（370-2）：处罚与罪名 367 的法定刑相同。
罪名 370　聚众冲击军事禁区罪（371-1）：最高刑为 10 年有期徒刑。
罪名 371　聚众扰乱军事管理区秩序罪（371-2）：最高刑为 7 年有期徒刑。
罪名 372　冒充军人招摇撞骗罪（372）：最高刑为 10 年有期徒刑。
罪名 373　煽动军人逃离部队罪（373）：最高刑为 3 年有期徒刑。
罪名 374　雇用逃离部队军人罪（373）：最高刑为 3 年有期徒刑。
罪名 375　接送不合格兵员罪（374）：最高刑为 7 年有期徒刑。
罪名 376　伪造、变造、买卖武装部队公文、证件、印章罪（375-1）：最高刑为 10 年有期徒刑。
罪名 377　盗窃、抢夺武装部队公文、证件、印章罪（375-1）：与罪名 376 的相同。
罪名 378　非法生产、买卖武装部队制式服装罪（375-2）：最高刑为 3 年有期徒刑。单位犯本罪的，对单位处罚金；对有关人员依照本罪的法定刑处罚。
罪名 379　伪造、盗窃、买卖、非法提供、非法使用武装部队专用标志罪（375-3）：最高刑为 7 年有期徒刑。单位犯本罪的，对单位处罚金；对有关人员依照本罪的法定刑处罚。

罪名380　战时拒绝、逃避征召、军事训练罪（376-1）：最高刑为3年有期徒刑。
罪名381　战时拒绝、逃避服役罪（376-2）：最高刑为2年有期徒刑。
罪名382　战时故意提供虚假敌情罪（377）：最高刑为无期徒刑。
罪名383　战时造谣扰乱军心罪（378）：最高刑为10年有期徒刑。
罪名384　战时窝藏逃离部队军人罪（379）：最高刑为3年有期徒刑。
罪名385　战时拒绝、故意延误军事订货罪（380）：本罪属于单位犯罪，对单位处罚金；对有关人员最高刑为15年有期徒刑。
罪名386　战时拒绝军事征收、征用罪（381）：最高刑为3年有期徒刑。

（八）贪污贿赂罪

贪污贿赂罪这类犯罪共包括15个条款，14个罪名。
罪名387　贪污罪（382，383）：最高刑为死刑。
罪名388　挪用公款罪（384）：最高刑为无期徒刑。
罪名389　受贿罪（385，386）：最高刑为死刑。
罪名390　单位受贿罪（387）：对单位处罚金；对有关人员最高刑为5年有期徒刑。
罪名391　利用影响力受贿罪（388之一）：最高刑为15年有期徒刑。
罪名392　行贿罪（389，390-1）：最高刑为无期徒刑。
罪名393　对有影响力的人行贿罪（390之一）：最高刑为10年有期徒刑；单位犯本罪的，对单位处罚金，对有关人员最高刑为3年有期徒刑。
罪名394　对单位行贿罪（391）：最高刑为3年有期徒刑。单位犯本罪的，对单位处罚金；对有关人员依照本罪的法定刑处罚。
罪名395　介绍贿赂罪（392）：最高刑为3年有期徒刑。
罪名396　单位行贿罪（393）：对单位处罚金；对有关人员最高刑为5年有期徒刑。
罪名397　巨额财产来源不明罪（395-1）：最高刑为10年有期徒刑。
罪名398　隐瞒境外存款罪（395-2）：最高刑为2年有期徒刑。
罪名399　私分国有资产罪（396-1）：最高刑为7年有期徒刑。
罪名400　私分罚没财物罪（396-2）：处罚与罪名399的法定刑相同。

（九）渎职罪

渎职罪这类犯罪共包括23个条款，37个罪名。
罪名401　滥用职权罪（397-1）：最高刑为7年有期徒刑。
罪名402　玩忽职守罪（397-1）：最高刑为7年有期徒刑。
因徇私舞弊而犯罪名401和罪名402规定之罪的，最高刑为10年有期徒刑。
罪名403　故意泄露国家秘密罪（398）：最高刑为7年有期徒刑。
罪名404　过失泄露国家秘密罪（398）：最高刑为7年有期徒刑。
罪名405　徇私枉法罪（399-1）：最高刑为15年有期徒刑。
罪名406　民事、行政枉法裁判罪（399-2）：最高刑为10年有期徒刑。
罪名407　执行判决、裁定失职罪（399-3）：处罚与罪名406的法定刑相同。
罪名408　执行判决、裁定滥用职权罪（399-3）：处罚与罪名406的法定刑相同。

司法工作人员收受贿赂,有罪名 406、罪名 407 和罪名 408 的行为,同时又构成罪名 389 即《刑法》第 385 条规定之罪的,按处罚较重的规定定罪处罚,即最高刑为死刑。

罪名 409 枉法仲裁罪(399 之一):最高刑为 7 年有期徒刑。

罪名 410 私放在押人员罪(400 - 1):处罚与罪名 405 的法定刑相同。

罪名 411 失职致使在押人员脱逃罪(400 - 2):最高刑为 10 年有期徒刑。

罪名 412 徇私舞弊减刑、假释、暂予监外执行罪(401):处罚与罪名 401 的法定刑相同。

罪名 413 徇私舞弊不移交刑事案件罪(402):处罚与罪名 401 的法定刑相同。

罪名 414 滥用管理公司、证券职权罪(403):最高刑为 5 年有期徒刑。

罪名 415 徇私舞弊不征、少征税款罪(404):最高刑为 15 年有期徒刑。

罪名 416 徇私舞弊发售发票、抵扣税款、出口退税罪(405 - 1):处罚与罪名 415 的法定刑相同。

罪名 417 违法提供出口退税凭证罪(405 - 2):处罚与罪名 415 的法定刑相同。

罪名 418 国家机关工作人员签订履行合同失职被骗罪(406):处罚与罪名 401 的法定刑相同。

罪名 419 违法发放林木采伐许可证罪(407):最高刑为 3 年有期徒刑。

罪名 420 环境监管失职罪(408):处罚与罪名 419 的法定刑相同。

罪名 421 食品监管渎职罪(408 之一):最高刑为 10 年有期徒刑。

罪名 422 传染病防治失职罪(409):处罚与罪名 419 的法定刑相同。

罪名 423 非法批准征用、占用土地罪(410):最高刑为 7 年有期徒刑。

罪名 424 非法低价出让国有土地使用权罪(410):最高刑为 7 年有期徒刑。

罪名 425 放纵走私罪(411):最高刑为 15 年有期徒刑。

罪名 426 商检徇私舞弊罪(412 - 1):最高刑为 10 年有期徒刑。

罪名 427 商检失职罪(412 - 2):最高刑为 3 年有期徒刑。

罪名 428 动植物检疫徇私舞弊罪(413 - 1):最高刑为 10 年有期徒刑。

罪名 429 动植物检疫失职罪(413 - 2):最高刑为 3 年有期徒刑。

罪名 430 放纵制售伪劣商品犯罪行为罪(414):最高刑为 5 年有期徒刑。

罪名 431 办理偷越国(边)境人员出入境证件罪(415):最高刑为 7 年有期徒刑。

罪名 432 放行偷越国(边)境人员罪(415):最高刑为 7 年有期徒刑。

罪名 433 不解救被拐卖、绑架妇女、儿童罪(416 - 1):最高刑为 5 年有期徒刑。

罪名 434 阻碍解救被拐卖、绑架妇女、儿童罪(416 - 2):最高刑为 7 年有期徒刑。

罪名 435 帮助犯罪分子逃避处罚罪(417):最高刑为 10 年有期徒刑。

罪名 436 招收公务员、学生徇私舞弊罪(418):最高刑为 3 年有期徒刑。

罪名 437 失职造成珍贵文物损毁、流失罪(419):最高刑为 3 年有期徒刑。

(十)军人违反职责罪

军人违反职责罪这类犯罪共包括 32 个条款,31 个罪名。

罪名 438 战时违抗命令罪(421):最高刑为死刑。

罪名 439 隐瞒、谎报军情罪(422):最高刑为死刑。

罪名 440　拒传、假传军令罪（422）：最高刑为死刑。
罪名 441　投降罪（423）：最高刑为死刑。
罪名 442　战时临阵脱逃罪（424）：最高刑为死刑。
罪名 443　擅离、玩忽军事职守罪（425）：最高刑为 7 年有期徒刑。战时犯本罪的，最高刑为 15 年有期徒刑。
罪名 444　阻碍执行军事职务罪（426）：最高刑为无期徒刑。
罪名 445　指使部属违反职责罪（427）：最高刑为 10 年有期徒刑。
罪名 446　违令作战消极罪（428）：最高刑为 15 年有期徒刑。
罪名 447　拒不救援友邻部队罪（429）：最高刑为 5 年有期徒刑。
罪名 448　军人叛逃罪（430）：最高刑为死刑。
罪名 449　非法获取军事秘密罪（431-1）：最高刑为 15 年有期徒刑。
罪名 450　为境外窃取、刺探、收买、非法提供军事秘密罪（431-2）：最高刑为死刑。
罪名 451　故意泄露军事秘密罪（432）：最高刑为 10 年有期徒刑。战时犯本罪的，其最高刑为无期徒刑。
罪名 452　过失泄露军事秘密罪（432）：处罚与罪名 451 的法定刑相同。
罪名 453　战时造谣惑众罪（433）：最高刑为无期徒刑。
罪名 454　战时自伤罪（434）：最高刑为 7 年有期徒刑。
罪名 455　逃离部队罪（435）：最高刑 3 年有期徒刑。战时最高刑为 7 年有期徒刑。
罪名 456　武器装备肇事罪（436）：最高刑为 7 年有期徒刑。
罪名 457　擅自改变武器装备编配用途罪（437）：处罚与罪名 456 的法定刑相同。
罪名 458　盗窃、抢夺武器装备、军用物资罪（438-1）：最高刑为死刑。
罪名 459　非法出卖、转让武器装备罪（439）：最高刑为死刑。
罪名 460　遗弃武器装备罪（440）：最高刑为 15 年有期徒刑。
罪名 461　遗失武器装备罪（441）：最高刑为 3 年有期徒刑。
罪名 462　擅自出卖、转让军队房地产罪（442）：最高刑为 10 年有期徒刑。
罪名 463　虐待部属罪（443）：处罚与罪名 460 的法定刑相同。
罪名 464　遗弃伤病军人罪（444）：对有关人员处罚，与罪名 447 的法定刑相同。
罪名 465　战时拒不救治伤病军人罪（445）：处罚与罪名 445 的法定刑相同。
罪名 466　战时残害居民、掠夺居民财物罪（446）：最高刑为死刑。
罪名 467　私放俘虏罪（447）：处罚与罪名 446 的法定刑相同。
罪名 468　虐待俘虏罪（448）：最高刑为 3 年有期徒刑。

第四节　中国特色的惩治犯罪的法律规范

本节主要阐述中国惩治犯罪的基本政策和法律制度。对惩治犯罪的有关政策和法律，是中国刑事法律体系的组成部分。规范中国惩治犯罪的基本政策和制度的，主要是《监狱法》以及《刑法》和《刑事诉讼法》。因此，本节是前几节内容的政策性体现并涉及以下问题：中国惩治犯罪的基本政策，刑罚的执行和执行机关，执行刑罚的狱政管理。

一　惩治犯罪的政策：惩罚和改造相结合、教育和劳动相结合

（一）惩罚犯罪和改造罪犯

中国惩治犯罪的政策首先体现在惩罚和改造相结合方面：惩罚犯罪是惩治犯罪政策的首要考虑。惩罚是刑罚的固有属性，应受惩罚性是犯罪的本质特性。需要惩罚是因为没有对犯罪分子的惩罚，就不能体现刑罚的性质；不对犯罪分子予以惩罚，就难以使犯罪分子伏法认罪、改恶从善，也就难以遏制犯罪；不对犯罪分子施以惩罚，对被侵害人也是不公平的。改造罪犯是惩治犯罪政策的最终体现。在惩罚犯罪和改造罪犯关系中，惩罚犯罪是手段，改造罪犯是目的。如何改造罪犯？中国实行教育和劳动相结合的方法改造罪犯。

（二）教育罪犯和组织劳动改造

中国惩治犯罪的政策其次体现在教育和劳动相结合方面：组织罪犯从事生产劳动，通过劳动以达到将罪犯改造成为守法公民的目的。监狱工作旨在通过强迫有劳动能力的罪犯从事劳动，促使其认识犯罪本质，消除其犯罪思想，矫正其恶习，重新做一个遵纪守法的新人。对罪犯的改造，重在教育，包括：思想教育，即对罪犯进行法制和认罪教育、人生观教育、道德品质教育、劳动教育、形势教育、政策前途教育等；文化教育，即对罪犯的实际文化程度分别进行扫盲教育、中小学程度教育、大专程度教育等方面的教育；技术教育，即对罪犯进行专业技术知识的教育，为他们日后重返社会打下谋生的技术知识基础。

二　刑罚的执行、执行机关及狱政管理

（一）刑罚的执行

刑罚的执行是指有执行刑罚权的机关对法院生效的刑事判决、裁定所确定的刑罚付诸

实施的刑事司法活动。所谓生效的刑事判决、裁定，就是《刑事诉讼法》第248条第2款所规定的"下列判决和裁定是发生法律效力的判决和裁定：（一）已过法定期限没有上诉、抗诉的判决和裁定；（二）终审的判决和裁定；（三）最高人民法院核准的死刑的判决和高级人民法院核准的死刑缓期二年执行的决定"。刑罚执行的前提和依据是法院生效的刑事判决、裁定所确定的刑罚种类及其刑期，刑罚执行的结果和体现是将刑罚交付有刑罚执行权的执行机关付诸实施。刑罚执行应当遵循以下基本原则：合法性原则，即刑罚执行应当合乎法律规范，包括刑罚执行的主体必须合法、刑罚执行的依据必须合法、刑罚执行的内容必须合法、刑罚执行的方式必须合法、刑罚执行的程序必须合法；人道主义原则，即刑罚执行应体现人道主义精神，罪犯的人格不受侮辱，其人身安全不受侵犯，实行文明监管，禁止使用残酷的、非人道的刑罚执行手段；人性化原则，即刑罚应按人性化要求执行，对不同性别、不同年龄、不同犯罪性质和不同犯罪情节、不同个人的性格特点和生理状况因素、不同刑罚种类和刑期等差别，给予不同处理方式和不同教育和改造；惩罚和改造相结合、教育和劳动相结合原则，本原则如前所述；效益性原则，即通过减刑、假释等，以较少的实际执行获得较大的执行效果。

（二）刑罚的执行机关

刑罚的执行机关是法律规定的享有刑罚执行权并依据生效刑事判决、裁定对法院交付执行的罪犯实施执行程序的机关。各种刑罚的执行机关如下：管制的执行机关，是社区矫正机构，违反禁令的，由公安机关处罚；拘役的执行机关，是公安机关，并就近执行；徒刑的执行机关，主要是监狱，包括看守所；死刑的执行机关，分为死刑立即执行的执行机关，是下级原审法院；死刑缓期2年执行的执行机关，与徒刑的相同，也是由监狱负责执行；暂予监外执行、缓刑、假释的执行机关，也是社区矫正机构；附加刑罚金、没收财产的执行机关，是原审法院，对没收财产的执行，必要时可会同公安机关一起；附加刑剥夺政治权利的执行机关，是公安机关；未成年犯刑罚的执行机关，是未成年犯管教所。

（三）狱政管理

1. 保障罪犯的基本人权

保障人权，包括保障罪犯的基本人权。虽保障人权已写在中国宪法及法律上，但不等于说在保障人权方面没有工作可做了。保障罪犯基本人权有多个方面：监狱警察应严守纪律，秉公执法，不得索要、收受、侵占罪犯及其亲属的财物，不得刑讯逼供或体罚、虐待罪犯，不得侮辱罪犯的人格，不得殴打或纵容他人殴打罪犯，不得为谋取私利，利用罪犯提供劳务；监狱应对罪犯进行身体检查，发现被判处无期徒刑、有期徒刑的罪犯有严重疾病要保外就医的，或是怀孕或正在哺乳自己婴儿的，可暂不收监；监狱应保障罪犯依法享有的申诉权、控告权、检举权；监狱监管罪犯应分押分管，对成年男犯、女犯和未成年犯分开关押和管理，对未成年犯和女犯的改造应照顾其生理、心理特点，检查女犯人身应由女性警察负责，并由女性警察直接管理女犯；监狱应保障罪犯基本的通信和会见亲属的权利；监狱应保障罪犯的基本生活标准和卫生标准，对少数民族罪犯的特殊生活习惯予以照顾；监狱对于符合监外执行、减刑、假释法定条件的罪犯，按法定条件和程序处理。

2. 对罪犯的限制措施

监狱对罪犯的监管，依法采取相关限制措施：罪犯收监，应按规定严格检查其人身和所携带物品；发现在押罪犯逃脱，监狱应即时将其抓获，不能即时抓获的，立即通知公安机关追捕；监狱根据需要可使用戒具和武器，在罪犯有逃脱行为的、罪犯有使用暴力行为的、罪犯正在押解途中的、罪犯有其他危险行为需要采取防范措施的等情形下有权使用戒具，而非使用武器不能制止的情形下有权使用武器，诸如罪犯聚众骚乱和暴乱的、罪犯逃脱或拒捕的、罪犯持有凶器或其他危险物正在行凶或破坏且危及他人生命和财产安全的、劫夺罪犯的、罪犯抢夺武器的；监狱应按规定对罪犯在服刑期间的来往信件进行检查，发现有碍罪犯改造的信件有权扣留，对罪犯收受的物品和钱款，有责任批准和检查；监狱对罪犯破坏监管秩序的行为，有权给予警告、记过或禁闭，这些行为包括聚众哄闹监狱而扰乱正常秩序的，辱骂或殴打警察的，欺压其他罪犯的，偷窃、赌博、打架斗殴、寻衅滋事的，有劳动能力拒不参加劳动或消极怠工且经教育不改的，以自伤自残手段逃避劳动的，在生产劳动中故意违反操作规程或有意损坏生产工具的，有违反监规的其他行为的。

3. 对罪犯服刑期间犯罪的处理

罪犯在服刑期间不服从管教，违反监规纪律的，监狱应采取措施以严格监管；服刑期间不仅不服从管教，违反监规，而且故意犯罪的，依照规定，对其从重处罚。罪名292的破坏监管秩序罪、罪名293的逃脱罪、罪名295的组织越狱罪，均是涉及罪犯在服刑期间故意犯罪的情形。对罪犯在监狱内服刑期间犯罪的案件，按法定方式和程序处理：先由监狱方面对罪犯在监狱内的犯罪进行侦查；监狱侦查终结后，写出起诉意见书或不起诉意见书，连同案卷材料、证据一并移送检察院；检察院根据监狱移送的起诉或不起诉意见书及相关材料、证据，进行审查；审查后作出相应处理：认为不符合起诉条件的，决定不提起公诉，认为符合起诉条件的，决定提起公诉，认为监狱移送的有关案卷材料有遗漏的，可通知监狱补充有关材料，认为证据不足，可要求监狱补充进一步的证据材料。

民 商 法

民商法是法律体系中一个相当重要的组成部分。如同程序法中的民事诉讼法和刑事诉讼法作为其两大诉讼程序一样，在实体法中，民商法与刑法一道，被誉为实体法律体系的两大重要支柱。回顾人类社会的法律发展史，最早出现的法律部门，正是民法和刑法。根据解决纠纷或者冲突的对象不同，民法被认为是解决国民私权之间纠纷的法律，故被划定为私法；刑法则被认为是解决国民私权与国家、社会公权之间冲突的法律，故被划定为公法。在中国法律体系中，民法和商法有机地构成为一个统一的法律部门，即民商法部门。关于民法与商法如何协调的问题，世界上不同国家在不同历史条件下有不同的处理，而中国在建构自己的法律体系时，关于如何处理传统民法与商法之间的关系，也有不少分歧，归结起来，无非是民商分立和民商合一这两种处理的观点。之所以造成不同的处理和分歧，实乃因为民法与商法虽有所不同，但确有许多相近甚至相同之处，最明显的，就是这两种法律都属于传统法学理论上的私法领域，它们调整的都是市民社会或者商业社会中的平等主体之间的关系，涉及的都是如何保护私权的法律规范。根据自己的立法意图，中国把传统的民法和近现代发展起来的商法结合在一起，构成统一的民商法部门。因此，本书固然也把民商法作为其一章，以反映中国法律体系的内在结构。

民法与商法尽管有许多相通之处，以致中国法律体系将其统一在同一个法律部门之中，即构成民商法这一法律部门，与宪法、程序法、刑法、行政法、经济法、社会法等并列，共同构筑中国法律体系的大厦，但是，它们毕竟分属两个不同的法律范畴。民法有广义与狭义：广义的民法包括了商法，也就是涵盖了本章的民商法内容；狭义的民法不包括商法的内容，仅涉及民法总则、婚姻法、继承法、收养法、合同法等民事单行法的法律规范。因此，我们可以这样来区分狭义民法与商法的关系：民法主要调整平等主体的自然人、法人和非法人组织之间的财产关系和人身关系，商法则主要调整平等主体的自然人、法人和非法人组织之间的商事关系和商事行为。

基于上述分析，我们将本章区分为两个分章：一个是民法分章，当然是指狭义的民法；另一个是商法分章。民法这一分章以作为民事法律关系内容的民事权利和民事责任为主线，主要阐述人格权、物权、债权、知识产权、继承权等民事权利，以及违反合同的民事责任、侵权的民事责任、婚姻家庭的民事责任等民事责任；商法这一分章以作为商事法律关系内容的商事组织法律制度和商事行为法律制度为主线，主要阐述不同所有权形式的商事主体、不同组织形式的商事主体，以及一般商事行为、特殊商事行为。

第六·一分章 民法

当代中国自 1949 年以来，一直为制定民法典而努力：1954 年、1962 年、1979 年和 2001 年先后 4 次启动《民法》制定的工作，只可惜前两次因众所周知之原因未能成功，第三次因条件不具备而夭折，只好先制定民事单行法，第四次仍未能奏效，继续先制定民事单行法，至 2017 年，制定了民法总则，终于为制定民法典迈出最关键的一步。制定民法典是中国在构造自己的法律体系过程中具有里程碑意义的立法，其最终制定将标志中国法律体系建构的最后完成。遗憾的是，中国至今仍未制定出自己的民法典，而实行了 30 多年的《民法通则》还不是民法典本身，尽管它在 30 多年来常常起着民法典的作用。值得欣慰的是，因近些年来的立法耕耘，作为民法典组成部分的民法诸方面单行立法颇有成就：除 30 多年来早期制定的民法通则、婚姻法、继承法、收养法、著作权法、专利法、商标法和中期制定的《合同法》外，近期相继制定了物权法、侵权责任法和涉外民事法律关系适用法，它们都是民法的支架性单行法律，因为，即便是某些主要法系的国家，如法国、德国、日本，它们的民法典所涉及的民法规范，与中国目前已经完成的民事单行立法，也有极为相似的可比性，也无非涉及人格权、物权、债权、知识产权、继承权等民事权利，以及涉及合同责任、侵权责任、婚姻家庭责任等民事责任；尤其 2017 年制定的民法总则，更是可以视为未来民法典的总则部分，这离民法典的最后完成仅一步之遥，因为先前的那些支架性单行法律实质已基本构建了民法典的分则内容，只要对它们进行逻辑整理及再作出诸如人格权法、债权法等个别规范的补充，一部中国自己的民法典便可诞生。

本分章以未来民法典为主线，勾勒和阐述民法的体系结构和基本内容，并通过两条线索把握民法的精髓：民法调整的是平等主体之间的人身关系和财产关系；民法要保护的是平等主体的民事权利，要规范的是平等主体的民事责任。换言之，融合在民事权利和民事责任之中的人身关系和财产关系就成为全部民法的内容。本分章围绕民法精髓，除了作为概述性的总则规范，即有关民法基本原则、民事法律关系等民法一般理论和基本术语以外，主要围绕民法的基本架构，阐述人格权、物权、债权、知识产权、继承权等民事权利和合同责任、侵权行为责任、婚姻家庭责任等民事责任及涉外民事法律关系适用等规范。为此，本分章分为民法概述、人格权、物权、债权、知识产权、继承权、合同民事责任、侵权民事责任、婚姻家庭民事责任以及涉外民事关系的法律适用等 10 节。

第一节 民法概述：一般规定

一 民法的定义、性质、特征、分类和法律渊源

（一）民法的定义

与刑法（criminal law）对应的民法（civil law），语源于 jus civile，即古罗马的市民法，它本与作为国际法语源的 jus gentium，即古罗马的万民法相对应，因为市民法在古罗马用来调整具有市民权的市民社会之间的关系，至于古罗马市民与非古罗马市民之间、非古罗马市民之间的社会关系，则由万民法调整。所以 civil law 又可语译为罗马法。不过，作为法律史的一个重要概念，civil law 不仅用来标示区别于英美法系之普通法的罗马法传统，而且一般也用来标示作为普通法的民法。无论是源自罗马法传统的大陆法系还是英美法系，民法常用于描述私法的规则，即作为调整平等主体之间财产关系和人身关系的法律准则，并将这些规则区别于刑法的那些规则。由于罗马法主要规范平等主体的各种法律规范，更由于罗马法在后来中世纪和文艺复兴运动中的复兴，加之后来欧洲近代产生了《法国民法典》和《德国民法典》这两部在世界法律史上影响深远的划时代的法典，因而有后来将 civil law 理解为与刑法对应的民法。现在理解的民法，其语源正是作为罗马法的 civil law，且有关的民法规范经过法德两部民法典的系统化而形成今日世人认可的民法基本体系。

根据《民法总则》第 2 条的立法定义，民法是调整从事民事活动的平等主体的自然人、法人和非法人组织之间的人身关系和财产关系等民事法律关系的法律规范总称。民法适用的主体是从事民事活动的具有平等权利的主体，简称为平等主体，包括自然人、法人和非法人组织；民法适用的客体是具有人身性质的人身关系和具有财产性质的财产关系，即民法要规范的对象是平等主体之间的人身关系和财产关系；民法规范的活动是民事活动，即自然人、法人和非法人组织按自己的意思为一定目的而设立、变更、终止具有民事权利和民事义务的民事法律关系的行为。因此，民法的本质是规定平等主体在民事活动中的权利义务范围和作为客体对象范围的人身关系和财产关系的法律规范总称。可见，民法不是一单行法，而是一部门法，即与刑法、行政法等相对应的一个部门法，而且与《刑法》一样可以形成为一部法典，即民法典。

（二）民法的性质和特征

基于定义，民法具有以下性质和特征：一是民法属于一种私法。私法与公法对应，其划分源于西方的法律传统。私法通常是指规范私权关系，保护私权利或私人利益的法律规范总称，并以此区别于公法。据此私法定义，民法当属私法范畴。二是民法属于一种权利法。民法用来调整平等主体的人身关系和财产关系：作为调整人身关系的民法，保护的是私人的人身权利；作为调整财产关系的民法，保护的是私人的财产权利。这两种权利都具有民法意义上的权利性质；民法本质是关于私人权利的法律，故民法是权利法。三是民法属于一种市民法。在罗马法中，市民法被设计为一种调整市民关系即私法范畴内的权利义务关系的法律。在英文 civil law 的表述中，就同时兼具罗马法和民法的两种含义：讲法律史时，通常指的是罗马法或大陆法；讲一个法律体系内容时，通常指的是与刑法对应的民法。四是民法属于一种实体法。民法与刑法等一样同属于实体法，与程序法对应，共同构筑一个法律体系。民法作为一种实体法，与之对应的程序法是民事诉讼法、仲裁法、人民调解法等民事方面的程序法。五是民法属于一种部门法。在中国法律体系中，民法是与刑法、行政法、经济法、社会法等对应的法律部门。民法与物权法、人格权法、婚姻法、收养法、继承法、合同法、侵权责任法、著作权法、专利法、商标法等不同，民法是部门法，后面的是民法这一部门法涵盖的民事单行法。

（三）民法的分类

民法有广义与狭义：广义的民法涵盖商法的法律规范，狭义的民法是本分章有关法律规范。现在所言的是狭义的民法分类，包括以下法律规范：调整人身关系的法律，指人格权方面的法律规范，虽现时仍未有包含人格权法的民法典，也未有人格权法的单行法律，但有关人格权的法律规范主要见于宪法、民法通则的相关章节或法条，及散见于婚姻法等相关法律之中；调整财产关系的法律，除民法通则外，还有《物权法》及知识产权方面的著作权法、专利法、商标法，而作为民事权利的一种，债权关系也当属财产关系，虽仍未有债权法的单独立法，更未有包含债权规范在内的民法典的最后制定，但并不表示作为调整财产关系方面的法律没有债权法的一席之地；调整婚姻、家庭、继承关系的法律，属于家庭法内容，其制定要先于人身、财产、侵权责任等方面的法律，早于 1950 年就有婚姻法，1980 年重新制定，继承法制定于 1985 年，收养法制定于 1991 年；调整侵权责任的法律，有侵权责任法，侵权责任是一种民事责任，但民事责任除此外，还有违约责任，即违反合同方面的民事责任，及婚姻家庭方面的民事责任；调整经济事务的法律，狭义民法包括合同法、物权法、著作权法、专利法、商标法等，特别是合同法，因为合同行为主要是一种社会经济事务方面的行为，虽然它涵盖财产方面的行为，但其中的财产方面的行为本身也是一种经济事务的行为，当然，调整经济事务的广义民法的法律包括商法的相关法律。

（四）中国民法的法律渊源

中国民法的法律渊源包括如下方面：宪法，民法精髓在宪法中得到反映；法律，民法大量来自法律，包括法律解释；行政法规，民法有相当一大部分来自行政法规，因为行政法规通常是为实施相关法律而制定的规范性文件；部门规章，实际上是对行政法规的一些补充性规定，因而某些民法规范通过部门规章予以确立；地方性法规和地方政府规章，当然包括自治条例和单行条例，结合本辖区实际的民法规范由地方性法规和地方政府规章予以确立；有权解释，主要指司法解释，民法规范大量见于司法解释。

二 民法基本原则

民法基本原则1 平等原则

《民法总则》第4条是平等原则的立法表述，该原则指民事主体在民事活动中的法律地位一律平等，即主体在民事活动中的身份平等，不论其自然条件、社会地位，在民事活动中所享有的民事权利同受法律保护，在民事活动中所承担的民事责任同由法律规定。

民法基本原则2 自愿原则

《民法总则》第5条是自愿原则的立法表述，该原则又曰意思自治原则，指民事主体从事民事活动应出于自愿，按自己的意思设立、变更、终止民事法律关系，他人不得干涉其意愿，因为民事活动本质是一种契约行为，自愿原则实质是契约自由原则的另一表述。

民法基本原则3 公平原则

《民法总则》第6条是公平原则的立法表述，该原则指民事主体从事民事活动应遵循社会公认的公平及利益均衡的价值观念，合理确定各方权利和义务，公平地维护各方当事人的利益，当法律没有明确规定时，裁判官应公平行使自由裁量权，对案件予以裁判。

民法基本原则4 诚信原则

《民法总则》第7条是诚信原则的立法表述，该原则指民事主体从事民事活动应遵循诚信原则，秉持诚实，恪守承诺，做到重合同、不欺诈，并反对不正当竞争。

民法基本原则5 守法原则

《民法总则》第8条是守法原则的立法表述，该原则指民事主体从事民事活动不得违反法律，应当遵守法律、法规的规定，违反法律规定的，应当承担相应民事责任。本原则所言之遵守法律规范，当指遵守强制性法律规范，而非指遵守任意性法律规范；至于未遵守任意性法律规范所带来的民事风险，只能由其承担。

民法基本原则6 公序良俗原则

《民法总则》第8条是公序良俗原则的立法表述，该原则指民事主体从事民事活动应遵守社会公共秩序，符合善良风俗习惯传统，不违反社会公共道德和损害社会公共利益。公序良俗之公序指的是公共秩序，即一个国家存在和发展必需的社会公共秩序；良俗指的是善良的传统风俗习惯，即一个国家存在和发展必需的社会道德。本原则是对守法原则的一个补充，因为法律不太可能对未来做到事事规范、时时规范，所以当法律滞后时需要按本原则对那些法律尚处于真空状态的民事行为作出合理的裁判。本原则通过汲取日本民法典、法国民法典、德国民法典等法律用语而对现行中国民法原则概括而来。

民法基本原则7 节约资源、保护生态原则

《民法总则》第9条是节约资源、保护生态原则的立法表述，该原则指民事主体从事民事活动应有利于节约资源、保护生态环境，使国家和社会可持续健康发展。

民法基本原则8　可适用习惯原则

《民法总则》第10条是可适用习惯原则的立法表述，该原则指有关主体处理民事纠纷应当依照法律，法律没有规定的，可以适用习惯，但不得违背公序良俗。从本原则可窥见，未来《民法典》实质肯定了普通法系的习惯法，也即肯定判例法是民法渊源之一。

三　民事法律关系

民法与刑法、行政法之所以不同，乃因为不同性质的法律规范调整不同内容的法律关系，民法调整的是民事法律关系，刑法调整的是刑事法律关系，行政法调整的是行政法律关系。法律关系指被各种不同性质的法律规范所调整的法律权利和法律义务的社会关系，民事法律关系指民法根据民事法律规范所要调整的以民事权利和民事义务为核心内容的法律关系。民事法律关系有如下性质、特征：它是一种按民法规范确立的法律关系，它是一种关于平等主体之间的法律关系，它是一种以平等主体之间的人身关系、财产关系为主要对象的法律关系，它是一种以平等主体的民事权利和义务为主要内容的法律关系。

民事法律关系是由民事法律关系主体、民事法律关系客体、民事法律关系内容等要素构成的法律关系；民事法律关系的要素是指构成民事法律关系的必要因素；民事法律关系主体是依照民事法律规定，享有民事权利和承担民事义务者；民事法律关系客体是依照民事法律规定，主体的民事权利和民事义务所指向的对象；民事法律关系内容是依照民事法律规定，民事法律关系主体之间的具体的民事权利和民事义务。

民事法律事实是由民法规范的能够引起一定的民事法律关系发生、变更或终止的客观事实。例如平等主体通过买卖、赠予的客观事实，取得或消失财产所有权，其中的买卖或赠予财产的客观事实是民事法律事实；通过这一民事法律事实形成的财产所有权关系是民事法律关系；对买方或受赠人，是财产所有权的形成，对卖方或赠予人，是财产所有权的变更或消灭。可见，民事法律事实是形成民事法律关系的必要条件，它具有客观性的法律特征，并能引起法律关系变化等法律后果。民事法律事实有事件和行为两类。事件，指与民事主体的意志或意识无关的那些能够引起民事法律关系的发生、变更、终止的客观事实情况，包括自然事件和人为事件。自然事件指那些并非由人的活动引起的事件，包括：自然人的出生，即能够引起民事主体资格发生的民事法律关系的自然人出生事实；自然人死亡，即能够引起民事主体资格消灭、继承关系发生的民事法律关系的自然人死亡事实；时间的经过，即能够引起一定请求权或权利的发生或消灭等民事法律关系的时间经过事实；自然灾害和意外事故的事实，即能够引起合同关系的变更或解除以及能够引起民事责任的免除或减轻等民事法律关系的不可抗力的事实。人为事件指那些由人的活动引起的事件，主要是意外事故，包括战争、罢工、动荡等不可抗力的事实。行为，指民事主体有意识或有意志支配的活动，包括民事法律行为和事实行为。民事法律行为是表意行为，包括：有效的民事法律行为，即合法的民事法律行为，从成立时起即具法律拘束力；无效的民事法律行为，不具法律拘束力；可变更或可撤销的民事法律行为，即效力未定的民事法律行为，依法被变更或被撤销后才属无效的民事法律行为。事实行为是非表意行为，即民事主体在并未有设立、变更或消灭民事法律关系的任何意图的前提下，作出的能够引起民事法律关系后果的行为，也可区分为合法的和违法的、有效的和无效的事实行为。民事法律行为与事实行为主要区别于：前者是民事主体的意思表示引起的行为，后者不是民事主体的意思表示引起的行为；前者以行为人是否具备民事行为能力为前提条件，后者不以行为人是否具备民事行为能力为前提条件；前者以行为人的意思表示的本质和内容而使民事法律行为产生法律效力，后者按法律规定或按行为人的客观行为满足法定条件时才产生法律后果。

四　民事法律关系的主体：自然人、法人、非法人组织

民事法律关系主体简称为民事主体，指在民事法律关系中依法享有民事权利和承担民事义务的人，这里的人指法律意义上的人，既包括自然人，又包括法人和非法人组织。

（一）自然人

自然人是民事法律关系中常见的一类主体，其规范涉及民事权利能力和民事行为能力。

第一，民事权利能力。民事权利能力简称为权利能力，即民事法律关系主体依法享有民事权利和承担民事义务的资格，有如下特征：它是民事主体享有民事权利和承担民事义务的一种资格，它包括享有民事权利的资格和承担民事义务的资格，民事主体的民事权利能力平等。自然人的民事权利能力始于出生、终于死亡。出生以出生证记载的出生时间为准，死亡以死亡证记载的死亡时间为准；没有出生、死亡证明的，以户籍登记或其他有效身份登记记载的时间为准，但有其他证据足以推翻以上记载时间的，以该证据证明的时间为准。涉及继承关系的出生，胎儿视为具有民事权利能力，除非该胎儿出生时为死胎。涉及继承关系的死亡确定：相互有继承关系的几个人在同一事件中死亡而不能确定死亡时间的，推定没有继承人的人先死亡，死亡人各自都有继承人的，如几个死亡人辈分不同，推定长辈先死亡，辈分相同，推定同时死亡，彼此不发生继承，由其各自继承人继承。

第二，民事行为能力。民事行为能力与民事权利能力不同，二者之于自然人并非必然系于一身。相对于某一民事法律事实，有的人有民事权利能力，却没有民事行为能力；反之，有的人有民事行为能力，却未必有民事权利能力。一个自然人只有当其同时具备这两种能力时，才享有某一民事法律事实的民事主体资格。民事行为能力简称为行为能力，即民事法律关系主体能够以自己的行为，依法享有民事权利和承担民事义务，从而使法律关系发生、变更或消灭的资格，并具有如下特征：它由法律规定，并非由民事主体的主观意志所决定；它是民事主体对自己行为的民事法律后果承担责任的一种资格，这种资格使行为发生法律效力。民事行为能力分为3种：一是完全民事行为能力，即自然人能够通过自己独立行为取得民事权利和承担民事义务的资格。具有完全民事行为能力的自然人称为完全民事行为能力人。完全民事行为能力人必须满足两个条件：年龄条件，即完全民事行为能力人必须18周岁以上，但16周岁以上的未成年人以自己劳动收入为主要生活来源的，视为完全民事行为能力人；精神健康条件，即完全民事行为能力人必须心智成熟、精神健康。二是限制民事行为能力，又称为部分民事行为能力或不完全民事行为能力，即自然人因年龄或精神健康关系只能独立进行一定范围内的民事活动，但不能独立进行全部民事活动的资格。具有限制民事行为能力的自然人称为限制民事行为能力人。以下属于限制民事

行为能力人：年龄方面，未满18周岁的人为未成年人，8周岁以上的未成年人为限制民事行为能力人，实施民事法律行为由其法定代理人代理或经其法定代理人的同意、追认，但可独立实施纯获利益的民事法律行为或与其年龄、智力相适应的民事法律行为；精神健康方面，不能完全辨认自己行为的成年人为限制民事行为能力人，实施民事法律行为由其法定代理人代理或经其同意、追认，但可独立实施纯获利益的民事法律行为或与其智力、精神健康状况相适应的民事法律行为。三是无民事行为能力，即自然人因年龄或精神健康关系不具有以自己的行为取得民事权利和承担民事义务的资格，它与完全民事行为能力人对应。具有无民事行为能力的自然人被称为无民事行为能力人。以下属于无民事行为能力人：年龄方面，不满8周岁的未成年人为无民事行为能力人，由其法定代理人代理实施民事法律行为；精神健康方面，不能辨认自己行为的成年人和不能辨认自己行为的8周岁以上的未成年人均为无民事行为能力人，由其法定代理人代理实施民事法律行为。

第三，几个特别规定：监护，指依据民法规定对无民事行为能力人和限制民事行为能力人的合法权益进行监督和保护的一项民事法律制度，它有如下特征：监护既是一种权利又是一种义务；监护人必须具有完全民事行为能力；监护人的职责由法律规定，而不是由当事人约定；被监护人应当是无民事行为能力人或限制民事行为能力人。以下是与监护相关的概念：监护人，指依据民法规定对无民事行为能力人和限制民事行为能力人的人身、财产以及其他合法权益负有监督和保护责任的人；监护权，指监护人对无民事行为能力人、限制民事行为能力人的人身权益、财产权益依法享有的监护权利；监护义务，指监护人对无民事行为能力人、限制民事行为能力人的人身权益、财产权益依法应承担的监护责任。监护包括4种：一是法定监护，由法律规定监护人范围和顺序的一种监护。未成年人的监护人是其父母，父母死亡或无监护能力的，按祖父母、外祖父母，兄、姐，须经未成年人住所地的居民委员会、村民委员会或民政部门同意的其他愿意担任监护人的个人或组织的顺序选定监护人；无民事行为能力或限制民事行为能力的成年人的监护人，按配偶，父母子女，其他近亲属，须经被监护人住所地的居民委员会、村民委员会或民政部门同意的其他愿意担任监护人的个人或组织的顺序选定监护人。二是指定监护，包括几种情形：被监护人的父母担任监护人的，可以遗嘱指定监护人；对监护人的确定有争议的，由相关组织指定监护人，对指定不服的，可以向法院申请指定监护人，也可以不经相关组织指定而直接向法院申请指定监护人。三是协议监护，即具有完全民事行为能力的成年人，可与其近亲属、其他愿意担任监护人的个人或组织事先协商，以书面形式确定自己的监护人，以备该成年人丧失或部分丧失民事行为能力时，能够获得自己意向的监护人。四是委托监护，即监护人将监护职责部分或全部通过合同约定委托给他人履行。

宣告失踪，指经利害关系人的申请，由法院依法对下落不明满一定期限的自然人宣告为失踪人的一种民事法律制度。设立宣告失踪的制度，是为了消除因自然人长期下落不明对相关民事法律关系造成不利的影响，维护正常的民事秩序。向法院申请宣告失踪应备的条件：申请人的主体资格，是与失踪人有利害关系，即有民事权利义务关系的人，包括被申请人的配偶、父母、子女、兄弟姐妹、祖父母、外祖父母、孙子女、外孙子女以及其他与被申请人有民事权利义务关系的人；被申请人的客体资格，是与申请人有利害关系的失踪人，下落不明须满2年；申请宣告失踪的程序，是法院按法定程序宣告被申请人失踪。宣告失踪的法律后果是对被申请人财产的处理：确定代管人代管失踪人的财产；失踪人所欠税款、债务、应付的赡养费、扶养费、抚育费和因代管财产所需的管理费等必要的其他费用，由代管人从失踪人的财产中支付。失踪人重新出现，经本人或利害关系人申请，法院应依法撤销失踪宣告，并处理相关事宜。

宣告死亡，指经利害关系人的申请，法院依法对下落不明满一定期限的自然人宣告其死亡的一种民事法律制度。宣告死亡与宣告失踪的侧重点不同：后者侧重解决失踪人财产管理问题，前者侧重解决失踪人诸如婚姻等整个民事法律关系问题；若后者着重于保护失踪人合法权益的话，前者则着重于保护利害关系人合法权益。申请宣告死亡应备的条件：申请人的主体资格，是与被申请宣告死亡人有利害关系的人，其顺序包括配偶，父母子女，兄弟姐妹、祖父母、外祖父母、孙子女、外孙子女，其他有民事权利义务关系的人；被申请人的客体资格，是与申请人有利害关系的失踪人，失踪人下落不明满4年，失踪人因意外事故下落不明满2年；申请宣告死亡的程序，是法院宣告被申请人死亡的法定程序。宣告失踪不是宣告死亡的必经程序，利害关系人只申请宣告失踪的，则宣告失踪；同一顺序利害关系人，有的申请宣告死亡，有的申请宣告失踪，法院依法宣告死亡。宣告死亡的法律后果：婚姻关系，被宣告死亡人与配偶的婚姻关系即消灭；收养关系，被宣告死亡人有子女且没有扶养人的，其子女可被他人依法收养；继承关系，被宣告死亡人的财产即成为遗产。被宣告死亡人重新出现或确知没有死亡，经本人或利害关系人申请，法院撤销宣告死亡的判决，并有如下法律后果：财产的处理，被宣告死亡人有权请求返还财产；婚姻关系的处理，其配偶未再婚的，夫妻关系从撤销死亡宣告之日起自行恢复，但其配偶再婚又离婚或再婚后配偶又死亡的，或其配偶向婚姻登记机关书面声明不愿意恢复的，夫妻关系不能自行恢复；收养关系的处理，其子女于被宣告死亡期间被他人依法收养，被宣告死亡人在死亡宣告撤销后仅以未经本人同意而主张收养关系无效的，法院不予准许。

第四，几种特殊主体。个体工商户，指在法律允许范围内，经核准登记从事工商业经营的自然人，有如下特征：它是从事工商业经营的个人或家庭，主要是无业人员、村民；个体工商业有字号的，以字号进行经营；个体工商户只能从事法律允许范围的经营业务；个人经营的，以个人财产承担债务，家庭经营的或无法区分的，以家庭财产承担债务。

农村承包经营户，指在法律允许范围内，依法取得农村土地承包经营权，从事家庭承包经营的农村集体经济组织的成员，有如下特征：它是从事农业商品经营的农村集体经济组织成员，但对荒山、荒沟、荒丘、荒滩等可通过招标、拍卖、公开协商等确定承包人；农村承包经营户通过农村土地承包经营合同的方式获得农村土地承包经营权、使用权，从事农业商品经营活动；农村承包经营户从事农业商品经营必须在法定范围内进行；以承包经营的农户财产承担债务，以部分成员承包经营的，以该部分成员财产承担债务。

（二）法人

法人是具有民事权利能力和民事行为能力，依法独立享有民事权利和承担民事义务的组织。法人有以下特征：区别于自然人，法人是社会组织的人格化，是法律意义上的人；法人具有民事权利能力和民事行为能力，从其成立时产生，到其终止时消灭；法人可以参与民事法律关系，享有民事权利，承担民事义务。法人应具备的条件：依法成立，有必要的财产或经费，有自己名称、组织机构和住所，以其全部财产独立承担民事责任。依照法律或法人章程的规定，代表法人从事民事活动的负责人，为法人的法定代表人；法定代表人以法人名义从事的民事活动，其法律后果由法人承受。法人合并的，其权利义务由合并后的法人享有和承担；法人分立的，其权利义务由分立后的法人享有连带债权，承担连带债务，除非债权人和债务人另有约定。有下列原因之一并依法完成清算、注销登记的，法人终止：法人解散，法人被宣告破产，法律规定的其他原因。有下列情形之一的，法人解散：法人章程规定的存续期间届满或其他解散事由出现；法人权力机构决议解散；因法人合并或分立需要解散；法人依法被吊销营业执照、登记证书，被责令关闭或被撤销；法律规定的其他情形。法人清算程序和清算职权，按法律规定，没有规定的，适用《公司法》的有关规定。法人有3类：营利法人，即以取得利润并分配给股东等出资人为目的成立的法人，包括有限责任公司、股份有限公司和其他企业法人等；非营利法人，即为公益目的或其他非营利目的成立，不向出资人、设立人或会员分配所取得利润的法人，包括事业单位、社会团体、基金会、社会服务机构等；特别法人，即区别于营利法人和非营利法人的法人，包括机关法人、农村集体经济组织法人、城镇农村的合作经济组织法人、基层群众性自治组织法人。

（三）非法人组织

非法人组织是指不具有法人资格，但是能够依法以自己的名义从事民事活动的组织，包括个人独资企业、合伙企业、不具有法人资格的专业服务机构等，法人依法设立并领取营业执照的分支机构，中国人民银行、各商业银行设在各地的分支机构，中国人民保险公司设在各地的分支机构，经核准登记领取营业执照的乡镇、街道、村办企业等，也属非法人组织。非法人组织有如下特征：依法成立；有一定组织机构，包括名称、活动场所、管理机构及负责人；有一定的财产和经费；因其没有独立的经费和财产，故一般不具备独立承担民事责任的能力；财产不足以清偿债务的，其出资人或设立人承担无限责任。非法人组织可以确定一人或数人代表该组织从事民事活动。有下列情形之一的，非法人组织解散：章程规定的存续期间届满或其他解散事由出现，出资人或设立人决定解散，法律规定的其他情形。非法人组织解散的，应依法进行清算。

五 民事法律关系的客体：物、行为、智力成果、人身利益

民事法律关系客体指民事法律关系主体因享有民事权利和承担民事义务所指向的对象。民事法律关系客体具有利益性、客观性和法定性的特征：利益性指民事法律关系客体是一种能满足其主体特定利益需要的载体；客观性指民事法律关系客体是一种存在于其主体的意志以外，并被其主体在民事法律关系中追逐的对象；法定性指民事法律关系客体是一种由法律明确规定的在民事法律关系中的权利和义务所指向的对象。民事法律关系客体分为物、行为、智力成果、人身利益这4类。

（一）物

物是民事法律关系客体的一种，即客观存在的、能够满足民事法律关系主体需要的、并被民事法律关系主体支配或控制的劳动物和自然物。民法意义上的物与物理意义上的物不同：物理意义上的物，其性质和特征均由其自然属性决定；民法意义上的物，其性质和

特征除具有物理意义上物的属性外，还具有民法意义上物的属性。不具有物理意义上物的属性，不能成为民法意义上的物；但具有物理意义上物的属性，不一定就属于民法意义上的物。物在民法上有重要意义：物是民事法律关系的最基本客体，与物有关的常见的民事法律关系主要有物权关系、债权关系等；物是影响民事案件管辖的最重要的客体；物是可以决定法律关系性质、影响法律关系效力和决定法律关系类别的一种民事法律关系客体。

民法关于物的分类：动产和不动产，前者指能够以一般方法移动，移动后不改变其属性和价值的物，后者指不能够以一般方法移动，移动后会改变其属性和价值的物；主物和从物，前者指其所有权属于同一人，但要共同使用才能发挥其效用的两物中起主导作用的其中一物，后者指与主物同属同一所有人，且独成一物，但需要与主物共同使用才能更好发挥其效用，对主物起辅助作用的另一物；可分割物和不可分割物，前者指经分割后不改变其性质、用途和价值的物，后者指经分割后会改变其性质、用途和价值，因而不适宜分割的物；特定物与种类物，前者又称为不可替代物，即其自身具有独立的特征，或者因民事主体指定而具有特定化的特征，从而不能以其他物替代的物，后者又称为可替代物，即那些具有共同特征、相互可以替代，一般用品种、数量、质量等规格予以确定的物。

(二) 行为

行为分为事实行为和法律行为，而事实行为又有民事事实行为和刑事事实行为之别，法律行为也有民事法律行为和刑事法律行为之分。为了行文方便，本章所述之事实行为，当指民事事实行为，而法律行为则直指民事法律行为。区分民事法律行为和事实行为在于是否以行为人意思表示为基本依据：民事法律行为是民事主体通过意思表示设立、变更、终止民事法律关系的行为；事实行为是行为人不具有设立、变更、终止民事法律关系的意思表示，但依据法律规定又能引起民事法律后果的行为。民事法律行为不同于事实行为：前者是行为主体的表意行为，后者不是；前者效力视行为主体的意思表示内容而定，后者则以法律规定直接产生法律后果。行为是民事法律关系客体的一种当指民事法律行为，它是民事法律关系客体的一种，也是民事法律事实的一种；它是民事主体实施的以发生民事法律后果为目的的行为，也是民事主体一种真实意思表示的行为。

(三) 智力成果

智力成果又曰知识财产或智慧财产，它既是知识产权的客体，也是民事法律关系的客体。智力成果是指民事主体通过智力劳动创造的精神财富或精神产品的总称，包括文学、艺术、科学技术作品，以及发明、实用新型、外观设计和商标等。智力成果有如下特征：创造性特征，即在该智力成果产生以前，从未出现过如此之智力成果，它较之以前的同类型的智力成果具有创新性和突破性的特点；非物质性特征，即它是一种非物质化的精神性的劳动产品；公开性特征，即智力成果的权利人取得该智力成果权之前应依法定程序申请权利，由有关登记机关将该智力成果向社会公开，使其取得排他的独占的权利。

智力成果权又曰知识产权或智慧财产权，指对文化、艺术、科学技术等领域从事智力活动创造的精神财富享有的排他和独占的权利，包括著作权、专利权、商标权、发现权、发明权及其他科技成果权。智力成果权的特征：是一种无形财产权，区别于有形财产权；它有专有性、时间性和地域性的特点，专有性即排他性、独占性和垄断性，时间性即只在规定期限内受保护，地域性即只在确认地域内受保护；它的获得需经法定程序和方式。

（四）人身利益

人身利益是指人身非财产利益，涉及人格利益和身份利益，即人的生命健康、身体、姓名、名称、肖像、名誉、荣誉、信用、隐私、自由、身份等利益。人身利益的特征：它是一种非财产性质的利益，称为人身非财产利益，与人身财产利益相对；它是一种与人本身不可分离，但非人本身，而仅满足人身需要的客体。涉及人身利益的权利称为人身权，包括人格权和身份权：人格权是民事法律关系主体享有的一种非财产性质的人身权，身份权是民事法律关系主体享有的与人的婚姻、亲属等身份相关的一种非财产性质的人身权。

六　民事法律关系的内容：民事权利和民事责任

民事法律关系的内容与民事法律关系的主体、民事法律关系的客体一道构成所谓民事法律关系的三要素。民事法律关系的内容包括民事主体之间的民事权利和民事责任。民事法律关系之存在，不仅因为有民事法律关系的主体、民事法律关系的客体，而且还因为有主体之间的民事权利和民事责任。基于这样的法理，《民法总则》才以第5章专章规范民事权利，第8章专章规范民事责任。

（一）民事权利

民事权利是民事主体在民事范围内依法行使的特许权和享有并受法律保护的利益。民事权利的本质是民事主体依法实施或不实施民事范围内的一定行为，依法获取民事范围内的一定利益的资格，这种资格反映了民事主体享有该权利的选择权，可以享有这种权利，也可以放弃这种权利；因而表达民事权利的逻辑用语是"可以""有权"，法条通常以它们来表达一种民事权利。依据民事权利以人身利益还是财产利益为内容，民事权利分为人身权和财产权两类。

人身权，财产权的对称，是以人身自由、人格尊严为内容，并直接体现民事主体的人身利益的民事权利，包括人格权和身份权。人身权具有非财产权利的属性，故又称为人身非财产权，是一种与民事主体的人身不可分离的权利，与财产权一道构成民法中两大基本民事权利。人身权有如下性质：它与民事主体的人身不可分离；它没有直接的财产内容，不能以金钱衡量人身利益；它具有不可转让的性质，只能由其权利主体享有；民事主体对人身权具有直接支配权，其权利主体是特定的，主体以外任何人都是其实现权利的义务人，即负有不侵犯其权利的义务。人格权是民事主体基于法律而享有的以人格利益为客体的一种人身权，自然人包括生命权、健康权、身体权、姓名权、肖像权、名誉权、荣誉权、隐私权，法人、非法人组织包括名称权、名誉权、荣誉权。规范人格权的人格权法本应是民法典的内容之一，目前其有关规范散见于民法总则、残疾人保障法、妇女权益保障法、未成年人保护法、老年人权益保障法、婚姻法等法律之中。身份权是民事主体基于一定行为或关系的一种人身权，包括婚姻自主权、配偶权、亲权、亲属权、知识产权中的身份权，主要由民法总则、婚姻法、继承法、收养法、著作权法、专利法、商标法等法律予以规范。

财产权,人身权的对称,是以财产利益为内容,并直接体现民事主体的财产利益的民事权利,主要包括物权、债权、知识产权中的财产权利、继承权等方面。财产权具有如下特征:它不像人身权那样人人皆具有,只有实际地享有财产所有权或有权取得财产的民事主体,才能成为财产权的主体;财产一般都具有财产价值,可以用金钱来计算,在交易中所有财产都按市场价格体现其经济价值;财产一般都可以处分,即可转让、继承、赠予,而不具有专属性,即不属于某一主体永远所有。物权是权利人依法对特定的物享有直接支配和排他权利的一种财产权,包括所有权、用益物权和担保物权;规范物权的主要是《物权法》《民法总则》等法律。债权是因合同、侵权行为、无因管理、不当得利以及法律的其他规定,权利人请求特定义务人为或不为一定行为的权利的一种财产权;现时有关债权的规范,散见于《民法总则》《物权法》《担保法》《合同法》之中。知识产权包含财产权利和人身权利,就财产权利而言,知识产权是权利人依法就下列客体享有专有权利的一种财产权:作品,发明、实用新型、外观设计,商标,地理标志,商业秘密,集成电路布图设计,植物新品种,法律规定的其他客体;知识产权的标志性立法是《著作权法》《专利法》《商标法》。继承权法律规范虽属家庭法,但因涉及家庭财产,故也属财产法一部分,继承权也是一种财产权;规范继承权的是《继承法》。

(二) 民事责任

民事责任即民事法律责任,指民事主体在民事活动中因实施了违反民事法定义务或民事约定义务的行为而应当承担的法律后果。民事责任具有以下的特征:强制性特征,即违反合同或不履行其他义务的,或因过错侵害国家、集体、个人财产,侵害他人人身的,应承担民事责任,否则由有关机关依申请或依职权对其强制执行;财产性特征、人身性特征,即民事责任以承担财产赔偿责任为主,兼顾承担非财产性民事责任;补偿性特征,即民事责任主体对受侵害主体承担补偿责任。表达民事责任的逻辑用语是"应当""必须""有义务",法条以此来表达民事责任。民事责任的分类包括如下:法定民事责任和约定民事责任,前者指法律规定的应承担民事责任的情形,通常是侵权责任,后者指合同约定的应承担民事责任的情形,又曰合同责任或违反合同责任;财产责任和非财产责任,前者指以财产赔偿方式承担的民事责任,后者指为防止或消除损害后果,对受损害的非财产权利以消除影响、赔礼道歉等方式承担的民事责任;无限责任和有限责任,前者指责任人以自己全部财产承担的民事赔偿责任,后者指责任人以一定范围内财产承担的民事赔偿责任;单独责任和共同责任,前者指一个责任人独自承担的民事责任,后者指两个以上责任人共同承担的民事责任;按份责任和连带责任,前者指多个责任人按法律规定或合同约定承担各自份额的民事责任,后者指多个责任人按法律规定或合同约定承担连带民事责任。规范民事责任的有《侵权责任法》《民法总则》《合同法》及《婚姻法》《收养法》等民事法律。承担民事责任的以下方式既可单独适用,也可合并适用:停止侵害,排除妨碍,消除危险,返还财产,恢复原状,修理、重作、更换,继续履行,赔偿损失,支付违约金,消除影响、恢复名誉,赔礼道歉。民事责任的免责情形包括:因不可抗力不能履行民事义务的,不承担民事责任;因正当防卫造成损害的,不承担民事责任,但超过必要限度,造成不必要损害的,应承担适当民事责任;因紧急避险造成损害的,紧急避险人不承担民事责任,由引起险情发生的人承担民事责任,危险由自然原因引起的,紧急避险人不承担民事责任，可以给予适当补偿，但紧急避险采取措施不当或超过必要限度造成不应有损害的，紧急避险人应承担适当的民事责任；因自愿实施紧急救助行为造成受助人损害的，救助人不承担民事责任。值得注意的是《民法总则》第185条规定侵害英雄烈士等人格权的，应承担民事责任。

违反合同的民事责任，简称为违约责任，即合同当事人违反合同约定，不履行合同义务，或者履行合同义务不符合合同约定条件，依法应当承担的民事责任。违约责任的构成要件是：责任方实施了违约的行为，存在因违约致使对方被损害的事实，责任方的违约行为与被损害方的损害事实之间存在因果关系。违约责任有如下特征：违约责任属于一种民事责任，不同于行政责任、刑事责任；违约责任是一种违约方对相对方按约定要求承担的民事责任，不同于法定责任；违约责任是一种由特定责任人的违约方承担的民事责任，不同于无特定责任人的法定责任；违约责任是一种由违约责任行为侵害的客体构成的民事责任，不同于侵权责任。违约行为有不同划分：单方违约行为和双方违约行为，前者指当事人一方违反合同约定而应由其承担民事责任的违约行为，后者指当事人双方违反合同约定而应各自承担相应民事责任的违约行为；整体违约行为和部分违约行为，前者指当事人违反整个合同的约定，依约应对整个违约行为承担民事责任的违约行为，后者指当事人违反合同部分条款的约定，依约应对违反合同部分条款的行为承担民事责任的违约行为。

侵权的民事责任，简称为侵权责任，即一方民事主体侵害他方民事主体的民事权益，对其侵权行为依法应承担的民事责任。被侵害民事权益包括生命权、健康权、姓名权、名誉权、荣誉权、肖像权、隐私权、婚姻自主权、监护权、所有权、用益物权、担保物权、著作权、专利权、商标专用权、发现权、股权、继承权等人身、财产权益。侵权责任的构成要件是：侵权人实施了侵权行为，存在因侵权致使对方被损害的事实，侵权行为与被侵害事实之间存在因果关系。侵权责任的特征包括：侵权责任属于民事责任，不同于刑事责任、行政责任；侵权责任是一种因违反法律规定的义务而应承担的民事法定责任，不同于民事约定责任；侵权责任是一种由民事权益多样性决定的侵权行为形式多样性的民事责任。侵权行为分为两类：一般侵权行为，即侵权人有过错地实施了侵权行为并直接致人损害，适用民法上一般责任条款的侵权行为，包括行为人故意损坏他人财产、故意损害他人身体而应当承担侵权责任的侵权行为；特殊侵权行为，即在侵权责任主体、侵权行为构成要件、举证责任分配等均有特殊规定的侵权行为，包括因产品质量不合格造成的侵权行为，机动车交通事故损害造成的侵权行为，医疗损害造成的侵权行为，环境污染损害造成的侵权行为，高度危险作业造成的侵权行为，饲养动物致人损害造成的侵权行为，诸如地面施工损害、建筑物搁置物悬挂物塌落损害、堆放物品倒塌损害等物件损害造成的侵权行为。

婚姻家庭的民事责任，指婚姻家庭成员违反婚姻家庭的民事法律义务而应依法承担的民事责任。婚姻家庭民事责任的特征是：它不同于违反合同约定的民事责任，婚姻家庭义务虽在某种意义上也有约定的性质，但同时又是法定的家庭成员应承担的对家庭的义务；它也不同于违反法律规定的侵权责任，婚姻家庭民事责任虽也是法定的民事责任，但它仅限于婚姻家庭，且婚姻家庭民事责任还有一种承诺的因素，即一种具有承诺性质的义务。婚姻家庭的民事责任主要涉及：离婚损害赔偿的民事责任，即因一方重婚、有配偶者与他人同居、实施家庭暴力或虐待、遗弃家庭成员等过错之故导致离婚，过错方应依法对无过错方因离婚遭受损害承担赔偿的民事责任；妨害家庭成员共同财产分割的民事责任，即因离婚、继承等法律事实需要分割家庭共同财产时，却以隐藏、转移、变卖、毁损等方式妨害家庭共同财产分割，导致其他家庭成员遭受损害，妨害人应依法承担赔偿的民事责任；拒不承担家庭义务的民事责任，即对家庭负有扶养、抚养、赡养等义务的家庭成员拒不履行扶养、抚养、赡养等家庭义务，导致被扶养人、被抚养人、被赡养人损害，扶养人、抚养人、赡养人依法应承担赔偿的民事责任；妨害或干涉婚姻自由的民事责任，即妨害或干涉他人婚姻自由，导致他人损害，妨害人、干涉人依法应承担民事制裁的民事责任。

七　民事法律行为和代理

（一）民事法律行为

民事法律行为是民事主体通过意思表示设立、变更、终止民事法律关系的行为。根据上述定义，民事法律行为具有如下特征：民事法律行为是一种以设立、变更、终止民事权利和民事义务为目的的改变民事法律关系的行为；民事法律行为改变民事法律关系通过一种意思表示来实现，这种意思表示可以采用书面形式、口头形式或者其他形式；民事法律行为依法成立时起生效，行为人非依法律规定或者未经对方同意，不得擅自变更或解除民事法律行为，否则承担违约或违法责任。民事法律行为可以有以下不同的分类：单方民事法律行为、双方民事法律行为和多方民事法律行为，前者指基于单方当事人意思表示而成立的民事法律行为，中者指基于双方当事人意思表示一致而成立的民事法律行为，后者指基于多方当事人意思表示一致而成立的民事法律行为；自然人的民事法律行为和组织的民事法律行为，前者实施民事法律行为的主体是自然人，后者实施民事法律行为的主体是组织，包括法人组织和非法人组织；单务民事法律行为和双务民事法律行为，前者指当事人一方仅负有义务，而另一方仅享有权利的民事法律行为，后者指当事人双方既享有权利又负有义务的民事法律行为，一方的权利便是另一方的义务，反之亦然；有偿民事法律行为和无偿民事法律行为，前者指一方当事人为换取对方当事人提供的利益而偿付给对方一定代价的民事法律行为，后者指当事人获取某种利益而无须给付任何代价的民事法律行为；诺成性民事法律行为和实践性民事法律行为，前者指双方当事人意思表示一致而不必交付任何事物即可成立的民事法律行为，后者指不仅需要双方当事人意思表示一致，而且还需要当事人的一方向另一方交付实物方能成立的民事法律行为；要式民事法律行为和非要式民事法律行为，前者指当事人按法定形式方能成立的民事法律行为，后者指不要求当事人采取特定形式而可自由选择形式即可成立的民事法律行为；主民事法律行为和从民事法律行为，前者指两个相互联系的民事法律行为中的能够独立存在的那个民事法律行为，后者指两个相互联系的民事法律行为中的那个不能独立存在而只能依附于另一个的民事法律行为。民事法律行为成立，先要具备实质性条件：行为人具备相应的民事行为能力，行为人意思表示真实，行为人的行为不违反法律或社会公共利益。民事法律行为成立，还要具备形式性条件：口头形式是行为人通过言语表达要实施某种行为的真实意思而成立的民事法律行为；书面形式是行为人通过文字形式表达要实施某种行为的真实意思而成立的民事法律行为；其他形式，诸如视听形式是行为人通过录音、录像、电脑等表达要实施某种行为的真实意思而成立的民事法律行为，公证形式是行为人通过公证机构对其要实施某种行为的真实意思予以公证而成立的民事法律行为，登记形式是行为人通过登记机关对其要实施某种行为的真实意思予以审批、登记而成立的民事法律行为。

如前所述，民事法律行为与事实行为的区别主要在于其行为主体是否有意思表示，换言之，该行为是否为行为主体的表意行为。由此可见，意思表示对于民事法律行为来说至关重要，它亦是判别一个民事法律行为是否有效的标志。何谓意思表示？意思表示是指民事主体将意图发生一定民法上效果的意思表现于外部的行为，即将意图发生一定民事法律关系而导致引起一定法律后果的内心意见愿望表现于外部而传递与他人的一种表达形式，并包括客观上可让他人认识其在表示某种法律后果的意思这一客观要件，以及主观上内心存在的意见愿望这一主观要件，且主观要件又包含了表意人欲将内心意思表示于外部的表示意思、表意人欲发生民法上一定效力的效果意思、表意人表现于外部的客观表示的外部行为这三要素。意思表示生效包括几种情形：有相对人的意思表示，其生效情形包括以对话方式作出的意思表示的，相对人知道其内容时生效，以非对话方式作出的意思表示的，到达相对人时生效；无相对人的意思表示，表示完成时生效；以公告方式作出意思表示的，公告发布时生效。意思表示作出的方式，有明示和默示两种，但默示仅在有法律规定、当事人约定或符合当事人之间交易习惯时，才可视为意思表示。行为人可以撤回意思表示，但撤回应在意思表示到达相对人前或与意思表示同时到达相对人。

区分民事法律行为的效力相当重要，因为它关乎不同的法律效果。只有具备以下条件的民事法律行为才是有效的：行为人具有相应的民事行为能力；意思表示真实；不违反法律、行政法规的强制性规定，不违背公序良俗。换言之，上述条件只要有一个不符合，该民事法律行为都是无效的：无民事行为能力人实施的民事法律行为无效，而限制民事行为能力人只能实施纯获利益的民事法律行为或与其年龄、智力、精神健康状况相适应的民事法律行为，实施其他民事法律行为须经法定代理人同意或追认，否则无效；行为人与相对人以虚假的意思表示实施的民事法律行为无效；违反法律、行政法规的强制性规定的民事法律行为无效，除非该强制性规定不导致该民事法律行为无效，而违背公序良俗的民事法律行为同样无效；行为人与相对人恶意串通，损害他人合法权益的民事法律行为无效。以下民事法律行为可以依法撤销：基于重大误解实施的民事法律行为，行为人有权请求法院或仲裁机构予以撤销；一方以欺诈手段，使对方在违背真实意思的情况下实施的民事法律行为，受欺诈方有权请求法院或仲裁机构予以撤销；第三人实施欺诈行为，使一方在违背真实意思情况下实施的民事法律行为，对方知道或应当知道该欺诈行为的，受欺诈方有权请求法院或仲裁机构予以撤销；一方或第三人以胁迫手段，使对方在违背真实意思的情况下实施的民事法律行为，受胁迫方有权请求法院或仲裁机构予以撤销；一方利用对方处于危困状态、缺乏判断能力等情形，致使民事法律行为成立时显失公平的，受损害方有权请求法院或仲裁机构予以撤销。但当事人撤销权在以下情形下消灭：当事人自知道或应当知道撤销事由之日起1年内、重大误解的当事人自知道或应当知道撤销事由之日起3个月内没有行使撤销权；当事人受胁迫，自胁迫行为终止之日起1年内没有行使撤销权；当事人知道撤销事由后明确表示或以自己的行为表明放弃撤销权。但当事人自民事法律行为发生之日起5年内没有行使撤销权的，撤销权消灭；换言之，即便以后知道或应当知道，超过5年撤销权不再受保护。无效的或被撤销的民事法律行为，自始至终没有法律约束力。民事法律行为部分无效,不影响其他部分效力的,其他部分仍然有效。

(二) 代理

民事主体可以自己实施民事法律行为,也可以通过代理人实施民事法律行为;但依照法律规定、当事人约定或民事法律行为的性质,应当由本人亲自实施的民事法律行为,不得代理。代理是指代理人在代理权限内,以被代理人名义实施民事法律行为,而被代理人对代理人的代理行为承担民事责任的行为;代理人是指在代理权限内以被代理人名义实施民事法律行为的人;被代理人是指在代理权限内由代理人以自己名义代为实施民事法律行为,并对代理人的代理行为承担民事责任的人。一个完整的代理行为,不仅涉及代理人和被代理人这两个主体,而且涉及相对人这一主体。例如,甲委托乙与丙签订买卖合同,这样就涉及三方主体:代理人乙、被代理人甲、相对人丙。在这种代理行为中,既存在甲与乙的委托关系,也存在甲与丙的买卖合同关系,还存在乙与丙的代理行为关系。

代理有如下几个特征:代理是代理人在代理权限内以被代理人名义实施的民事法律行为,代理人既不能超出代理权限范围实施代理行为,否则代理行为无效,也不能以代理人自己名义直接实施代理行为,否则被代理人对行为不承担民事责任,更不能不履行或不完全履行职责,否则造成被代理人损害的,应承担民事责任,尤其不能与相对人恶意串通,损害被代理人合法权益,否则代理人与相对人承担连带责任;被代理人对代理行为承担民事法律责任,即代理行为只要是代理人与被代理人之间合法约定,且代理人的代理没有超出代理权限范围,该民事法律行为对被代理人发生效力,其民事法律后果概由被代理人承担;代理行为是能够产生民事法律后果的民事法律行为,即一种基于被代理人的真实意思表示,由代理人代表被代理人与相对人之间能够发生、变更或终止民事法律关系的民事法律行为;代理行为的法律后果是,代理人与被代理人之间形成代理权关系,即能够影响被代理人法律地位的关系,代理人与相对人之间形成代理行为关系,即代理人以被代理人名义与相对人发生由被代理人承担民事法律后果的代理行为关系,被代理人与相对人之间形成一种代理行为后果的归属关系,即代理行为后果由被代理人与相对人分担。

代理一般分为委托代理、法定代理:委托代理是指委托代理人按被代理人的委托行使代理权的代理;法定代理是指法定代理人按法律的规定行使代理权的代理,而无民事行为能力人要进行民事活动,只能由其法定代理人代理,限制民事行为能力人除法定可以自己实施的外,其他也应由其法定代理人代理。代理还有其他的划分:一般代理和特别代理,前者指代理权未经特别限定,代理人可以实施法律上允许实施的一切代理行为的代理,又称为全权代理或总括代理,后者指代理权被限定为一定范围内的代理,即代理人仅仅可以在特许范围内实施代理行为的代理,又称为部分代理或限定代理;单独代理和共同代理,前者指代理人仅为一人的代理,即由一个代理人独立实施代理行为的代理,又称为独立代理,后者指代理人为数人的代理,即数人为同一代理事项的代理人,共同行使代理权,代理行为由全体代理人共同实施的代理;本代理和复代理,前者指基于被代理人选任代理人或以法律规定而发生的代理,即代理人直接由被代理人委托或由法律规定而实施代理行为的代理,后者指代理人为被代理人的利益将其代理权转委托他人而产生的代理,即复代理人依据代理人的委托而实施的代理行为的代理,又称为再代理或转代理。

委托代理的规则:代理人知道或应当知道代理事项违法仍实施代理行为,或者被代理人知道或应当知道代理行为违法未作反对表示，被代理人和代理人承担连带责任；代理人不得以被代理人名义与自己实施民事法律行为，除非被代理人同意或追认，代理人亦不得以被代理人名义与自己同时代理的其他人实施民事法律行为，除非被代理的双方同意或追认；代理人接受委托代理后可以转委托第三人代理，并须经得被代理人的同意或追认，而一经转委托后，被代理人可以就代理事务直接指示转委托的第三人，代理人仅就第三人的选任及自己对第三人的指示承担责任，但代理人未经被代理人同意或追认而转委托第三人的，应对转委托的第三人的行为承担责任，除非在紧急情况下为了维护被代理人的利益需要转委托第三人代理；行为人没有代理权、超越代理权或代理权终止后，仍然实施代理行为，未经被代理人追认的，对被代理人不发生效力；行为人没有代理权、超越代理权或代理权终止后，仍然实施代理行为，相对人有理由相信行为人有代理权的，代理行为有效，但相对人知道或应当知道行为人无代理权的，相对人和行为人按各自的过错承担责任。

一定条件下的代理终止。以下情形之一的委托代理终止：代理期间届满或代理事务完成，被代理人取消委托或代理人辞去委托，代理人丧失民事行为能力，代理人或被代理人死亡，作为代理人或被代理人的法人、非法人组织终止。被代理人死亡后，下列情形之一的委托代理行为有效：代理人不知道并且不应当知道被代理人死亡；被代理人的继承人予以承认；授权中明确代理权在代理事务完成时终止；被代理人死亡前已经实施，为了被代理人的继承人的利益继续代理。被代理人的法人、非法人组织终止的，参照被代理人的自然人死亡的规定。下列情形之一的法定代理终止：被代理人取得或恢复完全民事行为能力，代理人丧失民事行为能力，代理人或被代理人死亡，法律规定的其他情形。

八　民事诉讼时效和期间

诉讼时效究竟属于实体法还是程序法，不同法系有不同解读：大陆法系将其视为实体法，英美法系则视为程序法。中国法律有西方法系的影子，它更接近于大陆法系，故将诉讼时效视为实体法的一部分。不论是将诉讼时效置于其实体法之内，还是置于其程序法之中，所有法律体系均建立与其相匹配的民事诉讼时效制度，即民事权利受到侵害的权利人在法定的诉讼时效期间内，其诉讼权利受法律保护的制度。中国现行民事诉讼时效的规范见于《民法总则》第9章和第10章。

（一）诉讼时效的定义和分类

诉讼时效是指民事权利受到侵害的权利人在法定诉讼时效期间内，其诉讼权利受法律保护的一种诉讼制度，或者民事权利受到侵害的权利人在法定诉讼时效期间内不行使诉讼权利，当时效期间届满时，其诉讼权利不再受法律保护的一种诉讼制度。诉讼时效实质是一种诉讼时效制度，具有以下特征：法律强制性的特征，即它是由法律明确规定的，不受当事人意志控制，不由当事人自行约定；法律保护性的特征，即它是对权利人诉讼权利予以保护的一种制度；法律期间性的特征，即它对权利人的诉讼权利仅在诉讼时效期间内予以保护，超出此期间不再予以保护。诉讼时效分为一般诉讼时效和特别诉讼时效。一般诉讼时效是指一般情形下适用的诉讼时效，即基于"权利人知道或者应当知道权利受到损害以及义务人"这一条件，且不是针对某一特定情形，而是普遍适用的诉讼时效，《民法总则》第 188 条第 1 款将其规定为 3 年。特别诉讼时效是指针对某些特定情形而制定的专门诉讼时效，即《民法总则》第 188 条第 1 款"法律另有规定的，依照其规定"的情形，它分为较长期诉讼时效，即诉讼时效超过 3 年而少于 20 年，《合同法》第 129 条规定因国际货物买卖合同和技术进出口合同争议提起诉讼或申请仲裁的诉讼或仲裁时效为 4 年，最长不得超过 20 年，以及最长期诉讼时效，《民法总则》第 188 条第 2 款的规定实质表明诉讼时效最长为 20 年，即没有满足"权利人知道或者应当知道权利受到损害以及义务人"这一条件时，诉讼时效最长是 20 年，超过 20 年，不再受保护。关于诉讼时效，有两个规定值得注意：法院不得主动适用诉讼时效的规定，换言之，只有当事人对诉讼时效提出异议，法院才适用诉讼时效规定，并就此作出裁定；诉讼时效期间届满的，义务人可以提出不履行义务的抗辩，但同意履行义务的，不得以诉讼时效期间届满为由抗辩。

（二）诉讼时效期间的计算规则

诉讼时效期间指民事权利受到侵害的权利人的诉讼权受法律保护的法定期限。诉讼时效期间计算有两个规则：规则一是"诉讼时效期间自权利人知道或者应当知道权利受到损害以及义务人之日起计算"。此规则适用于除最长期诉讼时效外的诉讼时效期间的计算。知道是指有证据证明权利人知道权利受到损害以及义务人的这一事实，它是一事实判断；应当知道是指根据常理逻辑地推定权利人知道权利受到损害以及义务人的这一合理推断，它是一个逻辑判断。规则二是"自权利受到损害之日起超过 20 年的，法院不予保护"。本规则仅适用于最长期诉讼时效期间，因最长期诉讼时效已给权利人诉讼权以最大保护，故本规则只考虑权利人"权利被侵害"这一客观因素，而不再考虑权利人"知道或者应当知道权利被侵害"这一主观因素。诉讼时效期间计算有特别规定：当事人约定同一债务分期履行的，诉讼时效期间自最后一期履行期限届满之日起计算；无民事行为能力人或限制民事行为能力人对其法定代理人的请求权的诉讼时效期间，自法定代理终止之日起计算；未成年人遭受性侵害的损害赔偿请求权的诉讼时效期间，自其年满 18 周岁之日起计算。

（三）诉讼时效的中止、中断、延长

由于诉讼时效开始后可能会受到某些因素的影响，因而民法规定了诉讼时效中止、中断和延长等情形。诉讼时效中止是指在诉讼时效期间最后 6 个月内，因法定障碍致使权利人无法行使诉讼权利请求权的，诉讼时效期间的计算暂时停止这样一种诉讼时效制度。诉讼时效中止有如下特点：它必定是在诉讼时效进行中，即诉讼时效未开时，不存在诉讼时效中止的问题；它必须因下列障碍而不能行使请求权，包括不可抗力，无民事行为能力人或限制民事行为能力人没有法定代理人或者法定代理人死亡、丧失代理权、丧失行为能力、丧失代理权，继承开始后未确定继承人或遗产管理人，权利人被义务人或其他人控制，其他导致权利人不能行使请求权的障碍；它必须符合法定时间点，即在诉讼时效期间最后 6 个月内发生前述障碍时，才存在诉讼时效中止的情形，换言之，自中止时效的原因消除之日起满 6 个月，诉讼时效期间届满；诉讼时效中止的原因消除后，诉讼时效继续进行，即诉讼时效中止并非完结，只是暂时中止，当中止的法定障碍消失后，诉讼时效期间继续计算。

诉讼时效中断是指在诉讼时效期间进行中因发生一定的法定事由，导致已经经过的诉讼时效期间归于无效，待诉讼时效中断的法定事由消失后，诉讼时效期间重新计算这样一种诉讼时效制度。诉讼时效中断有如下特点：它必须是在诉讼时效进行过程中，否则不存在诉讼时效中断问题；它必须具备的法定事由是权利人向义务人提出履行请求，或者义务人同意履行义务，或者权利人提起诉讼或申请仲裁，或者与提起诉讼或申请仲裁具有同等效力的其他情形；它的法律后果是已经经过的诉讼时效期间归于无效，或者是诉讼时效中断事由存续期间，诉讼时效停止，或者是诉讼时效中断事由消失时，诉讼时效重新计算。

诉讼时效中止与中断都是诉讼时效不能完成，但二者有区别：二者发生的时间不同，前者只能发生在诉讼时效期间最后6个月内，后者可能发生在诉讼时效期间的任何阶段；二者发生的法定事由不同，前者的法定事由是发生不可抗力或其他障碍，后者的法定事由是提起诉讼、权利人提出请求或义务人同意履行；二者发生的法律后果不同，前者是将诉讼时效期间暂停计算，中止法定事由消失，在原已经过的诉讼时效期间基础上继续计算，后者是原已经过的诉讼时效期间归于无效，中断法定事由消失，诉讼时效重新计算。

诉讼时效延长是指法院查明权利人在诉讼时效期间确有法律规定外的未能行使请求权的正当理由，依法决定适当延长已完成的诉讼时效期间这样一种诉讼时效制度。诉讼时效延长有如下特点：它是发生在诉讼时效届满后，而非发生在诉讼时效进行过程中，故与诉讼时效中止、中断均出现在诉讼时效进行过程中这一点不同；诉讼时效延长的事由由法院依据特殊情况认定，故与诉讼时效中止、中断均基于法定事由这一点也不同；诉讼时效延长的期间由法院依据特殊情况认定。诉讼时效延长的特殊事由以及延长的具体期间，法律均赋予法院享有自由裁量权，但有限度：所谓特殊情况仅限于《民法总则》第188条的规定，诉讼时效延长期间适用本条关于权利人向法院请求保护民事权利的3年诉讼时效期间和自权利受到损害之日起法院不予保护的20年诉讼时效期间的规定。换言之，法院视特殊情况有权延长的是"权利人知道或者应当知道权利受到损害以及义务人"的3年诉讼时效期间，而不是"权利受到损害之日起"的20年诉讼时效期间。

（四）民法的期间计算

期间按公历年、月、日、小时计算；按小时计算期间的，自法律规定或当事人约定的时间开始计算，按年、月、日计算期间的，开始的当日不计入，自下一日开始计算；期间的最后一天是法定休假日的，以法定休假日结束的次日为期间的最后一日，期间的最后一日的截止时间为24时，有业务时间的，停止业务活动的时间为截止时间；按年、月计算期间的，到期月的对应日为期间的最后一日，没有对应日的，月末日为期间的最后一日。

九　民法有关数目的规定

民法规范的数目关乎民事权利和民事义务的执行，因而《民法总则》第11章对其作了专章规范。这些规范包括：一是民法所称的"以上""以下""以内""届满"等，包括本数，例如，"2人以上"，包括2人，如此等等。二是民法所称的"不满""超过""以外"，不包括本数，例如，"不满18周岁"，不包括18周岁，如此等等。

第二节 人格权：民事权利（一）

人格权属人身权一种，是非财产的民事权利，是自然人基本民事权利之一。人身权是与财产权对称的另一种民事权利；物权、债权、知识产权、继承权均主要与财产相关，是关于财产的民事权利，虽然诸如知识产权中的身份权也涉及人身权。

一　人格权概述

（一）人格权定义

人身权是指一种基于作为个体的人的身份，而并非源于财产的民事权利，它是民事法律主体必备的，以人格利益为主要内容的基本民事权利。人身权包括人格权和身份权：人格权又包括生命权、健康权、身体权、姓名权、名称权、肖像权、名誉权、荣誉权、隐私权、自由权，身份权又包括配偶权、亲权、亲属权、知识产权中的身份权。本节着重讨论人格权，身份权分别在婚姻家庭、知识产权等法律规范中阐述。人格权是指民事法律关系主体基于其法律人格固有的一种非财产性质人身权。人格权有如下特征：人格权由法律确定；人格权是民事法律关系主体固有的一种民事权利，自然人的人格权与生俱来，法人和非法人组织的人格权自其成立时就享有；人格权以人格利益为客体，是自然人、法人和非法人组织固有而不可分离的人身利益，不可转让、不可继承。人格权主体是民事法律关系主体，有自然人、法人和非法人组织。自然人享有的人格权有生命权、健康权、身体权、姓名权、肖像权、名誉权、荣誉权、信用权、隐私权、自由权、自主权，组织享有的人格权有名称权、名誉权、荣誉权、信用权。人格权分为一般人格权和具体人格权：一般人格权指民事法律关系主体基于个体共有的一般人格利益所享有的基本人格权，包括人格平等、人格独立、人格自由、人格尊严；具体人格权指民事法律关系主体基于个体特有的具体人格利益所享有的基本人格权，包括生命权、健康权、身体权、姓名权、名称权、肖像权、名誉权、荣誉权、信用权、隐私权、自由权。本节阐述的人格权主要是具体人格权。

（二）人格权法的基本原则

基本原则1　人格权固有原则

本原则是指人格权是自然人与生俱来的、天赋的，是法人和非法人组织自成立时起存在的，它是相应主体自动取得的，无须申请，无须批准，无须办理任何登记手续。

基本原则2　人格权法定原则

本原则是指人格权的类型、内容、保护方式等均由法律规定，任何主体不得对人格权的范畴予以创设，也不得对法定的人格权予以删改。

基本原则3　人格权受法律保护原则

本原则是指人格权受法律保护，不受侵犯，侵犯人格权者依法应当承担停止侵害、恢复名誉、消除影响、赔礼道歉、赔偿损失、支付精神赔偿金等民事侵权责任。

二　生命权、身体权、健康权

生命权、身体权、健康权是具有物质性质的具体人格权，即作为涉及人的生命载体的身体，是否活体、是否健康、是否受到损害这样一种最基本和最重要的具体人格权。《民法总则》第110条[①]规定自然人享有包括生命权、身体权、健康权等具体人格权。

（一）生命权

生命权是人格权中首要一种，因自然人一旦没有生命，其他人格权一般情形下也不复存在。生命权是指以自然人的生命维持和安全利益为主要内容的人格权，即人身获得保护而不受伤害或杀害，从而维持生命的人格权利。生命权有如下特征：其主体和客体是同一物，即生命权的主体是人自身，其客体也是人自身；它一旦受到侵害，无可挽回，任何法律救济都于事无补；它专属于主体，不可让渡，即不可买卖、转让；它是与生俱来的，没有高低贵贱之分；它相对于其他人格权具有优先性，即面对各种人格利益冲突时，优先考虑保护的是生命权，其他人格权处于让与的地位，不能因其他人格权而限制甚至征收生命权，此特征引申出生命权的防卫性特征，即生命权受到威胁时，主体有紧急避险、正当防卫的权利。自然人享有生命权是从私法或民法角度规定的。中国刑法的死刑制度，是从公法或刑法角度对生命权的剥夺。私法或民法讲保护生命权，公法或刑法又保留对生命权的剥夺，这并不矛盾。因为私法与公法、民法与刑法，是从不同角度规范生命权的：就平等主体而言，民事主体的生命权受法律保护；就极端地触犯社会禁止性规范而言，刑事被告主体生命权被法律剥夺。这就是现行中国民法与刑法从不同角度对人的生命权进行规范的体现。自然人都享有生命权，任何主体都不得非法剥夺自然人的生命权。

（二）身体权

身体权是自然人享有的另一种与身体物质相关的人格权，是指以自然人符合身体完整要求的身体各部位的维护为主要内容的人格权，即自然人享有的保持身体组织完整，支配其肢体、器官及其他身体组织，保护身体组织不受他人侵犯的权利。身体权有如下特征：它是生命权、健康权的先决条件，因为身体是生命、健康的物质载体；它是自然人对自己身体的支配权，即自然人在一定条件下有权处分自己身体，其他主体不能侵犯自然人的身体部分，包括未经自然人本人同意摘取其器官；它是自然人对自己身体遭受侵害时具有的

---

① 虽仍未有民法典，亦未有《人格权法》这一单行法律，但民法总则可视为未来民法典总则规范，故这里所引规范具有民法典的价值和意义。

赔偿请求权；它体现人的身体具有完整性的特征，即自然人的身体是一个统一整体，不得随意分割或侵害。身体权受法律保护，禁止以任何方式侵害自然人身体，破坏自然人身体完整性，特别是：禁止非法搜查自然人身体，否则构成身体权的侵权行为，必须承担法律责任；禁止任何刑讯逼供，被刑讯逼供者，有权要求国家赔偿；自然人的身体完整性受法律保护，任何主体均不得侵害。基于身体完整权，自然人享有以下特别权利：有权决定将自己身体的血液、骨髓、精液及器官等捐献；有权决定自己死后将自己遗体的全部或部分捐献；未经死者生前同意或死者死后经其近亲属同意，不得擅自解剖死者遗体；禁止非法摘取人体器官，禁止买卖人体器官和其他组织，禁止买卖死者遗体及其组成部分；进行手术切除人体器官或进行器官移植应说明风险，并经本人或其法定代理人、近亲属同意，除非病人生命确有危险而又无法及时取得同意。

（三）健康权

健康权是自然人享有的又一种与身体物质相关的人格权，是指以自然人符合健康标准的身体健康为主要内容的人格权，即自然人享有的维护身心健康和保持身体机能正常的权利。健康权包括：健康维护权，即自然人有权维护自己的健康，使自己的健康保持正常、良好的状态，并因此而有权通过身体锻炼，保持身体机能、功能的正常状态，有权通过接受医疗服务，使身体机能、功能不正常状态恢复至正常状态，有权通过包括诉讼在内的有关方式，使健康权受到侵害时获得法律保护；劳动能力保持权，即自然人有权保持自己正常的劳动能力，并利用这种权利满足自己和社会的需要，在权利受到侵害时，有权通过相关途径获得赔偿；健康利益支配权，即自然人有权支配自己的健康利益，因灾害、事故、疾病等原因致其健康受到威胁时，有权寻求医疗服务，医疗机构不得拒绝医疗、救治。

三　姓名权、名称权

姓名权、名称权属于冠名性质的人格权，统称为冠名权，是人格权主体特有的一种权利。冠名权的实质就是一种具有标志性质的人格权，于自然人而言，此人之为此人，区别于彼人；于组织而言，此组织之为此组织，区别于彼组织。《民法总则》第110条规定的自然人的姓名权，组织的名称权正是这样的人格权。

（一）姓名权

姓名权是自然人享有的一种冠名性质的具体人格权，即自然人享有的决定、使用、改变自己姓名，并禁止他人侵犯自己姓名的一种人格权。姓名包括姓氏和名字两部分，因此姓名权就包括享有决定、使用、改变姓氏的权利，即有权随父姓、母姓，或者采用其他姓氏，也包括决定、使用、改变名字的权利。姓名权具有以下特征：其主体是自然人，因为自然人人格的文字标识正是其姓名；其客体是自然人对自己人格的文字标识，包括主体正式登记的姓名，也包括主体的笔名、艺名、别名等；其权利是一种绝对权，或曰对世权，即权利效力及于所有人，所有人都不能侵犯他人的姓名权；它不可转让，任何转让姓名的行为均属无效。姓名权的内容包括：姓名的决定权，即姓名权主体有权决定自己婴儿的姓名，年满18周岁的成年人有权决定自己的姓名；姓名的使用权，即自然人有权在民事活动中使用自己的姓名,包括在某些场合使用自己的笔名、艺名、别名,并与姓名受同等法律保护;姓名的变更权,即自然人可以按自己的意愿变更自己的姓名,他人不得干涉。

(二) 名称权

名称权是组织享有的一种冠名性质的具体人格权,即组织依法享有的决定、使用、变更或者转让自己的名称,或者许可他人使用自己的名称,并禁止他人侵犯自己名称的一种人格权。组织有权决定、使用、变更、转让自己的名称,或者许可他人使用自己的名称,但禁止盗用、假冒其他组织的名称。名称权具有如下特征:享有名称权的主体是组织,包括法人和非法人组织;名称可以依法转让;名称权必须经其主体申请登记核准后才生效,方可使用、变更、转让。名称权的内容包括:其主体有权依法决定自己的名称,其名称经其主体申请准予登记后,在规定的范围内享有该名称的专用权;其主体有权使用自己的名称,他人不得干涉,但必须使用自己的真实名称,不得假冒、盗用他人的名称;其主体有权依法变更自己的名称;其主体有权转让自己的名称,但依法转让后的名称,原名称所有者不得再使用已经转让的名称;其主体有权依照规定,许可他人使用自己的名称。

四 肖像权

肖像权具有表征性质,是指自然人享有的对自己的肖像所体现的人格利益为内容的一种具体人格权,即自然人对自己的肖像所享有再现、使用、允许他人使用、排斥他人不法侵害的人格权利。《民法总则》第110条规定自然人的肖像权。肖像指通过绘画、照相、雕塑、录像、电影等造型艺术方式反映的自然人的面部形象,即肖像通过艺术形式物化地再现自然人外貌形象,使自然人具有人格利益。肖像权具有如下特征:其权利主体是自然人,自然人才享有肖像及肖像权;它是一种标识性人格权,通过外貌形象标识自然人的人格,借以识别每一个特定的自然人,如果姓名权是自然人人格的文字标识,那么肖像权便是自然人人格的形象标识;肖像权由其蕴含的人格利益派生出一定的财产利益,即肖像权人通过转让肖像权,或者通过允许他人制作、使用自己的肖像,并从中获得一定的报酬或版税等经济利益。肖像权的内容包括:自然人有权通过制作肖像,即有权通过造型艺术方式及其他形式再现自己的形象,但制作他人肖像应征得其同意;自然人有权使用或许可他人使用本人的肖像,但使用他人肖像,应征得他人同意,且即使被允许使用,也禁止以违背社会公德的方式使用他人肖像;自然人有权维护自己的肖像利益,即有权排斥他人不法侵害自己的肖像人格权,包括有权禁止他人未经自己允许而制作、使用自己肖像,有权禁止他人对自己的肖像进行毁损、玷污、丑化、歪曲。肖像权保护有特别的限制,以下情形不属侵犯肖像权:自然人接受作为人体模特的约定,则视为放弃以其人体形象制作的作品的肖像权,除非有特别约定;政治家、明星、公众人物等,公开露面时不能以肖像权保护为由反对他人拍摄;游行、示威、公开演讲等活动,因其活动目的具有公共性,故其参加人不能以肖像权为由反对他人对上述活动的拍摄;有特殊新闻价值的人,例如重大事件的当事人或在场人、特别幸运的人、特别不幸的人,不能以肖像权为由反对新闻记者的善意拍摄;刑事犯罪的嫌疑人不得以肖像权为由反对司法人员为司法取证所进行的拍摄。

五　名誉权、荣誉权

名誉权、荣誉权是具有评价性质的具体人格权。《民法总则》第 110 条规定自然人、法人和非法人组织均享有名誉权、荣誉权这种具体人格权。

（一）名誉权

名誉权是指自然人、法人和非法人组织享有、维护自己名誉人格利益的权利，即享有的自身社会价值获得社会客观、公正评价，排除他人侵害的权利。名誉是指自然人、法人和非法人组织的名望和声誉，即自然人、法人和非法人组织的品德、信誉在社会上获得客观而公正的评价。名誉权有如下特征：它不能被抛弃，抛弃行为无效；它不能被转让，转让行为无效。自然人的名誉权涉及：任何新闻媒介在报道、评论真人真事时不得与事实相违，影响自然人原有的社会评价；任何主体不得以侮辱、诽谤或捏造事实等方式损害、败坏他人名誉。法人和非法人组织的名誉权涉及：任何新闻媒介在报道、评论有关法人和非法人组织时不得与事实相违，影响该组织原有的社会评价；任何主体不得捏造事实，散布虚假信息，损害、败坏组织的名誉。名誉权包括以下内容：自然人、法人和非法人组织有权保持自己的名誉，维持自身已获得社会客观、公正评价的社会价值，使其不会消失或减弱，及要求他人对其进行客观、公正的评价，从而获得应有的社会尊重；自然人、法人和非法人组织有权享有名誉体现的人格利益，因其社会客观、公正评价所带来的受社会大众尊重、敬仰的人格利益；自然人、法人和非法人组织有权维护自己的名誉不受非法侵害，当其名誉受到侵犯时，有权通过有关途径维护自己的名誉不受非法侵害，要求侵权人承担侵权责任。侵犯名誉权方式主要包括侮辱、诽谤、失实而造成极坏影响的新闻报道等。名誉权受法律保护，禁止任何人故意以书面、口头等不同方式宣扬他人的隐私，捏造事实，以侮辱他人，损害他人名誉；禁止利用严重失实的新闻报道损害他人名誉；禁止利用内容不当的文学作品损害他人的名誉；禁止借检举、控告之名，侮辱、诽谤他人。

（二）荣誉权

荣誉权是指自然人、法人和非法人组织享有的因自己的突出贡献或特殊劳动成果而获得的由国家或社会组织授予的荣誉称号的权利。荣誉是指自然人、法人和非法人组织因其突出贡献或特殊劳动成果由国家或社会组织专门授予荣誉称号而获得的尊荣和名誉。荣誉权有如下特征：其客体是荣誉本身，即荣誉权主张或保护的权利是国家或社会组织授予的荣誉称号；荣誉权人对取得的荣誉享有独占权，他人对该荣誉权的客体负有不得侵犯的法定义务。荣誉权的内容包括：荣誉获得权，即荣誉权主体符合法定标准的，可以主张应该获得荣誉的权利，以及荣誉权人对荣誉称号所附随的物质利益享有法定取得权；荣誉保持权，即荣誉权主体对于已经获得的荣誉保持归己享有的权利；荣誉支配权，即荣誉权人对其获得的荣誉称号所带来的精神利益和物质利益享有占有、控制、利用等支配权。

（三）名誉权与荣誉权的区别

名誉权与荣誉权的区别主要在于：取得方式不同，前者是有关主体就社会对自己的评价享有不受侵害的权利，后者是有关主体对社会作出贡献被授予荣誉称号后取得的维护荣誉称号不受侵害的权利；内容和范围不同，前者是社会对每一个有关主体的品德、声望、信誉等方面的一个社会评价，具有普遍性，任何主体都可以享有，后者是国家或社会组织对特定的主体授予的一种特殊荣誉称号，具有专属性，仅限于特定主体可以享有；消灭或变更的方式不同，前者不能被抛弃，也不能被转让，当主体获得名誉后，不存在自己要不要该名誉的问题，后者则可以被依法剥夺，在法定事由下，荣誉称号可以被依法剥夺。

六 信用权

信用是指自然人、法人和非法人组织在社会生活或经济活动中的经济能力和履约意愿所获得的社会评价及信赖程度。主体的信用越高，其社会评价、信赖程度就越高；反之亦然。主体的信用越高，其在社会生活或经济活动中的活力就越大，取得成功的机会也就越大。信用讲的是诚实、守信，要在社会生活和经济活动中形成信用的社会机制，就要建立社会信用体系。社会信用体系旨在建立一个适用信用交易的市场体系，它包括个人信用和商业信用：个人信用是指基于诚信原则，通过契约形式，市场提供给自然人信用消费、交易的服务机制；商业信用是指基于诚信原则，通过契约形式，市场提供给法人和非法人组织之间的信用交易平台的服务机制。信用评估基于信用权主体的经济能力和履约意愿。美国有信用评级服务，其信用评估机构将信用分为3级（ABC）9等（AAA，AA，A；BBB，BB，B；CCC，CC，C），AAA代表信用最好的等级，C代表信用最差的等级，并使信用评估成为美国社会生活和经济活动的依据。与美国的信用评估机构类似，中国20世纪90年代初建立的征信机构，独立于信用交易双方，对组织和个人的信用信息进行采集、整理、保存、加工，并向信息使用者提供服务，出具信用报告。作为第三方的征信机构在中国征信市场中正日益扮演中立的角色，发挥其市场经济条件下征信服务的作用。2012年的《征信业管理条例》，作为规范中国新兴征信业的行政法规，对市场经济起着重要作用。

基于信用的信用权作为人格权的一种，对其主体具有评价性质；若名誉权、荣誉权着重从人格尊严的角度评价权利主体，则信用权从履约方面的信用角度评价权利主体。信用权是指自然人、法人和非法人组织享有的因其经济能力和履约意愿而获得的社会评价及信赖的权利。不能将信用权归为一种财产权，尽管信用常常与财产相关；因为信用权以信用为客体，对主体的信用评价所反映的是人格利益，而不是直接的财产利益，财产利益只是信用评价带来的附随利益，对信用评价体现的人格利益进行保护的信用权，本质上是一种人格权。信用权内容包括：信用保有权，即信用权主体通过增强自己的经济能力和践行自己的诚信履约，从而获得自己的信用，并保持该信用不降低、不丧失的权利，其实质是信用形成和保持权；信用维护权，即信用主体通过各种法律手段维护自己的信用不受他人侵害，保持社会对自己良好信用评价的权利，其实质是信用禁止权；信用支配权，即信用主体利用自己的良好信用评价为自己或他人寻求合理利益的权利，其实质是信用收益权。

七 隐私权、婚姻自主权、人身自由权

隐私权、人身自由权、婚姻自主权具有不受不当约束或干预的性质。《民法总则》第

110条仅是规范了隐私权、婚姻自主权,而对人身自由权则没作相关规定。

(一) 隐私权

隐私权实质上是一种免于侵犯的自由,即让一个人能够处于独立的状态,保持某些私人的事情,或者说,是自然人依法享有的对其私人信息、私人空间、私人事宜具有支配的权利。隐私权的主体只能是自然人,因为隐私权不同于商业秘密,商业秘密是指不为公众所知悉、能为权利人带来经济利益、具有实用性并经权利人采取保密措施的技术信息和经营信息,即商业秘密是含有经济利益并被权利人采取措施保密的技术和经营信息,其主体是商业秘密的权利人,包括法人、非法人组织和自然人。隐私权的客体是隐私权保护的范围,即与公共利益无关的私人领域内的一切东西:私人信息,法律保护其不受侵犯,禁止刺探、未经本人同意公开自然人与社会公共利益无关的私人信息;私人空间,法律保护其不受外界侵扰,禁止窥视、骚扰、侵入他人私人空间;私人活动,法律保护其不受干扰,禁止跟踪、刺探、未经本人同意披露他人与社会公共利益无关的私人活动;身体隐私,法律保护其不受侵犯,未经本人同意,不得公开暴露其身体的隐私部分;生命信息,法律保护其不受侵犯,未经本人同意,不得公开其身体基因密码;通信自由和通信秘密,法律保护其不受侵犯,禁止隐匿、毁弃或开拆他人信件,禁止恶意阻止、妨碍他人正常通信,禁止非法窃听他人电话,禁止非法窃取他人电子邮件;生活安宁,法律保护其不受侵犯,禁止以窥视、窃听、跟踪、信件或电话骚扰等方式,破坏自然人的生活安宁,禁止侵扰自然人的住宅;隐私资料,法律保护其不受侵犯,禁止非法收集和传播他人的隐私资料,收集、储存和公布涉及自然人的信用档案、电子邮箱网址等隐私资料,应征得本人同意,除非出于社会公共利益的需要或法律的另外规定。但某些情形属于隐私权保护范围的例外,例如政治人物有一个接受舆论监督问题,为社会公共利益进行舆论监督,可以披露这些公众人物的有关隐私,被监督人不得就此主张侵害隐私权。尽管目前中国还没有政府官员财产申报制度,但相信不远的将来定会实行这种制度,它是一个国家政治文明的其中一个标志,因为一个政府只要不甘于被人诟病,一个政府只要被真正民选出来,官员财产申报制度其实是一个再简单不过的制度;在这样的制度下,被监督官员不能以隐私权为由拒不申报自己的财产,否则就属于违法。隐私权要求相关人员有一个保密的义务,有两种情形:依法可以收集自然人个人资料的机构或个人,对其所收集的他人个人资料负有保密的义务,未经本人同意不得公开披露或提供其他人使用;从事律师、医生等特殊职业的人员,对因职业关系获悉他人隐私的,应当承担保密义务,不得非法利用和公开他人的隐私。

(二) 婚姻自主权

自然人的婚姻自主权,受宪法和法律保护。婚姻自主权是一种人格权,因为人格权是民事主体维护自身独立人格所固有的权利,而婚姻自主权要维护的正是自然人与生俱来的权利,就如同生命权、健康权、身体权、姓名权、自由权等其他人格权一样。婚姻自主权是指自然人享有婚姻自由的权利,即自然人享有按自己意志,自愿结婚或离婚,不受他人任何干涉的权利。婚姻自主权的内容包括:结婚自主权,指自然人享有自主决定自己的婚姻,不受任何干涉的权利,也包括复婚与再婚的自主权;离婚自主权,指夫妻双方享有依法自主解除婚姻关系而不受他人干涉的权利,为了保护合法的、健康的婚姻关系,法律容许夫妻在一定条件下，即在处理好子女抚养、财产分割等有关家庭问题后，有权离婚。

（三）人身自由权

人身自由权是指自然人在法律范围内有不受干涉，不受非法逮捕、拘禁，不被非法剥夺自由，不被非法搜查身体的权利。人身自由权的主体只能是自然人，客体是自然人的人身自由，包括身体自由和精神自由。人身自由权的内容包括：身体自由权，即自然人的身体行动的权利，又称为行动自由权，指自然人享有在法定范围内按自己意愿对一定事情作为或不作为，及不受非法限制、妨碍、剥夺的权利，诸如以有精神病患为由，没有法定理由、非经法定程序，通过强制治疗方式限制自然人身体自由行动的做法，就侵犯了自然人人身自由权；精神自由权，即自然人意志自由的权利，又称为意志自由权，是指自然人享有在法律规定的范围内按自己的意思、意志、意愿自主思维的权利，如盗用、假冒他人名义，以函、电等方式欺诈他人，实际上就是侵犯他人的意志自由权。自然人中的因犯，由于触犯刑律，身体自由权被依法剥夺了，不存在身体自由权；但其精神自由权依然存在，即因犯仍然有权在法律规定范围内按自己的意愿进行思维，按自己的意愿申诉、控告。

八　性自主权、胎儿人格利益、死者人格利益

人格利益是指民事主体固有的不可分离的人身利益，具有非物质性、专属性、与主体不可分离性、法定性等性质。除前述各种人格权属人格利益外，还有性自主权、胎儿人格利益、死者人格利益等具有特殊主体性质的人格利益，民法总则对其未作任何规定，相信未来民法典或单行法人格权法会将其作为人格利益基本范畴予以规范。

（一）性自主权

性自主权是具体人格权的一种，是指在法律不禁止的范围内，自然人依法享有性自由和性尊严等人格利益方面的权利，即只要法律不禁止，自然人依法享有按自己意愿选择和决定自己在性方面所有事宜的权利，其实质是自然人通过保持性纯洁的良好品行，从而享有该品行所体现的人格利益的权利。之所以将性自主权视为一种人格利益加以保护，实在是其作为一种人格利益，与其他人格利益一样，是自然人与生俱来的，理应受法律保护；尤其现今社会性骚扰日益频繁的环境下，强调性自主权体现的人格利益的保护相当重要。关于性自主权的概念，有人提出以贞操权取代之。无论怎样，它们的法律规范是基本相通的，乃至于中国未来无论是民法典之人格权编，还是先行制定的单行法人格权法，恐怕在制定有关这方面人格权的法律规范时，无非是采取性自主权之说，或者采取贞操权之说，而无论何种说法，其基本规范是不变的。本书以为性自主权的提法似乎更恰当些，故在叙述这一规范时，采取此说。性自主权的主体是自然人，包括女子、男子。那种认为贞操权只属于女子的观点不全面，贞操权不是只有女子才享有，男子同样享有；保护性纯洁，不仅是女子的权利，也是男子的权利。性自主权的客体是自然人的性利益，即性自主权是以性利益为客体的独立人格权。性自主即人的性纯洁的良好品行；性自主权所要保护的，正是人的这种性纯洁的良好品行。性自主权的客体特征主要表现为自然人具有性自由的不可侵犯性，即在法律不禁止范围内以及公序良俗的前提条件下，自然人有权基于自己的意愿

选择性行为，包括选择性伴侣、性行为的时间和地点，而不受任何他人的干涉，任何人不得以欺诈、暴力等手段违背他人意愿而强行与他人发生性行为，否则构成侵权，严重者构成犯罪。性自主权具有与人身不可分离的性质，即性自主权总是体现为人身对性的支配权，或者说体现为人的身体对性的不可剥离性；但性自主权又不全等同于人的身体，性自主权实为人的超越人身的一种内心的愉悦和美的享受，体现为人的性意愿。性自主权的内容包括自然人对性关系、性行为、性表现等的自主支配权：在性关系方面，个人有权按自己的意愿建立、维持和终止某一个性关系，这主要是《婚姻法》规范的依法建立某种婚姻关系；至于性行为和性表现这两方面的性自主权，则是自然人有权从事某些性行为和进行某些性表现，也有权拒绝从事某些性行为和进行某些性表现，任何人都不得予以干涉。现代社会中保护自然人的性自主权特别应当禁止任何方式的性骚扰。所谓性骚扰，是指以性欲为目的，以带性暗示的言语或动作作用于被性骚扰的对象，引起对方不悦感的行为，常见的有领导性骚扰、同事性骚扰、亲戚性骚扰、某些特定场所性骚扰等。

(二) 胎儿人格利益

胎儿人格利益也是具体人格权的一种，指胎儿在出生前处于母体内存活期间所依法享有的人格利益。胎儿人格利益主要涉及其生命权、健康权。胎儿人格利益是否属于具体人格权的一种，这尚未在中国民法中有明确规定，胎儿也的确未被视为民事法律关系主体，不具有民事权利能力。不过，保护胎儿人格利益已成为世界各国立法的潮流，且在中国法律体系中，如民法总则和继承法，也规定胎儿的财产利益，按目前中国的立法思路规定胎儿人格利益也可见端倪。世界各国民法关于胎儿人格利益保护的立法，大致有3种模式：总括的保护主义，即涉及胎儿利益保护的，一概视为其已经出生；个别的保护主义，即胎儿原则上无权利能力，但某些例外情形可视为有权利能力，在继承开始时尚未出生之胎儿，视为继承开始前出生，享有继承权；绝对主义，即胎儿不存在任何权利能力。现行中国民法采用个别的保护主义，例如民法总则和继承法，涉及遗产继承、接受赠予等胎儿利益保护的，视其具有民事权利能力，规定保留胎儿份额，不过一旦是死体，其民事权利能力自始不存在，所保留份额不再是胎儿的权利，这与个别保护主义那种胎儿享有继承权的规定仍不一样。中国至今未有明确规定保护胎儿人格利益，这或许与计划生育国策直接相关。对胎儿损害无非是两种形式：对胎儿生命健康的直接损害，即常常出现在产前检查、诊断及治疗、生产过程之中；对胎儿生命健康的间接损害，即损害孕妇生命健康，导致损害胎儿的生命健康。中国现时对胎儿被损害的情形大都视为孕妇或产妇的人身损害本身，即便是寻求赔偿，也只能以孕妇或产妇作为追偿主体来处理，胎儿是不被视为权利主体的。这样就出现许多问题，最明显的案例是，产妇在生产过程中，因助产不及时导致胎死腹中，这时的产妇能否为死去胎儿索要生命权，将医院告诉至法院寻求赔偿？显然很难。因按现时规范，死去的胎儿从未出生过，故无生何来死，而无死又何来生命权。如果视人的生命为一个从胎儿形成后一直到出生，再到死亡这样一个全过程，就有理由相信胎儿应有其人格利益的一份儿；若要这样，恐怕有许多政策、观念要首先改变。

(三) 死者人格利益

死者是否存在人格利益，有不同见解。社会生活中存在许多案例，涉及死者人格利益的争议。死者人格利益是具体人格权的一种，是指自然人死亡后，其近亲属因其人格权受到侵害而遭受精神痛苦并享有请求精神损害赔偿的权利。尽管目前中国民法仍未有死者人格利益保护的明确规范，但是散见于有关法律法规关于人格权的规定以及一些相关案例，早存在死者人格利益保护的法律问题。相信随着中国民法典的诞生，死者人格利益保护的法律规范，将会于其中体现出来。基于死者人格利益保护的规范，对于死者的姓名权、肖像权、名誉权、荣誉权、隐私权、身体权的侵犯，就构成侵权行为，应当承担侵权责任：侵害死者姓名权指盗用、假冒死者的姓名，构成对死者姓名利益的侵害，应承担侵权责任的行为；侵害死者肖像权指未经死者生前同意，或者未经死者近亲属同意，擅自使用或故意毁损死者肖像，构成对死者肖像利益的侵害，应承担侵权责任的行为；侵害死者名誉权指对死者进行诽谤、侮辱，败坏其名声，构成对死者名誉利益的侵害，应承担侵权责任的行为；侵害死者荣誉权指对死者获得的荣誉进行诋毁、侵占、非法剥夺等，构成对死者荣誉利益的侵害，应承担侵权责任的行为；侵害死者隐私权指未经死者生前同意，或者未经死者近亲属同意，非法刺探、披露、宣扬死者的隐私，造成死者隐私利益损害，应承担侵权责任的行为；侵害死者身体权指侵权人非法利用或损害死者遗体、遗骨，或者以违反社会公共利益和公序良俗原则的其他方式利用或损害死者遗体、遗骨，造成死者身体利益损害，应承担侵权责任的行为。自然人死亡后，其姓名、肖像、名誉、荣誉、隐私等人格利益受法律保护，其遗体、遗骨受法律保护。自然人死亡后，禁止非法使用或利用死者的肖像；但自然人死亡后超过一定年限的，通常为10年，死者肖像的作者有权出于艺术目的，对该肖像予以使用。死者人格利益，死者的近亲属有权进行保护，即对死者人格利益的侵权行为造成的损害，其近亲属有权通过有关途径寻求精神损害赔偿。自然人死亡后，其近亲属因以下侵权行为遭受精神痛苦的，有权向法院提起诉讼，请求精神损害赔偿：侵权人以侮辱、诽谤、贬损、丑化或违反社会公共利益和公序良俗原则的其他方式，侵害死者姓名、肖像、名誉、荣誉；侵权人非法披露、利用死者隐私，或者以违反社会公共利益和公序良俗原则的其他方式侵害死者隐私；侵权人非法利用、损害遗体、遗骨，或者以违反社会公共利益和公序良俗原则的其他方式侵害遗体、遗骨。自然人因侵权行为致死，或者自然人死亡后其人格或遗体遭受侵害，死者的配偶、父母和子女有权作为原告，没有配偶、父母和子女的，其他近亲属也有权作为原告，向法院提起诉讼，请求精神损害赔偿。

第三节　物权：民事权利（二）

物权是民事法律关系基础；民事法律关系的发生和展开，最基本来源是物权。规范物权的是2007年的物权法。虽民法典至今未问世，但物权法已确立其基础。

一 物权概述

（一）物权的定义

了解物权要从财产权入手。财产权即财产所有权，是财产所有人依法对自己财产享有占有、使用、收益和处分的权利。民法意义上的财产是指具有金钱价值，受法律保护的东西。财产分类为：有形财产和无形财产，前者是具有价值的物质本身，如金钱、物资等，后者是黏附于物上的权利，如物权、债权、知识产权等；动产、不动产和知识财产，前者指能够移动而不损害其价值和用途的财产，如汽车、电脑等，中者指依自然属性及法律规定不可移动的财产，如土地、土地上的定着物等，后者指体现为权利人对其所创作的智力劳动成果享有的专有权利的财产，如著作权等反映的权利于其中的财产；国有财产、集体财产、私人财产，前者是其所有权属全民所有的财产，如城市市区的土地、国有企业等，中者是其所有权属劳动群众集体所有的财产，如农村土地、乡镇企业等，后者是其所有权属私人所有的财产，如私人房屋等。从财产、财产权的定义及其分类看，财产包括了物权；物权是一种财产，是一种无形财产，即依附于实物形体之上，并体现为一种权利的财产。物权是一种权利，非物本身；这种权利不是普通意义上的权利，而是凝聚于物之上的权利，物权与物不可分离。物权法有：物，含不动产和动产，不含知识财产；物权，乃权利人依法对特定物享有直接支配和排他的权利，含所有权、用益物权和担保物权。可见，民法意义上的物权实乃一种依附于不动产和动产之上的权利，即权利人对被依附的该物享有的直接支配权以及排他权，因而权利人对被依附的该物所享有的权利包括对该物的所有权、用益物权和担保物权。在学理上，物权有以下分类：自物权和他物权，前者是权利人对其物享有的一种物权，所有权是自物权，后者是在他人所有的物上设立的一种物权，用益物权和担保物权是他物权；主物权和从物权，前者是能独立存在的物权，所有权是主物权，后者是依赖于其他权利而存在的物权，用益物权和担保物权是从物权；动产物权和不动产物权，前者是物权客体为动产的一种物权，动产所有权是动产物权，后者是物权客体是不动产的一种物权，土地承包经营权是不动产物权。

（二）保护权利人的物权应当遵循的基本原则

基本原则1 物权平等保护原则

本原则是民法主体平等原则的体现，其含义包括物权主体法律地位平等；发生物权纠纷时对不同主体均应适用相同法律；当物权受到侵犯后，均应受到法律的平等保护。

基本原则2 物权法定原则

本原则指物权种类、内容均由物权法规定：物权种类即所有权、用益物权、担保物权；物权内容即所有权含国家所有权、集体所有权、私人所有权，用益物权含土地承包经营权、建设用地使用权、宅基地使用权、地役权，担保物权含抵押权、质权、留置权。

基本原则3 物权公示原则

本原则指物权变动通过法定方式公示，以获得社会和法律认可的效力：不动产物权公示，通过登记来实现，然后才能变动；动产物权公示，通过交付来实现，然后才能变动。

基本原则4　物权公信原则

原则4基于原则3，它们是一个原则的两个方面。本原则指物权交易的当事人在变动物权时，依法定方式进行了公示，法律就赋予该物权变动具有完全的法律效力：拿不出相反证据证明，经过对物权进行登记，记载于不动产登记簿上的人，将被推定为被登记的该不动产的权利人，而经交付后，动产的占有人将被推定为该动产的权利人；凡善意信赖物权公示而作出的交易行为，均应受到法律的保护，即法律上承认发生物权变动的效力。

（三）物权的公示方式

物权公示旨在保护物权以及物权交易。物权法规定物权公示方式：不动产物权经登记实现物权公示，动产物权经交付完成物权公示。一是不动产登记。不动产登记实质是不动产物权登记，指经不动产的权利人或利害关系人的申请，由国家有关不动产登记机构依申请将相关不动产物权及其变动事项按法定程序记载于不动产登记簿的活动。不动产登记簿指依法记载不动产上的权利状况和变动情况并以簿册形式出现的备存于特定机关的档案。不动产物权的设立、变更、转让和消灭，经依法登记后发生法律效力，除非法律另有规定的以下情形：依法属于国家所有的自然资源，所有权可以不登记；因法院、仲裁委员会的法律文书或政府征收决定等，导致物权设立、变更、转让或消灭的，自法律文书或政府征收决定等生效时发生效力；因继承或受遗赠取得物权的，自继承或受遗赠开始时发生效力；因合法建造、拆除房屋等事实行为设立或消灭物权的，自事实行为成就时发生效力；土地承包经营权自土地承包经营权合同生效时设立；已经登记的宅基地使用权转让或消灭的，应及时办理变更登记或注销登记；地役权自地役权合同生效时设立，当事人要求登记的，向登记机构申请地役权登记，未经登记的，不得对抗善意第三人。国家对不动产实行统一登记制度，包括：通常的登记，即前述涉及的不动产登记类型；异议登记，即利害关系人对不动产登记簿记载的权利有异议而提出来并由登记机构依法记载入登记簿上的行为；预告登记，即当事人为保全不动产物权的请求权而申请将此权利进行预先告知性质的登记。二是动产交付。动产交付实质是对动产占有的转移，又曰动产占有交付，指将动产的占有转移给受让人的一种法律事实。动产交付意义在于表明该动产物权公示，即表示该动产物权的设立、变更的法律事实。动产交付涉及几方当事人：出让人，即动产的原权利人；受让人，即动产的新权利人；第三人，即动产交付时正依法占有动产的人。动产物权的设立和转让，自交付时发生效力，但法律另有规定的以下情形除外：动产物权设立和转让的简易交付、指示交付、占有改定等情形；法律文书和征收决定导致物权变动、继承取得物权、建造或拆除而变动物权等情形；动产抵押权、留置权所规定的情形。动产交付形式：通常的交付方式，称为现实交付，即出让人将自己占有的动产直接交付给受让人；简易交付，即动产物权设立和转让前，动产受让人即新权利人已依法占有该动产的交付；指示交付，即动产物权设立和转移前，第三人依法占有该动产的，负有交付义务的作为动产出让人的原权利人，有权通过转让请求第三人返还原物代替交付，并由第三人向受让人作现实交付；占有改定，即动产物权转让时，双方又约定由出让人继续占有该动产，并在动产物权让与的合意成立时，即视为交付，受让人取得对该动产的间接占有。

(四) 物权的保护

物权受到侵害时，权利人有权通过和解、调解、仲裁、诉讼等途径解决。保护物权有以下几种方式，可以单独，也可以合并适用：物权确认请求权，返还原物请求权，排除妨害或消除危险请求权，修理、重作、更换或恢复原状请求权。权利人对侵害物权的行为，有权请求损害赔偿，也有权请求侵权人承担其他民事责任。侵权人对侵害物权的行为，承担赔偿责任；违反行政管理规定的，承担行政责任；构成犯罪的，承担刑事责任。

二　所有权

(一) 所有权定义

所有权是指所有人依法对自己财产享有占有、使用、收益、处分的权利。在诸种物权中，所有权是物权的主要类型，是其中最充分、最完全、最重要的权利，是权利人之所以成为权利人的主要依据。所有权具有以下特征：绝对性，即所有权意味着对财产享有完全的占有权、使用权、收益权、处分权；排他性，即所有权意味着可以对抗任何人对该财产的主张权利权；永续性，即所有权意味着该财产可以被继承、被遗赠、被赠送。

财产所有权人的基本权利：一是享有对财产的占有权、使用权、收益权、处分权。占有权是所有权最重要的权利，是行使所有权的基础和前提，它指占有财产的权利，即在事实上和法律上占据、拥有并控制财产的权利；使用权是所有权派生权利之一，也是行使所有权的实际结果之一，它是按财产性能对财产进行事实上的利用的权利；收益权是所有权派生权利之一，也是行使所有权的实际结果之一，它指所有权人基于自己所有的财产而获得实际收益的权利；处分权是所有权派生权利之一，也是行使所有权的实际结果之一，它指所有权人对其所有的财产在法律规定范围内最终处理安排的权利。二是享有在自己的不动产或动产上设立用益物权和担保物权的权利。三是享有追回被非法转让财产、遗失物、天然孳息的权利。享有追回被非法转让财产的权利是指，无处分权人将不动产或动产转让给受让人的，所有权人有权追回该被非法转让的财产。但除法律另有规定外，受让人善意取得财产的，以合理价格转让的，或者转让的财产依法应当登记的已经登记，不需要登记的已经交付给受让人的，受让人有权取得该财产的所有权。当然，所有权人则有权向无处分权人请求赔偿损失。享有追回遗失物的权利是指，对于通过转让被他人占有的遗失物或丢失的遗失物，所有权人或其他权利人有权追回，包括有两种情形：该遗失物通过转让被他人占有的，权利人有权向无处分权人请求赔偿，或者自知道或应当知道受让人之日起2年内向受让人请求返还原物；该遗失物是所有权人丢失的，即拾得遗失物的，应返还权利人。享有追回天然孳息的权利是指，遗失物天然孳息，所有权人有权追回。一般地说，天然孳息由所有权人取得，但遗失物既有所有权人又有用益物权人的，则由用益物权人取得该遗失物的天然孳息，除非当事人另有约定。四是享有获得征收财产补偿费、补助费的权利。国家征收集体所有的土地，应当依法足额支付土地补偿费、安置补助费、地上附着物和青苗的补偿费等费用，安排被征地农民的社会保障费用；征收单位、个人的房屋及其他不动产的，应依法给予拆迁补偿，征收个人住宅的，应保障被征收人的居住条件。

财产所有权人在获得补偿、补助前提下，应承担被征收财产的义务。国家因公共利益之需，有权征收集体所有的土地，征收单位、个人的房屋及其他不动产，也有权因抢险、救灾等紧急需要征用单位、个人的不动产或动产。征收是国家行为，是国家通过行政权对因国防、建设等公共利益的需要对集体、单位、个人所有的不动产、动产实行有偿征用、收取的行为。许多国家都有这种国家征收权的规定；但行使这种权力时应有一个标准、一个法度。中国自20世纪90年代开始，为了国家建设，也在行使国家征收权，并带来国家GDP的提升。很遗憾，在实际执行中有时未有遵循一定的标准和法度，国家征收权有时被滥用，导致社会矛盾及社会诚信、社会道德的缺失。当以国家的名义滥用国家征收权时，底层百姓又有什么别的出格之事不能干出来呢？这正是当国家权力没有正常制约时，国家征收权往往导致被贪婪人性所左右和利用的结果，所谓官商勾结不过如此。如何解决这一棘手难题，恐怕没有政治智慧和政治勇气，没有国家公民社会和宪制的建立，是无法获得善终的。这也是为何已有了完善的《物权法》，但一遇征收便还是问题层出不穷的原因。

(二) 所有权类型：国家所有权、集体所有权、私人所有权

《物权法》将所有权划分为国家所有权、集体所有权和私人所有权。国家所有权指国家对其所有的财产，即全民所有的财产，享有占有、使用、收益、处分的权利。国家所有权的主体具有统一性和唯一性特征，即享有国家所有权的主体，不是具体某一个人或某一部分人，而是代表全体人民意志和利益的国家。相对于每一个国民，国家只是一个虚拟体，国家财产所有权的真正主体是政府。政府相对于国民也同样只是一个有如国家那样的虚拟体，它其实是由一部分人，即各级官员把持着的；行使国家所有权的主体最后落实到各级官员身上。因人性有贪婪的弱点，故如何制约这种代表政府、国家行使国有财产所有权的权力，也就是如何将这种权力关进笼子里面，就成为问题的关键。通常的政治价值观是：如果这种权力是人民授予的，那就容易将其关进笼子里面；如果不是人民授予的，那就难以甚至无法将其关进笼子里面。何谓人民授予？就是常说的人民的历史选择。何谓人民的历史选择？那就得回到选举上来。很难说民选国家权力是否最好，但是就地球上人类政治演化史，目前却是最理想的。物权法规定以下几类属于国有财产：矿藏、水流、海域；城市的土地、法律规定属于国家所有的农村和城市郊区的土地，森林、山岭、草原、荒地、滩涂等自然资源，法律规定属于国家所有的野生动植物资源，无线电频谱资源，法律规定属于国家所有的文物，国防资产，依照法律规定为国家所有的铁路、公路、电力设施、电信设施和油气管道等基础设施，国家机关对其直接支配的不动产和动产，国家举办的事业单位对其直接支配的不动产和动产，国家出资的企业。

集体所有权又称为劳动群众集体组织所有权，指集体组织对其财产享有占有、使用、收益、处分的权利。集体所有权的享有者是农村集体组织、城镇集体企业、合作社集体组织。劳动群众集体所有制与全民所有制构成中国社会主义公有制。农村集体所有的不动产和动产属于本集体成员集体所有，因此，以下事项应依法定程序经本集体成员决定：土地承包方案及将土地发包给本集体以外的单位或个人承包，个别土地承包经营权人之间承包地的调整，土地补偿费等费用的使用、分配办法，集体出资的企业所有权变动等事项及法律规定的其他事项。物权法规定以下几类属于集体所有财产：法定属于集体所有的土地和森林、山岭、草原、荒地、滩涂，集体所有的建筑物、生产设施、农田水利设施，集体所

有的教育、科学、文化、卫生、体育等设施，集体所有的其他不动产和动产。

要了解私人所有权，首先要清楚私人的法律概念。民法的私人既包括自然人个人，也包括法人、非法人组织。私人不同于个人，私人外延比个人的要宽泛。私人所有权不同于个人所有权，虽然前者包含了后者。私人所有权指具有私人主体资格的自然人个人、法人和非法人组织对其所有的财产所享有占有、使用、收益、处分的权利。私人合法财产受法律保护，禁止任何组织或个人侵占、哄抢、破坏私人合法财产；私人合法的储蓄、投资及其收益受法律保护，国家保护私人的继承权及其他合法权益。物权法规定以下属于私人所有的财产：合法的收入、房屋、生活用品、生产工具、原材料等不动产和动产，合法的储蓄、投资及其收益，法人所有的不动产和动产，非法人组织所有的不动产和动产。

（三）业主的建筑物不同部分的所有权归属

中国人口相对多，土地相对少，故而城市居民的住宅建设，除满足部分富人消费欲念而建造的所谓单体式豪华别墅外，大都以大厦式公寓为主。所以城市的绝大多数房屋物业业主所面临的正是大厦式公寓建筑物的所有权归属的划定问题。建筑物内的住宅、经营性用房分两个部分来限定所有权归属：一个是专有部分，业主对此享有所有权。因建筑物内业主的物业往往是连体的，故业主对专有部分行使权利时不得危及建筑物的安全，不得损害其他业主的合法权益。如何确定专有部分？建筑区划内的房屋，具有构造上和利用上的独立性，能够登记成为特定业主所有权的客体的，当认定为属于业主所有的专有部分；规划上专属于特定房屋，且销售时已根据规划列入该特定房屋买卖合同中的露台等部分及车位、摊位等特定空间，当认定为属于业主所有的专有部分。① 另一个是共有部分，业主对此享有共有权和共同管理权。业主转让物业时，对共有部分享有的共有权和共同管理权也一并转让。如何确定共有部分？建筑区划内的道路属于业主共有，但属于城镇公共道路的除外；建筑区划内的绿地属于业主共有，但属于城镇公共绿地或明示属于个人的除外；建筑区划内的其他公共场所、公用设施和物业服务用房属于业主共有；占用业主共有的道路或其他场地用于停放汽车的车位属于业主共有；建筑物的基础、承重结构、外墙、屋顶等基本结构部分，通道、楼梯、大堂等公共通行部分，消防、公共照明等附属设施、设备，避难层、设备层或设备间等结构部分，其他既不属于业主专有部分，也不属于市政公用部分或其他权利人所有的场所及设施等，当属于业主共有。② 业主对共有部分享有共有权，它是不可分割的，即不能独立地分割出来归某业主所有，它是从属的，即共有部分的共有权从属于专有部分的所有权。业主对共有部分享有共同管理权，即对共有部分的使用、收益、维护等事项有权通过业主大会和选举业主委员会，进行共同管理。业主不得违反法律、法规以及管理规约，将住宅改变为经营性用房，改变住宅用途，除遵守法律规范外，应当经有利害关系的业主的同意；建筑物及其附属设施的费用分摊、收益分配等事项，有约定的，从其约定，没有约定或约定不明确的，按业主专有部分占建筑总面积的比例确定；对任意弃置垃圾等损害他人合法权益的行为，业主大会和业主委员会有权依法要求行

---

① 参看 2009 年公布的《最高人民法院关于审理建筑物区分所有权纠纷案具体应用法律若干问题的解释》第 2 条。

② 参看同上第 3 条。

为人停止侵害、消除危险、排除妨碍、赔偿损失。

（四）相邻关系的法律规范

相邻关系指两个或两个以上相互毗邻的不动产所有人或使用人，在行使不动产的所有权或使用权时形成的相互之间的权利义务关系。相邻关系之间所形成的权利义务关系基于彼此所享有的相邻权。相邻权是不动产的所有人或使用人在处理相邻关系时所享有的基于不动产处于相邻状态而衍生的一种权利。这种相邻权使得处于相邻关系的任何一方为了合法和合理行使所有权或使用权，享有要求其他相邻方提供便利或接受一定限制的权利。处理相邻关系原则：方便生活、有利生产原则，团结互助、公平合理原则，遵从习惯原则。为了处理好相邻关系，应当做好以下规范：应当为相邻权利人用水、排水提供必要的便利；对相邻权利人因通行等必须利用土地的，应提供必要的便利；因建造、修缮建筑物以及铺设电线、管线等必须利用土地、建筑物的，该土地、建筑物的权利人应提供必要的便利；建造建筑物，不得违反有关工程标准，妨碍相邻建筑物的通风、采光和日照；不得弃置有害物质；挖掘土地、建造建筑物、安装设备等，不得危及相邻不动产的安全；因用水、排水、通行等利用相邻不动产的，应尽量避免对相邻的不动产权利人造成损害，造成损害的，应当给予赔偿。

（五）财产共有的法律规范

共有的定义和分类。共有指两个或两个以上权利主体对同一不动产或动产共同享有所有权。物权有一个原则，即一物一权。有两个或两个以上权利主体共同拥有一件财产时，就产生财产所有权的共有问题。共有具有以下特征：共有的主体不是单一一个权利主体，而是两个或者两个以上权利主体；共有的客体是特定共有物，或者是不动产，或者是动产；共有人对共有物或者按份额共有该物，或者按平等的权利共有该物。共有分为：按份共有，指按份共有人对共有财产按其所占份额享有所有权并分享权利和分担义务的共有关系；共同共有，指共同共有人对共有财产共同享有所有权并分享权利和分担义务的共有关系。以按份共有的形式占有共有财产的权利人，称为按份共有人；以共同共有的形式占有共有财产的权利人，称为共同共有人。

共有财产的分割。共有财产分割是指依法将共有财产划分为各共有人各自的财产。共有财产分割原则：合法原则，即分割共有财产按法律规定进行；平等原则，即分割共有财产通过各共有人平等协商解决，适当照顾各共有人的实际生活、生产等情况，做到合情合理；遵循协议原则，即有分割协议的，按协议进行分割，没有的，按等分原则处理。共有财产分割分为：按份共有的共有财产分割，应经占份额 2/3 以上的按份共有人同意，并基于所占份额进行分割，分割时，按份共有人可转让其享有的共有财产的份额，其他共有人在同等条件下享有优先购买权；共同共有的共有财产分割，应经全体共有人同意，除非共有人之间另有约定。共有财产分割方式：以实质分割方式分割共有财产，即在不影响共有财产的使用价值和特定用途时，对共有财产采取实物分割方式进行分割；以变价分割方式分割共有财产，即对于不能分割或分割会影响其价值，且各共有人均不愿接受共有物时，将共有物变卖作价，以其所得由各共有人共分；以作价补偿的方式分割共有财产，即对于不可分割的共有物，共有人中有人愿意取得共有物的，由该共有人取得共有物，并对于共有物价值超出其应得份额的部分，由取得共有物的共有人对其他共有人作金钱补偿。

共有财产的债权债务。共有人享有共有财产的所有权，并由此承受或承担因共有物引起的债权债务。对外关系上，共有人享有连带债权、承担连带债务，除非法律另有规定或第三人知道共有人不具有连带债权债务关系；内部关系上，除非共有人另有约定，按份共有人按其所占份额享有债权、承担债务，共同共有人共同享有债权、承担债务。

共有财产的管理费用负担。费用负担，有约定的，按约定解决；没有约定或约定不明确的，按份共有人按其所占份额负担，共同共有人则共同负担，即均摊有关管理费用。

三　用益物权

物权分为自物权和他物权。自物权是权利人依法对自有物享有的物权，所有权是唯一的自物权，因而自物权又称为所有权。他物权是非所有权人依法在他人所有的物上设定的或享有的物权，用益物权、担保物权均属于他物权。

（一）用益物权定义

用益物权是指非所有权人对他人所有的财产依法享有的占有、使用和收益的权利。用益物权除有一般物权的法定性、优先性、排他性特征外，还有其特征：用益性，即用益物权是以物的使用和收益为目的而设立的物权，令用益物权作为他物权一种区别于作为自物权的所有权；独立性，即用益物权不以用益物权人对所有权人享有其他财产权利为存在的前提条件，令用益物权虽作为他物权一种，但又不具有担保物权那种从属和不可分性质，因而令其也有别于作为另种他物权的担保物权；占有性，即用益物权须以实体上支配用益物为条件，使其与担保物权有相同之处，故均作为他物权一种。用益物权主体是用益物权人，即享有用益物权的自然人。所有权人和用益物权人区别于：二者权利依据不同，所有权人的权利基于自己的财产，用益物权人的权利却基于他人的财产；二者权利范围不同，所有权人对自己的财产不仅享有占有、使用、收益的权利，且享有处分的权利，① 用益物权人对他人所有的财产则仅享有占有、使用、收益的权利，而不享有处分的权利。② 基于宪法，土地对私人不存在所有权问题，农民要耕种土地，只能通过获得土地承包经营权，从而实现对土地的使用；私人对土地这个物而言，其物权不存在所有权，仅存在用益物权。自然资源对私人也不存在所有权问题，私人要开发、利用自然资源，只能通过获得开采权、使用权，从而实现对自然资源的使用；私人对自然资源这个物而言，其物权也不存在所有权，仅存在用益物权。现时形成规范的用益物权涉及：土地承包经营权、建设用地使用权、宅基地使用权、地役权、自然资源使用权和自然资源承包经营权。

（二）土地承包经营权

土地承包经营权是中国特有的一种用益物权，因为中国土地不属于任何私人所有。中国的私人没有土地所有权，而只有土地承包经营权或别的诸如土地使用权之类的。土地承

---

① 《物权法》第39条。
② 同上第117条。

包经营权到 20 世纪 80 年代初才出现,成为现时中国农民最主要的物权。此前的农村土地所有权,自 1949 年后,先是个体经营,走农业集体化道路后是人民公社式的三级所有、队为基础的集体经营。80 年代初以后,陆续出现所谓家庭联产承包责任制的经营方式,最后以法律形式固定下来,称之为土地承包经营。规范土地承包经营的法律,有《土地管理法》《农村土地承包法》和《物权法》等。土地承包经营权指承包人为了从事种植业、林业、畜牧业、渔业生产或其他生产经营项目而依法对农民集体所有和国家所有由农民集体使用的耕地、林地、草地及其他用于农业的土地进行承包经营的权利。农村土地承包经营的当事人涉及:土地承包经营的发包方,即村集体经济组织或村民委员会、村民小组以农民集体所有的农村土地享有者代表的身份,或者以国家所有依法由农民集体使用的农村土地使用者代表的身份参与土地承包经营活动的一方,是承包项目的甲方,通常处于主动、强势的地位;土地承包经营的承包方,即在本集体经济组织内的农户作为承包发包方发包的土地,以进行农业生产经营活动的一方,是承包项目的乙方,通常处于被动、弱势的地位。土地承包经营权自土地承包经营合同生效时设立,并通过土地承包经营权证、林权证、草原使用权证等确认。依法签订土地承包经营合同的承包人享有以下权利:享有承包地使用、收益,以及将土地承包经营权采取转包、出租、互换、转让等方式流转的权利,有权自主组织生产经营和处置产品;承包地被依法征用、占用的,有权依法获得土地补偿费、安置补助费、地上附着物和青苗的补偿费等补偿费用,获得社会保障费用,其生活获得保障。为维护承包人合法权益,保障土地承包经营权,发包人应承担以下义务:维护承包方的土地承包经营权,不得非法变更、解除承包合同,承包期内不得收回承包地,不得调整承包地,不得单方面解除承包合同,不得借少数服从多数强迫承包方放弃或变更土地承包经营权,不得以划分"口粮田"和"责任田"等为由收回承包地搞招标承包,不得将承包地收回抵顶欠款,尊重承包方的生产经营自主权,不得干涉承包方正常的生产经营活动。土地承包经营期,耕地的为 30 年,草地的为 30 年至 50 年,林地的为 30 年至 70 年,承包期限届满,续签土地承包经营合同后由承包人继续承包。

(三) 建设用地使用权

与农村土地承包经营权相似,建设用地使用权也是中国特色的一种用益物权,因为中国实行土地公有制度,农村和城市郊区土地属于农民集体所有,城市市区土地属于国家所有;国家实行土地用途管制制度,将土地分为农用地、建设用地及未利用地。与农用地的情形类似,建设用地也仅有用益物权,而没有所有权。建设用地使用权是指建设用地使用权人依法利用国家所有的土地建造建筑物、构筑物及其附属设施,从而占有、使用和收益该土地的一种用益物权。上述定义中的土地,包括土地的地表、地上、地下,因而在土地上建造建筑物、构筑物及其附属设施,包括在土地的地表、地上、地下建造建筑物、构筑物及其附属设施。设立建设用地使用权有两种方式:以出让方式设立建设用地使用权,即国家将其所有的建设用地使用权在一定年限内有偿让与建设用地使用者,由建设用地使用者向国家支付建设用地使用权出让金,并可以通过协议形式来出让,但为了公平性、合理性、工业、商业、旅游、娱乐和商品住宅等经营性用地以及同一土地有两个以上意向用地的,采取招标、拍卖等公开竞价的形式出让;以划拨方式设立建设用地使用权,即县级以上政府依法批准,在土地使用者缴纳补偿、安置等费用后将该幅土地无期限地交付其使用，或者将土地使用权无偿、无期限地交付给土地使用者使用的行为，划拨建设用地只适用于市政公共设施、政府机关办公、公益事业、重点交通、水利、电力等基础设施。建设用地使用权人依法享有的权利：享有自己建造的建筑物、构筑物及其附属设施的所有权；有权将建设用地使用权转让、互换、出资、赠予或抵押；建设用地使用权期间届满前，因公共利益需要提前收回该土地的，有权获得补偿和所退还的相应的出让金。建设用地使用权人应当承担的责任：设立建设用地使用权的，应依法申请登记，将建设用地使用权转让、互换、出资或赠予的，应当依法申请变更登记；将建设用地使用权转让、互换、出资、赠予或抵押的，应当订立书面合同；应当合理利用土地，不得改变其用途，改变其用途的，应当经过批准；应当按法律规定及合同约定支付出让金。建设用地使用权的期限，居住的为70年，工业及教育、科技、文化、卫生、体育的为50年，商业、旅游、娱乐的为40年。住宅建设用地使用权期间届满，自动续期，但需续缴土地使用权出让金；非住宅建设用地使用权期限的续期，应于届满前一年申请续期。

（四）宅基地使用权

中国土地实行的公有制度，农村宅基地使用者同样仅有使用权，宅基地使用权也属于用益物权的范畴。宅基地是农村集体经济组织成员用作住宅基地而占有、使用本集体经济组织所有的土地。农村集体经济组织为保障其成员的生活需要而按一定标准分配给他们建造房屋和小庭院使用的土地，这片建造住宅用的土地即宅基地，主要用于建造包括厨房、仓库、厕所等辅助性用房在内的住房、庭院、沼气池、禽兽舍、柴草堆放地等。宅基地分配应遵循如下的原则：一户一处宅基地原则，面积符合标准原则，出卖、出租住房后不得再申请宅基地原则，宅基地因自然灾害灭失重新分配原则。宅基地分配必须节约使用土地，可利用荒地的，不得占用耕地，可利用劣地的，不得占用好地。宅基地所有权属农民集体，宅基地使用权属农村集体经济组织成员。宅基地使用权是农村集体经济组织成员对属农民集体所有的宅基地享有占有和使用的权利。

（五）地役权

地役权也是一种用益物权，以及也属于一种他物权。地役权是指地役权人依法或依合同，利用他人的不动产以提高自己的不动产效益的权利。他人的不动产称为供役地，即提供役使的土地；自己的不动产称为需役地，即需求役使的土地。地役权的设立是因通行、取水、排水、供电供气等需要，利用他人的不动产，以提高自己的不动产效益。例如甲单位原已有北门通行，为部分职工上下班方便之需，想再开南门，但要开南门须借用乙单位的道路，于是甲单位与乙单位签订协议，并由甲单位向乙单位支付一定的使用道路费，乙单位允许甲单位人员通行。甲单位即取得了乙单位给予的地役权，乙单位通往甲单位南门的土地是供役地，甲单位自身土地是需役地。地役权的主体包括：地役权人，指依法或依合同利用他人的不动产以提高自己的不动产效益的权利人；供役地权利人，指供地役权人役使的土地的权利人；土地所有人，指成立地役权关系赖以的土地的所有人。各个地役权主体在地役权关系中既享有与地役权相关的权利，又应承担与地役权相关的义务。地役权的取得有两种方式：依法取得地役权，称为法定地役权，即基于相邻关系依法产生的对他人土地的一种用益性权利；依约取得地役权，称为约定地役权，即基于提高不动产效益依当事人约定而产生的对他人土地的一种用益性权利。此处阐述的地役权，是约定地役权。设立地役权有以下规则：设立地役权应订立书面合同；当事人应约定地役权的期限，该期限不得超过土地承包经营权、建设用地使用权等用益物权的剩余期限；地役权人违反法律规定或合同约定，滥用地役权，或者有偿利用供役地，约定的付款期间届满后在合理期限内经两次催告未支付费用，供役地权利人有权解除地役权合同；地役权合同生效时，地役权设立，当事人要求登记的，可以申请登记，未经登记的，不得对抗善意第三人，即合同对于不知存在该地役权合同的第三人没有拘束力，已经登记的地役权变更、转让或消灭的，应及时办理变更登记或注销登记；土地承包经营权、建设用地使用权转让的，地役权一并转让，土地承包经营权、建设用地使用权等抵押的，在实现抵押时，地役权一并抵押；需役地及其土地承包经营权、建设用地使用权部分转让时，转让部分涉及地役权的，受让人同时享有地役权，供役地及其土地承包经营权、建设用地使用权部分转让时，转让部分涉及地役权的，地役权对受让人具有约束力。

（六）自然资源使用权和自然资源承包经营权

自然资源使用权和自然资源承包经营权也是一种用益物权，当然同时也是一种他物权。现要阐述的是除了土地以外的其他自然资源。自然资源是自然界天然存在而被发现后能被输入生产过程变成有用的和有价值的资源，包括矿藏、水域、海域、森林、山岭、草原、荒地、滩涂等。这里主要是关于自然资源权属制度的问题。自然资源权属制度是关于自然资源归谁所有、由谁使用以及相应的权属主体的权利义务关系等基本法律制度，包括自然资源所有权和自然资源使用权。自然资源所有权属于全民所有或集体所有，私人对其没有所有权，而仅有用益物权，包括使用权或承包经营权。自然资源使用权依法由一定主体，包括适格的组织、个人有偿地占有、使用、收益；与自然资源使用权相关的，是自然资源承包经营权，它是自然资源使用权衍生的另一规范。不论哪种所有制形式，自然资源使用权依法属于相关组织或个人，使用权包括对自然资源享有占有、使用、收益等权利。国家如何将自然资源交由有关组织、个人使用？国家实行自然资源有偿使用制度，凡依法使用自然资源的组织、个人，一般情形下应向国家或集体缴纳有关自然资源的使用费，除非是法律规定可以无偿使用。所以，中国有关自然资源使用制度上包括有偿使用和无偿利用两种情形。绝大多数自然资源的使用是有偿使用。实行自然资源有偿使用制度，乃因为中国自然资源不属私人所有，而属全民或集体所有，实际使用自然资源的组织、个人毕竟只是少数一部分，因此通过对使用者征收合理费用，并将这些费用作为国家或集体收入的一部分，用于国家或集体事业，这样对未使用者才公平合理。国家在主要实行自然资源有偿使用制度的同时，对于那些有关涉及公益事业、公共建设等建设项目，通过划拨等方式无偿取得自然资源的使用权。无偿利用自然资源只是有偿使用自然资源制度的一种补充。

四　担保物权

担保物权也是在他人所有物上设定的物权，因而它与用益物权一样同属一种他物权。规范担保物权的，有物权法和担保法。后者是民事一般法律，前者是民事基本法律，因一般法律从属于基本法律，二者对担保物权规定不一致的，适用物权法。

(一) 担保物权定义

担保包括物的担保和人的担保：物的担保是债务人或第三人以特定的财产或财产权利作为债务人履行债务的一种承诺或保障的担保；人的担保是债权人放弃要求债务人提供物的担保，而要求其提供担保人作为债务人履行债务的保证，当债务人不履行债务或发生当事人约定的实现担保的情形时，保证人承担担保责任的一种担保。担保物权属物的担保，是指为保障履行债务和实现债权而设定的以特定物作为担保，在债务人不履行到期债务或发生约定的实现担保物权的情形时，债权人依法享有就担保财产优先受偿的权利这样一种物的担保。担保物权具有以下的特征：它以实现债权为目的，即设定担保物权是为了实现债权人的债权，也即为了保证债务的履行；它是在债务人或第三人特定的财产上设定的一种权利。担保物权的标的物须是法定的特定物，作为抵押权的抵押物可以为特定动产，也可以为特定不动产，但作为质权、留置权的抵押物应当为动产。实现担保物权应遵循如下规范：设立担保物权应订立担保合同，包括保证合同、抵押合同、质押合同等，该担保合同一般是独立订立的专门合同，但它是主债权债务合同的从合同，故主债权债务合同无效，担保合同无效，除非法律另有规定；担保物权的担保范围包括主债权及其利息、违约金、损害赔偿金、保管担保财产和实现担保物权的费用，对担保范围可另专门约定；第三人为债务人提供担保后，有权获得保护，可以要求债务人提供反担保，而未经第三人书面同意，债权人允许债务人转移全部或部分债务的，第三人不再承担相应的担保责任；担保物权人在特定情形下享有优先受偿权，除非法律另有规定；物的担保与人的担保在实现债权时的次序是，既有物的担保又有人的担保的，债务人不履行到期债务或发生约定的实现担保物权的情形时，债权人应按约定实现债权，没有约定或约定不明确，债务人自己提供物的担保的，债权人应先就该物的担保实现债权，第三人提供物的担保的，债权人可以就物的担保实现债权，也可以要求保证人承担保证责任；担保物权消灭的法定条件是，主债权消灭，担保物权实现，债权人放弃担保物权，或法定情形出现①，担保物权依法消灭。根据担保物权的性质，担保物权主要分为抵押权、质权、留置权。当然，在学理上，担保物权还有以下不同的分类：法定担保物权和约定担保物权，前者为按法律规定而发生的担保物权，后者是通过当事人约定设立的担保物权；留置性担保物权和优先受偿性担保物权，前者以留置物迫使债务人清偿到期债务为主要效力的担保物权，后者通过设定特定物作为抵押物以确保债权人优先受偿为主要效力的担保物权；动产担保物权和不动产担保物权，此类划分是不言而喻的；本担保和反担保，前者为债务人或第三人向债权人设立的担保，后者是第三人为债务人向债权人设立担保后，享有对债务人的追偿权而设立的特定担保。以下主要讨论按担保物权性质划分的抵押权、质权、留置权。

(二) 抵押权

抵押权是指为担保债务的履行，债务人或第三人不转移财产的占有，将该财产作为债权的担保，当债务人不履行到期债务或发生约定的实现抵押权的情形时，债权人享有对该财产的优先受偿权的一种担保物权。抵押权有以下特征：其本质是一种就抵押物优先受偿

---

① 即《担保法》第52条、第58条、第73条、第74条和第88条规定的情形。

的权利；其目的是为了担保债务的履行；其抵押物是债务人或第三人提供担保的财产；它不转移抵押财产的占有，只是形式上将抵押财产抵押给债权人。抵押权分类：财产抵押和权利抵押，前者指以财产为抵押物而设立的抵押，包括不动产抵押和动产抵押，后者指以特定的财产权利作为抵押物而设立的抵押，可以抵押的权利一般是土地使用权；一般抵押和最高额抵押，前者指包括最高额抵押在内的所有抵押，后者指仅在最高债权额度内，以抵押物对一定时间内连续发生的债权作担保的抵押形式；不动产抵押和动产抵押，前者指以不动产作为抵押物的一种财产抵押，后者指以动产作为抵押物的一种财产抵押；单项财产抵押、数个财产抵押和财产一并抵押，前者指以单项一个财产作为抵押物的一种财产抵押，中者又称为共同抵押，即以数个不同的财产作为同一债权的抵押物的一种财产抵押，后者又称为财团抵押，即抵押人以全部财产和财产权利作为抵押物的一种财产和财产权利的混合抵押，因采取这种抵押形式的多是企业，故这种形式的抵押又称为企业抵押。

第一，一般抵押权。它规范的是包括最高额抵押权的所有抵押权。一般抵押权包括以下规范：一是抵押财产，是指债务人或第三人有权处分的、基于约定作为担保物的财产，包括不动产、动产、财产权利。以下几类财产不得抵押：土地所有权，包括国有土地所有权和集体所有土地所有权；除法律规定可以抵押外的集体所有的土地使用权，包括耕地、宅基地、自留地、自留山等集体所有的土地使用权；以公益为目的的单位设施，包括学校、幼儿园、医院等以公益为目的的事业单位、社会团体的教育设施、医疗卫生设施和其他社会公益设施；权属不确定的财产，包括所有权不明或有争议的财产，使用权不明或有争议的财产，依法被查封、扣押及监管的财产；法律法规规定不得抵押的其他财产。二是抵押人，是指以自己享有处分权的财产作为担保物为自己或他人的债务向债权人提供抵押担保的主体。抵押人具有以下的特征：用作担保物的财产须是自己所有或有权处分的财产；提供财产担保的目的是为自己或他人的债务提供担保，为自己的债务提供担保的，则为债务人，为他人的债务提供担保的，则为第三人；抵押人可以是自然人，也可以是法人或者非法人组织；抵押人的财产担保是向债权人提供。三是抵押权人，是指对债务人享有债权，并在债务人不履行到期债务或发生当事人约定的实现抵押权的情形时，有权就抵押物获得优先受偿的人。抵押权人实质就是债权人，并与抵押人相对。抵押权人具有以下的特征：抵押权人一定是接受抵押的债权人，对债务人享有债权；抵押权人对抵押财产享有优先受偿的权利；抵押权人对抵押财产享有处分权。四是抵押合同，是作为抵押权人的债权人与作为抵押人的债务人或第三人订立的具有担保性质的合同。凡设立抵押权，均应采取书面形式订立抵押合同，而其核心是抵押财产。

第二，最高额抵押权。它是一种特定的抵押权形式，指为担保债务的履行，债务人或第三人以抵押财产对一定期间内将要连续发生的债权提供最高债权额限度内的财产担保这样一种特定的抵押权形式。最高额抵押有以下特征：它是一种限额抵押，即抵押人与抵押权人协议设定一个最高额限度，无论以后实际债权如何增减，抵押权人只能在设定的最高额限度内对抵押财产享有优先受偿权；它实际是为将来的债权提供担保，而不是为现时的债权提供的担保；担保的最高债权额是确定的，但未来实际债权额是未知的，现在为将来债权提供担保自然只能在一个协议设定的最高额限度内清偿债务，这既有利于保护抵押人的债务清偿责任范围，也照顾到抵押权人获得债权实现的权益；它是对一定期间内将要连续发生的债权提供的担保。最高额抵押担保有两个问题当要注意：一个是最高额抵押担的债权确定前所出现的问题。最高额抵押担保是关于将来债权的担保，至于最后债权的多少是未知的，它由一个时间段来确定；当这个时间段仍然处在约定的连续期内，最后债权是未确定的。最高额抵押担保的债权确定前的"一定期间"仍在持续时，就不能对债权随便作出处理，除非经当事人之间合法有效的协议。另一个是如何确定抵押权人的债权问题。由于最高额抵押担保是一种对将来发生债权提供的担保，即作出最高额抵押担保时的债权应是未确定的，或是未知的，因而确定抵押权人的债权就自然而然地成为一个问题。最高额抵押担保的债权确定，就是指因为规定事实出现后，最高额抵押权所担保的债权被特定化。之所以要确定最高额抵押权所担保的债权，最终是为了明确抵押权人优先受偿的数额。当最高额抵押权所担保的债权确定后，最高额抵押权就转化成一般抵押权。

（三）质权

质权又称为质押，为担保债务的履行，债权人与债务人或第三人协议约定，债务人或第三人作为出质人将其动产或财产权利出质给作为质权人的债权人占有，当债务人不履行到期债务或发生当事人约定的实现质权的情形时，债权人有权就该动产或该财产权利优先受偿的一种担保物权。上述定义的出质是出质人将质押物拿出来交给质权人占有，一旦债务人不履行到期债务或发生当事人约定的实现质权的情形，以用作质权人优先受偿的担保行为；质，动词指的是质押，名词指的是质押物；质押财产又可称为质押物或质物，即用作质押的动产或财产权利；出质人是在质权关系中将质押物拿出来交给质权人占有的债务人或第三人；质权人是在质权关系中占有质押物，享有质权，即优先受偿权利的债权人。质权具有以下的特征：质押物只能是动产或财产权利，不能是不动产①，因为质权是将质押物出质给债权人，故而仅适用于动产质权或权利质权，而不适用于不动产质权；质权是以作为质权人的债权人占有质押物为要件的担保物权，这一特征使其区别于抵押权，因为质押与抵押的区别在于质押是占有质押物的担保物权，抵押是不占有抵押物的担保物权。

根据质押财产的不同，质权分为动产质权和权利质权两类。动产质权指为担保债务的履行，债权人与债务人或第三人协议约定，债务人或第三人作为出质人将其动产出质给作为质权人的债权人占有，当债务人不履行到期债务或发生当事人约定的实现质权的情形时，债权人有权就该动产优先受偿的一类质权。动产质权也可分为一般质权和最高额质权。一般动产质权，除法律禁止转让的动产外，其他动产均可由债务人或第三人出质给质权人，以作质押财产。设立动产质权，应依法订立书面形式质权合同，它是作为质权人的债权人与作为出质人的债务人或第三人经过协议订立的具有担保性质的担保合同。出质人与质权人可协议设立最高额动产质权，有关最高额动产质权的含义、规定，与最高额抵押权的类似。权利质权指为担保债务的履行，债权人与债务人或第三人协议约定，债务人或第三人作为出质人将其财产权利出质给债权人占有，债务人不履行到期债务或发生当事人约定的实现质权的情形时，债权人有权就该财产权利优先受偿的一类质权。出质人有权处分的以下财产权利可以出质：汇票、支票、本票，债券、存款单、仓单、提单，可转让的

---

① 不动产在担保物权规范中，只能适用于抵押权，而不能适用于质权，也不能适用于后述的留置权。因为质权是以出质人转移质押物给质权人为特征，而抵押权则以抵押人不转移抵押物给抵押权人为特征，故而质权仅适用于动产或财产权利，而抵押权不仅适用于动产，而且也适用于不动产。

基金份额、股权，可转让的注册商标专用权、专利权、著作权中的财产权，应收账款，法律法规规定可出质的其他财产权利。

（四）留置权

留置权是指债务人不履行到期债务，债权人依法有权留置已经合法占有的债务人的动产，有权就该动产优先受偿的一种担保物权。留置权人是依约定保管留置财产的债权人，留置财产是依约定被债权人保管的、债务人不履行到期债务时由债权人优先受偿的动产。留置权成立应满足以下要件：债权人须先前已合法占有债务人的动产；债权已届清偿期，而债务人不履行到期债务；债权的发生应与债权人合法占有的动产属同一法律关系，之间存在关联性。留置权具有以下特征：担保物权特征，不可分性特征，从属性特征，留置财产与债务相当性特征。留置权人的权利：留置财产的占有权，留置财产孳息的收取权，偿还因保管留置财产支付的费用的请求权，留置权人对留置财产的优先受偿权，留置权人相对于抵押权人、质权人的优先受偿权。留置权人的责任：留置权人负有妥善保管留置财产的义务；留置权人不得留置法定或约定不得留置的动产；留置权人应当与债务人约定留置财产后的债务履行期间；债权消灭时，留置权人有义务将留置财产返还给原先的债务人。债务人的权利：有权请求留置权人在债务履行期届满后行使留置权，否则有权请求法院拍卖、变卖留置财产；有权与留置权人约定不得留置的动产；对留置权人因保管不善致使留置财产毁损、灭失的情形，有权请求留置权人如数赔偿；留置财产拍卖、变卖或折价后，价款超过债权数额部分，有权如数索回。债务人的责任：留置财产拍卖、变卖或折价后，价款仍不足以清偿债务时，债务人有责任继续清偿不足部分，直至清偿完毕为止。

五 占 有

占有属于法定的一种物权类型，是一种法律制度，又称为占有制度。占有是指占有人对包括不动产、动产在内的占有物的实际控制行为。占有人是占有一定财产的主体，又称为占有主体。财产的所有权人固然可以成为占有人，因为占有本身是所有权的主要特征；财产的非所有权人在一定财产关系下，亦可以成为占有人，如财产的租赁人就可以因财产租赁合同关系而成为该财产的占有人。占有物是被占有的财产，即被占有客体，又称为占有客体。占有客体可为不动产，亦可为动产。占有有不同分类：不动产占有和动产占有，前者是占有客体为不动产的占有，后者是占有客体为动产的占有；所有权人占有和非所有权人占有，前者是占有主体为占有物的所有权人，后者[①]是占有主体为占有物的非所有权人；完全占有和不完全占有，前者是基于财产所有权的原因而产生的占有，后者是基于合同等原因而产生的占有；合法占有和不法占有，前者是占有物的非所有权人基于法律依据、合同关系实施的占有行为，后者是占有物的非所有权人无法律依据、合同关系的占有；善意占有和恶意占有，前者是占有人不知道并不应当知道无占有权利而实施的占有，后者是占有人明知自己无占有权利或对无占有权利有所怀疑而仍实施的占有。

---

① 非所有权人占有通常是基于合同关系等而产生的占有，例如，财产租赁合同关系下产生的占有便属于此种类型的占有。

占有应遵循如下有关规则：善意占有人占有不动产或动产，该不动产或动产的权利人有权请求返还原物及其孳息，但应支付善意占有人因维护该不动产或动产支出的费用；恶意占有人因使用占有的不动产或动产，致使该不动产或动产受损害的，应承担赔偿责任，而占有的不动产或动产毁损、灭失，该不动产或动产的权利人请求赔偿的，恶意占有人应将因毁损、灭失取得的保险金、赔偿金或补偿金等返还给权利人，返还后，权利人的损害未得到足够弥补的，恶意占有人还应赔偿损失；对于非所有权人占有人而言，无论是合法占有人还是不法占有人，也无论是善意占有人还是恶意占有人，其占有的不动产或动产毁损、灭失，该不动产或动产的权利人请求赔偿的，占有人应当将因毁损、灭失取得的保险金、赔偿金或补偿金等返还给权利人；对所有权人占有人、非所有权人占有人中的合法占有人而言，占有的不动产或动产被侵占的，占有人有权请求返还原物，但其返还原物的请求权有1年时效的限制，对妨害占有的行为，占有人有权请求排除妨害或消除危险，因侵占或妨害造成损害的，占有人有权请求损害赔偿；基于合同产生的占有，有关不动产或动产的使用、收益、违约责任，按合同约定，合同没约定或约定不明确的，依法律规定。

第四节　债权：民事权利（三）

与财产相关的民事权利，除了物权，还有债权；民事主体依法享有债权。物权与债权是涉及财产关系的民事权利的两大支柱。中国现有物权法，但仍未有债权法，相信债权法会是今后民法立法重点之一。虽未有民法典，也未有单行的债权法，但可透过民法总则、民法通则、合同法等来阐述债权。债权法又称债法，是调整特定当事人之间因债权债务关系请求为一定行为或不为一定行为的法律规范的总称。

一　债权概述

（一）债的定义

民法上的债是按合同约定或依法律规定，在当事人之间产生的特定权利义务关系。该定义涵盖内容有：债的成因，或者按合同约定，即约定之债，或者按法律规定，即法定之债；债的法律关系，即民法意义上的债均体现为当事人之间的一种特定的权利义务的民事法律关系，其权利便是债权，其义务便是债务；债的主体，包括在这种特定的权利义务关系中享有权利的债权人和负有义务的债务人。债权有以下特征：具有财产请求权的特征，因而不得通过限制他人人身自由来达到获得债权的目的；具有相对权的特征，因而只能向特定债务人主张债权，而不能向债务人以外的第三人索取权利；具有平等性而不具有排他性和优先性的特征,因而当有多个债权人时,债权人之间对债务人提供的清偿是平等受偿的;具有时效性的特征,因而债权的设立不能是无限期的,总是一定期限内实现的债权。债有不同的分类:约定之债和法定之债,前者又曰意定之债或合同之债,是按合同约定成立之债,债的发生和内容由当事人的自由意志决定,此类债如合同之债、单方允诺之债,后者是依法律规定成立的债,债的发生和内容由法律决定,此类债如侵权行为之债、不当得利之债和无因管理之债;特定之债和种类之债,前者是以特定物为标的物之债,有不可替代的特征,后者是以种类物为标的物之债,有可替代的特征;主要之债和从属之债,前者简称主债,是不基于其他债而能独立存在之债,后者简称从债,是从属于主债而不能独立存在之债;无选择之债和选择之债,前者是因仅存一种偿债标的物,当事人只能以这仅有一种的标的物作为清偿债务之债,后者是因存多种偿债标的物,当事人可以从多种标的物中选择一种作为清偿债务之债;按份之债和连带之债,前者是多个债权人各自按一定份额享有权利,或多个债务人各自按一定份额承担义务的债,包括按份债权和按份债务,后者是作为债权人一方的数个当事人中的任何人都有权要求对方债务人履行全部债务,或作为债务人一方的数个当事人中的任何人都有义务向对方债权人履行全部债务的债;单人之债和数人之债,前者是债权人和债务人各为一人之债,后者是债权人一方或债务人一方为数人之债。

(二) 保护权利人的债权应当遵循的基本原则

基本原则1 债权平等原则

本原则含义是,同一标的物可存在数个平等债权,数个债权人对同一债务有平等受偿权利,它是"民事主体在民事活动中的法律地位一律平等"的民法原则在债权中的体现。

基本原则2 债权保障原则

本原则含义是,债权人有权要求债务人依约或依法履行义务,当事人应履行确立债权债务关系的合同,它是民事主体的"合法权益受法律保护"的民法原则在债权中的体现。

基本原则3 债的相对性原则

本原则含义是,债的权利义务关系仅发生于债权人债务人之间,债对双方影响意味着其一旦设立,任何一方都不得随意破坏,该权利义务关系也不对第三方产生实质性影响。

基本原则4 债的连带责任原则

本原则含义是,享有连带权利的债权人可要求债务人履行义务,负有连带义务的债务人应清偿全部债务,履行了义务者,有权要求其他负有连带义务的人偿付其应付的份额。

二 债的相关规范

(一) 债的发生

根据《民法总则》第118条、第120条、第121条和第122条的规定,债的发生有两种:第一种是因合同约定而发生的债,即因当事人约定而发生的债,因为合同是当事人设立、变更、终止民事权利义务关系的协议。依法成立的合同所约定的债权债务关系,受法律保护。当事人通过协商订立合同而明确相互之间的权利义务关系,便形成俗称的债;在这种权利义务关系中，享有权利的一方，为债权人；承担义务的一方，为债务人。合同之债是当事人之间约定的一种债，因而它是因当事人之间真实意思表示一致而形成的债；以欺诈、胁迫手段订立的合同为无效合同，因重大误解订立的合同为可变更或可撤销合同，它们均不是当事人之间真实意思表示一致订立的合同，不存在合同之债。第二种是因法律规定而发生的债，称为法定之债。不论当事人是否有发生债的意思，法定之债对其均有法律约束力。法定之债包括：一是侵权责任之债。人身权、财产权受法律保护；它们被侵犯时就会产生民事权利义务的债权债务关系：被侵权人有权请求侵权人承担侵权责任；侵权人应依法承担侵权责任。产生债权债务关系时，侵权责任之债便形成：享有权利的一方为债权人，承担义务的一方为债务人。侵权行为是侵权人单方违法行为，由此形成的债权债务关系，不由当事人协议约定，而由法律规定。二是不当得利之债。没有法律根据，取得不当利益，造成他人损失的，应将取得的不当利益返还受损失的人。返还不当得利指的是一种偿还债务的行为；没有法律根据指的是没有合同约定，也没有法律规定。可见，不当得利之债指没有法律根据，取得不当利益而发生的债。在不当得利之债形成的债权债务关系中，取得不当利益的为受益人，遭受损失的为受害人；受益人是债务人，受害人是债权人。受益人分为善意受益人和恶意受益人：善意受益人的返还义务以受益人现存利益为限，恶意受益人应返还最初所受的所有利益。不当得利之债与侵权责任之债不同：侵权责任之债基于实施了违法行为，不当得利之债基于缺乏合法根据。三是无因管理之债。没有法定的或约定的义务，为避免他人利益受损失进行管理或服务的，有权要求受益人偿付由此而支付的必要费用。没有法定的或约定的义务指履行的义务没有法律规定，也没有合同约定，即无因之意；有权要求受益人偿付由此而支付的必要费用指主张债权，要求对方偿还债务的行为。可见，无因管理之债是指没有法定的或约定的义务，为免他人利益受损而实施管理或服务的行为所形成的债。在无因管理之债形成的债权债务关系中，取得利益的为受益人，实施无因管理的为管理人；受益人是债务人，管理人是债权人。

（二）债的效力

债的效力是指为实现债的内容由法律赋予债权债务中的当事人以实现债权债务的法律拘束力。债的效力主要体现为金钱给付或对损害赔偿的金钱填补，即给付的强制执行和利益的损害赔偿。广义上的债的效力包括债的履行效力和债的不履行效果，狭义上的债的效力仅指债的不履行效果。债的效力有以下类型：一是债权效力和债务效力。债的效力实质是债的履行的法律效力，分为债权效力和债务效力：之于债权人，债权效力体现为债权具有请求力，即债权人有权请求债务人履行债务，债务人不履行到期债务时，债权人有权向法院提起诉讼，请求法院裁判债务人依法履行；债权效力也体现为债权具有执行力，即当债权人通过诉讼，法院裁判债务人履行到期债务，而债务人仍不履行时，债权人有权请求法院强制执行到期债务；债权效力还体现为债权具有保持力，即当债权通过请求以及执行仍未获得实现时，债权具有继续追偿的效力。之于债务人，债务效力是债务人有义务按法律规定或合同约定履行到期债务，不履行的，债务人必须承担因此带来的不利后果。经债权人同意，债务人可以将合同的义务全部或部分转移给第三人，转移时，其抗辩权和从债务一并转移：债务人转移义务的，新债务人有权主张原债务人对债权人的抗辩；债务人转移义务的，新债务人应当承担与主债务有关的从债务，除非该从债务专属于原债务人自身。债的效力对于债务人履行债务也有保障作用,即债务人履行债务时,债权人无正当理由拒绝债务人履行义务,债务人将履行的标的物向有关部门提存的,应认定债务已履行;因提存所支出的费用,应由债权人承担;提存期间,财产收益归债权人所有,风险责任也由债权人承担。二是债的对内效力和对外效力。债的对内效力指债权债务关系对债权人和债务人的拘束力,包括债权效力和债务效力。债的对外效力指债权债务关系对第三人的拘束力。三是债的一般效力和特殊效力。债的一般效力指不同类型之债均具有的共同效力,并有以下性质:满足了债权,债务随之消灭;债权人无正当理由延迟受领债权,债务人责任随之减轻;债权人有强制执行请求权、代位权、撤销权等。债的特殊效力指某些类型之债具有的特定效力,并有不同性质,如合同之债对定金的规定,对违约金的支付等。

(三) 债的保全和担保

债权债务关系形成以后,确保债权债务关系的第一种基本方式是债的保全。债的保全是指债权债务关系形成后,法律为防止债务人的财产不当减少,给债权人权利带来损害,允许债权人代债务人之位向第三人行使债务人之权利,或者请求法院撤销债务人与第三人的民事行为,从而保障债务履行的一种民事法律制度。债的保全主要有两种方式:一是债权人的代位权,即《合同法》第73条规定"因债务人怠于行使其到期债权,对债权人造成损害的,债权人可以向人民法院请求以自己的名义代位行使债务人的债权"的方式。行使代位权应满足以下条件:债权人对债务人的债权合法,此为首要条件;债务人怠于行使到期债权,对债权人造成损害,即债务人不履行其对债权人的到期债务,又不以诉讼或仲裁方式向自己的债务人主张其享有的有金钱给付内容的到期债权,致使债权人到期债权未能实现;债务人的债权已经到期;债务人的债权不是专属于债务人自身的债权,即不是基于扶养关系、抚养关系、赡养关系、继承关系产生的给付请求权以及不是劳动报酬、退休金、养老金、抚恤金、安置费、人寿保险、人身伤害赔偿请求权等权利。二是债权人的撤销权,即《合同法》第74条规定"因债务人放弃其到期债权或者无偿转让财产,对债权人造成损害的,债权人可以请求人民法院撤销债务人的行为。债务人以明显不合理的低价转让财产,对债权人造成损害,并且受让人知道该情形的,债权人也可以请求人民法院撤销债务人的行为"的方式。债权人的撤销权实质是请求法院依法撤销债务人与第三人之间为减少责任财产价值而实施的行为。行使撤销权应满足以下客观要件:被申请撤销的必须是债务人在债权成立后实施的处分债务人财产的行为,此类行为均可申请撤销;债务人的行为必须是为减少责任财产价值的财产处分行为,如果债务人的行为不是财产行为,或虽为财产行为,但不是使其财产价值减少的行为,则不在可撤销之列;债务人的行为必须是与危害债权存在因果关系,也就是其减少财产价值的行为必须是危害债权的行为,即该行为足以减少其责任财产价值而致使债权不能受偿或不能完全受偿。这里有个适度问题,若债务人虽确实实施了减少财产价值的行为,但其行为却不影响其对债务的完全清偿,则债权人就不能干涉债务人的行为。行使撤销权还应满足主观要件,即债务人和第三人实施的减少责任财产价值的行为存在主观恶意;判定债务人有无恶意,只要债务人行为是使其丧失财产资源,使其债务超过,使其支付不能,或者使其履行困难,就可以推定为有恶意;判定受益人有无恶意,以其知道所实施的有偿行为会危害债权便可推定为有恶意。

债权债务关系形成以后,确保债权债务关系的第二种基本方式是债的担保。债的担保是指债权债务关系形成以后，法律为保证特定债权人的利益的实现而专门规定的以第三人的信用或以特定的财产保障债务人履行债务、债权人实现债权的一种民事法律制度。债的担保方式主要有几种：一是保证，是指保证人和债权人约定，当债务人不履行债务时，保证人按照约定履行债务或承担责任的一种担保行为。具有代为清偿债务能力的法人、非法人组织或自然人可作保证人，国家机关、以公益为目的的法人和非法人组织、法人分支机构和职能部门等不得为保证人。保证方式有一般保证和连带责任保证：当事人在保证合同中约定，债务人不能履行债务时由保证人承担保证责任的，为一般保证；当事人在保证合同中约定保证人与债务人对债务承担连带责任的，为连带责任保证。保证合同应明确保证担保的范围，约定不明确的，推定保证人对全部主债务承担保证责任。保证合同也应明确保证的期间，在保证期限内，保证人的保证范围，可以因主债务的减少而减少；新增的债务，未经保证人同意担保的，保证人不承担保证责任。保证担保的范围，没有另外特别约定的，包括主债权及利息、违约金、损害赔偿金和实现债权的费用；当事人对保证担保的范围没有约定或约定不明确的，保证人应对全部债务承担责任。二是抵押，是指债务人或第三人不转移对法定可抵押财产的占有，将该财产作为债权的担保，债务人不履行债务时，债权人有权依法以该财产折价或以拍卖、变卖该财产的价款优先受偿的一种担保行为。在抵押担保关系中，债务人或第三人为抵押人，债权人为抵押权人，提供担保的财产为抵押物。可充当抵押物的财产包括属于抵押人所有的房屋和其他地上定着物等不动产、抵押人所有的机器和交通运输工具等动产、抵押人依法有权处分的国有土地使用权及房屋和其他地上定着物、抵押人有权处分的国有机器和交通运输工具等动产、抵押人依法承包并经发包方同意抵押的荒山荒沟荒丘荒滩等荒地的土地使用权等。抵押物视具体情形，可以由抵押权人保管，也可以由抵押人保管。抵押物在抵押权人保管期间灭失、毁损的，抵押权人有过错，应承担民事责任。抵押物如由抵押人自己占有并保管，抵押期间非经债权人同意，抵押人将同一抵押物转让他人，或就抵押物价值已设置抵押部分再作抵押的，其行为无效。三是质押：动产质押，即债务人或第三人将其动产移交债权人占有，将该动产作为债权担保；权利质押，即债务人或第三人将其有价证券、知识产权等权利作为债权担保。债务人不履行债务时，质押物为动产的，债权人有权依法以该动产折价或以拍卖、变卖该动产的价款优先受偿；质押物为有价证券、知识产权等权利的，债权人有权依法以该权利优先受偿。在质押担保中，债务人或第三人为出质人，债权人为质权人，作为债权担保的动产或权利为质物，即质押物。四是定金，是指当事人约定的一方向对方给付一定数额的款项，当债务人不履行债务时，债权人有权依法从该款项中抵作债权受偿的一种担保。定金具有担保性质，当债务人履行债务后，定金应抵作价款或收回。给付定金一方不履行约定的债务的，无权要求返还定金；收受定金的一方不履行约定的债务的，应双倍返还定金。五是留置，是指债权人按保管合同、运输合同、加工承揽合同及法律规定可以留置的其他合同约定占有债务人的动产，债务人不按合同约定的期限履行债务的，债权人有权依法留置该财产，以该财产折价或拍卖、变卖该财产的价款优先受偿的一种担保。留置财产的债权人为留置权人，留置财产为留置物。六是违约金，是指依法律规定或当事人约定，一方违约时向对方支付一定数额款项的一种担保。违约金包括：法定违约金，即法律规定的当事人一方违约时向对方支付的一定数额款项的违约金；约定违约金，即当事人协议约定的当一方违约时向对方支付的一定数额款项的违约金。违约金具有赔偿性质，诚如

《合同法》第114条第1款的规定；违约金也具有惩罚性质，诚如同上第3款的规定。

（四）债的转移、变更和消灭

债的转移是指依法律规定或当事人约定，在债的原有权利义务内容不改变的前提下，债的主体发生变更，即债权或债务由第三人承受的法律事实。债的转移包括3种：一是债权转移，指依法律规定或当事人约定，在债的原有权利义务内容不改变的前提下，债权由第三人承受，即债权转让给第三人的法律事实。债权人可将合同权利全部或部分转让给第三人，除非据合同性质不得转让，或按当事人约定不得转让，或依法律规定不得转让。除法律规定的出现债权转移的情形外，通常的债权转移应经由当事人，即债权人与受让人之间达成债权转移协议而实现。债权转移一般不必经债务人同意，但应及时告诉债务人，以便债务人向新债权人履行债务；未经通知，该转移对债务人不发生效力。债权转移后，受让人即新债权人便取得原债权人的所有权利，包括原债权的从属权利；原债权人对新债权人就债权真实性、合法性、有效性承担保证责任，这是指若原债权不真实、不合法、全部或部分无效，则新债权人有权向原债权人追偿，而不是指原债权人对债务人能否履行义务承担保证责任。债权一般可转移，但诸如人身伤害损害赔偿的涉及人身的债权，一般不能转移。二是债务转移，指依法律规定或当事人约定，在债的原有权利义务内容不改变前提下，债务由第三人承受，即债务转移给第三人的法律事实。与债权转移不一样，债务转移不仅原债务人与新债务人达成转移协议，而且应当经债权人同意；债权人不同意的，债务转移无效。与债权转移不一样，债权转移后，所有从属权利也随之转移；但债务转移后，从属权利一般情形下并不跟着转移，如第三人对债务的担保，债务转移后也随之失效。某些涉及人身性质的债务不能转移，如著作的债务一般不能转移，因它涉及特定作者的著作劳动是独一无二的，不能替代的；新债务人应承担与主债务有关的从债务，但该从债务专属于原债务人自身的除外；新债务人可主张原债务人对债权人的抗辩。三是债权和债务一并转移，指依法律规定或当事人约定，在债的原有权利义务内容不改变的前提下，债权和债务均由第三人承受的法律事实。债权和债务一并转移发生在自然人继承关系中，当继承发生时，被继承人的债权和债务均由继承人承受。在法人和非法人组织的合并或分立时，原有法人和非法人组织的债权、债务也应由合并后的或分立后的法人、非法人组织承受。

债的变更是指债因一定事由而改变债的主体或债的内容的法律事实。债的变更只发生于债的关系成立后及债尚未履行或尚未完全履行前。广义的债的变更包括债的主体的变更和债的内容的变更，狭义的债的变更仅指债的内容的变更。债的主体的变更即前述所谓债的转移，债的内容的变更是现要阐述的主题。在民法或合同法意义上，债的变更指的仅是债的内容的变更，而债的主体的变更指的是债的转移。当事人协商一致，可以变更合同约定的内容；当事人对合同变更的内容约定不明确的，推定为合同内容未变更。债的内容的变更实质是合同内容的变更：债的性质的变更，即合同性质的变更，如将租赁合同变更为买卖合同，也就是将原来租金之债变更为买卖价款之债；债的标的物的变更，即合同标的的变更；债的履行条件的变更，即合同的履行条件的变更，如履行期限、地点、方式等的变更；债的责任的变更，即合同责任的变更，含违约责任的变更、债的担保物的变更等；债的争议解决的变更，即合同争议解决的变更，包括债的争议解决方式、解决机构等的变更。债的变更发生后产生以下效力：债的变更发生后，被变更的债的内容不再有效，随之有效的是债的新内容；因债的内容是债务履行依据，故变更后的债的内容是债务履行的新依据，被变更的债的内容不再成为债务履行依据；债的变更发生后，债的新内容仅在将来债的履行中有效，而对于已履行的债务，债的新内容没有溯及力，即任何一方都不得要求对方返还已履行的债，除非法律另有规定或当事人另有约定；债的变更不影响当事人对损失的追偿权，债的变更给一方造成损失的，受损失的一方有权要求对方赔偿损失。

债的消灭即债的终止，指债权债务关系不存在的法律事实。债权债务关系是一种动态法律关系，在某些特定原因下，债的法律事实，或曰债权债务关系，随之消灭，即终止。债的消灭有以下原因：债务已按约定履行；引起债权债务关系的合同解除；当事人之间债务抵销；债务人将标的物提存；债权人免除债务或债权人单方行动放弃债权；债权债务同归于一人，债权债务混同；法律规定或当事人约定债权债务终止的其他情形出现。债的消灭产生以下效力：债权债务终止意味债的关系不存在；债的关系不存在，依附于主债权、主债务的从债权、从债务亦随之消灭；债的当事人之间应当产生后契约义务，即合同的权利义务终止后，当事人应遵循诚信原则，根据交易习惯履行通知、协助、保密等义务。

第五节　知识产权：民事权利（四）

财产有两种：有形财产，即具有财产实物形态特征的财产，民法的财产概念讲的是有形财产；无形财产，即黏附于财产实物形态中的财产权利，有物权、债权、知识产权。知识产权是民事权利之又一种，它属于特定的法律范畴。规范知识产权的法律主要有民法总则、民法通则、著作权法、专利法、商标法等。

一　知识产权概述

（一）　知识产权的定义和性质

知识产权涉及知识财产这一概念。知识财产是指来源于精神或智慧方面工作的财产，又称为智慧财产或智力财产，包括思想、发明、商业秘密、工序、程序、数据、程式、专利权、著作权、商标等。知识产权指作为民事法律关系平等主体的自然人、法人和非法人组织对其在科学技术、文学艺术等精神或智慧领域内的知识财产依法在一定时期内享有的专有权，它译自英文"Intellectual Property"，又译作知识财产权或智慧财产权。知识产权作为一种民事权利，因而具有民法意义上的私权性质，属于传统私法所规范的对象。不过知识产权又不是传统意义上的那种民事权利，即与传统意义上的人身权、物权、债权不同，它是现代私法所规范的一种新型的民事权利，即以知识财产为载体的民事权利，它与以有形财产为载体的传统的财产所有权不同。

(二) 知识产权的特征

第一，知识产权的垄断性。知识产权的垄断性指知识产权具有独占性、专有性和排他性的特征：知识产权的权利主体是独占的，无法律规定或未经知识产权人许可，权利人以外的任何人、任何组织都不能使用知识产权人的智力成果，否则属侵权行为，应负法律责任；知识产权的权利客体是专有的，对同一个知识财产，被授予权利的只有一个客体，其他的不可成为被授予知识产权的客体；知识产权的权利内容是排他的，一个知识财产被授予权利后，对同一个知识财产，不允许有两个或两个以上相同属性的知识财产同时存在。

第二，知识产权的地域性。知识产权的地域性指知识产权只在被授予或被确认权利的国家或地区受法律保护，超出该地域则不受保护。有关国际条约对知识产权的地域性作了规定，如《保护工业产权巴黎公约》第1条、《伯尔尼保护文学和艺术作品公约》第1条和《世界版权公约》第2条均规定缔约国之间组成联盟对知识产权予以保护。中国法律也有类似规定，《著作权法》第2条就规定不仅中国籍作者享有著作权，外国籍、无国籍作者根据其所属国或经常居住地国同中国签订的协议或共同参加的国际条约享有著作权。

第三，知识产权的时效性。知识产权的时效性指知识产权的保护是有时间限制的，其受保护只能在一定时间范围内。相关国际条约对知识产权保护期均有约定，如《世界版权公约》第4条规定保护期限不得少于作者有生之年及其死后的25年，《伯尔尼保护文学和艺术作品公约》第7条规定保护期限为作者有生之年及其死后50年内。中国法律也有类似规定，著作权法、专利法和商标法有专章或专节规定知识产权保护期。

第四，知识产权的无形性。知识产权的无形性相对于一般财产的有形性而言。财产分为物质财产和精神财产：物质财产是有形的，精神财产是无形的。知识财产作为精神财产，具有无形的性质。

(三) 知识产权的分类范围

第一，国际通行的知识产权分类范围。《建立世界知识产权组织公约》第2条规定知识产权包括文学和艺术以及科学作品的权利、表演艺术的权利、发明的权利、科学发现的权利、工业品式样的权利、商标标记的权利、制止不正当竞争的权利等。《与贸易有关的知识产权协议》第2部分将知识产权划定为著作权、商标、地理标记、工业品外观设计、专利、集成电路布图设计、对未公开信息的保护。可见，知识产权分为工业产权和版权。《保护工业产权巴黎公约》第1条将工业产权规定为商标权、专利权、发现权、发明权等与工商业相关的权利。《世界版权公约》第1条将版权规定为文学、科学、艺术作品的权利。《伯尔尼保护文学和艺术作品公约》第2条也将版权规定为文学和艺术作品一类。

第二，中国关于知识产权的分类范围。中国自20世纪80年代后陆续加入某些知识产权方面的国际条约，并制定民法总则、民法通则涉及知识产权规范，制定商标法、专利法、著作权法等知识产权方面的专门法律。《民法总则》第123条将知识产权规定为8个方面：作品，发明、实用新型、外观设计，商标，地理标志，商业秘密，集成电路布图设计，植物新品种，法律规定的其他客体。民法通则第94条至第97条将知识产权界定为著作权、专利权、商标专用权、发现权、发明权、其他科技成果权诸方面。《著作权法》将著作权界定为文学、艺术和科学作品的权利,并将以某种物质形式固定下来享有著作权的作品分类为文学、艺术和自然科学、社会科学、工程技术等。专利法将专利权界定为享有专利权的发明创造,包括发明、实用新型、外观设计诸方面。《商标法》将商标专用权界定为经商标局核准注册后享有商标专用权并受法律保护的注册商标。

(四) 知识产权的保护

知识产权的保护是指采取法律手段对知识产权人的权利免受侵犯给予预防性的防范措施和救济性的补救效果,包括:预防性保护,即在知识产权未受侵犯前,采取措施防止其受到侵犯,如及时为商标注册、申请专利等;救济性保护,即在知识产权受到侵犯后,寻求行政保护、司法保护等。知识产权保护是多方面的:知识产权的民事保护,即通过民事法律的立法和司法,对侵犯知识产权的民事侵权行为进行民事诉讼或者仲裁,并使其承担侵权责任的民事法律制度;知识产权的行政保护,即通过行政权力的介入,对知识产权实施行政许可,对知识产权纠纷案件予以行政裁决,对侵犯知识产权的行为给予行政处罚这样一种行政执法制度;知识产权的司法保护,即对于知识产权通过司法途径所进行的保护,通过民事诉讼,被侵权的知识产权权利人获得赔偿,并使侵权人停止侵权行为,特别是通过刑事诉讼,对侵犯知识产权而构成犯罪的予以刑事处罚,通过行政诉讼,让知识产权的权利人对知识产权的确权或对知识产权的行政处罚的不服予以法律救济,以保护知识产权;知识产权的国际法保护,即对跨国侵犯知识产权的案件根据中国缔结或参加的知识产权保护的国际条约,通过国际司法协助,以保护知识产权。

(五) 中国关于知识产权的法律

中国对于知识产权立法与20世纪80年代后的改革开放同步。此前,中国仅有商标方面的零星立法:法律仅有1963年的《商标管理条例》;行政法规仅有1950年的《商标注册暂行条例》,1959年的《关于在出口商品的装潢和商标上使用文字的通知》和《关于在出口商品的装潢和商标上使用文字的补充通知》。在市场经济体系确立过程中,中国知识产权立法取得重大进展,计有1982年的《商标法》,1984年的《专利法》,1990年的《著作权法》以及与之相配套的一系列行政法规和司法解释;民法总则、民法通则、合同法、物权法、担保法等也对知识产权作了某些原则性的规定;中国加入WTO的《中国加入工作组报告书》专节阐述"与贸易有关的知识产权制度",提出"中国已经将知识产权保护作为其改革开放政策和社会主义法制建设的重要组成部分",列出中国现行有效的知识产权保护的行政规章及为与《TRIPS协定》相一致而修改的中国知识产权法律。知识产权除国内法外,中国还加入知识产权方面的国际条约:《保护工业产权巴黎公约》《伯尔尼保护文学和艺术作品公约》《世界版权公约》《商标国际注册巴德里协定》《商标国际注册巴德里协定实施细则》《建立世界知识产权组织公约》《保护录音制品制作者防止未经许可复制其录音制品公约》《关于集成电路的知识产权条约》《专利合作条约》《国际植物新品种保护公约》;加入WTO后,其知识产权规范对中国适用。

二 著作权

著作权是知识产权的一种。规范著作权的，法律有民法总则、民法通则、著作权法，法规和规章有著作权法实施条例、计算机软件保护条例、集成电路布图设计保护条例、实施国际著作权条约的规定等。

（一）著作权的定义、性质

著作权即版权，源自英文 copyright 的 copy（版）和 right（权利）的合称，是著作权人对其文学、科学和艺术作品享有受保护的权利。著作权外延定义有狭义与广义：狭义的著作权指著作权人对其作品享有受保护的权利；广义的著作权除狭义的以外，还包括著作邻接权，即作为著作权人的出版者、表演者、录音录像制品制作者、广播电视组织在传播作品过程中对其劳动成果所享有的受保护的权利。以下几类不受《著作权法》保护：依法禁止出版、传播的作品；法律、法规，国家机关的决议、决定、命令和其他具有立法、行政、司法性质的文件及其官方正式译文；时事新闻；历法、通用数表、通用表格和公式。著作权人是依法对文学、科学和艺术作品享有著作权的主体，分为原始著作权人和继受著作权人：前者指创作文学、科学或艺术作品而享有著作权中的人身权和财产权的主体，后者指通过继承、受遗赠、受让、受赠等许可形式而取得著作权中的财产权的主体。

著作权属何种性质的权利？与物权、债权、人格权、身份权等民事权利一样，著作权也属民法意义上的民事权利，即具有民法性质的私权利。私权利简曰私权，是个人或组织在社会经济生活中所享有的财产权和人身权。与私权利类似的，有一种公权利，二者虽皆为权利（right），但有区别：私权利这种权利只涉及主体的民事权利，即如财产权、人身权等民事权利；公权利这种权利却涉及具有社会政治共同体成员性质的主体在共同体事务中的权利，即如对社会事务、政治生活的选举和被选举权、知情权、参与权、表达权、请求权、监督权等政治权利。著作权作为知识产权的一种，是一种归属于民事权利的私权利。之所以要特别阐明著作权的这种私权利性质，乃因为要进一步指明用以调整这种私权利的法律属于私法范畴。顺及，公权利与公权力对应，二者不能混淆：公权利虽超出民法范畴，但仍属一种权利（right），实与权力（power）对应。权利不同于权力：权利是一种资格，权力是一种产生某种结果的能力。公民的参与权、监督权是一种权利，政府被授予或被法律规定的职权是一种权力。公权利与公权力关系恰好可用以证明政治文明程度：一个国家如果公权利与公权力之间总可以找到一个平衡点，它就是政治文明程度高的国家；反之，公权力压抑公权利，它就不是政治文明的国家。

（二）著作权的主体

著作权的主体是指依法对其文学、科学和艺术作品享有著作权的人，包括作者及其他依法享有著作权的自然人、法人和非法人组织，并被称为著作权人。著作权主体主要有以下分类：著作权的原始主体和著作权的继受主体，前者指作品作者，即创作作品的自然人及被视为作者的组织，后者指通过继承、受遗赠、受让、受赠等获得著作权中的财产权的主体；著作权的内国主体和著作权的外国主体，前者指著作权主体有中国国籍，后者指著作权主体有外国国籍或无国籍；独立作品著作权主体和合作作品著作权主体，前者指仅由1人单独创作的作品的著作权人，后者指两人或两人以上合作创作的作品的著作权人；创作作品著作权主体、汇编作品著作权主体和演绎作品著作权主体，前者指由作者原始创作的作品的著作权人，中者指汇编若干作品、作品的片段或不构成作品的数据或其他材料，后者指改编、翻译、注释、对其内容的选择或编排体现独创性的作品的著作权人整理已有作品而产生的作品的著作权人；自主作品著作权主体、职务作品著作权主体和委托作品著作权主体，前者指不因其职务或受委托，而因其创作意欲创作的作品的著作权人，中者指为完成组织工作任务创作的作品的著作权人，后者指受委托创作作品的著作权人。

（三）著作权的客体

著作权客体是法律保护的对象，即以下列形式创作的文学、艺术、自然科学、社会科学、工程技术作品：文字作品，口述作品，音乐、戏剧、曲艺、舞蹈、杂技艺术作品，美术、建筑作品，摄影作品，电影作品和以类似摄制电影的方法创作的作品，工程设计图、产品设计图、地图、示意图等图形作品和模型作品，计算机程序及其文档的计算机软件，法律、行政法规规定的其他作品。

（四）著作权的内容

著作权的内容是指著作权具体包括的权利，包括人身权和财产权这两大权利：一是著作权中的人身权，即不直接具有财产内容，但与著作权主体人身不可分离的权利。著作权中的人身权与一般民法意义的人身权不同，一般民法意义的人身权包括人格权和身份权，而著作权中的人身权包括：发表权，即决定作品是否公之于众的权利；署名权，即表明作者身份，并在作品上署名的权利；修改权，即修改或授权他人修改作品的权利；保护作品完整权，即保护作品不受歪曲、篡改的权利。二是著作权中的财产权，即可以给著作权人带来经济利益的权利。亦与一般民法意义的财产权不同，著作权中的财产权是著作权人通过对作品使用而为自己带来经济利益的权利，包括：复制权，即以印刷、复印、拓印、录音、录像、翻录、翻拍等方式将作品制作一份或多份的权利；发行权，即以出售或赠予方式向公众提供作品的原件或复制件的权利；出租权，即有偿许可他人临时使用电影作品和以类似摄制电影的方法创作的作品、计算机软件的权利；展览权，即公开陈列美术作品、摄影作品的原件或复制件的权利；表演权，即公开表演作品，以及用各种手段公开播送作品的表演的权利；放映权，即通过放映机、幻灯机等技术设备公开再现美术、摄影、电影和以类似摄制电影的方法创作的作品等的权利；广播权，即以无线方式公开广播或传播作品，以有线传播或转播的方式向公众传播广播的作品，及通过扩音器或其他传送符号、声音、图像的类似工具向公众传播广播的作品的权利；信息网络传播权，即以有线或无线方式向公众提供作品，使公众可以在其个人选定的时间和地点获得作品的权利；摄制权，即以摄制电影或以类似摄制电影的方法将作品固定在载体上的权利；改编权，即改变作品，创作出具有独创性的新作品的权利；翻译权，即将作品从一种语言文字转换成另一种语言文字的权利；汇编权，即将作品或作品片段通过选择或编排，汇集成新作品的权利。

(五) 著作权的侵权行为和保护期

著作权是著作权人依法享有受法律保护的权利，未经著作权人许可而使用享有著作权的作品，属于著作权的侵权行为，侵权人须承担相应法律责任。著作权民事侵权行为责任将在"侵权责任法"中涉及，著作权侵权刑事责任已在刑法章阐述。著作权保护期是识别著作权侵权行为的一个指标，但不是绝对的；著作权保护期可分为：保护期不受限制的情形，即著作权4种人身权中的署名权、修改权、保护作品完整权，永远受保护；保护期受限制的情形，即著作权中的财产权及著作权的人身权中的发表权，有保护期限制。著作权保护期的规则：自然人的作品的权利保护期为作者终生及其死亡后50年；法人或非法人组织的作品的权利保护期为作品首次发表后的50年；电影作品等的权利保护期为作品首次发表后的50年；作者身份不明作品的财产权，权利保护期为作品首次发表后的50年，作者身份确定后，适用上面3种规定；图书、期刊的版式设计权利保护期为首次出版后的10年；表演者表明其身份的权利及保护表演形象不受歪曲的权利，其保护期不受限制，但许可他人现场直播和公开传送现场表演并获得报酬的权利、许可他人录音录像并获得报酬的权利、许可他人复制和发行录有其表演的录音录像制品并获得报酬的权利、许可他人通过信息网络向公众传播其表演并获得报酬的权利，其保护期为表演发生后的50年；录音录像制作者对其制作的录音录像制品享有许可他人复制、发行、出租、通过信息网络向公众传播并获得报酬的权利，权利保护期为该制品首次制作完成后的50年；广播电台、电视台对未经其许可的有关行为享有禁止权的权利保护期为首次播放后的50年。

(六) 著作权的权利规则

第一，著作权的归属，按以下规则划定：著作权属于作者；演绎作品的著作权属于演绎人；合作作品的著作权属于合作作者，合作作品可以分割使用的，作者对各自创作部分可以单独享有著作权；汇编作品的著作权属于汇编人；电影类作品著作权属于制片人，但编剧、导演、摄影、作词、作曲等作者享有署名权，并有权按与制片者签订的合同获得报酬；职务作品著作权原则上属于作者，但利用法人或非法人组织的物质技术条件创作，由法人或非法人组织承担责任的工程设计图、产品设计图、地图、计算机软件等职务作品，或者法律法规规定或合同约定著作权由法人或非法人组织享有的职务作品，作者享有署名权，法人或非法人组织享有著作权其他权利；委托作品著作权归属由委托人和受委托人通过合同约定，但合同未作明确约定或没有订立合同的，著作权属于受托人；美术等作品原件所有权转移，但著作权不转移；著作权人不存在时著作权归属视具体情形而定，著作权属自然人的，自然人死亡后，其著作权中的财产权在法定保护期内，依照继承法的规定转移，著作权属法人或非法人组织的，法人或非法人组织变更、终止后，其著作权中的财产权在法定保护期内，由承受其权利义务的法人或非法人组织享有，否则由国家享有。

第二，著作权人行使权利的限制，指在法定情形下他人有权不经著作权人的许可使用著作权人的作品。以下情形使用著作权人的作品可不经著作权人许可，不向其支付报酬，但应指明作者姓名、作品名称，并不得侵犯著作权人的其他权利：为个人学习、研究或欣赏，使用他人已发表的作品；为介绍、评论某一作品或说明某一问题，在作品中适当引用他人已发表的作品；为报道时事新闻，在报纸、期刊、广播电台、电视台等媒体中不可避免地再现或引用已经发表的作品；报纸、期刊、广播电台、电视台等媒体刊登或播放其他报纸、期刊、广播电台、电视台等媒体已经发表的关于政治、经济、宗教问题的时事性文章，但作者声明不许刊登、播放的除外；报纸、期刊、广播电台、电视台等媒体刊登或播放在公众集会上发表的讲话，但作者声明不许刊登、播放的除外；为学校课堂教学或科学研究，翻译或少量复制已发表的作品，供教学或科研人员使用，但不得出版发行；国家机关为执行公务在合理范围内使用已发表的作品；图书馆、档案馆、纪念馆、博物馆、美术馆等为陈列或保存版本的需要，复制本馆收藏的作品；免费表演已发表的作品，该表演未向公众收取费用，未向表演者支付报酬；对设置或陈列在室外公共场所的艺术作品进行临摹、绘画、摄影、录像；将中国公民、法人或非法人组织已经发表的以汉语言文字创作的作品翻译成少数民族语言文字作品在国内出版发行；将已经发表的作品改成盲文出版。

第三，著作权的许可使用，指著作权人与他人通过订立合同允许他人以约定的方式、约定的地域范围、约定的期间使用其作品，并收取一定报酬的行为。许可使用合同未明确许可的权利，又未经著作权人的同意，另一方当事人不得行使对该作品的使用权。被许可使用他人作品的，不得侵犯作者的署名权、修改权、保护作品完整权和获得报酬权。

第四，著作权的转让规则。著作权转让是指著作权人通过合同将复制权、发行权、出租权、展览权、表演权、放映权、广播权、信息网络传播权、摄制权、改编权、翻译权、汇编权等著作财产权的全部或部分的权利转移给他人的一种行为。转让著作财产权应订立书面合同。合同未明确转让权利，又未经同意，另一方当事人不得行使获转让的权利。

第五，以著作权出质的规则。以著作权出质的，由出质人和质权人向国务院著作权行政管理部门办理出质登记。其出质行为的规定，按照物权法有关出质规定处理。

三　专利权

专利权是知识产权的又一种。规范专利权的，除了民法总则、民法通则外，还有专利法、专利法实施细则及其他相关的配套法规。

（一）专利权的定义、特征和授予条件

专利权是国家专利行政主管部门依法授予专利申请人或专利受让人在一定期限内对其发明创造享有的独占实施权。专利权包括专利人身权和专利财产权。专利人身权指专利发明创造人、设计人的署名权、发表权、修改权、保护作品完整权：署名权是在专利文件中写明自己是该专利的发明创造人或设计人的权利，发表权是决定专利文件是否公之于众的权利，修改权是修改或授权他人修改专利文件的权利，保护作品完整权是保护其作品不受歪曲、篡改的权利。专利财产权指专利作为一种无形财产专属于专利权人占有、支配、使用、处分的权利，包括对专利的独占权、许可权、转让权：专利独占权即仅有专利权人有权对其发明创造的专利享有单独占有的权利，其他个人或单位非经许可不得使用、制造、销售专利产品；专利许可权即专利权人通过与他人订立合同，允许他人有条件享有使用、制造、销售其取得专利权的发明创造的全部或部分技术的权利；专利转让权即专利权人对其专利申请权、专利权可通过出卖、赠予、抵押、出质等方式转让给他人的一种权利。

应当注意几个与专利权定义相关的概念：一是专利权人，即专利权主体，指提出专利

申请，并被批准获得专利的专利所有人及持有人，可以是单位，也可以是个人，包括有4类：发明人、设计人，发明人、设计人所在单位，依合同约定的专利权人，个人与单位为共同发明人、共同设计人。二是专利申请人，指就其发明创造依法向专利行政部门申请专利以获得专利权的人，包括有4类：发明人、设计人；发明人、设计人执行本单位任务或主要利用本单位物质技术条件完成发明创造，单位为专利申请人；通过与发明人、设计人订立合同，从发明人、设计人处取得发明创造专利申请权的主体是专利申请人；专利共同申请人，即两个以上单位或个人合作完成发明创造，专利申请人是共同完成发明创造的单位或个人，除非另有约定。三是发明创造，指发明、实用新型和外观设计：发明即应用自然规律对产品、方法或其改进所提出的新技术方案；实用新型，又曰小发明或小专利，即对产品形状、构造或其结合所提出的适于实用的新技术方案，其中，产品的形状即产品具有的、可从外部观察到的确定的空间形状，产品的构造即产品的各个组成部分的安排、组织和相互联系，可以是机械构造，即构成产品的零部件的相对位置关系、连接关系和必要的机械配合关系等，也可以是线路构造，即构成产品的元器件间的确定的连接关系；外观设计即对产品的形状、图案、色彩或其结合所作出的富有美感并适于工业上应用的新设计，其中的形状即产品三维造型设计，图案即产品的两维平面设计，色彩即构成产品的图案、形状的成分。四是新颖性。专利权的发明和实用新型应具新颖性。新颖性即在申请日以前没有同样发明或实用新型在国内外出版物上公开发表过、在国内公开使用过或以其他方式为公众所知，没有同样发明或实用新型由他人提出过申请并记载在申请日以后公布的专利申请文件中。专利申请日即国务院专利行政部门收到专利申请文件之日，有优先权的，指优先权日。五是创造性。专利权的发明和实用新型应具创造性。创造性指同申请日以前已有技术比，该发明有突出的实质性特点和显著进步，该实用新型有实质性特点和进步。已有技术即申请日以前在国内外出版物上公开发表、在国内公开使用或以其他方式为公众所知的技术，也即现有技术；发明有突出的实质性特点即发明相对于现有技术，对所属技术领域技术人员来说是非显而易见的；显而易见即若发明是其所属技术领域的技术人员在现有技术的基础上通过逻辑分析、推理或试验可以得到的，则该发明是显而易见的，不具备突出的实质性特点；发明有显著的进步即发明与最接近的现有技术比具有长足的进步。六是实用性。专利权的发明和实用新型应具实用性。实用性指该发明或实用新型的客体必须在产业上能够制造或使用，能够产生积极效果。产业包括工业、农业、林业、水产业、畜牧业、交通运输业以及文化体育、生活用品和医疗器械等行业；在产业上能够制造或使用，指符合自然法则，具有技术特征的任何可实施的技术方案；能够产生积极效果，指发明或实用新型专利申请在提出申请之日，其产生的经济、技术和社会的效果是所属技术领域的技术人员可以预料到的，同现有技术相比，这些效果应是积极的和有益的。

专利权有以下特征：专有性特征，又曰独占性或排他性特征，指专利权人对其专利权享有独占的或排他的权利，他人未经许可或未出现可使用的法定情形，不得使用已登记的专利权，否则构成专利权侵权行为；地域性特征，指专利权只有依一定国家的法律才得以产生，产生之后也只有在该国家内才受到法律保护，而在另一国家不受保护，除非该两国家之间订有专利保护协定，或者共同参加了有关保护专利的国际条约；时间性特征，指法律对专利权的保护有明确的时间保护限制，超出该期间限制，则该专利权不再受到保护。

授予专利权必须符合以下条件：授予专利权的发明和实用新型，应当具备新颖性、创造性和实用性,并按实用性、新颖性、创造性的次序予以审查;授予专利权的外观设计,应当具备独特性,即授予专利权的外观设计,应当不属于现有设计,也没有任何主体就同样的外观设计提出过申请。但下列各项依法不授予专利权:科学发现,即对自然界中客观存在的未知物质、现象、变化过程及其特征和规律的揭示;智力活动的规则和方法,即人的思维活动经过推理、分析、判断产生出抽象的结果或必须经过人的思维活动作为媒介才能间接作用于自然产生结果,不需要采用技术手段或遵守自然法则,不具备技术特征;疾病的诊断和治疗方法,即以有生命的人或动物为直接实施对象,进行识别、确定或消除病因或病灶的过程;动物和植物品种①,即有生命的物体;用原子核变换方法获得的物质,即用加速器、反应堆以及其他核反应装置生产、制造的各种放射性同位素。

(二) 专利权的授予程序

第一,由专利权人提出专利权的申请。申请发明或实用新型专利应提交请求书、说明书及其摘要和权利要求书等文件。申请外观设计专利应提交请求书、该外观设计的图片或照片及对其简要说明等文件。专利申请优先权最早由《保护工业产权巴黎公约》提出,优先权分为外国优先权和本国优先权:外国优先权指申请人自发明或实用新型在外国第一次提出专利申请之日起12个月内,或者自外观设计在外国第一次提出专利申请之日起6个月内,又在中国就相同主题提出专利申请的,依照该外国同中国签订的协议或共同参加的国际条约,或者依照相互承认优先权的原则,可以享有优先权;本国优先权指申请人自发明或实用新型在中国第一次提出专利申请之日起12个月内,又向国务院专利行政部门就相同主题提出专利申请的,可以享有优先权,但外观设计不具有本国优先权。

第二,由专利行政部门对专利申请进行审查:对专利申请的初步审查,即国务院专利行政部门对专利申请是否符合专利法规定的形式条件进行的审查,又曰形式审查或格式审查;对专利申请的实质审查,即国务院专利行政部门对专利申请的发明是否具有新颖性、创造性、实用性等实质性要件进行的审查;对专利申请的复审,即由专利复审委员会对申请人因不服专利申请被驳回而提出的复审请求进行的再次审查,它是专利审批程序的一个环节,本质属于专利申请的救济程序。

第三,对专利申请的批准:发明专利申请经实质审查没有发现驳回理由,符合授予条件的,由国务院专利行政部门授予发明专利权,发给发明专利证书,并予以登记和公告;实用新型和外观设计专利申请经初步审查没有发现驳回理由,符合授予条件的,由国务院专利行政部门授予实用新型或外观设计专利权,发给相应专利证书,并予以登记和公告。

第四,发明专利申请经申请人陈述意见或进行修改后,国务院专利行政部门仍认为有以下情形之一,不符合专利法规定的,予以驳回:申请属《专利法》第 5 条、第 25 条规定的情形,或依第 9 条规定不能取得专利权的;申请不符合《专利法》第 2 条第 2 款、第 20 条第 1 款、第 22 条、第 26 条第 3 款至第 5 款、第 31 条第 1 款或《专利法实施细则》

---

① 动物和植物品种的生产方法则可以依法授予专利权。其所谓生产方法是指非生物学的生产方法,不包括生产动物和植物主要是生物学的方法;一种方法是否属于"主要是生物学的方法"取决于在该方法中人的技术介入程度,若人的技术介入对该方法所要达到的目的或效果起了主要的控制作用或决定性作用,则不属于"主要是生物学的方法",可以授予专利权。

第20条第2款规定的;申请的修改不符合《专利法》第33条规定,或者分案的申请不符合《专利法实施细则》第43条第1款规定的。实用新型和外观设计专利申请经初步审查后,发现不符合授予实用新型专利或外观设计专利的,依法予以驳回专利申请。

第五,专利复审委员会复审后,认为不符合规定的,通知复审请求人在指定期限内陈述意见,期满未答复的,视为撤回请求;经陈述意见或进行修改后认为仍不符合规定的,作出维持原驳回决定的复审决定。复审后认为原驳回决定不符合规定或修改后的专利申请文件消除了原驳回决定指出的缺陷的,撤销原驳回决定,由原审查部门再审查。①

(三) 专利权期限、终止和无效

发明专利权期限是20年,实用新型和外观设计专利权期限是10年。专利权终止是指被授予专利权的发明、实用新型或外观设计,不再受保护。专利权终止的原因包括:专利权期限届满,专利权自动终止;专利权人未按规定交纳年费,专利权即使在期限届满前也被终止;专利权人以书面声明放弃专利权的,专利权终止。专利权被宣告无效的,视为自始即不存在,不受保护。专利权被授予之日起,任何主体认为该专利权的授予不符合法律规定的,均有权请求专利复审委员会宣告其无效;专利复审委员会经复审,认为其符合法律规定的,作出维持专利权的决定,否则,作出宣告其无效的决定,并予以登记和公告。

(四) 专利实施的强制许可

为既保护专利权,又不因专利权而影响技术发展给社会带来进步,即在授予专利权同时,为防止专利权人滥用专利垄断权,保护社会公共利益,法律规定专利实施强制许可。为规范实施发明专利或实用新型专利强制许可的给予、费用裁决和终止程序,专利法专章及专利实施强制许可办法,规范了专利实施强制许可制度。在中国知识产权立法及知识产权国际条约订立中,建立专利实施强制许可制度的初衷,恐怕是从医药专利实施的强制许可开始的。在WTO的TRIPs中过度保护专利权人的利益,致使WTO成员将向来受争议的药品纳入专利保护范围,而忽略了社会公共利益,尤其忽略了社会大众生命健康的需要。这样就自然引起国际社会对TRIPs第31条立法的关注,从而出现2001年WTO成员部长会议通过的《多哈宣言》、2003年WTO总理会议通过的《实施多哈TRIPs与公共健康宣言的决议》、2005年WTO部长会议通过的修改TRIPs第31条 (f) 项的《香港宣言》,强调专利实施强制许可制度,特别是放宽了以公共健康需要为由使用专利强制许可的限制情形,尽管这些宣言或决议对完全实施专利强制许可仍有不足,但那确实为这方面规范开了先河并打下基础。中国法律体系的专利实施强制许可是指国务院专利行政部门依法不需经过专利权人同意,可直接允许其他单位或个人实施其发明创造或实用新型的一种许可制度。专利实施强制许可的本质,属于一种非自愿许可,即并非出自专利权人的自愿而允许他人实施其发明创造或实用新型的一种许可方式。专利实施强制许可制度涵盖以下内容:给予专利实施强制许可的主体是国务院专利行政部门;可以实施专利强制许可的专利,是发明专利和实用新型专利;专利实施强制许可的请求范围,包括请求给予专利实施强制许

---

① 专利复审委员会对复审申请进行复审后,即便认为申请符合要求,亦不可直接授予其专利权,而仅可以撤销原驳回决定,由原审查部门继续审查。

可、请求裁决专利实施强制许可使用费、请求终止专利实施强制许可。

（五）专利权的保护

专利权的保护指专利权被授予后，未经专利权人同意，不得对专利进行商业性制造、使用、许诺销售、销售、进口，否则构成专利侵权行为，应负法律责任的专利权制度。专利权保护范围：发明或实用新型专利权保护范围以其权利要求的内容为准，说明书及附图可用于解释权利要求的内容；外观设计专利权保护范围以表示在图片或照片中的该产品外观设计为准，简要说明可用于解释图片或照片所表示的该产品外观设计。专利侵权纠纷的解决方式包括当事人协商、当事人请求行政解决、当事人选择行政调解、当事人提起专利侵权诉讼。专利权保护包括专利权纠纷的诉前保护，诉前保护包括诉前提出停止专利侵权行为的请求和诉前提出证据保全的请求。

四 商标权

商标权是知识产权的再一种。规范商标权的，是民法总则、民法通则、商标法、商标法实施细则及相关国际条约《保护工业产权巴黎公约》《商标国际注册马德里协定》《商标国际注册马德里协定实施细则》。根据国际现行的分类方法，知识产权包括工业产权和著作权两大类，而工业产权又包括专利权和商标权以及其他标记、名称等。中国加入WTO时的《中国加入工作组报告书》中的"五、与贸易有关的知识产权制度"中，有关的知识产权的界定，也将著作权、专利权、商标权及与商标权相关的地理标识、原产地名称等覆盖在内。纵观中国知识产权的法律结构，加入WTO之后对知识产权方面的几部法律予以修改，使其更趋完善。

（一）商标和商标权概述

1. 商标的定义、特征、分类

商标是指任何能够将一个商品或服务区别于其他商品或服务而使用的可视性标志，包括文字、字母、数字、图形要素和颜色组合的符号或符号组合。商标包含以下要素：使用商标的主体，是商品的生产者、经营者或服务的提供者；商标使用的客体是商品或服务；使用商标是为了标明商品或服务的特点、来源，并用以区别于别的商品或服务；商标的构成包括符号或符号组合，即文字、字母、数字、图形要素和颜色组合等符号及其组合。

商标具有以下几个特征：独占性的特征，这是商标的专用性，即商标所标识的商品或服务是唯一的，区别于其他同类型的商品或服务，并因此而受到保护；显著性的特征，这是商标的识别性，即商标所标识的商品或服务具有明显不同于其他商品或服务的特征，有显著的识别功能，以便于消费者的识别和选用；价值性的特征，这是商标的可转让性，即作为一种无形资产的商标代表着商标所有人的生产、经营或服务的信誉、形象，故商标可以有偿转让；竞争性的特征，这是商标的市场性，即商标是商品信息或服务信息的载体，因而商标的知名度越高，其标识的商品或服务的竞争力就越大，就越受消费者欢迎；可视性的特征，这是商标的宣传性，即商标通过一系列的符号及其组合，在客观上起着一种宣传效果的作用，以吸引消费者的眼球，从而达到商标存在的终极目标。

商标有以下不同的分类：商品商标和服务商标，前者指任何能够将一个商品区别于其他商品而使用的可视性标志，包括一系列文字、字母、数字、图形要素和颜色组合的符号及这些符号组合，后者指任何能够将一个服务区别于其他服务而使用的可视性标志，包括一系列文字、字母、数字、图形要素和颜色组合的符号及这些符号组合；集体商标和证明商标，前者又称团体商标，指以团体、协会或其他组织名义注册，供该组织成员在商事活动中使用，以表明使用者在该组织中的成员资格的标志，后者又称保证商标，指由对某种商品或服务具有监督能力的组织所控制，而由该组织以外的单位或个人使用于其商品或服务，用以证明该商品或服务的原产地、原料、制造方法、质量或其他特定品质的标志；注册商标和未注册商标，前者指由商标持有人申请，经过政府商标注册主管部门核准注册，成为商标注册人，并享有商标专用权，受法律保护的商标，后者指商标使用者未向国家商标注册主管部门提出注册申请，自行在其商品或者服务上使用的商标；普通商标和驰名商标，前者指通常所使用的并未受到特别法律保护的绝大多数的商标，后者指相关公众对该商标的知晓程度较高、该商标的使用持续时间较长、在市场上享有较高声誉的商标；文字商标、记号商标、图形商标和组合商标，前者指仅使用汉字、汉语拼音、少数民族文字、外国文字、外国文字字母等文字、数字而构成的商标，二者指仅由某些抽象记号或符号构成的商标，三者是指使用几何图形或其他事物图案构成的商标，包括几何图形商标、自然图形商标、记号商标，后者指用文字、图形、字母、数字、三维标志以及颜色组合等 6 种要素中的任何两种或两种以上的要素组合而成的商标；平面商标、立体商标、声音商标、气味商标、动态商标，前者指仅由二维要素构成的视觉商标，二者是指以产品的外形，即产品的长、宽、高三维标志构成的商标，三者是一种非传统商标，即以特定声音将某种商品或服务区别于其他商品或服务的一种不可视的商标，四者也是一种非传统商标，即以某种特殊气味将某种商品或服务区别于其他商品或服务的一种不可视的商标，五者也是一种非传统的新发展的商标形式，即将视频文件展现的一系列特定动作或运动状态作为区别商品或服务的一种商标，包括手势商标、活动影像商标和产品运动商标。

2. 商标权的定义、特征、权利范围

商标权又称为商标专用权，即商标批准注册后商标注册人依法取得商标专用的权利。商标注册人对其注册商标依法享有排他的使用权、收益权、处分权、续展权。商标权的特征：专有性，即经注册的商标仅为注册人享有其权利，其他任何主体未经其许可，不得使用；时间性，即商标注册人享有的商标权有时间限制，只能在法定时间内享有权利，受法律保护，超出该法定时间，不再受保护，除非在商标权期限届满前依法续展；地域性，即商标注册人享有的商标权有地域限制，只能在法定地域内享有权利；产权性，即商标权属于一种产权，产权具有的性质，商标权亦具有。商标权的权利范围：专有使用权，即商标权人可在核定商品、服务上独占地、排他地使用该注册商标，并通过使用该注册商标获得附带的合法权益；转让权，即商标权人可依法转让其注册商标给他人，商标权人的转让权受法律保护；许可权，即商标权人可依法许可他人有偿地使用其注册商标，他人不得干涉其许可权的行使；追偿权，即商标权人因拥有对商标权的专有权、转让权、许可权，故当他人未经许可使用其注册商标，侵犯其权利时，有权依法维护自己的商标权不受侵犯。

(二) 商标注册的程序

1. 申请商标注册

商标注册申请的类别：普通申请，即按规定的商品分类表填报使用商标的商品类别、名称，不同类别商品注册同一商标的，按商品分类表提出注册申请；共同申请，即两个以上申请人共同申请注册同一商标的，在申请书中指定一个代表人，否则以申请书排列的第一人为代表人；另行申请，即注册商标需要在同一类的其他商品上使用的，另行提出注册申请；重新申请，即注册商标要改变其标志的，重新提出注册申请；变更申请，即注册商标需变更注册人的名义、地址或其他注册事项的，提出变更申请。以下商标注册申请不得注册：含有规定不得作为商标使用的涉及国家、政治、民族等标志的；含有规定不得作为商标使用的涉及通用名称、仅仅直接表示商品质量等的标志的；以三维标志申请的，仅由商品自身的性质产生的形状、为获得技术效果而需有的商品形状或使商品具有实质性价值的形状；就相同或类似商品申请注册的商标是复制、摹仿或翻译他人未在中国注册的驰名商标，容易导致混淆的，就不相同或不相类似商品申请注册的商标是复制、摹仿或翻译他人已在中国注册的驰名商标，误导公众，致使该驰名商标注册人的利益可能受到损害的。

申请商标注册有两个特别规定：一个是优先权，在外国先注册的优先权，即《商标法》第24条第1款所规定的；在展览会展出的优先权，即《商标法》第25条第1款所规定的。另一个是申请日，手续齐备或申请符合规定，但需要补正的，申请人在规定期限内补正的，保留申请日期；两个或两个以上申请人在同一天申请注册的，各申请人应在规定期限内提交其申请注册前在先使用该商标的证据，同日使用或均未使用的，各申请人可以自行协商，否则以抽签方式确定一个申请人。

2. 对商标注册申请的审查和核准

对商标注册申请经初步审定后的处理：初步审定通过的，予以公告，否则不予公告；多个申请人在同一种商品或类似商品上以相同或近似商标申请注册的，初步审定并公告申请在先的商标，同一天申请的，初步审定并公告使用在先的商标，同时驳回其他申请。对初步审定、公告期满的商标，作出相应处理：公告期满无异议的，予以核准注册，发给商标注册证，并予公告；公告期满有异议的，听取异议人和被异议人各自陈述事实和理由，经调查核实后，作出裁定，异议不能成立的，予以核准注册，发给商标注册证，并予以公告，异议成立的，不予以核准注册；对驳回申请、不予公告的商标，申请人不服的，或者对商标局就初步审定、予以公告商标的异议作出的裁定，当事人不服的，可以在法定期限内申请复审，由商标评审委员会作出决定，并通知申请人或通知异议人和被异议人。

(三) 注册商标的续展、转让、使用许可和变更

注册商标的有效期和续展规定：注册商标有效期为10年；注册商标有效期满，商标注册人视需要而确定是否续展，不续展的，该注册商标有效期届满之日即自动失效；续展的，按规定申请续展注册，每次续展注册的有效期为10年，法律未限制续展次数。注册商标的转让规则：转让注册商标核准后予以公告，受让人自公告之日起享有商标权，转让人丧失商标权；转让时，对其同一种或类似商品上注册的相同或近似商标一并转让。注册商标的许可使用规则：未经许可不得使用他人注册商标，否则构成商标侵权行为；商标注

册人可以通过签订商标使用许可合同,许可他人使用其注册商标,获取许可收益。注册商标的变更规定:变更商标注册人的名义、地址或其他注册事项的,依法进行申请;商标局对申请予以核准的,发给相应证明,并予以公告;不予核准的,书面通知申请人。

(四) 商标争议的裁定

注册商标争议指对商标注册有利害关系的当事人认为商标注册违反规定,请求予以纠正,撤销不当注册的有关商标注册的纠纷,包括:注册商标违反《商标法》第10条至第12条规定,使用了禁止使用标志或使用了禁止注册标志,他人请求撤销该注册商标;注册商标属于《商标法》第13条规定的在同一种或类似商品上使用相同或近似的商标,在先注册的商标所有人请求撤销在后注册的商标,即注册商标与在先权冲突,在先权利人或利害关系人请求撤销该注册商标;违反《商标法》第15条规定,未经授权的不当代理引起的争议,即代理人或代表人未经授权擅自以自己的名义将被代理人或被代表人的商标进行注册,被代理人或被代表人提出异议的商标注册;注册商标违反《商标法》第31条和第41条规定,以欺骗的或不正当竞争的手段取得注册,他人请求撤销该注册商标。商标评审委员会对注册商标争议裁定程序:当事人提出注册商标争议裁定申请;商标评审委员会受理裁定申请;商标评审委员会对争议裁定,认为异议不成立的,作出维持注册商标的裁定,书面通知当事人,认为异议成立的,作出撤销注册商标的裁定,书面通知当事人。

(五) 商标权的保护

保护商标权,得先明确以下行为属于侵犯商标权:未经许可,在同一种或类似商品上使用与其注册商标相同或近似商标的;销售侵犯注册商标权的商品的;伪造、擅自制造他人注册商标标识或销售伪造、擅自制造的注册商标标识的;未经同意,更换注册商标并将该更换商标的商品又投入市场的;给他人的注册商标权造成其他损害的,包括在同一种或类似商品上,将与他人注册商标相同或近似的标志作为商品名称或商品装潢使用,误导公众的,以及故意为侵犯他人注册商标权行为提供仓储、运输、邮寄、隐匿等便利条件的。

对商标权保护的措施主要包括:对侵犯商标权引起的纠纷,采取有关方式予以解决;侵犯商标权应当负民事赔偿责任,构成犯罪的,还必须承担刑事责任;从事商标注册、管理、复审工作的国家工作人员玩忽职守、滥用职权、徇私舞弊,违法办理商标注册、管理和复审事项,收受当事人财物,牟取不正当利益的,给予行政处分,构成犯罪的,追究刑事责任;有关当事人有权向法院申请采取责令停止有关侵权行为和财产保全的措施;有关当事人在证据可能灭失或以后难以取得时,在起诉前有权向法院申请保全证据。

第六节　继承权：民事权利（五）

继承权是讲如何获得遗产的权利，是民事权利的一种，规范继承权的是《继承法》。

一　继承权概述

（一）与继承权有关的术语

与继承权相关的术语主要有以下这些：遗产，指自然人死亡时遗留的个人合法财产，包括合法收入、房屋、储蓄和生活用品，林木、牲畜和家禽，文物、图书资料，法律允许自然人所有的生产资料，著作权、专利权中的财产权利，其他诸如有价证券、履行标的为财物的债权等的合法财产；继承权，指继承人依法取得被继承人遗产的一种民事权利，既是一种权利能力，也是一种财产权利；继承，指依法律规定或遗嘱指定将死者生前所有、死亡时遗留的财产按法定程序转移给继承人所有的一种法律制度，包括继承关系的主体，即继承关系的当事人，含被继承人和继承人，以及继承关系的客体，即被继承的对象，含财产及与财产相关的权利；继承人，指依法律规定或遗嘱指定有权继承被继承人遗产的亲属，包括法定继承人，即依照法律规定有权继承被继承人遗产的亲属，含配偶、子女、父母、兄弟姐妹、祖父母、外祖父母，以及遗嘱继承人，即依遗嘱指定有权继承被继承人遗产的法定继承人；被继承人，指因死亡而其财产将被他人依法或依遗嘱继承的人。

（二）继承的特征

由于继承分为法定继承和遗嘱继承这两种，因而它们具有各自不同的特征。法定继承具有的特征：它必定是以一定的人身关系为前提，即根据继承人与被继承人之间的血缘关系、婚姻关系、收养关系来确定法定继承人范围、继承顺序、继承份额；在没有遗嘱继承时是铁定的，即法定继承中的法定继承人范围、继承顺序、继承份额均是法律强制规定的，不得违反或改变；法定继承是遗嘱继承的补充，继承开始后优先适用遗嘱继承，没有遗嘱继承时才适用法定继承；法定继承是对遗嘱继承在法定条件下予以限制的体现，而遗嘱继承虽优先于法定继承，但优先是有条件的，即不得违反《继承法》第19条关于"遗嘱应当对缺乏劳动能力又没有生活来源的继承人保留必要的遗产份额"的强制性条款。

遗嘱继承具有的特征：遗嘱继承是遗嘱人以意思自治为原则确立的继承关系，即按被继承人意愿决定继承权归属；遗嘱继承的效力优先于法定继承，原则上依遗嘱继承处分遗产，即有遗嘱的，按遗嘱处分遗产，没有遗嘱的，按法定继承处分遗产；遗嘱继承是一种单方法律行为,即遗嘱人立遗嘱、变更遗嘱、撤销遗嘱均不必征得他人意见,只要本人以合法形式作出真实意思表示,便具法律效力;遗嘱继承是完全行为能力人立遗嘱而发生的继承,无行为能力人、限制行为能力人,所立遗嘱不具法律效力;遗嘱继承是遗嘱人死亡后才生效的法律行为,其死亡前,遗嘱继承人只单纯具有一种继承资格,继承尚未成为法律行为;遗嘱继承的成立要件是被继承人生前立有合法有效的遗嘱,且立遗嘱人死亡。

(三)中国继承制度的基本原则

继承制度基本原则1　保护公民私有财产继承权原则

保护公民私有财产继承权是中国宪法和法律公开宣示的继承制度首要原则,亦是继承制度立法的宗旨和出发点。保护公民私有财产继承权原则是指公民私有财产继承权受国家法律保护,不受非法侵害,任何人的合法继承权受到侵害时,国家法律予以保护和救济。

继承制度基本原则2　继承权平等原则

继承权平等原则是指只要是依法律规定或依遗嘱指定的合法继承人,享有平等的继承权;继承权男女平等,即合法继承人享有继承权不分性别、同一继承顺序中和代位继承中的继承人无论男女均享有同等继承权、夫妻共同享有家庭财产及有相互继承遗产的权利;婚生子女、非婚生子女、养子女、有扶养关系的继子女之间享有平等的继承权;儿媳与女婿的继承权平等,即丧偶儿媳对公、婆,丧偶女婿对岳父、岳母,尽了主要赡养义务的,作为第一顺序继承人,与其他第一顺序继承人一道享有平等的继承权。

继承制度基本原则3　继承人之间互谅互让原则

继承人所获继承份额虽有法律规定或遗嘱指定,但仍需互谅互让,妥善处分遗产,对生活有困难又缺乏劳动能力的继承人,对尽了主要扶养义务的继承人,分割遗产时可考虑多分些,对继承人以外的依靠被继承人扶养的又缺乏劳动能力的人,可适当分得遗产。

继承制度基本原则4　继承的权利和义务一致原则

继承的权利和义务一致原则指继承人在继承遗产时,既享有继承遗产的权利,又负有相应的义务。例如,丧偶儿媳对公婆,丧偶女婿对岳父母,尽了主要赡养义务的,作为第一顺序继承人;对被继承人尽了主要扶养义务或与被继承人共同生活的继承人,分配遗产时可多分,有扶养能力和扶养条件的继承人不尽扶养义务的,分配遗产时不分或少分。

继承制度基本原则5　养老育幼和照顾无劳动能力又无生活来源的继承原则

继承应贯彻养老育幼、照顾无劳动能力又无生活来源的原则,这是继承制度公正性要求。例如,对生活有困难又缺乏劳动能力的继承人应予照顾,对继承人以外的靠被继承人扶养的缺乏劳动能力又没有生活来源的人可分给适当遗产,应当保留胎儿的继承份额。

二　法定继承

(一)法定继承的发生

并非任何继承都一定发生法定继承,因为除法定继承外,还有遗嘱继承。出现以下情形之一的,发生法定继承:被继承人生前未订立任何遗嘱或遗赠扶养协议;遗嘱继承人放弃继承或受遗赠人放弃受遗赠;遗嘱为无效遗嘱或遗赠扶养协议为无效协议;无行为能力人或限制行为能力人所立的遗嘱或协议，受胁迫、欺骗所立的遗嘱或协议，伪造的遗嘱或协议，被篡改内容的遗嘱或协议；遗嘱继承人丧失继承权：故意杀害被继承人的，为争夺遗产而杀害其他继承人的，遗弃被继承人或虐待被继承人情节严重的，伪造、篡改或销毁遗嘱且情节严重的；遗嘱继承人、受遗赠人先于遗嘱人死亡，除非遗嘱人重新订立遗嘱，确定新的遗嘱继承人或新的受遗赠人；遗嘱或遗赠扶养协议未处分的遗产。

（二）法定继承的顺序

法定继承顺序指根据继承人和被继承人之间血缘关系的远近及相互依赖程度，确定各继承人在继承遗产时的优先次序。法定继承顺序有两个，遗产继承将按这两个顺序处理：

第一顺序：配偶、子女、父母。这是法定继承最优先的继承顺序，即继承开始后，处于该顺序的继承人继承，第二顺序的不继承。配偶是合法婚姻确立的夫妻之间身份关系，该关系不存续时，无所谓配偶，更谈不上继承。子女包括婚生子女、非婚生子女、养子女和有扶养关系的继子女；丧偶儿媳对公、婆，丧偶女婿对岳父、岳母，尽了主要赡养义务的，视为子女作为第一顺序继承人。父母包括生父母、养父母和有扶养关系的继父母。

第二顺序：兄弟姐妹、祖父母、外祖父母。这是法定继承的次继承顺序，即继承开始后，没有第一顺序继承人，才由第二顺序继承人继承；第二顺序继承是候补的继承。兄弟姐妹是被继承人最近的旁系亲属，包括同父母的、同父异母或同母异父的兄弟姐妹、养兄弟姐妹、有扶养关系的继兄弟姐妹。祖父母、外祖父母是仅次于父母的最近直系亲属。

在法定继承的第一顺序继承中，有一种情形常常困扰着许多人，那就是，由于第一顺序继承人包括配偶、子女、父母，而同一顺序继承人继承遗产的份额一般是均等的，因而当被继承人先于自己的父母而亡，且其又有众多兄弟姐妹时，那就意味着被继承人的遗产，不但其配偶、子女可以继承，其未亡的父母也有资格继承，而当被继承人的父母一旦继承遗产之后，就同时意味着被继承人的兄弟姐妹以后也有资格占有该遗产的一份额，即当其父母亡后，其兄弟姐妹就成为其父母的继承人。对于这种法定继承中出现的尴尬，被继承人生前通过立遗嘱，以遗嘱继承的方式，便可避免。不过，当被继承人是独生子女时，即使没有遗嘱继承的方式，也不会出现前述之情形。

（三）法定继承的代位继承

代位继承是法定继承的特殊情形，是子女因父母先于祖父母或外祖父母死亡而取代其继承地位继承祖父母或外祖父母遗产，即孙辈代父辈继承祖父辈遗产的一种法定继承，或者说，是被继承人的子女先于被继承人死亡，由被继承人的子女的晚辈直系血亲继承其父母应继承的那份遗产份额的一种法定继承，其成立依赖以下条件：被代位继承人须是被继承人的子女，否则不属代位继承范畴；被代位继承人须先于被继承人死亡，否则不发生代位继承；代位继承人须是被代位继承人的晚辈直系血亲，其他的旁系血亲或长辈直系血亲无代位继承权；代位继承仅适用于法定继承，是法定继承的必要补充，而不适用于遗嘱继承。

代位继承除继承法外还应遵循以下规则：被继承人的孙子女、外孙子年、曾孙子女、外曾孙子女均可代位继承，代位继承人不受辈数限制；被继承人的养子女、已形成扶养关系的继子女的生子女可代位继承，被继承人亲生子女的养子女可代位继承，被继承人养子女的养子女可代位继承,与被继承人已形成扶养关系的继子女的养子女可代位继承;代位继承人缺乏劳动能力又没有生活来源,或者对被继承人尽过主要赡养义务的,可多分遗产;继承人丧失继承权,其晚辈直系血亲不得代位继承,但该代位继承人缺乏劳动能力又没有生活来源或对被继承人尽赡养义务较多的,可适当分给遗产;丧偶儿媳对公婆,丧偶女婿对岳父母,无论是否再婚,依法作为第一顺序继承人的,不影响其子女代位继承。

代位继承不同于转继承。转继承是指在被继承人死亡后,即继承开始后,继承人没有表示放弃继承,并于遗产分割前死亡,其继承遗产的权利转移给其合法继承人的一种继承方式。转继承的性质是继承遗产权利的转移,即继承权的转移。代位继承与转继承的不同在于:二者的继承发生时间点不同,代位继承发生于继承人先于被继承人死亡的时间点,而转继承发生于继承人后于被继承人死亡的时间点;二者的继承人不同,代为继承的代位继承人只能是被代位继承人的晚辈直系血亲,而转继承的转继承人可以是被继承人的晚辈直系血亲,也可以是被继承人的其他法定继承人;二者的适用范围不同,代位继承只能适用于法定继承,而转继承则不仅可以适用于法定继承,而且也可以适用于遗嘱继承。

三 遗嘱继承

(一) 遗嘱的定义、性质、特征和形式

遗嘱是遗嘱人生前在法律允许的范围内,按法律规定的方式处分其个人财产或处理其他事务,并在其死亡时发生法律效力的单方法律行为。遗嘱有以下性质和特征:遗嘱是遗嘱人生前的一种行为,因此遗嘱日期必定先于死亡日期;遗嘱人立遗嘱处分财产或处理其他事务,不必经过其他人的同意或参与;遗嘱生效日期与遗嘱人死亡日期同时,只有遗嘱人死亡时,遗嘱才发生法律效力;遗嘱人指定遗嘱继承人时,只能在法定继承人范围内指定,处分遗产时,有缺乏劳动能力又没有生活来源的法定继承人的,应依法为其保留必要的遗产份额,有作为法定继承人的尚未出生的胎儿的,应依法为其保留继承份额,有夫妻在婚姻关系存续期间所得的共同所有的财产的,应在属于自己所有的份额内处分遗产。

遗嘱主要包括以下5种形式:公证遗嘱,指由遗嘱人经公证机构办理的遗嘱;自书遗嘱,指遗嘱人亲笔制作的书面遗嘱;代书遗嘱,指由代书人根据遗嘱人的真实意思并有见证人在场见证而代为书写的遗嘱;录音遗嘱,指遗嘱人通过录音或录像形式订立的遗嘱;口头遗嘱,指遗嘱人在危急情况下通过口头表达所立的遗嘱。各种遗嘱的证明力由强至弱分别是公证遗嘱、自书遗嘱、代书遗嘱、录音遗嘱、口头遗嘱;以不同形式立有数份内容相抵触的遗嘱,有公证遗嘱的,以最后所立公证遗嘱为准,没有公证遗嘱的,以最后所立遗嘱为准;自书遗嘱、代书遗嘱、录音遗嘱、口头遗嘱,不得撤销、变更公证遗嘱;代书遗嘱、录音遗嘱、口头遗嘱均需要两个以上见证人在场见证,而且无行为能力人、限制行为能力人、继承人、受遗赠人、与继承人或受遗赠人有利害关系的人,不能作为遗嘱见证人。

(二) 遗嘱继承的成立要件

第一,被继承人生前立有合法有效的遗嘱。合法有效遗嘱的条件:所立遗嘱的主体合法，主体须具完全行为能力，是自己真实意思表示；所立遗嘱的客体合法，遗嘱处分的财产须是立遗嘱人所有的合法财产；所立遗嘱的内容合法，遗嘱继承人只能在法定继承人范围内指定、遗嘱不能取消缺乏劳动能力又没有生活来源的继承人的继承权、遗嘱内容不能被篡改、遗嘱应保留胎儿的继承份额；所立遗嘱的形式合法，只能限于前述那5种之一。

第二，没有遗赠扶养协议。遗嘱继承的效力虽高于法定继承，但低于遗赠扶养协议，因为遗赠扶养协议对于被继承人，除将遗产遗赠给扶养人外，还可从扶养人那里获得扶养权利，这对于遗产所有人而言，不是单一给予，而是在给予同时自己又有获得。遗赠扶养协议比遗嘱继承更能维护遗赠人的利益，故遗赠扶养协议的效力高于遗嘱继承的效力。

第三，遗嘱继承人没有丧失或放弃继承权，也没有先于遗嘱人死亡。继承人丧失继承权，遗嘱继承就不成立；继承人放弃继承权，遗嘱继承也不成立；继承人先于遗嘱人即被继承人死亡，遗嘱继承不成立，也不适用代位继承，遇此情形，只能适用转继承的方式。

（三）遗嘱继承的撤销、变更、执行

遗嘱继承的撤销、变更或执行，是对遗嘱的撤销、变更或执行。遗嘱的撤销指遗嘱人依法取消原先所立遗嘱的全部内容。撤销遗嘱，可采取重立新遗嘱的方式来撤销原先所立的遗嘱，还可采取声明的方式宣告原先遗嘱无效。遗嘱人生前行为与遗嘱意思表示相反，而使遗嘱处分的财产在继承开始前灭失、部分灭失或所有权转移、部分转移的，遗嘱视为被撤销或部分被撤销。撤销公证遗嘱只能通过用立新公证遗嘱的方式。遗嘱的变更指遗嘱人依法改变原先遗嘱的部分内容，其方式有：重立新遗嘱，以改变原先遗嘱的内容；发布声明，宣告变更原先遗嘱的部分内容。自书遗嘱、代书遗嘱、录音遗嘱、口头遗嘱不得变更公证遗嘱，要变更公证遗嘱只能通过公证程序另立新公证遗嘱。遗嘱可由遗嘱继承人执行，也可指定遗嘱执行人。遗嘱人生前未指定遗嘱执行人，遗嘱执行人拒绝履行职责，或遗嘱执行人不称职，可由全体遗嘱继承人共同执行，也可由遗嘱人生前所在单位或继承开始地点的居委会、村委会执行，还可经利害关系人申请，由法院指定遗嘱执行人。

四　遗赠和遗赠扶养协议

（一）遗赠

遗赠是遗赠人立遗嘱将其个人财产赠给受遗赠人的一种处分遗产的法律制度。在遗赠法律关系中，立遗嘱设定遗赠的称为遗赠人，接受遗赠的称为受遗赠人，遗赠的财物称为遗赠财产或遗赠物。显然，遗嘱人通过立遗嘱处分遗产有两种方式：遗嘱继承，遗赠。遗嘱继承与遗赠都是通过立遗嘱完成遗产处分的程序，但是，二者不同：一是承受遗产的主体不同：遗嘱继承是遗嘱人通过立遗嘱在法定继承人中指定遗嘱继承人，其本质属继承关系，所以称为继承，与法定继承相对应；遗赠是遗嘱人以遗嘱的方式将其个人财产赠给国家、集体或法定继承人外的人的一种处分遗产的法律制度，其本质不属继承关系，而带有赠的性质。二是遗产的客体不同：遗嘱继承的客体既包括遗产中的财产权利又包括遗产中的财产义务；遗赠的客体只是遗产中的财产权利，不含遗产中的财产义务。三是受遗赠权和遗嘱继承权的行使方式不同：对于遗嘱继承，放弃的要表示，接受的可不表示；对于遗

赠，接受的要表示，放弃的可不表示。顺及，遗赠也不同于赠予：二者的参与人不同，遗赠是遗赠人生前为处理遗产而作出的单方法律行为，赠予则是赠予人与受赠人双方共同的民事法律行为；二者的生效期间不同，遗赠是遗赠人死亡后才发生法律效力的民事法律行为，赠予则是赠予人与受赠人约定在生前的某个时期内发生法律效力的民事法律行为；二者完成行为的方式不同，遗赠通过遗赠人单方立遗嘱的方式完成遗赠行为，赠予则通过双方订立赠予合同的方式完成赠予行为；二者分属不同的民事法律行为，遗赠属于继承制度的民事法律行为，赠予属于合同制度的民事法律行为；二者适用法律不同，遗赠适用继承法；赠予适用合同法。

遗赠有以下特征：遗赠是遗嘱人处分遗产的单方法律行为，不需经过受遗赠人同意，当然受遗赠人可接受遗赠，亦可不接受遗赠；遗赠人行使遗赠权应遵循法律规定，不得以遗赠方式逃避该履行诸如缴纳赋税、清偿债务等法律义务，也不得以遗赠方式剥夺缺乏劳动能力又没有生活来源的法定继承人应得的继承份额或胎儿的继承份额；遗赠的通常是财产权利，而不是财产义务，除非遗嘱人遗赠附义务，即那种附义务遗赠；受遗赠人不可替代，即当受遗赠人先于遗赠人死亡时，该遗赠无效，不可将该权利转移他人；遗赠是遗赠人死亡后才发生法律效力的行为，即当遗赠人未死亡时，遗赠不发生法律效力。遗赠方式包括：概括遗赠，遗赠人将全部财产权利遗赠给受遗赠人；特定遗赠，遗赠人将特定财产权利遗赠给受遗赠人；附义务遗赠，受遗赠人履行了所附义务才能获得遗赠物。

（二）遗赠扶养协议

遗产处理方式有法定继承、遗嘱继承、遗赠、遗赠扶养协议这4种，它们的性质及相互关系为：法定继承和遗嘱继承均属继承方式，遗产由法定继承人继承，其区别仅在于是法律规定还是遗嘱指定；遗嘱继承和遗赠均属以单方立遗嘱的方式处分遗产，其区别仅在于是在法定继承人范围内还是在法定继承人范围外指定获得遗产的主体；遗赠和遗赠扶养协议不是继承方式，而是具有赠的性质的方式，即遗赠人将遗产赠予他人，其区别仅在于是单方立遗嘱指定受遗赠人还是双方订立合同约定之间权利义务而将遗产赠予他人。

遗赠扶养协议是遗赠人与扶养人签订的由扶养人承担遗赠人生养死葬义务，遗赠人将个人财产的全部或部分于其死后赠予扶养人的协议。在遗赠扶养协议中，按协议享有生养死葬权利，承担将其遗产于死后赠予扶养人的义务的，称为遗赠人；按协议承担遗赠人生养死葬义务，享有从遗赠人那里获得遗赠物的权利的，称为扶养人；遗赠的财产称为遗赠物。遗赠扶养协议规范的权利义务与其他民事法律制度规范的权利义务不同：其他民事法律制度规范的权利义务是并列的、同时的，即在享有权利的同时，承担义务，或者在承担义务的同时，享有权利，如婚姻家庭的权利义务；遗赠扶养协议规范的权利义务是享有了权利后，承担义务，或者承担了义务后，享有权利，权利义务有个先后次序，即对于遗赠人，是先享有获得扶养人生养死葬权利，然后承担将遗产赠予扶养人的义务，而对于扶养人，是先承担对遗赠人生养死葬的义务，然后才有权享有从遗赠人处接受遗赠物的权利。

遗赠扶养协议与遗赠不同：二者的性质不同，遗赠是遗赠人立遗嘱处分遗产的单方法律行为，而遗赠扶养协议是遗赠人与扶养人订立合同处分遗产的双方法律行为；二者的效力时间不同，遗赠是遗赠人死后才发生法律效力的行为，而遗赠扶养协议是遗赠人死后遗赠生效与遗赠人生前扶养生效相结合的行为；二者的受遗赠客体不同，遗赠的受遗赠人可以是任何自然人，也可以是法人、非法人组织，而遗赠扶养协议的扶养人只能是成年人或单位；二者的代价不同，遗赠的受遗赠人取得遗赠物是无偿的，而遗赠扶养协议的受遗赠人取得遗赠物是有偿的，先要扶养遗赠人，方可取得遗赠物；二者的效力不同，遗赠扶养协议优先于遗赠，一个继承案件同时存在遗赠和遗赠扶养协议的，按遗赠扶养协议办理。

遗赠扶养协议有以下特征：遗赠扶养协议是遗赠人与法定继承人以外的人或组织签订的双务合同，双方的权利义务对等，即遗赠人的权利是享受扶养人扶养，义务是死后将遗产赠予扶养人，不得毁损遗赠物，不能处分遗赠物，而扶养人的权利是享有遗赠人死后的遗赠物，义务是扶养遗赠人，对其承担生养死葬的责任；遗赠扶养协议是遗赠人与扶养人之间双方法律行为，具有合同性质，故协议应是双方真实意思表示一致基础上签订的，任何一方都不得用胁迫或欺骗手段去达成协议，否则协议无效；遗赠扶养协议的法律效力均高于法定继承、遗嘱继承、遗赠，即在继承开始后相对于其他，遗赠扶养协议具有处分遗产的优先性；遗赠扶养协议属协议性质，双方应履行，否则应承担不履行责任，即扶养人无正当理由不履行，致协议解除的，不能享有受遗赠的权利，其支付的供养费用也不予补偿，而遗赠人无正当理由不履行，致协议解除的，应偿还扶养人已支付的供养费用。

根据扶养人的性质，遗赠扶养协议有两类：遗赠人与自然人签订的遗赠扶养协议，规定自然人承担遗赠人生养死葬义务后，享有受遗赠的权利；遗赠人与集体所有制组织签订的遗赠扶养协议，规定集体所有制组织承担遗赠人生养死葬义务后，享有受遗赠的权利。

五　遗产的处理

（一）遗产的确定

被继承人死亡后，继承开始前，首先应依法确定遗产，可以从两方面确定遗产范围：一是就遗产的种类而言，被继承人的收入、房屋、储蓄、生活用品，被继承人的林木、牲畜、家禽，被继承人的文物、图书资料，被继承人的合法生产资料，被继承人的知识产权的财产权利，其他属于被继承人所有的合法财产，均属于被继承人的遗产。二是就遗产的范围而言，除另有约定外，先将夫妻共有财产的一半分出为配偶所有，另一半才是遗产；遗产在家庭共有财产之中的，先将其他家庭成员的财产分出来，剩下的才是遗产。

（二）遗产的保管

要保管好遗产，涉及遗产保管人的规范。遗产保管人是对遗产负有保存和管理责任的人，分为两种情形：一种是《继承法》第24条把"存有遗产的人"视为遗产保管人。另一种是被继承人生前占有遗产由谁保管的情形，《继承法》对此没有规定，基于可操作性原则，可以充任遗产保管人的包括：继承人、遗嘱执行人作为遗产保管人；继承人、遗嘱执行人对遗产保管存有争议的，由法院在其中指定遗产保管人；没有继承人、遗嘱执行人的，死者生前所在单位、住所地或主要遗产所在地的居委会、村委会为遗产保管人。遗产保管人的工作是：清点遗产，制作遗产清单；通知遗产继承人及相关人等；妥善保管好遗产，以防遗产毁损及防止有人侵吞或争抢遗产；按继承程序进行遗产分配工作。

（三）对被继承人或者遗赠人生前税款和债务的处理

遗产并非全部均可被继承：被继承人依法应缴纳的税款和清偿的债务，应先在遗产中扣除；以遗产缴纳税款和清偿债务，应以遗产的实际价值为限，实际价值全部用来缴纳税款和清偿债务仍不足够的，缴纳税款和清偿债务责任到此为止，超出部分不必再偿还，但继承人对超出遗产实际价值部分自愿偿还的，不在此限，仍可偿还；继承人放弃继承的，对被继承人遗留的税款和债务可不负偿还责任，因放弃继承是权利义务的一并放弃。遗赠和遗赠扶养协议同样先在遗产中扣除应依法缴纳的税款和清偿的债务，剩下的才赠予受遗赠人；缴纳的税款和清偿的债务亦以遗产实际价值为限，超出部分也不再偿还。

（四）对无人继承又无遗赠的被继承人遗产的处理

无法定继承人，又未立遗嘱或订立遗赠扶养协议确定受遗赠人，或者全部继承人放弃继承权，全部受遗赠人放弃受遗赠权，或者全部继承人丧失继承权，全部受遗赠人丧失受遗赠权，均属无人继承又无人受遗赠的遗产，对此类遗产可参照无主财产处理，即无人继承又无人受遗赠的遗产一般收归国家所有或集体所有制组织所有。但它也不全等同于无主财产，它本来是有主的，只是遗产无人继承又无人受遗赠罢了。这样，对于继承人以外的依靠被继承人扶养的缺乏劳动能力又没有生活来源的人，或者继承人以外的对被继承人扶养较多的人，在遗产收归国家所有或集体所有制组织所有时，可适当分得遗产。

（五）遗产分割的原则和方法

遗产分割应遵循以下原则：一是遗产分割自由原则。本原则保障遗产受益人不受任何干涉，自由行使遗产分割请求权，自由处分继承权、受遗赠权，继承人有权继承，有权放弃继承，受遗赠人有权接受遗赠，有权放弃受遗赠。二是遗产分割优先原则。本原则要求遗嘱继承或遗赠优先于法定继承，遗赠扶养协议优先于遗赠和各种继承。三是保留胎儿继承份额原则。本原则要求保留胎儿继承份额，胎儿出生时即便是死体，其继承应按法定继承办理。四是照顾特殊人群原则。本原则要求分割遗产时应视实际情况对以下特殊人群予以照顾：胎儿，生活有特殊困难的缺乏劳动能力的继承人，享有继承权、受遗赠权的无行为能力人、限制行为能力人，对被继承人尽了主要扶养义务或与被继承人共同生活的继承人，继承人以外的依靠被继承人扶养的缺乏劳动能力又没有生活来源的人；继承人以外的对被继承人扶养较多的人。五是遗产分割效用原则。本原则要求分割遗产时应尽量保持遗产原有的效用价值，不要为了换取遗产分割而损害、破坏、牺牲遗产原有的效用价值。在分割房屋、生产资料和特定职业所需财产等遗产时，应有利于发挥其使用效益和继承人的实际需要，兼顾各继承人的利益；当据此原则分割遗产而引起各继承人利益差异时，可由获益一方通过折价的方式给予他方适当补偿。有一些无法分割的诸如房屋的遗产，除采用折价、适当补偿方式外，亦可采取共有方式。

分割遗产的原则，也是分割遗产的方法。纵观遗产分割的方法，不外乎是以下几种：遗产实物分割，即通常对那些可分物进行实物分割；遗产变价分割，即通常是对那些不可分割的整体物进行折价分割；遗产补偿分割，即对于那些不可分的作为整体的遗产除以变价分割方式进行分割外，还可以通过补偿方式进行分割；遗产保留共有的分割，即对于那些既不能实物分割，又不好变价分割或补偿分割的遗产，采取保留共有的分割方式进行分割。在遗产分割的实际操作中，没有哪一种方式是绝对的，究竟采取何种方式，这要视遗产的具体情形以及各个继承人或受遗赠人的态度而定。

第七节 合同法
——违反合同的民事责任：民事责任（一）

合同法是民事基本法律之一，属民事框架性法律，将构成民法典的重要内容。回顾中国合同法的制定的历史，也同样经历了一个由不成熟到成熟的不断完善的过程，1981 年的《经济合同法》、1985 年的《涉外经济合同法》和 1987 年的《技术合同法》正是 1999 年合同法的前身。合同法标志着中国正式跨入注重合同契约的市场经济时代。因合同的民事行为而形成的民事法律关系，既是一种民事责任关系，也是一种民事权利关系：就民事责任而言，合同法规定了违反合同应承担的民事责任；就民事权利而言，民法总则、民法通则和物权法规定了合同赋予当事人具有债的形式的民事权利，即因合同而形成的债权。合同法侧重于违反合同约定而承担的民事责任，而民法总则、民法通则和物权法则侧重于订立合同赋予当事人合同规范下的民事权利。为此，本书将合同法放在民事责任一类来阐述。

一 合同法总则（一）：合同的定义、适用范围、类型和基本原则

（一）合同的定义

根据《合同法》第 2 条①，合同是平等主体的自然人、法人、非法人组织之间设立、变更、终止民事权利义务关系的协议。合同有这样的特征：订立合同的主体，其法律地位平等，一方不得将自己意志强加给另一方；平等主体之间依法订立的合同是其真实意思表示，以欺诈、胁迫手段订立的合同无效，因重大误解订立的合同可变更或撤销；合同本质上具有一种契约性质，对合同当事人均具约束力，一方不履行合同义务时，享有权利的他方有权要求其履行，直至诉诸法律；合同以设立、变更、终止债权债务关系为目的。

（二）合同法及其所述合同的适用范围

《合同法》的适用范围：合同法实施后成立的合同因纠纷诉至法院的，适用合同法，

---

① 本节凡未标明所引用的法律，均引自合同法。

实施前成立的合同而实施后诉至法院的，适用当时法律，当时没有法律规定的，可以适用合同法；合同成立于合同法实施前，但合同约定的履行期限跨越合同法实施之日或履行期限在合同法实施之后，因履行合同发生的纠纷，适用合同法第4章；法院对合同效力的裁决，确认合同效力的，按从新原则，即对合同法实施前成立的合同，适用当时法律合同无效而适用合同法合同有效，则适用合同法，然而合同法实施后，法院确认合同无效，应当以法律和行政法规为依据，不得以地方性法规、行政规章为依据，法院对合同法实施前已作出终审裁决的案件进行再审，不适用合同法，而适用当时的法律。

《合同法》所述合同的适用范围：一是根据合同对不同法律部门的适用，合同可以分为民事合同、行政合同、劳动合同、国际条约。民事合同是民法意义上确定平等主体之间民事法律关系之权利义务的合同，行政合同是行政法意义上确定行政主体和行政相对人之间行政法律关系之权利义务的合同，劳动合同是社会法意义上确定劳动者和用人单位之间劳动法律关系之权利义务的合同，国际条约是国际法意义上确定国家之间国际法律关系之权利义务的合同。广义合同涵盖前述所有类型的合同，狭义合同仅指民事合同。《合同法》规范的，是狭义合同，即民事合同，与行政合同、劳动合同、国际条约无涉。二是根据民事合同对不同民事法律关系适用，民事合同又分为：财产合同，即确定平等主体之间财产关系的合同，包括债权债务合同、物权合同、用益物权合同；身份合同，即确定平等主体之间身份关系的合同，包括与婚姻、收养、监护等有关身份关系的合同。广义民事合同涵盖财产合同和身份合同，狭义民事合同仅指财产合同。《合同法》规范的民事合同，是狭义的民事合同，即仅涉及财产关系的民事合同，与涉及身份关系的民事合同无涉。

（三）合同的类型

合同有不同的类型：双务合同和单务合同，前者指缔约双方当事人既相互享有合同权利，又相互承担合同义务，其权利义务互为因果的合同，如买卖合同、租赁合同等，后者指仅由一方当事人承担义务，而他方当事人只享有权利的合同，如赠予合同、无偿保管合同等；有偿合同和无偿合同，前者指合同当事人一方因取得合同权利而需向对方当事人偿付一定金钱、物质的合同，如买卖合同、运输合同等，后者指合同当事人一方取得合同权利而不需向对方当事人偿付任何金钱或物质的合同，如赠予合同、无息借款合同等；要式合同和非要式合同，前者指凡合同成立需依赖一定形式方为有效的合同，如中外合资经营合同除当事人签字外还须政府主管部门批准方能成立，后者指只要合同当事人签字后便为有效的合同，绝大多数合同均属此类合同；诺成合同和实践合同，前者指只要合同双方当事人意思表示一致便能成立的合同，如委托合同、建设工程合同等，后者指除合同当事人意思表示一致外，还需要交付标的物方能成立的合同，如租赁合同等；主合同和从合同，前者指不需依赖他合同存在为前提而能独立成立的合同，后者指依赖他合同存在为前提才能成立的合同，借款合同是主合同，而担保该借款合同债务的保证合同是从合同，即被担保的合同为主合同，担保合同为从合同；格式合同和普通合同，前者指全部条款由格式条款构成的合同，后者指至少一部分条款是由当事人协商约定构成的合同，若普通合同中存在部分条款不是当事人约定，而是格式条款的形式，则此种情形称之为普通合同中的格式条款，即当事人为了重复使用而预先拟定，并在订立合同时未与对方协商的条款。

（四）订立合同的基本原则

订立合同应遵循以下基本原则：

基本原则1　平等原则

本原则指合同当事人的法律地位平等，一方不得将自己的意志强加给另一方。

基本原则2　自愿原则

本原则指合同当事人依法享有自愿订立合同的权利，有权约定合同的内容、形式、格式，任何主体不得非法干预。

基本原则3　公平原则

本原则指合同当事人应当公平确定合同各方的权利和义务，公平照顾各方的利益。

基本原则4　诚实信用原则

本原则指合同当事人在订立合同过程中以及行使权利、履行义务时应当做到诚实守信用，不得假借订立合同，恶意进行磋商，不得故意隐瞒与订立合同有关的重要事实或提供虚假情况。

基本原则5　公共利益原则

本原则指合同当事人订立、履行合同不得损害社会公共利益，应当尊重社会公德。

基本原则6　法律约束力原则

本原则指依法成立的合同对合同当事人均具有法律约束力，当事人应当按约定履行自己的义务，不得擅自变更或解除合同。

二　合同法总则（二）：合同的订立、履行、变更、转让和终止

（一）合同的订立

合同的订立指合同当事人通过协商建立合同的权利义务关系的行为，内容包括：

第一，合同主体、合同形式、合同内容：订立合同的主体应适格，订立合同的主体即合同当事人，可以是平等主体的自然人、组织，也可以是受当事人委托的代理人，但他们均应具相应的民事权利能力和民事行为能力；合同形式应合乎法律规范，包括书面形式、口头形式以及公证形式、鉴证形式、批准形式、登记形式等其他形式；合同内容由当事人约定，应体现当事人自愿原则，包括当事人的基本资料、合同标的、数量、质量、价款或报酬、履行期限及地点和方式、违约责任以及解决争议的方法等内容。

第二，订立合同的方式：一是要约。要成立合同，先得有两种行为：要约，即希望和他人订立合同的意思表示，其中，发出要约的人称为要约人，被发出要约的人称为受要约人；要约邀请，即希望他人向自己发出要约的意思表示，其中，发出要约邀请的人称为要约邀请人，被发出要约邀请的人称为被要约邀请人，当要约邀请被接纳时，要约邀请人便是受要约人，被要约邀请人便是要约人。要约到达受要约人时生效；但在法定条件下，要约可撤回，也可撤销：撤回要约即要约人在要约生效前向受要约人发出的使其要约不生效的通知；撤销要约即要约人在要约生效后受要约人承诺前发出的使其要约失效的通知。要约撤回和要约撤销区别在：前者发生在要约生效前，后者发生在要约生效后承诺前；前者

使一个未生效的要约不生效,后者使一个生效的要约失效;前者的通知应在要约到达受要约人之前或要约同时到达受要约人即可,后者的通知则应在受要约人发出承诺通知之前到达受要约人才有效。可见,撤销要约比撤回要约条件要严格。二是承诺。要成立合同,光有要约或要约邀请不够,还得有要约相对人的承诺,即受要约人同意要约的意思表示。承诺应采用通知方式,除非根据交易习惯或要约表明可通过行为作出承诺。承诺应遵循期限的规定:承诺应在要约确定期限内到达要约人;要约没有确定承诺期限或以对话方式作出的,应即时作出承诺,除非另有约定,而要约以非对话方式作出的,承诺应在合理期限内到达;要约以信件或电报作出的,期限自信件载明的日期或电报交发之日开始计算,未载明日期的,自信件邮戳日期开始计算,以电话、传真、电子邮件等作出的,期限自要约到达受要约人时开始计算。承诺通知到达要约人时生效;承诺不需要通知的,根据交易习惯或要约要求,作出承诺的行为时生效。承诺可撤回;撤回承诺指承诺人在承诺生效前向要约人发出的使其承诺失效的通知;该通知应当在承诺通知到达要约人之前或与承诺通知同时到达要约人,方为有效。受要约人超过承诺期限发出承诺的,除要约人及时通知受要约人该承诺有效的以外,为新要约;承诺内容本应与要约内容相一致,但受要约人对要约的内容作出实质性变更的,为新要约。

第三,合同成立的条件和地点。合同成立的条件:承诺生效时合同成立;采用合同书形式订立合同的,双方签字或盖章时合同成立;采用信件、数据电文等形式订立合同的,可在合同成立前要求签订确认书,签订确认书时合同成立;采用合同书形式订立合同,在签字或盖章前,一方已履行主要义务,对方接受的,该合同成立;法律法规规定或当事人约定采用书面形式订立合同,未采用书面形式但一方已履行主要义务,对方接受的,该合同成立。合同成立的地点:承诺生效的地点;采用数据电文形式订立合同的,收件人的主营业地为合同成立的地点,没有主营业地的,其经常居住地为合同成立的地点,另有约定的,按其约定;采用合同书形式订立合同的,双方签字或盖章地点为合同成立地点。

第四,订立合同的法律责任。当事人订立合同时出现以下情形之一的,应负法律责任:假借订立合同,恶意进行磋商;故意隐瞒与订立合同有关的重要事实或提供虚假情况;有其他违背诚实信用原则的行为。对订立合同中知悉的商业秘密,无论合同是否成立,不得泄露或不正当地使用,否则应承担损害赔偿责任。采用格式条款订立合同应负的法律责任:提供格式条款的一方应遵循公平原则确定当事人之间的权利义务,并采取合理的方式提请对方注意免除或限制责任的条款;对格式条款的理解发生争议的,应按通常理解予以解释,解释有两种以上的,应作出不利于提供格式条款一方的解释;格式条款和非格式条款不一致的,应采用非格式条款。

第五,合同效力的不同情形。合同无效包括以下情形:一方以欺诈、胁迫手段订立合同,损害国家利益;恶意串通,损害国家、集体或第三人利益;以合法形式掩盖非法目的;损害社会公共利益;违反强制性规定。造成对方人身伤害或因故意或重大过失造成对方财产损失的免责条款无效。合同有效包括以下情形:依法成立的合同;依法应办理批准、登记等手续才生效的合同,依规定办理了批准或登记手续的合同;限制民事行为能力人订立的,经法定代理人追认后的合同,但纯获利益的合同或与其年龄、智力、精神健康状况相适应而订立的合同,不必经法定代理人追认;无处分权的人处分他人财产,经权利人追认或无处分权的人订立合同后取得处分权的合同;当事人超越经营范围订立合同,不因此被认定合同无效，除非违反国家限制经营、特许经营及禁止经营的规定；行为人无代理权、超越代理权或代理权终止后以被代理人名义订立合同，相对人有理由相信行为人有代理权的，该代理行为有效；法人或非法人组织的法定代表人、负责人越权订立的合同，除相对人知道或应当知道其越权的以外，该代表行为有效。可以变更或撤销的合同：因重大误解订立的合同；在订立时显失公平的合同；一方以欺诈、胁迫的手段或乘人之危，使对方在违背真实意思情况下订立的合同。合同效力：无效或被撤销合同自始就无法律约束力；合同部分无效，不影响其他部分的效力；合同无效、被撤销或终止的，不影响独立存在的解决争议的条款的效力；合同无效或被撤销后因该合同取得的财产应予返还，过错方应赔偿对方损失。

（二）合同的履行

合同的履行指合同当事人执行依法成立并生效的合同所规定的义务，其规范包括：一是在履行合同过程中就合同的不完善方面所作的修改。修改的情形包括：合同生效后，当事人就质量、价款或报酬、履行地点等没有约定或约定不明确的，可协议补充；当事人就有关合同内容约定不明确，依法协议补充仍不能确定的，则依有关规定处理。二是合同约定债务履行的违约责任。违约责任按合同约定执行：约定由债务人向第三人履行债务的，债务人未向第三人履行债务或履行债务不符合约定，应向债权人承担违约责任；约定由第三人向债权人履行债务的，第三人不履行债务或履行债务不符合约定，债务人应向债权人承担违约责任；当事人互负债务，没有先后履行顺序的，应同时履行。三是合同履行的中止。中止履行合同的法定情形包括：应先履行债务的当事人，有确切证据证明对方经营状况严重恶化，或者转移财产、抽逃资金，以逃避债务，或者丧失商业信誉，或者有丧失或可能丧失履行债务能力的其他情形，有权中止履行；债权人分立、合并或变更住所没有通知债务人，致使履行债务发生困难的，债务人可中止履行或将标的物提存。四是合同提前履行或部分履行的拒绝。债权人可以拒绝债务人提前履行债务或部分履行债务，但是，提前履行债务或部分履行债务不损害债权人利益的除外。五是合同履行的代位权。合同履行的代位权指因债务人怠于行使其到期债权而对债权人造成损害，债权人有权向法院请求以自己名义代位行使债务人债权的合同制度。代位权制度是为保障债权人权利，防止债务人通过怠于行使自己的到期债权，以规避债务履行的行为。债权人提起代位权诉讼应符合以下条件：债权人对债务人的债权合法；债务人怠于行使其到期债权，对债权人造成损害；债务人的债权已到期；债务人的债权并非专属于债务人自身，即不是基于扶养关系、抚养关系、赡养关系、继承关系产生的给付请求权和劳动报酬、退休金、养老金、抚恤金、安置费、人寿保险、人身伤害赔偿请求权等权利。六是合同履行的撤销权。合同履行的撤销权指因债务人放弃其到期债权，或者无偿转让财产或以明显不合理的低价转让财产，对债权人造成损害，且受让人知道该情形，债权人有权请求法院撤销债务人行为的合同制度。合同履行的撤销权是合同保全措施之一，目的是实现合同约定的债权，与可撤销合同中的撤销权不同：合同履行的撤销权是撤销债务人为规避履行合同义务的不当行为，可撤销合同的撤销权是撤销存在瑕疵的合同。

不履行合同的违约责任：一是一方不履行合同义务或履行合同义务不符合约定的，应承担继续履行、采取补救措施或赔偿损失的责任；在履行义务或采取补救措施后，对方还有其他损失的,应赔偿损失;赔偿损失的,损失赔偿额应相当于因违约造成的损失,包括合同履行后可获得的利益,但不得超过违约方订立合同时预见到或应预见到的因违反合同可能造成的损失。二是一方明示或以行为表明不履行合同的,对方可在期间内要求其承担违约责任。三是一方未支付价款或报酬的,对方可要求其支付价款或报酬。四是当事人可约定违约金,也可约定违约损失赔偿额的计算方法。违约金低于损失的,可请求法院或仲裁机构予以增加;违约金过分高于损失的,可请求予以适当减少。当事人就迟延履行约定违约金的,违约方支付违约金后还应履行债务。当事人可约定定金作为债权担保,履行债务后,定金抵作价款或收回;给付定金的一方不履行约定债务的,无权要求返还定金;收受定金的一方不履行约定债务的,双倍返还定金。当事人既约定违约金又约定定金的,一方违约时,对方可选择使用违约金或定金条款。五是因不可抗力不能履行合同的,根据不可抗力的影响,部分或全部免除责任,但当事人迟延履行后发生不可抗力的,不能免除责任。六是各方违约责任或过错责任的处理。双方均违反合同的,各自承担相应责任;一方因第三人造成违约的,应向对方承担违约责任;担责后,一方与第三人的纠纷依法另行解决;一方违约后,对方应采取适当措施防止损失扩大,否则不得就扩大损失要求赔偿。

(三) 合同的变更、转让和终止

合同的变更有广狭二义之解:狭义的指当事人约定的合同权利和义务等合同内容发生变更的民事法律行为;广义的指不仅合同权利和义务等合同内容发生变更,而且订立合同的主体也发生变更的民事法律行为。合同主体变更是合同债权或债务的转让,原债权由原债权人转移给新债权人,或者原债务由原债务人转移给新债务人,合同内容不变更。《合同法》规定的合同变更是狭义上的,即合同内容的变更,而不涉及合同主体的变更。在《合同法》规范下,合同主体的变更不称为合同的变更,而称为合同的转让。

合同的转让是指合同依法成立后改变合同主体的民事法律行为,即合同的一方当事人依法将其合同债权和债务全部或部分转让给第三方的行为。合同转让包括:一是债权人将合同债权转让,即将合同的权利全部或部分转让给第三人。根据合同性质不得转让的,按当事人约定不得转让的,或者依法律规定不得转让的,不得转让;债权人转让权利的,应通知债务人,否则,该转让对债务人不发生效力;债权人转让权利的,受让人取得与债权有关的从权利,除非该从权利专属于债权人自身的。二是债务人将合同债务转让,即将合同的义务全部或部分转移给第三人,但应经债权人同意。这与前一种转让不同:债权人转让权利只需通知债务人,不必经其同意;但债务人转让义务,需经债权人同意,否则转让无效。债务人转移义务,新债务人可以主张原债务人对债权人的抗辩;同时又要承担与主债务有关的从债务,除非该从债务专属于原债务人自身的。三是当事人一方将权利义务一并转让。当事人一方可将自己的合同权利和义务一并转让给第三人,但要经对方同意。

合同的终止是指合同成立后因一定法律事实出现而致使合同确立的权利和义务消灭。合同终止原因有:一是债务已按约定履行完毕。二是合同解除。当事人协商一致,可解除合同。当事人可约定一方解除合同的条件,当此条件成就时,解除权人可解除合同;未有约定解除合同条件,但出现以下情形之一的,仍可解除合同:因不可抗力致使不能实现合同目的;在履行期限届满之前,一方明示或以自己的行为表明不履行主要债务;一方迟延履行主要债务,经催告后在合理期限内仍未履行;一方迟延履行债务或有其他违约行为致使不能实现合同目的；法律规定的其他情形。三是债务相互抵销，即当事人互负到期债务，互享债权，各方以债权抵销债务。四是债务人依法将标的物提存，即因债权人的原因，债务人难以履行债务而将标的物交给提存机关从而使合同终止。有以下情形之一的，可将标的物提存：债权人无正当理由拒绝受领，债权人下落不明，债权人死亡未确定继承人或丧失民事行为能力未确定监护人，法律规定的其他情形。五是债权人免除债务，即债权人放弃债权。六是债权债务同归于一人，即因某种法律事实发生，使合同中原来由一方当事人享有的债权、另一方当事人负担的债务，现同归于一方当事人。七是法律规定或当事人约定终止的其他情形。例如第411条规定的"委托人或者受托人死亡、丧失民事行为能力或者破产的，委托合同终止"。由于合同应当体现当事人的合意，因而当事人有权约定合同终止的情形，并在合同中作为条款之一而列明。

三 合同法分则：各类各种合同

以下开始将分别阐述合同法分则明文规定的15种主要合同。分则未明文规定的，依据第124条关于"本法分则或者其他法律没有明文规定的合同，适用本法总则的规定，并可以参照本法分则或者其他法律最相类似的规定"的规定，同样适用合同法，故《合同法》实为通式性法律，适用所有涉及财产关系的合同。

（一）买卖合同

买卖合同是出卖人转移标的物的所有权于买受人，买受人支付价款的合同。买卖合同主体：出卖人，即合同中将自己的财产所有权作为标的物转移给买受人并收取价款的人；买受人，即合同中接受出卖人转移的标的物所有权并支付价款的人。买卖合同客体是买卖标的物的所有权。买卖合同性质：具有有偿合同的性质、双务合同的性质、诺成合同的性质、非要式合同的性质。买卖合同的成立一般以第32条的规定为准，采用要约、承诺方式的，以第2条的规定为准。当事人之间没有书面合同，而一方以送货单、收货单、结算单、发票等主张买卖合同关系的，则根据当事人之间的交易方式、交易习惯及其他相关证据确定买卖合同是否成立。对账确认函、债权确认书等函件、凭证没有记载债权人名称，买卖合同一方当事人可以此证明买卖合同关系存在，除非有相反证据足以推翻。买卖合同自成立时便具有法律效力，双方当事人均应履行合同义务。标的物损毁、灭失风险分担：标的物交付前由出卖人承担风险，交付后由买受人承担风险；因买受人原因致使标的物不能按约定期限交付的，买受人自违约日起承担风险；出卖人出卖交由承运人运输的在途标的物，除另有约定外，风险自合同成立起由买受人承担；当事人没约定交付地点或约定不明确，而依法标的物需要运输的，出卖人将标的物交付给第一承运人后，风险由买受人承担；出卖人依法将标的物置于交付地点，买受人违约未收取的，风险自违约日起由买受人承担；出卖人按约定未交付有关标的物的单证和资料的，不影响标的物风险的转移；买受人因标的物质量问题拒绝接受标的物或解除合同的，标的物风险由出卖人承担。买卖合同订立后，基于以下原因可以解除：因标的物的主物不符合约定，可以解除合同，其解除的效力及于从物，但因从物不符合约定被解除的，其效力则不及于主物；标的物为数物，其中一物不符合约定的，合同可以就该物解除，但该物与他物分离使标的物的价值显受损害的，可以就数物解除合同；出卖人对分批交付标的物的其中一批不交付或交付不符合约定，买受人可以就该批以及此后其他各批标的物解除合同；分期付款的买受人未支付到期价款的金额达到全部价款的1/5的，出卖人可以解除合同。

(二) 供用电、水、气、热力合同

供用电、水、气、热力合同是供用电合同、供用水合同、供用气合同、供用热力合同的合称。供用电合同是供电人向用电人供电，用电人支付电费的合同；供用水合同是供水人向用水人供水，用水人支付水费的合同；供用气合同是供气人向用气人供气，用气人支付气费的合同；供用热力合同是供热力人向用热力人供热力，用热力人支付热力费的合同。供用电等合同的内容包括供电、供水、供气、供热力的方式、质量、时间、用电、用水、用气、用热力的容量、地址、性质，计量方式，电费、水费、气费、热力费的结算方式，供用电等的设施等条款。

(三) 赠予合同

赠予合同是赠予人将自己财产无偿给予受赠人，受赠人表示接受赠予的合同。赠予合同当事人：赠予人，即将自己财产无偿给予受赠人的人；受赠人，即接受赠予人赠予财产的人。赠予合同性质：具有无偿转移财产权的性质，即赠予人无偿将自己财产转移给受赠人；具有单方承担义务的性质，即合同一成立，赠予人就单方负有将自己财产给予受赠人的义务；具有承诺的性质，即赠予人作出赠予意思表示且受赠人同意接受，合同即成立。赠予合同的类型：不附义务赠予合同和附义务赠予合同，前者是赠予人赠予财产时不要求受赠人附带承担任何义务的赠予合同，后者是赠予人赠予财产时要求受赠人附带承担某些义务的赠予合同；公益性赠予合同和非公益性赠予合同，前者是具有救灾、扶贫等社会公益、道德义务性质的赠予合同，不可被撤销，后者是不具有公益性质而纯粹个人赠予行为的赠予合同，在权利转移前可被撤销；公证赠予合同和非公证赠予合同，前者是经公证机构公证的赠予合同，不可被撤销，后者是未经公证机构公证的赠予合同，权利转移前可被撤销。赠予合同成立时即生效，但以下情形当分别对待：赠予财产有瑕疵的，赠予人不承担责任，但附义务赠予的，赠予人在附义务的限度内承担与出卖人相同的责任，而赠予人故意不告知瑕疵或保证无瑕疵，造成受赠人损失的，或者因赠予人故意或重大过失致使赠予财产毁损、灭失的，应承担损害赔偿责任；赠予人经济状况显著恶化，严重影响其生产经营或家庭生活的，可不再履行赠予义务；赠予财产依法需办理登记等手续的，办理有关手续后，赠予合同才生效；具有救灾、扶贫等社会公益、道德义务性质的赠予合同或经公证的赠予合同，赠予人不得撤销，不交付赠予财产的，受赠人有权要求其交付；赠予附义务的，受赠人应按约定履行义务，否则，赠予人有权不交付赠予财产。

(四) 借款合同

借款合同是借款人向贷款人借款，到期返还借款并付利息的合同。借款合同主体：借款人，即向贷款人借款，到期返还借款并支付利息的人；贷款人，即将款项借给借款人，到期向借款人收回借款并收取利息的人。借款合同性质：其标的物是金钱，不是实物；它是借贷关系，不是投资关系或融资关系；它是有偿合同，借款人要按约定还本付息。自然人之间借款合同具有民间借贷性质;国家允许民间借贷行为,但须符合法律规范。银行借款合同和民间借款合同的借贷规范相同,特别是贷款利率应在央行规定的贷款利率上下限范围内确定。民间借款合同可约定利息,但不得违反国家有关限制借款利率的规定;没有约定利息或约定不明确的,视为不支付利息。借款人和贷款人各享有权利和承担义务。

(五)租赁合同

租赁合同是出租人将租赁物交付承租人使用、收益,承租人支付租金的合同。合同当事人:出租人,即将租赁物交付承租人使用、收益,向承租人收取租金的人;承租人,即使用、收益租赁物,向出租人支付租金的人。合同性质:具有转让财产性质,即转让财产的使用权、收益权的性质;具有双务合同性质,即双方按约定享有权利和承担义务;具有有偿合同性质,即承租人按约定支付租金;具有临时性的性质,即租赁关系受一定期限的限制;具有诺成合同性质,双方真实意思一致,合同即告成立。当事人有相应民事行为能力,意思表示真实,不违反法律和社会公共利益,租赁合同自签订日起即成立并生效。租赁合同的解除依照法律规定。有以下情形之一的,出租人可以解除合同:承租人未按约定使用租赁物,致使其受到损失的;承租人未经同意转租的;承租人逾期不支付租金的;当事人对租赁期限没有约定或约定不明确,依法仍不能确定,并在合理期限之前通知承租人的;租赁期间届满的。有以下情形之一的,承租人可以解除合同:因租赁物部分或全部毁损、灭失的;当事人对租赁期限没有约定或约定不明确,依法仍不能确定的;租赁物危及承租人的安全和健康的;租赁期间届满的。

(六)融资租赁合同

融资租赁合同是出租人根据承租人对出卖人、租赁物的选择,向出卖人购买租赁物,提供给承租人使用,承租人支付租金的合同。融资租赁合同当事人:出租人,即根据承租人对出卖人、租赁物的选择,向出卖人购买租赁物,提供给承租人使用并收取承租人租金的人,在购买租赁物的买卖关系中称为买受人;承租人,即由出租人根据其对出卖人、租赁物的选择向出卖人购买租赁物给其使用,并支付租金给出租人的人;出卖人,即根据承租人的选择,将出租人出租给承租人使用所需之租赁物售卖给出租人的人,在购买租赁物的买卖关系中称为供货商。融资租赁合同实际上包含两个合同的内容:买卖合同,即出租人(买卖合同的买受人)根据承租人对出卖人、租赁物的选择向出卖人(买卖合同的供货商)购买租赁物所订立的买卖租赁物合同;租赁合同,即出租人将租赁物提供给承租人使用并收取租金所订立的租赁租赁物合同。融资租赁合同虽含出租人与出卖人之间的买卖合同及出租人与承租人之间的租赁合同,但又不是它们的简单叠加,而是其有机结合,即承租人要求出租人为其融资向出卖人购买承租人所需之租赁物,由出卖人直接将出租人所购的租赁物交付承租人,从而使出租人与承租人形成租赁关系这样一个三角关系;换言之,融资租赁合同的买卖目的是为了租赁,租赁的前提取决于买卖,即买卖与租赁在融资租赁合同中缺一不可。将融资租赁合同简单归结为买卖合同不妥,因为买卖合同的买卖仅仅是买卖双方的单一的买卖行为,而融资租赁合同的买卖则是依据承租人与出租人的租赁关系而形成的出租人与出卖人之间的买卖行为;将融资租赁合同简单归结为租赁合同也不好,因为租赁合同仅仅是租赁双方以出租人现有租赁物为租赁对象,而融资租赁合同是租赁双方以承租人选定的出租人需要向出卖人购买的租赁物为租赁对象。融资租赁合同三方当事人均各自享有权利和承担义务，并按规定和约定履行合同。融资租赁合同的内容包括租赁物名称、数量、规格、技术性能、检验方法、租赁期限、租金构成及其支付期限和方式、币种、租赁期间届满租赁物的归属等条款，并采取书面合同的形式签订。

（七）承揽合同

承揽合同是承揽人按照定作人的要求完成工作，交付工作成果，定作人给付报酬的合同。承揽合同所涉之承揽，是指当事人的一方为他方完成指定要求的工作，他方在验收后给付劳动报酬的民事法律行为，具体包括加工、定作、修理、复制、测试、检验等工作。承揽合同当事人：承揽人，即按定作人要求完成工作，交付工作成果，向定作人收取报酬的人；定作人，即将工作按自己要求交给承揽人完成，获取承揽人的工作成果，向承揽人给付报酬的人。承揽合同性质：劳务性质，即标的不是物，而是完成定作人要求的工作，交付工作成果；诺成合同性质，即双方真实意思表示一致，合同即告成立；有偿合同性质，即一方为他方按要求完成工作，交付工作成果后便可得到报酬；双务合同性质，即双方享有合同权利，承担合同义务。承揽合同类型：加工合同，即由定作人提供原材料及提出加工要求，由承揽人按定作人要求将原材料加工为成品交付给定作人，定作人收取成品并给付报酬的承揽合同；定作合同，即由承揽人自备原材料，按定作人要求制作为成品交付给定作人，定作人收取成品并给付报酬的承揽合同；修理合同，即定作人将功能不良或被损坏的物品交给承揽人修理，使其恢复原状或价值，定作人支付报酬给承揽人的承揽合同；复制合同，即承揽人按定作人提供的样品，制作成与样品相同的成品，定作人收取成品并支付报酬给承揽人的承揽合同；测试合同，即承揽人按定作人的要求，为定作人指定项目或工程进行检测试验，将检测试验成果交付定作人，定作人支付报酬的承揽合同；检验合同，即承揽人按定作人要求，对定作人提供的检验品进行检测化验，将检测化验报告或结论交付定作人，定作人支付报酬的承揽合同。定作合同的内容包括承揽的标的、数量、质量、承揽方式、材料的提供、报酬、履行期限、验收标准和方法等条款。承揽人将其承揽的主要工作交由第三人完成而未经定作人同意的，定作人有权解除承揽合同；定作人也有权随时解除承揽合同，但造成承揽人损失的，应当赔偿损失。定作人逾期不履行协助义务的，承揽人有权解除合同。

（八）建设工程合同

建设工程合同是承包人进行工程建设，发包人支付价款的合同。合同当事人包括：承包人，即承包建设工程项目，进行工程建设，并收取价款的人；发包人，即将建设工程项目发包给承包人进行建设工程，并支付价款的人。建设工程包括勘察、设计、施工几个环节，所以建设工程合同包括：建设工程勘察合同，即承包方进行建设工程勘察，发包方支付价款的建设工程合同，合同承包方是勘察单位，称为勘察人；建设工程设计合同，即承包方进行建设工程设计，发包方支付价款的建设工程合同，合同承包方是设计单位，称为设计人；建设工程施工合同，即承包方进行建设工程施工，发包方支付价款的建设工程合同，合同承包方是施工单位，称为施工人。上述3种建设工程合同发包方均是建设单位。建设工程合同一般采取招标投标方式订立合同。发包人可以与总承包人订立建设工程合同，也可以分别与勘察人、设计人、施工人订立建设工程勘察承包合同、建设工程设计承包合同、建设工程施工承包合同。总承包人或者勘察、设计、施工承包人经发包人同意，可以将自己承包的部分工作交由第三人完成，但不得将其承包的全部建设工程转包给第三人，也不得将其承包的全部建设工程肢解以后以分包的名义转包给第三人。

（九）运输合同

运输合同是承运人将旅客或货物从起运地点运输到约定地点，旅客、托运人或收货人支付票款或运输费用的合同。运输合同当事人：承运人，即将旅客、货物从起运地点运输到约定地点，向旅客、托运人或收货人收取票款或运输费用的人；旅客，即将其人身交由承运人从起运地点运输到约定地点，向承运人支付票款的人；托运人，即将其货物交由承运人从起运地点运输到约定地点，向承运人支付运输费用的人；收货人，即收取承运人从起运地点运输到约定地点的货物，在托运人未支付运输费用时向承运人支付运输费用的人。合同客体：旅客，货物。运输类型：客运和货运，一般货物运输和多式联运货物运输。客运合同，是指承运人将旅客从起运地运输到约定地，旅客支付票款的运输合同。货运合同，是承运人将货物从起运地运输到约定地，托运人或收货人付费的运输合同。多式联运合同，是多式联运经营人以两种以上运输方式，将货物从起运地点运输到约定地点，托运人或收货人支付运输费用的运输合同。海商法界定的该种合同，规定两种以上运输方式的其中一种必是海上运输方式；合同法则没有这种规定。

（十）技术合同

技术合同是当事人就技术开发、转让、咨询或服务订立的确立相互之间权利和义务的合同。技术合同的性质：合同标的是与技术密切相关的行为、成果或内容，即具有技术的性质；调整合同的法律具有知识产权法律的性质；当事人一方具有特定性质，即掌握专业技术知识和技能的专业人员；具有双务合同性质和有偿合同性质。订立技术合同除应遵循合同的基本原则外，还应遵循其特有原则：有利于科技进步、加速科技成果转化的原则。技术合同包括技术开发合同、技术转让合同、技术咨询合同、技术服务合同。

第一，技术开发合同，是指当事人之间就新技术、新产品、新工艺或新材料及其系统的研究开发所订立的合同。技术开发合同包括两种：委托开发技术合同，即委托人和开发人约定，委托人支付技术开发的经费和报酬，接受开发成果，开发人完成开发工作，交付开发成果，收取开发经费和报酬的技术开发合同。委托人权利义务：有权接受研究开发成果，免费实施作为专利权人的研究开发人的专利及以同等条件优先受让专利；应支付研究开发经费和报酬、提供技术资料和原始数据、完成协作事项。开发人权利义务：有权获取研究开发经费和报酬，承担制定和实施研究开发计划、合理使用研究开发经费、按期完成研究开发工作、交付研究开发成果、提供有关的技术资料和必要的技术指导、帮助委托人掌握研究开发成果等义务。合作开发技术合同，即技术开发当事人按约定，共同投资、共同参与、共同研究开发完成同一项目，共享成果、共担风险的技术合同。

第二，技术转让合同，是让与人将其专利权、专利申请权、技术秘密转让给受让人及让与人许可受让人实施其专利的技术合同。技术转让合同的当事人：让与人，即将其专利权、专利申请权、技术秘密转让给受让人，或者许可受让人实施其专利的人；受让人，即接受让与人的专利权、专利申请权、技术秘密的转让，或者被许可实施让与人专利的人。技术转让合同性质：转让标的具有现成性，即当事人已掌握的技术成果；转让标的具有完整性和实用性，即技术内容构成一项产品、工艺、材料、品种及改进的技术方案；转让标的具有权属性，即有明确的知识产权权属约定。技术转让合同类型：专利权转让合同，即让与人将发明创造专利权转让给受让人，受让人支付价款的技术转让合同；专利申请权转让合同，即让与人将发明创造申请专利的权利转让给受让人，受让人支付价款的技术转让合同；技术秘密转让合同，即让与人将技术秘密提供给受让人，明确相互间技术秘密使用权、转让权，受让人支付使用费的技术转让合同；专利实施许可合同，即让与人、专利权人或其授权的人许可受让人在约定范围内实施专利，受让人支付使用费的技术转让合同。

第三，技术咨询合同，是指受托人为委托人就特定技术项目提供可行性论证、技术预测、专题技术调查、分析评价报告的技术合同。当事人：委托人，即委托受托人就特定技术项目提供可行性论证、技术预测、专题技术调查、分析评价报告的人；受托人，即受委托就特定技术项目提供可行性论证、技术预测、专题技术调查、分析评价报告的人。技术咨询合同有可行性论证合同、技术预测合同、专题技术调查合同、分析评价报告合同。

第四，技术服务合同，是指当事人一方以技术知识为另一方解决特定技术问题所订立的合同。合同当事人包括：委托人，即为解决特定技术问题委托受托人提供技术服务的人；受托人，即受委托人委托为解决特定技术问题提供技术服务的人。

（十一）保管合同

保管合同是保管人保管寄存人交付的保管物，并返还该物的合同。保管合同当事人：保管人，即保管寄存人交付的保管物，并返还该物的人；寄存人，即将保管物交付保管人保管，并取回该物的人。保管合同性质：提供劳务，收取保管费用；具有实践性质，即双方意思表示一致时合同还不能成立，在一方将保管物交付给另一方以后，合同才告成立。

（十二）仓储合同

仓储合同与保管合同虽皆属于保管物品的合同，但二者又不同：合同成立条件不同，保管合同是实践合同，即保管合同自保管物交付时成立，仓储合同是诺成合同，即承诺生效时合同成立；合同偿付性质不同，保管合同不以偿付为特征，仓储合同以偿付为特征之一，是"存货人支付仓储费"的有偿合同；合同一方主体资格要求不同，保管合同的保管人没有资格要求，仓储合同的保管人有资格限制，要进行仓储业务的注册登记；合同标的数量不同，保管合同的保管物不是大宗货物，仓储合同的仓储物是大宗货物。仓储合同是保管人储存存货人交付的仓储物，存货人支付仓储费的合同。仓储合同当事人：保管人，即储存存货人交付的仓储物，并收取仓储费的人；存货人，即交付仓储物给保管人储存，并向保管人支付仓储费的人。仓储合同性质：具有诺成合同性质，具有有偿合同性质。

（十三）委托合同

委托合同是委托人和受托人约定，由受托人处理委托人事务的合同。委托合同是一种中介合同。委托合同的当事人：委托人，即与受托人约定将自己的事务交由受托人处理的人；受托人，即与委托人约定处理委托人事务的人。合同的性质：具有诺成合同的性质，具有双务合同的性质。合同的种类：特别委托合同，即委托人特别委托受托人处理一项或数项事务的委托合同，概括委托合同，即委托人概括委托受托人处理一切事务的委托合同；直接委托合同，即委托人直接选任受托人的委托合同，转委托合同，即受托人为委托人再选任受托人的委托合同；单独委托合同，即受托人为一人的委托合同，共同委托合同，即受托人为两人以上委托合同。

（十四）行纪合同

行纪合同与委托合同的区别：后者可以是无偿合同，前者必定是有偿合同；后者是受托人接受委托后以委托人名义处理委托事务，前者是行纪人接受委托后以自己名义从事贸易活动；后者可以包括方方面面事务的委托，前者仅限于贸易活动的委托。行纪合同是行纪人以自己的名义为委托人从事贸易活动，委托人支付报酬的合同。行纪合同是中介合同的又一种。行纪合同的当事人：行纪人，即以自己的名义为委托人从事贸易活动，并收取报酬的人；委托人，即委托行纪人从事贸易活动，并支付报酬的人。行纪合同具有有偿合同、诺成合同、双务合同等性质。

（十五）居间合同

居间合同是居间人向委托人报告订立合同的机会或提供订立合同的媒介服务，委托人支付报酬的合同。居间合同是中介合同的再一种。居间合同的当事人：居间人，即向委托人报告订立合同的机会或提供订立合同的媒介服务，委托人支付其报酬的人；委托人，即获得居间人向其报告订立合同的机会或向其提供订立合同的媒介服务，并支付报酬给居间人的人。居间合同具有有偿合同性质、诺成合同性质、双务合同性质、介绍合同性质。

第八节　侵权责任法
——侵权的民事责任：民事责任（二）

侵权责任是民事责任的一种，侵权责任法是民法的一个重要范畴，规范侵权责任的主要是2009年的《侵权责任法》及2017年的《民法总则》和其他相关法律。

一　侵权责任法概述

侵权责任的有关规范，侵权责任法制定前主见于民法通则的"侵权的民事责任"一节及散见于产品质量法、环境保护法、水污染防治法、卫生法、药品管理法、道路交通安全法等法律。侵权责任法和民法总则制定后，侵权责任规范更明确。与物权法一样，侵权责任法的核心在于保护私权，是民法范畴的支架性法律。

（一）侵权责任的定义

侵权责任是指民事法律主体因实施民事侵权行为，依法应承担侵权责任的一种民事法律责任。侵权责任有以下特征：一是侵权责任是民事行为主体因违反法定民事义务而应承担的法定民事法律后果。据《民法总则》第176条，民事义务分为：约定民事义务，即特定当事人之间通过合同形式约定的民事义务，违反约定民事义务，构成民事违约责任；法定民事义务，即法律规定的民事行为主体应承担的民事义务，违反法定民事义务，构成侵权行为责任。故民事责任相应分为约定民事责任和法定民事责任两种。侵权责任与违约责任不同：侵权责任是因违反法定民事义务而造成侵权并承担法定民事责任，违约责任是因违反约定民事义务而造成违约并承担约定民事责任；侵权责任由《侵权责任法》调整，违约责任由《合同法》调整。二是侵权责任与侵权行为具有对应性特征：没有侵权行为，就没有侵权责任；侵权行为是侵权责任的事实原因，侵权责任是侵权行为的法律后果。

（二）侵权责任的归责原则

侵权行为发生后，要不要承担侵权责任，由谁承担侵权责任，这就是侵权责任的归责原则，即侵权行为的责任构成原则。归责原则是指侵权行为的加害行为人的行为或物件致使他人受到侵害或损害以后，法律应以何依据为原则使其承担侵权行为导致的侵权责任。

归责原则1　过错责任原则

本原则强调主观过错是构成侵权责任的要件，并以此为归责原则，即《侵权责任法》第6条第1款①的规定：行为人因过错侵害他人民事权益，应当承担侵权责任。

归责原则2　过错责任推定原则

归责原则2是对归责原则1的补充或展开，因为侵权责任归责有时出现模棱两可的状况，难以辨别，过错责任推定原则可以确定过错责任的归属，即第6条第2款的规定：根据法律规定推定行为人有过错，行为人不能证明自己没有过错的，应当承担侵权责任。

归责原则3　无过错责任原则

本原则强调的是，即使行为人没有主观上的过错，只要法律规定属于侵权责任的，客观加害结果仍然是构成侵权责任的要件，并以此为归责原则，即第7条的规定：行为人损害他人民事权益，不论行为人有无过错，法律规定应当承担侵权责任的，依照其规定。

归责原则4　公平责任原则

本原则强调的是，当事人对造成损害都无过错，不能适用过错责任原则、过错责任推定原则、无过错责任原则，而只能根据实际情况分担损害责任，并以此为归责原则，即第24条的规定：受害人和行为人对损害的发生都没有过错的，可以根据实际情况，由双方分担损失。本原则所谓"实际情况"主要考虑两个因素：损害程度，当事人经济状况。

归责原则5　连带责任原则

本原则强调的是，多个主体共同侵权，或者教唆、帮助他人侵权，造成被侵权人伤害的，该多个侵权行为主体或教唆、帮助他人侵权的主体应依法承担侵权的连带责任，并以

---

① 本章所引法条未注明出处的，均引自《侵权责任法》。

此为归责原则,即第 8 条至第 14 条的具体规定,二人以上共同侵权的,承担连带责任。

(三) 侵权行为的主体和客体

第一,侵权行为的主体,又称为侵权责任主体,即侵权人,指因实施侵权行为而需要承担侵权责任的自然人、组织。侵权行为主体具有两个基本特征:实施了一定的侵权行为,包括主观有过错的和主观无过错的侵权行为;所实施的侵权行为已造成被侵权人的人身伤害或财产损失,需要承担侵害或损害赔偿责任。某些特殊侵权责任主体的责任归属如下:一是监护人为责任主体的责任归属。无民事行为能力人、限制民事行为能力人实施侵权行为,造成他人损害的,一般由监护人承担侵权责任;监护人尽到监护责任的,可减轻其侵权责任。有财产的无民事行为能力人、限制民事行为能力人造成他人损害的,责任主要由本人承担;本人承担后的不足部分,监护人仍有连带责任。二是暂时没有意识或失控的完全民事行为能力人的责任归属。完全民事行为能力人对其行为暂时没有意识或失去控制造成他人损害有过错的,应承担侵权责任;没有过错的,视其经济状况对受害人适当补偿。完全民事行为能力人因醉酒、滥用麻醉药品或精神药品对其行为暂时没有意识或失去控制造成他人损害的,应承担侵权责任。三是雇主的责任归属。被劳务派遣的工作人员因执行工作任务造成他人损害的,由接受劳务派遣的用工单位承担侵权责任;劳务派遣单位有过错的,承担相应补偿责任;个人之间形成劳务关系,提供劳务一方因劳务造成他人损害的,由接受劳务一方承担侵权责任,提供劳务一方因劳务自己受到损害的,根据双方各自的过错承担相应的责任。四是网络提供者作为责任主体的责任归属。网络用户、网络服务提供者利用网络侵害他人民事权益的,承担侵权责任;网络用户利用网络服务实施侵权行为的,被侵权人有权通知网络服务提供者采取必要措施,网络服务提供者未及时采取必要措施的,对损害的扩大部分与该网络用户承担连带责任;网络服务提供者知道网络用户利用其网络服务侵害他人民事权益而未采取必要措施的,与该网络用户承担连带责任。五是公共场所管理人、公众活动组织者作为责任主体的责任归属。宾馆、商场、银行、车站、娱乐场所等公共场所的管理人或公众活动组织者,未尽安全保障义务,造成他人损害的,应承担侵权责任;因第三人行为造成他人损害的,应由第三人承担侵权责任,但管理人或组织者未尽安全保障义务的,该管理者或组织者承担相应补偿责任。补充责任指补充的连带责任,并不同于一般的连带责任:一般的连带责任无论如何应当承担连带责任,但补充的连带责任仅仅在主责任人不能承担或不能完全承担侵权责任时才承担部分或完全的侵权责任。六是教育机构作为责任主体的责任归属。限制民事行为能力人在学校或其他教育机构学习、生活期间受到人身损害,学校或其他教育机构未尽教育、管理职责的,承担责任;无民事行为能力人、限制民事行为能力人在幼儿园、学校或其他教育机构学习、生活期间,受到幼儿园、学校或其他教育机构以外的人员人身损害的,由侵权人承担侵权责任,但幼儿园、学校或其他教育机构未尽管理职责的,承担相应的补充责任。

第二,侵权行为的客体,是指侵权行为主体实施侵权行为而加害的对象,即被侵权人依法享有的人身和财产等民事权益。第 2 条规定了侵权行为的客体就是被侵权人的民事权益,包括被侵权人的生命权、健康权、姓名权、名誉权、荣誉权、肖像权、隐私权、婚姻自主权、监护权、所有权、用益物权、担保物权、著作权、专利权、商标专用权、发现权、股权、继承权等人身、财产权益。侵权责任法要保护的侵权行为客体是多方面的。

(四) 承担侵权责任的方式

承担侵权责任的方式是指落实侵权责任的具体形式，即侵权人以何种方法承担对被侵权人的侵害或损害的赔偿责任。《民法总则》第179条规定承担民事责任方式为11种，《侵权责任法》第15条规定承担侵权责任方式为8种。《民法总则》的11种既针对侵权责任，又针对违约责任，比《侵权责任法》多出3种，即属违约责任承担方式的修理、重作、更换，继续履行和支付违约金。承担侵权责任8种方式：停止侵害，排除妨碍，消除危险，返还财产，恢复原状，赔偿损失，赔礼道歉，消除影响、恢复名誉。上述承担侵权责任的8种方式，视责任情形，可以单独适用，也可以合并适用。

(五) 不承担责任和减轻责任的情形

《民法总则》和《侵权责任法》都分别规定了不承担责任和减轻责任的情形。以下情形不承担侵权责任：损害是因受害人故意造成的，因不可抗力造成他人损害的，因正当防卫造成损害的，紧急避险的危险是由自然原因引起的。以下情形减轻侵权责任：被侵权人对损害发生也有过错的；正当防卫超过必要限度，造成不应有的损害的；紧急避险采取措施不当或超过必要限度，造成不应有的损害的。

(六) 侵权责任的类型

一般侵权责任，即因行为人的主观故意或客观过失，造成对他人人身或财产权利侵害或损害而应承担的侵权责任，其构成要件是：行为人实施了侵权行为；存在损害事实；侵权行为与被损害事实之间存在因果关系；行为人有过错责任，即有主观故意或客观过失。

特殊侵权责任，即行为人基于与自己有关的行为、物件、事件或其他特别原因致人损害，依民事特别法或民法特别责任条款应对他人人身或财产损失担责的侵权责任，其构成要件是侵权行为、损害事实、侵权行为与损害事实之间的因果关系，而不论其是否存在过错责任，因为特殊侵权责任着重于无过错责任原则。特殊侵权责任包括产品责任、机动车交通事故责任、医疗损害责任、环境污染责任、高度危险作业责任、动物致人损害责任、物件致人损害责任等，而国家机关及其工作人员职务侵权在《侵权责任法》中未有规定。

《民法总则》和《侵权责任法》对一般侵权责任作了原则性的规定，而《侵权责任法》还对特殊侵权责任作了具体的规定。以下展开阐述的，是几种主要的特殊侵权责任。

二 产品责任

产品责任由《侵权责任法》第5章、《产品质量法》等规范。

(一) 产品责任的定义

产品责任是指在产品中存在潜在的缺陷，并造成消费者、使用者或任何第三者人身、财产损失，产品制造者、销售者依法应承担赔偿的侵权责任。产品责任分为两种：生产者应承担的产品责任，即生产者生产了不符合质量要求的产品，造成消费者、使用者或任何第三者人身、财产损失而引起的作为产品生产者的侵权责任；销售者应承担的产品责任，即销售者销售了因自己过错使产品存在缺陷，或者销售了不能指明缺陷产品的生产者、供货者，造成消费者、使用者或任何第三者人身、财产损失而引起的作为产品销售者的侵权责任。产品责任的构成要件是：生产者生产了或销售者销售了不符合产品质量要求、存在危及任何人身和财产安全的产品，不符合质量要求的、存在缺陷的产品造成了消费者、使用者或任何第三者的人身、财产损害，劣质、缺陷产品与损害事实之间存在因果关系。

（二）产品责任的归属

产品生产者应承担产品责任的情形：因产品存在缺陷，即产品存在危及人身、财产安全的不合理的危险，有保障人体健康和人身、财产安全的国家标准、行业标准的而不符合该标准，造成他人损害的；产品投入流通后发现存在缺陷，产品生产者未及时采取警示、召回等补救措施的；非因生产而因其他原因致使产品缺陷而造成他人损害的，包括因运输者、仓储者等第三人的过错使产品存在缺陷，造成他人损害的，因销售者的过错使产品存在缺陷，而被侵权人向生产者索赔的，生产者承担产品侵权连带责任；因产品缺陷危及他人人身、财产安全，被侵权人请求生产者承担排除妨碍、消除危险等侵权责任的，生产者承担对产品排除妨碍、消除危险的产品责任。产品销售者应承担产品责任的情形：因销售者的过错，即在销售过程中因对产品的管理、保管不善，致使产品产生缺陷，并造成他人损害的；销售者不能指明缺陷产品的生产者、供货者的；非因销售而因生产或其他原因致使产品缺陷造成他人损害的，包括因运输者、仓储者等第三人过错使产品存在缺陷，造成他人损害的，因生产者的过错使产品存在缺陷，而被侵权人向销售者索赔的，销售者承担产品侵权连带责任；因产品缺陷危及他人人身、财产安全，被侵权人请求销售者承担排除妨碍、消除危险等侵权责任的，产品销售者承担对产品排除妨碍、消除危险的责任。

（三）在产品侵权中的被侵权人的权利

因产品缺陷造成损害的，被侵权人有权向产品生产者请求赔偿，也有权向产品销售者请求赔偿；因产品缺陷危及他人人身、财产安全的，被侵权人有权请求生产者、销售者承担排除妨碍、消除危险等侵权责任；明知产品存在缺陷仍然生产、销售，造成他人死亡或健康严重损害的，被侵权人有权请求相应的惩罚性赔偿，即超过实际损害数额的赔偿，这种赔偿同时具有补偿、惩罚、遏制等性质和功能。

三　机动车交通事故责任

机动车交通事故责任由《侵权责任法》第6章、《道路交通安全法》等规范。

（一）机动车交通事故责任的定义

机动车交通事故责任指机动车驾驶违反《道路交通安全法》，造成他人人身、财产损害，保险公司及有关当事人应承担损害赔偿的侵权责任。机动车交通事故责任的构成要件是：发生了机动车交通事故，造成他人人身、财产损害，交通事故与损害存在因果关系。

（二）机动车交通事故责任赔偿办法

机动车发生交通事故造成人身伤亡、财产损失的，由保险公司在机动车第三者责任强制保险责任限额范围内予以赔偿，不足部分，按下列规定承担赔偿责任：机动车之间发生交通事故的，过错方承担赔偿责任，双方都有过错的，按各自过错比例分担；机动车与非机动车驾驶人、行人之间发生交通事故的，非机动车驾驶人、行人无过错的，机动车一方承担赔偿责任，有证据证明非机动车驾驶人、行人有过错的，视过错程度适当减轻机动车一方的赔偿责任，机动车一方无过错的，只承担不超过10%的赔偿责任；交通事故损失是由非机动车驾驶人、行人故意碰撞机动车造成的，机动车一方不承担赔偿责任。

医疗机构对交通事故的受伤人员应及时抢救，不得因费用未及时支付而拖延救治。肇事车辆参加机动车第三者责任强制保险的，由保险公司在责任限额范围内支付抢救费用；费用超过责任限额的，未参加机动车第三者责任强制保险或肇事后逃逸的，由道路交通事故社会救助基金先行垫付部分或全部费用，该基金管理机构有权向交通事故责任人追偿。

（三）机动车交通事故各方当事人的责任归属

机动车所有人与使用人的责任归属：首先，因租赁、借用等情形，机动车所有人与使用人非同一人时，交通事故属该机动车一方责任的，由保险公司在机动车强制保险责任限额范围内予以赔偿，不足部分由使用人承担赔偿责任；所有人有过错的，承担相应赔偿责任。其次，机动车转让过程中发生机动车交通事故时转让人与受让人的责任归属：当事人之间已经以买卖等方式转让并交付机动车但未办理所有权转移登记，交通事故属于该机动车一方责任的，由保险公司在机动车强制保险责任限额范围内予以赔偿，不足部分由受让人承担赔偿责任；以买卖等方式转让拼装或已达报废标准的机动车，交通事故造成损害的，由转让人与受让人承担连带责任。再次，机动车的盗窃人、抢劫人、抢夺人责任归属：发生交通事故造成损害的，由盗窃人、抢劫人或抢夺人承担赔偿责任。最后，逃逸的驾驶人的责任归属：机动车驾驶人发生交通事故后逃逸，该机动车参加强制保险的，由保险公司在强制保险责任限额范围内予以赔偿；机动车不明或该机动车未参加强制保险，需要支付被侵权人人身伤亡的抢救、丧葬等费用的，由道路交通事故社会救助基金垫付，该基金管理机构有权向责任人追偿。

四 医疗损害责任

医疗损害责任由《侵权责任法》第7章、《医疗事故处理条例》等规范。

（一）医疗损害责任的定义

医疗损害责任是指医疗机构及其医务人员在诊疗活动中，未尽法定义务，在诊疗过程中发生过错，造成患者人身损害，依法应承担赔偿的侵权责任。医疗损害责任要件是：医疗机构及其医务人员在诊疗过程中发生过错，患者人身受到损害，造成患者人身损害与医疗机构及其医务人员在诊疗过程中的过错存在因果关系。医疗损害责任包括：医疗技术损害责任，即医疗机构及其医务人员的诊疗行为不符合当时的诊疗专业知识或技术水准的医疗过失责任；医疗伦理损害责任，即医疗机构及其医务人员的诊疗行为违反医疗职业良知或职业伦理规则的医疗过失责任；医疗产品损害责任，即医疗机构及其医务人员在诊疗活动中使用有缺陷的医疗产品，造成患者人身损害的医疗过失责任。

医疗损害责任本质上是一种医疗损害赔偿责任，但医疗损害赔偿责任与医疗事故赔偿责任不同。医疗事故指医疗机构及其医务人员在医疗活动中，违反医疗卫生管理法律、行政法规、部门规章和诊疗护理规范、常规，过失造成患者人身损害的事故；医疗事故赔偿责任指医疗机构及其医务人员在医疗活动中，因违反医疗卫生管理法律、行政法规、部门规章和诊疗护理规范、常规，过失造成患者人身损害事故而依法应承担赔偿的侵权责任。医疗事故赔偿责任与医疗损害责任的定义不同：医疗事故赔偿责任着重于医疗机构及其医务人员在医疗活动中过失造成患者人身损害引起的赔偿责任，医疗损害赔偿责任则着重于医疗机构及其医务人员在诊疗活动中未尽法定义务因过错造成患者人身损害引起的赔偿责任。因此，二者涉及的范围不一样：医疗事故赔偿责任仅涉及医疗事故的范围，医疗损害赔偿责任则涉及医疗技术损害责任、医疗伦理损害责任、医疗产品损害责任等诸方面。

（二）医患双方的权利和义务

医疗机构及其医务人员的义务权利，首先是义务：在诊疗活动中应向患者说明病情和医疗措施，因病情需要实施手术、特殊检查、特殊治疗的，应及时向患者说明医疗风险、替代医疗方案等情况，并取得其书面同意，不宜向患者说明的，应向患者的近亲属说明，并取得其书面同意（保证患者知情权）；在诊疗活动中应尽到与当时的医疗水平相应的诊疗义务；应按规定填写并妥善保管住院志、医嘱单、检验报告、手术及麻醉记录、病理资料、护理记录、医疗费用等病历资料；应对患者的隐私保密，不得向外界泄露患者的隐私或未经患者同意公开其病历资料（保护患者隐私权）；应按诊疗规范实施诊疗，不得违反诊疗规范实施不必要的检查。当然医疗机构及其医务人员同时也享有法律规定的一系列权利，并受依法保护：在特定情形下，有实施相应的医疗措施的权利，即因抢救等紧急情况，不能取得患者或其近亲属意见的，经医疗机构负责人的批准，有权立即实施相应的医疗措施（基于患者知情权与生命权之间作出有利于患者权益的平衡选择）；享有正常的工作、生活权利；患者因药品等原因向医疗机构索赔，医疗机构赔偿后有追偿权。

患者及其近亲属的权利义务，首先是权利：对诊疗过程有知情权，有权要求查阅、复制有关病历资料，对某些特殊诊疗享有允许权，即患者对需要实施手术、特殊检查、特殊治疗的，有权知道医疗风险、替代医疗方案等，并有权同意与否，患者不宜知道的，其近亲属有权知道，并有权同意与否；患者有隐私权，即患者有权要求为其保守有关医疗过程中的隐私，也有权要求保密其病历资料；患者有索赔权，即患者在诊疗活动中，因医务人员未尽到义务，因药品等缺陷原因，或者因其隐私被侵犯等原因而受到损害的，有权请求医疗机构或有关责任人承担赔偿责任。当然患者及其近亲属同时也承担相应义务，包括应当尊重医务人员依法享有合法权益，不能干扰医疗秩序，妨害医务人员的正常工作、生活，否则将要依法承担法律责任。

（三）医疗损害的责任归属

医疗损害的责任归属涉及如下方面：一是患者在诊疗中受到损害，医疗机构及其医务人员有过错的，医疗机构承担赔偿责任。二是医务人员在诊疗中未尽其义务的第一种而造成患者损害的，医疗机构承担赔偿责任。三是医务人员在诊疗中未尽其义务的第二种而造成患者损害的，医疗机构承担赔偿责任。四是患者有损害，下列情形之一可推定医疗机构有过错，医疗机构承担赔偿责任：违反法律法规规章及有关诊疗规范的规定，隐匿或拒绝提供与纠纷有关的病历资料，伪造、篡改或销毁病历资料。医疗机构承担医疗损害责任，不仅适用过错责任原则，而且也适用过错责任推定原则。推定医疗机构是否有过错，主要是围绕病历资料的提供来断定。在医患纠纷中，应由医疗机构就医疗行为与损害结果之间不存在因果关系及不存在医疗过错承担举证责任；医疗机构提供不出由其保管的病历资料时，应承担举证不能的责任风险，从而推定其存在过错。五是因药品、消毒药剂、医疗器械的缺陷，或者输入不合格血液造成患者损害的，由生产者或血液提供机构承担赔偿责任。患者除有权向生产者或血液提供机构请求赔偿外，也有权向医疗机构请求赔偿；医疗机构承担赔偿责任后，有权向生产者或血液提供机构追偿。六是医疗机构及其医务人员泄露患者隐私或公开病历资料造成其损害的，承担侵权责任。

（四）医疗损害责任的免责情形

医疗损害责任的免责指即使患者有损害，医疗机构也不承担责任。免责情形主要包括：患者或其近亲属不配合医疗机构进行符合诊疗规范的诊疗，若医疗机构及其医务人员无过错的，不承担赔偿责任，有过错的，承担相应的赔偿责任；医务人员在抢救生命垂危的患者等紧急情况下已尽到合理诊疗义务，又无过错的，不承担赔偿责任；限于当时的医疗水平难以诊疗的，包括当时社会整体的医疗水平等因素，不承担赔偿责任。

五　环境污染责任

环境污染责任由《侵权责任法》第8章、《环境污染法》等几部民事特别法规范。

（一）环境污染责任的定义

环境污染责任是指环境污染者违反法律规定，不履行法定义务，对保护环境的强制性要求或禁止性限制实施了作为或不作为的环境污染行为，污染生活、生态环境，造成环境损害，依法不问过错均应承担损害赔偿的侵权责任。环境污染者，即环境污染的责任人；环境，即影响人类生存和发展的各种天然的和经过人工改造的自然因素总体，包括大气、水、海洋、土地、矿藏、森林、草原、野生生物、自然遗迹、人文遗迹、自然保护区、风景名胜区、城市和乡村等；环境污染，即工矿企业等所产生的废气、废水、废渣、粉尘、垃圾、放射性物质等有害物质和噪声、震动、恶臭排放或传播到大气、水、土地等环境之中，使人类生存环境受到一定程度危害的行为；环境污染行为，即对保护环境的强制性要求或禁止性限制以作为或不作为的方式，构成对环境污染的行为，包括排放有害物质和有害废弃物，散发有害气体、粉尘，传播噪声、震动，散漏化学毒品或放射性物质等。环境污染责任构成要件包括：责任人实施了环境污染的行为；存在客观的损害事实；责任人的环境污染行为与客观损害事实存在因果关系，且这种因果关系可通过责任人的行为推定。

环境污染责任包括以下类型：转基因农产品污染侵权责任，即在天然生物物种基因中掺进了人工重组的基因所造成的环境污染责任；水污染侵权责任，即水体因某种有害物质的介入而导致其化学、物理、生物或放射性等方面特性的改变，从而危及人体健康、生态环境所造成的环境污染责任；大气污染侵权责任，即因人为活动致使某种有害物质进入大气从而导致其化学、物理、生物或放射性等方面特性的改变，从而危及人体健康、生态环境所造成的环境污染责任；固体废弃物污染侵权责任，即因不适当的排放、扬弃、贮存、运输、使用、处理和处置固体废弃物，从而危及人体健康、生态环境所造成的环境污染责任；有毒有害物质污染侵权责任，即因不适当地排放、扬弃、贮存、运输、使用、处理和处置化学物质、农药、放射性物质、电磁波辐射等有毒有害物质，从而危及人体健康、生态环境所造成的环境污染责任；环境噪音污染侵权责任，即在工业生产、建筑施工、交通运输和社会生活中所产生的干扰环境的噪声超过国家规定的排放标准所造成的环境污染责任；能量污染侵权责任，即向环境排放噪声、电磁波、光波、热能等能量，对人体和生态环境造成的环境污染责任；海洋污染侵权责任，即责任人直接或间接将污染物、能量等引入海洋环境，造成损害海洋生物资源、海水使用素质，减损环境质量以及危害人体健康所造成的环境污染责任；生态损害污染责任，即责任人在开发、利用环境资源时未遵循生态规律，导致生态系统的组成、结构和功能发生凌乱所造成的环境污染责任。

（二）环境污染责任的归属

环境污染责任的归责原则：严格责任原则，即行为人实施的行为只要造成环境污染，不论有无过错均应承担造成环境污染损害赔偿责任的原则；环境污染责任因果关系推定原则，即依据加害行为与损害后果之间存在的因果关系推定环境污染侵权责任归属的原则。

环境污染责任的归属包括如下方面：一是因污染环境造成损害的，无论污染者有无过错，均应承担侵权责任。二是污染者认为免责或减轻责任的，承担举证责任；否则，承担举证不能的责任后果，包括承担诉讼中败诉的风险。三是环境污染存在多个污染者或第三人责任的，相关责任人承担连带责任；多人污染者承担侵权连带责任的，其各自责任大小，视污染物种类、排放量等因素确定；第三人过错造成环境污染的，污染者承担连带责任，污染者承担赔偿责任后，有权向第三人追偿。

六 高度危险作业责任

高度危险作业责任由《侵权责任法》第9章、《民用航空法》《铁路法》等规范。

（一）高度危险作业责任的定义

高度危险作业责任指从事高度危险性活动，对周围环境产生影响，造成损害，依法应承担赔偿的侵权责任。高度危险作业包括：民用核设施经营活动，民用航空器经营活动，占有或使用易燃、易爆、剧毒、放射性等高度危险物的活动，从事高空、高压、地下挖掘活动，使用高速轨道运输工具的活动，遗失、抛弃高度危险物的行为，非法占有高度危险物的行为。高度危险作业特征：该作业对周围环境有高度危险性，该作业危险性存在于该作业的整个活动过程中，该作业是一种只有在安全规范下才能进行活动的特殊作业。

（二）高度危险作业责任的归属

高度危险作业责任的归属采取无过错责任原则，只要存在高度危险作业并造成他人损害的，有关责任人承担损害赔偿责任，即从事高度危险作业造成他人损害的，承担侵权责任，而不论其有无过错。

（三）高度危险作业责任的免责、减轻责任或连带责任的情形

高度危险作业责任的归属也采取公平责任原则，只要存在免责、减轻责任或连带责任的法定情形，有关责任人则视不同情形而确定免责、减轻责任或连带责任：民用核设施发生核事故造成他人损害，民用核设施经营者能够证明该损害是因战争等情形或受害人故意造成的，不承担责任；民用航空器造成他人损害，民用航空器经营者能够证明该损害是因受害人故意造成的，不承担责任；占有或使用易燃、易爆、剧毒、放射性等高度危险物造成他人损害，占有人或使用人能够证明该损害是因受害人故意或不可抗力造成的，不承担责任，被侵权人对损害的发生有重大过失的，可减轻占有人或使用人的责任；从事高空、高压、地下挖掘活动或使用高速轨道运输工具造成他人损害，经营者能够证明该损害是因受害人故意或不可抗力造成的，不承担责任，被侵权人对损害的发生有过失的，可减轻经营者的责任；遗失、抛弃高度危险物造成他人损害，高度危险物所有人将高度危险物交由他人管理，所有人有过错，与管理人承担连带责任；非法占有高度危险物造成他人损害，所有人和管理人不能证明对防止他人非法占有已尽到高度注意义务的，与非法占有人承担连带责任；未经许可进入高度危险活动区域或高度危险物存放区域受到损害，管理人能够证明其已采取安全措施并尽到警示义务的，可减轻责任或免责，由擅闯人承担相应责任。

七　动物致人损害责任

动物致人损害责任由《侵权责任法》第10章以及有关民事特别法予以规范。

（一）动物致人损害责任的定义

动物致人损害责任是指饲养的动物造成他人损害的，动物饲养人或管理人依法应承担损害赔偿的侵权责任。动物致人损害责任的构成要件：存在动物致人损害事实，存在被动物侵害而受损害的被害人及被害事实，动物致人损害的事实与被害人受损害有因果关系。

（二）动物致人损害责任的归属

饲养的动物造成他人损害的，其饲养人或管理人承担侵权责任，但饲养人或管理人能够举证证明损害是因被侵权人故意或重大过失造成的，可免责或减轻责任；饲养人或管理人违反动物饲养管理规定，未对动物采取安全措施造成他人损害的，承担侵权责任；禁止饲养的烈性犬等危险动物造成他人损害的，动物饲养人或管理人承担侵权责任；动物园的动物造成他人损害的，动物园承担侵权责任，但动物园能够举证证明自己已尽到管理职责的，不承担责任；遗弃、逃逸的动物在遗弃、逃逸期间造成他人损害的，由原动物饲养人或管理人承担侵权责任；因第三人过错致使动物造成他人损害的，由第三人与动物饲养人

或管理人承担连带侵权责任,但饲养人或管理人承担赔偿责任后,有权向第三人追偿。

八 物件致人损害责任

物件致人损害责任由《侵权责任法》第11章以及相关民事特别法予以规范。

(一) 物件致人损害责任的定义

物件致人损害责任指因物件造成他人损害,物件的所有人、管理人或使用人等责任人依法应承担损害赔偿的侵权责任。物件致人损害责任的构成要件:存在因物件原因造成损害事实,存在他人被损害事实,他人被损害事实与物件原因造成损害之间有因果关系。物件致人损害责任主要适用过错责任推定原则,即根据法律规定推定行为人有过错,行为人不能证明自己没有过错的,行为人依法应承担侵权责任的侵权责任归责原则;也适用举证责任倒置原则,即本应按"谁主张谁举证"的民事举证责任原则负有举证责任的一方当事人不负担举证责任,而由他方当事人承担举证责任这样一种举证责任例外原则,这就是说,作为他方当事人的行为人认为自己没有过错的,应当负担举证责任,否则因举证不能而承担败诉的风险。

(二) 物件致人损害责任的分类和责任归属

物件致人损害责任包括以下几类:建筑物、构筑物或其他设施及其搁置物、悬挂物损害责任,建筑物、构筑物或其他设施倒塌损害责任,抛掷物、坠落物损害责任,堆放物倒塌损害责任,妨碍通行物损害责任,林木折断损害责任,地下工作物损害责任。

物件致人损害责任归属如下:建筑物、构筑物或其他设施及其搁置物、悬挂物发生脱落、坠落而造成他人损害,所有人、管理人或使用人不能证明自己没有过错的,应承担物件损害的侵权责任,所有人、管理人或使用人赔偿后有其他责任人的,有权向其他责任人追偿;建筑物、构筑物或其他设施因责任人原因倒塌造成他人损害的,其责任人应承担物件致人损害的侵权责任,不能确定责任人的,由建设单位与施工单位承担物件致人损害的连带侵权责任,但建设单位、施工单位赔偿后,有其他责任人的,有权向其他责任人追偿;从建筑物中抛掷物品或从建筑物上坠落的物品造成他人损害,难以确定具体侵权人的,除能够证明自己不是侵权人的外,由可能加害的建筑物使用人给予被加害人的补偿;堆放物倒塌造成他人损害,堆放人不能证明自己没有过错的,应承担物件致人损害的侵权责任;在公共道路上堆放、倾倒、遗撒妨碍通行的物品造成他人损害的,有关单位或个人应承担物件致人损害的侵权责任;因林木折断造成他人损害的,林木的所有人或管理人不能证明自己没有过错的,应承担物件致人损害的侵权责任,林木的所有人和管理人均不能举证证明自己是无过错的,他们只能承担连带责任;在公共场所或道路上挖坑、修缮、安装地下设施等,没有设置明显标志和采取安全措施造成他人损害的,施工人应承担物件致人损害的侵权责任,窨井等地下设施造成他人损害,管理人不能证明尽到管理职责的,应承担物件致人损害的侵权责任。

第九节　婚姻家庭法
——婚姻家庭方面的民事责任：民事责任（三）

婚姻家庭法的框架性法律包括婚姻法、收养法、反家庭暴力法。与合同法一样，将婚姻家庭法放在民事责任这一部分，乃因婚姻家庭法更重要的不是民事权利，尽管它包含民事权利，而是民事责任，尽管它是与权利平衡的责任。民事权利和民事责任作为主线，将民法体系建构起来，就可窥见未来民法典的基本框架。可以预见，未来民法典内容无论涵盖哪些法律范畴，但其框架总是由民事权利和民事责任构建的。

一　婚姻家庭法概述

婚姻家庭法是民法的主干部分，综观作为当今世界两大主要法系的普通法和大陆法，都将婚姻家庭方面的法律视为民法的主干内容。美国法关于法律的分类，就将家庭法置于私法范畴之内，而其私法又被明确称之为民法。[1] 英国法关于法律的分类，同样将家庭法置于私法范畴之内。[2] 至于大陆法系，《德国民法典》第4编"亲属法"涵盖的婚姻、亲属、监护，相当于普通法系的家庭法。《法国民法典》第1编"人"涵盖的结婚、离婚、父母子女、收养与非正式监护、亲权等，同样是普通法系的家庭法。可见，家庭法在普通法系和大陆法系中都被视为民法的一个重要组成部分。在中国立法中，关于婚姻家庭法究竟是属于民法部分还是与民法平行的独立的法律部门，有一种意见认为婚姻法当属独立的法律部门，即民法不包含婚姻法。此意见虽可成一家之言，但就现代法律分类原则和理论来说，将婚姻法从民法中分离、独立出来似有不妥，也不符合国际对民法划分的共识。将婚姻家庭法视为民法的子部门法是恰当的，也符合现代民法的理论体系。

（一）婚姻家庭法的定义

婚姻家庭法是调整婚姻家庭关系的法律，是关于婚姻家庭关系的发生、终止以及婚姻家庭主体之间、其他近亲属之间的权利和义务的法律规范的总称。这里涉及婚姻和家庭的概念。婚姻是指以男女两性结合为基础、以共同生活为目的、为一定法律制度所确认的具有夫妻关系的社会形式。婚姻有以下性质：以男女两性结合为基础，即以男女两性不同性本能为婚姻成立的基础，并具有繁衍后代的特征，否则就不是法律意义上的婚姻，也是违

---

[1] 参看 *The World Book Encyclopedia* Vol. 12。
[2] 参看 *Encyclopedia Britannica* Vol. 30。

反自然法的，而现在世界某些角落存在的所谓同性婚姻问题，这与自然法是背道而驰的，它只会将人类社会引入歧途，陷入万劫不复的境地；以共同生活为目的，生活在一起，组成一个家庭，而二者之间以及包括所繁衍的后代，共同成为婚姻共同体的家庭的成员；为一定法律制度所确认，即男女之间组成家庭需要被一种特定的法律制度所认可，而就中国现时的婚姻而言，也就是通过婚姻注册机关注册结婚，成为合法的夫妻关系，进而组成家庭，这种受法律认可的婚姻无疑具有公开夫妻身份这一公示的性质。现代民法将婚姻视为一种男女结合的契约行为，规定彼此之间的权利和义务。家庭是指基于婚姻关系、血缘关系、收养关系而形成的一定亲属共同生活的最基本的社会组织形式。家庭是人类社会存在的基本形式，它的形成一般取决于以下条件：婚姻关系，即通过男女双方结合组织家庭；血缘关系，即由有一定血缘关系的成员组织家庭；在一定条件下的收养关系，即通过收养行为组成家庭。

由此可见，婚姻与家庭属于两个既有联系又有区别的概念，它们反映的是两种既有联系又有区别的社会关系：婚姻关系的本质是夫妻关系，即一男一女以法律允许的方式结合在一起的一种社会关系；家庭关系的本质是家庭成员之间通过血缘关系或者收养关系凝聚在一起的一种社会关系。由于家庭关系一般都是通过婚姻关系的建立而形成的社会关系，因而婚姻关系都是一种家庭关系，但家庭关系不一定都是婚姻关系，父母与子女之间是一种家庭关系，不是一种婚姻关系。除某些特殊情形是通过收养而形成的家庭关系外，绝大多数家庭关系总是基于婚姻关系的，即使父母与子女间的家庭关系，也是基于父母先前的婚姻关系才形成的。因此，习惯将婚姻与家庭放在一起表述；规范它们的法律，也习惯称之为婚姻家庭法。

中国的婚姻家庭法有以下性质：普遍适用的性质，即其适用范围是广泛的，其法律规范适用家家户户，不仅适用于中国公民，也适用于居住在中国的外国人、无国籍人的婚姻家庭行为规范；道德伦理的性质，即它与其他法律相比更具有强烈的道德伦理规范，因为它规定的夫妻、父母、子女之间以及其他家庭成员之间的权利义务关系不仅具有法律规范性，而且具有道德伦理规范性；身份关系的性质，即它要调整的是具有特定亲属身份的人之间固有的人身关系和财产关系，也即其人身关系和财产关系基于特定亲属身份。

（二）婚姻家庭法的基本原则

基本原则1　婚姻自由原则

本原则指男女双方有依法缔结婚姻关系和解除婚姻关系，不受对方强迫或他人干涉的自由。婚姻自由包括结婚自由，即结婚必须出于男女双方完全自愿，以及离婚自由，即夫妻任何一方均有权因感情破裂而请求解除婚姻关系。基于此原则，禁止包办、买卖婚姻等行为，禁止借婚姻索取财物。

基本原则2　一夫一妻制原则

本原则指由一男一女结为夫妻的婚姻和家庭制度的形式。国家实行一夫一妻制度，每对夫妇只能各有对方作为其配偶，一个男人只能有一个妻子，一个女人只能有一个丈夫。基于此原则，禁止重婚，禁止有配偶者与他人同居。

基本原则3　男女平等原则

本原则指男子和女子在婚姻家庭生活中享有平等的权利和履行平等的义务。男女平等不仅体现在夫妻之间的平等，而且也体现在家庭成员之间的男女平等。

基本原则4 保护妇女、儿童和老人的合法权益原则

本原则指在婚姻家庭关系上，法律明确保护妇女、儿童和老人的合法权益。如女方在怀孕期间、分娩后一年内或中止妊娠后六个月内，男方不得提出离婚；禁止溺婴、弃婴。

基本原则5 计划生育原则

本原则的实质是国家管理公民的生育行为。计划生育是一项国策，并写入宪法，虽2016年放开二胎，但本质仍是国家管生育。

（三）婚姻家庭法的内容

婚姻家庭法涵盖：婚姻法律规范，包括结婚、离婚、父母责任及对子女监护和供养、父母权利及对子女探望权、离婚财产分配；收养法律规范，包括收养关系成立和解除、收养法律效力及责任。就私法角度，婚姻家庭法含结婚、离婚及由离婚引发的子女、财产等问题；就公法[①]角度，婚姻家庭法含父母责任、成年子女家庭责任及收养关系等。

二 私法角度的婚姻家庭法：结婚、离婚、子女、财产

婚姻家庭法可以而且应当分别从私法和公法的不同角度去阐述其规范。私法涉及公民的民事权利和义务，公法涉及公民的社会责任。婚姻家庭法律规范不仅关乎公民个人行为规范，而且也与社会责任紧密相关。本题从私法角度阐述婚姻家庭法。

（一）结婚

结婚是指一男一女的依法结合，共同生活在一起、共担家庭责任的行为，其中男方称为夫，女方称为妻。结婚行为的结果就是组织家庭。在组织家庭中，夫妻双方共同生活，共享家庭权利，共担家庭责任。结婚是婚姻关系成立的必要前提，有自己特有的规范。一是结婚必要条件：意思自治条件，即结婚必须男女双方完全自愿，一方不得强迫他方，第三者不得干涉；法定婚龄条件，男不得早于22周岁，女不得早于20周岁。二是禁止结婚的法定情形：直系血亲和三代以内旁系血亲，患有医学上认为不应结婚的疾病。三是结婚的法定程序：结婚男女双方须亲自到婚姻登记机关进行结婚登记，不得委托他人办理；结婚登记机关接受当事人结婚登记申请后应进行审查，符合法定条件的，予以登记，发给结婚证；不符合法定条件的，不予登记，并告知当事人原因；申请手续不齐的，应告知补足手续。四是无效婚姻：重婚；有禁止结婚的亲属关系；婚前患有医学上认为不应当结婚的疾病，婚后尚未治愈；未到法定婚龄。无效婚姻自始无效，无效婚姻当事人不具有夫妻的权利和义务。在无效婚姻中同居期间所得财产，由当事人协商处理，协商不成的，由法院根据照顾无过错方的原则判决，对重婚导致的婚姻无效的财产处理，不得侵害合法婚姻当事人的财产权益。五是被撤销的婚姻。被撤销婚姻指因胁迫结婚而由受胁迫的一方申请，由法院判决撤销的婚姻。胁迫即行为人以给另一方当事人或其近亲属的生命、身体健康、名誉或财产等造成损害为要挟，迫使另一方当事人违背真实意愿结婚的情况。受胁迫请求

---

① 婚姻家庭法属私法范畴，此处仅从公法角度对其引申的法律责任进行审视。

撤销婚姻的，只能是受胁迫一方。被撤销婚姻自始无效，其处理与无效婚姻的相同。

（二）离婚

离婚是指夫妻双方按法定程序将婚姻关系解除的法律行为，与结婚对应。离婚结果是婚姻关系终止，但婚姻关系终止不等同于离婚。婚姻关系终止即有效婚姻关系因发生一定法律事实而归于消灭，引起婚姻关系终止的原因不外乎是，或者因自然原因，即配偶一方死亡，或者因人为原因，即离婚。若说结婚是一种婚姻行为，则离婚也是一种婚姻行为；结婚是一种肯定的婚姻行为，而离婚是一种否定的婚姻行为。离婚应遵循以下规范：

第一，处理离婚的原则：离婚自愿原则，男女双方自愿离婚的，准予离婚；离婚程序法定原则，男女双方离婚，按法定程序办理；离婚调解原则，男女一方要求离婚的，可由有关部门进行调解，法院审理离婚案件，应进行调解；离婚对未成年子女处理有利于其成长原则，离婚对未成年子女的处理，应按有利于其成长的原则处理子女的抚养方式；离婚照顾特定人群原则，对现役军人及对怀孕、刚分娩或中止妊娠的妇女的离婚，应依照顾其特点的原则处理；离婚财产分配公平合理原则，公平合理地分配离婚夫妻双方共有财产。

第二，离婚的法定程序：男女双方自愿离婚的，双方必须到婚姻登记机关申请离婚；婚姻登记机关对离婚申请查明双方确实是自愿并对子女和财产问题已有适当处理的，准予离婚，发给离婚证。男女一方要求离婚的，可由有关部门进行调解或直接向法院提出离婚诉讼；法院审理离婚案件，经调解，如感情确已破裂，调解无效，应准予离婚。一方被宣告失踪，另一方提出离婚诉讼的，应准予离婚。有下列情形之一，调解无效的，应准予离婚：重婚或有配偶者与他人同居的；实施家庭暴力或虐待、遗弃家庭成员的；有赌博、吸毒等恶习屡教不改的；因感情不和分居满2年的；其他导致夫妻感情破裂的情形，如夫妻双方因是否生育发生纠纷，致使感情已破裂，一方请求离婚的情形。

第三，特定人群的离婚规定。现役军人的配偶要求离婚，须得军人同意，除非军人一方有重大过错；女方在怀孕期间、分娩后1年内或中止妊娠6个月内，男方不得提出离婚，除非是女方提出离婚，或者法院认为确有必要受理男方离婚请求。

第四，离婚后子女的监护和探望。离婚后，未成年子女的监护由直接抚养子女的一方负责，另一方有权探望子女。离婚后，哺乳期内的子女，以随哺乳的母亲抚养为原则；但如父方抚养条件好，母方同意，也可由父方抚养。哺乳期后的子女，子女随谁抚养，离婚父母可协商解决，因抚养问题发生争执不能达成协议的，由法院根据子女权益和双方具体情况判决，子女有一定的识别能力的，应征求子女本人意见。双方对抚养独生子女发生争议的，在有利于保护子女利益的前提下，要考虑不能生育和再婚有困难一方的合理要求。

第五，离婚后子女的供养和抚养费。离婚后一方抚养的子女，另一方应负担必要的生活费和教育费的一部分或全部，负担费用的多少和期限的长短，由双方协议；否则，由法院判决。父母对子女生活费和教育费的负担，可视子女实际需要、父母负担能力和当地生活水平确定。父母对子女抚养义务，一般到子女独立生活时止。子女生活费和教育费的协议或判决，不妨碍子女在必要时向父母任何一方提出超过协议或判决原定数额的合理要求。

第六，离婚后夫妻财产分配。离婚时的财产分配有两种情形：一种是夫妻各自婚前个人财产和各自所用财物，原则上归各人个人所有。以下情形均为夫妻一方财产：一方的婚前财产，一方因身体受到伤害获得的医疗费、残疾人生活补助费等费用，遗嘱或赠予合同中确定只归夫或妻一方的财产，一方专用的生活用品，其他应归一方的财产。另一种是夫妻共同财产归共同所有。共同财产包括婚姻关系存续期间所得的下列财产：工资、奖金；生产、经营的收益；知识产权的收益；继承或赠予所得的财产，除非遗嘱或赠予合同确定只归夫或妻一方所有；其他应归共同所有的财产。共同财产离婚时按以下规范处理：除有约定的按约定处理外，应由双方协议处理；协议不成的，由法院根据共同财产具体情况、结婚时间长短、生产生活实际需要、财产来源和数量、照顾子女和女方权益的原则判决。共同财产分割时应注意：婚前财产与婚后财产无法查清的，或者虽属婚前个人财产，但已结婚多年，由双方长期共同使用、经营、管理的，可视为夫妻共同财产；对于夫或妻在家庭承包经营中享有的权益等，应依法予以保护；离婚时一方生活困难的，另一方应从其住房等个人财产中给予适当帮助；离婚时原为夫妻共同生活所负债务应共同偿还；复员、转业军人所得的复员费、转业费，夫妻关系存续期间从事的多种经营和承包责任田的收益，城乡个体经营户的生产资料、合法收入等，在分割夫妻共同财产时按有关规范处理。

第七，离婚后对夫妻关系存续期间债务的处理。与此相关的规范有《婚姻法》第41条和最高法院关于该法司法解释（二）的第24条。司法实践中在适用第24条时事实造成不大不小的困扰。这涉及两个问题：二者相悖时何者为最后依归？上述的法条与司法解释是否一致？对第一个问题，司法解释虽具法律约束力，但它应符合立法的目的、原则和原意，即便遇有"法律的规定需要进一步明确具体含义"或"法律制定后出现新的情况，需要明确适用法律依据"的情形，也应向全国人大常委会提出法律解释的要求或提出制定、修改有关法律的议案①；换言之，司法解释只能是对具体应用法律的解释，而不是明确法律规定的具体含义，也不是明确法律制定后出现新情况所适用法律的依据，因为明确法律具体含义和明确新情况适用法律的依据，属全国人大及其常委会的权限。对第二个问题，要严格按其本意来理解：《婚姻法》第41条所指"离婚时，原为夫妻共同生活所负的债务，应当共同偿还"，其前提是债务的目的是"为夫妻共同生活所负"，也就是，若不为夫妻共同生活所负，而仅为单方某一目的所负的债务，则不在"共同偿还"之列。最高人民法院作出第24条规定的背景是，因司法实践中出现不少夫妻以不知情为由规避债权人，通过离婚恶意转移财产给另一方，借以逃避债务，故为维护公平交易，保护市场秩序而作出第24条规定。首先，依据《立法法》规定，即便基于上述背景，也不能作出司法解释，而只能请求全国人大常委会作出法律解释。其次，即便可以作出司法解释，但第24条关于"债权人就婚姻关系存续期间夫妻一方以个人名义所负债务主张权利的，应当按夫妻共同债务处理"的规定，实质是只要满足"婚姻关系存续期间"和"夫妻一方以个人名义所负债务"这两个要件，即可视为"夫妻共同债务"，这就似乎有失偏颇。造成这种情况，或许是当时未有预见会出现夫妻一方恶意将财产转移给自己的情形，或许是作出司法解释时行文不够严谨，因语义偏差而导致失误。为此，最高人民法院对第24条作出补充规定，对其新增两款："夫妻一方与第三人串通，虚构债务，第三人主张权利的，人民法院不予支持。""夫妻一方在从事赌博、吸毒等违法犯罪活动中所负债务，第三人主张权利的，人民法院不予支持。"这样补充规定后，可以在整体上有效地避免两种极端。

---

① 《立法法》第104条第1款、第45条第2款。

三　公法角度的婚姻家庭法：父母权利和责任、收养

婚姻家庭法不仅可以从婚姻、家庭的民事权利义务角度审视，而且也可以从婚姻、家庭的社会责任角度审视。从社会责任角度审视婚姻、家庭的规范时，就是从公法角度阐述婚姻家庭法，即着重就父母的责任、成年子女对父母的责任以及收养等规范加以阐述。

（一）夫妻在家庭生活中的责任

夫妻在家庭生活中的责任，更主要的表现为一种公法意义上的社会责任，而不仅仅是一种民法意义上的责任。严格说，婚姻具有契约的性质，也就是男女双方一旦结合组织家庭，各自就对对方肩负起一种责任，这是以契约的方式体现出来的一种相互责任。家庭暴力本质上也涉及夫妻之间的相互责任，它不是单纯的家庭内部事务，而是婚姻家庭法中与公法相关的问题，那些持续性、经常性的家庭暴力，甚至将会构成虐待罪，触及刑律。重婚或有配偶者与他人同居，是夫妻在家庭生活中的不负责任，重婚更是触犯刑律。

（二）父母责任以及父母权利的终止

父母责任本质上是一种社会责任，主要包括：父母对子女有抚养的责任，当父母不履行抚养义务时，未成年的或不能独立生活的子女，有要求父母付给抚养费的权利；父母有爱护子女的责任，对子女疏忽而造成子女受伤害的，应负相应责任，对子女故意疏忽而伤害子女的，甚至要负刑事责任，有禁止性的溺婴、弃婴和其他残害自己婴儿行为的，特别是因计划生育而对女婴伤害的，触犯刑律者应负刑事责任；父母有保护和教育未成年子女的责任，父母应教育未成年子女遵纪守法，未成年子女对国家、集体或他人造成损害的，父母有承担民事责任的义务；父母有让未成年子女完成国家规定的义务教育的责任，不得剥夺或变相剥夺子女接受义务教育的权利，否则，应根据具体情形负相应的法律责任。

父母对子女当然也存在权利，但父母不履行对子女肩负的责任，导致子女受伤害的，最终会致使父母对子女权利的终止。要注意，子女基于血缘关系或收养关系而属于父母，不能理解为子女是父母的私有财产；子女具有人格化的特征，他们是社会的一分子，当父母不履行对子女的责任，甚至触犯法律时，其结果会被终止对子女的权利，例如监护权。这些也是为什么婚姻家庭法不仅可以从私法角度，而且可以从公法角度去审视的重要原因。

（三）成年子女对父母的责任

父母与子女的关系，既有父母对子女的抚养教育义务，又有子女对父母的赡养扶助义务。子女对父母的赡养扶助义务指成年子女对无劳动能力或生活有困难的父母应尽的赡养扶助义务，包括有负担能力的孙子女、外孙子女对子女已死亡或子女无力赡养的祖父母、外祖父母，有赡养的义务。子女不履行赡养义务的，无劳动能力或生活有困难的父母，有要求子女付给赡养费的权利，包括孙子女、外孙子女不履行赡养义务的，对子女已死亡或子女无力赡养的祖父母、外祖父母，有要求孙子女、外孙子女付给赡养费的权利。对需要赡养的父母或祖父母、外祖父母不履行赡养义务，属于遗弃家庭成员的行为，如果触犯刑

律，属于遗弃罪，应当负刑事责任。

（四）收养

收养是公法意义上的婚姻家庭法的一个方面，因为通过收养建立的家庭关系已经超乎原来血亲家庭那种传统的家庭伦理观念，而这种通过收养建立的亲子关系必须基于法律规范。

1. 收养的相关定义及其基本原则

收养是指收养人依法从送养人那里收下被收养人作为自己子女来抚养，从而使收养人和被收养人建立拟制亲子关系的民事法律行为。收养的当事人：收养人，是从送养人那里收下被收养人作为自己子女来抚养，并与被收养人建立拟制亲子关系的人，俗称养父母；被收养人，是被送养人送给收养人作为自己子女抚养，与收养人建立拟制亲子关系的人，俗称养子女；送养人，是将被收养人送给收养人作为自己子女抚养，使收养人与被收养人建立拟制亲子关系的人。收养关系属于拟制亲子关系，即本不是亲子关系的人通过合法的收养行为，致使收养人与被收养人之间建立起一种类似的亲子关系。收养关系的性质：民事法律行为的性质，即收养的成立和效力须按一定法律规范；拟制血亲关系的性质，即通过收养使收养人与被收养人之间建立起如同亲生父母子女之间那样的权利义务；变更亲属身份和权利义务的性质，即收养关系一旦成立，收养人与被收养人之间的拟制亲子关系即告成立，相应的权利义务随之诞生，被收养人与其生父母之间的身份关系和权利义务随之消灭；与自然血亲的亲子关系不同的性质，拟制亲子关系可依法产生，也可依法解除。

收养应遵循以下原则：收养合法性原则，即收养行为应符合法律规范，收养过程应符合法定程序；收养有利于被收养的未成年人的抚养、成长原则，即收养是为了被收养的未成年人的健康成长，而不只是为获得养父母的权利；收养保障被收养人和收养人的合法权益原则，即收养关系形成之后应保障当事人权利；收养平等自愿原则，即收养双方权利义务平等，收养双方合意是收养关系成立与解除的必要条件；收养不得违背社会公德原则，即收养关系的成立应以社会公共道德标准作为其行为规范；收养不得违背计划生育政策原则，即收养行为不得与计划生育的国策相违背，否则收养不成立，除非此国策改变。

2. 收养关系成立的程序

第一，中国公民在中国境内收养子女的程序：申请，收养人亲自到收养登记机关申请办理收养登记；审查，收养登记机关收到收养人收养登记申请后对申请进行审查；登记，收养登记机关就收养登记申请进行审查后，对于符合条件的，为申请人办理收养登记。

第二，华侨、港澳台中国公民收养子女程序：与中国建交国家华侨申请登记，提交收养申请书、护照、收养人居住国有权机构出具的收养人年龄、婚姻、有无子女、职业、财产、健康、有无受过刑事处罚等的证明材料，并经居住国外交机关及中国驻该国使领馆认证；未与中国建交国家华侨申请登记，有关文件要经与中国有外交关系国家驻该国使领馆认证，其他与上述相同；香港、澳门居民中的中国公民申请收养登记，提交收养申请书、香港或澳门居民身份证、来往内地通行证或回乡证、经国家主管机关委托的香港委托公证人证明的收养人年龄、婚姻、有无子女、职业、财产、健康、有无受过刑事处罚等状况的证明材料；台湾中的中国公民（实指台湾居民）申请收养登记，提交收养申请书、在台湾居住的有效证明、中国主管机关签发或签注的有效旅行证件、经台湾公证机构公证的收养人年龄、婚姻、有无子女、职业、财产、健康、有无受过刑事处罚等的证明材料。

第三，外国人在中国境内收养子女程序：外国人（含夫妻一方为外国人）在中国境内收养子女，应先通过所在国政府或政府委托的收养组织向中国政府委托的收养组织转交收养申请并提交跨国收养申请书、出生证明、婚姻证明、职业及经济和财产状况证明、健康证明、有无受过刑事处罚证明、所在国主管机关同意收养证明、家庭情况报告等。中国收养组织对申请审查后，参照外国收养人意愿，选择适当的被收养人，并将被收养人及送养人有关情况送交外国收养人。外国收养人同意收养的，中国收养组织向其发出收养通知书。外国收养人到中国收养子女，要与送养人订立书面收养协议，并依规定办理收养登记。收养登记机关发给收养登记证书，收养关系自收养登记之日起成立。

3. 收养关系成立的限制

不适用收养关系的情形：由生父母的亲属或朋友抚养的孤儿或生父母无力抚养的子女，这是抚养和被抚养关系，不适用收养关系；配偶一方死亡，另一方送养未成年子女的，死亡一方父母有优先抚养权，这是祖父母或外祖父母对孙子女或外孙子女的抚养，不适用收养关系。不能成立收养关系的情形：规避计划生育的收养名义，买卖儿童的收养名义。

4. 收养的效力

依法成立的收养关系，具有法律效力，受法律保护，当事人依法享有一定权利和承担一定义务。违反收养的民事法律规范，其收养行为无效，没有法律效力，不受法律保护。

5. 收养关系的解除及其法律后果

第一，收养关系解除的情形：一是收养关系的协议解除，即作为收养关系双方当事人的养父母与养子女一致同意终止其相互之间权利义务关系的法律行为。协议解除收养关系的规则：收养人在被收养人成年以前，不得解除收养关系，除非收养人、送养人双方协议解除；养子女年满10周岁以上的，解除收养关系应征得被收养人本人的同意；收养人不履行抚养义务，送养人有权要求解除养父母与养子女之间的收养关系；养父母与成年养子女关系恶化的，直接可以解除收养关系。二是收养关系的诉讼解除，即一方当事人要求解除而另一方当事人不同意的，要求解除的一方通过诉讼途径解除收养关系的法律行为。诉讼解除收养关系的情形包括：一方当事人要求解除收养关系，而另一方当事人不同意解除收养关系，要求解除的一方有权向法院提起诉讼；收养人不履行抚养义务，送养人要求解除收养关系，而送养人与收养人不能达成协议的，送养人有权向法院提起诉讼；养父母与成年养子女关系恶化，不能达成协议解除收养关系，当事人有权向法院提起诉讼。

第二，收养关系解除的法律后果。收养关系解除的直接法律后果：养子女与养父母及其他近亲属的权利义务关系自行消除，即拟制直系血亲和拟制旁系血亲关系自行消除；未成年养子女与生父母及其他近亲属的权利义务关系自行恢复，即自然直系血亲和自然旁系血亲关系自行恢复；成年养子女与生父母及其他近亲属的权利义务关系是否恢复，可以协商确定。收养关系解除的间接法律后果：经养父母抚养的成年养子女，对缺乏劳动能力又缺乏生活来源的养父母，应给付生活费；养子女成年后虐待、遗弃养父母而解除收养关系的，养父母有权要求养子女补偿收养期间支出的生活费和教育费；生父母要求解除收养关系的，养父母有权要求生父母适当补偿收养期间支出的生活费和教育费；养父母虐待、遗弃养子女而解除收养关系的，养父母无权要求补偿收养期间支出的生活费和教育费。

(五) 反家庭暴力行为

反家庭暴力规范，也属于婚姻家庭法方面的公法规范。反家庭暴力行为主要由2015年制定的《反家庭暴力法》规范，该法共计6章38条。所谓家庭暴力是指家庭成员之间以殴打、捆绑、残害、限制人身自由以及经常性谩骂、恐吓等方式实施的身体、精神等侵害行为。反家庭暴力的适用主体主要是家庭成员，但家庭成员以外共同生活的人之间同样适用，例如未婚同居者之间、离婚后因种种原因仍住同一屋檐下的人之间同样适用。反家庭暴力工作应当遵循预防为主，教育、矫治与惩处相结合原则，并应尊重受害人真实意愿。反家庭暴力对于家庭中的弱势成员，如未成年人、老年人、残疾人、孕期和哺乳期妇女、重病患者遭受家庭暴力的，应给予特殊保护。

反家庭暴力的法律规范涉及以下方面：一是做好家庭暴力的预防，包括国家、社会、工青妇残组织、学校、医疗机构、单位、司法机关、人民调解组织等全方位最大限度地预防家庭暴力行为的发生。二是家庭暴力的处置，即一经发生家庭暴力行为，有关组织应当依法予以处置，包括有关单位对家庭暴力投诉的处理，有关学校、幼儿园、医疗机构、居民委员会、村民委员会、社会工作服务机构、救助管理机构、福利机构发现无民事行为能力人、限制民事行为能力人遭受或疑似遭受家庭暴力的，应及时报案，公安机关对报案应及时处置，法律援助机构应为受害者提供法律援助，对家庭暴力情节较轻，依法不给予治安管理处罚的，由公安机关对加害人给予批评教育或出具告诫书，告诫书通知居委会、村委会，并对加害人、受害人进行查访。三是对情节较重的家庭暴力，当事人有权向法院申请人身安全保护令，对符合以下条件的，法院应在72小时内（情况紧急应在24小时内）依法作出人身安全保护令：有明确的被申请人，有具体的请求，有遭受家庭暴力或面临家庭暴力现实危险的情形。人身安全保护令包括以下措施：禁止被申请人实施家庭暴力，禁止被申请人骚扰、跟踪、接触申请人及其相关近亲属，责令被申请人迁出申请人住所，保护申请人人身安全的其他措施。人身安全保护令有效期不超过6个月，并由法院执行。

第十节 涉外民事关系的法律适用

一 概述：涉外民事关系法律适用的一般规定

涉外民事关系法律适用是民法体系一个范畴，由《涉外民事关系法律适用法》规范。

(一) 涉外民事关系的定义

涉外民事关系案件简称涉外民事案件，在法律技术层面上与国内民事案件有所区别：

涉外民事案件存在法律冲突的适用问题，而国内民事案件则没有法律适用的冲突余地。对涉外民事关系的理解，关乎对涉外民事案件的处理问题。基于这样的考量，民法体系将涉外民事关系法律适用予以专门规范。涉外民事关系即涉外民事法律关系，属于国际私法关系范畴，指民事法律关系的主体、客体、内容等诸方面中至少有一个涉及外国因素的民事法律关系。国际私法又称为冲突法，指一个国家或法律体系处理和调整涉及外国籍公民、法人、非法人组织民事商事法律关系的规则总称，其内容主要涉及外国民事主体、商事主体在内国的民事商事法律地位、准据法选择的规则以及对外国法院裁判和仲裁机构仲裁裁决的承认与执行等方面。国际私法的产生主要是因为不同国家和不同地区有着不同的法律体系和法律制度，并以自己的法律规范处理同样的民事商事现象，这样就往往在司法实践中产生矛盾，即对同一法律现象常常有不同的处理方式和处理结果。为帮助不同国家或地区的法院找到最适合一个案件审理的准据法，为保证一个案件适用于内国法规则时不至于同法院地法的规则相冲突，需要有一种共同适用的国际法规则，这就是国际私法。

涉外民事关系的特征：涉外民事关系主体涉及外国因素，即民事法律关系的一方或双方当事人具有外国籍或无国籍；涉外民事关系客体涉及外国因素，即民事法律关系标的物位于中国领域外或民事法律行为发生在中国领域外；涉外民事关系内容包含的权利义务涉及外国因素，即产生、变更或消灭民事权利和民事义务的法律事实发生在中国领域外。

（二）处理涉外民事关系的基本原则

处理涉外民事关系除应遵循平等原则、自愿原则、公平原则、等价有偿原则、诚实信用原则、守法原则、公序良俗原则等民法基本原则外，还应遵循涉外民事关系自身特有的以下基本原则：

基本原则 1　当事人意思自治原则

本原则指当事人按法律规定可以明示选择涉外民事关系适用的法律。但该意思自治的权利是有条件的，即意思自治权不能超越法律规定。

基本原则 2　强制性法律直接适用原则

本原则指中国法律对涉外民事关系有强制性规定的，直接适用该强制性规定。审理涉外民事案件，只要中国法律对涉外民事关系有强制性规定的，就不能选择适用其他法律。

基本原则 3　有条件适用外国法律原则

由基本原则 1 可以推导出基本原则 3，因为在涉外民事关系中，既然当事人在选择法律适用方面享有意思自治的权利，那么当事人就有权选择适用外国法律。不过，当事人对于适用外国法律的选择权是有如下条件的：

条件 1　中国社会公共利益优先

条件 1 指当事人有权选择适用外国法律，但外国法律的适用将损害中国社会公共利益的，只能适用中国法律。涉及劳动者权益保护的、涉及食品或公共卫生安全的、涉及环境安全的、涉及外汇管制等金融安全的、涉及反垄断、反倾销的以及其他属于强制性规定的等情形，不能适用外国法律。

条件 2　只能选择有最密切联系的法律

条件 2 指涉外民事关系适用外国法律，该国不同区域实施不同法律的，适用与该涉外民事关系有最密切联系区域的法律。这种情形最典型的莫过于美国的情形。

条件3　选择适用的外国法律不含该国的法律适用法

条件3指涉外民事关系适用的外国法律，不包括该国的法律适用法。因为法律适用法不是实体法，也不是程序法；选择适用外国法律，只能选择适用外国的实体法或程序法。

条件4　选择适用的外国法律由选择人提供并由有权机关查明

条件4指涉外民事关系适用的外国法律，由当事人提供，并由法院、仲裁机构或行政机关查明，不能查明外国法律或该国法律没有规定的，适用中国法律。

基本原则4　涉外民事关系的定性适用法院地法原则

本原则是指案件是否属涉外民事案件，只能由审理该案的法院所在国的法律来界定。

(三) 涉外民事关系法律适用法的性质和内容

涉外民事关系法律适用法既不属于民事实体法，也不属于民事程序法。因为它要解决的，既不是实体方面的法律问题，也不是程序方面的法律问题，而是审理民事案件时适用何种实体法律或程序法律的问题。在法理上，法律适用法的本质是要解决不同法律体系、不同法律制度的冲突，因而法律适用法实质上是一种冲突法。无论法律适用法还是冲突法，都涉及一个所谓准据法的问题。由于准据法是指经冲突规范指引来确定民事商事法律关系当事人的权利义务的特定实体法，因而法律适用法通常作为实体法一部分来阐述。事实上，相信涉外民事关系法律适用法在未来民法典中将作为民法体系的一编。

涉外民事关系法律适用法的主要内容包括涉外民事关系的主体规范、客体范围以及内容。其主体包括具有外国籍的自然人、组织，也包括无国籍人及外国国家本身。其客体包括国际私法涉及的物、行为、智力成果、人身利益。其内容是：涉外民事关系所涉及的人格权、物权、债权、知识产权、继承权等民事权利，涉外民事关系所涉及的婚姻家庭方面的民事责任、侵权责任、违反合同责任等民事责任。

二　涉外民事关系的法律适用

(一) 民事主体的法律适用

第一，关于民事主体适用法律的规定。自然人的法律适用：认定自然人的民事权利能力和民事行为能力，适用经常居所地法律[①]，但对其民事行为能力，依照经常居所地法律为无民事行为能力，依照行为地法律却为有民事行为能力的，适用行为地法律，除非涉及婚姻家庭、继承等仍适用经常居所地法律；认定自然人失踪、死亡，适用经常居所地法律；认定人格权内容适用权利人经常居所地法律；认定代理行为主要适用代理行为地法律，但被代理人与代理人的民事关系适用代理关系发生地法律；依法适用国籍国法律，有两个以上国籍的，适用有经常居所的国籍国法律，在所有国籍国均无经常居所的，适用与其有最密切联系的国籍国法律，无国籍或国籍不明的，适用其经常居所地法律。法人或非法人组织的法律适用：其民事权利能力、民事行为能力、组织机构、股东权利义务等，适

[①] 根据《涉外民事关系法律适用法》第20条的规定，依法适用经常居所地法律的，如果自然人经常居所地不明的，则适用其现在居所地法律。

用登记地法律；法人的主营业地与登记地不一致的，可以适用主营业地法律。

第二，关于当事人选择适用法律的规定。当事人有权选择适用法律包括：当事人有权协议选择信托适用的法律，没有选择的，适用信托财产所在地的法律，或者适用信托关系发生地的法律；当事人有权协议选择仲裁协议适用的法律，没有选择的，适用仲裁机构所在地的法律，或者适用仲裁地的法律；当事人有权协议选择委托代理适用的法律。

（二）婚姻家庭的法律适用

缔结婚姻的法律适用：婚姻条件适用当事人共同经常居所地法律，没有共同经常居所地的，适用共同国籍国法律，没有共同国籍，在一方当事人经常居所地或国籍国缔结婚姻的，适用婚姻缔结地法律；结婚手续符合婚姻缔结地法律、一方当事人经常居所地法律或国籍国法律的，均为有效。

夫妻关系的法律适用：夫妻人身关系适用共同经常居所地法律，没有共同经常居所地的，适用共同国籍国法律；夫妻财产关系，当事人有权协议选择适用一方经常居所地法律、国籍国法律或主要财产所在地法律，没有选择的，适用共同经常居所地法律，没有共同经常居所地的，适用共同国籍国法律。

家庭成员关系的法律适用：父母子女人身和财产关系，适用共同经常居所地法律，没有共同经常居所地的，适用一方经常居所地法律或国籍国法律中有利于保护弱者权益的法律；收养条件和手续，适用收养人和被收养人经常居所地法律，收养效力，适用收养人经常居所地法律，收养关系解除，适用被收养人经常居所地法律或法院地法律；扶养适用一方经常居所地法律、国籍国法律或主要财产所在地法律中有利于保护被扶养人权益的法律；监护适用一方经常居所地法律或国籍国法律中有利于保护被监护人权益的法律。

离婚的法律适用：协议离婚，有权协议选择适用一方经常居所地法律或国籍国法律，没有选择的，适用共同经常居所地法律，没有共同经常居所地的，适用共同国籍国法律，没有共同国籍的，适用办理离婚手续机构所在地法律；诉讼离婚适用法院地法律。

（三）继承的法律适用

法定继承的法律适用：不动产继承，适用不动产所在地法律，其他继承适用被继承人死亡时经常居所地法律。遗嘱继承的法律适用：遗嘱方式符合遗嘱人立遗嘱或死亡时经常居所地法律、国籍国法律或遗嘱行为地法律的，遗嘱成立；遗嘱效力适用遗嘱人立遗嘱时或死亡时经常居所地法律或国籍国法律。遗产管理的法律适用：有人继承的遗产管理等事项，适用遗产所在地法律；无人继承的遗产归属，适用被继承人死亡时遗产所在地法律。

（四）物权的法律适用

不动产物权，适用不动产所在地法律；动产物权中有价证券，适用有价证券权利实现地法律或其他与该有价证券有最密切联系的法律。当事人选择适用的法律：当事人有权协议选择动产物权适用的法律，没有选择的，适用法律事实发生时动产所在地法律；当事人有权协议选择运输中动产物权发生变更适用的法律，没有选择的，适用运输目的地法律。权利质权，适用质权设立地法律。

(五) 债权的法律适用

违反合同的债权的法律适用：当事人可选择适用法律，没有选择的，适用履行义务最能体现该合同特征的一方经常居所地法律或其他与该合同最有密切联系的法律；消费者合同适用消费者经常居所地法律，消费者选择适用商品、服务提供地法律或经营者在消费者经常居所地没有从事相关活动的，适用商品、服务提供地法律；劳动合同适用劳动者工作地法律，难以确定工作地的，适用用人单位主营业地法律，劳务派遣可适用派出地法律。①

侵权行为导致债权的法律适用：一般侵权责任适用侵权行为地法律，当事人有共同经常居所地的，适用共同经常居所地法律，侵权发生后当事人有权选择适用法律；侵害人格权的特殊侵权责任适用被侵权人经常居所地法律，产品责任的特殊侵权责任适用被侵权人经常居所地法律，被侵权人选择适用侵权人主营业地、损害发生地法律的，或者侵权人在被侵权人经常居所地没有从事相关活动的，适用侵权人主营业地法律或损害发生地法律。

不当得利、无因管理引发债权的法律适用：此类侵权适用当事人选择适用的法律；没有选择的，适用共同经常居所地法律；没有共同经常居所地的，适用侵权发生地法律。

(六) 知识产权的法律适用

知识产权的归属和内容，适用被请求保护地法律；知识产权的侵权责任，适用被请求保护地法律，当事人有权选择适用法院地法律；当事人有权选择知识产权转让和许可使用适用的法律，没有选择的，当事人有权选择合同适用的法律，没有选择的，适用履行义务最能体现该合同特征的一方当事人经常居所地法律或其他与该合同有最密切联系的法律。

---

① 劳动合同本来不属合同法调整的范围，而属于中国法律体系中的社会法部门。因国际私法上许多国家的法律体系根本没有分出所谓社会法部门，因而在涉外民事关系法律适用方面，只能将劳动合同及其劳务派遣划归为因违反合同引发债权这个方面。

第六·二分章 商法

现行中国法律体系采取民商合一，而不是民商分立。与刑法一样，民法、商法同样可以制定一部法典，因为它们都是相对独立的法律范畴，国际上也有可供借鉴的法典典范。与民法虽未有一部民法典但有民法部门许多单行立法一样，商法虽也还没有一部商法典，但同样有商法部门许多单行立法，分别涉及商事主体或商事行为的法律制度。中国在商事方面的法律，主要涉及以下内容：规范各种商事主体的法律，主要有公司法、全民所有制工业企业法、中外合资经营企业法、中外合作经营企业法、外资企业法、合伙企业法、个人独资企业法、乡镇企业法等；规范买卖、行纪、运输、仓储、拍卖、招标投标等商事行为的法律，包括合同法、拍卖法、招标投标法、反不正当竞争法等；规范商事凭证的法律有票据法、电子签名法等；规范商事收兑业务的法律有商业银行法；规范商事投资的证券业务的法律有证券法、证券投资基金法；规范商事担保交易业务的法律有担保法；规范商事保险业务的法律有保险法；规范商事信托行为的法律有信托法；规范商事活动的破产行为的法律有企业破产法；规范海商活动的法律有海商法，如此等等。商法与狭义民法同属私法范畴，都是有关平等主体之间在私法领域的法律关系问题；尤其在中国不设置商法法院情况下，其涉及商法的诉讼自然只能适用民事诉讼法。中国法律体系将民法和商法合在一块作为同一法律部门，并称之为民商法；但商法与狭义民法之间又有许多不同之处，乃至于不好将其混合来阐述，逻辑上唯有将其分属两个分章处理。

第一节 商法概述：一般规定

一 商法定义、性质、特征和分类

商法是指调整商事主体在进行商事行为过程中形成的法律关系以及规定商事主体进行商事行为的行为准则的法律规范总称。商法不同于前一分章所述的狭义民法：如果狭义民法是调整平等主体的自然人、法人和非法人组织及相互之间的财产和人身法律关系，商法则是调整平等主体的自然人、法人和非法人组织及相互之间的商事行为法律关系。商法包括商事主体法和商事行为法：商事主体法即商事组织法律制度，是规范商事主体法律关系的商法，包括商个人、商合伙、商法人；商事行为法即商事行为法律制度，是规范商事行为准则的商法，包括一般商事行为法和特殊商事行为法。商法具有如下特征：商事主体的特定性，即商事主体是具有法律规定条件的一定主体构成，从事商事行为；商事行为的营利性，即商事主体在商法规范下从事的是以营利为目的的活动，因而获取合法利润是商行为的显著特征；商事规范的技术性，即商法规定的商事行为法律规范是专门商事规范，有自己专门术语和方式。

不同法律部门构成不同法律关系：刑法部门构成刑事法律关系，民法部门构成民事法律关系，行政法部门构成行政法律关系。与狭义民法对应的商法构成商事法律关系。商事法律关系指商事主体基于商事行为产生的权利义务关系，包括商事组织法律关系和商事行为法律关系，本分章围绕这两方面内容分别称为商事组织法律制度、商事行为法律制度。

二 商法基本原则

前述民法基本原则，也适用于商法规范，但商法规范还应遵循自己特有的基本原则。

商法基本原则1　商事主体法定原则

本原则是指商事主体资格的取得由法律规定，包括商事主体种类法定、商事主体内容法定、商事主体成立法定：商事主体种类法定即有资格进行商事活动的商事主体种类由法律规定，凡不是在商事活动法定范围内的主体，不能从事该项商事活动；商事主体内容包括商事主体的财产关系和组织关系，类似于民法平等主体内容包括民事主体的财产关系和人身关系，因而商事主体内容法定即从事商事活动的商事主体的财产关系和组织关系由法律规定；商事主体成立包括商事主体的设立、变更、终止，因而商事主体成立法定即商事主体的设立、变更、终止由法律规定，即按法定程序登记，否则不得从事相关商事活动。

商法基本原则2　商事行为安全原则

本原则是指进行商事交易行为应保障安全。因营利性是商事行为最显著特征，故交易安全性就显得尤为重要。任何交易都存在风险，随着交易标的的扩大化、交易方式的复杂化，其风险就日益增大；如何有效而尽可能地降低交易风险，自然就成为商事主体进行商事活动时不得不考量的重要指标。事实上，设立商事保险制度正是为了实现商事行为的安全。为保障商事行为安全，商事规范通常采取：强制主义，又称为干预主义，即国家通过行政法、刑法等公法手段对商事交易行为予以强制性规范，以确保商事交易行为的安全；要式主义，即商法对于商事交易的形式给予严格的法律规范，交易当事人不得随意变更；公示主义，即商事交易当事人对于涉及利害关系人利益的商事事实应公示告知，不得采取不正当竞争的欺诈手段以获取商事利益；外观主义，即商事交易行为的效果以当事人的外观为标准，当交易当事人的真实意思与其意思表示不一致时，以意思表示为准；严格责任主义，即商法规范对商事交易当事人不仅规定相应的权利，而且规定严格的义务和责任。

商法基本原则3　商事行为便捷原则

本原则是指进行商事交易行为应符合简便快捷的要求，从而既能降低商事交易成本，又能追逐最大合理利润。商事行为便捷原则也是由商事行为的营利性决定的：既然营利性是商事行为特点，因而为了合法合理获取商事交易最大利润，需要遵循商事行为便捷原则。本原则主要体现为交易短期时效和交易规则定型化的以下特征：交易短期时效，即每宗交易的时效短、每两宗交易的周期短以及交易行为的请求权时效期间短，从而降低交易成本；交易规则定型化，即交易方式预先规定，以及交易客体为有形物品的，则商品化，使之大宗交易迅速成交，为无形权利的，则证券化，使之具有一定内容和格式。

第二节　不同所有权形式的商事主体：商事组织法律制度（一）

规范商事主体的商事组织法律制度是商法两大部分内容之一。商事主体的单行法律，有民法总则、公司法、全民所有制工业企业法、中外合资经营企业法、中外合作经营企业法、外资企业法、合伙企业法、个人独资企业法、农村土地承包法、农民专业合作社法等；行政法规有个体工商户条例等。

一　一般规定

（一）商事主体的定义

商事主体又称为商事法律关系主体、商主体或商人，指按商事法律规范具有商事权利能力和商事行为能力，能够以自己名义独立进行商事行为，在商事法律关系中依法享有商事权利和承担商事义务的自然人、法人和非法人组织。商事主体从事商事活动应具有必要的商事能力：商事权利能力，即商法赋予商事主体能够参加商事法律关系，实施商事行为，于其中享有商事权利和承担商事义务的资格和能力，没有它就没有资格进行商事活动；商事行为能力，即商法规范下通过自己行为和意愿独立进行商事活动，取得商事权利和承担商事义务的资格和能力，没有它就没有能力从事商事活动。商事主体的主体资格必须经过商业登记而取得，并作为商事法律关系的当事人，即商法上的权利享有者和义务承担者。

商事主体与民事主体在权利义务方面有许多不同。一是主体具备的要件不同：民事主体必须具备权利能力的要件，但不一定具备行为能力的要件；但商事主体必须同时具备权利能力和行为能力，方能成为关系主体。二是主体资格的条件不同：可以成为民事主体的不一定能够成为商事主体，但可以成为商事主体的就可以成为民事主体。最明显的例子是各级政府及其所属部门这些公法意义上的主体，它们作为行使国家财产所有权的主体，可以是民事主体，但不能成为商事主体。三是主体资格取得的要求不同：自然人民事主体资格的取得，与生俱来；但商事主体资格需要经依法注册登记后，方可取得。

商事主体与经济法主体亦有许多区别。一是主体的范围不同：经济法是国家调控社会经济的法律，因而其主体分为调控主体，即国家经济管理机关和某些社会中间组织，以及受控主体或受规制主体，包括自然人、法人和非法人组织；商事主体则主要涉及商个人、商合伙、商法人等。二是主体的成立条件不同：经济法主体由法律规定或授权而取得；商事主体只要具备商事能力，并依法登记，以自己名义进行商事活动，即可成为商事主体。

（二）商事主体的分类

商事主体从其所有权形式划分分为商个人、商合伙、商法人。商个人是指具有商事权利能力和商事行为能力，独立从事商事经营活动，依法享有商事权利和承担商事义务的自然人，包括个体工商户、农村承包经营户、个人独资企业、自然人一人有限责任公司。规范商个人的法律法规有民法总则、公司法、个人独资企业法、农村土地承包法、农民专业合作社法、个体工商户条例》等。商合伙指的是合伙企业，即由两个或两个以上的自然人、法人和非法人组织作为合伙人，为共同营利目的，按合伙协议约定，共同出资、共同经营、共享利益、共担风险，在中国境内设立的商事组织，包括普通合伙企业和有限合伙企业。规范商合伙的主要是民法总则、合伙企业法。法人与自然人相对，计有公法人和私法人、财团法人和社团法人、营利法人和非营利法人之分。如本书民法分章所述，民法总则将法人分为营利法人、非营利法人、特别法人。民商合一的中国法律体系将营利法人称为公司法人或企业法人，民商分离、制定商法典的国家将其称为商法人。商法人实质是公司法人或企业法人；事业单位、社会团体、基金会、社会服务机构等非营利法人，特别法人中的机关法人、基层群众性自治组织法人，均不是商法人，不具有商事主体资格。商法人包括国有商法人、集体商法人、私营商法人、合营商法人、外商投资商法人等。规范商法人的，包括民法总则、公司法、全民所有制工业企业法、中外合资经营企业法、中外合作经营企业法、外资企业法等。

二 商个人

（一）个体工商户

现行中国政治制度下的个体工商户早于1949年中华人民共和国成立时就已存在，后来因众所周知之故而自我取消，现行法律体系规范下的个体工商户制度，是1978年中国开始社会转型后逐步建立起来的。随着中国社会转型的成熟和市场经济制度的建立，个体工商户制度日益成熟，并于2011年在民法通则基础上制定了《个体工商户条例》，而《民法总则》关于个体工商户的规范更趋于成熟。

个体工商户是指自然人从事工商业经营，经依法登记的一种商个人主体。国家对个体工商户采取保护的政策，不允许侵犯个体工商户的合法权益。国家对个体工商户采取市场平等准入原则和公平待遇原则：任何人只要符合个体工商户的成立条件，并经依法办理有关商业登记，便可成立个体工商户，进行合法的经营活动；只要符合法律规定，所有个体工商户均可获得相应的应得利益，有关机关对其应一视同仁地实行监督和进行管理，并在经营场所、创业和职业技能培训和鉴定、技术创新、参加社会保险等方面，公平地为所有个体工商户提供支持、便利和信息咨询等服务，不得厚此薄彼。个体工商户有如下特征：它是从事工商业经营活动的自然人或家庭，可以个人经营，也可以家庭经营；自然人或家庭从事工商业经营活动，应依法经有关部门核准登记，领取个体工商户牌照；只能在牌照载明的经营范围内经营，不得超出开展经营活动所属的行业类别，并应当遵守法律法规，遵守社会公德、商业道德，诚实守信。

（二）农村承包经营户

农村承包经营户针对农户而言；如果个体工商户是城镇的个体劳动者，那么农村承包经营户就是农村的个体劳动者。现行的农村承包经营户制度，是改革开放后在农村逐步形成的一种对农村土地的农业经营方式，至今形成一种农业经营制度。这种制度随着中国社会转型步伐的加大而日益成熟，并在民法通则基础上制定了农村土地承包法，而民法总则关于农村承包经营户的规范更趋于成熟。农村承包经营户是指农村集体经济组织的成员，依法取得农村土地承包经营权，从事家庭承包经营的一种商个人主体。国家对农村承包经营户的合法权益予以保护。为保护农村承包经营户制度，国家对农村承包经营户坚持公开、公平、公正原则，特别是对农村土地承包，坚持男女平等，保护妇女合法权益。农村承包经营户依法享有其法律地位：农村承包经营户合法权益受法律保护，任何单位和个人不得剥夺、侵害其合法权益；农村承包经营户在其承包合同范围内，享有对土地、山林、水面、滩涂等生产资料的生产经营权等权利；农村承包经营户依法享有商事主体和民事主体地位，享有一定的商事权利和民事权利，承担一定的商事义务和民事义务。

农村土地承包制度的主体包括作为发包方的村集体经济组织或村民委员会，以及作为承包方的本集体经济组织的农户。农村土地经营由发包方将土地发包给承包方经营，发包方享有对土地的发包权、对发包后土地使用的监督权、对承包地和农业资源的保护权，承担维护承包方土地承包经营权、尊重承包方生产经营自主权、为承包方提供与生产相关的有关服务、执行县和乡镇土地利用总体规划等义务。承包方享有承包地使用和收益以及土地承包经营权流转的权利、自主组织生产经营和处置产品的权利、因承包地被依法征用或占用而获得相应补偿的权利，承担维护土地农业用途、保护和合理利用土地等义务。

注意，土地承包经营权的流转权实质是指承包方有权将承包的土地出租给他人经营的权利。因此，农村土地实际上存在三权分置的情形：土地所有权归农村集体经济组织；土地承包权归作为农村集体经济组织成员的农户；土地经营权归实际的土地经营者，包括土地承包户、从土地承包户那里承租土地的土地承租人。

（三）个人独资企业

规范个人独资企业的是1999年的《个人独资企业法》。现代企业模式主要有公司企业、合伙企业、个人独资企业这3种；个人独资企业形式是个人投资、个人所有，也是商个人的一种。个人独资企业是指依法在中国境内设立，由一个自然人投资，财产为投资人个人所有，投资人以其个人财产对企业债务承担无限责任的经营实体。设立个人独资企业应具备如下条件：投资人为一个自然人，没有与他人合作投资或合伙投资的关系；有合法的企业名称，并与其责任形式及从事的营业相符合；有投资人申报的出资；有固定的生产经营场所和必要的生产经营条件；有必要的从业人员，投资人也可成为从业人员。

个人独资企业不同于个体工商户：个人独资企业须有固定的生产经营场所和合法的企业名称，个体工商户的生产经营场所可较为灵活，也可不起字号或商号；个人独资企业的投资者与经营者可不为同一人，即其所有权与经营权是可分离的，个体工商户的投资者与经营者须是同一人，即其所有权与经营权是不可分离的；个人独资企业可设立分支机构，个体工商户不能设立分支机构，故个人独资企业的规模大于个体工商户的规模；个人独资企业须建立财务制度，以便进行会计核算，个体工商户在会计核算方面则无严格规定。

（四）自然人一人有限责任公司

一人既指一个自然人又指一个法人，因而一人有限责任公司就分为自然人一人有限责任公司和法人一人有限责任公司；自然人一人有限责任公司属于商个人，法人一人有限责任公司则属于商法人。一人有限责任公司是公司法首次提出的法律规范性概念，自此，一人有限责任公司正式成为公司的一种，自然人一人有限责任公司也正式成为商个人的一种。公司法严格区分了以下几个既有联系又有区别的概念：公司，指具有企业法人性质，有独立的法人财产，享有法人财产权，并以其全部财产对其债务承担责任，以营利为目的，从事商事经营活动而依法成立的经营实体，包括有限责任公司和股份有限公司；有限责任公司，指公司的股东以其认缴的出资额为限对公司承担责任的公司，并涵盖一人有限责任公司和自然人一人有限责任公司；一人有限责任公司，属有限责任公司一种，又曰"一人公司""独资公司""独股公司"，指只有一个自然人股东或一个法人股东的有限责任公司；自然人一人有限责任公司，指只有一个自然人股东的有限责任公司。

一人有限责任公司与个人独资企业不同：法律形式不同，前者具有法人资格，后者属于非法人组织；主体不同，前者主体是一个自然人或一个法人，后者主体仅限于一个自然人；设立条件不同，前者注册资本最低限额为人民币 10 万元，其中货币出资金额不得低于注册资本的 30%，后者没有注册资本最低限额和出资比例限制；责任承担不同，前者的投资人仅以出资额为限对公司承担责任，是有限责任，后者的投资人以其个人财产对企业承担无限责任；法律依据不同，前者依据公司法，后者依据个人独资企业法。

三　商合伙

商合伙由合伙企业法规范。商合伙指的是合伙企业，包括普通合伙企业和有限合伙企业，普通合伙企业又包括特殊的普通合伙企业，还有一类是外商投资合伙企业。

（一）普通合伙企业

普通合伙企业是指由普通合伙人组成，合伙人对合伙企业债务承担无限连带责任的合伙企业。普通合伙人即对合伙企业的债务承担无限连带责任的，除国有独资公司、国有企业、上市公司、公益性事业单位和社会团体外的其他自然人、法人或非法人组织。设立普通合伙企业应当符合如下法定条件：有两个以上合伙人，有书面合伙协议，有合伙人认缴或实际缴付的出资，有标明"普通合伙"字样的合伙企业的名称和生产经营场所等。

合伙企业设立后应按相关规定执行合伙事务。合伙人对执行合伙事务享有同等权利。

合伙人不多的，通常由全体合伙人共同执行合伙事务；合伙人众多的，可按合伙协议约定或经全体合伙人决定，委托一个或数个合伙人对外代表合伙企业，执行合伙事务。如下事项应经全体合伙人一致同意方可执行：改变合伙企业的名称，改变合伙企业的经营范围、主要经营场所的地点，处分合伙企业的不动产，转让或处分合伙企业的知识产权和其他财产权利，以合伙企业名义为他人提供担保，聘任合伙人以外的人担任经营管理人员。

合伙企业的财产包括合伙人的出资、以合伙企业的名义取得的收益和依法取得的其他财产。合伙企业财产按合伙协议的约定，属于全体合伙人共同享有，因此对于合伙企业的财产不得违反如下规定：在合伙企业清算前，合伙人不得请求分割合伙企业的财产，除非法律另有规定；合伙人不得随意向他人转让其在合伙企业中的财产份额，合伙人之间转让应通知其他合伙人，向合伙人以外的人转让须经其他合伙人一致同意；合伙人不得随意将其在合伙企业中的财产份额出质，需要将其财产份额出质的，须经其他合伙人一致同意。

新合伙人入伙应经全体合伙人一致同意，并依法订立书面入伙协议，除非合伙协议另有规定；新合伙人对入伙前合伙企业的债务承担无限连带责任，因而订立入伙协议时，原合伙人应向新合伙人如实告知原合伙企业的经营及财务状况。合伙人退伙按以下情形分别处理：一是合伙协议约定合伙期限的，期限届满时，合伙人有权退伙。期限未届满的，合伙企业存续期间有下列情形之一的，合伙人有权退伙：合伙协议约定的退伙事由出现，经全体合伙人一致同意，发生合伙人难以继续参加合伙的事由，其他合伙人严重违反合伙协议约定的义务。二是合伙协议未约定合伙期限的，合伙人在不给合伙企业事务执行造成不利影响情况下可以退伙。三是合伙人有下列情形之一的，当然退伙：作为合伙人的自然人死亡或被依法宣告死亡，个人丧失偿债能力，作为合伙人的法人或非法人组织依法被吊销营业执照、责令关闭、撤销，或被宣告破产，法律规定或合伙协议约定合伙人必须具有相关资格而丧失该资格，合伙人在合伙企业中的全部财产份额被法院强制执行。四是合伙人被依法认定为无民事行为能力人或限制民事行为能力人的，经其他合伙人的一致同意，可以转为有限合伙人，普通合伙企业依法转为有限合伙企业；其他合伙人未能一致同意的，该无民事行为能力或限制民事行为能力的合伙人退伙。五是合伙人有下列情形之一的，经其他合伙人一致同意，可以被除名，退出合伙：未履行出资义务，因故意或重大过失给合伙企业造成损失，执行合伙事务时有不正当行为，发生合伙协议约定的事由。六是合伙人死亡或被依法宣告死亡的，其合法继承人按合伙协议约定或经全体合伙人一致同意，取得该合伙企业的合伙人资格，但有下列情形之一的，合伙企业应向合伙人的继承人退还被继承合伙人的财产份额：继承人不愿意成为合伙人；法律规定或合伙协议约定合伙人必须具有相关资格，而该继承人未取得该资格；合伙协议约定不能成为合伙人的其他情形。

（二）特殊的普通合伙企业

特殊的普通合伙企业是普通合伙企业的一种，但因设立特殊的普通合伙企业的范围主要是以专业知识和专门技能为客户提供有偿服务的专业服务机构，故其企业名称中应标明"特殊普通合伙"的字样，以示与其他普通合伙企业区别开来。合伙制的律师事务所、合伙制的会计师事务所等专业服务机构，属于特殊的普通合伙企业。特殊的普通合伙企业是指具有专业知识和专门技能的合伙人设立的具有专业服务机构性质的，并以如下形式承担责任的普通合伙企业：一个合伙人或数个合伙人在执业活动中因故意或重大过失造成合企业债务的,应承担无限责任或无限连带责任,其他合伙人以其在合伙企业中的财产份额为限承担责任;合伙人在执业活动中非因故意或重大过失造成的合伙企业债务以及合伙企业的其他债务,由全体合伙人承担无限连带责任。特殊的普通合伙企业除应按规定建立执业风险基金、办理职业保险外,其他的有关规范,与普通合伙企业的相同。

(三) 有限合伙企业

有限合伙企业是指由普通合伙人和有限合伙人组成,普通合伙人对合伙企业债务承担无限连带责任,有限合伙人以其认缴的出资额为限对合伙企业债务承担责任的合伙企业。有限合伙人是指作为纯粹投资者通过股权投资在为合伙企业提供资金来源的同时,获取相应的投资收益,但不参与合伙企业运作,仅以其认缴的出资额为限对合伙企业债务承担责任的自然人、法人或非法人组织。普通合伙人与有限合伙人的区别主要在于:二者对合伙企业债务的责任不同,普通合伙人对合伙企业承担无限连带责任,有限合伙人仅以其认缴的出资额为限对合伙企业债务承担责任;二者对合伙企业运作的责任不同,普通合伙人一般对合伙企业经营负责,有经营业绩报酬,有限合伙人一般不对合伙企业经营负责,也没有经营报酬,仅依据出资份额取得相应的经营利润;二者对合伙企业的相关利益不同,普通合伙人不得同本合伙企业进行交易,有限合伙人可以同本合伙企业进行交易,除非合伙协议另有约定,而且,普通合伙人不得自营或同他人合营与本合伙企业相竞争的业务,有限合伙人可以自营或与他人合营与本合伙企业相竞争的业务,除非合伙协议另有约定。

设立有限合伙企业以及有限合伙企业的运作,适用本身的特别规定;本身没有特别规定的,则适用普通合伙企业的有关规定,并应遵循如下规则:有限合伙企业由2个以上50个以下合伙人设立,除非法律另有规定,而且有限合伙企业至少应有一个普通合伙人;有限合伙企业应订立有限合伙协议,该协议除符合普通合伙协议规定外,还应载明有关特定事项;有限合伙人可以用货币、实物、知识产权、土地使用权或其他财产权作价出资,但不得以劳务出资;有限合伙企业的合伙事务由普通合伙人执行,有限合伙人仅是纯粹投资人,不执行合伙事务,且不得对外代表有限合伙企业;除非合伙协议另有约定,有限合伙人可以同本有限合伙企业进行交易,可以自营或同他人合作经营与本有限合伙企业相竞争的业务,可以将其在有限合伙企业中的财产份额出质,可以按合伙协议约定向合伙人以外的人转让其在有限合伙企业中的财产份额,其自有财产不足以清偿与其合伙企业无关的债务时,有权以其从有限合伙企业中分取的收益用于清偿,债权人也有权请求法院强制执行其在有限合伙企业中的财产份额用于清偿,有限合伙人可以转变为普通合伙人。

(四) 外商投资合伙企业

外商投资合伙企业是指两个以上外国企业或个人在中国境内设立的合伙企业,以及外国企业或个人与中国自然人、法人或非法人组织在中国境内设立的合伙企业,包括外商投资普通合伙企业(含特殊的普通合伙企业)和外商投资有限合伙企业。外商投资合伙企业具有如下特点:其合伙人至少一方属于外商;既允许中国的法人或非法人组织与外商合伙办合伙企业,也允许中国的自然人与外商合伙办合伙企业;只能在中国境内设立,并依照中国有关法律法规在中国进行登记。

外商投资合伙企业的设立、变更、注销应依法登记。设立外商投资合伙企业适用《合伙企业法》及有关法规规章的规定，除外商投资产业指导目录禁止类和标注"限于合资""限于合作""限于合资、合作""中方控股""中方相对控股"和有外资比例要求的项目外，其他均可设立外商投资合伙企业；国家尤其鼓励具有先进技术和管理经验的外国企业或个人在中国境内设立合伙企业。

四　商法人

商法人涉及国有商法人、集体商法人、私营商法人、合营商法人、外商投资商法人这几种。中国对商法人已经有了相对完整的立法，并形成商法人方面的商事组织法律制度。

（一）国有商法人

国有商法人是中国经济的主体，并体现所谓中国经济制度的社会主义性质。国有商法人由《全民所有制工业企业法》《公司法》等规范。

全民所有制工业企业属于国有商法人，即其所有权属于全民所有或曰国家所有的商法人。全民所有制工业企业是指企业所有权属国家所有，具有法人资格，依法从事工业生产经营活动，自主经营、自负盈亏、独立核算的商事组织。全民所有制工业企业有如下特点：其企业所有权属于全民所有，即国家所有；依法取得法人资格，属于商法人的商事组织，并以国家授予其经营管理的财产在商事活动中承担民事责任；作为独立的商事组织，有自己的经营自主权。全民所有制工业企业的设立、变更和终止，均应依法进行。设立企业，应当依照法律、行政法规的规定，报请政府或政府主管部门审批，并经工商行政管理部门核准登记，发给营业执照，取得法人资格。企业合并或分立，由政府主管部门审批，并依法进行登记。企业有以下原因之一的，依法终止：企业违反法律、行政法规被责令撤销的，政府主管部门依照法律、行政法规的规定决定解散，依法被宣告破产的，有其他原因的。企业合并、分立或终止时，应保护其财产，依法清理债权、债务，任何人不得违反法律法规，私分、侵吞或变相私分、侵吞国有财产。

（二）集体商法人

集体商法人由乡镇企业法、乡村集体所有制企业条例和城镇集体所有制企业条例规范。集体商法人是指集体所有制企业，即企业所有权属劳动群众集体所有，以其财产独立承担民事责任的商事组织，包括城镇集体所有制企业和乡村集体所有制企业。

第一，城镇集体所有制企业，即由城镇集体举办的，财产属劳动群众集体所有、实行共同劳动、按劳分配的商事组织。城镇集体所有制企业有如下特点：它是城镇区域内设立的集体所有制企业，其城镇指的是建制镇，即"设镇"，指省、自治区、直辖市政府批准设立的镇，而不包括乡镇，即农村集镇；① 企业的财产所有权属于劳动群众集体所有，即全部企业财产属于本集体所有或本集体企业联合经济组织范围内集体所有；企业实行共同劳动、按劳分配的方式，即遵循自愿组合、自筹资金、独立核算、自负盈亏、自主经营、民主管理、集体积累、自主支配、按劳分配、入股分红等原则；具有企业法人的性质。城

---

① 乡镇企业法所界定的镇明显不是建制镇，而是农村集镇。

镇集体所有制企业依法享有规定的权利，和承担规定的义务，其设立、变更和终止均应依法进行，其设立必须具备法定条件，其合并、分立、停业、迁移或主要登记事项的变更，均应依法定程序进行，其终止应当依照规定进行清算。

第二，乡村集体所有制企业，属于乡镇企业①一种，即由农民集体举办的，实行自主经营、独立核算、自负盈亏、多种形式经营责任制的，并可取得法人资格的企业。乡村集体所有制企业有如下特点：它是在乡、镇、村仅限于农民集体举办的乡村集体所有制企业，不包括农业生产合作社、农村供销合作社、农村信用社；财产所有权属农民集体所有；企业实行自主经营、独立核算、自负盈亏，实行多种形式的经营责任制；它是主要围绕农业、农村的需要而进行经营的企业。企业的设立、变更和终止应按规定进行登记。

（三）私营商法人

私营商法人是由私人投资经营而取得法人资格，并以其出资额为限承担有限债务责任的商事组织。私营商法人由公司法、私营企业暂行条例规范。私营商法人是私营企业，据《私营企业暂行条例》，私营企业是企业资产属私人所有、雇工 8 人以上的营利性的经济组织。姑且不评述上述定义，因为甫说社会发展至今上述定义是否还恰当，即便从当年角度考量，以"雇工 8 人"区分私营企业和个体工商户，也值得商榷。并非所有私营企业均为私营商法人，因为私营企业暂行条例将私营企业分为独资企业、合伙企业、有限责任公司，独资企业和合伙企业均不具备法人资格，有限责任公司才具备法人资格。因此，私营企业中仅有限责任公司属私营商法人，并由公司法来规范。以下人员可以申请设立私营企业：农村村民、城镇待业人员、个体工商户经营者、辞职或退职人员、法律和国家政策允许的离退休人员和其他人员。申请设立私营企业应满足以下条件：有与生产经营和服务规模相适应的资金和从业人员、有固定的经营场所和必要设施、有符合规定的经营范围。申请开办私营企业应当依法进行，其分立、合并、转让、迁移及改变经营范围等，均应当依法办理变更登记，其终止应当依法办理注销登记，并进行财产清算，偿还债务，其破产应当依法进行清算，偿还债务。

（四）外商投资商法人

外商投资商法人是由外商投资经营，并取得法人资格，投资者以出资为限承担民事责任的一种商法人组织。外商投资商法人主要包括中外合资经营企业、中外合作经营企业、外商独资企业、外商投资企业。外商投资商法人由中外合资经营企业法、中外合作经营企业法、外资企业法等法律及与之相配套的一系列行政法规予以规范。

第一，中外合资经营企业。规范中外合资经营企业的主要是 1979 年的《中外合资经营企业法》及 1983 年的《中外合资经营企业法实施条例》。中外合资经营企业简称为合营企业，属于外商投资商法人性质的企业，是指作为外国合营者的外国公司、企业和其他经济组织或个人，按平等互利原则依法经中国政府批准，与作为中国合营者的中国公司、企

---

① 乡镇企业是中国改革开放后以及城镇化进程中进一步完善的一种农村经济组织，属于商事组织的一种形式。就投资主体而言，乡镇企业虽然相当部分属于乡村集体所有制企业，但其中亦有属于合伙性质或者个人投资性质的商事组织。由于乡镇企业的特殊性、复杂性，本章对它将专门讨论。

业或其他经济组织在中国境内共同举办的具有中国法人资格的外商投资商法人。合营企业有以下特点：其主体，包括外国合营者和中国合营者，双方按规定投资，出资方式包括现金、实物、工业产权等；其举办地点应是中国境内；其性质是依法取得中国法人资格，受中国法律管辖和保护；其形式是有限责任公司，合营各方按注册资本比例分享利润和分担风险及亏损。设立合营企业须报经中国对外贸易经济合作部审批[①]，批准后，由对外贸易经济合作部发给批准证书，申请者可根据批准证书向工商行政管理机关办理登记手续。合营企业的期限可在合同中约定，也可不约定，但服务性行业的、从事土地开发及经营房地产的、从事资源勘查开发的、国家规定限制投资项目的、其他法律法规规定需约定合营期限的，均应约定合营期限。合营企业在法定情形下解散，并办理注销登记手续。

第二，中外合作经营企业。中外合作经营企业分为具有法人资格的中外合作经营企业和不具有法人资格的中外合作经营企业；因此准确说，中外合作经营企业属于外商投资商法人性质的企业，是专指具有法人资格的中外合作经营企业。不过，为完整理解中外合作经营企业的法律规范，此处仍将它作为一个整体来阐述，而不仅仅涉及具有法人资格的中外合作经营企业。规范中外合作经营企业的主要是1988年的《中外合作经营企业法》及1995年的《中外合作经营企业法实施细则》。中外合作经营企业简称合作企业，是指作为外国合作者的外国企业和其他经济组织或个人按平等互利原则依法经中国政府批准，与作为中国合作者的中国企业或其他经济组织在中国境内共同举办的外商投资企业。合作企业有如下特点：其主体，包括外国合作者和中国合作者，双方对合作企业的投资或提供的合作条件可以是现金、实物、土地使用权、工业产权、非专利技术和其他财产权利；其举办地点应在中国境内；其性质可以具有法人资格，也可以不具有法人资格，但均受中国法律保护和管辖；其形式，符合中国法人条件的，可以取得中国法人资格，并采取有限责任公司的形式，除适用《中外合作经营企业法》外，还适用《公司法》。设立中外合作经营企业应由中国合作者向审查批准机关报送有关申请文件，经审查批准，办理注册登记。

第三，外商独资企业。外商独资企业又称为外资企业，并非所有外资企业均为中国法人，只有符合中国法律关于法人条件的外资企业，才能依法取得中国法人资格。因而外资企业存在两种基本企业形式：具有法人资格的外资企业，不具有法人资格的外资企业。此处所涉外商独资企业仅指依法取得中国法人资格的外资企业。也为了理解的完整性，仍对外资企业作一般阐述。规范外商独资企业的主要是1986年的《外资企业法》及1990年的《外资企业法实施细则》。外资企业是指按中国有关法律在中国境内设立的全部资本由外国投资者投资的企业，不包括外国的企业和其他经济组织在中国境内的分支机构。外资企业有如下特点：其主体只能是外国的企业和其他经济组织或个人，即其全部资本须是外国投资者投资；其举办地点须在中国境内；其组织形式为有限责任公司，但经批准也可以为其他责任形式；其性质，可以依法取得中国法人资格，也可不具有法人资格，具有中国法人资格的，企业形式为有限责任公司，不具有法人资格的，企业形式则为其他责任形式；外资企业不包括外国企业和其他经济组织在中国境内设立的分支机构。设立外资企业应由申请者提出申请，经审批后发给批准证书，再依法申请登记，领取营业执照。外资企业经营

[①] 对外贸易经济合作部成立于1993年，其前身为贸易部、对外贸易部、对外经济贸易部，2003年整合为商务部，其原先的工作职能由商务部统一分担。

期限由外国投资者在申请书中拟订，经审批机关批准，从营业执照签发日起计算。外资企业经营期满而不延长，以及在法定情形下，外资企业终止，并应当进行清算；清算结束前，外国投资者不得将该企业的资金汇出或携带出中国境外，不得自行处理企业的财产。

五　中国农村特色的商事主体——乡镇企业

乡镇企业虽然在20世纪50年代和60年代已经以当时特有的形式存在，但其现有形式却是改革开放、城镇化后逐渐形成的。乡镇企业属于中国特色的商事组织，有不同的企业形式，它是乡镇商事组织的统称，并主要适用乡镇企业法。由于乡镇企业的特殊性和复杂性，因而在阐述商事组织法律制度时，将其单独讨论。乡镇企业是指农村集体经济组织或农民投资为主，在乡镇（包括所辖村）举办的承担支援农业义务的各类企业。所谓农村集体经济组织或农民投资为主是指农村集体经济组织或农民投资超过50%，或虽不足50%但能起到控股或实际支配作用；所谓农村集体经济组织是指原人民公社、生产大队、生产队三级建制经过改革、改造、改组而逐渐形成的农村合作经济组织，包括经济联合总社、经济联合社、经济合作社和股份合作经济联合总社、股份合作经济联合社、股份合作经济社等组织。乡镇企业具有如下性质：它是农村集体经济组织或农民投资为主的企业，其发展应坚持以农村集体经济为主导，多种经济成分共同发展的原则；它是与农业相关的各类企业，或者说在法律上负有支援农业义务的各类企业；根据需要和实际情况，它可以为法人组织，也可以不具有法人资格；其财产权属于投资者所有，受法律保护。

国家扶持乡镇企业，特别是鼓励和重点扶持经济欠发达地区、少数民族地区发展乡镇企业，鼓励经济发达地区的乡镇企业或者其他经济组织采取多种形式支持经济欠发达地区和少数民族地区举办乡镇企业。国家根据乡镇企业发展情况，在一定时期内对乡镇企业减征一定比例的税收，并对符合一定条件的中小型乡镇企业，根据不同情况实行一定期限的税收优惠。同时，国家也运用信贷手段，对符合一定条件的乡镇企业，国家有关金融机构可以给予优先贷款，对其中生产资金困难且有发展前途的可以给予优惠贷款。

乡镇企业包括5种基本形式：乡镇办企业、村办企业、农民联营的合作企业、其他形式的合作企业、农民个体企业。乡镇办企业是指乡镇一级建制的农村集体经济组织所办的企业，通常是经济联合总社、股份合作经济联合总社所兴办的乡镇企业；村办企业是指村一级建制的农村集体经济组织所兴办的企业，通常是经济联合社、股份合作经济联合社所兴办的乡镇企业；农民联营的合作企业是指由农村集体经济组织、农民相互之间联营兴办的乡镇企业；其他形式的合作企业是指除农村集体经济组织、农民相互之间兴办的合作企业之外的其他合作企业，包括农村集体经济组织、农民与其他企业、组织或自然人兴办的乡镇企业；农民个体企业是指农民个人兴办的乡镇企业。

乡镇企业的设立应当依照法定程序进行登记，经依法定程序进行登记的乡镇企业应当向当地乡镇企业行政管理部门办理登记备案手续。乡镇企业改变企业名称、住所或分立、合并、停业、终止等，应依法办理变更登记、设立登记或注销登记手续。乡镇企业可以在城市设立分支机构，并按规定办理登记手续。

第三节 不同组织形式的商事主体：商事组织法律制度（二）

前述有关商个人、商合伙、商法人等商事主体的规范，主要从其所有权形式的角度去阐述，即商个人的所有权属于主体个人所有，商合伙的所有权属于主体合伙人共同所有，商法人的所有权属于主体法人所有。然而，多数商事主体不管采取何种所有权形式，总是以一定的组织形式出现的；这样的组织形式就是公司，它是现代企业通行的组织形式。规范现代企业组织形式的是公司法。

一 公司的定义及其一般的运作

公司是指以营利为目的进行经营性活动，依法在中国境内设立，有独立的法人财产，享有法人财产权，股东以其认缴的出资额或以其认购的股份为限对公司承担责任，公司以其全部财产对公司的债务承担责任的企业法人，包括有限责任公司和股份有限公司。公司的性质：公司是企业法人，能够独立承担民事责任；公司的责任形式是有限责任或股份有限责任；公司是以营利为目的的经济组织，从事经营性活动，也可向其他企业投资。公司的类型：有限责任公司，股东以其认缴的出资额为限对公司承担责任，公司名称应标明有限责任公司或有限公司字样；股份有限公司，股东以其认购的股份为限对公司承担责任，公司名称应标明股份有限公司或股份公司字样。公司性质可以变更，即可以将有限责任公司变更为股份有限公司，或者将股份有限公司变更为有限责任公司。

公司的设立应依法向登记机关申请设立登记，符合设立条件的，由登记机关分别以申请登记为有限责任公司或股份有限公司。公司的合并、分立、增资、减资，均应依法办理变更登记。公司因下列原因解散：公司章程规定的营业期限届满或其他解散事由出现；股东会或股东大会决议解散；因公司合并或分立需要解散；依法被吊销营业执照、责令关闭或被撤销；持有公司全部股东表决权的10%以上的股东请求法院解散公司，法院依法予以解散。除公司合并或分立原因外，其他原因解散公司的，应组成清算组对公司进行清算。

关于公司债券和财务、会计的规定。公司债券是指公司依法定程序发行、约定在一定期限还本付息的有价证券。公司债券可以记名，也可以无记名。公司债券可以转让，转让价格由转让人与受让人约定。上市公司经股东大会决议可发行可转换为股票的公司债券，并应按其转换办法向债券持有人换发股票；发行可转换为股票的公司债券，应报国务院证券监督管理机构核准，其转换办法在公司债券募集办法中规定。公司应当依法建立公司财务、会计制度，特别是在每一会计年度终了时编制经会计师事务所审计的财务会计报告。

二　有限责任公司

有限责任公司是指以营利为目的，依法在中国境内设立，有独立的法人财产，享有法人财产权，股东以其认缴的出资额为限对公司承担责任，公司以其全部财产对公司债务承担责任的企业法人。设立有限责任公司的条件：股东符合法定人数，有 50 个以下股东；股东出资达到法定资本最低限额的人民币 3 万元[①]；股东共同制定公司章程；有公司名称，建立符合有限责任公司要求的组织机构；有公司住所。有限责任公司的组织机构：由全体股东组成的股东会依法行使公司的职权；设立召集股东会会议的董事会，设置董事长、副董事长、董事，不设立董事会的，股东会会议由执行董事召集和主持；可以设经理，主持公司的生产经营管理工作；设监事会或设置监事职位，行使相关职权。有限责任公司的股权转让：股东之间可相互转让其全部或部分股权；但股东向股东外的人转让股权，应经其他股东过半数同意，经股东同意转让的，其他股东同等条件下有优先购买权。

一人有限责任公司和国有独资公司：一人有限责任公司的设立和组织机构除适用有限责任公司的设立和组织机构的规范外，其注册资本最低限额为人民币 10 万元并应以此足额缴纳公司章程规定的出资额，一个自然人只能投资设立一个一人有限责任公司；国有独资公司是指国家单独出资、由国务院或地方政府授权本级政府国有资产监管机构履行出资人职责的有限责任公司，其设立和组织机构除适用有限责任公司的设立和组织机构的规范外，章程由国有资产监管机构制定，或者由董事会制定报国有资产监管机构批准，不设股东会，由国有资产监管机构行使股东会职权，但设董事会和经理，分别行使相关职权。

三　股份有限公司

股份有限公司是指以营利为目的，依法在中国境内设立，有独立的法人财产，享有法人财产权，股东以其认购的股份为限对公司承担责任，公司以其全部财产对公司债务承担责任的企业法人。设立股份有限公司的条件：发起人符合法定人数，2 人以上 200 人以下，且半数以上在中国境内有住所；发起人认购和募集的股本达到法定资本最低限额的人民币 500 万元；股份发行、筹办事项符合法律规定；发起人制定公司章程；有公司名称、组织机构和住所。股份有限公司的组织机构包括股东会、董事会、经理、监事会。股份有限公司的股份发行和转让：股份有限公司将资本划分为每一股金额相等的股份，采取作为公司签发的证明股东所持股份凭证的股票形式，实行公平公正原则，依法予以发行，发行的股票，可以记名，也可以无记名；股东持有的股份可依法转让，转让股份分为记名股票的转让和无记名股票的转让，转让记名股票，由股东以背书方式或法律、法规规定的其他方式转让，转让无记名股票，由股东将该股票交付给受让人后，转让成立。

---

① 法律、法规对有限责任公司注册资本的最低限额有较高规定的，从其规定。

第四节　一般商事行为：
商事行为法律制度（一）

商事行为又曰商行为，分为一般商事行为和特殊商事行为，本节阐述一般商事行为。

一　一般规定

（一）商事行为的定义和特征

商事行为是指商事主体以营利为目的，设立、变更、终止商事权利和商事义务关系的商事经营性活动。商事行为与民事行为不同：行为主体不同，前者是通过商法调整其商事关系的商个人、商合伙、商法人，后者是通过民法①调整其财产关系和人身关系的自然人、法人和非法人组织；权利义务关系不同，前者是主体设立、变更、终止商事权利和商事义务关系的行为，后者是主体设立、变更、终止民事权利和民事义务关系的行为；行为目的不同，前者是以营利为目的的商事活动，后者是为实现民事权利义务的民事活动。

商事行为具有如下特征：商事行为必定是商事主体作出的行为，但不同商法规范会有不同处理方式，即侧重于商事行为的商法允许民事主体只要同时具备商事行为能力并遵循商法规则，也可从事商事活动，而侧重于商事主体的商法则规定，民事主体必须通过商事登记方能获得商事行为能力，进而才有资格从事商事活动；商事行为是以营利为目的的行为；商事行为是商事经营性的行为，具有反复性、持续性、计划性、职业性的特点。

（二）一般商事行为的定义

一般商事行为与特殊商事行为对应，提出和使用这一对商法概念的，是大陆法系。一般商事行为与特殊商事行为并不是商事行为本身的分类，而是对商事行为从不同角度的理解，若商事行为调整的规范涉及商事行为的普遍性、共性，则是一般商事行为的规范；若涉及商事行为的特殊性、个性，则是特殊商事行为的规范。在制定商法典的国家中，其商法典通常分别从普遍性或共性的规范，以及特殊性或个性的规范去调整商事行为。中国现时商法方面的单行法律也涉及一般商事行为和特殊商事行为的不同规范。

一般商事行为是指商事主体在进行商事活动中由涉及普遍性或共性的商法规范所调整

---

① 注意，此处所谓民法当指狭义的民法，即不含商法的民法；而不能把它理解为广义的民法，即包含商法的民法。

的商事行为，通常包括商法上的债权行为、物权行为、给付行为、交互计算行为。一般商事行为在各种特殊商事行为中总会体现出来，如商事买卖这一特殊商事行为，总会出现商法上的给付行为，也总会出现商法上的交互计算行为，甚至还会出现商法上的债权行为。其他的特殊商事行为的情形也大致如此。

二 商事债权行为

（一）商事债权行为的定义

对商事债权行为这一概念作语义分析，可以引申出债权、商事债权、债权行为这几个相关概念。当事人之间在按合同约定或依法律规定产生的特定权利和义务关系中形成的权利，即形成的一方当事人享有的特定的权利，就是所谓的债权。债权分为民事债权和商事债权，商事债权是涉及商行为的债权或是在商事合同交易中涉及的债权。债权行为是一种基于债权的特定行为，即以债的发生、变更、消灭为内容，或者以债权的取得和债务的负担为目的的法律行为。债权行为相对于负担债务一方的行为而言，负担债务一方的行为就称为债务行为。债权行为与债务行为是一种行为的两个方面，如同债权与债务是一种关系的两个方面一样。债权行为使得债权债务的法律关系由此发生，或者使得已经发生的债权债务的法律关系由此变更或消灭。由债权、商事债权、债权行为这几个概念的含义便可以窥见商事债权行为的端倪。商事债权行为是指一般商行为中所发生或所涉及的债权行为，或者商事合同行为中所形成的或者所涉及的债权行为。商事债权行为涉及两种情形：在一般商行为中发生的或涉及的债权行为，如商事买卖中发生的或涉及的债权行为；在商事主体订立合同时形成的或涉及的债权行为，如商事主体因建设工程需要订立的建设工程合同形成的或涉及的债权行为。

民事债权行为与商事债权行为的区别是：前者反映的是民事法律关系，即民事权利和民事义务关系；后者反映的是商事法律关系，即商事权利和商事义务关系。债权行为是由债的发生引起的行为，而债是按合同约定或依法律规定，在当事人之间产生的特定权利义务关系。因此，债一般又分为法律规定之债和合同约定之债，债权行为相应地分为法律规定之债权行为和合同约定之债权行为。当我们将民事活动与商事活动区分开来的时候，法律规定的债权行为同样分为民事活动方面的债权行为，即民事债权行为，以及商事活动方面的债权行为，即商事债权行为。当我们进一步观察合同约定之债权行为时，由于合同通常又有民事合同和商事合同之别，因而合同约定之债权行为，也就有民事合同约定的债权行为和商事合同约定的债权行为之分。无论从法律规定的角度审视债权行为，还是从合同约定的方面观察债权行为，债权行为都可以区分为民事债权行为和商事债权行为两种。

（二）商事债权行为的规则

就中国未来民商立法而言，若民商合一地立法，则商事债权行为规范将体现在未来民法典中；若民商分立地立法，则商事债权行为规范将由未来商法典完成。就中国现有民商法体系而言，商事债权行为是民事债权行为的一个特殊形态，在《民法总则》和《民法通则》规范下，商事债权债务关系不过是一种特殊的民事法律关系，即表现为商事模式的民事法律关系,商事债权行为的构成要件总是以民事法律关系行为的构成要件为基础。商事债权作为民事法律关系的特殊性,主要体现在商事合同缔结过程中的要约和承诺上。承诺一般以通知方式作出,即便是根据交易习惯或要约有表明的,也应通过行为方式作出承诺。承诺方既无通知也无行为,只是一种单纯的缄默,不视为对要约的承诺,也就不构成债权债务。这是一般的规则。除此以外,其他单行商事法律所规定的特殊规则,对形成商事债权行为也起规范作用。

三 商事物权行为

(一) 商事物权行为的定义

先重温或先了解物权和物权行为。物权分为民事物权和商事物权。前面的物权定义是关于民事物权的,商事物权是指商行为或商事合同所涉及的物权。既然物权指权利人依法对涵盖动产和不动产在内的特定物享有直接支配和排他的权利,包括所有权、用益物权和担保物权,那么物权行为则指一种基于物权的行为,即一种发生、变更、消灭物权的特定行为。物权和物权行为互为因果关系:物权行为是物权发生、变更、消灭之因,物权的发生、变更、消灭是物权行为之果。物权行为与债权行为是一对反映民事权利的法律概念,之间有密切联系,但有区别:行为所享有的权利性质不同,前者所享有的权利是一种通过行为就物本身实现对物的支配权,后者所享有的权利是一种通过行为就债务实现对人的请求权;行为所享有的权利对象不同,前者所享有的权利对象是一种特定物,后者所享有的权利对象是一种给付行为;行为所享有的权利形式不同,前者所享有的权利形式是一种对物的支配权,后者所享有的权利形式是一种对债的请求权。商事物权行为是指一般商行为中所发生的或所涉及的物权行为,或者商事合同行为中所形成的或所涉及的物权行为。可见,商事物权行为既有一般商行为过程中所发生的或所涉及的物权行为,又有商事合同交易行为过程中所形成的或所发生的物权行为。

(二) 商事物权行为的规则

商事物权行为的规范主要散见于民法通则以及物权法、合同法、拍卖法、海商法等单行法律,商事物权行为的规则基于民事物权行为的规则。例如《民法通则》规定,财产所有人有权对自己的财产享有占有、使用、收益和处分的权利,因此可以对其财产予以转让;当这种财产转让以营利为目的时,就导致商事物权行为的出现,这就是民法关于财产所有权转移,并可运用到商事物权行为中去的规则。又如《物权法》规定,物权中的建设用地使用权,其使用权人依法对国家所有的土地享有占有、使用和收益的权利;当建设用地使用权的出让以营利为目的时,如进行房地产开发时,就导致商事物权行为的出现,这就是民法关于物权转移,并可运用于商事物权行为中去的规则。

四 商事给付行为

(一) 商事给付行为的定义

有必要先了解给付、给付行为等概念。给付是在债权债务关系中按合同约定或法律规定一方需要对另一方履行的行为,以及当履行完成后产生的后果。对于不同方式引起的债权债务,给付的行为及其后果却不同:对合同之债,因为合同双方通常都互为债权债务关系,因而合同双方履行合同的行为均为给付行为;对不当得利之债,给付是不当得利人按规定返还不当得利之物的行为;对无因管理之债,给付是物之所有人向管理人偿付因管理活动付出的费用。无论何种情形,给付均应符合以下要件:给付必须合法;给付标的和数量必须明确;给付必须适格,即并非仅有宗教意义或单纯社交意义,而不具法律意义,也并非仅具公法性质,而不具私法性质。给付包括交付财物、支付金钱、转移包括物权和债权在内的权利、提供劳务、提交技术或知识产权成果、不作为等形态。具有给付性质的行为则为给付行为,即债务人履行债的内容的行为。给付行为分为民事给付行为和商事给付行为:前者具有民事性质,不以营利为目的;后者具有商事性质,以营利为目的。商事给付行为是指一般商行为中涉及给付性质的行为,或者给付活动中涉及商事性质的行为。

(二) 商事给付行为的规则

有关商事给付行为的规则散见于民法通则、合同法等民商法律当中。《民法通则》将给付行为,包括民事给付行为和商事给付行为,均视为一种民事责任[①]。例如该部法律关于合同引起的给付行为,显然包括民事给付行为和商事给付行为;违反合同约定,违约方应依法履行给付行为,否则要承担给付不能的责任,包括由此造成的后果风险。《合同法》将给付行为既视为一种对合同的履行责任,又视为一种对合同的违约责任,而无论是合同的履行责任还是违约责任,总是通过给付行为实现履行或承担责任。

五 商事交互计算行为

(一) 商事交互计算定义

商事交互计算是指当事人在商事活动中约定以其相互之间的交易而发生的债权债务,通过定期计算、相互抵销的方式而仅仅支付抵销后的差额的一种商事合同。所谓定期计算指甲乙双方在商事交易中约定相互之间在一定时期计算来往账目的一种结算方式;所谓相互抵销指甲乙双方通过定期计算,将甲方应付乙方的价款冲抵乙方应付甲方的价款的一种结算方式;所谓支付差额指甲乙双方通过定期计算、相互抵销的结算方式,若仍有差额,则欠差额的一方应付另一方的差额这样一种结算方式。可见,商事交互计算实质是一种交

---

① 注意:民法通则所规范的民事责任实质包含了商事活动中的民事责任,即此处的民事责任是涵盖商法规范在内的广义的民事责任。

易结算的方式,并将此方式订立在合同之中。这种结算方式的好处是,交易双方在商事交易往来中形成的债权债务可以通过它不断得到清算,以避免债务的积滞,避免单方面独立的债权和债务的生效。商事交互计算合同属于诺成合同,当事人之间有经常而持续的交易关系,使得以结算结果及结算后产生的差额来确定对债务的了结、对债权的实现。

(二) 商事交互计算的规则

商事交互计算的规则:一是以下途径可解除交互计算合同:双方当事人通过约定可解除交互计算合同;商事交易业务结束,自动解除交互计算合同;商事交易中发生争议,任何一方均有权解除交互计算合同;交互计算参与人一方解散或宣告破产,交互计算合同自动解除。二是双方当事人可在合同中订明交互计算的计算期,没有规定计算期的,通常每6个月计算一次。三是交互计算合同订立后,债权人不可单独支配或处分其单项债权;债权只能通过交互计算清偿,不可通过支付、转让等方式清偿;债权丧失独立性,其时效亦无异议。四是交互计算对债务具有决算的效力:结算直接导致债务清偿;结算通过支付差额达到对债务的清偿,因而形成新的差额债权,这种差额债权具有独立性、可处分性特点。五是交互计算对结算差额承诺的效力:通过交互计算,一方对结算结果及结算差额发出通知,是为新的要约;另一方对结算结果及结算差额予以认可,是为新的承诺。

第五节 特殊商事行为:商事行为法律制度(二)

一 一般规定

(一) 特殊商事行为的定义和特征

特殊商事行为是指在商事交易活动中具有特殊性、个性特点,受商法中特别法律、法规所调整的商事行为。特殊商事行为的产生,是由商事行为的特殊性、个性决定的,也是商法对不同商事交易进行特别调整的要求。特殊商事行为除具有商事行为以营利为目的的一般特征外,还有其独有的特征,即它是由商法中各种特殊规范调整的商事行为,因为商事交易活动的特殊性,导致商法要顾及各方面要求,从而制定不同的商事单行法律。

(二) 一般商事行为与特殊商事行为的区别

一般商事行为与特殊商事行为都是商事行为,均具有营利性和经营性的基本特征,但它们是不同的：一般商事行为是关于各种商事行为的普遍性、共性而言的，即关于各种商事行为普遍存在的或共同存在的法律规范；但特殊商事行为则是关于各种商事行为各自的特殊性、个性而言的，即关于各种商事行为特殊存在的或个别存在的法律规范。区分一般商事行为和特殊商事行为之所以必要，乃因为可以针对不同商事行为进行单行立法，类似证券法、拍卖法、信托法、票据法、保险法、担保法、招标投标法、海商法、合同法等正是规范特殊商事行为的单行法律。

本节所述的主要是由合同法等有关民商事务的法律所规范的特殊商事行为，包括买卖、行纪、居间、融资租赁、仓储、运输、代理、技术协作、借贷、建设工程、承揽、供用能源和水源、信托、信用、期货交易、证券、票据、账簿、发票、保险、担保、拍卖、招标投标、海商等内容。

二 合同法规范的特殊商事行为

（一）商事买卖

规范商事买卖的，主要有合同法、产品质量法以及消费者权益保护法。商事买卖是指出卖人向买受人转移标的物的所有权并收取价款，买受人接受标的物所有权并向出卖人支付价款的特殊商事行为。商事买卖的主要特征是：商事买卖客体对象的有形性，即商事买卖的客体一定是有形物，非有形物一般不属于商事买卖的客体对象，知识产权本身是一种非有形物，不属于商事买卖的客体对象；商事买卖客体对象的权利转移性，即商事买卖客体对象一定是标的物所有权从出卖人向买受人的转移；商事买卖行为的时限性，即商事买卖的双方当事人应依照法律规定或合同约定在规定时限内履行义务。

（二）商事行纪

规范商事行纪的，主要有合同法、证券法。商事行纪是指行纪人以自己的名义为委托人从事商事贸易活动，包括购买或销售货物、有价证券，委托人向行纪人支付报酬，行纪人收取报酬，以此作为职业性经营的特殊商事行为。商事行纪的主要特征是：行纪人从事的商事活动，全部以自己名义进行，其法律后果由行纪人自己承担，但商事活动的成果由委托人享有，行纪人则通过行纪关系收取委托人支付的报酬；行纪人接受委托人的委托后，为委托人从事商事贸易活动，当事人通常约定行纪人在委托人的商事计算范围内从事行纪活动，即为委托人从事委托人所需要的商事贸易活动，并获取预期利益。

（三）商事居间

规范商事居间的，主要是合同法。商事居间是指居间人向委托人报告订立合同的机会或提供订立合同的媒介服务，委托人向居间人支付报酬，居间人收取报酬，并以此作为职业性经营的特殊商事行为。商事居间的主要特征是：商事居间是以委托人与第三人订立商事合同为目的的一种特殊商事行为，也就是委托人与居间人订立居间合同，成立商事居间关系，不是商事行为的终极目标，终极目标是委托人与第三人订立的商事交易合同，商事居间只是为诱出商事交易行为的一种手段，即委托人因各种缘故未能直接与第三人订立商事合同,而通过居间人从中斡旋、牵线,使自己与第三人最终订立商事合同;居间人在商事居间活动中始终处于居间、中介的地位,并不直接介入委托人与第三人之间的进一步的商事交易,居间人之于委托人与第三人的商事交易关系,仅仅起着一种斡旋、牵线的作用,至于委托人与第三人最终能否成立商事交易合同,居间人并不直接介入其中。

(四) 商事代理

规范商事代理的,主要是合同法、民法总则、民法通则。商事代理是指代理人以自己的名义或以委托人的名义,为委托人提供买卖或其他商事服务,向委托人收取报酬,以此作为职业性经营的特殊商事行为。商事代理的主要特征是:商事代理的商人性特征,即在商事代理合同关系中,代理人通常应依法取得商事代理人的从业资格,如保险代理人须持有国家保险监管机关颁发的保险代理人资格证书;商事代理的独立性特征,即在商事代理合同关系中,代理人的法律地位是独立的,在代理活动过程中,代理人对自己的代理行为负责,并承担相应的法律责任;商事代理的形式灵活性特征,即代理人从事代理业务,既可以以被代理人即委托人的名义进行,也可以以代理人自己的名义进行。商事代理可分为直接代理和间接代理:前者又称为显名代理,指代理人在代理权限内,以委托人即被代理人的名义与相对人即第三人进行商事交易活动,其法律后果直接由被代理人承担,相对人与被代理人直接发生权利义务关系的一种商事代理;后者又称为非显名代理,指代理人在代理权限内,以自己的名义代表被代理人与相对人即第三人进行商事交易活动,其法律后果间接由被代理人承担,相对人与被代理人并非直接地发生权利义务关系的一种商事代理。商事代理又可分为一般代理和全权代理:前者又称为有限代理,即代理人的代理权限受到严格限制的一种商事代理;后者又称为无限制代理,即代理人的代理权限不受限制的一种商事代理。按不同代理内容,商事代理包括销售代理、采购代理、运输代理、保险代理、广告代理、出口代理、进口代理、证券代理、投标代理、旅游代理等各种类型代理。

商事行纪、商事居间、商事代理均属商事委托行为,其区别在于被委托人的角色:商事行纪的被委托人是行纪人,从事商事行纪活动,以自己名义进行商事交易活动,其行为的法律后果由行纪人自己承担;商事居间的被委托人是居间人,从事商事居间活动,只是向委托人提供媒介服务,促成合同的订立;商事代理的被委托人是代理人,从事商事代理活动,代理人以委托人名义进行代理行为,其代理行为的法律后果由被代理人自己承担。

(五) 商事融资租赁

规范商事融资租赁的,主要是合同法。商事融资租赁是指出租人根据承租人对出卖人、租赁物的选择,向出卖人购买租赁物,提供给承租人承租经营,承租人向出租人支付租金的特殊商事行为。商事融资租赁的主要特征是:在商事融资租赁合同关系中的客体对象既是销售物,又是租赁物,即由承租人选择出卖人和租赁物,然后由出租人向出卖人购买该租赁物,再由出租人将该租赁物出租给承租人承租经营;承租人对自己的选择具有不可解约性质,即承租人一旦看中出卖人和租赁物,与出租人签订了承租合同之后,就不可单方面提出以退还租赁物为条件而提前终止其与出租人订立的租赁合同;融资租赁这种商事行为包含出租人、承租人、出卖人等三方当事人,以及出租人与出卖人订立的购买租赁物的销售合同、出租人将租赁物出租给承租人的租赁合同等两个合同;商事融资租赁行为是一较长时期的持续性行为，这是由出租人专为承租人指定的租赁物而向出卖人购买该租赁物这样一种情形决定的；租赁物的选择权在承租人，不在出租人，因为使用、经营租赁物的是承租人，而且当融资租赁合同关系结束时，租赁物最终极可能会转移给承租人，在整个融资租赁关系中，出租人实际只是向承租人提供金融服务，即融资对象是出租人；融资租赁租金的计算，基于租赁物的购买价格以及承租人占用出租人资金的实际时间。

（六）商事仓储

规范商事仓储的，主要是合同法。商事仓储是一种货物储存和保管的特殊商事行为，指保管人应存货人的要求储存存货人交付的仓储物，向存货人收取仓储费，并以此作为职业性经营的特殊商事行为。商事仓储行为涉及仓单的概念，即保管人收到仓储物后给存货人开付的提取仓储物的凭证。仓单有两种性质：仓单具有其作为一定价格并代表某种所有权或债权的凭证的有价证券的性质，仓单具有其作为必须具备法定要件的要式证券的性质。仓单有3大作用：作为保管人已收取仓储物和存货人将提取仓储物的凭证，通过背书作为转让仓单项下货物所有权的凭证，作为存货人以仓单出质之用的出质凭证。

（七）商事保管

商事保管与商事仓储都是传统商法基于寄托行为理论而形成的商事行为，区别在于合同性质、条件和标的数量，故合同法对其分别立法。商事保管是指保管人保管寄存人交付的保管物，并向寄存人返还该物，同时收取保管人支付的保管费的特殊商事行为。商事保管涉及保管人和寄存人双方当事人，双方当事人各自应当承担相应的责任或义务。

（八）商事运输

规范商事运输的，主要是合同法、海商法。商事运输是指承运人运用必要的运输工具将旅客或货物从起运地点运输到约定地点，向旅客、托运人或收货人收取票款或运输费用，并以此作为职业性经营的特殊商事行为，包括客运运输和货运运输。商事运输的主要特征是：其承运人必须是以此作为职业性经营的商事行为，因而须具备营运资质，持有营业执照；在商事运输合同关系中，承运人与旅客、托运人或收货人的权利义务关系因承运人承运旅客或货物的运输行为而产生，因而承运人与旅客、托运人或收货人之间的权利义务关系只有当旅客或货物被承运人实际运输时才形成。商事运输可分为客运运输和货运运输：客运运输简称客运，是承运人以旅客为运输对象，将旅客从起运地点运输到约定地点，向旅客收取票款的商事运输；货运运输简称货运，是承运人以货物为运输对象，将货物从起运地点运输到约定地点，向托运人或者收货人收取运输费用的商事运输。商事运输也可分为陆路运输、水路运输、航空运输：陆路运输简称陆运，是承运人通过陆路运输工具将旅客或货物从起运地点运输到约定地点的商事运输，包括以汽车为主要运输工具的公路运输以及以火车为主要运输工具的铁道运输；水路运输简称水运，是承运人以船舶为运输工具，以港口或港站为运输基地，以河流、湖泊、海洋等水域为运输活动范围，将旅客或货物从起运地点运输到约定地点的商事运输，包括简称河运的内河运输、简称海运的海洋运输；航空运输简称空运，是承运人以航空器为运输工具在空中将旅客或货物从起运地点运输到约定地点的商事运输。商事运输还可分为单一运输方式和多式联运：单一运输方式是承运人运用陆路、水路或航空等单一运输工具,将旅客或货物从起运地点运输到约定地点的商事运输;多式联运是承运人以两种及其以上的运输工具相互衔接、转运而共同完成一个完整的运输过程,将旅客或货物从起运地点运输到约定地点的商事运输。

(九) 商事技术协作

规范商事技术协作的,主要是合同法。商事技术协作是指技术输出方将自己拥有的技术通过技术开发、技术转让、技术咨询、技术服务等方式与技术引进方进行的技术经济交流的特殊商事行为。技术协作的技术涉及:有工业产权的技术,包括发明、实用新型和外观设计的专利及商品商标、服务商标、集体商标、证明商标等注册商标;无工业产权的技术,包括产品设计方案、技术图纸、工艺流程、化工配方、制造方法、测试手段等专有技术。技术协作主要涉及:技术开发,是当事人之间就新技术、新产品、新工艺或新材料及其系统进行委托研究开发或合作研究开发的技术经济交流活动,包括技术委托开发和技术合作开发;技术转让,是技术让与人将自己拥有的专利权、专利申请权、技术秘密、专利实施许可等转让给技术受让人的技术经济交流活动,包括专利权转让、专利申请权转让、技术秘密转让、专利实施许可;技术咨询,是技术咨询受托人按照约定为技术咨询委托人完成技术咨询报告或解答技术问题并收取报酬,而技术咨询委托人接受技术咨询工作成果并支付报酬的一种技术经济交流活动;技术服务,是技术服务受托人按照约定为技术服务委托人完成技术服务项目,解决技术问题,传授解决技术问题的知识,并收取报酬,而技术服务委托人接受技术服务工作成果并支付报酬的一种技术经济协作。

(十) 商事借贷

规范商事借贷的,主要是合同法。商事借贷是指借贷人因经营需要向贷款人借款,到期返还借款并支付利息的特殊商事行为。商事借贷实质是贷款人向借贷人让渡资金使用权的一种金融融资行为。商事借贷不同于民事借贷:民事借贷是一种民间借贷,即通常是自然人与自然人之间的相互借贷行为,因此民事借贷所订立的借贷合同具有实践性合同的性质;商事借贷是一种商业借贷,即通常是以银行等金融机构作为贷款人的借贷行为,而借贷人可以是自然人,也可以是法人或非法人组织,因此商事借贷所订立的借贷合同具有诺成性合同的性质。不过,两种借贷均具有转移所有权的特征,即贷款方将款项借贷给借款方,实质从借出时起,该款项的所有权已经转移至借款方身上。

(十一) 商事建设工程

规范商事建设工程的,主要是合同法、招标投标法。商事建设工程是指承包人按照约定进行工程建设并收取工程建设价款,发包人支付价款并验收工程成果的特殊商事行为,包括工程勘察、工程设计、工程施工。建设工程是为人类生活、生产提供基础性设施的大规模的经济活动,因此是固定资产生产和再生产过程中形成的各项工程项目,分为建筑工程、土木工程、机电工程:建筑工程是通过对各种房屋建筑及其附属设施的建造以及与其配套的线路、管道、设备等的安装工作所形成的工程实体,土木工程是建造各类工程设施的总称,机电工程是建造各类机械和电力设备工程设施的总称。由于建设工程项目涉及的是固定资产的大规模的经济活动,所涉资金巨大,因此建设工程的发包人一般应采取招标投标的形式寻找承包人。

（十二）商事承揽

规范商事承揽的，主要是合同法。商事承揽是指承揽人按照定作人的要求完成工作，交付工作成果，收取报酬，定作人接受工作成果，给付报酬的特殊商事行为，包括加工、定作、修理、复制、测试、检验等。商事承揽法律关系的标的是工作成果，而不是工作本身；这样的标的必须是承揽人按承揽合同实施一定行为之后的工作成果，即承揽人以自己的技术、设备、劳力为定作人专门工作的成果，而不能是将承揽人自己的现成物作为工作成果交付定作人。商事承揽不同于雇佣。一是法律关系不同：雇佣是基于人身依附的一种法律关系，即雇员的劳动从属于雇主的安排；承揽是基于承揽人与定作人相互平等的一种法律关系，即承揽人可以自主安排自己的承揽工作。二是合同关系不同：雇佣适用雇佣合同，即雇员与雇主签订的，是雇员利用雇主提供的劳动条件提供劳务，雇主则向雇员支付劳动报酬的合同；承揽适用承揽合同，即承揽人与定作人签订的，是承揽人按定作人的要求完成工作，交付工作成果，定作人给付报酬的合同。三是债务构成不同：雇佣的债务构成是雇员未按约定提供劳务，承揽的债务构成是承揽人未按约定交付工作成果。

（十三）商事供用能源、水源

规范商事供用能源、水源的，主要是合同法。商事供用能源、水源是指能源、水源的供应方按约定向能源、水源的使用方提供能源、水源，使用方支付相关使用费的特殊商事行为。商事供用能源、水源包括：商事供用电，即供电人向用电人供电，用电人支付电费的商事供用能源；商事供用气，即供气人向用气人供气，用气人支付气费的商事供用能源；商事供用热力，即供热力人向用热力人供热力，用热力人支付热力费的商事供用能源；商事供用水，即供水人向用水人供水，用水人支付水费的商事供用水源。

三 其他相关单行法律所规范的特殊商事行为

（一）《信托法》规范的商事信托

规范商事信托的，主要是2001年的《信托法》。信托涉及民事信托和商事信托：信托当事人的民事活动是民事信托，信托当事人的营业活动是商事信托。信托是指委托人基于对受托人的信任，将其财产权委托给受托人，由受托人按委托人的意愿以自己的名义，为受益人的利益或特定目的进行管理或处分的特殊商事行为。信托法律关系涉及的当事人包括：信托委托人，是在信托法律关系中投入信托的当事人；信托受托人，是在信托法律关系中守信于人的当事人；信托受益人，是在信托法律关系中受益于人的当事人，含本金受益人、收益受益人和共同收益人。委托人可以是受益人，也可以是同一信托的唯一受益人；受托人可以是受益人，但不得是同一信托的唯一受益人。设立信托，必须有合法的信托目的及确定而合法的信托财产及其权利，并按法定程序进行。信托财产指委托人通过信托行为转移给受托人并由受托人按照特定的信托目的以及委托人的意愿进行管理或处分的财产，以及经过管理或处分所取得的财产收益。信托可以依法变更、终止或解除。设立信托后，出现以下情形之一的，委托人有权变更受益人或处分受益人的信托受益权：受益人对委托人有重大侵权行为，受益人对其他共同受益人有重大侵权行为，经受益人同意，信托文件规定的其他情形。设立信托后，信托不因委托人或受托人的死亡、丧失民事行为能力、依法解散、被依法撤销或被宣告破产而终止，也不因受托人的辞任而终止，除非信托文件另有规定或有以下情形之一的：信托文件规定的终止事由发生，信托的存续违反信托目的，信托目的已经实现或者不能实现，信托当事人协商同意，信托被撤销，信托被解除。信托一旦终止后，信托财产归属于信托文件规定的人，未规定的，按以下顺序确定归属：受益人或其继承人，委托人或其继承人。设立信托后，委托人是唯一受益人的，委托人或其继承人有权依法解除信托，除非信托文件另有规定则从其规定；而且有信托法第17条第1项、第3项、第4项所列情形之一的，委托人也有权解除信托。

（二）《征信业管理条例》规范的商事信用

规范商事信用的，还没有一部专门的单行法律，而仅有的主要是2012年的行政法规《征信业管理条例》。商事信用讲的就是征信，它是指征信机构对企业、事业单位（统称为企业）的信用信息以及个人的信用信息进行采集、整理、保存、加工，并向信息使用者提供的特殊商事行为。征信机构采集个人信息的规则：采集个人信息应经信息主体本人同意，除非法定公开的那些信息以及企业的董事、监事、高级管理人员与其职务相关的信息；禁止采集个人宗教信仰、基因、指纹、血型、疾病和病史信息及法定禁止采集的其他个人的信息，包括个人收入、存款、有价证券、商业保险、不动产的信息和纳税数额信息，除非告知其提供该信息的不利后果，而对方仍书面同意；信息提供者提供个人不良信息，应事先告知信息主体本人；征信机构对个人不良信息的保存期限为5年；信息主体有权向征信机构查询自身信息，个人信息主体有权每年两次免费获取本人信用报告；向征信机构查询个人信息的，应取得信息主体本人书面同意并约定用途，除非法定可不经同意查询；征询机构或信息提供者、信息使用者采用格式合同条款取得个人信息主体同意的，应在合同中作出足以引起信息主体注意的提示，并按信息主体的要求作出明确说明；信息使用者应按与个人信息主体约定的用途使用个人信息，不得未经个人信息主体同意向第三方提供。征信机构采集企业信息的规则：可以通过信息主体、企业交易对方以及行业协会提供信息，政府有关部门依法已公开的信息，法院依法公布的判决、裁定等渠道，采集企业信息，但不得采集法律法规禁止采集的企业信息。

（三）《期货交易管理条例》规范的商事期货交易

规范商事期货交易的，还没有一部专门的单行法律，而有的主要是2007年的行政法规《期货交易管理条例》。商事期货交易是指采用公开的集中交易方式或国务院期货监督管理机构批准的其他方式进行的以期货合约或期权合约为交易标的的特殊商事行为。期货合约是指期货交易场所统一制定的、规定在将来某一特定的时间和地点交割一定数量标的物的标准化合约，包括商品期货合约、金融期货合约及其他期货合约；期权合约是指期货交易场所统一制定的、规定买方有权在将来某一时间以特定价格买入或卖出约定标的物（包括期货合约）的标准化合约。商事期货交易与一般商事买卖都属于买卖行为，但它们亦有区别：二者的交易场所规定不同，一般商事买卖的交易行为可以在任何方便的地方进行，而商事期货交易必须在期货交易所内进行；二者交易的规则不同，一般商事买卖适用合同法，而商事期货交易适用期货交易管理条例，且须遵循期货交易所指定的交易规则；二者的交易标的不同，一般商事买卖的交易标的是商品本身，而商事期货交易的交易标的是标准化合约；二者的交易风险不同，一般商事买卖是即时买卖，风险不大，而商事期货交易是远期交易，会面临价格波动的风险。与期货交易相关的组织或机构包括期货交易所、期货公司、期货业协会。期货交易所工作规则：在期货交易所进行交易的是期货交易所会员，但符合规定条件的境外机构，可在期货交易所从事特定品种的期货交易；期货交易所应及时公布上市品种合约的成交量、成交价、持仓量、最高价与最低价、开盘价与收盘价和其他应公布的即时行情，保证即时行情的真实、准确，不得发布价格预测信息；期货交易的交割由期货交易所统一组织进行，期货交易所不得限制实物交割总量，交割仓库由期货交易所指定。期货公司工作规则：期货公司接受客户委托为其进行期货交易，应事先向客户出示风险说明书，经客户签字确认后，与客户签订书面合同；期货公司不得向客户保证获利，不得在经纪业务中与客户约定分享利益或共担风险；客户有权通过书面、电话、互联网或国务院期货监督管理机构规定的其他方式，向期货公司下达交易指令。期货交易过程规则：期货交易应严格执行保证金制度，期货交易所向会员收取的保证金属会员所有，除用于会员的交易结算外，不得挪作他用，期货公司向客户收取的保证金属客户所有，除法定情形外，不得挪作他用；期货公司应为每一个客户单独开立专门账户、设置交易密码，不得混码交易等。

（四）证券法规范的商事证券

规范商事证券的，主要是1998年的证券法。一般的证券与《证券法》规范的证券有所不同，又有关联。一般的证券是用来证明其持有人所享有的某种特定权益的凭证。可以从证券票面要素及证券分类来理解一般的证券。一般的证券由4种要素构成：证券持有人，即证券票面载明该证券归谁所有；证券持有人权利，即证券票面载明证券持有人持有该证券所享有的权利；证券标的物，即证券票面载明证券持有人权利所指向的特定对象及其范围；证券标的物价值，即证券票面载明该证券标的物价值的大小。一般的证券分为有价证券和无价证券。有价证券是具有一定价格，代表某种所有权或债权的有价凭证，又分为资本证券、货币证券、商品证券：资本证券是主要的有价证券，甚至狭义的有价证券就是指的资本证券，它是指由金融投资或与金融投资有直接关联的活动产生的有价证券，包括股票、债券、金融期货证券等；货币证券是商业信用一种有效工具，其实质是一种商业票据，它是指可用来代替货币使用的有价证券，银行券和银行票据等均属此类，包括期票、汇票、本票、支票等；商品证券又称为货物证券，是指能够证明持有人享有该商品或货物的所有权或使用权的有价证券，包括货运单、提单、仓单。无价证券只是一种凭证证券，即仅具有证券的证明功能，而不能作为资本、财产使用的书面凭证，它不能流通，不具有流通价值和价格，又分为证据证券和资格证券：证据证券是仅单纯证明某一特定事实的书面凭证，包括存款单、借据、收据等凭证证券；资格证券是能够证明持有人能够享有行使某一特定权利资格的书面凭证，包括车票、船票、机票、戏票、存货单等。

证券法规范的商事证券是指资本证券，包括股票、公司债券、国务院认定的其他证券、政府债券、证券投资基金份额等。股票是一种有价证券，它是股份公司在筹集资本时向出资人公开或私下发行的，能够证明出资人的股本身份和权利，根据持有人所持有的股份数额享有权益和承担义务的凭证。股票可分为普通股、优先股和后配股：普通股是在公司的经营管理和盈利及财产分配上享有普通权利的股份，现时中国股票市场发行的主要是普通股；优先股是在利润分红和剩余财产分配的权利方面优于普通股的股票；后配股是在利润分红和剩余财产分配的权利方面后于普通股的股票。股票又可分为A股、B股、H股、N股和S股：A股是人民币普通股股票，与B股、H股、N股、S股对称，即由中国境内公司发行，供境内机构、组织或个人（不含港、澳、台投资者）以人民币认购和交易的普通股股票；B股是人民币特种股票，又称境内上市外资股，即以人民币标明面值，在上海证券交易所、深圳证券交易所供中国境外投资者（包括外国的投资者、港澳台的投资者、定居海外的中国公民投资者）、中国境内个人投资者以外币认购和交易的股票；H股是上市公司注册地在中国内地，股票上市地在香港，旨在吸收外资的外资股；N股是上市公司注册地在中国内地，股票上市地在纽约，旨在吸收外资的外资股；S股是上市公司注册地在中国内地，股票上市地在新加坡，旨在吸收外资的外资股；H股、N股、S股均属于境外上市外资股，即均以人民币标明面值，以外币认购和交易的外资股。股票再可分为ST股、垃圾股、绩优股、蓝筹股：ST股是英文Special Treatment的缩写，意为"特别处理"，是证券交易所对判定为财务状况异常或其他状况异常的上市公司作出特别处理，即证券交易所对该上市公司目前状况作出一种客观揭示，以警示投资者存在市场风险的股票；垃圾股是业绩较差的公司股票，一般每股收益为0.1元以下的股票；绩优股是业绩优良，但增速较慢的公司股票；蓝筹股是上市公司在其所在行业中处于重要支配地位，业绩优良，交投活跃，红利优厚的大公司股票，其术语源于赌场三种颜色筹码中最值钱的蓝色筹码（红色筹码次之，白色筹码最低值）。股票还可分为记名股票和无记名股票、有票面值股票和无票面值股票、单一股票和复数股票、表决权股票和无表决权股票等。

与证券业相关的组织或机构有：证券交易所，即为证券集中交易提供场所和设施，组织和监督证券交易，实行自律管理的法人；证券公司，即依法设立的经营证券业务的有限责任公司或股份有限公司；证券登记结算机构，即为证券交易提供集中登记、存管与结算服务，不以营利为目的的法人；证券服务机构，包括与证券业有关的投资咨询机构、财务顾问机构、资信评级机构、资产评估机构、会计师事务所；证券业协会，即证券业的自律性组织，是社会团体法人；证券监督管理机构，即负责对全国证券期货市场监督管理的中国证券监督管理委员会。

证券业运作包括证券发行和证券交易。证券发行，即政府、金融机构、工商企业等以募集资金为目的向证券投资者出售代表一定权利的有价证券的活动，包括：公开发行证券，即向不特定对象发行证券或向特定对象发行证券累计超过200人，或者法律法规规定的其他公开发行的行为；非公开发行证券，即一种私募性质或定向募集性质的发行证券方式，具有募集对象的特定性、发售方式的限制性的特点。证券交易，又称为证券买卖，即证券持有人按证券交易规则将自己持有的证券转让给其他证券投资者的行为，主要包括：证券现货交易，即证券交易双方在成交后即时清算交割证券和价款的证券交易方式；证券期货交易，即证券交易双方在成交后不立即办理清算交割证券和价款的手续，而只是事先约定交易价格、交割时间等交易条件，待到期后在进行实际交割的证券交易方式；证券期权交易，即证券交易双方为获得证券市场价格波动带来的利益，约定在一定时间内，以特定价格买入或卖出指定证券，或者放弃买入或卖出指定证券的证券交易方式；证券信用交易，即证券投资者以自己提供的保证金和信誉，取得证券经纪人的信任，在买入证券时由经纪人提供贷款，在卖出证券时再由经纪人贷给证券而进行的一种证券交易方式。

为使证券交易公开、公平、公正，应当注意以下规范：禁止证券交易内幕信息的知情人和非法获取内幕信息的人利用内幕信息从事证券交易活动；证券交易内幕信息的知情人和非法获取内幕信息的人在内幕信息公开前不得买卖该公司的证券，或者泄露该信息，或者建议他人买卖该证券；禁止任何人以非法手段操纵证券市场；禁止国家机关工作人员、传播媒介从业人员和有关人员编造、传播虚假信息，扰乱证券市场；禁止证券交易所、证券公司、证券登记结算机构、证券服务机构、证券业协会、证券监督管理机构等及其从业人员、工作人员，在证券交易活动中作出虚假陈述或信息误导；禁止证券公司及其从业人员从事损害客户利益的欺诈行为；禁止法人非法利用他人账户从事证券交易，禁止法人出借自己或他人的证券账户；禁止任何人挪用公款买卖证券；禁止资金违规流入股市。

（五）《票据法》和《商业银行法》规范的商事票据和商事承兑

1. 商事票据

规范商事票据的，主要是1995年的《票据法》。票据与证券这两个术语既有联系又有区别：广义的、一般意义上的证券包括票据，狭义的证券，即《证券法》规范下的证券，仅指资本证券；广义的、一般意义上的票据包括证券，狭义的票据，即《票据法》规范下的票据，仅指货币证券。当一般意义上使用票据与证券这两个术语时，它们是同义语。在一般意义上，票据是按一定形式制成，由出票人写明付款人负有向持票人付出一定金额责任的凭证。票据法律关系形成的票据关系人，是票据法律关系中享有票据权利或承担票据义务的票据当事人，分为票据基本当事人和票据非基本当事人。票据基本当事人是在票据签发时即已存在的当事人，包括：出票人，即签发票据并将票据交付给收款人，从而创设票据权利的一方当事人，可以是票据义务主体，也可以是票据权利主体；付款人，即在票据上记载的，受出票人委托支付票据上所记载款项的一方当事人，一般是票据义务主体；收款人，即从出票人处接受票据，据以向付款人请求付款的一方当事人，是票据权利主体，是记名票据所记载的权利人或不记名票据和空白票据的持票人。票据非基本当事人是那些通过一定的票据行为加入票据法律关系，并于其中享有一定票据权利或承担一定票据义务的当事人，包括：背书人，即通过转让票据这种票据行为，当转让票据时在票据背面签字或盖章并将该票据交付给受让人的票据收款人或持票人；被背书人，即背书人转让票据时的受让人；承兑人是汇票的主债务人，是接受汇票出票人的付款委托，同意承担支付票款义务的人，即承诺并记载于汇票上在汇票到期日支付汇票金额的付款人；保证人，即限于票据债务人以外的，为票据债务提供担保的人；被保证人，即保证人所担保的对象，是票据法律关系的票据义务主体；追索权人，即票据持有人的票据权利得不到实现时向票据关系中其他票据义务人主张票据权利的人；被追索人，即受追索权人追索票据权利的所有票据义务人，包括承兑人、付款人、出票人等。票据具有如下特征：票据的流通性，即任何票据一经作成，持票人均有权将其所有的票据转让给他人；票据的无因性，即所有票据的有效性均不须问明其票据权利和票据义务的成因；票据的返还性，即一切票据的持票人收到付款人支付的票款后，均应将签收的票据交还付款人；票据的提示性，即全部票据，其票据权利人请求票据义务人履行票据义务时，均应出示票据以作提示，然后才得以请求付款人付给票据款项。票据这些特征使其具有如下功能：票据的汇兑功能，即票据可以作为一国货币购买他国货币，或可以作为国际贸易异地输送现金和兑换货币的手段；票据的支付功能，即票据可以作为一种支付手段，在商事买卖中通过这种金钱给付的债券凭证实现支付的功能；票据的结算功能，即票据可以作为一种结算手段，使得债权与债务之间通过票据能够相互抵销；票据的信用功能，即票据可以作为一种信用工具，使得票据当事人可以在现在使用未来钱；票据的融资功能，即票据通过自身的信用可以作为一种融资手段，在商事活动中通过票据的贴现、转贴现和再贴现来实现融通或调度资金的目的。

商事票据是票据法规范下的狭义的票据，即货币证券，包括汇票、本票、支票。狭义的票据是出票人签发，约定自己或要求他人按票面所记载支付一定的金额，可流通转让的有价证券，也是持票人享有票面所记载权利的凭证。票据法的票据涉及的内容：

第一，汇票。汇票是出票人签发的，委托付款人在见票时或在指定日期无条件支付确定的金额给收款人或持票人的票据，分为银行汇票和商业汇票。出票人签发票据给收款人或持票人以及收款人或持票人承兑票据的行为，即以票据权利和票据义务的设立和变更为目的的法律行为称为票据行为，分为汇票行为、本票行为、支票行为。注意几种汇票行为的规则。一是出票规则，即出票人签发票据并将其交付给收款人的汇票行为规则：出票人必须与付款人具有真实的委托付款关系，并具有支付汇票金额的可靠资金来源；汇票必须记载规定的相关事项，特别是所记载的付款日期、付款地、出票地等事项应清楚、明确；汇票上可以记载票据法规定以外的其他出票事项，但该记载事项不具有汇票上的效力；出票人在汇票得不到承兑或付款时，应向持票人清偿票据法第70条和第71条规定的款项。二是背书规则，即在票据背面或粘单上记载有关事项并签章的汇票行为规则：持票人有权将汇票权利转让给他人或将一定的汇票权利授予他人行使，但要依法进行背书；背书应按规定要求进行；汇票的背书应当连续，即转让汇票的背书人与受让汇票的被背书人在汇票上的签章依次前后衔接，持票人以背书的连续，证明其汇票权利；以背书转让的汇票，作为在票据签章人之后签章的其他票据债务人的后手，应对其直接前手背书的真实性负责；背书不得附有条件；将汇票金额的一部分转让的背书或将汇票金额分别转让给二人以上的背书无效；背书人在汇票上记载"不得转让""委托收款"字样的，应依规定进行；汇票被拒绝承兑、被拒绝付款或超过付款提示期限的，不得背书转让；背书人在汇票得不到承兑或付款时，应向持票人清偿《票据法》第70条和第71条规定款项。三是承兑规则，即汇票付款人承诺在汇票到期日支付汇票金额的汇票行为规则：定日付款或出票后定期付款的汇票，持票人应在汇票到期日前向付款人提示承兑，要求付款人承诺付款；见票后定期付款的汇票，持票人应自出票日起1个月内提示承兑，否则丧失对其前手的追索权，除非是见票即付的汇票；付款人对向其提示承兑的汇票，应自收到提示承兑的汇票之日起3日内承兑或拒绝承兑；付款人承兑汇票的，应按规定办理，不得附有条件，否则视为拒绝承兑。四是保证规则，即汇票债务由汇票债务人外的人对汇票承兑承担保证责任的汇票行为规则：保证人对合法取得汇票的持票人享有的汇票权利承担保证责任；保证人与被保证人对持票人承担连带责任；2人以上的保证人，之间承担连带责任；保证人清偿汇票债务后有权行使持票人对被保证人及其前手的追索权；保证人承担保证责任，应在汇票或粘单上记载规定的事项；未记载"保证"字样、保证人名称和住所、被保证人名称，已承兑的汇票，承兑人为被保证人，未承兑的，出票人为被保证人；保证不得附有条件，附有条件的，不影响对汇票的保证责任。五是付款规则，即付款人或承兑人见票时或在指定日期按汇票记载金额支付给收款人或持票人的汇票行为规则：持票人应按规定期限提示付款；持票人获得付款的，应在汇票上签收，并将汇票交给付款人；持票人委托的收款银行的责任，限于按汇票上记载事项将汇票金额转入持票人账户，而付款人委托的付款银行的责任，限于按汇票上记载事项从付款人账户支付汇票金额；汇票金额为外币的，按付款日市场汇价，以人民币支付。六是追索权规则，即持票人在汇票到期时未获付款，到期日前被拒绝承兑或其他法定原因发生时，向其前手请求偿还票据金额以及相关损失的汇票行为规则：汇票到期被拒绝付款的，持票人有权对背书人、出票人及汇票的其他债务人行使追索权；持票人行使追索权应按规定提供有关证明；持票人不能出示拒绝证明、退票理由或未按规定期限提供其他合法证明的，丧失对其前手的追索权；汇票的出票人、背书人、承兑人和保证人对持票人承担连带责任；持票人为出票人的，对其前手无追索权，为背书人的，对其后手无追索权；持票人行使追索权的，有权请求被追索人支付规定的相关款项，被追索人因此而清偿后，有权向其他汇票债务人行使再追索权，请求其他汇票债务人支付规定的有关款项。

第二，本票。本票是指银行本票，即出票人签发的，承诺自己在见票时无条件支付确定的金额给收款人或持票人的票据。本票行为规则如下：出票人必须具有支付本票金额的可靠资金来源，并保证支付；出票人签发的本票必须按规定记载表明"本票"字样、无条件支付的承诺、确定的金额、收款人名称、出票日期、出票人签章等事项，缺一事项则本票无效；出票人在持票人提示见票时，必须承担付款的责任，且付款期限自出票日起最长不得超过2个月；持票人未按规定期限提示见票的，丧失对出票人以外的前手的追索权；有关本票的背书、保证、付款行为和追索权的行使，除适用本票自身规范外，同时适用有关汇票的规范；本票的出票行为，除适用本票规范外，也适用前述有关"汇票上可以记载《票据法》规定以外的其他出票事项，但该记载事项不具有汇票上的效力"的规定。

第三，支票。支票是出票人签发的，委托办理支票存款业务的银行或其他金融机构在见票时无条件支付确定的金额给收款人或持票人的票据。支票行为规则是：开立支票存款账户，申请人必须使用本名，提交证明其身份的合法文件；开立支票存款账户和领用支票，应有可靠的资信并存入一定的资金；开立支票存款账户，申请人应预留其本名签名式样和印鉴；支票应记载表明"支票"字样、无条件支付的委托、确定的金额、付款人名称、出票日期、出票人签章等事项，未记载其中之一的，支票无效；支票上的金额可以由出票人授权补记，未补记前的支票不得使用；支票上未记载收款人名称的，经出票人授权，可以补记；出票人可以在支票上记载自己为收款人；出票人所签发的支票金额不得超过其付款时在付款人处实有的存款金额，否则为禁止签发的空头支票；出票人必须按签发的支票金额承担保证向该持票人付款的责任；支票限于见票即付，不得另行记载付款日期；支票的持票人应自出票之日起10日内提示付款，超过期限的，付款人可不予付款，但出票人仍应对持票人承担票据责任；付款人依法支付支票金额的，对出票人不再承担受委托付款的责任，对持票人不再承担付款的责任；支票的背书、付款和追索权，除适用支票规范外，也适用汇票规范；支票的出票行为，除适用支票规范外，出票人在支票得不到承兑或付款时，应向持票人清偿《票据法》第70条和第71条规定的款项。

2. 商事承兑

商事承兑简称为承兑，即承诺兑付，指付款人在票据上签章，承诺将来在票据到期或见到票据时向收款人承担付款义务的一种特殊商事行为。规范商事承兑的，主要是《票据法》和1995年的商业银行法。承兑实质上是票据承兑，它主要是在存款银行、付款银行、收款银行之间实现的结算业务。以下术语与票据承兑相关：结算，即在票据承兑业务中按票据所载金额以现金支付，并可以通过票据清算银行结算、汇付结算、借项或贷项结算、当事人允诺的其他方式结算等方式进行结算；存款银行，即在票据承兑业务中为收款目的取得票据转让的第一个银行，即使该银行同时兼为付款银行；付款银行，即在票据承兑业务中当票据开立时所指定的付款银行或因承兑而承担付款义务的银行；收款银行，即除付款银行以外的在票据承兑业务中为收款而处理票据的银行；中间银行，即在票据承兑业务中除存款银行或收款银行以外的在收款过程中取得票据转让的银行；提示银行，即在票据承兑业务中除付款银行以外的提示票据承兑的银行，其中所谓提示是指票据的执票人或执票人的代表人向制票人、承兑人、受票人或其他付款人作出的承兑或付款要求；汇付银行，即在票据承兑业务中为票据作汇付的任何付款银行或中间银行。票据承兑涉及的是商业银行之间往来业务的问题，例如涉及票据交换业务，是因票据的收款人和付款人不在同一商业银行，因而导致不同商业银行之间的资金往来需要票据交换系统来完成。商业银行办理票据承兑等业务应按法律规范进行，包括商业银行办理票据承兑、汇兑、委托收款等结算业务，应按规定的期限兑现，收付入账，不得压单、压票或违反规定退票等，否则应承担票据承兑中违反规范的责任。商业银行是依法设立的吸收公众存款、发放贷款、办理结算业务的企业法人，业务范围包括：吸收公众存款；发放短期、中期和长期贷款；办理国内外结算；办理票据承兑和贴现；发行金融债券；代理发行、代理兑付、承销政府债券；买卖政府债券、金融债券；从事同业拆借；买卖、代理买卖外汇；从事银行卡业务；提供信用证服务及担保；代理收付款项及代理保险业务；提供保管箱服务等。

（六）会计法等法律规范的商事账簿

有关商事账簿的规范散见于证券法、公司法、个人独资企业法、合伙企业法、外资企业法及会计法和各种税法当中。商事账簿是指商主体为记载其财产状况和经营情况，按法律规定专门制作的会计簿册。商事账簿有不同分类。首先，有形式意义上的商事账簿，包括商主体依法必备的账簿，称为法定账簿；又有实质意义上的商事账簿，除法定账簿外，还包括商主体制作的一切账簿。现在要阐述的商事账簿，只是形式意义上的法定商事账簿。其次，即便从形式意义上理解商事账簿，又有广义与狭义：广义的包括商事单行法律规范的商事账簿、会计法规范的商事账簿、各种税法规范的商事账簿等；狭义的仅指会计法规范下的商事账簿。商法意义上的商事账簿是形式意义上的广义的商事账簿，其特征是：设置的法定性，商主体制作商事账簿是法律的规定；它是商主体依法记载其财产状况和经营情况的形式；它反映商主体的财产状况和经营情况。

第一，会计法规范下的商事账簿。会计法规范下的商事账簿主要涉及会计凭证、会计账簿、财务会计报告，它们是会计核算的基础和依据，只有真实、准确地填制会计凭证，登记会计账簿，编制财务会计报告，才能合法而有效地进行会计核算。各单位对会计凭证、会计账簿、财务会计报告和其他会计资料应建立档案，妥善保管。会计凭证，是商事主体用来记录本单位财产状况、经济业务，并据以登记会计账簿的书面证明，分为原始凭证即单据和记账凭证即记账凭单两类。原始凭证记载的内容不得涂改，即便有误，也只能由原出具单位重开或更正，更正地方应加盖出具单位印章；原始凭证金额有误，应由出具单位重开，不得在原始凭证上更正。记账凭证应根据经过审核的原始会计凭证及有关资料编制。会计账簿，简称为账簿，是由具有一定格式和相互联系的账页组成并用来分类和有序地记录商事主体的财产状况和经营业务情况的会计簿籍，包括总账、明细账、日记账和其他辅助性账簿。会计账簿登记必须以经过审核的会计凭证为依据，并应按连续编号的页码顺序登记，其记录发生错误或隔页、缺号、跳行的，应按国家统一的会计制度规定的方法更正。使用电子计算机进行会计核算的，其会计账簿的登记、更正，应符合国家统一的会计制度的规定。财务会计报告，是该商事主体根据其日常会计核算资料，按既定格式和种类定期编制、反映自身财产状况和经营情况的报告文件。财务会计报告由会计报表、会计报表附注和财务情况说明书组成，并应根据审核后的会计账簿和有关资料编制，应符合统一的会计制度关于财务会计报告的编制要求、提供对象和提供期限的规定。

第二，各种税法规范下的商事账簿。税法有关商事账簿的规范主要反映在税收征收管理法之中。税收征收管理法规范下的商事账簿主要涉及基于税务登记的账簿、凭证。纳税人、扣缴义务人均应按规定，设置账簿，根据合法、有效凭证记账，进行核算，从事生产、经营的纳税人、扣缴义务人必须按政府财政、税务主管部门规定的保管期限保管账簿、记账凭证、完税凭证及其他有关资料，所有资料不得伪造、变造或擅自损毁。

第三，有关商事单行法律规范下的商事账簿。《证券法》涉及商事账簿的规范是：公司公开发行新股，应向国务院证券监督管理机构报送申请文件包括公司的财务会计报告；上市公司不按规定公开其财务状况或对财务会计报告作虚假记载的，由证券交易所决定终止其股票上市交易；上市公司和公司债券上市交易的公司应提交包括公司财务会计报告和经营情况的中期报告。公司法涉及商事账簿的规范是：公司依法建立本公司的财务、会计制度；在每一会计年度终了时编制财务会计报告；有限责任公司应将财务会计报告送交各股东，股份有限公司的财务会计报告则应置备于本公司，供股东查阅，而公开发行股票的股份有限公司必须公告其财务会计报告。个人独资企业法规定个人独资企业应依法设置会计账簿，进行会计核算。合伙企业法涉及商事账簿的规范是：合伙企业应依法设置会计账簿，进行会计核算；合伙人为了解合伙企业的经营状况和财务状况，有权查阅企业会计账簿等财务资料；新合伙人与原合伙人订立入伙协议时，原合伙人应向新合伙人如实告知原合伙企业的经营状况和财务状况。外资企业法规定外资企业应在中国境内设置会计账簿，进行独立核算，按规定报送会计报表，并接受财政税务机关的监督。

（七）发票管理办法规范的商事发票

规范商事发票的，主要是1993年的行政规章《发票管理办法》。商事发票可简称为发票，是指在购销商品、提供或接受服务以及从事其他经营活动中，开具、收取的收付款凭证。发票具有如下特征：发票行为出现在商事活动中，即出现在购销商品、提供或接受服务以及从事其他经营活动中；发票行为的主体，即发票当事人，包括销售商品、提供服务的发票开具方，以及购买商品、接受服务的发票收取方；发票属于一种商事凭证，通过发票可以证明发生一种商事行为，即证明当事人所发生的购销行为、提供或接受服务的行为,以及证明该行为的交易金额。发票分为普通发票、增值税专用发票、增值税普通发票。

普通发票相对于增值税发票而言,指在购销商品、提供或接受服务以及从事其他经营活动中所开具和收取的收付款凭证。除增值税的一般纳税人开具、收取的增值税发票外,任何单位或个人在购销商品、提供或接受服务以及从事其他经营活动中所开具、收取的各种收付款凭证均为普通发票。普通发票又分为:行业发票,即仅适用于某一行业经营业务的发票,如商业零售统一发票、商业批发统一发票、工业企业产品销售统一发票;专用发票,即专门适用于特定经营项目的发票,如广告费用结算发票、商品房销售发票、餐饮业销售发票。普通发票的基本联次为三联,故又称为三联发票:第一联为存根联,即由收款方或开票方留存备查之用的一联;第二联为发票联,即由付款方或受票方作为付款原始凭证之用的一联;第三联为记账联,即由收款方或开票方作为记账原始凭证之用的一联。

增值税专用发票是指由国家税务总局根据增值税征收管理之需而监制设计印制的,专用于增值税一般纳税人领购使用,并用于其销售或提供增值税应税项目的一种专门发票。增值税专用发票是中国实施新税制后的产物,它既是作为纳税人反映经济活动中的重要会计凭证,即记载商品销售额和增值税税额的财务会计收支凭证,也是作为销货方纳税义务和购货方进项税额的合法证明,还是购货方据以抵扣税款的法定凭证。增值税专用发票的基本联次为四联,又称为四联发票:第一联为存根联,即由销货方留存备查之用的一联;第二联为发票联,即由购货方作为付款记账凭证之用的一联;第三联为税款抵扣联,即由收执方作为抵扣税款凭证之用的一联;第四联为记账联,即由销货方用作销售记账凭证之用的一联。

增值税普通发票是指将商业零售以外的增值税一般纳税人,即年应征增值税销售额超过国家规定的小规模纳税人标准的、其增值税进项税额可以抵扣销项税额的企业和企业性单位,纳入增值税防伪税控系统开具和管理的一种增值税发票。在此系统下运作的增值税普通发票,使得增值税一般纳税人可以使用同一套增值税防伪税控系统同时开具增值税专用发票、增值税普通发票,以达到所谓"一机多票"的发票行为效果。增值税普通发票的基本联次为二联,又称为二联发票:第一联为记账联,即由销货方用作记账凭证之用的一联;第二联为发票联,即由购货方用作记账凭证之用的一联。另有一种五联,即五联发票,是为满足部分纳税人之需,在二联基础上添加三联为附加联次的增值税普通发票。

发票按其载体的不同,又可以分为纸质发票、非纸质发票两类,其中的非纸质发票又可以分为IC卡发票、电子发票及其他非纸质发票。凡符合《发票管理办法》第3条有关发票定义的规定的,均属于发票范畴,无论其是属于纸质发票,还是属于非纸质发票。

发票使用是针对税收工作而规定实施的一种商事行为。发票行为的规范,涉及发票的印制、领购、开具和取得、保管和缴销等方面。增值税专用发票由国务院税务主管部门确定的企业印制,其他发票由省级税务机关确定的企业印制,禁止私自印制、伪造、变造发票,禁止在中国境外印制发票。需要领购发票的单位和个人,在领取税务登记证件后,应持税务登记证件、经办人身份证明、按国务院税务主管部门规定式样制作的发票专用章的印模,向主管税务机关领购发票。发票的开具和取得、保管和缴销均应遵循有关规定。

(八) 保险法规范的商事保险

规范商事保险的,主要是 1995 年的《保险法》。商事保险可简称为保险①,是指投保人根据合同约定,向保险人支付保险费,保险人对于合同约定的可能发生的事故因其发生所造成的财产损失承担赔偿保险金责任,或者当被保险人死亡、伤残、疾病或达到合同约定的年龄、期限等条件时承担给付保险金责任的商业保险行为。保险有以下不同分类:财产保险,是以财产及其有关利益为保险标的的保险,即根据保险合同,投保人向保险人交付保险费,保险人对所承保的财产及其有关利益,因自然灾害或意外事故造成的损失而承担赔偿保险金责任的一种保险,包括财产损失保险、责任保险、信用保险、保证保险,人身保险,是以人的寿命和身体为保险标的的一种保险,即投保人向保险人交付保险费,保险人对承保的被保险人或受益人,当其遭受不幸事故或因疾病、年老以致丧失劳动能力、伤残、死亡或年老退休时,向其给付预定保险金或年金的一种保险,如意外伤害保险、人寿保险、健康保险;强制保险,又曰法定保险,即由法律强制规定的某些群体或行业,不管被保险人愿意与否依法均应参加的一种保险,如机动车第三者责任保险,自愿保险,又曰任意保险,即保险双方当事人基于自愿原则订立保险合同而实现的一种保险,大多数保险都属于自愿保险;个人保险,是以个人或家庭作为被保险人的一种保险,大多数保险属于个人保险,团体保险,是以团体为被保险人的一种保险,如团体人寿保险、团体年金保险、团体健康保险、团体意外伤害保险。保险规范涉及保险合同、保险公司。

保险合同是作为保险当事人的投保人与保险人约定保险权利义务关系的协议。保险合同主体包括保险当事人、保险关系人、保险辅助人。保险当事人包括:投保人,是与保险人订立保险合同,并按合同约定负有支付保险费义务的人,又称为保单持有人或要保人;保险人,是与投保人订立保险合同,并根据合同约定承担赔偿或给付保险金责任的保险公司,又称为承保人。保险关系人包括:被保险人,是其财产或人身受保险合同保障,享有保险金请求权的人②;受益人,是人身保险合同中由被保险人或投保人指定的享有保险金请求权的人③。保险辅助人包括:保险代理人,是根据保险人的委托,向保险人收取佣金,在保险人授权的范围内代为办理保险业务的机构或个人;保险经纪人,是基于投保人的利益,为投保人与保险人订立保险合同提供中介服务,并依法收取佣金的机构。保险合同客体指保险利益,即投保人或被保险人对保险标的具有法律上承认的利益,包括财产保险利益和人身保险利益。财产保险利益涉及:财产既有利益,是投保人或被保险人以已有财产投保时产生的利益;财产期待利益又曰财产预期利益,即投保人或被保险人以已有财产为基础,经生产和经营后在将来获得的利益;财产责任利益是投保人或被保险人对保险标的或被保险人负有责任,为使危险发生时能够免除其责任而为该保险标的或被保险人投保而形成的利益。人身保险利益涉及:本人人身利益,是投保人以自己为人身保险投保对象所

---

① 保险有广义与狭义:广义之保险除商事保险外还包括后面要阐述的社会保险;狭义之保险仅指商法的商事保险,商事保险常可简称为保险。商事保险与社会保险不同:前者属于商法范畴,后者属于社会法范畴。本章讲的是前者。
② 根据《保险法》第 12 条的规定,投保人可以为被保险人。
③ 根据《保险法》第 18 条的规定,投保人、被保险人可以为受益人。

形成的利益；亲属人身利益，是投保人以其亲属为人身保险投保对象所形成的利益；拟制关系人身利益，是投保人以养父母、养子女、养兄弟姐妹、继父母、继子女、继兄弟姐妹、同父异母或同母异父的兄弟姐妹为人身保险投保对象所形成的利益；合同或债权利益，是合同一方当事人或债权人以自己为人身保险投保对象所形成的利益。

保险合同主要有人身保险合同和财产保险合同。人身保险合同的成立基于投保人对被保险人应当具有的保险利益；投保人对本人，对配偶、子女、父母，对与自己有抚养、赡养或扶养关系的家庭其他成员、近亲属，对与自己有劳动关系的劳动者等有保险利益，且被保险人同意投保人为其订立合同的，视为投保人对被保险人具有保险利益。人身保险合同涉及如下规则：合同无效规则，即订立合同时，投保人对被保险人不具有保险利益的，或者以死亡为给付保险金条件的合同，未经被保险人同意并认可保险金额的，合同无效；合同效力中止和恢复规则，即投保人分期支付保险费超过约定期限60日未支付当期保险费的，合同效力中止，补交保险费后，合同效力恢复；保险人解除合同规则，即投保人申报的被保险人年龄不真实，且其真实年龄不符合合同约定的年龄限制，或者自合同效力中止之日起满2年双方未达成协议的，保险人有权解除合同；保险人不得承保规则，即投保人为无民事行为能力人投保以死亡为给付保险金条件的人身保险，保险人不得承保，但父母为其未成年子女投保的人身保险则除外；保险人不承担给付保险金责任规则，即投保人故意造成被保险人死亡、伤残或疾病的，或者因被保险人故意犯罪或抗拒依法采取的刑事强制措施导致其伤残或死亡的，或者以被保险人死亡为给付保险金条件的合同，自合同成立或合同效力恢复之日起2年内，被保险人自杀的，保险人不承担给付保险金责任，后一情形除非被保险人自杀时为无民事行为能力人；受益人规则，即受益人由被保险人或者投保人指定，可以指定一人或数人为受益人，而被保险人死亡后，没有指定受益人或受益人指定不明无法确定的，或者受益人先于被保险人死亡①，没有其他受益人的，或者受益人依法丧失受益权或放弃受益权而没有其他受益人的，保险金作为被保险人的遗产，且受益人故意造成被保险人死亡、伤残、疾病的，或者故意杀害被保险人未遂的，该受益人丧失受益权；投保人解除合同规则，即投保人解除合同的，保险人应自收到解除合同通知之日起30日内，按合同约定退还保险单的现金价值。财产保险合同涉及类似人身保险合同的规则，包括合同成立、合同解除、保险标的、保险事故发生、责任保险等规则。

保险公司是保险合同中一方当事人，即保险人。设立保险公司、保险公司分支机构，应具备法定条件，分别经国务院保险监督管理机构、地方保险监督管理机构批准。保险公司依法具有法人资格，独立承担民事责任；但其分支机构不具法人资格，民事责任由保险公司承担。保险公司可在中国境外设立子公司、分支机构、代表机构，但应经国务院保险监督管理机构批准，代表机构不得从事保险经营活动。保险公司经营保险业务，应按其注册资本总额的20%提取保证金，并应根据保障被保险人利益、保证偿付能力的原则，提取各项责任准备金，以及应当依法提取公积金。保险公司的资金运用必须稳健，并限于银行存款，买卖债券、股票、证券投资基金份额等有价证券，投资不动产等资金运用形式。

---

① 根据《保险法》第42条的规定，受益人与被保险人在同一事件中死亡，不能确定死亡先后顺序的，推定受益人死亡在先。

（九）担保法规范的商事担保

规范商事担保的，主要是1995年的《担保法》。担保是指保证人和债权人约定，当债务人不履行债务时，保证人按约定履行债务或承担责任的行为。上述定义既包括狭义的民事担保，也包括商事担保。担保行为实质是通过订立担保合同而完成担保过程的行为，担保合同的订立是担保的核心规范。担保合同是主合同的从合同；任何一个担保合同的存在，总有一个与之相应的主合同的存在。例如，设立主债务的合同是主合同，保证该主债务偿还能力的保证合同是从合同。主合同无效，从合同则无效；但从合同无效，主合同可以有效。主合同无效，担保合同无效，除非担保合同另有约定，从其约定。担保通常是债务人向债权人提供的清偿债务的一种承诺。某些情形下，债务人清偿债务的承诺，不是债务人自己提出，而是通过第三人来完成，这就是所谓第三人为债务人向债权人提供担保的情形；第三人为债务人向债权人提供担保时，有权要求债务人提供反担保，即为保障债务人之外的担保人将来承担担保责任后对债务人的追偿权能够实现而设定的担保。

现在所阐述的是商事担保，即商事主体以营利为目的而从事的专门为经营活动中的债务人提供债务担保的特殊商事行为。当平行地使用商事担保和民事担保这两个概念时，其民事担保是指狭义的民事担保。比较民事担保与商事担保的区别，也可看出商事担保的特征：一是民事担保的主体是民事主体，商事担保的主体是商事主体。商事担保是商事主体提供的担保，即担保人为商事担保人，且该商事担保人可以是提供商事担保的一般商主体，依据担保法、公司法、物权法、合同法的规定，为自己、其他商主体或非商主体向他们的债权人提供担保，也可以是专门从事担保经营的特殊商主体，诸如商业银行等金融机构或专门性的担保公司从事担保营业，为商主体或非商主体向他们的债权人提供担保。二是民事担保的行为属于民事行为，商事担保的行为是商事行为。商事担保是具有商行为性质的担保，即该担保是以营利为目的的担保，是经营性质的商行为。

担保法所规范的担保既包括商事担保，又包括民事担保；但这里只从商事担保角度阐述担保的法律规范。《担保法》规定的担保，包括商事担保，主要有保证、抵押、质押、留置、定金等几种担保方式。在不同方式的担保中，须知商事担保人有几种不同的称谓：在保证方式的担保中，商事担保人称为保证人；在抵押方式的担保中，商事担保人称为抵押人；在质押方式的担保中，商事担保人称为出质人；在留置方式的担保中，商事担保人称为交付留置物的人；在定金方式的担保中，商事担保人称为给付定金的人。

保证担保是指保证人和债权人约定，当债务人不履行债务时，保证人按约定履行债务或承担责任的行为。保证是保证合同中保证人为债务人对债权人提出的履约承诺。保证合同的当事人包括：保证人，是与债权人约定为主合同债务提供担保，债务人不履行债务时由其按约定履行债务或承担责任的当事人；债权人，是主合同中享有权利的当事人；债务人，是主合同中承担义务的当事人。具有代为清偿债务能力的法人、非法人组织或自然人均可作为保证人；但以下主体不可作为保证人：国家机关，除非经国务院批准为使用外国政府或国际经济组织贷款进行转贷；学校、幼儿园、医院等以公益为目的的事业单位、社会团体；企业法人分支机构、职能部门，其分支机构除非有其法人书面授权。保证行为以保证人与债权人订立书面保证合同为标志，没有书面保证合同就没有保证行为。保证人与债权人可以就单个主合同分别订立保证合同，也可协议在最高债权额限度内就一定期间连续发生的借款合同或某项商品交易合同订立一个保证合同。保证有两种方式：一般保证，是当事人在保证合同中约定债务人不能履行债务时，由保证人承担保证责任的保证；连带责任保证，是当事人在保证合同中约定保证人与债务人对债务承担连带责任的保证。

抵押担保是这样的担保，即作为抵押人的债务人或第三人不转移对法定可以抵押的财产的占有，将该财产作为债权的担保。法定可以抵押的财产包括：抵押人所有的房屋和其他地上定着物，抵押人所有的机器、交通运输工具和其他财产，抵押人依法有权处分的国有的土地使用权、房屋和其他地上定着物，抵押人依法有权处分的国有的机器、交通运输工具和其他财产，抵押人依法承包并经发包方同意抵押的荒山、荒沟、荒丘、荒滩等荒地的土地使用权，依法可以抵押的其他财产。但下列财产不得抵押：土地所有权；耕地、宅基地、自留地、自留山等集体所有的土地使用权，除非属于承包并经同意抵押的荒地或属于与村镇企业的建筑物同时抵押的土地使用权；学校、幼儿园、医院等以公益为目的的事业单位、社会团体的教育设施、医疗卫生设施和其他社会公益设施；所有权、使用权不明或有争议的财产；依法被查封、扣押、监管的财产；依法不得抵押的其他财产。抵押行为以抵押人与抵押权人订立书面形式的抵押合同为标志，否则不存在抵押行为。以法定需要登记的抵押物进行抵押的，应依法进行登记；以其他不需登记的抵押物进行抵押的，可自愿办理抵押物登记。抵押担保范围除主债权及利息、违约金、损害赔偿金和实现抵押权的费用外，抵押合同另有约定的，从其约定。抵押权人实现抵押权后，有权向债务人追偿。

质押担保是这样的担保，即出质人将其动产或特定权利作为质物移交质权人占有，将该质物作为债权的担保。质押担保的当事人：出质人，即质押担保合同中的债务人、第三人；质权人，即质押担保合同中的债权人。在质押担保合同中，移交的财产或特定权利称为质物。质押担保包括：动产质押担保，即出质人将其动产移交质权人占有，将该动产作为债权的质押担保，其质押担保的范围包括主债权及利息、违约金、损害赔偿金、质物保管费用和实现质权的费用；特定权利质押担保，即出质人将其特定权利移交质权人占有，将该特定权利作为债权的质押担保，可质押的权利有汇票、支票、本票、债券、存款单、仓单、提单，依法可转让的股份、股票及商标专用权、专利权、著作权中的财产权等。

留置担保是这样的担保，即在保管合同、运输合同、加工承揽合同关系中，债权人按合同约定占有债务人的动产，债务人不按约定期限履行债务的，债权人有权依法留置该财产，以该财产折价或以拍卖、变卖该财产的价款优先受偿。留置担保的当事人包括：留置权人，即留置担保关系中的债权人；交付留置物的债务人，即留置担保关系中的债务人。在留置担保关系中被留置的动产称为留置物；可以被留置的留置物，即留置担保的范围，包括主债权及利息、违约金、损害赔偿金、留置物保管费用和实现留置权的费用。

定金担保是这样的担保，即担保关系中的当事人可以约定一方向对方给付定金作为债权的担保。给付定金方的规则是：给付定金的一方不履行约定的债务的，无权要求返还定金；但债务人履行债务后，定金应当抵作价款或收回。收受定金方的规则是：收受定金的一方不履行约定的债务的，应当双倍返还定金；当给付定金方履行债务后，收受定金方应当返还定金。通常，定金数额由当事人约定，但不得超过主合同标的额的20%。

（十）拍卖法规范的商事拍卖

规范商事拍卖的，是1996年的《拍卖法》。拍卖是国际市场一种常见的交易方式，它不是一般买卖行为,而是掺杂信息经济学和博弈理论的特殊交易方式。拍卖(auction)一词最早源于拉丁文,含"增加"之意,意即在拍卖过程中通过不断叫价、加钱,以求竞得拍卖之品。拍卖是以公开竞价形式,将特定物品或财产权利转让给最高应价者的买卖方式。拍卖标的是委托人所有或依法有权处分的物品或财产权利;物品指有形财产,财产权利指无形财产。法律法规禁止买卖的物品或财产权利,不得作为拍卖标的;依法经审批才能转让的物品或财产权利,应取得审批后才能拍卖;对政府依法没收的物品、冲抵税款、罚款的物品和其他物品按规定应委托拍卖的,由有关政府部门指定拍卖人进行拍卖。拍卖当事人包括:拍卖人,是按拍卖法、公司法设立的从事拍卖活动的企业法人;委托人,是委托拍卖人拍卖物品或财产权利的自然人、法人或非法人组织;竞买人,是参加竞购拍卖标的的自然人、法人或非法人组织;买受人是以最高应价购得拍卖标的的竞买人。

拍卖活动应遵循公开、公平、公正、诚实信用的原则,按法定拍卖程序进行:拍卖委托,它是委托人与拍卖人订立委托拍卖合同,将自己所有或依法有权处分的拍卖标的交由拍卖人进行拍卖的行为;拍卖公告与展示,拍卖公告指拍卖人在拍卖日开始前的一段时间通过新闻媒介向社会公众发布的,告知拍卖的时间、地点,告知拍卖标的和展示的时间、地点,及告知参与竞买应办理的手续等法律文件,拍卖展示指拍卖人在拍卖前将拍卖标的通过展览形式告示社会公众的行为;拍卖实施,它是拍卖人通过拍卖会完成拍卖的最后过程;拍卖人收取佣金,即中间人说合生意成交后应得的酬金。拍卖应遵循相关规则:拍卖人规则,拍卖人应向竞买人说明拍卖标的的瑕疵,对拍卖物品负有保管义务,不得以竞买人身份参与自己组织的拍卖活动及委托他人代为竞买,不得在自己组织的拍卖活动中拍卖自己的物品或财产权利,拍卖成交后应按约定向委托人交付拍卖标的的价款并将拍卖标的移交买受人;委托人规则,委托人应向拍卖人说明拍卖标的的来源和瑕疵,可确定拍卖标的的保留价并要求拍卖人保密,拍卖前有权撤回拍卖标的,不得参与竞买,也不得委托他人代为竞买,约定由委托人移交拍卖标的的,成交后应向竞买人移交拍卖标的;竞买人规则,竞买人有权了解拍卖标的的瑕疵,有权查验拍卖标的和查阅有关拍卖资料,一经应价,便不得撤回,其他竞买人有更高应价时,其应价即丧失约束力,竞买人之间、竞买人与拍卖人之间不得恶意串通,损害他人利益;买受人规则,买受人应按约定支付拍卖标的的价款,或者由拍卖人征得委托人同意,将拍卖标的再行拍卖,若再行拍卖则原买受人应支付第一次拍卖中本人及委托人应付的佣金,再行拍卖的价款低于原拍卖价款的,原买受人应补足差额,未能按约定取得拍卖标的的,有权要求拍卖人或委托人承担责任。

(十一)招标投标法规范的商事招标投标

规范招标投标的,是1999年的《招标投标法》。招标投标是国际通行的交易方式,特别是工程建设项目中更能体现公开性、公平性、公正性及诚信度的方式。招标是指招标人发出招标公告或投标邀请书,说明招标的工程、货物、服务等项目的范围、标段划分、数量、投标人资格要求等,邀请特定或不特定投标人在规定的时间、地点按一定程序进行投标的行为,包括招标人以招标公告的方式邀请不特定的投标人投标的公开招标以及招标人以投标邀请书的方式邀请特定的投标人投标的邀请投标等两种方式;投标是指投标人应招标人特定或不特定的邀请,在规定的时间、地点按照招标文件的要求,主动向招标人递交投标文件的行为;招标人是依照法律规定提出招标项目、进行招标的主体,含法人和非法人组织；招标代理机构是依法设立、从事招标代理业务并提供相关服务的社会中介组织；招标文件是招标人或招标代理机构以招标为目的而编制并向潜在投标人发售的明确投标资格条件、合同条款、评标方法、投标文件相应格式的文件，含招标公告、投标邀请书；标底是招标人组织专门人员为准备招标的那部分工程或设备计算出的一个合理的基本价格；投标人是响应招标、参加投标竞争的主体，包括自然人、法人和非法人组织；共同投标是两个以上投标人组成一个联合体，以一个投标人的身份投标的投标形式；开标是由招标人主持，在邀请所有投标人及行政监督管理部门或公证机构的人员参加的情况下，在招标文件预先约定的时间、地点当众对投标文件进行开启的过程；评标是按规定的标准和方法，对各个投标人的投标文件通过比较和分析进行评审，从中筛选出最佳投标人的过程，其中的评标标准包括价格标准和其他非价格标准，评标方法包括最低评标的价法、打分法、合理最低投标价法；评标委员会是依法由招标人代表和有关技术、经济等领域的专家组成，负责对投标文件评审并提出评审意见的临时性机构；中标是投标人收到中标通知书被招标人按评标标准、方法及法定流程确定为招标项目合同签订对象的结果；中标人是招标人根据评标委员会提出的书面评标报告和推荐，确定为招标项目合同签订对象的投标人。

商事招标投标通常分为招标、投标、开标、评标等几个环节，每一环节均应遵循相应的规则：招标规则，包括招标人应有进行招标项目的相应资金或资金来源已经落实，有权自行选择招标代理机构，而招标代理机构应在招标人委托范围内办理招标事宜，招标人采用公开招标方式的，应发布招标公告，采用邀请招标方式的，应向3个以上具备承担招标项目的能力、资信良好的特定的法人或非法人组织发出投标邀请书，并不得以不合理的条件限制或排斥潜在投标人，招标人设有标底的，应当保密，也不得透露已获取招标文件的潜在投标人的相关情况；投标规则，包括投标人应按规定将投标文件送达投标地点，不得相互串通投标报价，不得排挤其他投标人的公平竞争，不得与招标人串通投标，不得以低于成本的报价竞标，不得以他人名义投标或以其他方式弄虚作假，骗取中标；开标规则，包括开标时由投标人或其推选的代表检查投标文件的密封情况，也可以由招标人委托的公证机构检查并公证，经确认无误后，当众拆封，宣读投标人名称、投标价格等内容；评标规则，包括招标人应采取必要措施，保证评标在严格保密情况下进行，并根据评标委员会的书面评标报告和推荐的中标候选人确定中标人，也可以授权评标委员会直接确定中标人，评标委员会经评审，认为所有投标都不符合要求的，可以否决所有投标人。

（十二）企业破产法规范的商事破产

规范商事破产的，主要是2006年的企业破产法。一般意义的破产是指当债务人的全部资产不足以清偿到期债务时，债权人依法通过破产程序将债务人的全部资产供其平均受偿，从而使债务人同时免除不能清偿的其他债务的行为。企业破产法规范的商事破产是指当企业法人不能清偿到期债务，并且资产不足以清偿全部债务或明显缺乏清偿能力时，作为债务人的企业有权申请重整、和解或破产清算，或者当作为企业的债务人不能清偿到期债务时，债权人有权申请对债务人进行重整或破产清算的法律制度。对破产制度如何理解，不同法律体系有不同的解读：西方商事法律所规范的破产制度，例如美国的破产制度，不仅涵盖了企业、自然人的破产，也包括了地方政府的破产；现行中国商事法律所规范的破产制度，仅限于企业的破产，不包括自然人、地方政府的破产。企业破产法（试行）规范的企业破产制度，仅适用于全民所有制企业，且破产主要采取破产清算这一形式，而《企业破产法》规范的企业破产制度，其适用范围扩大至所有形式的企业法人，且破产包括重整、和解、破产清算等形式。破产包括破产程序和破产方式。

第一，破产程序。一是破产程序的启动。启动破产程序，是当事人申请破产：债务人不能清偿到期债务，且资产不足以清偿全部债务或明显缺乏清偿能力的，可以向法院提出重整、和解或破产清算的申请；债务人不能清偿到期债务，债权人可以向法院提出对债务人进行重整或破产清算的申请。法院受理破产申请后，有关程序应作调整：债务人财产保全措施应解除，执行程序应中止；已开始而尚未终结的债务人的民事诉讼或仲裁应中止，在管理人接管债务人的财产后，该诉讼或仲裁继续进行；债务人的民事诉讼只能向受理破产申请的法院提起。二是确定债务人财产和破产财产的管理人。破产管理人不同于清算组织：破产清算组织的功能主要是清算破产财产，破产管理人不仅关注清算破产财产，而且也关注破产宣告后企业重整及和解。破产管理人的选任方式是由法院指定，但债权人会议认为其不能依法、公正执行职务或有其他不能胜任职务情形的，有权请求法院更换。三是确定破产费用和公益债务。破产费用是指法院受理破产申请后所发生的费用，包括破产案件的诉讼费用，管理、变价和分配债务人财产的费用，管理人执行职务的费用、报酬和聘用工作人员的费用。公益债务是指在破产程序中为全体债权人的共同利益及破产程序顺利进行而产生的债务，包括因管理人或债务人请求对方当事人履行双方均未履行完毕的合同所产生的债务，债务人财产受无因管理所产生的债务，因债务人不当得利所产生的债务，为债务人继续营业而应支付的劳动报酬和社会保险费用及由此产生的其他债务，管理人或相关人员执行职务致人损害所产生的债务，债务人财产致人损害所产生的债务。破产费用和公益债务由债务人财产随时清偿，债务人财产不足以清偿所有破产费用和公益债务的，先行清偿破产费用；债务人财产不足以清偿所有破产费用或公益债务的，按比例清偿；债务人财产不足以清偿破产费用的，终结破产程序。四是债权申报。债权申报规则：债权人应在法院确定的债权申报期限内向管理人申报债权，未申报的，可在破产财产最后分配前补充申报；未到期的债权，破产申请受理时视为到期，可以申报；附条件、附期限的债权和诉讼、仲裁未决的债权，债权人可以申报债权；申报债权时应书面说明债权的数额和有无财产担保，并提交有关证据；申报的债权是连带债权应说明，而连带债权人可以由其中一人代表全体连带债权人申报债权，也可共同申报债权；债务人的保证人或其他连带债务人已经代替债务人清偿债务的，以其对债务人的求偿权申报债权。五是债权人会议。债权人会议是由全体依法申报债权的债权人组成，以维护全体债权人的共同利益为目的，参加破产程序进行权利自治，在法院监督下商议处理破产债务相关事宜的临时机构。

第二，破产方式。一是企业重整，又曰企业重组，指债务人或债权人依法向法院申请对债务人进行重新整顿、调整的一种破产制度。企业重整赖于重整申请，即申请重整，是向法院提出重整请求的行为。债务人申请以重整方式破产的，应在法院受理破产申请后、宣告债务人破产前提出重整申请；债权人申请对债务人进行破产清算的，法院受理破产申请后、宣告债务人破产前，债务人或出资额占债务人注册资本10%以上的出资人，可以向法院申请重整。法院裁定债务人重整的，重整期间债务人或管理人应制定重整计划，并由债务人执行重整计划，并不再清偿按重整计划减免的债务。债务人不能执行或不执行重整计划的，法院经管理人或利害关系人请求，应裁定终止重整计划的执行，并宣告债务人破产。二是和解，又曰破产和解，指法院受理破产申请后，破产程序终结前，债务人与债权人之间就延期、减免偿还债务达成协议，从而中止破产程序的解决破产的方式。债务人可直接向法院提出和解申请，也可在法院受理破产申请后、宣告债务人破产前，向法院申请和解，并提出和解协议草案。经法院认可的和解协议的约束力：债务人应按和解协议规定的条件清偿债务，否则法院经和解债权人请求，裁定终止执行和解协议，宣告债务人破产；和解债权人未依法申报债权的，在和解协议执行期间不得行使权利，而和解债权人对债务人的保证人和其他连带债务人享有的权利，不受和解协议的影响，法院裁定终止和解协议执行的，和解债权人在和解协议中作出的债权调整的承诺失去效力，但和解债权人因执行和解协议所受的清偿仍有效，和解债权未受清偿的部分则作为破产债权。三是破产清算，指破产企业被法院依法宣告破产后由依法成立的清算组接管破产企业，对破产财产进行清算、评估、处分的解决破产的方式。破产清算是因债务人被宣告破产引起，但在宣告破产前，第三人为债务人提供足额担保或为债务人清偿全部到期债务的，或者债务人已清偿全部到期债务的，法院应裁定终结破产程序并予以公告。破产企业被宣告破产后，应对破产企业进行清算。清算破产人的破产财产时，应对破产财产进行变价和分配。

（十三）海商法规范的海商

海商是商法规范中一个重要方面。规范海商的，主要是1992年的《海商法》。海商法是调整海上运输关系、船舶关系以及与海上运输、船舶相关的各有关当事人之间的权利义务关系的法律规范的总称。海商法属国内民事法律，若将商法从民法区分出来，它又属国内商法，然而，海商法与其他一般商法又有所不同，它有自己的特征：海商法与海事性相关，其适用对象是与海事相关的法律事实；海商法与国际性相关，其海上运输关系、船舶关系总离不开国际因素，即总与国际条约相关。基于上述特征，中国制定海商法时参阅了有关国际法，例如，关于海上运输关系的规范，就参阅了《海牙规则》《威斯比规则》《汉堡规则》等，关于共同海损的规范，就参阅了《约克－安特卫普规则》。海商是指与海上运输关系、船舶关系以及由此引起的海上保险、海事赔偿责任等相关的商事行为，主要涉及船舶关系、海上运输关系等法律规范。

第一，船舶关系。海商法规范的船舶是指海船和其他海上移动式装置，包括船舶属具但不包括用于军事的、政府公务的船舶和20总吨以下的小型船艇。船舶定义下的船舶关系是指基于船舶而由海商法调整的、除海上运输关系以外的其他与船舶相关的商事关系，涉及船舶的所有权关系、船舶的抵押权关系、船舶的优先权关系、基于船舶的雇佣关系。

船舶所有权，指船舶所有人依法对船舶享有占有、使用、收益和处分的权利。船舶经营海上运输业务，通常应当取得船舶所有权，或者取得与船舶所有权相关的某些许可，如租船许可等。船舶所有权的主体是船舶所有人，它可以是国家，并由国家授予具有法人资格的全民所有制企业经营管理，可以是集体所有制企业的法人，可以是中外合营企业的法人，可以是个人、合伙或联营性质的主体。船舶所有权的客体是船舶本身，船舶包括船体和船舶属具，船舶属具指船舶适航所必备的船上设备，包括锚、锚链、救生艇、医疗设备、厨房设备。船舶所有权的取得、转让、消灭，应向船舶登记机关登记，未经登记的，不得对抗第三人；船舶所有权由两个以上的法人或者个人共有的，应当向船舶登记机关登记，未经登记的，不得对抗第三人。

船舶抵押权，指抵押权人对于抵押人提供的作为债务担保的船舶，在抵押人不履行债务时，可以依法拍卖，从卖得的价款中优先受偿的权利。船舶所有权人可以作为抵押人将自己的船舶或建造中的船舶用作抵押担保，只有船舶所有人或船舶所有人授权的人才可以设定船舶抵押权。船舶抵押应办理船舶抵押权登记；未经登记的，不得对抗第三人；设定抵押权的船舶应由抵押人进行保险，未保险的，抵押权人有权对其进行保险，保险费由抵押人负担。船舶抵押权设定后，未经抵押权人同意，抵押人不得将被抵押船舶转让他人；抵押权人将被抵押船舶所担保的债权全部或部分转让他人的，抵押权随之转移。

船舶优先权，指海事请求人按《海商法》第22条的规定，向船舶所有人、光船承租人、船舶经营人提出海事请求，对产生该海事请求的船舶具有优先受偿的权利。船舶优先权对以下各项海事请求，按顺序受偿：船长、船员和在船上工作的其他在编人员根据劳动法律、行政法规或者劳动合同所产生的工资、其他劳动报酬、船员遣返费用和社会保险费用的给付请求，在船舶营运中发生的人身伤亡的赔偿请求，船舶吨税、引航费、港务费和其他港口规费的缴付请求，海难救助的救助款项的给付请求，船舶在营运中因侵权行为产生的财产赔偿请求。上述请求中的第4项后于前三项发生的，应先于前三项受偿；上述请求的5项中有两个以上的，不分先后，同时受偿，不足受偿的，按比例受偿，其中的第4项有两个以上海事请求的，后发生的先受偿。

基于船舶的雇佣关系，船员和船长是其主要雇员，船员指船上一切任职人员，包括船长、驾驶员、轮机长、轮机员、电机员、报务员等。船长职责包括：负责船舶的管理和驾驶；有权对在船上违法、犯罪的人采取禁闭或其他必要措施；将船上发生的出生或死亡事件记入航海日志；船舶发生海上事故，危及在船人员和财产的安全时，应组织尽力施救，在船舶沉没、毁灭不可避免情况下，有权作出弃船决定，但弃船时先安排旅客离船，再安排船员离船，自己应最后离船。

第二，海上运输关系。海上运输关系是指在海上货物和旅客运输过程中发生的各种关系，主要包括海上运输合同关系、海上运输侵权关系、海上运输特殊风险关系等3种。

海上运输合同关系，指围绕提单、旅客运输合同、租船合同、海上拖航合同发生的当事人之间的权利义务关系，涉及海上货物运输合同、海上旅客运输合同、船舶租赁合同、海上拖航合同。一是海上货物运输合同，即承运人收取运费，将托运人托运的货物经海路由一港运至另一港的合同。该合同关系涉及如下当事人：承运人，即本人或委托他人以本人名义与托运人订立海上货物运输合同的人；实际承运人，即接受承运人委托，从事货物运输或部分运输的人，包括接受转委托从事此项运输的其他人；托运人，即本人或委托他人以本人名义或委托他人为本人与承运人订立海上货物运输合同的人，以及本人或委托他人以本人名义或委托他人为本人将货物交给承运人的人；收货人，即有权提取货物的人。该合同关系涉及的客体是货物，包括活动物和由托运人提供的用于集装货物的集装箱、货盘或类似装运器具。该合同还涉及运输单证，即提单，指用以证明海上货物运输合同和货物已经由承运人接收或装船，以及承运人保证据以交付货物，并由承运人签发的或由承运人授权的人签发的单证。货物交付应当以提单为依据。在海上货物运输合同中，承运人在其责任期间因货物发生灭失或者损毁，除非属于法定的免责原因，均应当负赔偿责任；托运人亦负有包括妥善包装、及时办理有关手续、按约定支付运费等相应责任。船舶在装货港开航前，托运人可以要求解除合同；而且，因不可抗力或者其他不能归责于承运人和托运人的原因致使合同不能履行的,双方均可以解除合同,并互相不负赔偿责任。海上货物运输合同还包括:航次租船合同,指船舶出租人向承租人提供船舶或船舶的部分舱位,装运约定的货物,从一港运至另一港,由承租人支付约定运费的合同;多式联运合同,指多式联运经营人以两种以上不同运输方式,其中一种是海上运输方式,负责将货物从接收地运至目的地交付收货人,收取全程运费的合同。二是海上旅客运输合同,即承运人以适合运送旅客的船舶经海路将旅客及其行李从一港运送至另一港,由旅客支付票款的合同。该合同关系涉及如下当事人:承运人,指本人或委托他人以本人名义与旅客订立海上旅客运输合同的人;实际承运人,指接受承运人委托,从事旅客运送或部分运送的人,包括接受转委托从事此项运送的其他人;旅客,指根据海上旅客运输合同运送的人,包括经承运人同意,根据海上货物运输合同,随船护送货物的人。该合同关系涉及的客体是行李和自带行李:行李指根据海上旅客运输合同由承运人载运的除活动物以外的任何物品和车辆,自带行李指旅客自行携带、保管或放置在客舱中的行李。三是船舶租赁合同,即由出租人向承租人提供船舶,由承租人使用并支付租金的合同,包括定期租船合同和光船租船合同:前者指船舶出租人向承租人提供约定的由出租人配备船员的船舶,由承租人在约定的期间内按约定用途使用,支付租金的合同;后者指船舶出租人向承租人提供不配备船员的船舶,在约定的期间内由承租人占有、使用和营运,向出租人支付租金的合同。该合同关系涉及以下当事人:出租人,是向承租人提供船舶并收取承租人支付租金的一方当事人;承租人,是向出租人租用船舶并向出租人支付租金的另一方当事人。四是海上拖航合同,即承拖方用拖轮将被拖物经海路从一地拖至另一地,而由被拖方支付拖航费的合同。该合同关系涉及以下当事人:承拖方,是在海上拖航合同关系中用拖轮将被拖物经海路从一地拖至另一地并收取拖航费的一方当事人;被拖方,是在海上拖航合同关系中接受承拖方拖航服务并向承拖方支付拖航费的另一方当事人。

海上运输侵权关系,指因船舶碰撞、船舶污染海洋等海上运输侵权行为引起的加害方与受害方之间的权利义务关系,涉及船舶碰撞、船舶污染。一是船舶碰撞,即船舶在海上或与海相通的可航水域发生接触造成损害的事故。船舶碰撞归责原则如下:因不可抗力或其他不能归责于任何一方的原因或无法查明的原因造成的,碰撞各方互不负赔偿责任;一船过失造成的,由过失船舶负赔偿责任;互有过失的,各船按过失程度比例负赔偿责任,过失程度相当或过失程度的比例无法判定的,平均负赔偿责任;互有过失的船舶,碰撞造成第三人财产损失的,各船的赔偿责任均不超过其应承担的比例,对造成第三人的人身伤亡,负连带赔偿责任;船舶因操纵不当或不遵守航行规章,虽然实际上没有同其他船舶发生碰撞,但是使其他船舶以及船上人员、货物或其他财产遭受损失的,按前述原则处理。二是船舶污染,即船舶在正常营运中或发生事故时,排放或逸出油类货物、燃料油或其他油类物质,造成海洋环境污染的行为。船舶污染是一种特定的海上运输侵权关系,侵权人应当负赔偿责任。依据《海洋环境保护法》的规定,任何船舶不得向海洋排放污染物、废弃物和压载水、船舶垃圾及其他有害物质。为防止船舶污染,船舶须持有防止海洋环境污染的证书与文书,进行涉及污染物排放及操作时应如实记录。

海上运输特殊风险关系,指围绕海难救助、海损、海事赔偿责任、海上保险产生的民事权利义务关系,涉及海难救助、海损和共同海损、海事赔偿责任限制、海上保险等风险关系。一是海难救助,又曰海上救助,即对海上或与海相通的可航水域遇险的船舶、生命和其他财产进行救助的行为。海难救助的当事人包括：救助方，是对海上或与海相通的可航水域遇险的船舶、生命和其他财产进行救助的一方当事人；被救助方，是海上或与海相通的可航水域遇险而被救助的另一方当事人。海难救助相关术语：船舶，指任何非用于军事的、政府公务的和非 20 总吨以下小型船艇的海船和其他海上移动式装置，包括船舶属具，和与其发生救助关系的任何非用于军事的或政府公务的船艇；财产，指非永久地和非有意地依附于岸线的包括有风险的运费在内的任何财产；救助款项，指依照《海商法》第 9 章，被救助方应向救助方支付的任何救助报酬、酬金或补偿；船舶和其他财产的获救价值，指船舶和其他财产获救后的估计价值或实际出卖的收入，扣除有关税款和海关、检疫、检验费用以及进行卸载、保管、估价、出卖而产生的费用后的价值，但不含船员的获救的私人物品和旅客的获救的自带行李的价值；救助费用，指救助方在救助作业中直接支付的合理费用以及实际使用救助设备、投入救助人员的合理费用。在海难救助的风险关系中，救助方与被救助方相互之间均负有各自的义务，且双方应按有关因素协商确定救助报酬：救助方对被救助方负有的义务包括以应有的谨慎进行救助，以应有的谨慎防止或者减少环境污染损害，在合理需要的情况下寻求其他求助方援助，当被求助方合理地要求其他求助方参与求助作业时接受此种要求等；被求助方对求助方负有的义务包括与求助方通力合作，以应有的谨慎防止或者减少环境污染损害，当获救的船舶或者其他财产已经被送至安全地点时应及时接受求助方提出的合理的移交要求等。二是海损和共同海损，海损即在海上运输中因自然灾害或意外事故引起的船舶或货物的任何损失，包括船舶因触礁、搁浅、碰撞、沉没、火灾、风灾、爆炸等造成船舶或货物的物质损失及费用损失，并可分为单独海损和共同海损：前者指在海上运输中，因自然灾害或意外事故等直接导致由船舶或货物所有人各自负担的海损；后者指在同一海上航程中，船舶、货物和其他财产遭遇共同危险，为了共同安全，有意地合理地采取措施所直接造成的特殊牺牲、支付的特殊费用。单独海损一般只涉及单个船舶所有人的权利义务关系，而共同海损往往涉及海上事故中多个船舶所有人之间的权利义务关系，因此《海商法》专章特别制定了共同海损的法律规范。以下可列入共同海损：船舶因发生意外、牺牲或其他特殊情况损坏时，为了安全完成本航程，驶入避难港口、避难地点或驶回装货港口、装货地点进行必要修理，在该港口或地点额外停留期间所支付的港口费，船员工资，给养，船舶所消耗的燃料、物料，为修理而卸载、储存、重装或搬移船上货物、燃料、物料以及其他财产造成的损失、支付的费用；只要代替费用的金额不超过被代替的共同海损的特殊费用，为代替可以列为共同海损的特殊费用而支付的额外费用；提出共同海损分摊请求的一方能证明其损失属于共同海损的；引起共同海损特殊牺牲、特殊费用的事故，可能是由航程中一方的过失造成的，不影响该方要求分摊共同海损的权利。但无论在航程中或在航程结束后发生的船舶或货物因延迟所造成的损失，均不得列入共同海损；未申报的货物或谎报的货物，其遭受的特殊牺牲也不得列入共同海损。三是海事赔偿责任限制和海事赔偿责任限制基金。海事赔偿责任限制是指发生重大海损事故时，对事故负有责任的船舶所有人、救助人或其他人对海事赔偿请求人的赔偿请求依法申请限制在一定额度内赔偿的制度。海事赔偿责任限制的适用范围：在船上发生的或与船舶营运、救助作业相关的人身伤亡或财产的灭失、损坏，包括对港口工程、港池、航道和助航设施造成的损坏，以及由此引起的相应损失的赔偿请求；海上货物运输因迟延交付或者旅客及其行李运输因延迟到达造成损失的赔偿请求；与船舶营运或救助作业直接相关的，侵犯非合同权利的行为造成其他损失的赔偿请求；责任人以外的其他人，为避免或减少责任人依照《海商法》规定可以限制赔偿责任的损失而采取措施的赔偿请求，以及因此项措施造成进一步损失的赔偿请求。海事赔偿责任限制基金是海事赔偿责任限制的一种保证制度；责任人可以设立海事赔偿责任限制基金，也可以不设立海事赔偿责任限制基金。海事赔偿责任限制基金简称责任限制基金，指要求限制海事赔偿责任的责任人，为使其船舶以及其他财产获得特殊保护，在有管辖权的法院设立的担保在赔偿责任限额内清偿限制性债务的保证金。有资格设立责任限制基金的主体包括船舶所有人、承租人、经营人、救助人、保险人，有权设立基金的有管辖权的法院是指有管辖权的海事法院。因责任限制基金具有一种保证清偿限制性债务的作用，责任人一经依法设立责任限制基金后，其船舶或其他财产便可得到特殊保护。四是海上保险，是指保险人与被保险人通过订立海上保险合同约定，保险人按约定，对被保险人遭受保险事故造成保险标的的损失和产生的责任负责赔偿，被保险人按约定支付保险费的商事行为。海上保险合同指保险人按约定对被保险人遭受保险事故造成保险标的的损失和产生的责任负责赔偿，由被保险人按约定支付保险费的合同。海上保险当事人包括：保险人，是在海上保险合同关系中按约定对被保险人遭受保险事故造成保险标的的损失和产生的责任负责赔偿并收取保险费的一方当事人；被保险人，是在海上保险合同关系中按约定，当其遭受保险事故造成保险标的的损失和产生的责任时有权获得赔偿，并支付保险费的另一方当事人。保险事故是指保险人与被保险人约定的任何海上事故，包括与海上航行有关的发生于内河或者陆上的事故。保险标的是指保险对象的财产及其有关利益，即保险利益的载体，包括船舶、货物，包括运费、租金、旅客票款在内的船舶营运收入，包括货物预期利润、船员工资和其他报酬、对第三人的责任，还包括由于发生保险事故可能受到损失的其他财产所产生的责任、费用等。

第七章

行政法

行政法与宪法、刑法一样，均具有公法性质，在整个中国法律体系中占很大比重，涉及国家行政管理的各个方面，其内容繁多，体系庞杂，故难以制定一部统一的行政法典。经过2001年以后的立法体系思路的调整，目前中国法律体系中的行政法部门主要涵盖如下诸方面：行政机关、公务员、人事、军事、外交，公安、国家安全、海关、监察、司法、民政、教育、科技、卫生和医药、人口与计划生育、体育、文化、新闻出版、娱乐、住房和城乡建设、环境保护、气象、侨务、宗教等。2001年后，为了更适应自己的经济发展和立法规范，尤其为了更适应加入WTO，更体现中国法律体系的特点，中国把原属行政法部门的经济行政的立法，除城乡建设和环境保护仍归属为行政法部门以外，其余均划分出来，独立组成一个所谓经济法部门。另外，原属行政法部门的劳动、社会保障的立法，则另辟一个新的法律部门，称之为社会法部门。中国法律体系的建构在2001年的世纪之交发生如此大的变动，体现在吉林人民出版社出版的《中华人民共和国法律全书》之中，全书所分之宪法与国家法、民商法、行政法、经济法、社会法、刑法、诉讼法、国际法等8编，正是现时中国法律体系的结构。

本章阐述行政法部门的各种法律问题和立法规范，特别是从行政权的授予、行政权的行使和行政权的制约等方面去阐发中国行政法的本质和核心问题。

第一节　行政法概述：一般规定

行政法部门的法律规范主要回答这样的问题：可以授予行政机关什么权力？行政机关的权力是谁授予的？行政机关的权力范围是什么？在授予的权力范围内，行政机关在行使权力时应当遵守什么规则和采取什么方式？为了阐明上述问题，本节主要阐述与上述问题紧密相关的一些基本概念和重要法理。

一　行政法的定义、性质、内容、特征、地位和作用

行政法虽是实体法的一种，但因现时中国没有行政行为违宪审查的宪法诉讼，也没有专门审理违宪或违法行政行为的宪法法院或行政法院，对行政权的制约或对行政行为的司法审查，主要体现在行政诉讼之中，故行政诉讼既是诉讼程序法之一种，也是行政实体法的一部分。行政法源于一个法律体系下的公共行政系统在法律框架下如何产生和运作之

需,行政法就是关于规范公行政的法律,包括规定国家行政机关的组织及其作用,调整行政法律关系,制约行政权等方面法律规范。公行政不同于私行政,虽然二者均属行政范畴。私行政相对于公行政,属于私法范畴,主要是私法规范的法人、非法人组织内的行政,通常具有营利性,研究私行政的是私法的任务,是民法的事宜;而公行政属公法范畴,是关于公共行政管理方面的法律,具有社会服务性和公益性,研究公行政是公法的任务,是行政法的事宜。公行政也不同于私行为。私行为是自然人、法人和非法人组织在社会生活中体现出来的行为,包括在一定法律框架下存在的权利义务,规范私行为的法律属于私法范畴,即民法范畴。但与私行为相关的两种法律关系却属于公法范畴:危害社会并构成犯罪的刑事法律关系;关于公行政的行政法律关系。与私行为对应的刑事法律关系已在第5章阐述;本章则阐述与私行为对应的行政法律关系。作为公行政的政府的许多功能,在私行为规范中没有相对应的部分。如交通管制、城乡规划、海关管理、公共安全和国家安全、环境保护、民政事务等许多服务性事务属于政府特有,其他主体无法代替。为发挥这些服务功能,管理这些服务的权力就授予行政组织,而不是授予某些个人或某些组织。

公行政怎样产生?由什么组织去行使公行政的权力?怎样去行使公行政的权力?公行政的权力要不要受到控制?这些都要有相应的法律来规范,我们把规范这些方面的法律称为行政法;也就是说,行政法是规范公行政的法律。行政法的内容包括:

第一,规定国家行政机关的组织及其作用。行政法具有宪法和政治的价值及司法的意义,其内容除行政法部门法律规范外,还包括其他法律部门与其相关的法律规范,尤其是宪法与其相关的宪法规范。宪法与行政法的界限有时很难勾画,它们同属公法范畴,之间的作用是互补的。行政法之中有关国家立法机关的组织、法院的结构、政府的特征、国家元首的作用等,通常是关乎宪法的;反之,宪法之中有关涉及中央和地方各级政府的实质和工作程序,对行政的司法审查等,则属于行政法的专门业务。在中国法律体系中,关于行政法在规定国家行政机关的组织及其作用的立法中,就有专门关于"行政机关""公务员"的立法。这些立法包括各种从事行政业务的公共权力当局的组织、权力、责任和功能,它们之间的相互关系,它们与公民和非政府组织的关系,以及附属于它们的行政官员、一般公务员的权力和责任。在中国法律体系中,属于这方面的法律规范有国务院组织法、地方各级人民代表大会和地方各级人民政府组织法、公务员法、国务院行政机构设置和编制管理条例、地方各级人民政府机构设置和编制管理条例、国务院工作规则等一系列法律和行政法规。

第二,调整各种行政法律关系。行政法调整的主要是作为行政法主体的行政主体与行政相对人之间的行政管理和被行政管理的行政法律关系。行政法主体是指行政法需要调整的各种行政法律关系的当事人,包括:代表国家行使行政权的主体,称为行政主体,包括行政机关以及法律法规授权的行使特定行政权的组织;行政主体代表国家行使行政权时的行政行为所作用的对象,称为行政相对人,包括自然人和组织。行政法调整的行政管理与被管理的关系,这方面行政法的法律规范是大量的,如行政处罚法、行政许可法、治安管理处罚法、出境入境管理法、反间谍法、居民身份证法、集会游行示威法、国家安全法、突发事件应对法、消防法、戒严法、国防法、兵役法、军事设施保护法、教育法、义务教育法、科技进步法等。行政法调整的行政法律关系除了上述行政管理关系外,还包括其他一些派生的关系。一是行政救济关系。行政救济有狭义与广义之分：狭义的行政救济仅指行政系统内部通过对具体行政行为合法性和恰当性进行监督，即进行行政复议而引发的对违法的或不当的具体行政行为予以补救的一种法律制度；广义的行政救济还包括司法机关通过对具体行政行为的合法性和恰当性进行司法审查，即进行行政诉讼而引发的对违法的或不当的具体行政行为予以补救的一种法律制度。行政救济关系是狭义行政救济引发的一种法律关系，即行政相对人认为行政主体实施的具体行政行为损害其合法权益而向负有行政救济义务的行政主体申请救济，行政救济主体依法对其申请予以处理而引发的救济与被救济关系。行政法的这方面法律规范包括行政复议法、国家赔偿法、行政监察法、信访条例等。二是行政法制监督关系。行政法制监督是指国家权力机关、国家司法机关、上级国家行政机关、专门行政监督机关以及公民、组织依法对行政主体及其工作人员在实施行政行为时是否依法行使行政权和是否遵守法律所进行的监督制度，包括对各级行政机关制定各种行政法律规范的抽象行政行为合法性和合理性的监督，对各级行政机关实施的具体行政行为合法性和合理性的监督，对国家公务员行为的监督。行政法制监督不同于行政监督：前者是有关监督主体对行政主体及其工作人员实施行政行为的合法性和合理性进行的监督，后者是相关行政主体实施行政行为时对行政相对人是否遵守行政法律规范进行的监督。行政法制监督的法律规范包括行政监察法、行政诉讼法、行政复议法、公务员法、国务院工作规则、人民警察法、枪支管理法、行政法规制定程序条例、规章制定程序条例、法规规章备案条例等。三是行政主体内部的行政关系，包括上下级或平级行政机关相互之间的关系、行政机关与其所属机构或派出机构之间的关系、行政机关与其委托行使特定行政职权的组织之间的关系、行政机关与法律或行政法规授权行使特定行政职权的组织之间的关系、行政机关与其国家公务员之间的关系。行政机关在行使行政职权过程中必然存在其内部自身的诸如上述的一系列关系；这些内部行政关系处理得如何，将直接关系到行政机关行使行政权的合法性、合理性、效率性等问题。行政法这方面的法律规范有国务院组织法、地方各级人民代表大会和地方各级人民政府组织法、行政监察法、公务员法、国务院工作规则、地方各级人民政府机构设置和编制管理条例、国务院关于机构设置的通知、国务院关于部委管理的国家局设置的通知、国务院行政机构设置和编制管理条例等。

第三，制约行政权。一个国家的行政权与其立法权、司法权对应：国家要有序运作，必须依赖规则，规则就是法律，法律是通过全体公民的社会契约而交给大家信得过的国家组织来制定的，这涉及立法权；国家通过立法权制定法律后，对违反法律的行为，必须通过专门组织去裁决，这涉及司法权；国家要能顺利运作，大量集中在它的日常管理上，这涉及行政权。行政权包括管理一个国家内外事务所需要的权力，也包括实施不同行政行为所需要的权力。行政权作为一种国家权力，是国家发展和社会秩序的重要保障，没有它不行；行政权贯穿于国家事务和社会生活的自始至终、方方面面，它因人性弱点而可能被滥用，不制约它不行。国家管理需要行政权，这容易被认识；但对行政权需要制约，却未必被认识。卢梭说过："政府就是在臣民与主权者之间所建立的一个中间体，以便两者得以互相适合，它负责执行法律并维持社会的以及政治的自由。"[①] "行政权力的受任者绝不是

---

① 卢梭：《社会契约论》，商务印书馆1980年版，第76页。

人民的主人,而只是人民的官吏;只要人民愿意就可以委任他们,也可以撤换他们。"① 政府的角色不过是充当公务的执行者,但人性弱点又使得政府有篡权的倾向。为了令政府的行政权不能随意扩大,并且时时事事均在监督之下,孟德斯鸠设计了一种分权方法,把行政权与立法权、司法权分立,并通过立法权、司法权来制约行政权。② 中国法律体系制约行政权包括4方面:通过行政权自身来制约行政权,即通过法律赋予特定行政机关的行政复议权、行政监察权来制约行政权;通过司法审查制度来制约行政权,即通过法律赋予司法机关的行政诉讼案件的审判权来制约行政权;行政权受国家权力机关的监督;通过全体公民监督、舆论监督来制约行政权。上述的前两方面较具可操作性,因为有行政复议法、行政监察法、行政诉讼法;但后两方面显得单薄、不足,尤其第4方面有时甚至令人无所适从,往往形同虚设,造成这种原因的,此乃因在言论的合法性与骚动的非法性之间难以找到一个平衡点。卢梭曾经描述这样的情形:"君主表面上似乎只不过是在行使自己的权力时,非常容易把它们扩大,并以公共的安全为借口来禁止那些旨在重建良好秩序的集会;从而他便可以利用一种不容打破的沉默,或者是利用他所制造的不正常的状态,来假定那些因恐惧而缄默的人都是表态在拥护他,并且对那些敢于讲话的人进行惩罚……世界上的一切政府,一旦假之以公共力量之后,迟早都是用这种简便的方法来篡夺主权权威的。"③ 此言非常幽默:舆论要监督行政权,可握有行政权的人说这是骚动,结果导致沉默,握权者还不知廉耻地认为舆论在拥护他,从而最终仍在滥用行政权。如何避免卢梭所说的情形出现呢?这恐怕要靠政治智慧了。

行政法用来调整国家权力架构中行政权与国家行政管理对象之间的关系,它具有规范行政权的来源、行政权的行使方式、行政权的制约、行政权的法律救济等的公法性质,有自己的特征:因行政法涉及的领域广泛、内容详多而没有一部统一而完整的行政法典;行政法有很强的变动性,其表现为,因原来的行政管理发生变化而制定相应的行政法律规范,也因原来的行政管理发生变化而废除旧的不适应社会发展的行政法律规范,还因原来的行政管理发生变化而修订原有的行政法律规范,以使其适应变化发展;行政机关代表国家行使行政权,因而行政法一定具有强制性的特征,即行政机关不必依赖司法权,而仅仅依赖自身拥有的行政权便可以强制实施行政行为;"每个人都生而自由、平等,他只是为了自己的利益,才会转让自己的自由",这种为了自己的利益而转让自己自由乃是一种社会公约④,一个基于社会公约的社会,国家权力属于人民,其代表国家行使行政权的行政机关必须获得人民的授权,其反映公意的行政行为,必定是优先考虑公共利益,作为规范行政行为的行政法也一定具有公益优先性的特征,但行政行为必须严格区分是否公益的界限,防止行政权的滥用,例如,开发商为了经营房地产而征用拆迁房屋,就不属于公益事业,因为房地产经营纯属营利性质,而公益事业属于非营利性质,所以政府绝对不能借口公益优先性而代表开发商去行使强制性的行政行为,配合开发商去强拆民房,否则就是滥用行政权,其实开发商与拆迁户仅是平等主体的民事法律关系,其拆迁行为只能通过合同

---

① 卢梭:《社会契约论》,商务印书馆1980年版,第132页。
② 孟德斯鸠:《论法的精神》商务印书馆1961年版,第2卷,第11章。
③ 卢梭:《社会契约论》,商务印书馆1980年版,第133页。
④ 卢梭:《社会契约论》,商务印书馆1980年版,第144页。

关系去解决；行政法上的权利是国家授予行政相对人的，它不是单纯的个人利益，这种权利往往隐含有一定的义务，当然义务也隐含有一定的权利，因而权利人应当充分行使，其权利原则上不得任意放弃，权利义务是统一的；原有的民事诉讼程序和刑事诉讼程序均不适用于行政争议的解决途径，解决行政争议的途径，行政相对人可以寻求特定行政机关通过行政复议来解决，也可以直接向有关法院提起行政诉讼，通过行政诉讼来解决。

行政法是规范行政权的法律，它在整个法律体系中具有其他法律部门不可替代的地位和作用：一是行政法用以规范行政权，监督行政主体的行政行为，防止行政权的滥用和违法。虽然行政法也保证行政相对人对行政法的遵守，监督行政权的运用仍是行政法的首要目的。基于这一点，在行政法体系中，除有专门的行政监察法外，其他如行政复议法、行政处罚法、行政许可法等一般行政法都有专章规范行政机关实施行政行为的法律责任，其他的部门行政法，许多也有法律条文专门规范行政机关实施行政行为的法律责任。二是行政法用以规范国家行政事务的管理活动，维护社会秩序和公共利益。尤其是部门行政法，都是针对不同行政部门的管理而提出的法律规范。三是行政法用以保护行政相对人的合法权益。行政法除了管理功能，还有一个保护功能，即从行政法角度保护行政相对人的合法权益。一个真正民治的国家，国家权力活动的目的就是保护人民。不能说这只是一句空话，事实上，因国家权力由人民赋予，故国家权力运作的全部目的，也就是要保护人民。这样，作为国家权力之一的行政权，其运作的宗旨也是要保护人民。

二　行政法的基本原则

基本原则1　行政合法性原则

这是行政法诸原则中最主要、最根本的一个基本原则，它决定和影响其他基本原则，其他基本原则由它派生出来。本原则又曰行政正当性原则或依法行政原则，指政府行政须依法进行，不得有任何脱离或超越法律规范的行政行为，否则承担违法行政所造成的法律责任。《立法法》第4条、第56条、第71条、第73条，及《行政处罚法》第3条、《行政复议法》第4条、《行政许可法》第4条等，对行政行为的合法性予以原则规定：行政机关实施抽象行政行为即行政立法时须依法进行，行政机关实施具体行政行为即诸如行政处罚、行政复议、行政许可时须按法定权限、法定依据、法定程序。本原则可引申出4个分原则，即引则：

引则1.1　越权无效原则

本引则指行政机关必须在法定权限范围内实施行政行为，所有超越法定权限的行政行为均为无效。越权行政包括：越权行政立法的抽象行政行为，因此而制定的法规规章不具法律效力；越权实施具体行政行为，因此而实施的具体行政行为不具有法律约束力。

引则1.2　不当委托无效原则

本引则指行政机关根据需要在实施具体行政行为时可委托有关组织协助实施一定的具体行政行为，但须有法律、行政法规、规章的依据，否则所委托的具体行政行为无效。

引则1.3　以法律为准绳原则

本引则指行政机关实施行政行为时须先拥有法律依据，否则所实施的行政行为无效。

引则1.4　正当程序原则

本引则指行政机关在实施行政行为时，必须遵循合乎法律规范的正当程序，否则所实施的行政行为无效。如果说前3个引则从实体角度把握行政权合法性之话，那么引则4则从程序角度确保其合法性。尽管现仍未有一部行政程序法，但相信它不久将会问世。

基本原则2　行政合理性原则

本原则的适用基于行政机关在两种情形下有权行使自由裁量权：行政法律规范始终不可能涵盖行政法律关系的方方面面，即现有行政法不可能完全规范所有的行政行为，因而行政机关在行使行政权时就有一个自由裁量权问题；即便在有行政法律规范可依的方面，由于行政法律规范有时有一个幅度问题，行政机关可依照法律规范在一个幅度内实施行政行为，如何把握好该法律规范幅度内的某一点来实施行政行为更合理，这又出现所谓自由裁量权问题。自由裁量权运用有一个"适度"问题，也就是行政行为合理性问题。行政合理性原则，又称为行政公正性原则或行政公平性原则，指行政机关行使行政权，当找不到现成的成文法律依据，而依职权又必须实施其行政行为，或者实施行政行为依据法律规范有一个合法的幅度范围，需要行使自由裁量权时，就应当本着公正、公平、合理的原则行使职权，否则所作出的行政行为就是不合理的、不公正的、不公平的。本原则实际上是基本原则1的补充，因为当法律规范没有涵盖的那些情况而又需要行政机关作出自由裁量权时，基本原则2就相当重要。合理性与公正性或公平性是一致的，只有合理的行政行为才是公正的或公平的，反之亦然。现代文明讲究社会公平、公正；如果一个社会没有公平性、公正性，它就仍是愚昧的、野蛮的、未开发的，千百年来人类追求幸福，乃至追求宪制、民主和法治，其目标是为实现社会的公平、公正，只有真正做到宪制、民主和法治，社会才能最后保证公平性、公正性。所以行政法把公平、公正作为一个原则。《行政许可法》第5条、《行政复议法》第4条、《行政处罚法》第4条均表述了行政合理性原则。

基本原则3　行政公开性原则

本原则是指行政机关实施行政行为时，除依法应保密以外，均应公开，让政府运作透明，让人民拥有知情权，以便政府行政行为接受人民监督。基本原则1要求行政行为合乎法律规范，要合乎法律规范，就要让行政行为公开，实行阳光政策；因而本原则是基本原则1的展开和保证。一个依法行政的政府，一定是一个阳光下的透明的政府；反之，一个黑箱作业的政府，一定是违法行政的政府。宪制、民主的政府都以政务公开为依法行政的第一要务；政务公开之目的是要在政务工作中实行阳光政策、提高政府透明度，让人民对政务工作拥有知情权，监督政府权力运作，让政府权力运作合法、合理、公平、公正，使政府反映民意，成为廉政的、勤政的政府。行政公开性原则包括：政府行政立法的抽象行政行为要公开，做到制定法规规章的立法活动要公开，依法制定出来的法规规章要公开；行政执法、行政裁决、行政复议、行政赔偿等具体行政行为要公开，做到实施这些具体行政行为的内容要公开，实施这些具体行政行为的程序要公开；行政信息要公开，包括政府制定的法规规章要公开，政府机构的配置、功能要公开，政府预算、财政收支情况要公开，政府服务的运作情形要公开，政府及其工作人员的廉政情况，包括官员财产要公开。

基本原则4　行政权责统一原则

基本原则4是基本原则1的进一步展开，因为要遵循行政合法性的要求，不仅要行政公开，而且还要行政基于权责统一，即行政者不仅要有权地行政，而且要负责任地行政。本原则是指行政机关实施行政行为不仅享有行政权，而且同时对自己不当行政行为负有法律责任,也就是说,既要使行政机关在实施行政行为时有权必有责,即权责相连,又要使行政机关在实施行政行为时有多大权就有多大责,即权责对称。本原则包含以下引则:

引则4.1 行政监督原则

本引则是指行政机关在实施行政行为时必须接受监督,包括国家权力机关对行政机关实施行政行为的监督、专门行政监督机关对行政机关实施行政行为的监督、人民对行政机关实施行政行为的监督。行政权责统一,需要监督,因为不受监督的权力一定走向反面。

引则4.2 违法行政追究原则

本引则又称为责任行政原则,指行政机关违法行政时应受到法律追究,违法行政的行政机关及其相关责任人应承担相应法律责任。在许多行政法律规范中都有关于行政机关实施行政行为的法律责任的具体规定,凡违法行政者,必须按规定承担相应的法律责任。

引则4.3 行政救济原则

行政救济是指行政相对人认为具体行政行为造成自己的合法权益受到损害,请求有权的国家机关对违法的或不当的行政行为予以纠正,并追究其行政责任,以保护行政相对人合法权益的一种法律制度。行政救济有广义与狭义:广义的行政救济既包括行政机关内部的诸如行政复议、行政赔偿等行政救济,也包括行政诉讼,即对行政行为予以司法审查的司法救济;狭义的行政救济仅指行政机关内部施行的行政救济。行政法规范的行政救济指狭义的行政救济。本引则实质是行政系统内部的一种监督,这种监督主要通过行政复议来实现,由专门行政机关对违法的或不当的行政行为所造成的后果予以法律救济,纠正违法的或不当的行政行为、追究有关主体的法律责任、对受损害的行政相对人予以行政赔偿。

基本原则5 行政高效、便民原则

本原则是在满足前4个基本原则要求的前提下对行政行为的进一步要求。因为民主制度下的政府一定是服务型政府,在保证行政行为合法性、合理性、公开性、权责统一性的基础上,高效行政和便民行政是十分重要的。本原则指行政机关在行使行政权、实施行政行为时,不仅要合法、合理、公开、权责统一,而且要及时、便民。为满足本原则,首先应当转变政府功能,使之从官僚型政府转变为服务型政府,而要做到这一点,第一要务是彻底精简机构,然后做到凡不属政府管的东西,政府一律不插手;政府人员不是越多越好,只要满足政府运作的基本功能,人员是越少越好,政务不再人浮于事时,自然就产生高效、便民的结果。其次在实施行政行为时应按行政程序严格遵循行政时限的要求,因为任何一种行政程序都必定有严格程序和时限限制,它是保证高效、便民行政的基本前提之一。

三 中国行政法的法律渊源和体系结构

(一) 中国行政法的法律渊源

中国法律渊源在本书第一章已作阐述。而在刑法章、民商法章都没有专门论述其法律渊源,仅在行政法章才专门涉及其法律渊源,个中原因在于行政法与刑法、民商法不同:刑法的法律规范相对独立,而且有作为刑法典的刑法,民商法的法律规范也相对清晰,虽至今未有民法典,但作为民法典的主要法律领域已经立法,实际已形成未有民法典的民法典,而行政法又不好制定一部统一的行政法典,且行政法涉及范围之广,是民商法和刑法所无法比拟的，事实上，与其他法系的行政法律有不断扩大的趋势一样，中国目前的行政法律较之其他法律部门亦有发展更为迅速的特点。因此，究竟哪些属于行政法？有点不好理解。因为行政法涉及范围广，所以有必要先了解其法律渊源：宪法，行政法最重要的法律渊源，行政法的有关法律规范，特别是行政权的授予、行政权的行使、行政权的制约，在宪法中都可以找到宪法规范的依据；法律，行政法直接的法律渊源，属于行政法部门的法律有许多，包括一般行政法的法律和部门行政法的法律；行政法规，行政法最大量的法律渊源，当然并非所有行政法规都是行政法的法律渊源，有不少却属于经济法、社会法的法律渊源，甚至有少部分属于民法、刑法的法律渊源；地方性法规、自治条例和单行条例，同样是一部分属于行政法，一部分属于经济法，一部分属于社会法，甚至少部分属于民法或刑法；国务院部门规章，也同样部分属于行政法，部分属于经济法，部分属于社会法；地方政府规章，也一样是部分属于行政法，部分属于经济法，部分属于社会法。

（二）中国行政法的体系结构

中国行政法的体系由一般行政法和部门行政法构成：一般行政法指规范不特定行政部门普通行政行为、即规范政府共同行政行为的行政法。一般行政法法律渊源主要由法律构成，诸如行政处罚法、行政监察法、行政复议法、行政许可法、国家赔偿法、公务员法。部门行政法指规范特定行政部门特殊行政行为的行政法。部门行政法的法律渊源除法律以外，还包括行政法规、部门规章、地方性法规、自治条例和单行条例、地方政府规章，诸如国务院组织法、公务员法、国防法、兵役法、集会游行示威法、突发事件应对法、反分裂国家法、海关法、律师法等，涉及国家行政管理的方方面面：行政机关、公务员、人事、行政监察、军事、外交、公安、国家安全、司法、民政、教育、科技、体育、卫生医药、文化出版、住房和城乡建设、环境保护、气象、侨务、人口和计划生育、旅游等。部门行政法除法律外，还包括更大量的行政法规、部门规章、地方性法规、自治条例和单行条例、地方政府规章。如果要制定一部行政法典，一般行政法当属该法典的总则部分，部门行政法则属分则部分；诚如前述，行政法部门相对于其他法律部门来说，可谓内容庞杂，要真正制定一部行政法典不容易，似也没必要，但作为对行政法部门之体系结构的叙述，则可以这样理解和处理，因此，本章阐述中国行政法体系的内容结构正是分为一般行政法和部门行政法。

第二节　一般行政法（Ⅰ）：行政权的授予

一般行政法涉及行政权三方面规范：行政权的授予、行政权的行使、行政权的制约。虽则部门行政法也从不同行政部门各自角度涉及这三方面规范，但一般行政法却从总体上解决这些问题；当我们叙述一般行政法时，一个顺理成章的方法就是从上述三方面规范阐述一般行政法。本节又是行政法最核心的问题，行政权从何而来，即行政权授予的问题：行政权由谁授予，即行政权来源于何处；行政权与其他权力的关系，即行政权在国家权力架构中处于什么位置；行政权由谁来行使，即行政权的权力主体是什么。

一　行政权的权力合法性来源

　　一个国家的行政权如何形成，取决于这个国家的政治、经济、法律制度。如果一个国家是个封建君主制度的国家，其行政权就来源于君主的授权；如果一个国家是个民主制度的国家，其行政权就来源于公民的授权。现代世界各种政权形式大致分为两大类：一类是专制独裁的统治形式，不论是一个人的统治，还是一群人的统治，这一类统治完全出自一个人或一个集团对权力的垄断；另一类是民主宪政的统治形式，不论是君主立宪的民主形式，还是全民制宪的民主形式，这一类统治完全出自全体公民通过选举而认可的约定。

　　就民主国家而言，其各级行政权均由选举产生。例如美国，上至执联邦行政大权的总统，下至执各州、各县、各市行政的州长、县长、市长，他们都通过全民普选产生。由于选民手中握有选票，因此行政权大体上能够按选民意愿行使，一旦严重违反选民选择的初衷，严重者通过弹劾机制被予以纠正，一般者则通过另一次的大选机制被予以纠正。正是通过自我纠偏的有效机制，使行政权始终能够围绕着选民的意志。可见，民主制的国家行政权，其权力合法性来源，来自全体公民的选择。权力自古至今都是诱人的，因为它可以异化为财富、美女、人世间一切被人所奢求的东西；即便在民主制度下，当处理不当时也会走向反面。正是鉴于权力的这种潜在的异化性，才有现代政治提出的对权力的限制，使之在一定的法律框架下运作。专制独裁统治形式的国家，不可能实现对包括行政权在内的权力予以限制，只有民主制度才能从根本上解决因权力滥用而走向权力异化的难题。

　　中国包括行政权在内的国家权力来源于什么，其《宪法》第2条明确宣示国家一切权力属于人民，人民通过各级人大行使国家权力，这与国号"共和"在概念上一致，即从人民行使国家权力的代表深化民权的共和性质。人民怎样控制自己的代表去行使权力？《宪法》也明示人民通过各种途径和形式，管理国家事务，管理经济和文化事业，管理社会事务，即从人民行使国家权力的形式和内容进一步深化民权的共和性质。任何一个民主制度的国家，人民行使国家权力，往往都是通过一定的机关实现的。人民行使国家权力通过一定的机关完成，这恐怕没有异议；但这种执行国家权力的机关如何产生，这才是关键。美国的议会、总统和地方各级行政首长都是一人一票普选产生。中国《宪法》已作了民权、共和的本质规定，但为保证国家"一切权力属于人民"，国家权力执行者如何产生，这是最重要的。《宪法》第3条对此有规定，作为国家权力机关的各级人大由民主选举产生，对人民负责，受人民监督，作为国家权力机关的执行机关的国家行政机关，作为司法机关的审判机关、检察机关都由人大产生，对它负责，受它监督。根据《选举法》，全国人大的代表不是直接普选产生，而是间接选举产生；国务院由全国人大产生。中国国家权力，包括行政权，与其他国家相关权力的来源是不同的，这或许就是中国特色的社会主义。

二 行政权的地位、行政机关分类和行使行政权的组织

一个国家的权力主要是立法权、行政权、司法权；行政权在国家权力架构下处于什么位置？与其他法系一样，中国对行政权与其他权力关系也有明确规定，宪法"国家机构"一章规定了国家权力的框架，把国家权力分为立法权、国家元首权、行政权、军事领导权、司法权：全国人大行使国家立法权；国家主席行使国家元首权，作为国家的象征；国务院行使国家行政权；中央军委行使国家武装力量领导权；法院、检察院行使国家司法权。当描述了国家权力整体架构的宪法规范后，行政权处于何等位置，就一目了然了；行使行政权的国家机关，即行政机关，从级别上分为中央行政机关和地方各级行政机关。

《宪法》关于中央行政机关行政权规范，第85条规定中央行政机关称为国务院或中央人民政府；第92条规定它对全国人大负责并报告工作；按宪法授权，国务院行使国家行政权，第89条把国家行政权归结为18项。《宪法》关于地方各级行政机关行政权的规范，第105条规定地方各级行政机关称为地方各级人民政府；第110条规定它们对本级人大负责并报告工作，都服从国务院；第107条和第108条规定了地方行政权的范围。

在解决国家行政权由谁来行使的规范时，自然引入行政主体的概念，行政权涉及范围自然是行政主体的权力范围，它实际上体现在行政主体的设立上。行政主体指行政机关及法律法规授权或行政机关委托行使特定行政权的非国家机关组织，并涉及国家公务员。行政机关的分类：中央行政机关和地方各级行政机关，前者即中央政府，行使中央行政权，后者即地方各级政府，行使地方各级行政权；一般行政机关和特定行政机关，前者称为政府行政机关，包括中央政府行政机关及地方各级政府行政机关，后者因不同行政管理工作之需而设立的职能行政机关，称为部门行政机关，从属于相应的政府行政机关。中央政府行政机构配置，自1949年以来经历了一个演变的过程：建政初在《共同纲领》引领下设置了中央政府行政机构；在1954年《宪法》引领下，对行政机构设置作了调整；在1975年和1978年《宪法》影响下，行政机构设置工作受到人所共知的影响；在1982年《宪法》引领下，对先前行政机构又作调整，之后的30多年来，经历了几次行政机构改革，直至21世纪初开始以后，中央行政机构配置的总体框架基本定型。国务院行政机构设置如下：国务院办公厅；国务院组成部门，有外交部、国防部等共27个；国务院直属特设机构，即国务院国有资产监督管理委员会；国务院直属机构，有海关总署、国家税务总局等共16个；国务院办事机构，有国务院侨务办公室、国务院港澳事务办公室等共4个；国务院直属事业单位，有新华通讯社、中国科学院等共14个；国务院部委管理国家局的行政机构设置，有国家信访局（国务院办公厅管理）、国家粮食局（国家发展和改革委员会管理）等共16个；国务院议事协调机构设置，有国家国防动员委员会、国务院中央军委专门委员会等共33个。地方各级政府行政机构配置分为4级：省一级政府、设区的市一级政府、县市一级政府、乡镇一级政府。在这4级政府的行政机构配置中，尤其县市一级以上地方政府，其行政机构的设置，除一些属于全国性的行政机构外，与中央政府行政机构的相似。乡镇一级政府也设置相应行政部门。

中国法律体系中的一些基本行政法律明确规定，某些组织经过法律法规授权，具有行政主体资格，行使授权范围内的特定的行政权力。法律法规授权行使行政权力的组织应具

备以下要件：这些被授权的组织应是非国家机关组织；这些被授权的组织应具有管理公共事务的职能；这些非国家机关组织行使部分行政权力的资格只是临时性的；所授权行使的行政权力，往往是某些特定的行政职能；被授权外不享有行政权力，不具行政主体地位。

行政机关根据行使行政权的需要，有权就行政权力的某个或某些方面，委托具有一定行政管理职能的非国家机关组织，在委托范围内行使特定的行政权力。由行政机关委托行使特定行政权力的组织应具备以下要件：受行政机关委托的组织应是非国家机关组织；受行政机关委托的组织不能超出委托范围而只能在委托范围内行使行政权力；所委托行使的行政权力通常是某些具有行政管理职能的行政权力，这种委托权限是临时性的。

三 行使国家行政权的特定人员：公务员

规范公务员的，是2005年的《公务员法》。公务员是指依法履行公职、纳入国家行政编制、由国家财政负担工资福利的工作人员。据此定义，包括行政机关在内的以下7类机关除工勤人员外的工作人员均为公务员：中共各级机关，各级人大及其常委会机关，各级行政机关，政协各级机关，各级审判机关，各级检察机关，各民主党派和工商联的各级机关。公务员职务分为领导职务和非领导职务两大类：领导职务分为国家级正职、国家级副职、省部级正职、省部级副职、厅局级正职、厅局级副职、县处级正职、县处级副职、乡科级正职、乡科级副职共10种；非领导职务层次在厅局级以下设置，分为巡视员、副巡视员、调研员、副调研员、主任科员、副主任科员、科员、办事员共8种。

公务员任职应符合法定条件，国家根据公务员准入制度录用公务员。《公务员法》第4章、第5章、第6章、第11章和第16章分别对公务员的准入制度予以规范，其准入制度包括：录用制，又称考任制，即通过考试招任公务员的一种公务员任职制度；选任制，即通过选举确定公务员职务的一种公务员任职制度；委任制，即通过有关机关依法任命确定公务员职务的一种公务员任职制度；调任制，即非国家机关从事公务人员调入机关任职的一种公务员任职制度，亦称公务员交流制度；转任制，即从一公务员职位转入另一公务员职位的一种公务员任职制度，亦称公务员交流制度；挂职锻炼制，即选派公务员到其他机关或国有单位临时担任某种职务以进行锻炼的一种公务员任职制度，亦称公务员交流制度；聘任制，即根据工作需要对专业性较强的职位和辅助性职位实行聘任的制度。

根据规定，公务员是依法履行公职的工作人员，因而首先必须因其公职的身份、职务履行义务，承担责任，同时也依法享有一定的权利。因家也规定了公务员的奖惩制度和法律责任，其法律责任包括在履行职责过程中的三个方面的法律责任，即对因机关违反《公务员法》规定情形而负有责任的领导人员和直接责任人员，公务员在离职一定期限内，不得与原工作业务直接相关的企业或其他营利性组织任职，不得从事与原工作业务直接相关的营利性活动。公务员滥用职权、玩忽职守、徇私舞弊，构成犯罪的，追究刑事责任。

第三节 一般行政法（Ⅱ）：行政权的行使

行政权被授予后如何行使？行政权行使是指行政主体依法实施行政行为，实现国家行政管理，最终落实行政权的方式。行政主体主要通过实施抽象行政行为和具体行政行为来行使行政权，因此本节阐述抽象行政行为和具体行政行为的法律规范。

一 概述：抽象行政行为和具体行政行为

行政行为是指享有国家行政权的行政主体在进行公共行政事务管理中行使行政职权所实施的能够产生行政法律效果的与行政权相关的意思表示行为。上述定义实际包含了生效行政行为的几个构成要件：行政行为必定是行政主体作出的行为，这涉及行政行为的主体资格合法的生效要件；行政行为必定是行政主体行使政职权所作出的行为，这涉及行政行为的目的合法的生效要件；行政行为必定是行政主体实施的针对适格的行政相对人并能产生行政法律效果的行为，这涉及行政行为的客体资格合法的生效要件；行政行为必须是行政主体依照行政法律规范实施的行为，这涉及行政行为的依据合法的生效要件。

行政行为主要分为抽象行政行为和具体行政行为：前者指特定行政机关行使行政权，进行行政管理活动时针对不特定行政相对人而作出的行政行为，通常是行政立法行为，如制定行政法规行为、制定行政规章行为、制定行政规范性文件行为；后者指行政主体行使行政权，进行行政管理活动时针对特定行政相对人，就特定具体事项作出的有关该行政相对人权利义务的单方强制性行为，通常包括行政许可、行政确认、行政给付、行政奖励、行政裁决、行政复议、行政赔偿等依行政相对人申请而实施的行政行为，以及包括行政处罚、行政征收、行政强制、行政命令等依行政主体职权而实施的行政行为。根据行政诉讼法，除抽象行政行为属不可诉行政行为外，所有具体行政行为均为可诉之行政行为。许多国家的行政诉讼包括公民个人或者组织对行政立法提出的诉讼，也就是通常所说的对行政立法的司法审查；但中国现时的行政诉讼不包括这样的诉讼，这也许是因为这样的诉讼实际涉及对立法行为的诉讼，本质是司法权对立法权的一种制约，这种制约的实现恐怕要得制度转型成功之后的事情。

与行政相对人直接关系的、程序上更易操作的是具体行政行为，因而将其再细区分会更有利于对它的理解：依申请的具体行政行为和依职权的具体行政行为，前者指行政主体不主动实施某一具体行政行为，而仅依据行政相对人的申请才实施某一具体行政行为，后者指行政主体依其职权主动实施某一具体行政行为，而不需行政相对人的申请；作为具体行政行为和不作为具体行政行为，前者指行政主体对某一行政法律事实负有作为义务时作为、负有不作为义务时不作为的具体行政行为，后者指行政主体对某一行政法律事实负有作为义务时不作为、负有不作为义务时作为的具体行政行为；羁束具体行政行为和自由裁量具体行政行为，前者指行政主体不具备自由裁量权，而只能在法律规范的拘束下实施的具体行政行为，后者指行政主体在行政法律规范的基本原则下，对于某些行政立法欠缺明确规定的情形，依据行政立法精神，以自行判断对行政法律规范的适用而实施的具体行政行为；无附款具体行政行为和附款具体行政行为，前者指行政主体不附加任何条件限制而实施的具体行政行为，后者指行政主体附加条件限制而实施的具体行政行为；要式具体行政行为和非要式具体行政行为，前者指行政主体须具备体现公权力的文书等法定形式方能实施的具体行政行为，后者指行政主体不必先具备体现公权力的文书等法定形式就可实施的具体行政行为；授益具体行政行为和不利具体行政行为，前者指行政主体实施的具体行政行为产生的行政法律效果是授予行政相对人享有权益或被免除义务，后者指行政主体实施的具体行政行为产生的行政法律效果是规定行政相对人承担义务或被剥夺权益；有行政相对人具体行政行为和无行政相对人具体行政行为，前者指行政主体就特定行政法律事实须有行政相对人为客体始能实施而发生行政法律效果的具体行政行为，后者指行政主体就特定行政法律事实不须行政相对人为客体就能实施而发生行政法律效果的具体行政行为。

二 行政程序：行政主体实施行政行为的程序

行政主体实施行政行为的程序，实质就是行政主体行使行政权的程序。行政主体行使行政权的方式是实施行政行为，而实施行政行为必须依据法定程序进行，这种实施行政行为的法定程序就是行政程序。

（一）行政程序和行政程序法

行政程序是指法律明文规定的行政主体实施行政行为的过程和次序。这是行政程序的内涵定义，其特征是：行政程序是由法律明文规定的，这反映了行政程序的合法性特征；行政程序是关于行政主体实施行政行为的过程和次序，这反映了行政程序的合理性特征。行政程序涉及抽象行政行为程序和具体行政行为程序。这是行政程序的外延定义：抽象行政行为程序，即行政立法程序，含听证、起草、审查、公布法规规章等环节；具体行政行为程序，包括具体行政行为的正常行政程序和应急行政程序，前者指涵盖国家日常行政管理的各种非应急的行政程序，后者指行政主体因应突发紧急事件的行政程序。

为使得行政程序在严格的法律规范下运作，一部《行政程序法》是必需的。虽然中国至今仍未有一部《行政程序法》，但它已作为行政立法的一个重点，相信随着其法律体系的日臻完善，它一定会制定出来，用以规范种种行政程序。行政程序法是指规范行政主体实施行政行为的过程和次序的法律。行政程序法的制定，旨在规范、约束行政主体实施的行政行为，确保其依法行政，使行政行为公正、公平、公开，以保障行政相对人的合法权益，提高行政效率，提升政府的信用，从而最终保证国家行政权不被滥用和受到制约。

（二）行政程序的基本原则

合法原则，指行政主体行使行政权，实施行政行为，应遵循法律规范，在法定权限内按法定程序进行。据此原则，法律、法规、规章对行政程序有明文规定的，行政主体应按规定严格执行；没有具体规定或规定得不完全，而行政主体对此拥有自由裁量权的，行政主体在行使自由裁量权时应符合立法目的和原则，采取措施要适当，不得超越法定范围。

公正、公平原则，指行政主体实施行政行为时应公正地、公平地对待公民、法人或非法人组织，不得歧视，不得有差别待遇。没有公正、公平原则，就没有社会正常生活和基本社会道德，法治大厦就会倾覆，社会就势必陷入一种无以复加的衰败境地。行政主体采取自由裁量权实施具体行政行为时，公正、公平地对待任何行政相对人，显得更为重要。

公开原则，指行政主体实施行政行为的行政程序应当公开，除非涉及国家秘密或依法受保护的商业秘密、个人隐私。行政程序公开包括将行使行政权而实施行政行为的依据、过程、结果等公开，既向行政相对人公开，以使他们通过获得行政程序的知情权来维护自己合法权益，又向整个社会公开，以使社会通过获得行政程序的知情权来监督行政权。

参与原则，指公民、法人或非法人组织有权依法参与行政主体实施的行政行为，而行政主体应为他们参与行政行为提供必要条件和机会，采纳其合理意见和建议。公民、法人或非法人组织的行政程序参与权包括：对行政行为的听政权；对行政管理提出意见和建议权；对行政行为的陈述权、申辩权；寻求行政救济权，即行政复议申请权、行政诉讼提起权、行政赔偿请求权。

利益均衡原则，指行政主体在实施行政行为，可采用多种措施实现行政管理的目的时，应选择有利于最大程度保护公民、法人或非法人组织合法权益的措施，也即应选择对公民、法人或非法人组织合法权益损害最少的措施，拟采用措施所造成的损害，不得与欲达目的的利益显失均衡。本原则是主权在民原则在行政程序中的体现，即孟子的"民为贵，社稷次之，君为轻"[①] 的民本主义的现代版，不能打着公权力的旗号而损害公权力的信誉。

服务、效率原则，指行政主体在行使行政职权时，应积极履行法定职责，严格遵守法定行政程序时限，提高行政效率，提供良好的公共行政服务。本原则应把服务放在首位，效率服从于服务；行政效率以行政服务大众为前提，不得损害行政相对人的合法权益。

诚实信用原则，指行政主体行使行政职权应取信于民，以诚实信用的方式实施行政行为。诚实信用是普遍的社会道德价值观，人们日常生活都要讲求诚实信用，而作为政府，在实施自己的行政行为时，其诚实信用显得更为重要，且政府诚实信用是中国传统文化的治国之道，因为"民无信不立"[②]，治国安邦不可失信于民，否则政事无以为立；政府实施行政行为，讲求诚实信用，是行政行为完成的关键。

（三）行政程序的基本制度

行政程序制度是使得行政程序制度化的法律规范总称。行政法和行政程序法的目的是制约行政权力、保障行政相对人权利、降低行政成本和提高行政效率，故其制度包括：

第一，权力制约的制度，指行政主体在实施行政行为、完成行政程序时，不得滥用行

---

① 孟子：《孟子·尽心下》。
② 孔子：《论语》。

政权力,其行政权力应受到制约。本制度包括:行政程序的回避制度,[①] 指行政主体的公务员或其他工作人员在执行公务时,遇有涉及本人利害关系的情形,遇有涉及与本人有夫妻关系、直系血亲关系、三代以内旁系血亲关系及近姻亲关系的亲属有利害关系的情形或其他可能影响公正执行公务的情形,应依法终止其职务行使的一种行政法律制度;行政程序的说明理由制度,指行政主体作出影响行政相对人合法权益的具体行政行为时,除法律法规有特别规定外,应向行政相对人说明作出该具体行政行为具有合法性的事实、理由和依据,说明依自由裁量权作出该具体行政行为具有正当性的事实、理由和依据,以及告知行政相对人因其所作具体行政行为依法享有的权利,此制度又包括行政程序的表明身份制度,即行政主体行使行政职权时,其具体实施具体行政行为的公务员及有关的工作人员,应依法向有关行政相对人出示能够表明自己身份的工作证件,以及行政程序的告知制度,即行政主体在实施具体行政行为时,应依法将实施该具体行政行为的行政决定,包括行政决定的事实、理由和依据,行政相对人依法享有的权利等有关事项告知行政相对人;行政程序的案卷制度,指行政主体在作出行政程序过程中,应将该行政程序所根据的事实、理由和依据,当事人、利害关系人的陈述和申辩,以及监督检查记录等建立行政程序案卷,以作行政决定的依据,并规范行政认定程序和认定结果的权威性,本制度的法律意义在于防止行政主体滥用权力,使得行政程序有案可查、有据可依、有规可循;行政程序的审裁分离制度,指行政主体在处理行政案件过程中,其审查案件的职能与裁决案件的职能,应分别由其内部不同机构和不同人员来承担,以此达到行政权自身分权制衡的目的。

第二,权利保障的制度,指行政主体在实施行政行为、完成行政程序时,应确保社会大众,尤其是行政相对人的合法权益不受侵犯,以保障他们的权利。本制度包括:行政程序的听证制度,指行政主体在实施重大的具体行政行为或实施制定法律规范性文件的抽象行政行为前,告知实施该行政行为的理由及听证权利,行政相对人或有关公民为此向行政主体就该行政行为提出意见、提供证据,行政主体听取意见、接纳证据,双方就此进行辩论的行政程序法律制度,其目的是为了保障社会公众对行政行为运作的参与权;行政程序的信息公开制度,指行政机关完成行政程序过程中,依职权主动公开或依申请依法公开行政机关履行职责时制作或获取的,以一定形式记录和保存的信息这样一种行政程序制度,其目的是为了保障社会公众对行政行为信息的知情权;行政程序的救济制度,指行政复议救济以及因此获得的行政赔偿或行政补偿的救济形式,即行政相对人不服行政主体的具体行政行为,认为其侵害了自己合法权益,向作出该具体行政行为的行政主体或其上一级行政机关申请复议审查,而有权的行政主体据此进行复议审查,并依法作出行政裁决的一种法律制度,其目的是为了保障社会公众对错误行政行为获得纠错权。

第三,成本和效率均衡的制度,指行政主体实施行政行为、完成行政程序时,应尽可能地降低行政成本,并要注意提高行政效率,在成本和效率之间找到一个平衡点,从而使行政权真正服务于社会公众。在不提高行政成本的前提下,尽可能提高行政效率,以最小的行政成本取得最好的行政管理效果,就需要使得成本与效率均衡,这是行政效率的一个

---

① 其实,从另外角度看,回避制度也可以说是权利保障方面的制度。下面所述其他制度亦有类似的情形:当从另外角度看时,它可能又是另外方面的制度。此处则以其主要方面将不同的行政程序制度划分为权力制约、权利保障、成本和效率均衡这几个方面。

价值取向。本制度涉及行政程序的时效制度,即行政主体在实施具体行政行为的全过程或其各个阶段都受到能引起行政法律关系产生、变更、消灭的法定时间限制的制度,该制度规定行政主体在法定时限内不履行行政职责或延误履行行政职责,就可能引起行政责任或可能导致该具体行政行为因延误而无效,从而产生对行政相对人有利的法律后果。

三 行政立法:一种抽象行政行为

行政立法是一种抽象行政行为,规范它的,主要有宪法、立法法等。

(一)行政立法的定义和基本原则

行政立法是指具有行政立法权的国家行政机关依照法定权限和法定程序制定行政法规和规章的行政行为。行政立法必须满足以下条件:行政立法的主体只能是国家行政机关,包括国务院、国务院的主管部门、省一级政府、设区的市一级政府;行政立法的行为只能是一种具有行政立法权的行政机关制定行政法规、规章的抽象行政行为;行政立法的范围只能是行政法规、规章,其中,规章包括国务院部门规章、地方政府规章;行政立法只能由行政机关依据法定权限和法定程序进行。

行政立法除应遵循立法的宪法原则、社会主义原则、法治原则、民主原则、平等原则外,还应遵循行政立法自身特有的基本原则:法律优先原则,指在进行行政立法时,任何行政法规、规章都不能与宪法、法律相冲突,否则该行政立法无效;法律保留原则,指对于法律保留的立法事项,应有法律规定或授权,才能进行行政立法,但犯罪和刑罚、剥夺公民政治权利和限制人身自由的强制措施和处罚、司法制度等,不能进行行政立法。

(二)行政立法的种类

行政立法根据不同标准有不同划分。一是从行政立法主体看,行政立法分为中央政府行政立法和地方政府行政立法:前者指国务院及其所属各部门依法制定行政法规或部门规章的行政行为;后者指省、自治区、直辖市、设区的市等地方政府依法制定地方政府规章的行政行为。二是从行政立法客体看,行政立法分为一般性行政立法和部门性行政立法:前者指有行政立法权的行政机关依法制定对所有行政管理部门都具有普遍规范意义的法规和规章的行政行为;后者指有行政立法权的行政机关依法制定仅对具体个别行政管理部门才有特定规范意义的法规和规章的行政行为。三是从行政立法形式看,行政立法分为法规性行政立法和规章性行政立法:前者指由国务院依法制定的行政法规的行政行为;后者指由国务院主管部门、地方政府依法制定的部门规章、地方政府规章的行政行为。四是从行政立法的立法权看,行政立法分为职权性行政立法和授权性行政立法:前者指行政立法主体根据宪法和法律所赋予的行政立法职权制定法规、规章的行政行为;后者指行政立法主体根据人大授权,就某些涉及行政管理的具体事项制定法规、规章的行政行为。五是从行政立法内容看,行政立法分为执行性行政立法和创制性行政立法:前者指行政立法主体根据宪法和法律赋予的行政立法权,或者根据人大授权,为执行特定的法律、法规而制定法规、规章的行政行为;后者指行政立法主体根据宪法和法律赋予的行政立法权,或者根据人大授权,对于立法机关尚未立法的某些行政事项依法自主、先行制定有关法规、规章的行政行为，因此并再分为自主性行政立法，即行政立法主体根据宪法和法律赋予的行政立法权，或者根据人大授权，对于尚未制定法律的事项制定行政法规，或者对于尚未制定法律、法规的事项制定规章的行政行为，以及先行性行政立法，即行政立法主体根据宪法和法律赋予的行政立法权，或者根据人大授权，对于某些行政法律事项，在未制定法律之前，为奠定有关法律制定的基础，先行制定行政法规的行政行为，或者对于某些行政事项，在未制定法律、法规前，为奠定有关法律、法规制定的基础，先行制定规章的行政行为。

（三）行政立法的程序规范

立法法、国务院组织法以及地方各级人民代表大会和人民政府组织法对法规、规章立法程序作了原则规定；《国务院工作规则》《行政法规制定程序条例》《规章制定程序条例》《法规规章备案条例》对法规、规章立法程序作了具体规定。行政法规的立法程序，包括立项、起草、审查、决定、公布、备案等环节；国务院部门规章的立法程序，其环节与行政法规的大致相同；地方政府规章的立法程序，其环节与部门规章的大致相同。行政立法解释，由立法主体负责。行政法规的解释权归国务院，规章的解释权归规章制定机关。行政法规、规章的解释同行政法规、规章本身，具同等效力。

（四）行政立法的效力和监督机制

行政立法的效力按如下规范：一是行政法规、规章，均不得同宪法、法律相抵触。二是行政法规的效力高于地方性法规、规章，地方性法规的效力高于本级和下级地方政府规章，上级地方政府规章效力高于下级地方政府规章，部门规章之间、部门规章与地方政府规章之间有同等效力。三是同一机关行政法规、规章，其特别规定与一般规定不一致的，适用特别规定，其新规定与旧规定不一致的，适用新规定；行政法规之间对同一事项新的一般规定与旧的特别规定不一致，不能确定如何适用的，由国务院裁决；地方性法规、规章之间是同一机关制定的新的一般规定与旧的特别规定不一致的，由该机关裁决；地方性法规与部门规章之间对同一事项规定不一致，不能确定如何适用的，由国务院提出意见，认为应适用地方性法规的，应决定在该地方适用地方性法规，认为应适用部门规章的，应提请全国人大常委会裁决；部门规章之间、部门规章与地方政府规章之间对同一事项规定不一致的，由国务院裁决；根据授权制定的法规与法律不一致，不能确定如何适用的，由全国人大常委会裁决。四是行政法规、规章有以下情形之一的，予以改变或撤销：超越权限的；下位法违反上位法规定的；规章之间对同一事项规定不一致，经裁决应改变或撤销一方的规定的；规章的规定被认为不适当，应予以改变或撤销的；违背法定程序的。

行政立法具有双重属性：行政立法首先是一种抽象行政行为，是国家行政管理的一个组成部分；行政立法又可以被看作是一种立法行为。因此，就前一种属性而言，既然它是一种行政管理行为，一定涉及其行政管理对象的权益问题；就后一种属性而言，既然它是一种立法行为，也必然涉及其程序正当性问题。不管哪一种情形，都表明其需要监督：为保证行政立法对行政管理对象的公平和正义，必须监督行政立法；为保证国家行政立法程序的正当性，也必须监督行政立法。从其内容看，行政立法的监督包括：通过行政立法监督，保证行政立法主体的合法性，即只有法律规定或特别授权的行政机关，才有资格进行行政立法，制定行政法规或者规章；通过行政立法监督，保证行政立法程序的合法性，即只要程序不合法，该行政立法就不具有正当性。从其途径看，行政立法监督包括：立法机关对行政立法的监督；司法机关对行政立法的监督，它与违宪审查机制是一致的，但中国没有严格的违宪审查机制，因而司法机关对行政立法的监督，主要体现在司法审判上；行政机关自身对行政立法监督，即国务院对行政机关的规章立法有监督权，省级政府对设区的市的政府规章立法有监督权。

四 行政许可：一种依申请的具体行政行为

具体行政行为分为依申请的具体行政行为和依职权的具体行政行为。行政许可是一种依申请的具体行政行为。规范行政许可行政行为的，主要是2004年的《行政许可法》。

（一）行政许可的定义和基本原则

行政许可是指行政机关根据公民、法人或非法人组织的申请，经依法审查，准予其从事特定活动的行为。该定义的含义是：行政许可是一种具体行政行为，行政许可是一种依行政相对人的申请而成立的具体行政行为，行政许可是一种以解除行政禁止为前提条件的准予申请人获得从事特定活动的权利的具体行政行为。

行政机关设定和实施行政许可，应遵循以下基本原则：行政许可法定原则，即设定和实施行政许可，必须依照法定的权限、范围、条件和程序；行政许可公开、公平、公正原则，即设定和实施行政许可，必须公开、公平、公正；行政许可便民、效率、服务原则，即设定和实施行政许可，必须遵循便民原则，提高办事效率，提供优质服务；行政许可救济原则，即公民、法人或非法人组织对行政机关实施行政许可，享有陈述权、申辩权，有权依法申请行政复议或提起行政诉讼，其合法权益因行政机关违法实施行政许可受到损害的，有权依法要求赔偿；行政许可保护原则，即公民、法人或非法人组织依法取得的行政许可受法律保护，行政机关不得擅自改变已经生效的行政许可。

（二）行政许可的设定

行政许可的设定是指法律、法规、规章对某些事项实施行政许可予以设立规定的立法行为。设定行政许可的原则如下：一是行政许可设定法定原则，包括行政许可设定权法定和设定范围法定两方面：只有法律、行政法规、地方性法规、省级政府规章才拥有行政许可设定权，且其中的省级政府规章仅拥有临时性行政许可的设定权，以及其中的地方性法规、省级政府规章所设定的，不得涉及国家统一资格、资质的行政许可，不得涉及有关企业或其他组织设立登记及其前置性行政许可，其设定的行政许可不得为本地市场准入设置关卡；行政许可的设定范围主要是《行政许可法》第12条规定的6方面事项，且只要出现该法第13条规定的那4方面的特别情形，第12条规定的那6方面事项仍可不设定行政许可。二是行政许可设定民意原则，包括：设定行政许可，应遵循经济和社会发展规律，有利于经济和社会发展需要；设定行政许可，应做到便民，有利于发挥公民、法人或非法人组织积极性、主动性，建立一种良性的秩序，使得他们在一个公平、公正的平台上平等地发展；设定行政许可，应维护公共利益和社会秩序，建立一个公正、法治的社会。

（三）行政许可的实施

行政许可的实施指在法律、行政法规、地方性法规或地方政府规章设定行政许可后，具有行政许可权的行政主体依法定权限和法定程序对行政许可予以实行。行政许可的实施涉及两方面问题。一个是谁有资格实施行政许可，即行政许可实施的主体问题：具有行政许可权的行政机关，有权在其法定职权范围内依法实施行政许可；法律、法规授权的具有管理公共事务职能的组织，在法定授权范围内，以自己名义实施行政许可；具有行政许可权的行政机关在其法定职权范围内，有权依法委托其他行政机关实施行政许可，受委托行政机关在委托范围内，以委托行政机关名义依法实施行政许可。另一个是怎样实施行政许可，即行政许可实施的程序问题：申请，行政许可的实施，源于行政许可的申请；受理，行政机关对申请人提出的行政许可申请是否受理，应视不同情况分别作出受理、不受理或者更正或补正申请材料等处理；审查，申请人申请行政许可，行政机关受理申请后对申请予以审查；决定，通过对申请进行审查后，应视不同情形作出是否予以行政许可的决定。

五　其他依申请的具体行政行为

至 2017 年，依申请的具体行政行为的立法仅有《行政许可法》，但若还有诸如行政裁决、行政给付、行政确认等，则其行政法律体系就更为完善。行政复议虽属依申请的行政行为，但它不是一般意义的具体行政行为，而是通过对具体行政行为进行审查从而实现行政救济的、行政机关自我纠偏的特定行政行为，故将其置于"行政权的制约"一节阐述。

（一）行政裁决

行政裁决是指行政机关依照法律、法规的授权，经当事人申请对行政相对人之间发生的与行政管理行为密切相关的、与合同无关的民事纠纷进行审查，并予以裁决的具体行政行为。行政裁决有如下特征：行政裁决的主体只能是法律、法规授权的、对特定行政管理事项有管理职权的行政机关；行政裁决的民事纠纷与行政管理有关，而与民事合同纠纷无关；行政裁决基于当事人的申请；行政裁决具有法律效力，不服裁决引起的是行政纠纷，除属终局裁决的以外，当事人有权申请行政复议或提起行政诉讼。行政裁决有如下类型：侵权纠纷的行政裁决，即因一方当事人合法权益受他方侵害而引起纠纷的行政裁决；补偿纠纷的行政裁决，即因对财产被侵害或被剥夺造成损失的补偿引起纠纷的行政裁决；损害赔偿纠纷的行政裁决，即因一方当事人的合法权益受到损害而要求侵害方给予损害赔偿引起纠纷的行政裁决；权属纠纷的行政裁决，即因双方当事人就某一财产的所有权或使用权的归属引起纠纷的行政裁决；国有资产产权的行政裁决，即因对国有资产的经营权、使用权等发生争议而引起纠纷的行政裁决；专利强制许可使用费的行政裁决，即因取得实施强制许可的专利使用人对付给专利权人合理使用费数额引起纠纷的行政裁决；劳动工资、经济补偿的行政裁决，即因劳动工资、经济补偿等发生争议引起纠纷的行政裁决；民间纠纷的行政裁决，即自然人之间有关人身、财产权益和其他日常生活发生争议引起纠纷的行政裁决。行政裁决应遵循合法原则、公平原则、回避原则、调解原则、职能分离原则、效率原则。职能分离是指裁决主体在裁决过程中，负责调查的不能参与裁决，负责裁决的不能参与调查。行政裁决的程序包括申请、立案、通知、答辩、审查、裁决、执行等环节。

（二）行政给付

行政给付又称为行政物质帮助，是指有权行政主体依法向符合规定条件的申请人提供物质利益或赋予其与物质利益相关权益的具体行政行为。行政给付有以下特征：行政给付基于想获得政府物质帮助的行政相对人的申请；行政给付的内容是赋予提出申请的行政相对人以一定物质帮助；行政给付的对象是处于某种法定特殊状态下的提出申请的行政相对人，法定特殊状态指公民因某种缘故生活陷入困境的状态或对国家社会有过特殊贡献的状态。行政给付有如下类型：就内容而言，行政给付有诸如金钱、实物等物质权益的行政给付，以及有诸如免费受教育、免费医疗等与物质权益相关的行政给付；就形式而言，行政给付有抚恤金行政给付、生活补助费行政给付、含居住在内的安置费用行政给付、含救济金和救济物资的救济行政给付、优待贫困学生或独生子女的行政给付。行政给付应遵循合法原则、公开公平公正原则、专款专用原则、合理比例原则、效率原则、国家保障和社会扶助相结合以及鼓励劳动自救原则。合理比例指行政给付的对象和发放数额应有一个合理比例，不可畸高畸低。不服行政给付结果的，可申请行政复议，也可提起行政诉讼。

（三）行政确认

行政确认是指行政主体依照法定权限和程序，依行政相对人的申请或依职权对与行政相对人有关的法律事实进行甄别、确认、证明的具体行政行为。行政确认有如下特征：行政确认为要式行政行为，即行政主体作出确认某法律事实的行政行为时必须以书面形式，并按一定技术规范进行；行政确认为羁束行政行为，即行政主体作出确认某法律事实的行政行为时，必须严格按法律规定和技术规范进行，不能自由裁量。行政确认的作用在于稳定法律关系，减少各种纠纷，安定社会秩序，并为行政管理和司法审判提供准确、客观的依据。行政确认的形式有确定、认可、证明、登记、批准、鉴证、鉴定等。行政确认的内容包括：公安管理中的确认、司法行政管理中的确认、民政事务管理中的确认、食品和卫生管理中的确认、经济管理中的确认、劳动管理中的确认等。行政确认分为依申请的行政确认和依职权的行政确认：前者是须由行政确认的相对方提出申请，行政主体才可进行确认；后者是行政主体依据自身享有的法定职权而主动实施的行政确认。行政确认又分为：对身份的行政确认，即行政主体对行政确认相对方的法律关系地位予以确认；对资格或能力的行政确认，即行政主体对行政确认相对方是否具有从事某种行为的资格或能力予以确认；对事实的行政确认，即行政主体对某事实的性质、状态、真伪、等级、数量、质量、规格等予以确认；对法律关系的行政确认，即行政主体对某种权利义务关系是否存在或是否合法有效予以确认；对权利归属的行政确认，即行政主体对行政确认相对方享有某项民事权利予以确认。行政确认应遵循依法确认原则、客观公正原则、保守秘密原则。

六 行政处罚：一种依职权的具体行政行为

行政处罚是一种依职权的具体行政行为，规范它的是 1996 年施行的《行政处罚法》。

(一) 行政处罚的定义和基本原则

行政处罚是指由法律、法规或规章明文设定，并由有权行政主体依职权和法定程序实施的，对行政相对人尚未构成刑事犯罪的违反国家行政管理秩序的行为给予一种行政制裁的具体行政行为。行政处罚有以下特征：行政处罚是为了惩戒违反行政法律规范的行政相对人，行政处罚的实施主体是有权的行政主体，行政处罚的实施对象是行政相对人，行政处罚的实施规范包括行政处罚权、行政处罚程序必须符合法律规范，实施行政处罚的原因是行政相对人实施了违反行政管理秩序的行为。

设定和实施行政处罚必须遵循如下基本原则：行政处罚法定原则，讲的是行政处罚的合法性原则，包括行政处罚的设定、实施、依据、程序、种类范围均应合法；行政处罚公正、公开原则，设定和实施行政处罚须以事实为依据，对违法行为给予行政处罚的规定须公布，未经公布的，不得作为行政处罚的依据；行政处罚与教育相结合原则，即实施行政处罚，纠正违法行为，应坚持处罚与教育相结合；行政处罚保障行政相对人权利原则，被行政处罚的相对人有对处罚的陈述权、申辩权，对不服的行政处罚有行政复议申请权、行政诉讼起诉权，对违法行政处罚造成的损害有行政赔偿提出权；行政处罚不免除民事责任、刑事责任原则，即行政相对人作出违反行政法律规范的行为而受到行政处罚时，该违法行为同时也违反民事法律规范或刑事法律规范的，不能因对其已作出行政处罚而免除其应负的民事责任或刑事责任。

(二) 行政处罚的种类

行政处罚分为如下7类：警告，一种声誉罚，又称为申诫罚或精神罚，是指有权行政主体通过向违反行政法律规范的行政相对人发出警告，警示其有违法行为，在一定程度上影响其声誉、名誉、信誉，并引起其精神上的注意，从而不再违法的行政处罚形式，包括口头警告和书面警告；罚款，一种财产罚，是指有权行政主体依法强制违反行政管理的行政相对人在一定期限内向国家缴纳一定数额罚金的行政处罚形式；没收违法所得、没收非法财物，一种财产罚，是指有权行政主体依法将违反行政管理的行政相对人从事非法经营的得益及用以从事非法行为的物品收归国家所有的行政处罚形式；责令停产停业，一种行为能力罚，又称为行为资格罚，是指有权行政主体依法对违反行政管理的行政相对人责令其停止生产、停止营业的行政处罚形式；暂扣或吊销许可证、暂扣或吊销执照，一种行为能力罚，是指有权行政主体依法限制或剥夺违反行政管理的行政相对人从事某项活动的权利或资格的行政处罚形式；行政拘留，一种人身自由罚，是指法定行政主体的公安机关，依法对违反行政法律规范的人在短期内限制人身自由的行政处罚形式；法律、行政法规规定的其他行政处罚，一种概括性行政处罚，相关答案可从有关法律、行政法规得出。

(三) 行政处罚的设定

行政处罚的设定是指有权创设行政处罚的国家机关创设行政处罚，赋予一定行政主体行政处罚职权的立法活动。未经设定的，不得予以行政处罚。以下立法可设定行政处罚：法律可设定各种行政处罚，尤其关于限制人身自由的行政处罚只能由法律设定；行政法规可有条件地设定行政处罚，限制人身自由的除外；地方性法规可有条件地设定除限制人身自由、吊销企业营业执照以外的行政处罚；国务院部门规章或由国务院授权具有行政处罚权的直属机构可有条件地设定某些行政处罚，可在法律、行政法规规定的给予行政处罚的行为、种类和幅度的范围内对行政处罚作出规定，尚未制定法律、行政法规的，对违反行政管理秩序的行为，可设定警告或由国务院规定限额的一定数量罚款的行政处罚；设区的市以上的地方各级政府规章可有条件地设定某些行政处罚，可在法律、行政法规、地方性法规规定的给予行政处罚的行为、种类和幅度的范围内对行政处罚作出规定，尚未制定法律、行政法规、地方性法规的，对违反行政管理秩序的行为，可设定警告或由省级人大常委会规定限额的一定数量罚款的行政处罚。

（四）行政处罚的实施机关

行政处罚的实施机关主要包括：具有行政处罚权的行政机关，但是，由国务院或经国务院授权的省级政府依法决定将两个或两个以上行政机关的行政处罚权集中由一个行政机关统一行使，其他行政机关不得再行使已集中的行政处罚权；具有特定行政处罚权的公安机关，限制人身自由的行政处罚权，只能是公安机关；法律、法规授权的具有管理公共事务职能的在法定授权范围内实施行政处罚的特定组织；行政机关依照法律、法规或规章在法定权限内委托的特定组织，这些组织管理公共事务，只能在委托范围内实施行政处罚。

（五）行政处罚的程序（I）：决定程序

行政处罚的程序是指具有行政处罚权的行政主体依法对违反行政管理秩序的行政相对人作出行政处罚决定，并对其依照该行政处罚决定的内容予以执行的过程。行政处罚的程序包括行政处罚的决定和行政处罚的执行这两个环节①。行政处罚的决定程序是指具有行政处罚权的行政主体依法对违反行政管理秩序的行政相对人作出予以行政处罚的决定这一行政处罚程序的先行环节。所谓行政处罚决定是指具有行政处罚权的行政主体对违反行政管理秩序的行政相对人作出予以行政处罚的主张，它是行政处罚的依据。作出行政处罚决定，除应遵循行政处罚的设定和实施的基本原则外，还应遵循行政处罚决定的特定原则：行政处罚决定必须基于事实根据的原则，行政处罚决定必须基于当事人权利保障的原则。行政处罚决定程序包括：简易程序，指当场作出处罚决定的行政处罚决定程序，即具有行政处罚权的行政主体，对于符合以简易程序进行处罚这一法定条件的行政处罚事项的，当场作出处罚决定的行政处罚决定程序，适用简易程序的，是违法事实确凿，不存在争议，或者违法行为人当场认可的，且有法定依据，而违法行为属较轻行政处罚种类的，即属于较小数额罚款②或警告的行政处罚的；一般程序，指除适用简易程序和适用听证程序以外

---

① 有的行政法研究者认为，行政处罚程序广义地还包括行政处罚的设定这一环节。这里所说的行政处罚程序，应当涉及行政处罚的实施方和被实施方即涉及行政主体和行政相对人双方，或者说，行政处罚程序应当针对特定被处罚人，即特定相对人。然而，行政处罚的设定，一般是法律、法规、规章本身对行政处罚事项的设定，它不针对特定相对人。据此，本书不把行政处罚设定作为行政处罚程序的一个环节来阐述。

② 较小数额罚款是指对自然人处以人民币50元以下的罚款，对组织处以人民币1000元以下的罚款。

的其余行政处罚决定适用的程序，其步骤包括发现案情、调查和收集证据、作出决定之前告知处罚理由和权利、作出处罚决定或不予处罚决定或移送司法机关处理决定；听证程序，指行政机关因作出责令停产停业、吊销许可证或执照、较大数额罚款等行政处罚决定之前告知当事人有要求举行听证权利，而且当事人要求听证，行政机关应先行组织听证，然后才作出行政处罚决定的程序，具体步骤包括听证的申请、听证的决定、听证的通知、听证的举行、听证后行政机关作出决定并制作和送达行政处罚决定书。

（六）行政处罚的程序（Ⅱ）：执行程序

行政处罚的执行程序是指行政处罚决定一经作出后，以保证行政处罚决定所确定的内容得以实现的程序。行政处罚执行程序有广义与狭义的解读：广义的解读包括当事人自觉履行行政处罚决定，以及有关行政机关、法院对不在规定期限内自觉履行行政处罚决定的当事人予以强制执行，以确保行政处罚决定所确定的内容得以实现这两个方面的程序；狭义的解读仅指有关行政机关、法院依法对不在规定期限内自觉履行行政处罚决定的当事人予以强制执行，以确保行政处罚决定得以实现的程序。《行政处罚法》规范的行政处罚执行程序，是广义的执行程序。行政处罚执行程序应遵循申请复议或提起诉讼不停止执行的原则、决定罚款的机关与收缴罚款的机构分离的原则。行政处罚执行程序的处罚形式包括：作出行政处罚罚款决定后的当场收缴罚款形式，作出行政处罚罚款决定后的专门机构收缴罚款形式，当事人逾期不履行行政处罚决定而由行政机关采取的强制措施形式。

（七）行政处罚的管辖和适用

行政处罚的管辖指遇有需要实施行政处罚时，应由哪一个行政机关行使行政处罚权。行政处罚的管辖，总的原则是，行政处罚由违法行为发生地的县级以上地方政府具有行政处罚权的行政机关管辖，但法律、行政法规另有规定的除外。若对行政处罚管辖权发生争议的，则报请共同的上一级行政机关指定管辖。

行政处罚的适用是指什么样的行为属于违反行政管理法的规定，必须并且只能给予行政处罚。以下违法行为不适用或不再适用行政处罚：构成犯罪的，不适用行政处罚，应依法追究刑事责任；无行为能力人或限制行为能力人所实施的，不适用行政处罚；违法行为轻微并及时纠正，没有造成危害后果的，不适用行政处罚；违法行为在2年内未被发现的，不再适用行政处罚，除非法律另有规定；对同一个违法行为已经给予一次罚款的行政处罚的，不再适用罚款这一种行政处罚。以下违法行为从轻或减轻行政处罚，或者应当从轻或减轻行政处罚：已满14周岁不满18周岁的人实施的，从轻或减轻行政处罚；当事人主动消除或减轻违法行为危害后果的，受他人胁迫有违法行为的，配合行政机关查处违法行为有立功表现的，或者有其他依法从轻或减轻行政处罚情形的，应当依法从轻或减轻行政处罚。违法行为构成犯罪的，先前已经给予的行政处罚应当折抵或应当依法折抵相应的刑罚，包括违法行为构成犯罪，法院判处拘役或有期徒刑时，行政机关已经给予当事人行政拘留的，应当依法折抵相应刑期，以及违法行为构成犯罪，法院判处罚金时，行政机关已经给予当事人罚款的，应当折抵相应罚金。

（八）行政机关及其执法人员的法律责任

行政执法的法律责任包括：行政机关违法实施行政处罚，对有关直接责任人员依法给予行政处分；行政机关违法实施行政处罚，对构成犯罪的有关直接责任人员依法追究刑事责任；行政机关违法实施行政处罚，给行政相对人造成损失损害的，依法承担赔偿责任。

七 行政强制：另一种依职权的具体行政行为

行政强制是另一种依职权具体行政行为，规范它的是2012年施行的《行政强制法》。

（一）行政强制的定义和基本原则

行政强制分为行政强制措施和行政强制执行，它是指行政机关在行政管理过程中，为制止违法行为、防止证据损毁、避免危害发生、控制危险扩大等情形，依法对公民的人身自由实施暂时性的限制，或者对公民、法人或非法人组织的财物实施暂时性控制的行为，以及行政机关或行政机关申请法院，对不履行行政决定的公民、法人或非法人组织，依法强制履行义务的行为。行政强制措施指行政机关在行政管理过程中，为制止违法行为、防止证据损毁、避免危害发生、控制危险扩大等情形，依法对公民人身自由实施暂时性的限制，或者对公民、法人或非法人组织的财物实施暂时性控制的行为；行政强制执行指行政机关或行政机关申请法院，对不履行行政决定的公民、法人或非法人组织，依法强制履行义务的行为。行政强制措施和行政强制执行是不同的行政强制行为：前者的实施主体只能是行政机关，后者的实施主体既可以是行政机关，也可以是行政机关申请的法院；前者实施的客体对象是被正在实施行政管理的行政机关认为存在违法行为、证据损毁、危害发生或危险扩大等情形的自然人或组织，后者实施的客体对象是不履行行政决定的自然人或组织；实施前者的目的是行政机关在实行行政管理过程中，为保障正常的行政管理秩序，从而实施诸如制止违法行为、防止证据损毁、避免危害发生、控制危险扩大等情形的行政强制行为，实施后者的目的是对不履行行政决定的行政相对人，通过采取强制执行的手段，迫使其履行行政决定所规定的义务；实施前者，适用的强制手段是限制公民人身自由，查封场所、设施或财物，扣押财物，冻结存款、汇款等强制措施，实施后者，适用的强制手段是加处罚款、滞纳金，划拨存款、汇款，拍卖或依法处理查封、扣押的场所、设施或财物，排除妨碍、恢复原状，代履行等强制执行的方式；前者属于中间行政行为，即是在行政行为进行过程中间实施的，其作用在于对行政行为的一种事先的保障，后者属于最后行政行为或最后司法行为，一般是在行政行为或司法行为进行过程的最后阶段实施的，其作用在于对行政决定的一种事后的保障；前者的法律救济适用于行政复议和行政诉讼，后者的法律救济不适用于行政复议或行政诉讼，只能通过申诉或赔偿程序寻求国家赔偿。

设定和实施行政强制必须遵循行政强制法定原则、行政强制比例原则、行政强制教育与强制相结合原则、行政强制保障行政相对人合法权益原则、行政强制法律保留原则。上述5个原则中，要注意把握好比例原则和法律保留原则的含义。比例原则指行政机关依法行使行政强制权时，实施行政强制所持实体之价值取向，不可给予行政相对人超过行政目的的价值的侵害，应选择对行政相对人侵害最小的价值取向，实施行政强制所取程序之手段和方式,与要达到的行政目的应形成合理的对应关系;本原则包括行政强制应既实现行政管理目的又做到行政强制手段恰当的适当原则、行政强制应选择对行政相对人侵害最少的手段和方式的必要原则或曰最小侵害原则、行政强制应兼顾社会利益与个人利益的利益均衡原则等子原则。法律保留原则是行政强制设定的法律保留,即行政强制由法律设定,尚未制定法律且属于行政管理职权事项的,法规可依法设定,但限制人身自由、涉及银行服务权益的事项,则保留由法律设定;本原则实质上是通过立法权来制约行政权。

(二) 行政强制的种类

行政强制分为行政强制措施和行政强制执行。行政强制措施包括:限制自然人人身自由,如强制扣留、强制隔离、强制搜查、强制治疗、强制戒毒、强制遣返、限制出境、强行驱散、保护型约束等;查封场所、设施或财物;扣押财物;冻结存款、汇款;其他行政强制措施,诸如《渔业法》规定的,外国人、外国渔船违反规定,擅自进入中国管辖水域从事渔业生产和渔业资源调查活动的,采取责令其离开或将其驱逐的行政强制措施。

行政强制执行包括:加处罚款,一种间接强制执行的执行罚,指行政强制机关对拒不履行不作为义务或拒不履行不可替代的作为义务的义务人,课以惩罚性的金钱给付义务,以促使其履行义务的强制执行方式;加处滞纳金,另一种间接强制执行的执行罚,即行政强制执行机关对逾期履行金钱给付义务的义务人,课以延误期限罚金的金钱给付义务,以促使其按期履行金钱给付义务的行政强制执行方式;划拨存款、汇款,一种直接强制执行的财产罚,指行政强制执行机关对拒不履行行政决定所指定的义务的义务人,直接将其存款、汇款从银行转出来,而强制其履行义务的行政强制执行方式;拍卖或依法处理查封、扣押的场所、设施或财物,另一种直接强制执行的财产罚,指行政强制执行机关对拒不履行行政决定所指定的义务的义务人,直接将先前查封、扣押的场所、设施或财物予以拍卖或予以其他方式依法处理,从而强制其履行义务的行政强制执行方式;排除妨碍、恢复原状,一种直接强制执行,指行政强制执行机关对违反行政决定的义务人,直接责令其依照行政决定履行义务,消除使行政决定难以落实的阻碍、按行政决定将事物状态恢复原来的样子,从而强制其履行义务的行政强制执行方式;代履行,一种间接强制执行,指行政强制执行机关对逾期不履行行政决定所指定义务的义务人,通过代其履行法定义务或委托第三人代其履行法定义务,并向义务人征收代履行费用,从而达到强制其履行义务目的的行政强制执行方式;其他强制执行方式,一种概括性强制执行方式,对财产的其他强制执行方式有强制扣除、强制拆除等,对人身的其他强制执行方式有强制拘留、强制传唤等。

(三) 行政强制的设定

行政强制措施原则上由法律设定;行政法规、地方性法规可以设定行政强制措施,但须按一定条件;法律、法规以外的其他规范性文件,均不得设定行政强制措施。设定行政强制措施有以下规则:在法定条件下,对那些尚未制定法律,又属国务院行政管理职权事项的,除"限制公民人身自由""冻结存款、汇款"及"应当由法律规定的行政强制措施"外,行政法规可以设定其他行政强制措施;在法定条件下,对那些尚未制定法律、行政法规,又属地方性事务的,地方性法规可以设定"查封场所、设施或者财物"及"扣押财物"的行政强制措施;对那些尚未制定法律、行政法规、地方性法规,即便属行政管理职权事项，法律、行政法规、地方性法规外的其他规范性文件均不得设定行政强制措施。

行政强制执行只能由法律设定，行政法规、地方性法规、部门规章、地方政府规章等任何规范性文件，即便附条件也不得设定行政强制执行；法律对某些行政管理事项没有设定行政强制执行，而对这些行政管理事项作出行政决定的行政机关需要强制执行的，只能申请法院强制执行，不能自行强制执行；经申请后，是否强制执行，也只能由法院裁定。

（四）行政强制的实施程序

行政强制措施实施程序必须具有合法性：行政强制措施的实施主体必须合法，即只能由法律、法规规定的行政机关实施；行政强制措施的实施依据必须合法，即必须在法律、法规设定的行政强制措施的范围、条件内进行，必须依照法定的权限进行；行政强制措施的实施程序必须合法。不同行政强制措施实施程序如下：限制人身自由的行政强制措施，要求当场告知或实施行政强制措施后立即通知当事人家属实施行政强制措施的行政机关、地点和期限，紧急情况下当场实施行政强制措施的，在返回行政机关后，立即向行政机关负责人报告并补办批准手续等；查封、扣押的行政强制措施，要求制作并当场交付查封、扣押决定书和清单，查封、扣押的期限不得超过30日，对查封、扣押的场所、设施或财物应妥善保管，不得使用或损毁等；冻结的行政强制措施，应向金融机构交付冻结通知书，向当事人交付冻结决定书，30日内应作出处理决定或作出解除冻结决定等。

行政机关行政强制执行程序一般包括：催告，即作出强制执行决定前，应催告当事人履行义务；陈述和申辩，即当事人收到催告书后有权就有关事实进行陈述和申辩；作出强制执行决定，即经催告后，当事人无正当理由逾期仍不履行行政决定的，作出强制执行决定；送达，即催告书、行政强制执行决定书直接送达当事人；中止执行，即强制执行过程中，遇有法定情形的，中止强制执行；终结执行，即强制执行过程中遇有法定情形的，终结强制执行；执行不当的补救，即执行中或执行完毕后，据以执行的行政决定被依法撤销、变更，或者执行错误的，恢复原状或退还财物，不能的，给予补偿；执行协议，即实施行政强制执行，行政机关可以在不损害公共利益和他人合法权益的情况下，于当事人达成执行协议。行政强制执行不得在夜间或法定节假日，除非情况紧急；不得对居民生活采取停止供水、供电、供热、供燃气等方式迫使当事人履行相关行政决定。

第四节 一般行政法（Ⅲ）：行政权的制约

诚如前述，行政权被授予后，行政主体依法行使行政权，实现国家行政管理，最终落实行政权。当一个国家的行政权被授予并且被行使时，由于行政权的落实往往会引起行政管理与被行政管理的矛盾，这样就势必引发现代行政法理论的一个难题，就是如何控制行政权，不让它被滥用。可以说，从某种意义上，行政法实质就是一部控权法。一个新诞生的中国法律体系，多少已经看到行政法的这一本质：中国行政法体系的逻辑思路是，在授予国家行政机关以行政权后，既让其通过行使行政权达到行政管理的目的，又要控制行政权。本节的主题讲的就是行政权的制约。

一　概述：行政权的分权与制约

控制行政权，得从公权力和私权利说起。人类为有序地生活，彼此之间要制定一些规则，又要有被授予专门权力的人代表大家去管理，使大家更好地遵循那些已定的规则，这样就产生行政权，这种权力属于公共的，是大家同意让渡的权力，因而成为公权力。公权力是指作为人类共同体的国家（包括国际社会）为支配资源、组织生产、主持分配、协调关系而对共同体成员进行组织、管理，对共同体事务进行立法、司法、行政的权力。现代国家的权力架构，大致由立法权、司法权、行政权构成，它们均属于公权力；可见，行政权是公权力的一种。然而，每个人都保留自己一定的权利，这些是属于每个人私人的、不可让渡的权利，因而成为私权利。私权利是指以满足每一个个人日常生活需要为目的的个人权利，如债权、物权、言论自由权、表达意见权、诉讼权等。公权力是为了保护私权利不受非法侵害；所有合法的私权利得到保障，公权力才真正体现出存在的必要。为了保护私权利，所以需要公权力，它们是一致的，这是公权力与私权利之间关系的一个方面。

公权力与私权利之间关系的另一个方面，则表现为公权力在保护私权利时，有一个合理的"度"，超过了这个"度"，就会造成对私权利的侵害，且这种侵害不同于私权利之间的相互侵害，它是以国家名义依仗公权力对私权利的侵害，因而带有隐蔽性、迷惑性，可见公权力与私权利又是对立的。公权力一旦被异化为自己的反面，即过度和滥用，一定伤害私权利，并形成与私权利的对立。如果没有一个公平、正义、有效的法律协调公权力与私权利之间的这种对立，社会就不稳定，甚至会出现"革命"。人类几千年的文明史，已经反反复复证明了这一点。人类社会长久以来都无法找到避免这种无奈的灵丹妙药，而不断地陷入这种"革命"导致的怪圈。历史让人们似乎找到了一个目前为止算是最好的药方，即通过宪制建立民主制度，通过公平、正义、有效的法律制约公权力，保护私权利。

协调公权力与私权利关系的最好办法是分权。分权就是一种权力制衡，把国家权力按国家管理的需要分为若干种权力，然后各种权力互相制衡，任何一种权力都不能够独大，因为：权力一独大，就会失控；一失控，就会无节制；一无节制，就会被滥用。一句话，权力一独大，就会出现权力异化，最后产生可怕的后果。中国法律体系的建立，应当说也是力图朝着这个方向发展的。《宪法》首先是规定了国家立法权，然后又规定了国家行政权，最后还规定了国家司法权。这几种权力是互相制衡的，尽管《宪法》对此没有明确的表述，但规定它们之间的地位、作用时，实质上已经隐隐约约地包含了权力制衡的立法思想。就行政权而言，整个行政法律体系也是以权力制衡为主要思路来立法的，处处包含了权力制衡的影子：《行政监察法》的目的是通过建立行政机关自身的监察机制来制约行政权；《审计法》的目的是通过审计，对被审计的行政机关的财政收支进行评估，监督其财政状况；《行政复议法》的目的是通过行政相对人对具体行政行为有异议而向行政机关申请行政复议的方式来制约行政权；《行政诉讼法》的目的是通过行政相对人对具体行政行为有异议而向法院提起行政诉讼并通过司法审查的方式来制约行政权；《国家赔偿法》的目的是通过行政相对人对具体行政行为损害自己的合法权益而向国家寻求赔偿的方式来制约行政权。这些均反映了制约行政权的立法倾向，中国法律体系有了"控权"的雏形。

二　行政监察：行政权自我制约与救济（I）

制约行政权是通常所说的行政法制监督，包括国家权力机关、国家司法机关、国家专门监察机关、行政相对人等对行政权的监督，以及行政监察机关和审计机关等对行政权自身的监督。行政权自身制约，有的是依自身职权实施的，如通过行政监察或国家审计对行政权的监督，有的是依行政相对人的申请而实施的，如通过行政复议对行政权的监督。规范行政监察的是1997年的《行政监察法》。有一种将要实行的与行政监察不同的监察，这就是国家监察，即国家专门监察机关对包括国家行政权在内的国家公权力的全方位监察，它超出了行政监察的范围。由于国家监察直至2017年末仍在试点、探索、立法的过程中，它有一个《监察法》的立法过程，更涉及《宪法》的修正问题；因未来实施的国家监察将超出了现有的宪法规范，故本书不便将其单独阐述，而将其置于行政监察一题来介绍。

（一）行政监察的基本规范：行政监察是行政机关自身设置的监察

行政监察是指国家行政系统内部设立的专门监察机关，对国家行政机关及其公务员和国家行政机关任命的其他人员的执法、廉政、效能等情况实施监察的职能行为。行政监察属于行政系统内部一种自我监督的行为，因而具有行政权自我监督的特征。

行政监察应当遵循如下基本原则：行政监察相对独立原则，即监察机关依法行使职权不受任何组织和个人的干预；行政监察在适用法律和行政纪律上人人平等原则，即对所有监察对象一视同仁；行政监察重证据原则，即行政监察必须以事实为根据；行政监察实行教育与惩处相结合原则，即对于违法违纪者既要给予必要惩处，又要通过惩处达到教育的目的；行政监察实行监督检查与制度建设相结合原则，即行政监察要标本兼治，因为一个好的制度使坏人不敢犯法，一个坏的制度使好人也会变成坏人；行政监察依靠群众①原则，即自然人、组织对违反行政法律和行政纪律的行为有权提出控告或检举。

行政监察机关是行政机关内部专门行使行政监察职权的机构，其职权范围涉及实施监察权应采取法定措施、有权提请有关行政部门予以协助、有权提出监察建议或作出监察决定等方面；其工作程序包括检查程序、调查处理程序、对立案调查案件的处理程序、对处分决定或监察决定不服的处理程序、对监察建议有异议的处理程序等方面。

（二）国家监察的基本规范：国家监察是国家专门监察机关实施的监察

国家监察的范围要比行政监察的宽泛得多，它旨在监察整个公权力，预防公权力的腐败、渎职、职务犯罪，并独立于国家行政机关、司法机关、立法机关，与中央纪律检查委

---

① "群众"这一用语并非严谨的法律术语，但在中国法律体系中到处可见，它实质是指公民、法人和非法人组织。或许这就是中国法律自身特点之一。

员会合署办公,其监察范围涉及:国家公职人员,包括中央机关、人大机关、行政机关、政协机关、监察机关、司法机关、民主党派机关、工商联机关的公务员及参照公务员管理的人员,由法律授权或由政府委托行使公共职权的公务人员,国有企业的管理人员,公办的教科文卫体事业单位的管理人员,基层群众性自治组织的管理人员,其他行使公共职务的人员。

根据《全国人大常委会开展监察体制改革试点的决定》及《全国人大常委会关于在全国各地推开国家监察体制改革试点工作的决定》,国家将从中央到县级以上地方各级成立国家监察委员会,其监察权与同级行政权、立法权、司法权并行;监察权的确立有点类似国民政府五权宪法中的监察权的功能。监察委员会成立后,政府的监察行政、预防腐败等机构及检察院的查处贪污贿赂、失职渎职和预防职务犯罪等部门的相关职能将整合至监察委员会。

监察委员会按管理权限,对辖区所有行使公权力的公职人员依法实施监督,监督检查其依法履职、秉公用权、廉洁从政、道德操守情况,调查其涉嫌贪污贿赂、滥用职权、玩忽职守、权力寻租、利益输送、徇私舞弊、浪费国家资财等职务违法和犯罪行为并作出处置决定,对涉嫌职务犯罪的,移送检察机关依法提起公诉。监察委员会履职可以采取谈话、讯问、询问、查询、冻结、调取、查封、扣押、搜查、勘验检查、鉴定、留置等措施。实行国家监察以后,应适时地调整或停止适用《行政监察法》,《刑事诉讼法》第3条、第18条、第148条及第二编第二章第十一节,《人民检察院组织法》第5条第2项,《检察官法》第6条第3项,《地方各级人大和地方各级政府组织法》第59条第5项等规定,而且其他法律中规定由行政监察机关行使的监察职责,也调整为由监察委员会行使。

三 国家审计:行政权自我制约与救济(II)

行政权依职权对自身的制约,除行政监察外,还有就是国家审计。如果说行政监察着重通过对行政机关及其公务员的执法、廉政、效能情况进行监察,从而制约行政权的话,那么国家审计则主要通过对行政机关及其公务员的财政纪律执行情况进行审计,从而制约行政权。规范国家审计的,主要是1994年的《审计法》。

(一)国家审计的定义和基本原则

审计是指审计机关或审计机构独立检查被审计单位的会计凭证、会计账簿、会计报表及其他与财政收支、财务收支有关的资料和资产,对被审计单位的财政收支和财务收支的真实性、合法性和效益性予以审计监督,对被审计人员任职期间对本地区、本部门、本单位的财政收支、财务收支及有关经济活动应负经济责任的履行情况予以审计监督的行为。财政收支是指依照《预算法》和国家其他有关规定,纳入预算管理的收入和支出,以及预算外资金的收入和支出;财务收支是指国有的金融机构、企业事业单位以及国家规定应当接受审计监督的其他有关单位,按国家有关财务会计制度的有关规定,办理会计事务、进行会计核算、实行会计监督的各种资金的收入和支出。审计有国家审计、社会审计、内部审计3种。《审计法》主要规范国家审计,对社会审计、内部审计只作原则规定。国家审计是指国家审计机关通过独立检查被审计单位的会计凭证、会计账簿、会计报表及其他财政收支、财务收支有关的资料和资产,审计监督被审计单位的财政收支、财务收支真实、合法和效益,以及审计监督被审计人员任职期间对本地区、本部门、本单位的财政收支、财务收支及有关经济活动应负经济责任的履行情况的行为;社会审计是指依法成立的社会审计机构接受有关委托,对被审计单位的财务收支及有关经济活动,进行公证以及评价,并出具审计报告的服务行为;内部审计是指依法属于审计机关审计监督对象的单位,按照国家有关规定,为健全内部审计制度而建立的接受审计机关的业务指导和监督的内部审计机构,对本单位及其下属单位的财政收支、财务收支以及有关经济活动进行内部审查和评价的行为。与行政权自身制约直接相关的主要是国家审计:国家审计的主体是国家审计机关及其审计人员;国家审计的对象是各级行政机关及其所属部门、国有金融机构、国家的事业组织和使用财政资金的其他组织、国有企业等;国家审计的客体是审计对象的财政收支、财务收支以及有关经济活动的真实性、合法性和效益性;国家审计的目的是通过审计被审计单位和被审计人员的经济活动情况,从而对其监督;国家审计的方式是检查被审计单位的会计凭证、会计账簿、会计报表及其他与财政收支、财务收支有关的资料和资产。

进行国家审计监督应遵循以下基本原则:依法审计原则,即审计机关和审计人员履行职责、执行职务,应依照法定权限和法定程序进行;客观审计原则,即审计机关和审计人员办理审计事项,应客观公正,实事求是;独立审计原则,即要求审计机关和审计人员办理审计事项,不受其他行政机关、社会团体和个人的干涉;审计工作定期报告原则,即政府向本级人大常委会提出审计机关对预算执行情况和其他财政收支情况的审计工作报告。

(二) 国家审计的主体:审计机关和审计人员

审计机关是国家审计的主体,国务院设立审计署,县级以上地方各级政府设立审计机关,根据需要经本级政府批准,可以在其审计管辖范围内设立派出机构;审计人员是审计机关的工作人员,他们属于审计主体,办理审计事项,与被审计单位或审计事项有利害关系的应回避,对其在执行职务中知悉的国家秘密和被审计单位的商业秘密,应当保密。

审计机关的职责:对本级各部门和下级政府预算的执行情况、决算及预算外资金的管理和使用情况,进行审计监督;对金融机构的收支等进行审计监督;对国家有关组织的经济活动进行审计监督,包括事业组织、使用财政资金的其他组织、国有企业、国有资本占控股或主导地位的企业;对某些单位内部审计机构和社会审计机构的指导、核查、监督。

审计机关的权限:有权要求被审计单位按审计机关规定提供有关材料;有权检查被审计单位的会计凭证、会计账簿、财务会计报告、运用电子计算机管理财政收支和财务收支电子数据的系统、其他与财政收支或财务收支有关的资料和资产;有权就审计事项的问题向有关单位和个人进行调查,并取得有关证明材料;有权制止被审计单位转移、隐匿、篡改、毁弃有关资料或资产的行为;有义务建议被审计单位的主管部门纠正被审计单位执行有关财政收支、财务收支的规定与法律、行政法规相抵触的情形;有权通报或公布审计结果;履职时有权提请公安、监察、财政、税务、海关、价格、工商行政管理等机关协助。

四 行政复议:行政权自我制约和救济(Ⅲ)

行政监察、国家审计属于行政权自身依职权对滥用行政权的制约,行政复议属于行权自身依申请对滥用行政权的制约。规范行政复议的，是1999年的《行政复议法》。

（一）行政复议的定义和基本原则

行政复议是指行政相对人不服行政机关实施的具体行政行为作出的行政决定，认为行政机关的具体行政行为侵犯其合法权益，依法向行政复议机关提出行政复议申请，行政复议机关根据其申请依法对因发生争议而被申请复议的具体行政行为是否合法、适当进行复查、审议，并作出行政复议决定的行政行为。行政复议有以下特征：行政复议目的是纠正违法的、不适当的具体行政行为，因此它以具体行政行为作为行政审查的对象；行政复议的发动是行政复议机关依行政相对人的申请；行政复议的复议主体，是行政复议机关。

行政复议应遵循以下基本原则：合法原则，即行政复议的主体、行政复议的依据、行政复议的程序均应合法；公正原则，即行政复议机关应当秉持中立、公正的立场；公开原则，即对行政复议案件进行审查以及作出行政复议决定的整个过程，应当公开进行；及时原则，又称为效率原则或高效原则，即行政复议机关应严格按法定期限对复议案件进行审查并作出复议决定；便民原则，即行政复议过程应为行政相对人提供一切尽可能的方便。

（二）行政复议机关和行政复议机构

主持行政复议的，是履行行政复议职责的行政机关，称为行政复议机关，含作出被申请行政复议的具体行政行为的行政机关、作出被申请行政复议的具体行政行为的行政机关的上一级行政机关、作出被申请行政复议的具体行政行为的行政机关所属的政府；具体办理行政复议事项的，是行政复议机关内部负责法制工作的专门机构，称为行政复议机构。

（三）行政复议范围和行政复议管辖

行政复议范围是指行政相对人认为行政机关作出的具体行政行为侵犯其合法权益，有权依法向行政复议机关申请行政复议的情形或方面。行政复议范围的规范包括：一是有权申请行政复议的情形：对行政机关作出的警告、罚款、没收违法所得、没收非法财物、责令停产停业、暂扣或吊销许可证、暂扣或吊销执照、行政拘留等各种行政处罚决定不服的；对行政机关作出的限制人身自由或查封、扣押、冻结财产等各种行政强制措施决定不服的；对行政机关作出的有关许可证、执照、资质证、资格证等各种证书变更、中止、撤销的决定不服的；对行政机关作出的关于确认土地、矿藏、水流、森林、山岭、草原、荒地、滩涂、海域等各种自然资源的所有权或使用权的决定不服的；认为行政机关侵犯其合法的经营自主权的；认为行政机关变更或废止农业承包合同侵犯其合法权益的；认为行政机关违法集资、征收财物、摊派费用或违法要求履行其他义务的；认为符合法定条件，申请行政机关颁发许可证、执照、资质证、资格证等，或者申请行政机关审批、登记有关事项，行政机关没有依法办理的；申请行政机关履行保护人身权利、财产权利、受教育权利的法定职责，行政机关未依法履行的；申请行政机关依法发放抚恤金、社会保险金或最低生活保障费，行政机关没有依法发放的；认为行政机关的其他具体行政行为侵犯其合法权益的；认为具体行政行为所依据的行政规定不合法的。二是无权申请行政复议的情形：对国务院部门规章和地方政府规章不服的；对行政机关内部的行政管理行为不服的；对行政机关的居间行为不服的，即不服行政机关作为居间而对民事纠纷作出的调解或其他处理。

行政复议管辖是指行政相对人申请行政复议时应向哪一个行政复议机关提出，或者应由哪一个行政复议机关受理行政复议案件，包括：选择管辖，又称为共同管辖，即行政复议案件可由多个行政复议机关管辖，但具体由哪一个行政复议机关受理，由申请人选择确定；法定管辖，即行政复议案件由哪一个行政复议机关管辖，由法律、行政法规规定；移送管辖，即依法接受行政复议申请的行政复议机关，对依照有关规定属于其他行政复议机关受理的行政复议申请，依法转送有关行政复议机关，其情形是，申请人除了可以按前述管辖规定申请行政复议外，也可以向具体行政行为发生地的县级地方政府提出行政复议申请；指定管辖，即两个以上有权受理行政复议申请的行政复议机关同时收到行政复议申请而又协商不成时，由其共同上一级行政机关指定受理机关；管辖权转移的管辖，即上级行政机关认为必要时有权直接受理下级行政复议机关管辖的行政复议案件的申请。

（四）行政复议参加人

行政复议参加人包括：申请人，指认为自己的合法权益受到行政主体作出的具体行政行为的不当或违法侵犯，并有权依法提出行政复议申请的行政相对人，包括中国籍、外国籍、无国籍的自然人或组织，特别是，有权申请行政复议的自然人死亡的，其近亲属有权申请行政复议，有权申请行政复议的法人或非法人组织终止的，承受其权利的法人或非法人组织有权申请行政复议；第三人，指在行政复议期间同申请行政复议的具体行政行为有利害关系，通过行政复议机关通知或自己申请，参加进正在进行的行政复议中去的其他行政相对人，包括中国籍的、外国籍的、无国籍的自然人和组织；被申请人，指作出被行政相对人依法申请行政复议的具体行政行为的行政主体，包括行政机关及依法授权的组织。

（五）行政复议程序

行政复议程序包括如下：行政复议申请，指行政相对人不服行政主体作出的具体行政行为，依法向有管辖权的行政复议机关提出复议请求的行为，其申请应在知道该具体行政行为之日起60日内提出；行政复议受理，指行政复议机关收到行政复议申请后，认为符合法律规定，决定接纳，并进行审理的行为；行政复议审理，指行政复议机关决定受理行政复议申请后，根据行政复议基本原则，对具体行政行为是否合法、适当进行复查、审议的行为，其审理应遵循期限的规定，即对行政复议案件进行审理，作出行政复议决定的期限为60日；行政复议决定，即经审查作出是否维持原具体行政行为的行政复议决定。

五　行政诉讼：对滥用行政权的司法审查

如果说，行政监察、国家审计、行政复议是行政权自身依职权或依申请对滥用行政权的一种制约和救济，那么行政诉讼则是司法权从行政权外部对滥用行政权的另一种制约和救济。司法权对行政权的监督、制约、救济，就是通过对行政权进行司法审查的形式，对行政权产生一种威慑的作用。司法权对行政权制约十分重要，所有政治文明国家，无一不是除行政权自我制约外，还特别通过司法权、立法权来制约行政权。司法权对行政权的制约，在中国法律体系中，主要通过行政诉讼程序实现对行政权的监督和制约。中国的行政诉讼对行政权的制约还不完全是严格意义上的司法审查，只能说是一种中国式对行政权的司法审查制度。从宪制理论看，对行政权的司法审查，不仅包括对具体行政行为的司法审查，而且包括对抽象行政行为的司法审查；相比较立法机关对行政立法的制约来，对行政立法的司法审查显得更具可操作性；相信未来随着中国社会转型的完成，其法律体系一定会有对行政立法的司法审查。有关行政诉讼规范见第四章，这里仅作结构性的重复。

六　行政赔偿：对滥用行政权的国家赔偿

行政权属于一种契约的结果，是人民将管理国家社会的日常事务的权力交给国家行政机关。有契约，就有制约；否则就不是契约。如何制约行政权？中国法律体系的思路是明晰的，从3个层面制约行政权：一个是建立行政权自我制约的机制，即现有行政法体系中的行政监察、国家审计、行政复议；另一个是建立制约行政权的司法审查机制，即现有行政法体系或诉讼法体系中的行政诉讼；再一个是建立行政赔偿制度，即现有行政法体系中的行政赔偿，以实现国家对行政权滥用所造成伤害的最后救济。制约行政权还应有宪法审查这一层面，包括立法机关对行政立法的立法审查。但这方面于中国法律体系来说是一弱项，因为中国还没有宪法审查机制，没有审查违宪事项的宪法法院或法院中审查违宪事项的审判组织；尽管宪法有宪法监督的规定，但不规范，难以操作，往往只能流于形式。行政赔偿制度是继行政诉讼制度、行政复议制度之后的又一重要的行政法律制度，它不仅保障行政相对人享有依法取得国家赔偿的权利，而且形成对行政权的监督和制约。行政赔偿制度标志着国家重视对不当或违法行政行为的救济，承认通过行政赔偿制度阻遏行政权的滥用，这客观上表明中国已朝着世界政治共同体迈进。规范行政赔偿的是国家赔偿法，该法规定的两种基本的国家赔偿，一种是司法赔偿，另一种就是行政赔偿。

进入行政赔偿程序，取决于赔偿请求人要求行政赔偿的提出。赔偿请求人请求行政赔偿，必须满足以下要件：赔偿请求人必须是具有行政赔偿请求权的主体，即其合法权益受到不当或违法行政行为侵害的主体；提出的行政赔偿必须属于《国家赔偿法》第3条所列的行政权侵犯了赔偿请求人的人身权的5种情形之一，或者属于第4条所列的侵犯了赔偿请求人的财产权的4种情形之一；必须有相应的赔偿义务机关，即其合法权益受到有关行政机关的不当或违法行政行为侵害；提出行政赔偿请求必须在2年的法定期限内提出。

对行政赔偿请求的处理分为3种情形：一是行政赔偿义务机关对行政赔偿请求的受案与处理，赔偿义务机关在规定期限内未作出是否赔偿决定的，赔偿请求人可以向法院提起行政赔偿诉讼。二是行政复议机关对行政复议申请人在申请行政复议时一并提出行政赔偿请求的受案与处理，当申请人在申请行政复议时一并提出行政赔偿请求时，行政复议机关应依法对行政复议申请和行政赔偿请求合并一起审查处理。三是法院对行政赔偿诉讼案件的审理。行政赔偿诉讼不同于一般行政诉讼：前者以行政赔偿义务机关先行处理行政赔偿请求为前提，后者依据《行政诉讼法》起诉条件提起诉讼；前者原告是行政赔偿请求人，后者原告是行政诉讼提起人；前者被告是行政赔偿义务机关，后者被告是作出具体行政行为的行政机关；前者审理可以适用调解[①]，后者审理不适用调解[②]；前者适用"谁主张，

[①] 根据《行政诉讼法》第67条关于"赔偿诉讼可以适用调解"的规定。
[②] 根据同上第50条关于"人民法院审理行政案件，不适用调解"的规定。

谁举证"的民事诉讼证据举证规则，后者规定被告对作出具体行政行为负有举证责任，并不得自行向原告和证人收集证据。关于举证责任归属，有一点特别值得注意：行政赔偿义务机关采取行政拘留或限制人身自由的强制措施期间，被限制人身自由的人死亡或丧失行为能力的，赔偿义务机关的行为与被限制人身自由的人的死亡或丧失行为能力是否存在因果关系，赔偿义务机关应当提供证据；尽管《国家赔偿法》没有进一步规定赔偿义务机关不能提供或不提供证据的法律后果，但按照证据规则中关于举证责任与败诉风险挂钩的原则，赔偿义务机关不提供或不能提供相关证据时，只能承担败诉的风险。这样规定，其目的是保护具体行政行为相对人的合法权益，保护行政赔偿请求人的赔偿请求权，有效地制约行政权，防止行政权的滥用、腐败，甚至走向黑社会化。

第五节　部门行政法（Ⅰ）：
国家安全、公共安全、军事、外交、海关

与规范不特定行政部门的普通行政行为，即规范政府共同行政行为的一般行政法不同，部门行政法是规范特定行政部门特殊行政行为的行政法。部门行政法的多寡取决于行政部门划分的多寡。所有行政部门在行政管理中的法律规范，本应属于部门行政法范畴；但中国法律体系建构过程中，考虑到中国社会发展的需要和实际，把本属于部门行政法的法律规范部分地划分出来：将与经济行政相关的，划分为经济法部门，将与劳动和社会保障行政管理相关的，划分为社会法部门。然后，部门行政法在这个基础上再予以分类。

一　国　家　安　全

国家安全的行政事务主要由国家安全机关负责，国家安全部是国家安全机关，始建于1983年，由中央调查部和公安部以及统战部、国防科工委等部分单位合并组合而成，其主要任务是负责国家安全以及与之相应的情报系统工作。规范国家安全的法律①主要有：

《国家安全法》，2015年制定，共计7章84条。国家安全是指国家政权、主权、统一和领土完整、人民福祉、经济社会可持续发展和国家其他重大利益相对处于没有危险和不受内外威胁的状态，以及保障持续安全状态的能力。该法对国家政治安全、国土安全、军事安全、社会安全、经济安全、文化安全、科技安全、网络与信息安全、粮食安全、环境

---

① 在涉及部门行政法的法律规范时，本书主要阐述部门行政法的法律和法律性文件，但这并非意味着这些部门行政法仅只有这些法律、法律性文件，它们实际上还包含了大量的行政法规，部门规章以及地方政府规章。

资源安全等予以规范，任何组织和个人进行危害国家安全的行为都必须受到法律追究。

《反分裂国家法》，2005年制定，不分章节，共计10条。制定本法旨在反对和遏制台独分裂势力分裂国家，促进祖国和平统一，维护台湾海峡地区和平稳定，维护国家主权和领土完整，维护中华民族的根本利益。本法规定坚持一个中国原则，是实现祖国和平统一的基础，国家和平统一后，台湾可以实行不同于大陆的制度，高度自治；特别规定采取非和平方式及其他必要措施并组织实施时，国家尽最大可能保护台湾平民和在台湾的外国人的生命财产安全和其他正当权益，减少损失，并依法保护台湾同胞在中国其他地区的权利和利益。

《反间谍法》，2014年制定，共计5章40条。间谍行为包括：间谍组织及其代理人实施或指使、资助他人实施，或境内外机构、组织、个人与其相勾结实施的危害中国国家安全的活动；参加间谍组织或接受间谍组织及其代理人的任务的；间谍组织及其代理人以外其他境外机构、组织、个人实施或指使、资助他人实施，或境内机构、组织、个人与其相勾结实施的窃取、刺探、收买或非法提供国家秘密或情报，或策动、引诱、收买国家工作人员叛变的活动；为敌人指示攻击目标的；进行其他间谍活动的。本法规定了国家安全机关在反间谍工作中的职权、公民和组织的义务和权利、法律责任等规范。

《反恐怖主义法》，2015年制定，共计10章97条。恐怖主义指通过暴力、破坏、恐吓等手段，制造社会恐慌、危害公共安全、侵犯人身财产，或胁迫国家机关、国际组织，以实现其政治、意识形态等目的的主张和行为。恐怖活动包括：组织、策划、准备实施、实施造成或意图造成人员伤亡、重大财产损失、公共设施损坏、社会秩序混乱等严重社会危害的活动的；宣扬恐怖主义，煽动实施恐怖活动，或者非法持有宣扬恐怖主义的物品，强制他人在公共场所穿戴宣扬恐怖主义的服饰、标志的；组织、领导、参加恐怖活动组织的；为恐怖活动组织、恐怖活动人员、实施恐怖活动或恐怖活动培训提供信息、资金、物资、劳务、技术、场所等支持、协助、便利的；其他恐怖活动。本法规定了反恐怖主义的安全防范、情报信息、认定和调查、应对处理、国际合作、保障措施、法律责任等规范。

《境外非政府组织境内活动管理法》，2016年制定，共计7章54条。境外非政府组织指在境外合法成立的基金会、社会团体、智库机构等非营利、非政府的社会组织。境外非政府组织依法可以在经济、教育、科技、文化、卫生、体育、环保等领域和济困、救灾等方面开展有利于公益事业发展的活动。本法规定了境外非政府组织在中国的行为规范。

《网络安全法》，2016年制定，共计7章79条。网络指由计算机或其他信息终端及相关设备组成的按一定规则和程序对信息进行收集、存储、传输、交换、处理的系统。网络安全指通过采取必要措施，防范对网络的攻击、侵入、干扰、破坏和非法使用以及意外事故，使网络处于稳定可靠运行的状态，保障网络数据的完整性、保密性、可用性的能力。本法规定了网络运行安全、网络信息安全、检测预警与应急处置及相应法律责任等。

《保守国家秘密法》，2010年修订，共计6章53条。国家秘密是关系国家安全和利益，依照法定程序确定，在一定时间内只限一定范围的人员知悉的事项。该法对国家秘密的范围和密级、保密制度等作了规范，秘密的范围涉及国家事务重大决策中的、国防建设和武装力量活动中的、外交和外事活动中的、国民经济和社会发展中的、科学技术中的以及维护国家安全活动和追查刑事犯罪中的秘密事项，秘密的密级分为绝密、机密、秘密三级，保密期限，绝密级不超过30年，机密级不超过20年，秘密级不超过10年。

二　公共安全

公共安全的行政事务主要由国家公安机关负责，公安部是国家公安机关，是全国公安机关人民警察、中国人民武装警察部队、公安现役部队（公安边防部队、公安警卫部队、公安消防部队）的最高领导和指挥机关。规范公共安全的法律主要有：

《治安管理处罚法》，2012年修正，共计6章119条。治安管理处罚与刑事惩罚是两种不同的法律规范：扰乱公共秩序，妨害公共安全，侵犯人身权利、财产权利，妨害社会管理，具有社会危害性，按《刑法》规定构成犯罪的，依法追究刑事责任；尚不够刑事处罚的，由公安机关按《治安管理处罚法》规定给予治安管理处罚。该法规定了各种扰乱公共秩序的行为以及相应的处罚、各种妨害公共安全的行为以及相应的处罚、各种侵犯人身或财产权利的行为以及相应的处罚、各种妨害社会管理的行为以及相应的处罚。

《居民身份证法》，2011年修正，共计5章23条。居住在中国境内的年满16周岁的中国公民，应当依法领取居民身份证，未满16周岁的中国公民，可以依法领取居民身份证。该法规定了身份证的申领和发放、使用和查验、法律责任等方面的规范。居民身份证实行指纹信息登记；常驻户口登记项目变更，兵役登记，婚姻登记、收养登记，或者申请办理出境手续等，公民应出示其居民身份证；必要时，警察有权查验居民身份证。

《集会游行示威法》，鉴于1989年的国内环境制定，共计5章36条。该法对集会、游行、示威作了严格界定：集会是聚集于露天公共场所，发表意见、表达意愿的活动；游行是在公共道路、露天公共场所列队行进，表达共同意愿的活动；示威是在露天公共场所或公共道路上以集会、游行、静坐等方式，表达要求、抗议或支持、声援等共同意愿的活动。该法对于集会、游行、示威的申请、许可、举行以及法律责任等作了具体规定。

《戒严法》，1996年制定，共计5章32条。该法对戒严的实施、实施戒严的措施、戒严执勤人员的职责等作了规定；规定戒严任务由警察、武装警察执行，必要时，经国务院提出，由中央军委决定派出军队协助执行戒严任务；戒严期间拘留和逮捕的程序、期限可以不受《刑事诉讼法》的限制，遇有特别紧急情形，可以使用枪支武器，即可以开枪。

《突发事件应对法》，2007年制定，共计7章70条。突发事件指突然发生，造成或可能造成严重社会危害，需要采取应急处置措施予以应对的自然灾害、事故灾难、公共卫生事件和社会安全事件。按照社会危害程度、影响范围等因素，突发事件中的自然灾害、事故灾难、公共卫生事件分为特别重大、重大、较大、一般4级。该法对突发事件的预防和应急准备、监测和预警、应急处置和救援、事后恢复和重建、突发事件发生导致的法律责任等都作了规定。该法虽对地方各级领导人在突发事件中的法律责任作了规定，但对中央领导人的相应法律责任未作任何规定，这不能不是一个令人遗憾的立法败笔。

《道路交通安全法》，2011年再次修正，共计8章124条。该法对车辆和驾驶人、道路通行条件和规定、交通事故处理、执法监督、法律责任等都作了规定。

《护照法》，2006年制定，不分章节，共有26条。中国护照是指中国公民出入中国国境和在国外证明国籍和身份的证件，分为普通护照、外交护照和公务护照。

《禁毒法》，2007年制定，共计7章71条。毒品指鸦片、海洛因、甲基苯丙胺（冰毒）、吗啡、大麻、可卡因，及国家规定管制的其他能使人形成瘾癖的麻醉药品和精神药品。该法对禁毒宣传教育、毒品管制、戒毒措施、禁毒国际合作及有关的法律责任作了规范。国家对麻醉药品药用原植物种植实行管制,国家对麻醉药品和精神药品实行管制,国家对麻醉药品、精神药品和易制毒化学品的进口、出口实行许可制度,国家禁止非法传授麻醉药品、精神药品和易制毒化学品的制造方法。对吸毒成瘾人员,可责令其接受戒毒。

《出境入境管理法》,2012 年制定,共计 8 章 93 条。该法对中国公民出境入境、外国人入境出境、外国人在中国境内停留居留的管理、交通运输工具出境入境的边防检查等法律规范,以及相应的法律责任均作了规定。

《消防法》,2008 年修正,共计 7 章 74 条。该法的核心内容是,禁止在具有火灾、爆炸危险的场所吸烟、使用明火;进行电焊、气焊等具有火灾危险作业的人员和自动消防系统的操作人员,必须持证上岗,并遵守消防安全操作规程;生产、储存和装卸易燃易爆危险品的工厂、仓库和专用车站、码头的设置,应符合消防技术标准,易燃易爆气体和液体的充装站、供应站、调压站,应设置在符合消防安全的位置,并符合防火防爆要求;生产、储存、运输、销售、使用、销毁易燃易爆危险品必须执行消防技术标准和管理规定;公安机关消防机构统一组织和指挥火灾现场扑救,并应优先保障遇险人员的生命安全。

《枪支管理法》,2015 年再次修正,共计 8 章 50 条。中国是一个枪支严格管制的国家,禁止任何单位或个人违反法律规定持有、制造(包括变造、装配)、买卖、运输、出租、出借枪支;对军队、武警部队、民兵装备枪支依法予以管理;该法规定了枪支的配备和配置、枪支的制造和民用枪支的配售、枪支的日常管理和运输、枪支的入出境等规范。

《人民警察法》,2012 年修正,共计 8 章 52 条。该法规定警察依法可使用武器,遇到公民人身、财产安全受到侵犯时应立即救助,不得包庇、纵容犯罪活动,不得刑讯逼供或体罚虐待人犯,不得非法剥夺、限制他人人身自由,非法搜查他人的身体、物品等。

《人民武装警察法》2009 年制定,共计 7 章 38 条。该法规定调动、使用武装警察部队应按法律规范,武装警察不得滥用职权、玩忽职守、非法剥夺和限制他人人身自由,不得非法搜查他人身体、物品、交通工具、住所、场所,不得包庇、纵容违法犯罪活动。

三 军 事

军事行政由隶属于国务院并受中央军委领导的国防部负责,规范军事行政的法律有:

《国防法》,1997 年制定,共计 12 章 70 条。该法规定国家国防职权、国家武装力量、边海防和空防、国防科研生产和军事订货、国防经费和国防资产、国防教育、国防动员和战争状态、公民和组织的国防义务和权利、军人的义务和权益、中国对外军事关系。

《国防教育法》,2000 年制定,共计 6 章 38 条。该法主要规范国防教育及其保障,国防教育包括学校国防教育、社会国防教育。

《国防交通法》,2016 年制定,共计 9 章 60 条。本法规范了国防交通规划、交通工程设施、民用运载工具、国防运输、国防交通保障、国防交通物资储备及法律责任等。

《现役军官法》,2000 年再次修正,共计 8 章 54 条。现役军官是指被任命为排级以上职务或初级以上专业技术职务,并被授予相应军衔的现役军人,分为军事军官、政治军官、后勤军官、装备军官和专业技术军官。该法规定了军官的条件、待遇、退役等。

《预备役军官法》,2010 年修正,共计 11 章 66 条。预备役军官指被确定为军队预备役排级以上职务等级或初级以上专业技术职务等级，被授予相应预备役军官军衔，并经兵役机关登记的预备役人员，分为军事军官、政治军官、后勤军官、装备军官和专业技术军官。该法规定了预备役军官的条件、来源和选拔、职务等级和职务、军衔、待遇、退役。

《兵役法》，2011年最新修正，共计12章74条。凡中国公民，不分民族、种族、职业、家庭出身、宗教信仰和教育程度，都有义务按《宪法》和《兵役法》规定服兵役。兵役分为现役和预备役，现役士兵包括称为义务兵的义务兵役制士兵和称为士官的志愿兵役制士兵。该法对于兵员的平时征集、士兵的现役和预备役、军官的现役和预备役、军队院校从青年学生中招收学员、民兵、预备役人员的军事训练、普通高等院校和普通高中学生的军事训练、战时兵员动员、现役军人的待遇和退出现役的安置等都作了规定。

《军事设施保护法》，1990年制定，共计8章37条。军事设施指直接用作军事目的的建筑、场地和设备。军事设施保护工作的主管机关是总参谋部。该法对军事禁区和军事管理区的划定和保护、没有划入军事禁区和军事管理区的军事设施的保护作了具体规定。

《防空法》，1996年制定，共计9章53条。国务院和中央军委领导防空工作。该法对防空的防护重点、防空工程、通信和警报、防空疏散、防空法律责任等都作了规定。

《香港特别行政区驻军法》，1996年制定，共计6章30条。香港驻军由陆海空军组成，由中央军委领导，驻军费用由中央政府负担。该法对香港驻军的职责、香港驻军与香港特别行政区政府关系、香港驻军人员的义务和纪律、香港驻军人员的司法管辖等都作了规定。

《澳门特别行政区驻军法》，1999年制定，共计6章30条。澳门驻军由中央军委领导，澳门驻军费用由中央政府负担。该法对澳门驻军的有关规范与香港驻军的大致相当。

四 外 交

中国外交的行政事务由外交部负责，外交部隶属于国务院。规范外交事务的法律有：

《缔结条约程序法》，1990年制定，不分章节共计21条。该法规定了缔结条约的原则，规定了谈判和签署条约、协定的决定程序以及委派谈判和签署条约、协定的代表的程序，还规定了有关领土和划定边界的条约和协定、同中国法律有不同规定的条约和协定等的批准，由全国人大常委会决定，签署后报请国务院审核，国家主席予以批准。

《外交特权与豁免条例》，1986年制定，不分章节共计29条。该法规定中国遵循主权原则、对等原则、国际条约优先原则确定外国驻华使馆和使馆人员的外交特权与豁免。

《领事特权与豁免条例》，1990年制定，不分章节共计29条。该法规范外国驻中国领馆和领馆成员的领事特权与豁免，有关规范与《外交特权与豁免条例》基本相同。

《驻外外交人员法》，2009年制定，共计10章48条。该法规定了驻外外交人员的职责、条件、义务和权利、职务和衔级、派遣、召回和调回等方面的规范。

五 海 关

中国海关是依据中国法律、行政法规行使中国进出口监督管理职权的国家行政机关，其行政事务由隶属于国务院的海关总署负责。规范海关事务的法律规范有：

《海关法》，2000 年修正，共计 9 章 102 条。该法规定海关的设置、性质、权力。国家对外开放口岸和海关监管业务集中地点设立的海关，独立行使职权，向海关总署负责。

《海关关衔条例》，2002 年制定，共计 6 章 23 条。该条例规定海关实行关衔制度，包括关衔等级的设置、关衔的授予、关衔的晋级以及关衔的保留、降级、取消等规范。

第六节 部门行政法（Ⅱ）：司法、监察、民政、侨务、宗教

如果说上一节的部门行政法所涉及的国家安全、公共安全、军事、外交、海关等是关于国家领土、主权的安全、独立的话，那么本节的部门行政法所涉及的司法、监察、民政、侨务、宗教等是关于国家内政事务的规范；虽然国家安全、公共安全和军事等也常常涉及内政的问题，但它们更多的是关于领土完整、主权独立方面的，尤其是安全规范中的反对恐怖主义的规定，还具有涉外的因素。

一 司法和监察

司法行政事务由司法行政机关负责。作为中央司法行政机关的司法部隶属于国务院，其建制可追索至 1949 年设立的司法部，但 1959 年后司法部被撤销，直至整整 20 年后的 1979 年 9 月才重建司法部。在一个不用法律的国度，不设司法部倒似乎也合乎逻辑；因为司法部专司国家的法律事务，如果这个国家不用法律，那还有必要设置司法部吗？1979 年后重建司法部，反映政府有愿望开启一个有法律的时代。规范司法行政事务的有：

《律师法》，2007 年再次修正，共计 7 章 60 条。该法规定了律师执业许可、律师事务所、律师的业务、律师的权利和义务、律师协会、法律责任等法律规范。

《公证法》，2005 年制定，共计 7 章 47 条。该法对于公证机构、公证员、公证程序、公证效力、法律责任等法律规范作了规定。

《监狱法》，1994 年制定，共计 7 章 78 条。该法对于监狱警察的行为、刑罚执行、狱政管理、对罪犯的教育改造、对未成年犯的教育改造等法律规范作了规定。

监察的行政事务主要由监察部负责。1993 年起，监察部与中共中央纪律检查委员会实行合署办公。规范监察行政事务的法律是 2010 年修正的《行政监察法》，共计 7 章 51 条。该法对于监察机关的设置、监察机关的职责、监察机关的权限、监察人员、监察程序、被监察的部门和人员以及监察机关和监察人员的法律责任等规范都作了具体规定。

二 民　　政

　　社会行政事务由民政机关负责，作为中央民政机关的民政部隶属于国务院，其建制可以追索至 1949 年 11 月设立的中央政府内务部，1954 年 9 月更名为中华人民共和国内务部，1969 年 12 月，内务部被撤销，直至 1978 年 5 月成立民政部。值得注意的是，规范民政事务的法律中，有些也属于别的法律部门的规范，它们只是立足点不同罢了。例如，《婚姻法》《收养法》，就婚姻登记、收养登记而言，属于行政法部门的民政范畴，而婚姻的法律关系、收养的法律关系则属于民法部门；《残疾人保障法》《妇女权益保障法》等，其事务的处理，属于民政范畴，但其反映的法律关系，则属于社会法部门的规范；如此等等，它们在法律范畴的划分上是交叉关系。规范民政的法律有：

　　《防震减灾法》，共计 9 章 93 条。该法规定负责管理地震工作的部门或机构，对可能发生地震的地点、时间、震级作出预测；新建、扩建、改建的应符合防震减灾的要求。

　　《公益事业捐赠法》，1999 年制定，共计 6 章 32 条。该法主要规定了捐赠和受赠、捐赠财产的使用和管理、对于捐赠活动的优惠措施和法律责任等法律规范。

　　《残疾人保障法》，2008 年修正，共计 9 章 68 条。该法规定残疾人的康复、教育、劳动就业、文化生活、社会保障、无障碍环境等法律规范及残疾人保障的法律责任。

　　《老年人权益保障法》，1996 年制定，共计 6 章 50 条。该法对于老年人的家庭赡养与扶养、老年人的社会保障、老年人参与社会发展及相关法律责任等都作了具体规定。

　　《未成年人保护法》，2006 年修正，共计 7 章 72 条。该法对于未成年人的家庭、学校、社会、司法的保护以及有关未成年人保护方面的法律责任等法律规范都作了规定。

　　《妇女权益保障法》，2005 年修正，共计 9 章 61 条。该法规定了妇女的政治权利、文化教育权益、劳动和社会保障权益、财产权益、人身权益、婚姻家庭权益等法律规范。

　　《婚姻法》，1980 年重新制定，2001 年修正，共计 6 章 51 条。该法对于结婚、家庭关系、离婚、婚姻家庭关系的救助措施和法律责任等法律规范作了明确的规定。

　　《收养法》，1998 年修正，共计 6 章 34 条。该法对于收养关系成立的条件、收养的效力、收养关系的解除、收养行为的法律责任等法律规范都作了明确的规定。

　　《测绘法》，2002 年修订，共计 9 章 55 条。该法规定测绘基准、测绘系统、基础测绘、界线测绘和其他测绘、测绘资质资格、测绘成果、测量标志保护等方面的法律规范。

　　《村民委员会组织法》，2010 年修正，共计 6 章 41 条。该法规定了村民委员会的组成、职责、选举、村民会议和村民代表会议、村民委员会工作的民主管理和民主监督等。

　　《城市居民委员会组织法》，1989 年制定，不分章节共计 23 条。该法规定了居民委员会组成、职责、选举、居民会议、居民委员会组织、居民公约、民主管理和监督等。

三 侨务、宗教

　　与民政相关的有侨务和宗教。侨务由国务院侨务办公室负责。规范侨务的法律包括：

　　《归侨侨眷权益保护法》，2000 年修正，不分章节共计 30 条。该法对于回国定居的华侨的合法权益，对于归侨、侨眷的合法权益，对于人大中的归侨代表等均作了规定。

宗教行政事务由国家宗教事务局负责。宗教事务方面至今未有制定法律，而仅有行政法规《宗教事务条例》和部门规章。偌大一个国家，信教公民众多，宗教活动作为人们日常生活中的一部分，其组织、其行为等都需要有法律给予规范。2004 年制定的《宗教事务条例》，共计 7 章 48 条。该条例是在《宪法》基础上对宗教事务作出的规范，它对于宗教团体、宗教活动场所、宗教教职人员、宗教财产、宗教事务法律责任等都作了规定

第七节 部门行政法（Ⅲ）：教育、科学技术、文化、卫生、体育

本节涉及的部门行政法是国家教科文事业，对应于联合国的教科文组织及卫生组织所管辖的范围，其内容主要包括教育、科学技术、文化出版、卫生、体育等法律规范，而所有这些，均属于国家行政工作管辖的范围。

一 教 育

教育行政事务由教育部负责，教育部是主管教育事业和语言文字工作的国务院组成部门，在 1985 年至 1998 年曾改称国家教育委员会。教育部和一般行政管理部门不同，它既是行政管理机构，又是国立院校的经营者。规范教育的有：

《教育法》，1995 年制定，共计 10 章 84 条。该法规定了教育基本制度、学校及其他教育机构、教师和其他教育工作者、受教育者、教育与社会、教育投入与条件保障、教育对外交流与合作等法律规范，特别规定了学前教育、初等教育、中等教育、高等教育的学校教育制度，还规定了 9 年制义务教育制度、职业教育制度、成人教育制度、国家教育考试制度、学业证书制度、学位制度、教育督导制度、学校及其他教育机构教育评估制度。

《义务教育法》，2006 年修正，共计 8 章 63 条。该法规定了接受义务教育的学生、实施义务教育的学校、履行义务教育职责的教师、义务教育的教育教学及经费保障等。

《高等教育法》，1998 年制定，共计 8 章 69 条。该法规定了高等教育基本制度、高等学校的设立、组织和活动、教师和其他教育工作者、学生、高等教育投入和条件保障。

《职业教育法》，1996 年制定，共计 5 章 40 条。该法规定了职业教育体系等规范。

《民办教育促进法》，2003 年制定，共计 10 章 68 条。该法规定了民办学校的设立、组织、教师与受教育者、资产与财务管理、管理与监督、扶持与奖励、变更与终止等。

《教师法》，1993 年制定，共计 9 章 43 条。该法规定了教师权利义务、资格任用。

《学位条例》，2004 年修正，共计 20 条。该条例规定学位分为学士、硕士、博士。

二　科学技术

科学技术行政事务由科学技术部及国务院其他相关行政部门负责，规范科学技术的有：

《科学技术进步法》，2007年修正，共计7章75条。该法规定了科学研究和技术开发及科学技术应用、企业技术进步、科技研究开发机构、科技人员、科技工作等规范。

《科学技术普及法》，2006年制定，共计6章34条。该法规定了科技普及工作的规范，规定了国家支持科技普及工作，鼓励境内外组织和个人捐赠财产资助科技普及工作。

《促进科技成果转化法》，1996年制定，共计6章37条。科技成果转化指为提高生产力水平而对科学研究与技术开发所产生的具有实用价值的科技成果所进行的后续试验、开发、应用、推广直至形成新产品、新工艺、新材料，发展新产业等活动。该法规定了科技成果转化活动的组织实施、保障措施、技术权益、科技成果转化中的知识产权保护。

三　文　化

文化、娱乐、新闻、出版的行政事务由文化部及其管理的国家文物局、国家广播电影电视总局、国家新闻出版总署（国家版权局）负责。新闻、出版的法律仅有1955年的《关于处理违法的图书杂志的决定》，却没有《新闻法》《出版法》，而这些法律才能体现、反映、检视《宪法》第35条规定"公民有言论、出版、集会、结社、游行、示威的自由"的情形，这又正是长久以来遇到《宪法》第35条情形无法解决的原因。

《文物保护法》，2007年最新修正，共计8章80条。中国境内下列文物受国家保护：具有历史、艺术、科学价值的古文化遗址、古墓葬、古建筑、石窟寺和石刻、壁画，与重大历史事件、革命运动或著名人物有关的及具有重要纪念意义、教育意义或史料价值的近代现代重要史迹、实物、代表性建筑，历史上各时代珍贵的艺术品、工艺美术品，历史上各时代重要文献资料及具有历史、艺术、科学价值的手稿和图书资料等，反映历史上各时代、各民族社会制度、社会生产、社会生活的代表性实物，具有科学价值的古脊椎动物化石和古人类化石。对于古文化遗址、古墓葬、古建筑、石窟寺、石刻、壁画、近代现代重要史迹和代表性建筑等不可移动文物，视其价值，可分别确定为全国重点文物保护单位、省级文物保护单位、市县级文物保护单位。历史上各时代重要实物、艺术品、文献、手稿、图书资料、代表性实物等可移动文物，分为珍贵文物和一般文物。

《国家通用语言文字法》，2000年制定，共计4章28条。该法规定了国家通用语言文字的使用、工作的管理和监督等。

《关于汉语拼音方案的决议》，1958年批准，包括两个决定：批准汉语拼音方案；认为应继续简化汉字，积极推广普通话。《汉语拼音方案》包括字母表、声母表、韵母表、声调符号、隔音符号、汉语拼音的起源等6个部分；许多汉语词典均附有该方案。

《关于处理违法的图书杂志的决定》，1955年通过，该决定至今仍然有效，尽管已经过去了半个多世纪，而且物换星移、时过境迁。该决定规定图书出版不能反对国家政权、违反宪法和法律、煽动民族种族压迫和破坏民族团结、妨碍邦交和反对世界和平、泄露国家秘密、宣传淫秽污垢的犯罪行为、败坏社会公德、破坏公共秩序、危害人民健康等。

《电影产业促进法》，2016年通过，共计6章60条。电影指运用视听技术和艺术手段摄制、以胶片或数字载体记录、由表达一定内容的有声或无声的连续画面组成、符合国家规定技术标准，用于电影院等固定放映场所或流动放映设备公开放映的作品。本法规定了电影的创作、摄制、发行、放映，电影产业的支持、保障以及法律责任等规范。

四　卫生、体育

卫生、医药、人口与计划生育行政事务分别由卫生部、国家食品药品监督管理局、国家中医药管理局、国家人口和计划生育委员会负责，规范这方面行政事务的法律是：

《食品安全法》，2008年制定，共计10章104条。该法规定了食品安全监测评估、食品安全标准、食品生产经营、食品检验、食品进出口、食品安全事故处理和监督管理。

《农产品质量安全法》，2006年制定，共计8章56条。该法规定了农产品质量安全标准、农产品产地、农产品生产、农产品包装和标识、农产品质量安全的监督检查等。

《药品管理法》，2001年修正，共计10章106条。该法规定了药品生产企业管理、药品经营企业管理、医疗机构的药剂管理、药品管理、药品包装的管理、药品价格和广告的管理、药品监督、药品管理中的法律责任等规范。

《母婴保健法》，1994年制定，共计7章39条。该法规定了婚前保健、孕产期保健、对检查或诊断结果有异议的技术鉴定、母婴保健工作的行政管理和法律责任等规范。

《传染病防治法》，2004年修正，共计9章80条。该法将传染病分为3类39种：甲类，包括鼠疫、霍乱等2种；乙类，包括传染性非典型肺炎、艾滋病、病毒性肝炎、脊髓灰质炎、人感染高致病性禽流感、甲型H1N1流感、麻疹、流行性出血热、狂犬病、流行性乙型脑炎、登革热、炭疽、细菌性和阿米巴性痢疾、肺结核、伤寒和副伤寒、流行性脑脊髓膜炎、百日咳、白喉、新生儿破伤风、猩红热、布鲁氏菌病、淋病、梅毒、钩端螺旋体病、血吸虫病、疟疾等26种；丙类，包括流行性感冒、流行性腮腺炎、风疹、急性出血性结膜炎、麻风病、流行性和地方性斑疹伤寒、黑热病、包虫病、丝虫病、（除霍乱、细菌性和阿米巴性痢疾、伤寒和副伤寒以外的）感染性腹泻病、手足口病等11种。

《国境卫生检疫法》，2007年修改，共计6章28条。该法规定了检疫、传染病监测、卫生监督、法律责任等法律规范。

《献血法》1998年制定，不分章节共计24条。该法规定：国家实行无偿献血制度，提倡18至55周岁健康公民自愿献血；血站是采集、提供临床用血的机构，是不以营利为目的的公益性组织；血站采集血液须严格遵守法律规定的操作规程和制度，采血须由具有采血资格的医务人员进行，一次性采血器材用后必须销毁；无偿献血的血液须用于临床，不得买卖；公民临床用血时只交付用于血液的采集、储存、分离、检验等费用。

《精神卫生法》，2012年制定，共计7章85条。该法主要规范精神卫生的服务，以维护精神障碍患者的合法权益。所谓精神障碍是指由各种原因引起的感知、情感和思维等精神活动的紊乱或异常，导致患者明显的心理痛苦或社会适应等功能损害。本法涉及心理健康促进和精神障碍预防、精神障碍的诊断和治疗、精神障碍的康复以及保障措施等规范。

《执业医师法》，1998年制定，共计6章48条。该法规定了医师资格和助理医师资格的考试、医师执业注册、医师执业规则、医师的考核和培训、医患的法律责任等规范。

《人口与计划生育法》，2002年制定，共计7章47条。尽管2015年前后国家对计生政策作了调整，但是并未废除本法，因而本法规范仍然有效。该法规定了人口发展规划的制定与实施、生育调节、奖励与社会保障、计划生育技术服务、计划生育工作的法律责任。

中国体育属于国家体育的性质，是所谓举国体制，故体育事业纳入国家行政工作的范畴，由国家体育总局统领。体育行政事务的法律主要是1995年制定的《体育法》，共计8章56条。该法规定了社会体育、学校体育、竞技体育、体育社会团体等法律规范。

第八节 部门行政法（Ⅳ）：住房和城乡建设、环境保护、气象

本节作为部门行政法的范畴，主要涉及国家基本建设的规范，以及与国家基本建设息息相关的环境保护、控制及气象预测的法律规范。

一 住房和城乡建设

住房和城乡建设行政事务由住房和城乡建设部负责，规范这方面的法律包括：

《土地管理法》，2004年最新修正，共计8章86条。该法规定：限制农用地转为建设用地，控制建设用地总量，保护耕地；国家有权征收或征用土地并给予补偿，但应是为了公共利益，征收耕地的补偿包括土地补偿费、安置补助费及地上附着物和青苗补偿费。

《城乡规划法》，2007年制定，共计7章70条。城乡规划含城镇体系规划、城市规划、镇规划、乡规划、村庄规划。该法规定了城乡规划的制定、实施、修改和监督检查。

《城市房地产管理法》，2007年修正，共计7章73条。该法规定了房地产开发用地、房地产开发、房地产交易、房地产权属登记管理以及法律责任等法律规范。

《建筑法》，2011年修正，共计8章85条。该法规定了建筑许可、建筑工程发包与承包、建筑工程监理、建筑安全生产管理、建筑工程质量管理、建筑工程的法律责任等。

《节约能源法》，2007年修订，共计7章87条。该法与住房和城乡建设相关的规范主要是第3章第3节"建筑节能"，其中规定了与住房建筑相关的节能规范。

《测绘法》，2017年修订，共计10章68条。该法与住房和城乡建设行政事务相关的是第10条、第19条、第20条、第30条、第37条和第50条的有关规范。

二 环境保护、气象

环境保护及气候变迁是目前整个人类社会共同面临的难题，尤其是进入21世纪以后，

人类社会发展与环境、气候的保持经常难以平衡，时会发生冲突。中国自20世纪80年代初改革开放之后，经济高速发展，社会变化极大，人们生活水平日益提高，在这样的背景下，中国正遭遇前所未有的环境挑战，因而在这方面的立法也在不断地加快。环境保护行政事务由环境保护部负责，环境保护方面行政法律相对较多，包括：

《环境保护法》，1989年制定，共计6章47条。该法规定了环境监督管理、保护和改善环境、防治环境污染、环境保护方面的法律责任等。国家强调环境保护规划必须纳入国民经济和社会发展计划，环保工作同经济建设和社会发展应当相互协调。

《水污染防治法》2008年修订，共计8章92条。该法规定了水污染防治的标准和规划、水污染防治的监督管理、水污染防治的措施、饮用水水源和其他特殊水体保护、水污染事故处置、水污染防治工作的法律责任，特别规定了水污染防治优先保护饮用水水源。

《海洋环境保护法》，1999年修订，共计10章98条。该法规定海洋环境监督管理、海洋生态保护、防治陆源污染物对海洋环境的污染损害、防治海岸工程建设对海洋环境的污染损害、防治海洋工程建设对海洋环境的污染损害、防治倾倒废弃物对海洋环境的污染损害、防治船舶及有关作业活动对海洋环境的污染损害、海洋环境保护工作法律责任。

《大气污染防治法》，2000年再次修订，共计7章66条。该法规定了大气污染防治监督管理、防治燃煤产生大气污染、防治机动车船排放污染、防治废气和尘及恶臭污染。

《固体废物污染环境防治法》，2004年修订，共计6章91条。该法规定了防治固体废物、危险废物、工业固体废物、生活垃圾对环境污染，及固体废物污染环境监督管理。

《放射性污染防治法》，2003年制定，共计8章63条。该法规定了防治核设施、核技术利用、铀（钍）矿和伴生放射性矿开发利用等放射性污染，及放射性污染监督管理。

《环境噪声污染防治法》，1996年制定，共计8章64条。该法规定了防治工业、建筑施工、交通运输、社会生活等噪声污染，及环境噪音污染监督管理。

《环境影响评价法》，2003年制定，共计5章38条。该法与其他环境保护法区别在于，该法是为了从根本上、全局上、宏观上注重环境影响，控制污染，保护生态环境，通过事前措施而减少后患，它规定了对于规划的环境影响评价、建设项目的环境影响评价。

《循环经济促进法》，2008年制定，共计7章58条。循环经济是指在生产、流通和消费等过程中进行的减量化、再利用、资源化活动的总称。减量化是指在生产、流通和消费等过程中减少资源消耗和废物产生；再利用是指将废物直接作为产品或经修复、翻新、再制造后继续作为产品使用，或者将废物的全部或部分作为其他产品的部件予以使用；资源化是指将废物直接作为原料进行利用或对废物进行再生利用。该法规定了循环经济的基本管理制度，循环经济的减量化、再利用、资源化，循环经济的激励措施和法律责任等。

《清洁生产促进法》，2002年制定，共计6章42条。清洁生产是指不断采取改进设计、使用清洁的能源和原料、采用先进工艺技术与设备、改善管理、综合利用等措施，从源头削减污染，提高资源利用效率，减少或避免生产过程中污染物的产生和排放。该法对于清洁生产的推行、清洁生产的实施、清洁生产的鼓励措施、法律责任等都作了规定。

气象工作行政事务由国家气象局负责。气象方面法律仅有《气象法》，1999年制定，共计8章45条。该法对于气象设施的建设与管理、气象探测、气象预报与灾害性天气警报、气象灾害防御、气候资源开发利用和保护、气象工作的法律责任等规范都作了规定。

第八章

经 济 法

经济法概念的正式提出，是2001年后的事情。此前，经济法只是以"经济行政"之名作为行政法一个分支，而未成为一个独立的法律部门。在普通法系的英美等国，没有区分出经济法这一法律部门，其规范一般放在行政法考虑；只是大陆法系一些国家及原来社会主义法系诸国，从行政法中独立出经济法来。中国自21世纪后，为适应法律体系的建构，为适应加入世界贸易组织（WTO）之需，把经济法从行政法中独立出来。这样，中国法律体系的架构有很大改动，其实体法部分，由原来的宪法、民商法、行政法、刑法这4大块，改动成现在的宪法、民商法、行政法、经济法、社会法、刑法这6大块。作为独立法律部门的经济法，其调整对象是经济主体的经济活动与国家行政管理之间的经济关系，构成这种关系的经济主体与行政主体不是平等主体之间的法律关系，而是管理与被管理之间的法律关系，这种关系具有社会公共性，因而经济法不属于私法范畴，与行政法一样同属于公法范畴。本章阐述的经济法律关系涉及以下方面：财政、税务、财务、金融、商务与工商、资源与能源、农林牧渔、交通、信息与标准化、产品质量监督与动植物检验检疫。

第一节　经济法概述：一般规定

本节是概论性的，要解决的问题是与经济法概念相关的一系列问题，包括经济法的基本术语、基本原则，以及中国经济法的法律渊源、内容结构，其中涉及经济法与行政法的关系。

一　经济法的定义和性质

要弄清经济法在法律中的定位，最好先了解法律分类问题。《大英百科全书》首先将法律分为公法与私法两类；然后在公法和私法中再分别分为实体法与程序法两种；公法中的实体法划分为国家权力和权限的法律、被称之为国际法的调整主权国之间关系的法律、被称之为刑法的规定犯罪行为的法律、提升公共福利的法律、规范税务的法律这几种，公法中的程序法划分为法律体系的组织和实施的法律、包括刑事程序方式和行政诉讼程序在内的法律程序方式、解决纠纷的陪审团体系和仲裁体系；私法中的实体法划分为财产法、婚姻家庭继承法、侵权行为法、合同法、商法、商业组织法、保险法等，私法中的程序法规范为民事程序法。这里没有具体区分出一种所谓的经济法，但通常经济法中的税法则已作为一种公法而出现在它的法律划分中。《世界百科全书》同样首先将法律分为公法与私法两类；然后将私法分为合同法、商法、侵权行为法、财产法、家庭法、公司法，将公法分为刑法、宪法法、行政法、国际法。它也同样没有把所谓经济法在法律体系中区分出来；如果要说经济法涉及的规范，那就体现在行政法中。再看看世界两大主要法系关于法律分类的情形：① 大陆法系把不同法律部门区分为公法与私法两类，宪法、刑法、行政法、国际法、程序法属公法一类，民法、商法属私法一类，所涉及的经济法、社会法，兼具公法和私法的特点，属于独立的法律部门；英美法系通常没有形成统一的法律部门，而主要是把法律按照调整对象区分为实体法和程序法，实体法包括宪法、刑法、行政法、民法、商法，程序法包括民事程序和刑事程序，所谓经济法、社会法的规范大多融汇在行政法中。中国法与大陆法系相似，将经济法、社会法视作独立的法律部门。

关于经济法定义，代表性观点不外乎几种：经济法是与经济相关的法律规范总称，经济法是规范制约市场的法律规范总称，经济法是社会法的一种，经济法乃商法的另一种称谓。凡此种种均不足以准确揭示作为独立法律部门的经济法的定义。基于中国法律体系，经济法可以定义为：经济法是指国家权力介入特定的国家经济活动时，因其经济行政管理之需对具有社会公共性的经济活动予以干预、控制以及对相应的经济关系予以调整的法律规范的总称。此定义含义是：经济法是国家权力对特定经济活动进行干预和控制的法律，经济法是国家权力对特定经济关系进行调整的法律。据此，经济法有以下性质：经济法与民商法比较，则接近于公法性质；经济法与民商法比较，则具有注重社会公益的性质；经济法与民商法比较，则具有依靠国家权力干预经济的性质；经济法与其他法律部门比较，具有资源配置法的性质；经济法在一个独立的经济体中，具有利益分配法的性质。

无论什么法系，经济法与行政法都有许多关联之处：两者均以公权力介入的方式调整各自的法律关系，经济法运用国家权力干预、控制具有社会公共性的经济活动，使之始终沿着国家正确经济导向发展，行政法运用国家行政权实施行政行为，使社会始终沿着有序而有效的行政管理模式发展；两者均以社会公共利益作为自己的法律价值取向，经济法通过国家对具有社会公共性的经济活动进行干预、控制，达到实现社会公共利益的目的，行政法通过行政权对国家社会公共行政事务进行管理，达到实现社会公共利益的目的；两者均属于公法性质，行政法属于公法范畴，这没有疑问，至于经济法，有的认为属于公法，有的认为属于私法，有的认为介于公法与私法之间，兼而有之，本书采取公法之说。

经济法与行政法亦有许多不同点：两者调整的对象不同，经济法调整的是国家与参与一定经济关系的主体在国家权力调控经济的经济管理与被管理中形成的经济法律关系，行政法调整的是行政主体②与行政相对人③在行政管理与被管理中形成的行政法律关系；两者规范的权力属性不同，经济法规范的是由国家对具有社会公共性的经济活动实施干预、

---

① 这里仅以大陆法系和英美法系为评述目标。当然，除此以外，还有伊斯兰法系、中华法系、印度法系、社会主义法系等，但伊斯兰法系影响较为局部，而中华法系、印度法系又已经解体，社会主义法系自苏联解体、东欧剧变以后，几乎不复存在，故此处不以赘述。
② 行政主体包括行政机关以及因授权而具有行政功能的特定组织。
③ 行政相对人包括自然人以及组织。

控制的经济管理中形成的经济管理权，行政法规范的是由行政主体对行政相对人与行政事务相关的活动实施行政管理中形成的行政管理权；两者的功能不同，经济法的功能是保护社会经济的公共利益，行政法的功能是保证国家行政公务的管理秩序。

二 经济法的基本原则

基本原则 1　国家适度干预原则

本原则是指在社会经济发展过程中，国家对于某些关乎国计民生、涉及社会公共利益的经济活动，应运用国家权力予以干预、控制，使其沿着国家经济导向的正确方面发展。对于经济发展的路向，对于与国计民生、社会公共利益相关的经济活动，除了应通过市场这一"看不见之手"予以调节外，还应通过国家权力这一"看得见之手"予以调控。

基本原则 2　利益合理分配原则

本原则是指在社会经济发展过程中，应合理照顾到国家、社会各个层面的利益关系，使经济可持续发展。遵循本原则就要处理好国家、企业、劳动者相互之间的利益关系。

基本原则 3　资源优化配置原则

本原则是指在经济活动中，通过国家权力对某些特定经济活动的适度干预，使资源获得最优化配置。本原则是要解决经济可持续发展面临的资源分配问题，因为资源总是有限的，发展往往是无止境的；解决有限资源与无止境发展的矛盾，是本原则要解决的难题。

基本原则 4　市场良性竞争原则

本原则是指在经济活动中，应确立市场有序、有效的竞争机制，以保证经济的可持续发展。本原则目的是要通过经济法的规范尽可能地消除市场恶性竞争给经济可持续发展所带来的负面影响。市场的最大特征就是主体之间的竞争，市场竞争是良性的，就如同给市场经济活动注入强心剂；市场竞争是恶性的，就如同给市场经济活动下了砒霜。当一个经济体发展到一定规模时，规模经济就显得相当重要；然而规模经济又容易引发垄断，导致市场缺乏竞争活力，这就需要遵循本原则，有效协调规模经济与竞争活力之间的矛盾。

基本原则 5　社会公共利益原则

本原则是指在经济活动中，在实现个体利益的同时，应确保社会公共利益的实现。市场也可实现社会公共利益，但市场这只"看不见之手"有时会失灵，无法兼顾各种利益；这时就需要国家权力这只"看得见之手"从中干预，以照顾全社会的公共利益的实现。

三 中国经济法的法律渊源和体系结构

中国经济法的法律渊源涉及如下方面：宪法，经济法最重要的法律渊源，是经济法的上位法，是经济法的法理依据，经济法有关原则只能从宪法中派生出来，经济法有关法律规范必须按照宪法精神来制定，其第 6 条规定的中国经济制度，是国家制定经济活动法律规范的总出发点，第 15 条规定的市场经济政策，是国家进行经济活动以及进行经济立法的依据，第 16 条至第 18 条规定的各类经济组织行为原则，是各类经济组织进行经济活动的法律依据；法律，经济法重要的法律渊源，包括诸如个人所得税法、会计法、烟草专卖法、中国人民银行法、反垄断法等大量法律立法均属于经济法范畴；行政法规，经济法的法律渊源之一,如城镇土地使用税暂行条例是税务方面经济法渊源的行政法规,外汇管理条例是金融方面经济法渊源的行政法规,价格违法行为行政处罚规定是价格方面经济法渊源的行政法规;地方性法规、自治条例和单行条例,经济法的法律渊源之一,其效力一般低于行政法规,除非在特定地区生效的自治条例和单行条例,或者由经济特区制定的地方性法规;部门规章,经济法的法律渊源之一,其效力低于行政法规,但与地方性法规、自治条例和单行条例之间没有上位法与下位法之分,不存在效力比较;地方政府规章,经济法的法律渊源之一,其效力低于行政法规,也低于地方性法规、自治条例和单行条例,但与部门规章有同等法律效力,在各自权限范围内施行。

经济法的体系结构,取决于其调整的经济关系的内容、体系、结构,涉及如下方面:市场规制法,市场规范方面的经济法律制度,是对市场运作的法律规范化,是经济法的一个子部门法,涵盖市场行为法、市场信誉法、市场秩序法等方面;宏观调控法,国家经济宏观调控方面的经济法律制度,是对国家经济宏观调控的法律规范化,是经济法的另一个子部门法,涵盖财税调控法、金融调控法、产业结构调控法、计划调控法、对外贸易法等方面;资源配置法,国家资源有效配置方面的经济法律制度,是对社会资源分配及占有方面体现经济发展可持续性和公平性的法律规范化,是经济法的又一个子部门法,涵盖土地资源配置法、自然资源配置法、能源资源配置法、资源产业调整法等方面;经济法范畴内特定行业规范法,国家对经济法范畴内的特定行业管理方面的经济法律制度,涵盖交通行业规范法、烟草行业规范法、邮电行业规范法、政府采购业规范法等方面。

第二节 市场规制法

市场规制法是经济法的子部门法,主要涉及市场规制法所涵盖的市场行为法、市场诚信法和市场秩序法这几个方面的法律规范。

一 市场规制法概述

20世纪90年代初,中国提出建立市场经济,取代过去的计划经济。中国1949年后以苏俄为师,引进计划经济政策;有了近40年经验教训后,认识到发展经济要建立市场经济制度,并要建立相应法律制度,所以市场规制法从90年代后成为国家经济立法的重点。

(一) 市场规制法的定义

市场规制法有几个相关概念:一个是市场,有作为商品买卖场所的市场,有作为一种经济制度的市场,即市场经济或曰市场经济制度;市场经济相对于计划经济而言,前者是一种旨在通过市场对经济发展进行调节的经济制度,后者是一种旨在通过国家制定统一计划而发展经济的经济制度。[①] 市场规制的市场,既指商品买卖的场所,又指一种特定的经济制度。另一个是规制,指通过制定规章以制约由该规章所约束的客体,涵盖规章和制约二义。再一个是市场规制,旨在通过制定与市场相关规章来制约市场的发展方向、存在模式、行为规范、管理秩序,从而形成一个健康、成熟、公平、规范的市场体系。

市场规制法是指通过国家权力对市场的适度干预、控制,达到规范市场行为、维护市场秩序的目的,从而调整由市场而形成的各种经济关系的法律规范的总称。市场规制法是一类法律规范的总称,它是关于国家权力对市场的介入,这类法律规范具有公法性质;市场规制法的调整的对象、手段、结果都围绕市场这一主题,虽然市场本身具有自我调节的功能,即被称为"看不见之手"在发挥作用,但是有时候,在特定环境下,它也会失灵,市场出现不顾社会整体利益、国家长远利益而一味陷入恶性竞争,经济获利以牺牲人类生存环境为代价或走向贫富分化,这就得依赖国家权力这只"看得见之手"的干预、控制。以人类生存环境与经济发展之间的关系,以及贫富分化与经济发展之间的关系为例:当市场陷入近乎盲目失控状态,对环境造成破坏时,就得依靠国家权力的介入,通过环境保护法,使二者之间找到一个平衡点,既保证经济可持续发展,又能有效防止环境的破坏;当市场运作有失公允,导致社会贫富两极分化出现时,又得依赖国家权力的介入,通过税法和税收征收管理法,使二者之间找到一个平衡点,既保证经济健康发展,又得有效防止贫富的分化。可见,作为市场规制法的功能和作用,就是通过国家权力对市场适度干预、控制,以规范市场行为,调整市场关系,维护市场秩序,保障经济的良性循环。

事实正是如此,被国人一直认为的最典型的资本主义美国,个人发展一方面是自由的,但另一方面又处处受制约,要投入一个建设项目,环境影响的评估、审查极为严格;一方面国家虽没有鼓励一部分人先富,但也不禁止合法的财富收入和资本积累,另一方面国家通过税收制度和救助计划进行二次分配,虽不能且也没必要阻止富者愈富,但却有效地防止贫者愈贫。

(二) 市场规制法的基本原则

基本原则1　市场规制法定原则

本原则是指应依法规范市场,没有法律明文约定的,就不能对市场予以制约。因为国家权力对市场活动进行干预、控制是为了维护市场秩序,然而这种权力一旦被滥用了,维护市场秩序这一初衷就会反过来破坏了市场秩序。

[①] 有一种似是而非的观点本应澄清,但限于本书宗旨,这里仅提出来引起读者注意:市场经济与计划经济并不矛盾,因为市场当中有计划,计划当中有市场。其实,所谓市场经济与计划经济实乃两种截然不同的经济制度:市场经济依赖市场这只"看不见之手"来调节经济发展;计划经济依赖国家权力这只"看得见之手"来干预经济发展。在它们的背后,实质上不是不同的经济手段,而是不同的经济制度,即资本主义经济制度与社会主义经济制度的对立。企图通过市场中有计划与计划中有市场的提法来调和市场经济与计划经济,这无疑犯了混淆概念这种最低级的逻辑错误。因为,市场经济中有计划的"计划"与计划经济中的"计划"是本质不同的:前者仅指某一具体经济行为的运作方式,即经济手段;后者则指一种经济体的根本经济制度。正是由于这一误解,成为现时中国经济、社会发展出现瓶颈的直接诱因,当然更深层次的原因恐怕是难于启齿的背后政治因素。

基本原则2　国家干预适度原则

本原则是指国家权力介入市场，干预、控制市场应适度、恰当，不要超过一定的度。因为如果仅仅强调国家干预的作用而不顾其中存在一个适度的问题，那么事情就会走向反面，即完全以国家干预取代市场调节，这就等于否定了市场；当否定了市场以后，也就无所谓市场规制不规制了。

基本原则3　保护公平竞争原则

本原则是指实行市场经济制度时，国家应发挥自身职能，为所有市场主体营造一个公平竞争的平台，让市场在一个公平环境和条件下运作，并以良性竞争促进社会经济发展。

基本原则4　社会公益优先原则

本原则是指国家权力介入市场，是以社会公益为最基本宗旨，国家权力干预、控制市场体系和市场经济，调整市场关系、规范市场行为、维护市场秩序，都基于社会公益性。

基本原则5　市场交易诚信原则

本原则是指不虚假、不欺骗、守信用的市场交易行为，没有诚信就没有健康的市场，甚至市场体系就会因此而崩溃。

（三）市场规制法的内容

市场规制法涵盖以下方面的内容：市场行为法，涉及市场行为规范的法律，包括反垄断法、反不正当竞争法、广告法等；市场信誉法，涉及市场主体在经济活动中的信誉规范的法律，包括广告法、产品质量法、农产品质量安全法、进出口商品检验法、进出境动植物检疫法等；市场秩序法，涉及市场活动的秩序规范的法律，包括价格法、反洗钱法、标准化法、计量法、动物防疫法等。

二　市场行为法

市场行为是指商品生产经营者基于市场供求关系及与其他商品生产经营者的关系，为实现自身市场效益的最大化而进行的适应市场要求的合同、定价和营销等活动。市场行为涉及以下环节：订立合同环节，产品定价环节，营销环节。市场行为法是指为了社会整体利益而通过国家权力对市场不同行为进行适度干预、控制的各个方面法律规范的总称。也就是说，市场行为法是关于市场行为的合同环节、定价环节和营销环节的法律规范的总称。因此，以下是市场行为不同环节的法律规范。

（一）规范合同行为的市场行为法

市场经济是一种很大程度上依赖合同的契约经济，没有契约就没有市场经济。对于契约行为，已经有诸如《合同法》等民商法予以规范。在中国现有经济法体系中，没有专门用以规范市场合同行为的市场行为法。由于合同法不属于经济法部门，也就不属于市场行为法；然而，包括市场规制法及所辖下的市场行为法在内的经济法属于公法范畴，我们无法从合同法中，而只能从散见于市场规制的有关经济法中寻找相关答案：禁止签订垄断协议，这是从《反垄断法》中反映出来的规范合同行为的市场行为法，即该法第2章专章规范了禁止订立垄断协议的行为；对违法、违章的合同行为进行工商管理，以规范正常的市场合同行为，这诸如消费领域的"霸王条款"，即一些合同格式条款提供者利用格式条款不与对方协商的特点，将自己的意思强加给作为弱势一方的消费者，损害其合法权益，破坏了正常的消费市场秩序，这必须通过规范合同行为的市场行为法予以纠正。

（二）规范定价行为的市场行为法

定价是市场行为的一个关键环节。计划经济时代的定价不是市场行为本身，而是国家权力的副产品，与生产经营者基本无关；市场经济时代的定价行为除了那些关乎国计民生的重要商品和服务价格在必要时可以由政府定价外，其他基本由生产经营者根据市场这只"看不见之手"来确定产品价格。从市场经济角度看，定价是指生产经营者以生产成本为基础，综合参照市场供求、产品竞争、国家物价指数等因素为产品确定合理价格的行为。生产经营者在定价时，既要考虑自身盈亏情形，又要照顾消费者的承受能力，并从中尽力找出二者的平衡点，为产品确定一个合理价格。在市场行为中，并非所有生产经营者都能合理定价，时有出现垄断价格、价格欺诈、哄抬物价、变相涨价、价格误导等不正当的价格行为，因此需要相关法律来规范定价行为。规范定价行为的市场行为法有价格法、反垄断法、反不正当竞争法等法律和反倾销条例、反补贴条例等行政法规、规章，其基本价格制度是以市场调节价为主，兼顾政府指导价和政府定价的市场价格机制；换言之，市场形成价格是现时市场价格体制的核心，而市场形成价格体制又须基于宏观经济调控，故其形式包括市场调节价、政府指导价和政府定价。市场调节价即经营者定价，指由从事生产、经营商品或提供有偿服务的经营者自主制定，通过市场竞争形成的价格。一般的商品和服务价格要通过经营者之间、消费者之间及经营者与消费者之间的竞争来形成，即市场供求关系决定了商品和服务的市场价格；任何单个经营者都不可能独立地主观地决定商品和服务的市场价格，只能接受由市场供求关系决定的价格。政府指导价和政府定价均属于政府的定价行为，即国家对市场价格形成机制进行宏观调控的行为。政府指导价是指依照法律规定，由政府价格主管部门或其他有关部门，按照定价权限和范围规定基准价及其浮动幅度，指导经营者制定的价格。政府定价是指依法由政府价格主管部门或其他有关部门，按照定价权限和范围制定的价格。需要启动政府定价行为机制的，主要是与国民经济发展和人民生活关系重大的极少数商品价格、资源稀缺的少数商品价格、自然垄断经营的商品价格、重要的公用事业价格、重要的公益性服务价格。

有关法律，特别是价格法、反垄断法、反不正当竞争法等均严格规定了禁止不正当的价格行为，价格法就规定禁止相互串通，操控市场价格，以低于成本的价格倾销等不正当的价格行为；反垄断法就规定禁止达成固定或变更商品价格、联合抵制交易的垄断协议；反不正当竞争法就规定禁止以低于成本的价格销售商品。

（三）规范营销行为的市场行为法

在规范营销行为的市场行为法中，有3种营销行为国家分别制定了不同的法律规范：一是包括促销在内的市场营销的禁止性法律规范。营销行为只能在严格法律规范下进行，市场营销的不正当竞争行为是法律所明文禁止的。市场营销不正当竞争行为的禁止性法律规范主要是反不正当竞争法，该法具体列出了诸如假冒他人注册商标等的一系列不正当竞争行为。二是直销行为的限制性法律规范。直销行为容易产生欺诈，因而国家对直销行为实行监管,直销行为的规范应严格按照直销管理条例执行。三是国家明文规定严禁传销活动。相对于直销行为,传销行为更容易产生欺诈,因而《禁止传销条例》规定严格禁止传销行为。传销是指组织者或经营者发展人员,通过对被发展人员以其直接或间接发展的人员数量或销售业绩为依据计算和给付报酬,或者要求被发展人员以缴纳一定费用为条件取得加入资格等方式牟取非法利益,扰乱经济秩序,影响社会稳定的行为。

三 市场诚信法

从哲学层面看,诚信是一种道德观;从法律层面看,诚信是一种法律规范的行为。观念的东西属于形而上的层面,由哲学加以研判;行为的东西属于形而下的层面,由法律予以规范。市场诚信是指市场主体在市场交易活动中秉持不虚假、不欺诈、守信用的精神,遵守合同,信守承诺的市场行为。规范市场诚信的法律不少,除前面市场行为法的有关法律涉及市场诚信的法律规范外,还有产品质量法、农产品质量安全法、进出口商品检验法、进出境动植物检疫法、广告法、价格法等。我们将规范市场诚信行为的所有这些法律规范称之为市场诚信法。市场诚信法主要涉及以下方面内容:

(一)规范产品质量的市场诚信法

消费者对市场诚信度的体验,首先是从产品质量那里获得的。生产经营者欲要在市场中享有口碑,提高自己的诚信度,就要把好产品质量这个关。因此,规范产品质量就成为市场诚信法的一个重要方面。有关产品质量的法律规范主要有产品质量法和农产品质量安全法,其内容涉及如下方面:依法必须接受产品质量检查的产品的涵盖范围,涉及工农业生产产品;生产者、销售者的产品质量责任和义务,包括生产者应对其生产的产品质量负责,工农业产品或其包装上的标识必须真实,生产者不得生产国家明令淘汰的产品,农产品的生产者应合理使用化肥、农药、兽药、农用薄膜等,在包装、保鲜、贮存、运输中使用的保鲜剂、防腐剂、添加剂等材料,应符合国家有关强制性的技术规范。

(二)规范商品广告的市场诚信法

商品广告指商品经营者或服务提供者承担费用,通过一定媒介和形式直接或间接地介绍自己所推销的商品或所提供的服务的商业广告。与广告相关的主体有:广告主,即为推销商品或提供服务,自行或委托他人设计、制作、发布广告的组织或个人;广告经营者,即受委托提供广告设计、制作、代理服务的组织或个人;广告发布者,即为广告主或广告主委托的广告经营者发布广告的组织。商品广告市场诚信法涉及:广告准则,从事广告业的广告主、广告经营者、广告发布者应遵循公平和诚信原则,遵守法律、法规的规定,其广告应真实、合法,内容应有利于人民身心健康,广告不得含有不正当竞争的行为,诸如药品、医疗器械、农药、烟草、食品、酒类、化妆品等特定广告应符合特定法律规范;广告活动,广告主、广告经营者、广告发布者进行广告活动必须遵循相关的法律规范。

(三)规范价格行为的市场诚信法

价格是一种从属于价值并由价值决定的商品的货币价值形式,是商品同货币交换比例的指数，是商品价值的货币表现形式。规范市场价格行为，不但是优化市场资源配置的需要，而且亦是创造价格合理形成的公平竞争环境的需要。最能体现市场诚信的，除了产品的质量之外，就是商品的价格。消费者对市场诚信的认同度在很大的范围内，就是视乎市场价格的。如果一个市场总是价格不规范、乱涨价、价格欺诈、价格误导，消费者无论如何是不会认同这样的市场诚信的。价格行为，即经营者定价，应当恪守诚信规范，遵循公平、合法和诚信原则，不弄虚作假，销售商品和提供服务，应按规定明码标价。

（四）规范进出口市场交易的市场诚信法

进出口市场交易是一种国际贸易。进出口市场交易的诚信是市场诚信的一个方面。国家检验进出口商品，既是为保护人类健康和安全，保护动物和植物的生命和健康，保护环境，维护国家安全，也是为防止欺诈行为，保证进出口行为的诚信。根据进出口商品检验法、进出境动植物检疫法，列入目录的进出口商品在进出口时必须经过商品检验或动物植物检疫。法定检验的进口商品的收货人应持合同、发票、装箱单、提单等凭证和相关批准文件，向海关报关地的出入境检验检疫机构报检；法定检验的出口商品的发货人应在规定地点和期限内，持合同等凭证和相关批准文件向出入境检验检疫机构报检。

四 市场秩序法

市场秩序是指市场交易行为的条理性、规范性总和。有的观点将市场交易的合法性和违法性总和起来一同视为市场秩序；本书则采用仅将合法交易行为、合乎法律规范的交易行为视为市场秩序，而不将违法市场交易行为看作是一种市场秩序。市场秩序法是指规范市场交易行为作为一种市场秩序的法律规范的总和。市场秩序法应当涵盖以下几个方面的内容。

（一）规范市场交易合法竞争行为的市场秩序法

正当的竞争行为是市场交易所允许的，因为市场经济本身就是一种竞争经济，不过它是一种良性竞争的经济。但是，为了保护市场竞争的正当性，必须制止恶性的不正当竞争。反不正当竞争法规定以下行为属不正当竞争，必须制止：以不正当手段从事市场交易；采用不正当手段侵犯商业秘密；经营者以不正当手段销售商品；经营者利用广告或其他方法，对商品的质量、制作成分、性能、用途、生产者、有效期限、产地等作引人误解的虚假宣传；经营者捏造、散布虚伪事实，损害竞争对手的商业信誉、商品声誉；投标者串通投标，抬高标价或压低标价，或者投标者和招标者相互勾结，以排挤竞争对手的公平竞争；经营者采用财物或其他手段进行贿赂以销售或购买商品；政府及其所属部门滥用行政权力，限定他人购买其指定的经营者的商品，或者公用企业或其他依法具有独占地位的经营者，限定他人购买其指定的经营者的商品，以排挤其他经营者的公平竞争。

（二）规范市场交易计量标准的市场秩序法

计量标准关乎计量监督管理，关乎市场交易行为的规范化，保障市场经济的秩序。规范计量标准的有计量法和标准化法，主要涉及以下规范：一是国家计量准则，即国家量值的依据。国家规定在中国境内建立计量基准器具、计量标准器具;还规定国家采用国际单位制,国际单位制计量单位和国家选定的其他计量单位,为国家法定计量单位。计量基准器具是指用以复现和保存计量单位量值,经批准作为统一全国量值最高依据的计量器具。计量基准分为国家计量基准(主基准)、国家副计量基准、工作计量基准。二是国家标准化制定,即国家对于需要统一技术要求的项目,制定标准。应当制定标准的,是需要统一技术要求的项目,如工业产品的品种、规格、质量等要求,环境保护的各项技术要求和检验方法等。项目的标准分为国际标准、国家标准、行业标准、企业标准。根据不同产品的技术要求,有不同产品认证标准。什么产品需要什么标准,必须依法执行,不能擅自制定不同于统一规定的标准。只有符合规定的统一标准,才能在市场交易过程中按统一标准执行。

(三) 规范市场价格行为的市场秩序法

市场经济当然可以在法律规范的前提下,允许经营者有制定价格的权利,并且这种经营者的定价权往往受到市场这只"看不见之手"的调节;但这不等于说,国家价格宏观调控的这只"看得见之手"不起作用,相反,在经济法中,国家注重对市场价格的宏观调控,可以更有效地规范价格行为的市场秩序。价格行为的市场秩序法涉及:经营者价格行为的法律规范,即经营者定价须遵循公平、合法和诚信原则,不能有不规范、乱涨价、价格欺诈、价格误导等不正当价格行为;政府指导定价的法律规范,即政府指导经营者定价行为,应按国家制定的政府指导价目录执行,经营者应在政府指导价范围内制定合理的商品和服务价格;政府定价行为的法律规范,即在特定范围内国家实行政府定价行为,严格控制某些关乎国计民生、稀缺资源的定价。

(四) 规范涉及金融管理的市场交易行为的市场秩序法

与金融管理秩序相关的市场交易中的洗钱行为,属于违反金融秩序,违反市场交易规范的行为。洗钱是指将非法资金放入合法经营过程或合法银行账户内,以掩盖其原始的非法来源,从而使非法资金合法化的一种行为。所谓非法资金主要是指毒品犯罪、黑社会性质的组织犯罪、恐怖活动犯罪、走私犯罪、贪污贿赂犯罪、破坏金融管理秩序犯罪、金融诈骗犯罪等犯罪所得及其收益。洗钱本质是让黑钱合法化。在所谓具有某种特色的法制不健全的市场经济中,洗钱行为会比较普遍。反洗钱法旨在遏制洗钱行为,维护金融市场秩序,规定中国境内设立的金融机构及履行反洗钱义务的特定非金融机构,应建立健全客户身份识别制度、客户身份资料和交易记录保存制度、大额交易和可疑交易报告制度。客户身份识别制度是在与客户建立业务关系或为客户提供规定金额以上的现金汇款、现钞兑换、票据兑付等一次性多种服务时,应当要客户出示真实有效的身份证件;客户身份资料和交易记录保存制度是规定其交易资料和信息至少保存5年;大额交易和可疑交易报告制度是规定办理的单笔交易或在限定期限内的累计交易超过规定金额或发现可疑交易的,应及时向反洗钱信息中心报告。

第三节 宏观调控法

宏观调控法是国家经济宏观调控方面的经济法律制度，是中国经济法部门的有机组成部分。宏观调控的过程，实质是国家依据市场经济的一系列法律、行政法规和规章，以实现国家总量经济的平衡，保持国家经济持续、稳定、协调增长，对国家的货币收支总量、财政收支总量、外汇收支总量以及主要物资供求总量进行调节和控制，从而实现资源优化配置、货币供求平衡，以实现市场经济的正常运作和均衡发展。

一 宏观调控法概述

宏观调控是基于市场经济的经济总量有机调节、控制的术语。计划经济无所谓宏观调控，因为它本身就是国家权力控制经济。现在宏观调控与市场经济一道被写入《宪法》。

（一）宏观调控法的定义

宏观调控又称为国家干预，指国家权力对国民经济实行总体管理，对国民经济发展水平实行总量调节、控制的行为。宏观调控法是指国家权力在对国民经济和社会发展的运作宏观地进行管理、规划、调节和控制过程中产生的经济法律关系的法律规范的总称。宏观调控法的调整对象是因宏观调控而产生的经济法律关系，包括计划调控关系、财税调控关系、金融调控关系。宏观调控法的调控主体是国家，是国家权力介入市场经济的结果；宏观调控的客体，是国民经济和社会发展的运作模式；宏观调控法的调控手段是通过经济立法，引导、鼓励国家经济发展。宏观调控法有以下特征：它是一种运用国家职能，对市场总体进行干预的经济法；它主要通过国家经济立法的方式，提出国家经济政策，从而对市场发展的均衡性予以调节、控制；其调控手段多为引导、鼓励，而不是强制和处罚。

（二）宏观调控法的基本原则

基本原则1　宏观调控法定原则

本原则是指宏观调控主体资格、宏观调控权限范围、宏观调控程序均由法律明文规定。

基本原则2　宏观调控适度原则

本原则是指国家权力对市场的宏观调控，必须基于市场调节，并按一定的度进行，一般不得直接干预市场经济组织的经济活动，不得干预市场经济组织的生产经营活动。

基本原则3　宏观调控总量平衡与结构优化原则

本原则是指国家权力对市场进行宏观调控，应当兼顾国民经济的社会总供给与社会总需求之间的价值总量平衡，从而使得各种经济要素的组合方式达到结构最优化的效果。

基本原则4　宏观调控效益原则

本原则是指宏观调控应当基于宏观经济发展社会总供给和社会总需求的平衡，对国民经济发展水平的宏观调控，要照顾到宏观经济总体效益水平的不断提高。

（三）宏观调控法的体系结构

宏观调控法主要调整计划调控关系、财税调控关系和金融调控关系的经济法律关系，因而涵盖计划调控法、财税调控法和金融调控法的内容：计划调控法，简称计划法，与其相关法律有预算法、会计法、审计法、统计法、注册会计师法、台湾同胞投资保护法、广东省经济特区条例、价格法等；财税调控法，简称财税法，与其相关法律有个人所得税法、企业所得税法、税收征收管理法、《全国人大常委会关于外商投资企业和外国企业适用增值税、消费税、营业税等税收暂行条例的决定》等；金融调控法，简称金融法，与其相关法律有中国人民银行法、银行业监督管理法、外国中央银行财产司法强制措施豁免法、反洗钱法等。

二　计 划 法

计划法是宏观调控法的一个部分，主要涉及对国家经济宏观调控的计划部分。市场经济制度并不反对计划法；相反，市场体制不断完善，将对计划法的立法提出更高要求。尽管中国目前未有一部计划法，但未来立法定位的计划法起码要涉及：

（一）国家预算

国家预算是指国家通过经济预算，使国民经济发展规模按预算计划发展，做到经济发展适度增长，以保持整个国民经济发展的综合平衡。规范国家预算的法律有《预算法》，该法涉及如下规范：一是预算管理权限，实行一级政府一级预算。中国现行政制架构是中央级、省级、设区的市级、县级、乡级此5级，其预算也相应为5级预算[①]；预算收支平衡，预算收入包括税收收入、依规定应上缴的国有资产收益、专项收入、其他收入等4个方面的收入来源，并划分为中央预算收入、地方预算收入、中央和地方预算共享收入，预算支出包括经济建设支出、教科文卫体等事业发展的支出、国家管理费用支出、国防支出、各项补贴支出、其他支出等6个方面的支出途径，并划分为中央预算支出和地方预算支出；预算编制，中央预算和地方各级政府预算按复式预算编制，中央政府公共预算不列赤字，地方各级预算按量入为出、收支平衡原则编制，不列赤字；预算审批，中央预算由全国人大审批，地方各级政府预算由本级人大审批；预算执行和调整，预算经同级人大批准后由同级政府负责执行，在执行中发生新情况的预算，应及时予以调整；决算，即反映

[①] 现时中国政制有改为中央级、省级、县级此3级的意向；若此成真，则预算理当也为此3级预算。

年度预算执行结果的年度会计报告,当国家预算执行进入终结阶段时,要根据年度执行的最终结果编制国家决算,编制决算的各项数字应当以经核实的基层单位汇总的会计数字为准,不得以估计数字代替,更不得弄虚作假。

(二) 与计划调控相适应的会计法律制度、审计法律制度和统计法律制度

会计法律制度。会计法是调整国家机关、社会团体、公司、企业、事业单位和其他组织在处理会计事务中的经济法律关系的法律规范的总称。会计法律制度是调整国家机关、社会团体、公司、企业、事业单位和其他组织在处理会计事务中的经济法律关系的法律制度。国家实行统一会计制度。规范会计制度的,有会计法和注册会计师法及总会计师条例、企业会计准则、企业财务会计报告条例、股份有限公司会计制度、会计基础工作规范、会计档案管理办法。会计法律制度涉及如下规范:会计核算,又称为会计反映,即以货币为主要计量尺度,对会计主体,即对会计工作为其服务的特定单位或组织的资金运动进行的反映,涉及会计凭证、会计账簿、财务会计报告和其他会计资料;会计监督,即单位内部会计机构和会计人员、依法享有经济监督检查权的政府部门、依法成立的社会审计组织等会计专业机构和人员,通过会计手段对国家机关、社会团体、公司、企业、事业单位和其他组织经济活动的合法性、合理性,对其会计资料的真实性、完整性及预算执行情况予以监督检查的行为,狭义的会计监督指单位内部通过会计手段对其有关经济活动的合法性、合理性,对其会计资料的真实性、完整性及预算执行情况进行监督的行为,广义的会计监督除单位内部的会计监督外,还含单位外部的会计监督,包括依法享有经济监督检查权的政府部门会计监督及依法成立的社会审计组织会计监督;会计机构和会计人员,根据会计业务需要设置,并符合设立条件或任职条件。

审计法律制度。审计法是调整审计主体与被审计单位之间形成的具有经济监督关系性质的审计关系的法律规范的总称。国家实行审计监督制度。审计是指审计机关依法、独立检查被审计单位的会计凭证、会计账簿、财务会计报告以及其他与财政收支、财务收支有关资料和资产,监督财政收支、财务收支真实、合法和效益的行为。国务院和县级以上地方政府设立审计机关,对国务院各部门和地方各级政府及其各部门财政收支、国有金融机构和企事业组织的财务收支及其他按审计法规定应接受审计的财政收支、财务收支的真实性、合法性和效益性进行审计监督。审计监督应遵循依法审计、独立审计、客观公正审计、廉洁奉公审计、保守秘密等原则。审计署对中央银行财务收支进行审计监督;审计机关对国有金融机构资产、负债、损益进行审计监督,对国家事业组织和使用财政资金的其他事业组织的财务收支进行审计监督,对国有企业资产、负债、损益进行审计监督,对政府投资和以政府投资为主的建设项目预算执行情况和决算进行审计监督,对政府部门管理的和其他单位受政府委托管理的社会保障基金、社会捐赠资金等有关基金、资金的财务收支进行审计监督,对国际组织和外国政府援助、贷款项目的财务收支进行审计监督,对国家机关和属于审计机关审计监督对象的其他单位的主要负责人,在任职期间对本地区、本部门或本单位的财政收支、财务收支及有关经济活动应负经济责任履行情况进行审计监督。

统计法律制度。统计法律制度所涉之统计是指运用各种统计方法对国民经济和社会发展情况进行统计调查、统计分析,提供统计资料和统计咨询意见,实行统计监督等活动的

总称。统计法是指调整国家统计机关行使统计职权而产生的统计关系的法律规范的总称。统计机构和统计人员进行统计工作应遵循保障统计资料的真实性、准确性、完整性和及时性原则，保障统计工作的统一性原则，统计机构和统计人员独立行使职权原则，统计工作保密原则，保障统计信息社会共享原则。国家建立统一的统计调查管理制度，实施的统计调查项目包括国家统计调查项目、部门统计调查项目和地方统计调查项目。

(三) 国家定价的价格调控

从价格角度调控国民经济和社会发展水平，是国家价格政策的一个方面。价格政策指国家为达到一定的宏观调控目标，在商品价格上采取的一系列方针、政策、措施的总称。价格政策作为调控手段，也是价格调控机制。价格调控机制指影响价格形成、控制价格总体水平和调控微观经济行为过程中形成的各种因素的联系、功能与组织形式。《价格法》对于国家价格政策、价格调控机制作了规范性约定。价格政策包括市场调节价、政府指导价、政府定价。价格调控指国家定价行为，即国家通过定价，介入价格行为，使市场调节价万一"失灵"时，也不至于扰乱市场秩序。为实现价格总水平调控目标，政府可采取价格总水平调控手段：可建立重要商品储备制度，设立价格调节基金，即政府为平抑市场价格，用于吞吐商品、平衡供求或支持经营者的专项基金，以调控价格，稳定市场；为适应价格调控和管理之需，政府价格主管部门应建立价格监测制度，对重要商品、服务价格的变动进行监测；可在特定情形下采取平抑价格、稳定市场的措施，例如政府在粮食等重要农产品的市场购买价格过低时，可以在收购中实行保护价格。

(四) 国家对外贸易政策调控

对外贸易法是指一个国家对货物进出口、技术进出口和国际服务贸易进行管理和控制的法律规范的总称，包括对外贸易法及一系列法规、规章。中国秉持对外贸易的基本原则，包括对外贸易的公平性、对外贸易的自由性、对外贸易的平等互利、对外贸易的对等、对外贸易的透明度等原则。对外贸易法律制度内容包括：统一的贸易制度管理，体现为《WTO协定》和《中国加入议定书》的规定适用于中国全部关税领土，承诺以统一、公正和合理方式适用和实施中央政府有关或影响货物贸易、服务贸易和与贸易有关的知识产权（"TRIPS"）或外汇管制的法律、法规及其他措施及地方各级政府发布或适用的地方性法规、规章及其他措施，承诺要求地方性法规、规章及其他措施符合在《WTO协定》和《中国加入议定书》中所承担的义务，承诺建立一种机制，使个人和企业可据此提请国家主管机关注意贸易制度未统一适用的情况；对外贸易的经营者，指依法办理工商登记或其他执业手续，按相关法律、法规的规定从事对外贸易经营活动的法人、非法人组织或个人，涉及的是对外贸易经营权问题，实质涉及对外贸易自由度问题，因在市场经济条件下，自然人、法人和合伙企业均有权从事对外贸易；货物进出口的法律规范，允许货物自由进出口，但基于国家安全、公共利益、人的健康和安全、环境保护等原因，国家有权限制或禁止货物进出口；技术进出口的法律规范，允许技术的自由进出口，但基于与货物进出口被限制或被禁止的相同原因，技术进出口也被限制或被禁止；国际服务贸易的法律规范，根据缔结或参加的国际条约、协定所作的承诺，给予其他缔结方、参加方市场准入和国民待遇，但基于与货物进出口被限制或被禁止的相同原因，国家也有权限制或禁止有关的国际服务贸易;与对外贸易有关的知识产权保护,中国将知识产权保护作为改革开放政策和法制建设的重要组成部分,现时有效的有关保护知识产权方面的法律规范主要有著作权法、商标法、专利法、计算机软件保护条例、反不正当竞争法、集成电路布图设计保护条例及植物新品种条例等;对外贸易秩序,指一个国家通过法律约束对外贸易经营活动,制止对外贸易的不正当竞争、垄断、贸易壁垒、不公平交易等行为,从而形成的对外贸易规范,该秩序包括不得有垄断、不正当竞争及其他违反对外贸易管理秩序的行为;对外贸易调查,指一国为维护对外贸易秩序,对有关该国商品和技术的进出口及国际服务贸易等对外贸易事项的规范化进行的调查,它是对外贸易救济的前提和依据,其范围涉及货物和技术进出口、国际服务贸易对国内产业及其竞争力的影响、有关国家或地区的贸易壁垒等;对外贸易救济措施,指一个国家为了本国贸易安全,使本国产业不至于因受到不公平进口的贸易行为或过量进口的贸易逆差的冲击而导致损害所制定的处理办法,包括反倾销、反补贴、保障措施等三大措施及其他诸如服务贸易保障措施、针对进口转移的救济措施、其他国家或地区未履行义务时的救济措施、反规避措施和预警应急机制等救济措施;对外贸易促进,指为发展对外贸易,便利对外贸易经营者从事对外贸易经营活动而建立和完善的服务于对外贸易的法律规范制定、金融服务、信息提供、国际市场开拓、中小企业和不发达地区的扶持等机制,国家建立和完善对外贸易促进机制,含制定和完善对外贸易的法律规范、建立和完善为对外贸易服务的金融机构和制定促进对外贸易的金融政策、通过出口货物退税政策促进对外贸易、建立对外贸易公共信息服务体系、采取措施鼓励对外贸易经营者开拓国际市场、扶持和促进中小企业以及民族自治地方和经济不发达地区发展对外贸易、建立促进对外贸易的保税区和出口加工区及科技工业园等特殊区域、允许对外贸易经营者依法成立和参加有关对外贸易的协会或商会。

(五) 国家产业结构调整

产业结构是指一个经济体的各产业构成及其之间的联系和比例关系,包括各产业的构成、各产业之间的联系、各产业之间的比例关系等结构特征。产业是指生产物质产品的集合体,包括农业、工业、交通运输业等,其分类有两大部类分类法、三次产业分类法、资源密集度分类法、国际标准产业分类法[①]等。产业结构调整旨在基于国家经济发展需要,使其呈现合理的结构状态;其合理性标志起码涵盖能合理地和适当地利用资源、各产业部门彼此协调、能提供社会需要的产品和服务、能提供劳动者充分就业的机会、能推广和应

---

① 两大部类分类法将产业分为物质资料产业部类和非物质资料产业部类,前者如工业、农业,后者如科教文卫服务业;三次产业分类法将产业分为第一产业、第二产业、第三产业,前者指农业,中者指工业,后者指除了农业、工业以外的其他产业,包括流通领域和服务领域的产业;资源密集度分类法将产业分为劳动密集型产业、资本密集型产业、技术密集型产业;国际标准产业分类法主要依据联合国颁布的《全部经济活动的国际标准产业分类》,它将产业从 A 到 Q 分为 17 个部门共 99 个行业类别,其中,A 部门包括农业、狩猎业和林业,B 部门包括渔业,C 部门包括采矿及采石,D 部门包括制造业,E 部门包括电、煤气和水的供应,F 部门包括建筑业,G 部门包括批发和零售、修理业,H 部门包括旅馆和餐馆,I 部门包括运输、仓储和通讯,J 部门包括金融中介,K 部门包括房地产、租赁业,L 部门包括公共管理和国防,M 部门包括教育,N 部门包括保健和社会工作,O 部门包括社会和个人的服务,P 部门包括家庭雇工,Q 部门包括境外组织和机构。

用先进的产业技术、能获得最佳经济效能等指标。涉及产业结构调整的有森林法、草原法、渔业法、农业技术推广法、农业法、乡镇企业法、中小企业促进法、农业机械化促进法、畜牧法、铁路法、公路法、烟草专卖法等，内容涉及：一是农业产业结构调整。这是解决农业、农村、农民"三农"问题的关键。此问题过去也有提出，但主要是在解决"粮经比"结构上，即通过减少粮食作物种植面积，增加经济作物种植面积，从而调整粮食作物与经济作物的结构比例，达到增加农业效益的目的，这是值得商榷的。因为农业产业结构调整的目标是：确保粮食安全、农业增效、农民增收。基于此目标，农业产业结构调整着重要解决几个问题：关于农业产业结构合理性问题，中国正逐步注意到农林牧渔副的全面发展，并从立法上予以保障；关于农业产业结构升级问题，中国正开始注意到要发展农业，单靠传统发展模式已不足以跳出农业发展多投入、低产出的怪圈，而只能依赖于提升农业产业结构的级数，实现农业产业化，形成市场化、社会化、集约化农业，实行"公司与农户结合"的经营方式；关于农业产业现代化问题，中国经过 30 多年的改革开放，不仅给工业现代化、科技现代化带来生机，而且也给农业现代化注入强心剂，只有实现了从传统农业向现代农业的转化，才有农业现代化，为了实现农业现代化，应当促进农业机械化，推广农业技术的应用。二是乡镇产业结构调整。规范乡镇产业结构调整的法律，主要包括《乡镇企业法》及散见于农民专业合作社法、农村土地承包法、土地管理法、农业法、森林法、畜牧法、渔业法等相关法律中。如何调整乡镇产业结构？当国人看到农业经济进入发展的瓶颈状态时，最好办法就是乡镇兴办产业，既将农业作为一种产业来发展，又不仅仅停留在农业产业上，而包括工业产业、建筑业产业、商业产业、饮食业产业、修理业产业、服务业产业等全方位的发展。三是中小型产业结构调整。中国产业结构调整不仅着眼于大型企业，而且还侧重于中小型企业，因为中国经济相当部分依赖于中小企业。规范中小型产业结构调整的法律是中小企业促进法。国家对中小企业实行积极扶持、加强引导、完善服务、依法规范、保障权益的方针政策：为中小企业创业和发展营造良好环境，包括有一个公平、公正的法律环境；在资金上支持中小企业，设立包括中央财政预算安排的扶持中小企业发展专项资金、基金收益、捐赠和其他有关资金在内的中小企业发展基金，解决好中小企业融资难题；扶持中小企业创业，在税收上予以支持；加快中小企业技术进步和结构调整，支持中小企业提高技术创新能力和产品质量，支持中小企业加快技术改造；支持中小企业开拓市场，发展已有的国内市场，开拓国际市场；为中小企业提供社会服务，建立健全中小企业服务体系。

三　财　税　法

　　财税法是国家宏观调控法重要组成部分之一，是国家调控国民经济有序、可持续、健康发展的重要手段。财税法不是一部单一的法律或法律性文件，而是财政法和税法的总称；因它们均涉及国家对国民经济调控的方式或手段，故将其统称为财税法。财政法与税法又不一样：财政法是国家调整财政收支关系、维系财政收支平衡的法律规范总称，是一种财政法律制度；税法是国家调整税收关系、维护税收秩序的法律规范总称，是一种税收法律制度。

(一) 财政法

财政一词有广义与狭义：广义讲的是国家或公共团体理财之政，即国家或公共团体以维持其生存发展为目的而获得收入、支出经费的一种经济管理活动；狭义讲的是国家对资财的收入、支出的经济管理活动。"国家财政"的财政是一种狭义的财政，"公司财政、企业财政"的财政是一种广义的财政。区分财政的广义与狭义，对于准确理解中国法律体系中的财政法是很有必要的，因为财政法所定义的"财政"显然属于一种狭义的财政，即通过国家收支活动，筹集和供给经费和资金，以确保国家职能的实现，其事务由财政部主管。财政法所规范的是国家财政收支行为，所调整的是国家财政收支关系，所维系的是国家财政收支平衡。财政收支包括一收一支：收，即国家通过一些手段，如税收、国有资产收益、专项收入，从而获得财政收入；支，即国家通过一些方式，如行政费用、军费开支、经济建设支出、某些公共事业发展支出、各项补贴支出，从而导致财政支出。财政收支通过国家预算予以规划。这就是整个财政收支架构的来龙去脉。在财政的收入和支出及其规划预算的这一框架中，作为财政收入主要来源的税收，将在"税法"一题中阐述，作为本题的"财政法"，仅阐述作为规划财政收入与支出的国家预算以及作为财政支出主要方面的政府采购及国有资产管理。现行中国法律体系有关财政的法律有预算法、政府采购法、企业国有资产法等，主要涉及以下方面：一是国家预算，或曰国家经济预算，因一般通过政府的行政行为来实现，故而又称为政府预算，它是经法定程序批准的国家年度财政收支计划。如前所述，国家预算现设立2部分5级预算制，即中央部分和地方部分的预算，及中央级、省级、市级、县级、乡级等5级的预算。二是政府采购行为，即各级国家机关、事业单位和团体组织，使用财政性资金采购依法制定的集中采购目录以内的或采购限额标准以上的货物、工程和服务的行为，它属于一种公共采购管理的制度，纯粹属于一种政府行为。政府采购必须遵循公开透明原则、公平竞争原则、公正原则和诚实信用原则，采取公开招标、邀请招标、竞争性谈判、单一来源采购、询价等方式采购，并应订立适用合同法的采购合同，按法定程序进行。政府采购的项目及资金预算首先应当在财政年度预算中列出。三是企业国有资产管理。企业国有资产是国家对企业各种形式出资而形成的权益，由各级政府授权的国有资产监督管理机构根据本级政府授权，代表本级政府对国家出资企业履行出资人职责，但各级政府也可以授权其他部门、机构代表本级政府对国家出资企业履行出资人职责。换言之，国有资产一般通过国务院和地方各级政府依法分别代表国家对国家出资的国有独资企业、国有独资公司、[①] 国有资本控股公司、国有资本参股公司等国家出资企业履行出资人职责，享有出资人权益。为了保护国有资产，国家出资企业凡涉及国有资产保护的行为，均应严格依法进行。国家出资企业合并、分立、改制、上市，增减注册资本，发行债券，进行重大投资，为他人提供大额担保，转让重大财产，进行大额捐赠，分配利润，及解散、申请破产等重大事项，应依法进行，不得损害出资人和

---

① 国有独资企业与国有独资公司同属国家所有，都具有法人地位，但二者也有不同：前者适用于全民所有制企业法，后者适用于公司法；前者由政府出资，隶属于政府，其领导人由政府任命或由职工选举并经政府同意，是企业法人代表，后者由国家单独出资，以现代产权制度为导引，其总经理由董事会聘任，对董事会负责。

债权人的权益,并严防国有资产的流失。

(二) 税法

税是指国家向企业、个人征收的货币或实物,以用于国家建设或维系国家职能的一种强制性款项;税法是关于调整税收制度的法律规范的总称;税收制度简曰税制,是国家通过法律形式确定下来的各种课税及其征收办法的制度。中国的税收制度的建立经历了复税制、单一税制、新复税制、分税制几个阶段。规范税收制度的有个人所得税法、企业所得税法、税收征收管理法及一系列与之相关的法规、规章,它们统称为税法,涵盖以下内容:

第一,税收一般规范。税法不仅是国家向纳税人征税的法律依据,而且是纳税人向国家缴税的法律依据。税法不仅规定国家有权向纳税人征税,而且也限定国家向纳税人征税的权力范围;税法不仅规定纳税人有义务向国家缴纳税项,而且也规定纳税人有权依照税法维护自己的纳税权益。一句话,税法本质上是双向制约的,它是规范税收制度的法律,而税收制度是一个国家以法律形式规定的各类各种课税及其课税办法的总和。要了解税法,先要理解以下术语:征税对象,即征税客体,指税法明文规定征税的目的物;纳税人与负税人,前者是依税法规定缴纳税收的主体,后者是税收的实际负担主体,直接税中的纳税人与负税人是同一主体,间接税中的纳税人与负税人往往不是同一主体,缴纳税收的主体通过价格变动的方式将所缴纳的税收实际地转嫁给他人身上;税率和税额,税率是应纳税额与课税对象之间数量关系,是计算税额的比率,其实质是对征税对象的征收比例或额度,分为比例税率(包括单一比例税率、差别比例税率、幅度比例税率)、定额税率和累进税率(包括阶梯累进型税率、连续累进型税率),税额指按税率缴纳的税款数额,或指需要上缴税款的数额,应纳税额=应纳税所得额×适用税率-减免税额-抵免税额;税目,指对课税客体具体划分的项目,即在税法中具体规定的应纳税的具体物品、行业或项目;税类和税种,税类指按一定划分标准将具有相同性质的税种归纳而形成的税收类型,又称为税系,即按一定划分标准将具有相同性质的税种归纳而形成的税收系统,税种指按征税对象、纳税人、计税依据、税目、税率、纳税环节、纳税期限等因素而划分的税收种别;纳税环节,广义的指全部课税对象在整个征税活动过程的各个环节中依照税法规定应纳税的环节,狭义的指应课税商品在流转过程中应纳税的环节,基于纳税环节的多寡,划分出一次课税制度和多次课税制度;纳税期限,即税法对纳税义务人规定的缴纳税款的期限,或者采用按期纳税的形式,或者采用按次纳税的形式;税收优惠,指为了一定的目的,税法对某些特定的纳税人或某些特定的征税对象给予减免税额或抵免税额的激励或照顾措施的规定;税收争议,广义的税收争议既包括税务机关之间的关于税务工作的内部争议,也包括税务机关与纳税人之间的关于税务工作的外部争议,狭义的税收争议仅指税务机关与纳税人之间的关于税务工作的外部争议,税法规范的税收争议一般指外部的税收争议。中国税法体系由两大部分构成:第一部分是税的分类构成,这是税收制度的实体方面的法律规范,即实体税法的部分;第二部分是税的征收制度,这是税收制度的程序方面的法律规范,即程序税法的部分。

第二,税收种类(一):流转税,指在生产、流通或服务领域,按照纳税人取得的销售收入或营业收入征收的税类,包括以下4个税种:一是增值税。规范增值税的是增值税暂行条例和增值税暂行条例实施细则。除小规模纳税人外，纳税人销售货物或提供应税劳务，应纳税额计算公式：应纳税额＝当期销项税额－当期进项税额；其中，销项税额＝销售额×税率，农产品进项税额＝买价×扣除率（13％），购进或销售货物进项税额＝运输费用金额×扣除率（7％）。小规模纳税人销售货物或应税劳务，应纳税额计算公式：应纳税额＝销售额×征收率（3％）。纳税人进口货物，按组成计税价格和前述税率计算应纳税额，组成计税价格＝关税完税价格＋关税＋消费税。应纳税额＝组成计税价格×税率。二是消费税。规范消费税的是消费税暂行条例和消费税暂行条例实施细则。消费税实行从价定率、从量定额，或者从价定率和从量定额复合计税的办法计算应纳税额，其计算公式分别为：实行从价定率办法计算的应纳税额＝销售额×比例税率；实行从量定额办法计算的应纳税额＝销售数量×定额税率；实行复合计税办法计算的应纳税率＝销售额×比例税率＋销售数量×定额税率。纳税人自产自用的应税消费品，按其生产的同类消费品的销售价格计算纳税；没有同类消费品销售价格的，按组成计税价格计算纳税。从价定率办法计算纳税的组成计税价格的计算公式：组成计税价格＝（成本＋利润）÷（1－比例税率）；复合计税办法计算纳税的组成计税价格的计算公式：组成计税价格＝（成本＋利润＋自产自用数量×定额税率）÷（1－比例税率）。委托加工的应税消费品，按受托方同类消费品销售价格计算纳税；没有同类消费品销售价格的，按组成计税价格计算纳税。从价定率办法计算纳税的组成计税价格计算公式：组成计税价格＝（材料成本＋加工费）÷（1－比例税率）；复合计税办法计算纳税的组成计税价格计算公式：组成计税价格＝（材料成本＋加工费＋委托加工数量×定额税率）÷（1－比例税率）。进口应税消费品，按组成计税价格计算纳税。从价定率办法计算纳税的组成计税价格的计算公式：组成计税价格＝（关税完税价格＋关税）÷（1－消费税比例税率）；复合计税办法计算纳税的组成计税价格的计算公式：组成计税价格＝（关税完税价格＋关税＋进口数量×消费税定额税率）÷（1－消费税比例税率）。三是营业税。规范营业税的是营业税暂行条例和营业税暂行条例实施细则。纳税人提供应税劳务、转让无形资产或销售不动产，按营业额和规定的税率计算应纳税额，其计算公式：应纳税额＝营业额×税率。四是关税。规范关税的是海关法及进出口关税条例、海关进出口税则、进境物品进口税税率表、进境物品归类表和进境物品完税价格表。为了限制重要原材料大量出口或其他原因，中国目前仅对大约47个税号的商品规定征收出口关税；但为了鼓励本国商品出口，形成国际市场的竞争力，某些出口项目不但没有征收出口税，而且还有出口退税。进出口货物的关税税率设置如下：进口关税设置最惠国税率、协定税率、特惠税率、普通税率、关税配额税率等多种不同的税率；出口关税设置出口税率。进出口货物关税以从价计征、从量计征或国家规定的其他方式征收。从价计征的计算公式：应纳税额＝完税价格×关税税率；从量计征的计算公式：应纳税额＝货物数量×单位税额。进境物品进口税从价计征，计算公式：进口税税额＝完税价格×进口税税率。

第三，税收种类（二）：所得税。所得税的英文是income tax，故又称为收入税。所得税是指按纳税人在一定时期内取得的纯收入或利润征收的税类，包括：一是个人所得税。规范个人所得税的是《个人所得税法》及《个人所得税法实施条例》。应纳个人所得税的个人所得范围如下：工资、薪金所得，个体工商户的生产、经营所得，对企事业单位的承包经营、承租经营所得，劳务报酬所得，稿酬所得，特许权使用费所得，利息、股息、红利所得，财产租赁所得，财产转让所得，诸如中奖的偶然所得，经国务院财政部门确定征税的其他所得。个人所得税不同情形有不同税率。二是企业所得税。规范企业所得税的是《企业所得税法》及《企业所得税法实施条例》。应纳税所得额，是企业所得税的计税依据，即企业按税法规定计算应缴纳所得税额时的理由。应纳税所得额＝收入总额－不征税收入－免税收入－各项扣除－以前年度亏损；引入会计方法的计算公式是：应纳税所得额＝会计利润总额±税收调整项目金额。不征税收入与免税收入是两个不同的概念：免税收入是指本属于应税所得但依法又免予征税的收入，它属于税收优惠的一种形式；但不征税收入本身不属于应税所得，不作为应纳税所得额的组成部分，不成为税收的计税依据，因此无所谓税收优惠不优惠的问题。应纳税额，是企业所得税的计税结果，即企业按税法规定经过计算得出的应缴纳的所得税税额。应纳税额＝应纳税所得额×适用税率－减免税额－抵免税额，其中的抵免限额＝中国境内外所得依法规定计算的应纳税总额×来源于某国（地区）的应纳税所得额÷中国境内外应纳税所得总额。源泉扣缴，指以所得支付者为扣缴义务人，在每次向纳税人支付有关所得款项时，代为扣缴税款的缴税方式。

　　第四，税收种类（三）：资源税，指按纳税人从事资源开发或使用城镇土地征收的税类，它是在中国领域及管辖海域开采法定矿产品或生产盐等自然资源的单位或个人就其应税数量依法缴纳的一种税。狭义理解的资源税当指资源税暂行条例所规定的资源税；广义理解的资源税则还包括因占用或开发利用土地而设置的城镇土地使用税、耕地占用税、土地增值税。资源税分述如下：一是资源税，并由《资源税暂行条例》和《资源税暂行条例实施细则》予以规范。资源税的应纳税额，依照从价定率或从量定额的办法计算，从价定率的计算公式：应纳税额＝应税产品的销售额×纳税人具体适用的比例税率；从量定额的计算公式：应纳税额＝应税产品的销售数量×纳税人具体适用的定额税率。二是城镇土地使用税，并由城镇土地使用税暂行条例予以规范。城镇土地使用税是指在城市、县城、建镇制、工矿区范围内使用土地的单位和个人依法缴纳的税，其税额视不同地区有所区别。三是耕地占用税，并由耕地占用税暂行条例和耕地占用税暂行条例实施细则予以规范。耕地占用税是指占用耕地建房或从事其他非农业建设的单位或个人就其所占耕地数量依法缴纳的一种资源税。四是土地增值税，由土地增值税暂行条例和土地增值税暂行条例实施细则予以规范。土地增值税是指转让国有土地使用权、地上的建筑物及其附着物等房地产并取得收入的单位和个人就其转让土地所得依法缴纳的一种资源税。土地增值税实行四级超率累进税率，其税率因增值额超过或未超过扣除项目金额某个百分比的部分分别确定。

　　第五，税收种类（四）：财产税。财产税是指按纳税人拥有或归其支配的财产征收的税类，含房产税、契税、车辆购置税、遗产税和赠予税这5个税种，分述如下：一是房产税。规范房产税的是《房产税暂行条例》。房产税指城市、县城、建制镇、工矿区的房产所有权人依法缴纳的财产税。产权属于全民所有的，房产税由经营管理的单位缴纳；产权出典的，由承典人缴纳；产权所有人、承典人不在房产所在地的，或者产权未确定及租典纠纷未解决的，由房产代管人或使用人缴纳。房产税按房产原值一次减除10%至30%后的余值计算缴纳；房产出租的，以房产租金收入为房产税的技术依据。房产税的税率，按不同情形分别缴纳。二是契税。规范契税的是契税暂行条例和契税暂行条例细则。契税指中国境内转移土地、房屋权属，承受权益转移的主体依法缴纳的一种财产税。契税的计税依据：国有土地使用权出让、土地使用权出售、房屋买卖，为成交价格；土地使用权赠予、房屋赠予，由征收机关参照土地使用权出售、房屋买卖的市场价格核定；土地使用权交换、房屋交换，为所交换的土地使用权、房屋的价格的差额。契税应纳税额的计算公式：应纳税率＝计税依据×税率。三是车辆购置税。规范车辆购置税的是车辆购置税暂行条例。车船购置税是指在中国境内购置规定的车辆的单位和个人依法缴纳的一种财产税。车辆购置税实行从价定率办法计算应纳税额，其公式为：应纳税额＝计税价格×税率。税率为10%。计税价格按下列规定确定：购买自用的应税车辆的计税价格，为购买应税车辆而支付给销售者的全部价款和价外费用，不含增值税税款；进口自用的应税车辆计税价格的计算公式：计税价格＝关税完税价格＋关税＋消费税。作为财产税的遗产税和赠予税目前仍未有立法开征，作为国家经济宏观调控和促进社会公平的手段，相信随着税法的进一步完善，开征遗产税和赠予税是迟早之事。

第六，税收种类（五）：行为税。行为税是指按照纳税人的特定行为或为达到特定目的对纳税人的行为征收的税类，包括印花税、车船税、城市维护建设税、待开征的证券交易税这4个税种。行为税是以国家税法明文规定的自然人、法人、非法人组织的某些特定行为作为征收对象的一类税收。行为税以国家限制的某些行为或以国家为开辟某些财源而规定的某些行为为征税对象，以特定行为的种类、性质、数量为计税依据，并具有一次性课税的特征，即仅仅因纳税义务人实施了税法规定的某种特定行为而对其课税，及具有"寓限于征"的特征，即对于纳税人的某些特定行为，作为国家，与其限制，不如征税。行为税分述如下：一是印花税。规范印花税的是《印花税暂行条例》和《印花税暂行条例施行细则》。印花税是指在中国境内书立、领受有关法定凭证的单位和个人依法缴纳的一种行为税。书立，即以书面形式产生的各种合同、协议、契约、字句、账簿等，通常是指签订合同、协议、契约的行为。下列凭证为应纳税凭证：《合同法》规范的合同或具有合同性质的凭证；产权转移书据；营业账簿；权利、许可证照；经财政部确定征税的其他凭证。二是车船税。规范车船税的是车船税暂行条例和车船税暂行条例实施细则。车船税是指在中国境内的车船的所有人或管理人依法缴纳的一种行为税。三是城市维护建设税。规范城市维护建设税的是城市维护建设税暂行条例。城市维护建设税简称城建税，是对从事工商经营，缴纳产品税、增值税、营业税的主体征收的一种为维护城市建设，扩大和稳定城市维护建设资金来源的行为税。城市维护建设税以纳税人实际缴纳的产品税、增值税、营业税税额为计税依据，分别与产品税、增值税、营业税同时缴纳。

第七，税收征收管理。税类税种可视为税收制度的实体规范，而征收税赋的方式、过程，则可视为税收制度的程序规范。规范税收征收的是税收征收管理法及税收征收管理法实施细则。税收征收管理是税务机关为落实税法，通过建立税收征收系统，对税收征收实行组织管理和监督检查，实现税收计划，协调征纳关系，规范税收征收和缴纳行为，组织国家税款入库等各种活动的总称。税收征收管理涉及如下环节：一是税务管理，即税务机关根据税法进行的税款征收活动。税务管理涉及税务登记、账簿及凭证管理、纳税申报等几个方面：从事生产、经营的纳税人应按规定向税务机关申报办理税务登记，若税务登记内容发生变化的，应按规定办理变更登记或注销税务登记，纳税人办理税务登记后，应按规定持税务登记证件在金融机构开立基本存款账户和其他存款账户，并报告税务机关；纳税人、扣缴义务人要依法设置账簿，根据合法、有效凭证记账，进行核算，不得伪造、变造或擅自损毁账簿、记账凭证、完税凭证及其他有关资料；纳税人应按申报期限、申报内容如实办理纳税申报，报送纳税申报表、财务会计报表及按规定其他纳税资料。二是税款征收，是税收征收管理的核心环节。税务机关不得违规开征、停征、多征、少征、提前征收、延缓征收或摊派税款。纳税人、扣缴义务人应按规定期限、缴纳或解缴税款。纳税人可按有关规定申请减税、免税，但是否批准，由法定机关审批。税务机关收到税款时，必须给纳税人开具完税凭证；扣缴义务人代扣、代收税款时，只要纳税人有要求，扣缴义务人应当开具代扣、代收税款凭证。三是税务检查，是税收征收管理的保证环节，内容包括：检查纳税人或扣缴义务人的账簿、记账凭证、报表和有关资料；检查纳税人应纳税的商品、货物或其他财产，或者与代扣代缴、代收代缴税款有关的经营情况；责成提供与纳税或代扣代缴、代收代缴有关的文件、证明材料和有关资料；询问与纳税或代扣代缴、代收代缴有关的问题和情况；检查纳税人托运、邮寄应纳税商品、货物或其他财产的有关单据、凭证和有关资料；查询从事生产、经营的纳税人、扣缴义务人的存款账户。

四　金融法

金融法是宏观调控法的组成部分之一。金融法不是一部具体法律，而是一类法律的名称，它是一个国家用来调整金融关系法律规范的总称。金融关系的法律规范涉及：金融机构的设立、组织、性质、地位和职能等方面的法律规范，国家金融主管机关对金融事业的组织和管理及对金融市场的调控和监管的法律规范，国家对银行及其他金融机构因从事金融活动而发生的经济交易关系进行调整的法律规范。金融法的外延范围有广义与狭义：广义的金融法涉及银行法、货币法、证券法、票据法、信托法、基金法、保险法等，狭义的金融法仅指作为基本金融法的银行法。广义的金融法涉及的证券法、票据法、信托法、保险法等，在中国法律体系中属商法范畴。本书重点阐述狭义的金融法，即阐述银行法，同时兼顾与银行法相关的广义金融法的某些方面，如货币法的方面。

（一）银行法

银行法是调整银行及其他金融机构在金融活动中所发生的关系的法律规范的总称。金融法属一类法律，银行法则属一种法律。银行法涉及以下内容：确立银行和其他金融机构的性质、职能、法律地位、行为规范，确定其资金来源、管理制度和业务范围，规范其包括注册开业、发行和管理货币、调节货币流通、存贷款经营、自有资本的运用与分配监管与统计、破产及其清算等经营活动在内的行为。关于银行法的法律有中国人民银行法和商业银行法、银行业监督管理法。

第一，中国的银行体系。中国的银行体系由4个部分组成：中央银行、银行业金融机构、银行业监管机构、银行业自律性组织。中央银行作为国务院一个组成部门，负责制定和执行国家货币政策，通过宏观调控手段，防范和化解金融风险，维护国家金融秩序和稳定；金融机构是专门从事货币信用活动的中介组织，分为银行业金融机构与非银行业金融机构，前者是商业银行和专业银行性质的金融机构，后者是除商业银行和专业银行外的所有金融机构；银行业监管机构负责对全国银行业金融机构的业务活动实施监督管理，保证国家银行业金融机构活动的合法性、规范性，保证国家银行业金融机构发挥金融中介组织的职能，发挥市场调控手段功能；银行业自律性组织作为行业自律的一个方面，实现行业自律的目标，既有行业内对国家法律制度的执行，又有行业内行规行约对自身的制约。

第二，中央银行：中国人民银行。中央银行行为规范由中国人民银行法规定。中央银行职责包括：发布履行职责的命令和规章；制定和执行货币政策；发行人民币，管理人民币流通；监督管理银行之间同业拆借市场和债券市场；实施外汇管理，监督管理银行之间外汇市场；监督管理黄金市场；持有、管理、经营国家外汇储备、黄金储备；经理国库；维护支付、清算系统的正常运行；指导、部署金融业反洗钱工作，负责反洗钱的资金监测；负责金融业的统计、调查、分析和预测；作为国家的中央银行，从事有关的国际金融活动；国务院规定的其他职责等。中国人民银行业务范围涉及：为执行国家货币政策，可以运用有关的货币政策工具，即为达到货币政策的目标而采取的手段；依法经理国库；代理国务院财政部门向各金融机构组织发行、兑付国债和其他政府债券；为银行业金融机构开立账户，但不得对其账户透支；组织或协助组织银行业金融机构相互之间的清算系统，协调清算事项，提供清算服务；协助银行业监督管理机构制定支付结算规则；可以决定对商业银行贷款的数额、期限、利率和方式。

第三，商业银行。商业银行指按商业银行法和公司法设立的吸收公众存款、发放贷款、办理结算等业务的企业法人。商业银行属于一种特殊银行，与中央银行、政策性银行不同，它以营利为目的；与专业银行和非银行金融机构也不同，它功能齐全、业务范围广泛。商业银行的业务范围包括：吸收公众存款；发放短、中、长期贷款；办理国内外结算；办理票据承兑与贴现；发行金融债券；代理发行和兑付、承销政府债券；买卖政府债券、金融债券；从事同业拆借；买卖、代理买卖外汇；从事银行卡业务；提供信用证服务及担保；代理收付款项及保险业务；提供保管箱服务；国务院规定的其他业务。商业银行经营业务应当遵循以下规则：商业银行贷款，应当对借款人的有关情况严加审查；商业银行贷款，应当与借款人签订书面合同；商业银行应当根据贷款利率的上下限确定贷款利率；贷款应当遵循资产负债比例管理的规定；商业银行不得向关系人发放信用贷款；商业银行在中国境内不得从事信托投资和证券经营业务，不得向非自用不动产投资或向非银行金融机构和企业投资；办理票据承兑、汇兑、委托收款、同业拆借、发放金融债券或到境外借款等业务应当遵循有关规定。

第四，政策性银行。政策性银行是一种非商业性质的银行，指那些多由政府创立、参股或保证，并不以营利为目的，在特定范围内从事政策性融资活动，充当政府进行宏观经济管理工具的金融机构。政策性银行受中国人民银行的指导和监督。1994年创立时，政策性银行共有3家，均直属国务院领导，即中国农业发展银行、国家开发银行、中国进出口银行；国家开发银行已于2008年转为商业银行，所以现时政策性银行仅有2家。

第五，非银行金融机构。非银行金融机构是指那些除商业银行、城市信用合作社、农村信用合作社等吸收公众存款的金融机构及政策性银行等银行业金融机构以外的所有金融机构，包括金融资产管理公司、信托投资公司、财务公司、金融租赁公司以及国务院银行业监督管理机构批准设立的其他金融机构。非银行金融机构分为几种：按是否属于商业性质来区分，分为政策性非银行金融机构和商业性非银行金融机构；按是否经营银行业务来区分，分为经营银行业务的非银行金融机构和经营非银行业务的非银行金融机构；按是否吸收存款来区分，分为吸收存款的非银行金融机构和不能吸收存款的非银行金融机构。

第六,外资银行。规范外资银行的是外资银行管理条例和外资银行管理条例实施细则。外资银行是指依照中国法律经批准在中国境内设立的外商独资、中外合资的外资银行营业性机构和外国银行分行形式的外资银行营业性机构以及外国银行代表处。外商独资银行、中外合资银行业务包括:吸收公众存款;发放短、中、长期贷款;办理票据承兑与贴现;买卖政府债券、金融债券,买卖股票外的其他外币有价证券;提供信用证服务及担保;办理国内外结算;买卖、代理买卖外汇;代理保险;从事同业拆借等。

第七,银行业监管机构。规范银行业监管机构的是《银行业监督管理法》。银行业监管指银行业监管机构对金融机构及政策性银行等银行业的监督管理。对银行业的监管,旨在防范和化解银行业风险,保护存款人和其他客户的合法权益,促进银行业健康发展,维护公众对银行业的信心。银行业监管机构是中国银行业监管委员会,隶属于国务院。

第八,银行业自律性组织:中国银行业协会。成立于2000年的中国银行业协会由各商业银行、政策性银行、城市信用合作社、农村信用合作社及外资金融机构自愿结成,经中国人民银行批准并在民政部门登记的非营利性社会团体法人,是中国银行业自律性组织。2003年成立中国银监会后,中国银行业协会的主管单位由中国人民银行变更为中国银监会。

(二) 货币法

货币法是一国有关货币发行与管理的法律规范总称。人民币是中国法定货币,中国人民银行是货币发行和管理的主管机关。由于货币是商品交换和价值形态发展到一定阶段的产物,在商品生产和交换的经济关系中,货币是充当一般等价物的特殊商品,并具有价值尺度、流通手段、支付手段、贮藏手段和世界货币这5大基本功能,因而一个国家需要制定货币法,以保证货币的统一和币值的稳定。货币及其货币法关乎一个国家的经济发展和稳定,因而必须由国家制定,并用以规范货币的发行和流通。规范货币流通、人民币的发行与流通的法律是中国人民银行法。人民币统一由中国人民银行印制和发行。禁止伪造、变造人民币;禁止出售、购买伪造、变造的人民币;禁止运输、持有、使用伪造、变造的人民币;禁止故意毁损人民币;禁止在宣传品、出版物或其他商品上非法使用人民币图样;任何单位和个人不得印制发售代币票券,以代替人民币在市场上流通。

第四节 资源配置法

资源配置法是调整国家自然资源配置关系的法律规范的总称。资源是一切可以为人类经济活动利用的源泉,是社会经济活动中人力、物力、财力等各种物质要素的总和构成,分为自然资源和社会资源。自然资源当指阳光、空气、水、土地、森林、草原、矿藏、生物等自然界恩赐予人类的自然物。社会资源则指人力资源、信息资源、经过劳动演变出来的物力资源和财力资源。资源配置法中的资源指的是自然资源，又曰天然资源，即在原始状态下即有其价值的东西。资源配置法中的资源配置是指对相对稀缺的资源在各种不同用途上和各种不同的状态下通过比较而作出的相对合理的选择。由于在社会发展过程中，尤其在后现代社会发展过程中，资源相对于人类的需求来总是表现出相对稀缺性和有限性，为了使得资源更合理地被利用，就要求人类对相对稀缺的有限的资源进行合理配置，作出科学的选择，以便用相对少的资源耗费产生出相对多的产品，从而获取最优的效益。衡量一个经济体的成熟程度，不能光靠国民生产总值吸引眼球，还应考虑对资源的耗费程度。不顾一切地耗尽资源，即使有暂时的经济发展，但从国家长远利益、子孙后代利益考虑，仍是不可取的。不仅要增加生产力，而且要用最少的资源创造最多的生产力，这才是国家发展之道。一个成熟的法律体系，应当有对资源配置规范的立法，以规范国家经济行为。现行中国法律体系中关于资源配置方面的法律规范主要涉及：土地资源配置法、水资源配置法、森林草原资源配置法、矿产资源配置法、农业资源配置法。

一　土地资源配置法

土地资源包括地表资源和地内资源。地表资源包括水、土、森林、草原、生物等各种资源；地内资源指矿藏资源，包括煤、金属矿产、矿物能源等各种资源。所有自然资源亦可归结为土地资源，这是广义上的土地资源。土地资源配置法的土地资源是狭义上的土地资源，指地表资源中的土资源，不含水资源、森林草原资源、生物资源，不含地内资源。土地资源是最重要的资源，土地资源配置是最重要的资源配置，因为土地资源是有限的、不可增量的。规范土地资源的有土地管理法、水土保持法、城市房地产管理法、农村土地承包法及城乡规划法。

（一）中国土地所有制性质和土地划分类型

根据宪法和法律，土地不是私人所有的，而是国家或农村集体所有的，但无论是国家所有还是农村集体所有，都是公有的。如何确认不同土地的所有制性质？农民集体所有的土地，由县级政府确认所有权；农民集体所有的土地依法用于非农业建设的，由县级政府确认建设用地使用权；单位和个人依法使用的国有土地，由县级以上政府确认使用权，中央国家机关使用的国有土地由国务院确定；确认林地和草原的所有权或使用权，确认水面和滩涂的养殖使用权，分别按森林法、草原法和渔业法的相关规定办理。

根据土地性质，中国土地分为3种类型：农耕地，即用于农业、林业、牧业的土地，统称为农耕地；建设用地，即建造建筑物、构筑物的用地，包括城乡住宅用地、公共设施用地、工矿用地、交通水利能源通信设施用地、旅游悠闲设施用地、军事设施用地，统称为建设用地；除上述外的城市用地，即城市规划范围内赋予城市建设一定用途和功能的土地的统称。对于不同类型的土地，其占有、使用均有不同规范：对于城市土地，城市住宅房屋的所有人，拥有房子仅仅是拥有地面上的建筑物，而不是拥有土地，建筑物所依赖的地面，房屋所有权人只能是向国家租用，其租赁期限为70年；对于工矿企业，其使用的工矿建筑物，亦只能拥有所使用的建筑物，该建筑物所占用的地面，同样是由该企业向国家租用，其租赁期限为50年；对于农村集体土地，也不属于任何农民个人所有，农民要耕种土地，只能向农村集体经济组织承包所耕种的土地，其承包期限为30年。

(二) 国家编制土地利用总体规划

中国根据土地所有制性质和土地划分类型，依法编制土地利用总体规划，以维护土地的公有制，保护耕地，开发并优化配置土地资源，合理利用土地，最终促进社会经济的可持续发展。土地利用总体规划应依照以下原则编制：保护基本农田原则，即一方面保护耕地，控制非农业建设占用农用地，保证18亿亩耕地红线，另一方面控制建设用地，包括严格控制城市、集镇、村庄非农业建设用地规模；提高土地利用率原则，即在有限的土地中达到最优化的土地资源配置；统筹安排用地原则，即协调土地开发、利用、整治、保护之间的关系，协调土地供需之间与各业之间用地矛盾，协调建设与吃饭之间的用地矛盾；土地可持续利用原则，即通过保护基本农田，从而保护和改善生态环境，使土地可持续利用，土地可持续利用，不但土地能满足当代人的需求，而且要求土地对后代需求不会构成威胁；耕地占补原则，即占用耕地与开发复垦耕地应相平衡，因建设占用耕地，应相应地开发复垦补充耕地，尽量使占用耕地与开发复垦补充耕地之间获得平衡，本原则的实质是"占多少，垦多少"原则。为了落实土地利用总体规划，应当同时做好城乡规划，包括城镇体系规划、城市规划、镇规划、乡规划和村庄规划。应按城乡规划法要求，制定和实施城乡规划，并在城市、镇和村庄的建成区及因城乡建设和发展需要而必须实行规划控制的区域内，按照规划进行建设活动。

(三) 城市国有土地资源优化配置

城市土地属于国家所有，国家实行土地用途管制制度及国有土地有偿、有限期使用制度。规范城市国有土地资源优化配置的是土地管理法、城市房地产管理法、城乡规划法和土地管理法实施条例、城镇国有土地使用权出让和转让暂行条例。

第一，国有土地有偿使用制度。据此制度，国家将一定时期内的土地使用权提供给单位、个人，由获得土地使用权的主体使用土地，而土地使用者依照土地有偿使用合同的规定，以此或分年度向国家缴纳土地有偿使用费。国有土地有偿使用主要是建设用地对国有土地的消耗，因而规范国有土地有偿使用，实质是规范建设用地对土地的使用。建设用地即便使用国家征收原属于农民集体所有的土地，但所占用土地是涉及农用地的，应当办理农用地转用审批手续。因建设需要征收以下3类土地，必须经国务院批准：基本农田，基本农田以外的耕地超过35公顷的，其他土地超过70公顷的。征收耕地的补偿费用包括以下各项：土地补偿费、安置补助费、地上附着物和青苗的补偿费。

第二，建设用地。国有土地实行有偿使用制度，建设单位使用国有土地，属于建设用地范围，应以出让等有偿使用方式取得；建设单位应按规定的标准和办法，向国家缴纳土地使用权出让金等土地有偿使用费和其他费用后，方可使用土地。土地使用权出让金是指政府以出让等方式配置国有土地使用权取得的全部土地价款，包括受让人支付的征地和拆迁补偿费用、土地前期开发费用和土地出让收益等，它又称为国有土地使用权出让收入。建设单位除应依规定缴纳土地使用权出让金外，还应依照土地使用权出让等有偿使用合同的约定或土地使用权划拨批准文件的规定使用土地；需改变土地建设用途的，应依批准后方可改变用途。

第三，房地产开发用地。取得房地产开发用地有两个环节：一个是通过土地使用权出让行为获得房地产开发用地，土地使用者须按土地使用权出让合同约定，支付土地使用权出让金；另一个是通过土地使用权划拨行为而获得房地产开发用地，即作为土地使用权受让人的土地使用者缴纳有关费用后，政府应当将该幅土地划拨给土地使用者。由于中国实行土地公有制以及国有土地有偿使用制度，土地使用者必须向国家缴纳土地有偿使用费，这些费用作为政府财政收入的一部分，用于城市基础设施和土地开发。然而，在实际的操作中，往往被挪作他用，出现所谓卖地财政。这样就带来21世纪初期各地出现愈演愈烈的房屋拆迁和农地征用的局面，并由此产生出前所未有的矛盾，从而引发社会危机，这恐怕是法律规范缺失和政府权力不受制约所致。相信一个公义的政府，如果不但想要土地可持续利用，而且想要国民经济和社会可持续发展，那么对此一定会有所交待。

（四）农村集体土地资源优化配置

中国土地利用大致上可以划分为两大块：一块是如前所述的城市国有土地，另一大块是农村集体所有的土地，包括乡镇企业、公共设施、公益事业、村民住宅等建设用地在内的土地。因此，继城市国有土地资源优化配置以后，还有一个就是农村集体土地资源优化配置的问题。作为中国土地另一大块的农村集体所有的土地，其土地资源优化配置涉及如下方面：

第一，耕地保护。国家保护耕地实行两项制度：占用耕地补偿制度，又曰耕地占补平衡制度，指非农业建设经批准可依法占用耕地，但须按"占多少，垦多少"的原则，由占用耕地的单位负责开垦与所占用耕地数量和质量相当的耕地，没有条件开垦或所开垦的耕地不符合要求的，应依法缴纳专门用于开垦新耕地的耕地开垦费；基本农田保护制度，即为了切实保护基本农田，国家相应地规定了基本农田保护区及其范围，提高基本农田的耕种质量，维护排灌工程设施，改良土壤，提高地力，采取有效措施保证基本农田的数量。

第二，合理利用农村集体所有的土地，发展各项事业。利用农村集体所有的土地进行各项建设事业，应依据土地管理法、城乡规划法、农村土地承包法和水土保持法。乡镇的企业、公共设施、公益事业、村民住宅等乡镇建设应按规划，其建设用地应依法办理审批手续。村民只能拥有一处宅基地，出卖、出租住房后再申请宅基地的，不予批准。农民集体所有的土地，其使用权不得出让、转让或出租用于非农业建设，除非是依法取得建设用地的企业，因破产、兼并等情形致使土地使用权依法发生转移的。而且，为了合理利用农村集体所有的土地，有下列情形之一的，农村集体经济组织经批准可以收回土地使用权：为乡村公共设施和公益事业建设，需要使用土地的；不按照批准的用途使用土地的；因撤销或迁移等原因停止使用土地的。

第三，依法实施水土保持，优化农村土地资源配置，实现国民经济和社会的可持续发展。水土保持应以预防为主，预防水土流失，既要扩大林草覆盖面积，预防和减轻水土流失，又要严格规范取土、挖砂、采石等有损水土保持的活动，预防和减轻水土流失；实现水土保持，还要对造成水土流失的现状实行有效的综合治理。国家加强水土流失重点预防区和重点治理区及江河源头区、饮用水水源保护区和水源涵养区水土流失的治理工作，对山区、丘陵区、风沙区及容易发生水土流失的区域，采取切实措施，以治理水土流失。

二 水资源配置法

水是地球上人类与一切生物赖以生存以及工农业生产、社会经济发展和环境改善的不可缺少的上天恩赐的重要自然资源。广义上的水资源是指因人类生存和活动的需要能够直接或间接被使用的各种水和水中物质,对人类生存和活动具有使用价值和经济价值的化学意义上的水均属于水资源。狭义上的水资源是指一定条件下人类可以直接利用的淡水,包括地表水、地下水。中国淡水资源仅占世界的6%,人口却占世界的约1/4,人均水资源仅为世界平均水平的1/4;保护现有水资源,开发新的水资源,优化配置水资源,是当今要务之一。规范水资源的是水法、防洪法和水污染防治法。

(一) 水资源所有制属性及其基本用水制度

中国领域内的水资源属于国家所有。对于水资源,除农村集体经济组织的水塘和水库中的水归各该农村集体经济组织及其成员使用外,国家对水资源实行取水许可制度和有偿使用制度。所谓取水是指利用取水工程或设施直接从江河、湖泊或地下取用水资源的行为,而不是指城镇居民日常生活取得用水的行为。取水许可制度是指利用取水工程或设施直接从江河、湖泊或地下等地表取用水资源的单位和个人,除不需要申请的法定情形外,均应当依法向有关机关申请领取取水许可证并依照规定取水的制度。有偿使用制度是指国家为保障有限的水资源可持续利用,要求取用水资源的单位和个人在取得取水许可证后向国家缴纳水资源费并取得取水权的取用水资源的制度。为规范取水行为,国务院的《取水许可和水资源费征收管理条例》,水利部等部委的《水资源费征收使用管理办法》,规范了取水行为。有偿使用制度与取水许可制度应相配套,即国家为保障有限的水资源可持续利用,要求取用水资源的单位和个人在取得取水许可证后向国家缴纳水资源费并取得取水权。水资源费应全额分别纳入中央和地方财政预算,作为水资源的节约、保护和管理以及合理开发的专项费用。

(二) 水资源的规划以及开发、利用

水资源规划是指根据经济社会发展对水资源的需求和水资源的现状编制的有关水资源开发、利用、保护、配置的一定期限内的部署,分为包括流域综合规划和流域专业规划的流域规划以及包括区域综合规划和区域专业规划的区域规划。综合规划是指根据经济社会发展需要和水资源开发利用现状编制的开发、利用、节约、保护水资源和防治水害的总体部署,专业规划是指防洪、治涝、灌溉、航运、供水、水力发电、竹木流放、渔业、水资源保护、水土保持、防沙治沙、节约用水等规划。上述各种不同规划的效力性原则:流域范围内的区域规划应服从流域规划,专业规划应服从综合规划;上述4种规划的效力性依次递减为:流域综合规划、流域专业规划、区域综合规划、区域专业规划。

水资源的开发、利用是指按水资源规划以水资源为对象进行劳动,达到使水资源按规划目的发挥效能的行为。国家强调开发、利用水资源应首先满足城乡居民生活用水,兼顾农业、工业、生态环境用水及航运等需要;强调应坚持兴利与除害相结合兼顾上下游、左右岸和有关地区间的利益;强调跨流域调水,统筹兼顾调出与调入流域的用水需要,防止破坏生态环境。在开发、利用水资源过程中，国家鼓励开发、利用水能资源和水运资源；在水资源短缺的地区，鼓励对雨水和微咸水的收集、开发、利用和对海水的利用、淡化。

(三) 水资源的保护

狭义的水资源保护是指为防止水源的水体、水质污染和水源的水量枯竭而采取的技术性保护措施，广义的水资源保护是指为防治水源水质污染和水源水量枯竭而采取的立法、行政管理、经济投入、技术防范与控制、教育知识等措施的总和。规范水资源保护的法律有水法、环境保护法和水污染防治法。水资源保护在于两方面：一是对水体、水质的保护，即防止对水体、水质的污染，保持水体的自然净化能力；防治水污染，是防治江河、湖泊、运河、渠道、水库等地表水体及地下水体的污染，包括工业水污染防治、城镇水污染防治、农业和农村水污染防治、船舶水污染防治等；此外还有饮用水水源和其他特殊水体的保护。二是对水量的保护，即防止水量枯竭，保持水资源的一定流量；既要保护水资源的水量，又要做好防治洪水，防御、减轻洪涝灾害的工作。

(四) 水资源配置

国家制定全国水资源的宏观调配方案，地方按国家水资源宏观调配方案，根据水的供求现状及国民经济和社会发展规划、流域规划、区域规划，遵循水资源供需协调、综合平衡、保护生态、厉行节约、合理开源的原则制定水中长期供求规划。调蓄径流和分配水量必须依据流域规划和水中长期供求规划，以流域为单元制定水量分配方案。国家对用水实行总量控制和定额管理相结合的制度，并对用水实行许可证制度和水资源有偿使用制度，从而合理配置水资源，节约用水。用水实行计量收费，并实行超定额累进加价制度。

三　森林草原资源配置法

森林和草原是国家重要的自然资源，受国家法律保护，任何与森林、草原的开发、利用的行为，均应当合乎法律规范。森林草原资源配置是对相对有限的森林草原资源在国民经济和社会发展的各种不同用途上加以比较并作出选择的配备布置。规范森林草原资源配置的，有森林法、草原法、水土保持法、森林法实施条例、森林防火条例和草原防火条例。

(一) 森林资源配置法

森林资源包括森林、林木、林地及依托森林、林木、林地生存的野生动物、植物和微生物。森林包括乔木林和竹林，林木包括树木和竹子，林地包括郁闭度0.2以上乔木林地以及竹林地、灌木林地、疏林地、采伐迹地、火烧迹地、未成林造林地、苗圃地和县级以上政府规划的宜林地。森林资源除属集体所有的外，其他属国家所有。森林根据所有制的不同归属分别进行不同的经营和管理；属集体所有并经营的森林，也须按国家规定予以保护。国家对森林实行保护性措施。森林资源配置先要做好森林的经营管理。以下森林、林木、林地使用权可依法转让或作价入股，或者作为合资、合作造林、经营林木的出资、合作条件，但应保护好林地，不得将林地改为非林地：用材林、经济林、薪炭林，用材林、经济林、薪炭林的林地使用权，用材林、经济林、薪炭林的采伐迹地、火烧迹地的林地使用权，国务院规定的其他森林、林木和其他林地使用权。森林资源配置还要做好对森林保护：防治森林火灾；防治森林病虫害；禁止开垦、采石采砂、采土等毁林行为；保护不同自然地带的森林生态地区、珍贵动物和植物生长繁殖的林区、天然热带雨林区和具有特殊保护价值的其他天然林区，并把这些林区划定为自然保护区来保护；禁止猎捕林区内列为国家保护的野生动物；植树造林，提高森林覆盖率；森林采伐须按国家规定，不得违规采伐森林和林木。

（二）草原资源配置法

草原在学理上定义为天然的半干旱地区杂草丛生，间或杂有耐旱树木的大片湿地或半湿地。但草原法界定的或适用草原法的草原，则包括天然草原和人工草地。除由法律规定属于集体所有的外，草原属于国家所有。国家所有的草原，可依法确定给全民所有制单位、集体经济组织等使用；行使草原使用权的，应依法缴纳使用费。集体所有的草原或依法确定给集体经济组织使用的国家所有的草原，可由本集体经济组织内的家庭或联户承包经营。草原承包经营权受法律保护，并可按自愿、有偿的原则转让承包权。国家建立草原规划制度、草原调查制度和草原统计制度。国家对草原保护、建设、利用按照一定原则，实行统一规划制度。草原建设和利用应按规范进行。国家实行基本草原保护制度，对基本草原实行严格管理。为了保护草原，国家采取以下措施：对草原实行以草定畜、草畜平衡制度；禁止开垦草原；对严重退化、沙化、盐碱化、石漠化的草原和生态脆弱区的草原，实行禁牧、休牧制度；实行退耕还草和禁牧、休牧；禁止在荒漠、半荒漠和严重退化、沙化、盐碱化、石漠化、水土流失的草原以及生态脆弱区的草原上采挖植物和从事破坏草原植被的其他活动；需要在草原上从事采土、采砂、采石等作业活动，应当经过批准，开采矿产资源的，应当依法办理手续；在草原上种植牧草或者饲料作物，应当符合规范；在草原上开展经营性旅游活动，应当符合有关规范；做好草原防火工作，以预防为主，防消结合；应当做好草原鼠害、病虫害和毒害草防治工作，禁止在草原上使用剧毒、高残留及可能导致二次中毒的农药；禁止机动车辆离开道路在草原上行使，破坏草原植被。

四　矿产资源配置法

矿产属于自然资源，是埋藏在地壳[①]中有开采价值，可供人类开发、利用的矿物，包括金属矿产、非金属矿产、能源矿产。矿藏也属于自然资源，是地下埋藏的各种矿物总称。矿产资源指由地质作用形成，有利用价值，呈固态、液态、气态的自然资源，分为：能源矿产，如煤、煤成气、石煤、油页岩、石油、天然气等；金属矿产，如铁、锰、铜、

---

① 由岩石构成的地球外壳，其平均厚度，陆地地壳约为35公里，海底地壳约为6公里。矿藏外延要宽于矿产外延，二者虽均为埋藏在地下的自然资源，但所涉范围不同：矿产是埋在地壳中已被认识、有开采价值且正在被人类开发、利用的矿物；而矿藏则除了包括所有埋在地已被认识、被开采的矿物外，还包括尚未被认识、被开采的其他矿物。或者说，矿产和矿藏都是矿物资源，只不过矿产是侧重于作为工业产品被人类开发、利用的矿物资源；矿藏则是侧重于作为埋藏在地下这样一种状态下的矿物资源。

铅、锌、硒、金、银、铌、钽、镧等；非金属矿产，如金刚石、石墨、磷、自然硫、钾盐、硫铁矿、水晶等；水气矿产，如地下水、矿泉水、二氧化碳气、硫化氢气、氦气、氡气等。规范矿产资源配置的是矿产资源法、电力法、煤炭法、节约能源法、海域使用管理法、可再生能源法及土地管理法、水土保持法。

(一) 矿产资源的所有制性质

中国的矿产资源属于国家所有。因此，以下规定与矿产资源的公有性质是一致的：地表或地下的矿产资源的国家所有权，不因其所依附的土地所有权或使用权的不同而改变，所谓土地的所有权或使用权不同，即不是国家所有，而农村集体所有，或者土地虽属国家所有，但其使用权已经租赁给土地使用者使用；国家实行探矿权、采矿权有偿取得制度，国家对矿产资源的勘查、开采实行许可证制度；国有矿山企业是开采矿产资源的主体，从而保障国有矿业经济的巩固和发展，但同时国家保障依法设立的个人独资企业、合伙企业、合资合作企业或外国企业等其他矿山企业开采矿产资源的合法权益，其依法取得的探矿权、采矿权受国家法律的保护，不受侵犯。

(二) 投资、开发矿产资源的环节

规范矿产资源投资、开发行为的，包括矿产资源法及矿产资源法实施细则、矿产资源勘查区块登记管理办法、矿产资源开采登记管理办法、探矿权采矿权转让管理办法。投资、开发矿产资源，需要经过以下环节：勘查矿产资源应依法办理申请、审批和勘查登记等手续；开办矿山企业应依法申请，经审查批准方能进行矿产资源的开采工作；矿产资源的勘查，含预查、普查、详查、勘探等步骤；矿产资源的开采，必须依照程序进行，采取合理的开采顺序、开采方法和选矿工艺，并禁止擅自在耕地上采矿。

(三) 对集体矿山企业和个体采矿的规范

国家对集体矿山企业和个体采矿予以扶持和规划，鼓励集体矿山企业开采国家指定范围的矿产资源，允许个人采挖零星分散资源和只能用作普通建筑材料的沙、石、粘土以及为生活自用采挖少量矿产。集体矿山企业可以开采以下矿产资源：不适于国家建设大、中型矿山的矿床及矿点；经国有矿山企业同意和有关主管部门批准，在其矿区范围内划出的边缘零星矿产；矿山闭坑后，经原矿山企业主管部门确认可安全开采并不会引起严重环境后果的残留矿体；国家规划可以由集体矿山企业开采的其他矿产资源。私营矿山企业的开采范围参照集体矿山企业的开采范围的规定执行。个体采矿者可采挖下列矿产资源：零星分散的小矿体或矿点，只能用作普通建筑材料的沙、石、粘土。

(四) 能源法

根据矿产资源的分类法，能源资源属于矿产资源的一类。能源法是调整能源开发、利用的管理活动中的社会关系的法律规范总称，其所称之能源指煤炭、石油、天然气、生物质能和电力、热力及其他直接或通过加工、转换而取得有用能的各种资源。规范能源资源开发、利用的，有电力法、煤炭法、节约能源法、可再生能源法。能源法的内容包括：关于电力业的法律规范，涉及电力建设、电力生产与电网管理、电力供应与使用、用电价格、农村电力建设与农业用电、电力设施保护等;关于煤炭业的法律规范,规定煤炭资源属国家所有,地表和地下煤炭资源的国家所有权,不因其依附的土地所有权或使用权的不同而改变,规定煤矿投入使用前,煤矿企业应依法领取煤炭生产许可证,并实行安全生产管理制度;关于能源节约的法律规范,规定节能作为国家一项基本国策,实施节约与开发并举,把节约放在首位的能源发展战略;关于可再生能源开发的法律规范,规定开发、利用可再生能源,实现经济可持续发展。

五 农业资源配置法

农业是国民经济重要产业部门,属第一产业,分为若干子部门:利用土地资源进行种植生产的部门称为种植业;利用土地资源进行培育、采伐林木的部门称为林业;利用土地资源培育或直接利用草地进行畜牧生产的部门称为畜牧业;利用土地上水域空间进行水产养殖的部门称为渔业或水产业;此外仍属农业范畴的其他生产事业统称为副业,含家庭手工业、家庭式的畜禽饲养业、家庭式的采集野生植物业、家庭式的农副产品加工业等。广义农业含种植业、林业、畜牧业、渔业和副业;狭义农业仅指种植业。《农业法》界定的是广义的农业。农业资源指人类从事农业生产或农业经济活动时可以利用的资源,包括农业自然资源和农业经济资源,前者指自然界中可以被利用于农业生产的物质和能量来源,包括土地资源、水资源、气象资源、生物资源,后者是指直接或间接作用于农业生产的社会经济因素和社会生产成果,包括农业人口和劳动力的数量和质量、农业技术装备、农业基础设施等。与农业资源配置相关的,包括种植业资源、林业资源、畜牧业资源、渔业资源等方面,规范它们的是农业法、种子法、畜牧法、渔业法,以及前面涉及的森林法、草原法、土地管理法、水法、水土保持法等。

(一) 种植业资源配置的法律规范

种植业的规范散见于农业法、种子法、土地管理法、水法、水土保持法等法律当中,内容涉及:种植业资源分布区域,根据中国地形呈西高东低状态,南方以水田为主,北方以旱田为主,将其划分为10个一级区和31个二级区;农业生产经营体制,实行农村土地承包经营制度;种植业的生产、产品流通与加工,国家制定农产品批发市场发展规划,鼓励和支持发展多种形式的农产品流通活动,国家支持发展农产品加工业和食品工业,增加农产品的附加值,并鼓励发展农产品进出口贸易;种植业资源与种植业环境保护,在合理利用和保护自然环境的诸因素中,首要的是保养好耕地,合理使用化肥、农药、农用薄膜,增加使用有机肥料,采用先进技术,保护和提高地力,防止农用地的污染、破坏和地力衰退,并预防和治理水土流失,预防土地沙化和治理沙化土地;种质资源,要保护和合理利用,规范品种选育和种子生产、经营、使用的行为。

(二) 林业资源配置的法律规范

林业资源配置的规范主要是森林法,也散见于农业法、种子法、水土保持法、水法、土地管理法。前述之森林资源配置法律规范已涉及林业资源配置问题;种子法规范的种质资源,除涉及种植业的外,还有林业的,此处不再赘述。

(三) 畜牧业资源配置的法律规范

规范畜牧业资源配置的除草原法外，还有畜牧法及散见于土地管理法、水法、水土保持法等法律中，内容涉及：一是畜牧业资源分类，含7类138种：猪类，共有八眉猪等34种；鸡类，共有九斤黄鸡等23种；鸭类，共有北京鸭等8种；鹅类，共有四川白鹅等10种；羊类，共有辽宁绒山羊等21种；牛类，共有九龙牦牛等21种；其他品种类，共有不同的马、驼、鹿等21种。二是畜禽遗传资源保护，包括国家畜禽遗传资源（物种）保护制度、国家畜禽遗传资源调查制度、国家畜禽遗传资源状况报告定期发布制度、全国畜禽遗传资源保护规划和保护名录制度、畜禽遗传资源的鉴定和评估制度、畜禽遗传资源分级管理制度、畜禽遗传资源进出口管理制度等。三是种畜禽品种选育与生产经营。有关单位培育的畜禽新品种、配套系和新发现的畜禽遗传资源在推广前应依法通过鉴定，转基因畜禽品种的培育、试验、审定、推广应依法进行。四是畜禽养殖。国家支持草原牧区开展草原围栏、草原水利、草原改良和饲草饲料基地等草原基本建设，优化畜群结构，改良牲畜品种，发展舍饲圈养、划区轮牧，逐步实现畜草平衡。

(四) 渔业资源配置的法律规范

渔业分为养殖业和捕捞业两种。规范渔业资源配置的，有渔业法、海洋环境保护法、水污染防治法、野生动物保护法、水法、水土保持法及渔业法实施细则等，它们规范在中国的内水、滩涂、领海、专属经济区及中国管辖的一切其他海域从事养殖和捕捞水生动物、水生植物等渔业生产活动，其内容涉及：渔业资源的增殖和保护，即采取可行措施，增殖渔业资源，保护水产种质资源及其生存环境，并在具有较高经济价值和遗传育种价值的水产种质资源的主要生长繁育区域建立水产种质资源保护区；渔业养殖业，国家鼓励充分利用适于养殖的水域和滩涂，发展养殖业，使用国家规划确定用于养殖业的全民所有的水域、滩涂的，使用者应依法获得养殖证，方可在该水域、滩涂从事养殖生产，而集体所有的或全民所有但由农村集体经济组织使用的水域、滩涂，可由个人或集体承包，从事养殖生产；渔业捕捞业实行捕捞限额制度，即对于内水和近海捕捞，根据捕捞量低于渔业资源增长量原则，确定渔业资源的总可捕捞量，但对于远洋捕捞不但没有设置限额，而且还在财税和信贷方面鼓励和扶持远洋捕捞业的发展，并实行捕捞许可证制度，即符合捕捞业条件的捕捞业者进行捕捞，先须依法取得捕捞许可证，并按捕捞许可证关于作业类型、场所、时限、渔具数量和捕捞限额的规定进行作业。

第五节 经济法范畴内特定行业规范法

所谓特定行业指经济法范畴内，除市场规制法、宏观调控法、资源配置法外，有些行业的规范明显属经济法的范畴，但又不好将其置于前述哪一类经济法之内，主要包括交通运输行业、邮电行业、烟草行业、政府采购业。

一 交通运输行业规范法

交通通常是指从事旅客、货物运输以及语言和图文传递的行业，包括交通运输行业和邮电行业两个方面，它们均属于国民经济中的第三产业。这里主要涉及交通运输行业，至于邮电行业则放在下一题中讨论。交通运输包括公路运输、铁路运输、水路运输、航空运输和管道运输。这5种运输形式各有长短，可为互补：公路运输适于少量短途运输，铁路运输适于大宗中远程运输，水路运输适于大宗远程而不急需的运输，航空运输适于数量不大而急需的运输，管道运输适于大宗流体货物运输。交通运输行业当属经济法范畴。交通运输行业法律规范之所以归结为经济法部门，是因为它不能由民商法来规定，尽管其规则会涉及民商法的内容；也不能由行政法来规定，尽管其涉及到行政部门的立法和执法；更不能由社会法来规定，尽管其涉及面与社会发展相关。规范交通运输行业的有公路法、铁路法、民用航空法、港口法、海上交通安全法、石油天然气管道保护法、道路交通安全法、航道法、国防交通法等法律及公路安全保护条例、铁路运输安全保护条例、国防交通条例、通用航空飞行管制条例、航道管理条例、国际海运条例、国内水路运输管理条例、内河交通安全管理条例、民用航空器适航管理条例、外国民用航空器飞行管理规则、海上交通事故调查处理条例、公路汽车旅客运输规则、公路汽车货物运输规则等法规规章，还有中国参加的有关交通运输的国际公约、协定，包括《统一国际航空运输某些规则的公约》《海牙协定书》《联合国国际货物多式联运公约》等。

（一）公路运输行业规范法

公路运输是指以公路为运输线，利用汽车等陆路运输工具，以完成旅客、货物位移的运输方式。公路运输是最基本的交通输运方式，也是构成陆上运输两种基本运输方式之一，自19世纪末随着现代汽车的诞生而出现。公路运输具有灵活、门对门的直达运输等优点。公路运输行业规范涉及如下内容：公路规划，应符合土地利用总体规划，不同地位的公路由相应级别政府承担规划；公路建设、养护与管理应符合规范，公路建设资金来源包括财政拨款、国内外金融机构或外国政府的贷款、国内外经济组织的投资、依法出让公路收费权的收入、企业和个人的集资等，公路养护资金由国家采取征税的办法筹集；公路安全，由公路管理机构、公路经营企业负责，根据公路突发事件应急预案组建应急队伍；公路经营与收费公路，应符合规范，国家允许依法设立收费公路，但应控制其数量和经营期限；道路交通安全，既方便行人和保障行人的安全，又保障道路交通有序、安全、畅通。

（二）铁路运输行业规范法

铁路运输是陆路两大基本运输之一。狭义的铁路运输是指一种具有轮对的车辆在光滑而坚硬的轨道上运行以达到运送旅客或货物目的的陆上运输方式，广义的铁路运输还包括磁悬浮列车、缆车、索道等并非使用车轮但仍沿特定轨道运行的运输方式。所有狭义的和广义的使用轨道运行的运输方式可以统称为轨道运输或轨道交通。铁路运输行业规范涉及如下内容：铁路建设，先要做好铁路发展规划的编制工作，其建设要符合标准，建成后须验收合格方可交付正式运行；铁路运输营业，应订立铁路运输合同，以规范承运人这一方与旅客、托运人、收货人这一方之间的行为规范，尤其作为铁路运输合同承运方应符合营业规范，提供符合标准的服务；铁路安全与保护，铁路运输企业应定期检查、维修铁路运输设施，保障旅客和货物运输安全，铁路公安机关和地方公安机关分工负责共同维护铁路治安秩序，电力主管部门应保证铁路牵引用电以及铁路运营用电中重要负荷的电力供应，地方政府对铁路线路两侧地界以外的山坡地的水土保持负责整治，铁路卫生检疫机构对车站和旅客列车内发生的法定需要检疫的传染病进行检疫。

（三）水路运输行业规范法

水路运输是以船舶为主要运输工具，以港口或港站为运输基地，以水域为运输活动范围的旅客和货物运输方式。水路运输行业规范涉及如下内容：国际海运规范法，涉及国际海上运输及其辅助性经营业务的经营者经营有关业务，当具备法定条件，符合相应经营规范；国内水路运输规范法，水路运输经营者申请经营水路运输业务，应符合相应法定条件，投入运营的船舶也应符合相应的法定条件，个人符合一定条件，可申请经营内河普通货物运输业务，所有经营水路运输业务的，须依法取得经营许可证并办理有关登记后，方可从事水路运输经营活动，经营水路运输辅助业务的也应符合相关规范，包括依规定订立书面合同。

（四）航空运输行业规范法

航空运输是一种使用飞机、直升机等航空器运送人员、货物、邮件的一种运输方式。航空运输行业规范涉及以下内容：公共航空运输企业，是以营利为目的，使用民用航空器运送旅客、行李、邮件或货物的企业法人，设立公共航空运输企业应具备必要的法定条件，并依法向有关主管部门提出申请，领取经营许可证和办理登记手续；公共航空运输，包括国内航空运输和国际航空运输，其营运应根据有关运输凭证，即具有航空旅客运输合同订立和运输合同条件的初步证据性质的旅客客票，以及具有航空货物运输合同订立和运输条件及承运人接收货物的初步证据性质的航空货运单，在公共航空运输中，承运人应承担相关的责任，而且缔约承运人和实际承运人依法应承担各自的责任。

(五) 管道运输行业规范法

管道运输是一种以管道作为运输工具专门由生产地向市场输送石油、天然气等液体、气体物资的运输方式,管道包括管道本身及其管道附属设施。管道运输行业规范涉及以下内容:管道的规划和建设,须符合管道保护要求,全国管道发展规划应符合国家能源规划,并与土地利用总体规划、城乡规划以及矿产资源、环境保护、水利、铁路、公路、航道、港口、电信等规划相协调,管道建设的选线应避开地震活动断层和容易发生洪灾、地质灾害的区域,与建筑物、构筑物、铁路、公路、航道、港口、电缆、光缆、市政设施、军事设施等保持法律强制性要求规定的保护距离;管道运行中的保护,由管道企业负责,应建立、健全管道巡护制度,定期对管道进行监测、维修,而其他单位、个人对于管道保护也有一个社会责任,禁止一切危害管道安全的行为。

二 邮电行业规范法

邮电是邮政和电信的统称:邮政指以传递信函为主的通信方式;电信指利用有线、无线的电磁系统或光电系统,传送、发射或接收语音、文字、数据、图像及其他任何形式信息的活动。规范邮政业的是《邮政法》和《邮政法实施细则》;规范电信业的是《电信条例》,而这方面的规范仍未有制定法律。

(一) 邮政行业规范法

中国邮政政策是,国家保障中国境内邮政普遍服务,按国家规定的业务范围、服务标准和资费标准,为中国境内用户持续提供邮政服务;中国邮政原则是,公民的通信自由和通信秘密受法律保护,任何组织或个人不得以任何理由侵犯公民的通信自由和通信秘密,除非法律规定的因国家安全或追查刑事犯罪的需要,由有关机关依法定程序对通信进行的检查。邮政行业规范涉及如下内容:邮政服务,由邮政企业承担,经营邮件寄递、邮政汇兑和邮政储蓄、邮票发行及集邮票品的制作和销售、国内报刊和图书等出版物的发行等,快递业务是邮政服务的一个范畴,从业者应依法取得许可证;邮政资费,受国家监管。

(二) 电信行业规范法

国家对电信业的发展和经营及电信的使用作了原则规定:电信网络和信息安全受法律保护;任何人不得利用电信网络从事危害国家安全的活动;电信业经营者应当依法经营,遵守商业道德;国家对电信业实施监督管理,并遵循政企分开、破除垄断、鼓励竞争、促进发展以及公开、公平、公正的原则。电信行业规范涉及如下内容:电信建设,包括电信设施建设和电信设备进网;电信市场,实行电信业务许可制度,经营基础电信业务的,须经审查批准,取得基础电信业务经营许可证,经营增值电信业务的,业务覆盖范围在2个以上省级地区的,须经审查批准,取得跨地区增值电信业务经营许可证,业务在1个省级地区范围内的,须经审查批准,取得增值电信业务经营许可证,电信资费分为市场调节价、政府指导价和政府定价;电信服务,其经营者应按规定将服务的种类、范围、资费标准和时限向社会公布,电信用户有权自主选择使用依法开办的各类电信业务,并有权申告电信服务障碍、查询电信服务有关事项；电信安全，主要涉及电信业的国家安全，故任何组织和个人不得利用电信网络制作、复制、发布、传播含有反对宪法所确定的基本原则、危害国家安全、泄露国家秘密、颠覆国家政权、破坏国家统一、煽动民族仇恨、宣扬邪教和封建迷信等内容的信息。

三 烟草行业规范法

烟草是茄科一年生草本植物，有60多种，制造卷烟和烟丝的是红花烟草，少量是黄花烟草。因烟草具有有毒性质，可使人上瘾，影响健康，故其制品在中国是特许经营商品，作为专卖品。这里首先明确几个相关概念：烟草制品是卷烟、雪茄烟、烟丝、复烤烟叶的统称，烟草专卖指国家对烟草专卖品生产、销售和进出口业务实行垄断经营、统一管理制度，烟草专卖品指卷烟、雪茄烟、烟丝、复烤烟叶、烟叶、卷烟纸、滤嘴棒、烟用丝束、烟草专用机械。规范烟草行业的是烟草专卖法和烟草专卖法实施条例。

（一）中国烟草专卖许可制度

烟草专卖许可证制度指从事烟草专卖品的生产、批发、零售业务以及经营烟草专卖品进出口业务和经营外国烟草制品购销业务的，必须依法申领烟草专卖许可证的制度。烟草专卖许可证分为：烟草专卖生产企业许可证，烟草专卖批发企业许可证，烟草专卖零售许可证，特种烟草专卖经营企业许可证。所有烟草专卖许可证的申领均需符合法定条件：有相应的资金，有相关的专业人员，有固定的经营场所，拥有相关的技术和设备，有相应的合理布局，其他法律法规规定的条件。

（二）烟叶的种植、收购、调拨

烟叶是指生产烟草制品所需的烤烟和名晾晒烟。烟叶的种植应因地制宜培育和推广优良品种。烟叶由烟草公司或其委托单位依法与烟叶种植者签订收购合同，按国家的收购标准、收购价格统一收购，其他单位和个人不得收购。烟叶的调拨应按规定进行，任何其他单位和个人不得变更按规定下达的调拨计划。

（三）烟草制品的生产

烟草制品由取得烟草专卖生产企业许可证的生产企业负责生产。国家对烟草制品生产实行总产量控制的制度，省级地区的卷烟、雪茄烟年度总产量计划由国务院计划部门下达，烟草制品生产企业的卷烟、雪茄烟年度总产量计划由省级烟草专卖行政主管部门根据国务院计划部门下达的计划，结合市场销售情况下达，烟草制品生产企业须严格执行国家下达的生产计划，不得超计划生产。生产卷烟纸、滤嘴棒、烟用丝束、烟草专用机械的企业同样需要取得烟草专卖生产企业许可证后方可进行相关生产，其生产也应按相关计划进行，且只可将产品销售给烟草公司和持有烟草专卖生产企业许可证的烟草制品生产企业，不得超计划生产，也不得将其产品销售给无烟草专卖生产企业许可证的单位和个人。

（四）烟草制品的销售和运输

烟草制品只能经由依法取得烟草专卖批发企业许可证的经营烟草制品批发业务的企业，以及取得烟草专卖零售许可证的经营烟草制品零售业务的企业或个人经营和销售。销售烟草制品应依照有关规范进行，包括禁止进行任何形式的烟草制品广告宣传，烟草制品须申请商标注册，禁止销售非法生产的烟草制品，烟草专卖生产企业、烟草专卖批发企业，不得向无烟草专卖零售许可证的单位或个人提供烟草制品，等等。烟草制品运输应依据有关规范进行，包括托运或自运烟草专卖品须持有烟草专卖行政主管部门或烟草专卖行政主管部门授权的机构签发的准运证，超过烟草专卖品准运证规定的数量和范围运输烟草专卖品的、使用无效的烟草专卖品准运证的、无烟草专卖品准运证又无法提供在当地购买烟草专卖品的有效证明的，均视为无烟草专卖品准运证运输烟草专卖品，邮寄、异地携带烟叶、烟草制品的，以及个人进入中国境内携带烟草制品的，不得超过规定的限量。

四　政府采购业规范法

政府采购业被列为经济法一种特定行业，乃因它既不是单一公权力的运用，也不是一般商业行为的体现，而是公权力与商业行为的交织。政府采购涉及国家利益和社会公共利益，涉及政府廉政建设和提升政府公信力。政府采购本质上似乎不是一种特定行业，它与交通运输行业、邮电行业、烟草行业不一样，它没有固定的专门从事这一行业的组织，但是它又实在是有自己的方式、程序。因此，如果要说政府采购这一行当也是一种行业的话，那么它当属一种特定的行业。规范政府采购的主要是政府采购法。

（一）政府采购的定义、性质和原则

政府采购是指各级国家机关、事业单位和团体组织，使用财政性资金采购依法制定的集中采购目录以内的或采购限额标准以上的货物、工程和服务的行为。上述定义中的货物是指各种形态和种类的物品，包括有形物和无形物，有形物如原材料、燃料、设备、产品等，无形物如商标专用权、著作权、专利权；工程是指建设工程，包括建筑物和构筑物的新建、改进、扩建、装修、拆除、修缮以及与之相关的勘察、设计、施工、监理；服务是指除货物和工程以外的其他政府采购对象，包括各类专业服务、信息网络开发服务、金融保险服务、运输服务以及维修与维护服务；采购是指以合同方式有偿取得货物、工程、服务的行为，包括购买、租赁、委托、雇用；使用财政性资金采购是指采购人全部使用或部分使用财政性资金进行的采购；财政性资金包括财政预算资金和纳入财政管理的其他资金，以财政性资金作为还款来源的借贷资金、以事业单位和团体组织占有或使用的国有资产作担保的借贷资金均视同财政性资金；集中采购目录是指应当实行集中采购的货物、工程和服务品目类别目录；采购限额标准是指集中采购目录以外应实行政府采购的货物、工程和服务品目类别的最低金额标准。政府采购具有以下性质：政府采购的主体即采购人是国家机关、事业单位、团体组织；政府采购使用的资金是财政性资金，即财政预算资金和纳入财政管理的其他资金，主要来源于纳税人缴纳的税收；政府采购必须在集中采购目录内进行采购，或者在采购限额标准以上进行采购。政府采购使用财政性资金，更容易引起

公权与采购权结合而导致腐败问题；为了防止制度性腐败，政府采购须严格遵循公开透明原则、公平竞争原则、公正原则、诚实信用原则。

（二）政府采购的当事人

政府采购当事人是指在政府采购中享有权利和承担义务的各类主体，包括采购人、供应商和采购代理机构。采购人又称为政府采购人，指依法进行政府采购的国家机关、事业单位、团体组织，他们享有政府采购的委托权，享有政府采购的自行选择权，享有政府采购的签订协议权，享有政府采购的资格审查权，享有政府采购的接受联合权。供应商是指向采购人提供货物、工程或服务的法人、非法人组织或自然人，他们应有独立承担民事责任的能力，有良好的商业信誉和健全的财务会计制度，有履行合同所需的设备和专业技术能力，有依法缴纳税收和社会保障资金的良好记录，3年内没有不良记录等。采购代理机构是指具有非营利事业法人性质的集中采购机构，他们有权接受采购人委托，其采购应符合采购价格低于市场平均价格、采购效率更高、采购质量优良和服务良好的要求。

（三）政府采购合同

政府采购合同不仅要符合政府采购法的规范，而且还要符合《合同法》的规范。政府采购无论是采购货物，还是采购工程或服务，其本质是一种买卖行为，因而其合同本质上属于一种买卖合同。政府采购合同是采购人与中标或成交供应商签订的，并由供应商转移标的物所有权于采购人，采购人支付价款的合同。政府采购合同一方为采购人，即采购合同的买方或曰需方，另一方为供应商，即采购合同的卖方或曰供方。政府采购合同应当采用书面形式，规定双方的权利和义务，并一定含有规定的必备条款。政府采购合同的履行，经采购人同意，中标、成交供应商可依法采取分包方式履行合同，但供应商应就采购项目和分包项目向采购人负责，分包供应商则就分包项目承担责任。采购人需追加与合同标的相同的货物、工程或服务的，在不改变合同其他条款的前提下，可与供应商协商签订补充合同。政府采购合同一经签订，双方当事人不得擅自变更、中止或终止合同。

（四）政府采购方式和程序

政府采购应采用法定方式进行，包括公开招标、邀请招标、竞争性谈判、单一来源采购、询价等方式，而公开招标是主要采购方式。公开招标指采购人以一定方式公开招标及其项目，吸引供应人投标，并以法定程序选定中标人的采购方式；邀请招标指货物或服务项目采购人在规定的媒体发布资格预审公告，公布投标人资格条件，经对投标人审查后从中随机地选择3家以上投标人作为正式投标人，向其发出邀请参加投标的采购方式；竞争性谈判指采购人直接邀请3家以上供应商进行谈判，从中确定供应商的采购方式；单一来源采购指从唯一供应商处采购时依规定向其采购的采购方式；询价指采购人对3家以上供应商的报价进行比较后从而确定供应商的采购方式。采用公开招标的，具体数额由有权机关依法确定，采购人不得将应以公开招标方式采购的货物或服务化整为零或以其他方式规避公开招标采购。政府采购应依法定程序进行；采购人或采购代理机构应组织对供应商履约的验收，并对每项采购的采购文件妥善保存，采购文件不得伪造、变造、隐匿或销毁。

第九章

社 会 法

许多国家的立法，尤其普通法系国家的立法，社会法的规范基本上属于行政法部门的范畴。中国现有的社会法规范，原先也是基本上属于行政法范畴。国家立法机关从2001年下半年起，对其立法体系作了较大变动，明确把社会法内容从原来行政法部门中分离出来。中国政府2011年宣布中国法律体系已经形成，并由宪法相关法、民商法、行政法、经济法、社会法、刑法、诉讼与非诉讼程序法等7个部分构成。社会法作为中国法律体系的一个部门法，是中国政府正式向世人宣示的。本章所述是中国法律体系之社会法章。

第一节　社会法概述：一般规定

本节是概论性的，主要涉及社会法部门的一些基本概念的一般理论，包括社会法的定义、性质、基本原则、法律渊源和体系结构等。

一　社会法的定义和性质

什么是社会法？不仅在中国法律体系中，而且在世界各主要法系中，社会法的概念并非从来都那么清晰。在普通法系和大陆法系中，法律被划分为公法和私法两大类，或者被划分为实体法和程序法两大类，然后在公法和私法中各自又包含不同的法律部门，在实体法和程序法中各自又涵盖不同的法律领域。这样，社会法处于何种位置呢？下面进一步看看。《大英百科全书》将法律分为公法和私法，其中公法包括限定和履行国家职责和权力的宪制法、调整公共行政事务的行政法、调整主权国家之间关系的国际法、调整犯罪行为的刑法、提升公共福利并包括社会福利和保障以及健康和劳工在内的法律（这里尽管没有使用社会法的概念，但它实际就是社会法的内容）、调整税制的税法、刑事程序法和行政诉讼程序法。《大英百科全书》已经把后来称之为"社会法"的这部分内容归结为专门一类的法律部门，且这部分内容从属于公法范畴。《牛津法律史国际百科全书》有关"现代欧洲社会保障"（Social Security in Modern Europe）词条对"社会保障"解释为：狭义地说，社会保障包含对诸如生病、生育、因病残而丧失劳动能力、因工伤害、年老等社会风险提供保护的福利；广义地说，社会保障除上述含义外，还包含对贫困予以社会救助的福利。这实际也是关于社会法所规范的内容。首先明确提出社会法这一概念的是大陆法系的国家。中国法律体系不好说属于普通法系还是大陆法系，中国认为自己的法律体系属于有中国特色的社会主义法律体系,《牛津法律史国际百科全书》把中国法律体系视为与普通法系、大陆法系、伊斯兰法系、印度法系等并列的一个独立法系。中国法律更多参照了大陆法系,自20世纪90年代以来,中国法律也开始参照普通法系,社会保障方面的立法便是如此。根据2008年《中国的法治建设》有关中国法律分类目录的划分,除社会保障外,残疾人保障、未成年人保护、预防未成年人犯罪、妇女权益保障、老年人权益保障等特殊群体保护(或称弱势群体保护)、红十字会、公益事业捐赠等公益事业,及生产安全、就业促进、职业病防治等劳动方面均列入社会法范畴。本书以为,从中国法律体系立法本意看,社会法是规范、调整劳动关系、社会保障、社会福利、公益事业及特殊群体权益保障等方面的法律关系的总和。

  社会法作为一个法律部门具有以下性质:社会法是构成一个完整法律体系的部门法,即把社会保障、劳动关系、特殊群体保护、公益事业等法律规范列入社会法的范畴;社会法是以解决社会问题为主要立法对象的部门法,包括社会保障问题、社会福利问题、劳动关系问题、特殊群体保护问题、公益事业问题等;社会法既不属于传统意义上的公法,也不属于传统意义上的私法,而是介乎二者之间且又与二者有密切关系的另一法域;社会法是接近于行政权但又不纯粹规范行政权本身的一个与行政法有千丝万缕关系但又不好归结为行政法的另一个法律部门,把社会法从行政法中分离出来,主要考虑到社会法本身的特点以及社会发展的需要,在现有体制下尽可能地缩小社会矛盾,完善社会保障制度,把社会法独立出来予以重视,恐怕就是立法者们为解决社会发展不平衡状态的一个初衷。

  相较于其他部门法,社会法与行政法有更密切联系,某些国家社会法内容就置于行政法范围内,美国有"社会保障行政"(Social Security Administration)的提法。而中国1950年至2000年的立法,总是将社会法作为行政法的一部分,即行政法中之劳动和社会保障方面的法律。与行政法相似,社会法一般也以行政机关为法律关系的实施主体,社会法涵盖劳动关系、社会保障、社会福利、公益事业以及特殊群体权益保障诸方面的法律关系,在这些方面的法律关系中,都不同程度地涉及行政主管机关,劳动关系、社会保障方面涉及的行政主管机关是人力资源和社会保障部,社会福利、公益事业、特殊群体权益保障方面涉及的行政主管机关是民政部;与行政法相似,社会法涉及的许多规范也是以行政管理对象为社会法法律关系的实施客体,如社会保险法正是以作为行政管理对象的社会保险关系,包括基本养老保险、基本医疗保险、工伤保险、失业保险、生育保险等,为社会保险法法律关系的实施客体。

  经济法是社会法发展过程中涌现出来的又一新的法域。西方国家为解决经济垄断带来的负面影响,制定了国家干预经济的法律,这就是最早的经济法,它与社会法的提出主要是为了解决经济发展带来的社会危害有着异曲同工之作用,因而与社会法一样,属于另一法域。资本主义发展到一定阶段,法律提出如何解决资本主义的不足,使得经济和法律的发展更照顾到社会的各个层面,于是大陆法系的国家首先探讨了社会法立法的问题,而随着大陆法系的国家提出社会法的概念以后,普通法系的英美国家在这方面也有所跟进。与社会法相关的法律最早是为了通过保障劳工利益并借以解决劳资纠纷问题而提出来的;后来随着社会经济的日益发展,贫富差别也愈加严重,劳动者的生存环境进一步恶化,社会风险不断增多,这样,与社会法相关的立法就被提出来;而当垄断成为资本主义发展的主要特征时,为解决垄断资本主义带来的社会矛盾,国家通过干预经济,于是制定一系列与经济干预相关的社会法法律，这就是所谓经济法。可见，经济法从一开始与社会法本来就是相关的，是社会法的一部分，乃至现在有一种法学观点直接把经济法划入广义的社会法部门。社会法包含经济法，当属广义的社会法，不包含经济法，当属狭义的社会法。中国采取狭义的划分方法，经济法从社会法中区分出来，另作为一个独立的法律部门。

二　社会法的基本原则

基本原则1　社会法的公平正义原则

本原则是社会法诸基本原则中最重要的原则，它是指在社会法规范下国家和社会对待所有的人、处理所有的事情，都应遵循同一个社会标准和价值取向。没有公平正义，就没有社会的稳定和谐，就没有社会的持续发展；因此，公平正义是任何健康的社会所矢志追求的终极目标。中国社会法立法基本强调本原则；只可惜《社会保险法》没有规定本原则，结果导致该法第10条出现有违本原则的规定："公务员和参照公务员法管理的工作人员养老保险的办法由国务院规定。"或许这就是中国特色的社会保障制度。相信随着中国社会的转型，将来一定会对此重新立法。顺便提及，"社会保险"与"社会保障"是不同的概念：社会保险（Social Insurance）是指为年老、病残等丧失劳动能力或失业的劳动者提供收入或补偿的一种社会经济制度，该制度的特征是由政府举办，强制劳动者将其收入的一部分作为社会保险税形成社会保险基金，然后在满足法定条件下，被保险人可从基金获得固定的收入或损失的补偿；社会保障（Social Security）则是指国家通过社会保险、社会救助、社会福利等公共政策和法律规范，依法对全体社会成员的基本生活权利给予经济保障和社会福利，从而建立的一种社会安全制度。社会保障包括社会保险，而社会保险属于社会保障的一种手段。

基本原则2　社会法的权利保障原则

本原则是指社会法的制定应基于保障公民的包括生老病死在内的合法权益。社会法既然是解决社会性问题的法律，故其立法就应建筑于保障公民的社会权利这一基础之上，这些社会权利包括劳动的权利，也包括因失业、生病、工伤、生育、年老等社会风险而获得国家和社会物质帮助的权利，还包括因处于特殊群体而获得国家和社会保护的权利及因特定原因成为公益事业的受益人的权利。社会法的几部法律对此原则均予以规定。

基本原则3　社会法的普遍性原则

本原则是指社会法的制定应具有普泛性、遍及性，即社会法的制定应是惠及全体公民。社会法的几部支架性法律亦从不同角度对此原则作了明确的规定。

基本原则4　社会法的基本生活保障与提高生活质量相结合原则

基本生活保障是指最低生活保障。中国与大多数国家一样，也划定了最低生活线。规定最低生活线，是由社会经济发展水平的有限性决定的，因为社会经济发展水平的不足，加之劳动者的劳动技能不是在同一水平线上，因而劳动者不可能同时获得等量富足的劳动成果，贫富差别一定会有；一个合理而理性的社会也容许有合理而理性的贫富差别，但这种容许有个限度，这个限度通常由最低生活线来描述。提高生活质量是指在保证实施最低生活线时，在国家经济社会能力范围内合理地提高全体国民的生活水准，而并非仅让一部分人富裕下去。顺及，不能把"让一部分人先富起来"作为国家口号提出来，因为它违背了法律的公平正义原则。一个正常而理性的社会经济发展，根本不用你去提这样的口号，其结果都一定是部分人先富的，不可能一刀切地一起富的。作为一个政府，在发展经济时却公开提出这样的口号，说轻点是违背常理，说重点是不公平，事实上它已导致大量社会问题的产生。一个理性的政府，决不会提出这样一个近乎幼稚、又近乎霸道的发展口号。既满足基本生活保障，又尽可能提高生活质量，二者有机结合，这是社会法的一个原则。

三 社会法的法律渊源和体系结构

在社会法一章中专门阐述其法律渊源，与行政法、经济法一样，乃因为社会法没有统一的法典，所以通过阐述其法律渊源，知道哪些法律规范属于社会法范畴，从而可以更准确地理解社会法本身。社会法的法律渊源包括：宪法，是社会法最重要的法律渊源，涉及劳动关系、社会保障、社会福利、公益事业及特殊群体保护等方面的宪法规范；法律，是社会法最主要的法律渊源，涉及劳动关系、社会保障、社会福利、公益事业及特殊群体保护等方面的法律规范；行政法规，是社会法最大量的法律渊源，涉及劳动关系、社会保障、社会福利、公益事业及特殊群体保护等方面的规范；地方性法规、自治条例和单行条例，是社会法不可或缺的法律渊源，涉及劳动关系、社会保障、社会福利、公益事业及特殊群体保护等方面的规范；部门规章，同样是社会法不可或缺的法律渊源，涉及劳动关系、社会保障、社会福利、公益事业及特殊群体保护等方面的规范；地方政府规章，也是社会法不可或缺的法律渊源，涉及劳动关系、社会保障、社会福利、公益事业及特殊群体保护等方面的规范。

社会法的体系结构涵盖劳动关系、社会保障、公益事业及特殊群体保护等方面的法律规范。作为部门法的社会法的体系结构主要基于其法律立法：关于劳动关系的法律有工会法、矿山安全法、劳动法、职业病防治法、安全生产法、劳动合同法、就业促进法、劳动争议调解仲裁法，关于社会保障的法律有《全国人大常委会关于批准〈国务院关于工人退休、退职的暂行办法〉的决议》《全国人大常委会关于批准〈国务院关于职工探亲待遇的规定〉的决议》、社会保险法，关于特殊群体保护的法律有残疾人保障法、未成年人保护法、妇女权益保障法、老年人权益保障法、预防未成年人犯罪法，关于公益事业的法律有红十字会法、公益事业捐赠法。

第二节 中国的社会保障制度

社会保障萌芽于16世纪的英国，1572年英格兰和威尔士开征济贫税，1601年英女皇颁布《济贫法》，1834年议会通过其修正案，史称新《济贫法》，至1946年颁布《国民保险法》和1948年颁布《国民救助法》，由社会保险代替济贫，形成初步的社会保障制度。1873年德国颁布《疾病社会保险法》，1884年颁布《工伤保险法》，标志着德国建立了第一个相对完整的社会保障制度。1935年美国通过了《社会保障法》，"社会保障"（又译"社会安全"，即Social Security）一词由此而来，并标志着现代意义上的社会保障制度的形成。在中国法律体系中，社会保障制度属于社会法范畴；社会法主要规定了社会保障制度、劳动制度、弱势群体保护及公益事业等方面的法律规范；但社会保障制度在中国法律体系中仍处于婴儿期，因为真正意义的社会保障制度在中国直到20世纪90年代才开始进行探索性的构建工作，代表中国社会保障制度的最重要法律社会保险法更直至2010年才诞生。

一 中国社会保障制度的历史进程

为了更好地理解当今中国的社会保障制度，有必要回顾当代中国社会保障制度的立法进程。因为当代中国也并非近20年才有社会保险的法律规范，而早在1949年以后就开始考虑建立社会保险的制度，并在立法上予以体现，只是中华人民共和国成立后前30年的众所周知的历史原因，才使得中国社会保障制度的建立起步维艰。

（一）中国社会保障制度的萌芽时期（1949年至1958年）

1949年后为了国家长治久安，就考虑从立法上建立社会保障制度。翻开20世纪50年代中国的立法历史，虽然有关社会保障的严谨的法律概念还未出现，但是类似的术语已经萌芽；虽然有关社会保障的法律立法尚未出台，但是类似的法律性文件以及有关社会保障方面的行政法规和部门规章则已有不少。关于社会保障方面的法律性文件有：1958年公布的《国务院关于工人、职员退休处理的暂行规定》《国务院关于工人、职员回家探亲的假期和工资待遇的暂行规定》，1958年试行的《国务院关于工人、职员退职处理的暂行规定（草案）》；关于社会保障方面的法规规章有：1951年发布的劳动保险条例，1956年通过的工厂安全卫生规程，1956年通过的《建筑安装工程安全技术规程》，1953年试行的《劳动保险条例实施细则修正草案》。

（二）中国社会保障制度的停滞时期（1959年至1977年）

有关社会保障的立法，经历了20世纪50年代初中期的某些立法后，直至1977年基本再无进展，其立法处于停滞时期。个中缘由众所周知，经历了1957年的反右运动、1958年的三面红旗、1959年的庐山会议、1959年至1962年的经济困难、1964年的四清运动、1966年至1976年的"文化大革命"等非常状态，这个国家想有所作为都难。一个既没有民主和法治传统，又没有现代政治文明历练的国家，要解决的东西恐怕就不是立法，而是政治上的你死我活的权斗。尤其是中国传统政治文化，总是喜欢用政治上的极端手段去解决权力问题，甚至社会问题，在这种状态下没有社会保障方面的立法，乃至国家整个立法处于停滞甚至倒退的状态，那就再好理解不过了。

（三）中国社会保障制度的反思时期（1978年至1990年）

1978年后，国人好像成熟了许多，各项工作回复正常，社会保障立法有了发展。社会保障方面的规范有1978年的《国务院关于工人退休、退职的暂行办法》、1980年的《中外合资经营企业劳动管理规定》、1981年的《国务院关于职工探亲待遇的规定》等。

（四）中国社会保障制度的建构和完善时期（1991年至2017年）

社会保障制度的建构和完善时期之前半阶段，正是国有企业改革的关键年代，这时期社会保障制度的建构与国有企业改革工作直接相关。社会保障制度的建构和完善时期，以2010年的社会保险法为标志，并形成社会保障方面的法律体系。在《社会保险法》制定之前，中国在这方面也做了不少的立法工作，这些工作可以看作是中国社会保障体系最终形成之前的预备性立法。这时期的社会保障方面的规范有1991年的《国务院关于企业职工养老保险制度改革的决定》、1993年的《国有企业职工待业保险规定》、1995年的《国务院关于深化企业职工养老保险制度改革的通知》、1997年的《国务院关于建立统一的企业职工基本养老保险制度的决定》等。

二 社会保障制度的基本框架

社会法主要调整社会保障、劳动关系、公益事业、特殊群体保护等社会关系，其核心是社会保障的法律规范。建立社会保障制度，首先就是要建立社会保障制度的总体法律规范，即建构社会保障法的体系。所谓社会保障法的体系是指与整个社会保障制度相关的法律、行政法规、部门规章的立法总和。建立社会保障制度就是建构社会保障法，即对个人及其家庭的经济保障和社会福利实行社会保险或社会救助的原则、计划或实践的法律规范的总和，涵盖社会保险、社会救助和社会福利等法律规范。中国的社会保障法至2017年止仅有社会保险法，还没有社会救助法、社会福利法，因而其建构工作还未完成。相信随着中国法律体系的进一步完善，中国继社会保险法之后，将会相继制定出与其配套的社会救助法和社会福利法，从而完善中国的社会保障法律体系。

社会保险法是关于为防止失业、年老、残疾等风险，由政府作为一种社会政策确保、推进或强制个人购买并形成社会保险基金，而个人在一定条件下从中获得相应物质帮助或补偿的社会保障制度的法律。中国的社会保险业自20世纪90年代开始，经过20年发展形成法律，即2010年的社会保险法，共计12章98条，包括基本养老保险、基本医疗保险、工伤保险、失业保险、生育保险及社会保险费征缴、社会保险基金等规范。

社会救助法是有关国家对于丧失劳动能力、低收入或遭受自然灾害的公民给予物质帮助，以维持其基本生活需求、保障其最低生活标准的社会保障制度的法律。中国自20世纪90年代起就先后实行了城乡最低生活标准制度，即未达到国家规定最低生活标准的，国家给予救助；这是国家作为一种责任对有关对象实施救助的制度，而非指别的救助，不是指社会慈善机构或者社会团体、个人对有关对象的公益性质的帮助。这样的制度已实施多年，但遗憾的是还未形成法律，故在其实施时颇有不完善或被人诟病之处。

社会福利法是关于国家负有责任在财政允许前提下采取社会政策和社会服务，以不断提高全体公民的物质和文化生活水平的社会保障制度的法律。如果说社会救助法是针对部分公民而言的话，那么社会福利法则是适用于全体公民的法律。对于每一个公民来说，社会福利相对于社会救助是更高一个层次的需求；现代许多国家或地区在许多年以前就进入福利或半福利国家的行列，而中国还有许多事情要做。中国尽管现在一跃成为世界经济大国，但离福利国家要求相去甚远，还没有制定出社会福利法。什么时候有了真正意义上的社会福利法，什么时候就会更好地解决经济发展过程中贫富差别的社会问题；解决贫富差别有多种途径，合理实行社会福利制度是不失为其中一个有效的方法。

三　社会保险法

社会保险法不仅是社会保障法的三大支架性法律之一，而且是社会保障法的最重要和最基本的一个内容，它体现了一个社会是否具有现代文明的定量性标志。纵观当今世界各国，大多文明先进的国家，都建构了一套社会保险制度；有了完善的社会保险制度，就可以有效地使得国家社会能够和谐地发展。中国至21世纪初叶已发展成世界第二大经济体。如何在经济大潮中可持续发展？如何让全体国民真正共享经济发展成果，而不仅仅是少数人的富裕？如何解决日益严重的社会矛盾以防止随时面临的社会分裂和崩溃？建立和健全社会保险制度不失为其中一个有效的方法。社会保险法对于社会救助法、社会福利法来是相对健全的一类法律，社会保险法被法律界誉为继劳动合同法、就业促进法、劳动争议调解仲裁法后又一重要的支架性法律，是中国自1949年以来第一部有关社会保险制度的综合性法律。

（一）社会保险法的基本原则

实施社会保险法，除了应当遵循一般社会法的基本原则以外，还应当遵循自己特定的基本原则。

基本原则1　社会保险之权利与义务相适应原则

本原则体现了社会保险制度的缴费型特点，它指实施社会保险法应遵循劳动者既有依法享受社会保险待遇的权利，又有依法缴纳社会保险费的义务的法则，即用人单位和劳动者个人既有依法缴纳社会保险费的义务，劳动者个人又有依法享受社会保险待遇的权利。

基本原则2　社会保险之全体公民共享发展成果原则

本原则体现了社会保险制度的保障型特点，它指实施社会保险法应遵循这样的法则，也就是国家通过建立社会保险制度，使得全体公民在年老、疾病、工伤、失业、生育等情况下有权依法从国家和社会的经济发展成果中获得物质帮助或补助，生活无后顾之忧。

基本原则3　社会保险水平与经济社会发展水平相适应原则

本原则体现了社会保险制度的渐进型特点，它指实施社会保险法应遵循这样的法则，即社会保险水平根据渐进原则，与经济社会发展水平相适应和成正比：有什么样经济社会发展水平，就有什么样社会保险水平；经济社会发展水平越高，社会保险水平就越高。

（二）中国社会保险体系的基本框架

中国社会保险体系由社会保险5大基本险种构成，包括各个险种的覆盖范围、筹资渠道、保险待遇以及享受条件，其基本框架如下：

第一，基本养老保险，指由国家法律统一规定强制实施的为保障全体公民在年老情况下依法从国家和社会那里获得物质帮助的一种养老保险制度。基本养老保险的覆盖范围包括职工基本养老保险、新型农村社会养老保险和城镇居民社会养老保险。值得注意的是，《社会保险法》规定的社会养老保险并未覆盖公务员和参照公务员法管理的工作人员的养老保险，目前这类人员的养老待遇与职工、农民、城镇居民的养老待遇不同，这就是所谓养老待遇双轨制。这样的法律规定的确存在瑕疵：一个社会人为地把一类人的养老待遇区别于其他阶层的养老待遇，是有问题的：什么会造成社会的不和谐，这就造成社会的不和谐，公务员的养老保险不按照国家法律执行，而由国务院制定行政法规规定，这本身就值得商榷，这甚至导致自己充当自己的裁判员这样一种不正常现象的出现。相信，随着国家的日益进步，随着中国法律体系的进一步完善，类似这样的法律瑕疵，一定会得到改正。基本养老保险的基本模式是"社会统筹与个人账户相结合"的模式，这是基本养老保险基金的筹集采用传统型的基本养老保险费用的筹集模式，由国家、用人单位、个人等三方共同负担，而在基本养老金的计发上采用结构式的计发办法，强调个人账户养老金的激励机制和劳动贡献差别。基本养老保险的资金来源取决于基本养老保险的基本模式，因而也就是缴费和补贴两方面：缴费包括用人单位和个人的按比例的缴费部分，补贴是指政府对于基本养老保险基金的投入部分。基本养老保险的待遇构成和享受条件是：参加基本养老保险的个人，达到法定退休年龄时累计缴费满15年的，按月领取基本养老金，包括统筹养老金和个人账户养老金，并根据个人累计缴费年限、缴费工资、当地职工平均工资、个人账户金额、城镇人口平均预期寿命等因素确定；参加新型农村社会养老保险的农村居民，符合国家规定条件的，按月领取新型农村社会养老保险待遇，含基础养老金和个人账户养老金；城镇居民社会养老保险，参照新型农村社会养老保险待遇，达到法定退休年龄者按月领取相应的基本养老金，含基础养老金和个人账户养老金；参加基本养老保险的个人，因病或非因工死亡的，其遗属可领取丧葬补助金和抚恤金；在未达到法定退休年龄时因病或非因工死亡致残完全丧失劳动能力的，可领取病残津贴。基本养老保险金的调整机制基于社会保险基本原则3，即国家建立正常的社会保险金调整机制，社会保险待遇将随着国家经济发展状况而调整。

第二，基本医疗保险，指由用人单位和职工按国家规定共同缴纳基本医疗保险费，保障职工在患病时能得到目前能提供给他的、能支付得起的、适宜的治疗，并在退休后享受基本医疗保险待遇的社会保险制度。基本医疗保险包括职工基本医疗保险、新型农村合作医疗和城镇居民基本医疗保险。基本医疗保险覆盖城乡居民：有固定工作的，由用人单位及职工共同缴纳基本医疗保险费，参加基本医疗保险；无雇工的个体工商户、未在用人单位参加职工基本医疗保险的非全日制从业人员及其他灵活就业人员可由个人缴纳基本医疗保险费参加基本医疗保险；农村居民按国家规定参加新型农村合作医疗；未就业的或无固定工作的城镇居民通过个人缴费和政府补贴相结合的方式参加基本医疗保险，享受最低生活保障的人、丧失劳动能力的残疾人、低收入家庭60周岁以上的老年人和未成年人等所需个人缴费部分，由政府给予补贴。基本医疗保险的资金来源分为缴费部分和政府补贴部分，缴费部分包括用人单位和职工个人按比例的共同缴费、个人独自缴费这两种情形。基本医疗保险的待遇项目及享受条件按国家规定执行，参加职工基本医疗保险的个人，达到法定退休年龄时累计缴费达到国家规定年限的，退休后不再缴纳基本医疗保险费，享受基本医疗保险待遇，未达到国家规定年限的，可缴费至国家规定年限，然后享受基本医疗保险；参加新型农村合作医疗的，按规定享受合作医疗待遇；参加城镇基本医疗保险的，按规定享受基本医疗保险待遇。基本医疗保险的医疗保险费用结算办法按国家规定执行，参保人员医疗费用中应由基本医疗保险基金支付的部分，由社会保险经办机构与医疗机构、药品经营单位直接结算，避免个人垫付本不该由本人支付的那部分医疗费用的难题。

第三，工伤保险，指通过社会统筹办法，集中用人单位缴纳的工伤保险费，建立工伤保险基金，使得劳动者在工作中或在法定情形下，因本身的工作关系遭受意外伤害或患了职业病导致暂时性或永久性的丧失劳动能力以及死亡时，劳动者或其遗属可依法从国家和社会处获得物质帮助的社会保险制度。工伤保险覆盖所有用人单位及其职工。工伤保险的缴费，根据不同行业的工伤风险程度确定行业的差别费率，并根据使用工伤保险基金、工伤发生率情况在每个行业内确定费率档次。工伤保险待遇的规范包括：由工伤保险基金支付的工伤费用，包括治疗工伤的医疗费用和康复费用、住院伙食补助费、到统筹地区以外就医的交通食宿费、安装配置伤残辅助器具所需费用、生活不能自理而经劳动能力鉴定委员会确认的生活护理费、一次性伤残补助金和一至四级伤残职工按月领取的伤残津贴、终止或解除劳动合同时应享受的一次性医疗补助金、因工死亡时其遗属领取的丧葬补助金和供养亲属抚恤金以及因工死亡补助金、劳动能力鉴定费；由用人单位支付的工伤费用，包括治疗工伤期间的工资福利、五级和六级伤残职工按月领取的伤残津贴、终止或解除劳动合同时应享受的一次性伤残就业补助金；停止享受工伤保险待遇的情形，包括丧失享受待遇条件的、拒不接受劳动能力鉴定的、拒绝治疗的，工伤职工符合领取基本养老金条件的，停发伤残津贴，享受基本养老保险待遇，但基本养老保险待遇低于伤残津贴的，则从工伤保险基金中补足差额；用人单位未依法缴纳工伤保险费而发生工伤事故的，由用人单位支付工伤保险待遇，用人单位不支付的，从工伤保险基金中先行支付，社会保险经办机构有权依法向用人单位追偿；因第三人原因造成工伤，第三人不支付工伤医疗费用或无法确定第三人的，由工伤保险基金中先行支付，社会保险经办机构有权向第三人追偿。

第四，失业保险，指社会通过集中用人单位和职工共同缴纳的失业保险费，建立失业保险基金，对因失业暂时中断生活来源的劳动者提供物质帮助，失业者以法定条件从失业保险基金中领取失业保险金的社会保险制度。失业保险覆盖所有用人单位及其职工。失业保险待遇应当遵循以下法律规范：一是以下情形的失业人员可从失业保险基金中领取失业保险金：失业前用人单位和本人已缴纳失业保险费满1年的；非因本人意愿中断就业的；已进行失业登记，并有求职要求的。二是失业人员在领取失业保险金期间有下列情形之一的，停止领取失业保险金及停止享受其他失业保险待遇：重新就业的；应征服兵役的；移居境外的；享受基本养老保险待遇的；无正当理由，拒不接受当地政府指定部门或机构介绍的工作或提供的培训的。三是规定以下失业保险金的不同待遇标准：失业前用人单位和本人累计缴费满1年不足5年的，领取失业保险金的期限最长为12个月；累计缴费满5年不足10年的，领取失业保险金的期限最长为18个月；累计缴费10年以上的，领取失业保险金的期限最长为24个月。四是规定失业人员在领取失业保险金期间死亡的，从失业保险基金中向其遗属发给一次性丧葬补助金和抚恤金。

第五，生育保险，指用人单位按规定缴纳生育保险费，建立生育保险基金，对满足法定条件的职工在就业期间享受生育保险待遇的社会保险制度。生育保险覆盖所有用人单位的职工。生育保险待遇含生育医疗费用和生育津贴。生育医疗费用包括生育的医疗费用、计划生育的医疗费用等。女职工生育享受产假，或者享受计划生育手术休假，均可享受生育津贴。生育津贴按职工所在用人单位上年度职工月平均工资计发。用人单位已缴纳生育保险费的，其职工享受生育保险待遇；职工未就业配偶享受其中的生育医疗费用待遇。

（三）中国社会保险费征缴制度

一个社会保险制度当中，关键环节在于社会保险费的征缴制度。社会保险法有关社会保险费征缴制度的建立，是在社会保险费征缴暂行条例基础上进一步完善的结果。社会保险费征缴制度的法律规范包含以下内容：

第一，实行社会保险费的强制征缴制度，措施如下：用人单位应按规定期限向社会保险经办机构申请办理用人单位的社会保险登记，以后凭该登记证件缴纳社会保险费；用人单位应按规定期限为职工申请办理职工个人的社会保险登记，以后凭该登记核定的社会保险费缴费；用人单位未按时足额缴费的，由社会保险费征收机构责令其缴纳或补足，逾期仍未缴纳或补足的，可向有关金融机构查询其存款账户，书面通知其划拨社会保险费。

第二，实行灵活就业人员社会保险登记、缴费制度，即自愿参加社会保险的无雇工的个体工商户、未在用人单位参加社会保险的非全日制从业人员及其他灵活就业人员，向社会保险经办机构申请办理社会保险登记，并直接向社会保险费征收机构缴纳社会保险费。

第三，实行社会保险费征缴的统一制度：建立全国统一的以公民身份证号码为个人社会保障号码（Social Security Number），以方便实施社会保险费征缴等社会保险工作。

第四，建立社会保险信息共享机制，即工商管理部门、民政部门、机构编制管理机关以及公安机关等应及时向社会保险经办机构通报用人单位及个人与其相关的资料及情况。

第五，保障参保人员对缴费情况的知情权，参保人员有权了解社保个人账户的情况。

（四）国家设立社会保险基金

为了切实可行地实施社会保险制度，国家必须依法设立社会保险基金，包括基本养老保险基金、基本医疗保险基金、工伤保险基金、失业保险基金、生育保险基金；国家设立由中央财政预算拨款及国务院批准的其他方式筹集的资金构成，并用于社会保障支出的补充、调剂的全国社会保障基金。建立社会保险基金管理制度，包括社保基金的核算和会计制度、预算和决算制度、保值增值机制、专款专用制度、透明的管理机制及统筹制度。

（五）社会保险监督机制

社会保险监督机制包括如下方面：人大监督，各级人大常委会听取和审议本级政府对社会保险基金的收支、管理、投资运营及监督检查情况的专项工作报告，依法行使监督职权；行政监督，对社会保险实施行政监督是对行政权力的一种内部监督；社会监督，对社会保险实行社会监督，既是宪法赋予公民的权利，也是社会保险相对人的特定权利。

四 社会救助法

虽然中国至今仍未有一部《社会救助法》，而仅有一部2013年的规章《社会救助暂行办法》，但是作为一个完整的社会保障制度，不得没有《社会救助法》。如果说《社会保险法》是关于全日制从业人员或非全日制从业人员如何通过强制性或自愿性购买社会保险而获得社会保障的一个重要法律规范，那么可以说《社会救助法》则是关于丧失劳动能力或即便从业并已参加社会保险但仍未达到国家规定的最低生活标准的人员或偶遇自然灾害而难以自救的人员如何通过国家、社会的救助而获得社会保障的另一个重要法律规范。社会救助是指国家、社会对于经过自身努力仍难以维持国家规定的最低生活标准、满足其生存基本需求的公民，以及对于遭遇自然灾害的公民给予的物质帮助和基本服务。可以说，社会救助法是从另一个角度进一步完善社会保障制度，国家、社会依法对符合法定救助条件的公民给予物质帮助和基本服务。

（一）社会救助法的基本原则

实施社会救助法除了应当遵循前述之一般社会法的基本原则以外，还应当遵循社会救助法自身特有的基本原则，包括：

基本原则1　保障基本生活原则

本原则体现社会救助法的保障性特点，它是指实施社会救助应当遵循这样的法则，即社会救助的目的，是为了使那些经过自身努力仍未能达到法定最低生活标准的居民能够从国家、社会那里获得物质帮助或服务，以维持法定最低生活标准，满足生存的基本需求。

基本原则2　公开、公平、公正、及时原则

本原则体现社会救助法的公义性特点，它是指实施社会救助应当遵循这样的法则，也就是社会救助的方式应当做到：公开，即社会救助对象应是向社会开放的，所有人对社会救助活动均有知情权；公平，即社会救助条件是人人平等的，只要符合社会救助的法定条件，任何人都有权从国家、社会处获得物质帮助和服务；公正，即社会救助实施过程符合法定程序，排除黑箱操作；及时，即社会救助应是急被救助人所急，是救人于燃眉之急。

基本原则3　与经济社会发展水平相适应原则

本原则体现社会救助法的合理性特点，它是指实施社会救助应当遵循这样的法则，即社会救助标准不超经济社会发展水平，与经济社会发展水平相适应，有一个合理的度。

基本原则4　与其他社会保障制度相衔接原则

本原则体现社会救助法的联系性特点，它是指实施社会救助应当遵循这样的法则，即社会救助的参照应以其他社会保障制度为坐标，要结合其他社会保障制度的实施情形。

基本原则5　鼓励劳动自救原则

本原则体现社会救助法的补充性特点，它是指实施社会救助应当遵循这样的法则，即实施社会救助应鼓励被救助人通过劳动提高生活水准，政府也应制造条件创造就业机会。

（二）中国社会救助体系的基本框架

第一，居民最低生活保障救助，它是指国家对于那些家庭人均收入低于最低生活保障标准且家庭财产状况符合所在地省级政府规定的给予物质帮助的一种最基本社会救助。申请居民最低生活保障救助，向户籍所在地乡镇政府或街道办事处提出，经县级政府批准。

第二，专项救助，它是指国家对于那些家庭人均收入低于当地居民最低生活保障标准的家庭财产状况符合所在地省级政府有关规定的家庭，根据需要给予专项帮助的一种社会救助，包括：教育方面的专项救助，符合专项救助标准的，在义务教育阶段为其免费提供教科书，补助寄宿生生活费，在中等和高等教育阶段，为其提供助学金等救助，有关教育机构可酌情减免其学费；医疗方面的专项救助，符合专项救助标准的家庭成员参加城镇居民基本医疗保险或新型农村合作医疗支付参保费用有困难的，统筹地区政府应给予帮助，对经医疗保险或合作医疗报销后个人负担医疗费用数额较大的，可给予补助；住房方面的专项救助，即符合专项救助标准的家庭住房困难的，应按规定通过提供廉租住房、住房租赁补贴、经济适用住房等方式予以保障，寒冷地区还应给予冬季取暖补助。申请专项救助的，向乡镇政府或街道办事处提出，并提交相关情况证明材料，由县级政府审核批准。

第三，自然灾害救助，它是指国家对于因自然灾害受到影响的人员提供资金、物资、服务等方面帮助，从而保障其吃、穿、住、医等生活基本需求的一种社会救助。对于某些突发公共事件需要采取救助的，原则上属于自然灾害救助，其操作按这类救助处理。

第四，临时救助，它是指国家对于因交通事故等意外事件或其他特殊原因，导致基本生活暂时出现较大困难的家庭给予资金、物资、服务等临时性帮助的一种社会救助。申请临时救助的，向乡镇政府或街道办事处提出，并提交相关证明材料，经县级政府批准。

（三）社会救助申请人和救助对象的权利

凡认为自己符合社会救助申请条件的公民均有权向政府提出社会救助的申请；社会救助申请人或救助对象对于社会救助管理部门或相关机构作出的不予救助或调整、停止救助的决定或行政处罚不服的，有权依法申请行政复议，对行政复议的结果不服的，有权依法提起行政诉讼。

（四）与社会救助相关的法律责任

与社会救助有关的部门、机构、单位及其工作人员应当依法执行社会救助的有关工作，否则，依法追究其法律责任，包括违反行政纪律的责任、构成犯罪的刑事责任；社会救助申请人和救助对象采取虚报、隐瞒、伪造等手段，骗取社会救助款物和服务的，救助对象家庭收入和财产状况好转而继续享受社会救助待遇的，由有关部门给予批评教育，直至停止救助，必要时责令退回救助款物，情节严重的，处以规定的罚款。

（五）社会救助监督机制

与社会保险监督机制类似，社会救助监督机制也含人大监督、行政监督和社会监督。

五 社会福利法

与社会救助法一样，虽然中国至今尚未有一部社会福利法，但是作为一个完整的社会保障制度，也同样不得没有社会福利法。如果说社会保险法涉及从业人员通过购买社会保险从而获得社会保障这样的法律规范，社会救助法涉及一部分人通过国家实施的社会救助从而获得社会保障这样的法律规范，那么可以说，《社会福利法》则是涉及全体公民通过国家和社会实施的社会福利项目获得更高层次社会保障的法律规范。汉语之"社会福利"，指有关社会人群生活上的幸福和利益；英文之 welfare（社会福利），由 well（好好地）和 fare（生活）构成，意即"生活得健康、舒适、幸福"。社会福利一词有广狭二义：广义的当指以提高全体社会成员的物质生活和精神生活而制定的社会政策及设立的一系列社会设施和社会服务，狭义的仅指对儿童、老年人、残疾人等社会弱势群体提供的社会照顾和社会服务。根据中国社会法的立法意图，其未来的《社会福利法》之社会福利当属广义的范畴，因其狭义的社会福利当在社会救助法中体现。作为中国社会保障法三大支柱性法律的社会福利法所制定的法律规范，应当重点放在建构全社会公共福利以及用人单位集体福利的福利制度方面，而这也是上述广义理解的社会福利。

（一）社会福利法的基本原则

实施社会福利，除了应当遵循前述之一般社会法的基本原则以外，还应当遵循社会福利法自身所特有的基本原则，它们包括：

基本原则 1　福利性原则

本原则是指国家和社会实施社会福利政策和推行社会福利制度应遵循这样的法则，社会福利事业是公益性的，只要属于福利实施的对象，就不必要求其对社会承担相应义务。

基本原则 2　社会性原则

本原则是指国家和社会实施社会福利政策和推行社会福利制度应遵循这样的法则，社会福利事业的对象是全体公民，只要属于福利实施的对象，就不论其民族、种族、性别、职业、家庭出身、宗教信仰、教育程度、财产状况等如何，都依法享有相应的福利待遇。

基本原则 3　多样性原则

本原则是指国家和社会实施社会福利政策和推行社会福利制度应遵循这样的法则，社会福利事业的形式是多种多样的，包括福利津贴、福利设施、福利服务，而社会福利事业的内容也是多方面的，包括公共福利方面的、职业福利方面的、不同群体福利方面的。

基本原则 4　高层次性原则

本原则是指国家和社会实施社会福利政策和推行社会福利制度应遵循这样的法则，社会福利事业的目标是基于保障基本生活需求，从物质、精神各方面提高人们的生活水准。

（二）中国社会福利体系的基本框架

中国社会福利体系主要由公共福利、职业福利和特殊人群福利几个部分构成，而在这几个部分中又各自涵盖若干福利项目。

第一，公共福利，是为满足所有人物质和精神生活更高需求设置的公益性设施和公益性服务，包括教育、卫生保健、文化康乐、住房等福利，具有社会化、全民收益的特征。

第二，职业福利，又称为职工福利，属于单位集体福利，指用人单位在工资和社会保险之外，为满足职工物质和精神生活的更高需求而设立的各种福利设施和提供的各种福利服务，包括福利津贴、福利设施、福利服务、福利制度，具有补偿性、差别性的特征。

第三，特殊人群福利，指为满足残疾人、老年人、妇女、儿童、失业者、优抚对象、生活低于贫困线人员、户口制度下的外来人口、刑满释放人员和缓刑人员等特殊群体的物质和精神生活的基本需求而专门设立的福利项目，它们具有特殊性、辅助性的特征。

（三）社会福利制度的实施主体

一个好的社会福利制度的实施有赖于相关主体的确立，而促成社会福利制度有效实施的主体主要是社会福利制度的立法主体和社会福利制度的服务主体。

第一，社会福利制度的立法主体，是全国人大及其常委会以及国务院及其相关部委。

第二，提供社会福利服务主体是政府、社会福利团体、社会福利服务中介：公共福利是社区福利，由基层政府承担；职业福利是集体福利，由各单位承担；特殊人群福利是特殊社会福利，由各级政府承担，并借助于社会福利团体、社会福利服务中介机构等组织。

（四）社会福利监督机制

与社会保险、社会救助的类似，社会福利监督机制也包括人大、行政和社会等监督。无论通过哪种方式的监督，对社会福利实施的监督，其目的都是一个，就是使其公平正义。

第三节　中国的劳动制度

1980年以前，如果有劳动制度，那也是计划经济框架下的劳动制度。1980年起，国家开始建立与改革大潮和形成中的市场经济相应的劳动制度，立法有1992年的《工会法》和《矿山安全法》，1994年的《劳动法》，2001年的《职业病防治法》、2002年的《安全生产法》以及2007年的《劳动合同法》《就业促进法》和《劳动争议调解仲裁法》。

一　劳动合同制度和就业制度

（一）劳动合同制度

1986年的《国营企业实行劳动合同制暂行规定》，标志中国着手建立劳动合同制，劳动合同制则在《劳动法》中首次以法律形式提出来，而后的《劳动合同法》使其进一步完善。劳动合同制是一种涉及劳动合同的制度，劳动合同指劳动者与用人单位本着合法、公平、平等自愿、协商一致、诚实信用等原则确立劳动关系、明确双方权利义务的协议。

劳动合同的分类：一是劳动合同和集体合同。劳动合同是指单一劳动合同，即为建立劳动者个人与用人单位之间劳动关系，劳动者个人与用人单位签订的劳动合同；集体合同是指集体劳动合同,即为建立劳动者一方与用人单位之间劳动关系,劳动者一方与用人单位所签订的劳动合同。当用人单位与劳动者个人为建立彼此之间的劳动关系而签订劳动合同时,一般所签订的是一种称之为格式合同的劳动合同;由于格式合同由用人单位提供,因而劳动者为保护自身权益,经双方协商,可以在格式合同中附加某些必要条款。集体合同涉及的权益,包括劳动报酬、工作时间、休息休假、劳动安全卫生、保险福利等事项与该集体所有个人都相关,它是劳动者共同进退的合同;劳动者一方签订集体合同时,不能仅由代表劳动者一方的工会或所推举的代表说了算,而应把集体合同交由职工代表大会或全体职工讨论。二是固定期限劳动合同、无固定期限劳动合同和以完成一定工作任务为期限的劳动合同。固定期限劳动合同是指用人单位与劳动者约定合同终止时间的劳动合同。用人单位与劳动者协商一致的,可订立固定期限劳动合同,合同期限则可固定为若干个月或若干年。无固定期限劳动合同是指用人单位与劳动者约定无确定终止时间的劳动合同。用人单位与劳动者协商一致的,可订立无固定期限劳动合同。无固定期限劳动合同是比较灵活的劳动合同,所以相对于固定期限劳动合同,更有利于劳动者。以完成一定工作任务为期限的劳动合同是指用人单位与劳动者约定以某项工作的完成为合同期限的劳动合同。用人单位与劳动者协商一致的,可订立以完成一定工作任务为合同期限的劳动合同。这种合同没有明确的起止日期,期限仅仅视工作任务的完成与否而定;因为工作任务有简单的,有复杂的,所以这种合同的期限就有长有短。

订立劳动合同的规范:一是用人单位自用工之日起与劳动者建立劳动关系,并订立书面劳动合同;一经订立书面劳动合同,就意味着彼此之间的劳动关系得以建立。劳动关系和劳动合同不同步的,当用工之日先于签订劳动合同时,劳动关系则随着用工之日起即时建立;当签订劳动合同先于用工之日时,劳动关系则自实际用工之日起建立。二是劳动合同适用范围是中国境内的企业、个体经济组织、民办非企业单位等与劳动者建立的劳动关系,国家机关、事业单位、社会团体与劳动者建立的劳动关系,也依照《劳动合同法》执行。三是订立劳动合同应遵循合法、公平、平等自愿、协商一致、诚信等原则。四是劳动合同条款主要包括用人单位和劳动者基本资料、劳动合同期限、工作内容和地点、工作时间和休息休假、劳动报酬和社会保险、劳动保护和劳动条件、职业危害防护等方面的内容。五是劳动合同经双方签字或盖章生效。以下情形的劳动合同无效或部分无效:以欺诈、胁迫的手段或乘人之危,使对方在违背真实意思的情况下订立或变更劳动合同的;用人单位免除自己的法定责任、排除劳动者权利的;违反法律、法规强制性规定的。劳动合同部分无效,若不影响其他部分效力的,其他部分仍然有效。劳动合同被确认无效;如果劳动者已付出劳动的,用人单位应当向劳动者支付相应的劳动报酬。

劳动合同的变更,指劳动合同的内容、条款合法地更改、变动。只要不违反法律的规定,遵循订立合同的原则,出于双方的真实意愿,彼此协商一致的,可变更劳动合同约定的内容、条款。劳动合同的解除,指劳动合同的约定合法地消除、去掉。只要不违反法律的规定,遵循合同解除的原则,出于双方的真实意愿,彼此协商一致的,可以解除劳动合同。劳动合同的终止,指劳动合同期限届满或出现法定情形时合法地失效。有下列情形之一的劳动合同终止:劳动合同期满的;劳动者开始依法享受基本养老保险待遇的;劳动者死亡,或者被法院宣告死亡或宣告失踪的;用人单位被依法宣告破产的;用人单位被吊销营业执照、责令关闭、撤销或用人单位决定提前解散的;法律、法规规定的其他情形。

以下是劳动合同的特别规定：一是劳务派遣，又称为劳动派遣、人才派遣或劳动力租赁、人才租赁，指这样一种特殊劳动合同关系，由劳务派遣单位与用工单位订立劳务派遣协议，用工单位向劳务派遣单位支付劳务费，向被派遣劳动者提供劳动岗位，然后由劳务派遣单位与被派遣劳动者订立劳动合同，成立劳动关系，劳务派遣单位向被派遣劳动者支付劳动报酬、提供福利等，而被派遣劳动者向用工单位提供劳动。劳务派遣是中国人才市场借鉴处国经验的一种新的就业形式，是中国市场经济运作的必须结果，自20世纪90年代开始实施以来经过20多年的时间，其发展模式日益成熟，它是作为劳动合同制度的另一种形式。劳务派遣涉及三方劳动合同关系：一方是劳务派遣单位，是劳动合同法之用人单位，与被派遣劳动者订立劳动合同，成立劳动关系，向被派遣劳动者支付劳动工资、提供福利事项，同时又与用工单位订立劳务派遣协议，向用工单位收取劳务费；另一方是用工单位，是劳动合同法之接受以劳务派遣形式用工的单位，与劳务派遣单位订立劳务派遣协议，成立劳务派遣关系，向劳务派遣单位支付劳务费，向被派遣劳动者提供劳动岗位；再一方是被派遣劳动者，是劳动合同法规定的接受以劳务派遣形式劳动的劳动者，与劳务派遣单位订立劳动合同，成立劳动关系，向劳务派遣单位收取劳动报酬，获得福利，向用工单位提供劳动。劳务派遣应遵循以下原则：劳务派遣的三性原则，即临时性、辅助性、替代性；劳务派遣的同工同酬原则；劳务派遣的三方关系原则，即用工单位与劳务派遣单位的租赁关系、用工单位与被派遣劳动者的雇佣关系、劳务派遣单位与被派遣劳动者的劳动合同关系；与劳务派遣相关的侵权责任原则。二是非全日制用工，指以小时计酬为主，劳动者在同一用人单位一般平均每日工作时间不超过4小时，每周工作时间累计不超过24小时的用工形式。非全日制用工这一用工形式具有灵活、时间短的特点，广受用人单位以及劳动者的喜爱。因其特点，只要用人单位与劳动者双方订立口头协议即可，双方当事人也可随时通知对方终止用工，用人单位和劳动者均不必向对方支付经济补偿。从事非全日制用工的劳动者在后订立的劳动合同不影响先订立的劳动合同的原则下，可以与一个或一个以上用人单位订立劳动合同；因其特点，双方当事人不得约定试用期；至于小时计酬标准，不得低于用人单位所在地规定的最低小时工资标准，而且劳动报酬结算支付周期最长不得超过15日。

（二）就业制度

就业是中国劳动制度的一个重要方面。从20世纪50年代后期的"大跃进"，到60年代后期的知识青年上山下乡，又到80年代开始的改革开放，再到90年代初的国有企业改革，无一不与就业相关。人口多，可能是国家发展的软肋，也可能是国家发展的原动力；问题是有没有一个好的经济政策和政治环境。过去30年来的产业发展，尤其是劳动密集型产业发展，使得中国到21世纪第二个10年初期跻身于世界第二大经济体，这除了其他因素外，主要还是沾了人口红利的光。但就业问题始终是中国经济发展的瓶颈，2007年的就业促进法只是把国家就业政策法律化的结果。

国家实行合理的就业政策。中国的劳动年龄人口众多，劳动力供求总量矛盾和就业结构性矛盾同时并存，城镇就业压力加大和农村富余劳动力向非农领域转移速度加快同时出现，新成长劳动力就业和失业人员再就业问题相互交织，从而形成十分突出的就业矛盾，仍是基本事实。就业乃民生之本，制定一个积极的就业政策，是国家发展的长久之计。中国实行"劳动者自主就业,市场调节就业,政府促进就业"的就业政策:发展经济,调整结构,积极创造就业岗位;完善公共就业服务体系,培育发展劳动力就业市场;建立再就业服务中心,促进下岗失业人员再就业;完善社会保障体系,维护劳动关系和谐稳定。有关就业政策的方面,归根结底就是要千方百计地增加就业岗位。

国家坚持就业的公平性原则。社会公平性往往体现为就业公平性,就业公平性指的就是一种就业平等权,即在就业市场上劳动者依法享有平等就业和自主择业的权利,其就业不因民族、种族、性别、宗教信仰、户籍或地域、残疾或健康等不同而受歧视。[1] 要落实就业的公平性原则,就要反对就业歧视。就业歧视是指劳动者就业因民族、种族、性别、宗教信仰、户籍或地域、残疾或健康等不同而受歧视。[2] 上述有关就业歧视的法律界定仍待完善,因为现实中就业歧视远不止现有法律界定的那些,起码还有年龄、社会身份或社会关系、身体特征、政治见解或政治面貌等方面的就业歧视;当然其中一些歧视是中国现阶段经济、政治、社会发展所无法避免的,例如政治见解或政治面貌歧视是无法不存在的,这是不言而喻的。不过有一些歧视,即便在现今中国的政治制度、法律制度、经济制度、社会制度下,也还是可避免或仍应消除的,例如年龄歧视、社会身份或社会关系歧视、身体特征歧视等。就业的户籍歧视或地域歧视在一个保留有严格户籍制度的国家是不可能不存在的,因为这种制度本身就蕴含不平等。中国关于就业的公平性主要涉及:国家保障妇女享有与男子平等的劳动权利;国家保障各民族劳动者享有平等的劳动权利;国家保障残疾人的劳动权利;国家保障农村劳动者进城就业享有与城镇劳动者平等的劳动权利;国家保障传染病病原携带者享有与其他劳动者平等的劳动权利,当然这一规范并非绝对性的,经医学鉴定传染病病原携带者在治愈前或排除传染嫌疑前,不得从事法定禁止从事的易使传染病扩散的工作。

由于劳动力人口的基数大,因此国家需要建立健全的就业市场管理机制,使就业市场与市场经济制度相适应。就业市场管理的规范包括:培育和完善人力资源市场;完善覆盖城乡的就业服务体系,对提供公益性就业服务的职业中介机构给予补贴;建立健全人力资源市场信息服务体系;建立健全公共就业服务体系,设立公共就业服务机构;加强对职业中介机构的管理;建立失业预警制度,预防、调节和控制可能出现的较大规模的失业。

国家实行就业保障制度,即为实现劳动权利所采取的创造就业条件、扩大就业机会的措施,并形成基本的制度,其涵盖如下内容:国家政策支持,并体现在各级政府应把扩大就业作为经济、社会发展的重要目标;国家建立就业援助制度,即就业困难的劳动者通过国家促进就业政策的落实,并在就业中介机构的具体帮助下实现就业或再就业;国家发展职业教育和培训,以促进劳动者提高职业技能,使其取得相应的职业资格或掌握一定的职业技能;国家建立健全失业保险制度,包括保障,即保障就业,及救济,即失业救济。

二 劳动保护制度

劳动保护制度是法律规定劳动者在劳动过程中,其安全和健康受国家和用人单位保护

---

[1] 参看《就业促进法》第 3 条、第 27 条至第 31 条、《劳动法》第 12 条。
[2] 参看《就业促进法》第 3 条、第 27 条至第 31 条、《劳动法》第 12 条。

的制度。劳动保护是现代工业文明进步的一个体现，因而大多数国家，尤其先进发达国家，都十分重视劳动保护问题，并通过国家立法使其成为一种常态。劳动保护的目的是让劳动者在一个安全、健康的劳动环境下工作，以体现国家、社会对劳动者的人文关怀。劳动保护制度的立法有《劳动法》《矿山安全法》《职业病防治法》《安全生产法》等法律以及1953年的《劳动保险条例》，1956年的《工厂安全卫生规程》和《建筑安装工程安全技术规程》，1982年的《矿山安全条例》《矿山安全监察条例》和《锅炉压力容器安全监察暂行条例》，1988年的《女职工劳动保护规定》，1989年的《特别重大事故调查程序暂行规定》，1991年的《企业职工伤亡事故报告和处理规定》，1993年的《国务院关于加强安全生产工作的通知》，1994年的《国务院关于职工工作时间的规定》等法规和规章，其规范涉及安全生产和劳动卫生。

（一）安全生产的一般规定

安全生产指在生产经营过程中，为防止和减少生产安全事故，保障生命和财产安全而采取相应的事故预防和控制措施，从而使生产经营活动得以有效进行的一种期许性状态。

第一，生产经营单位对于安全生产的保障责任：生产经营单位主要负责人对安全生产工作负有相关职责；生产经营单位应具备安全生产条件所必需的资金投入，并由相关机构和责任人予以保证；矿山、建筑施工单位和危险物品的生产、经营、储存单位，及从业人员超过300人的，应设置安全生产管理机构或管理人员；生产经营单位应对从业人员进行安全生产教育和培训，为他们提供劳动防护用品；生产经营单位采用新工艺、新技术、新材料等应遵循有关规定；生产经营单位须参加工伤社会保险，为从业人员缴纳保险费。

第二，从业人员在安全生产规范中的权利和义务。其权利包括：在订立劳动合同时有权要求载明有关保障劳动安全、防止职业危害的条款；有权获得工伤社会保险；因生产安全事故受到损害的，除依法享有工伤社会保险外，按有关民事法律尚有获得赔偿权利的，有权提出赔偿要求；有权了解其工作岗位存在的危险因素、防范措施及事故应急措施，并对安全生产工作提出建议或批评、检举、控告，拒绝违章指挥和强令冒险作业。其义务包括：应严格遵守安全生产规章制度和操作规程，服从管理，并正确佩戴和使用劳动防护用品；应接受安全生产教育和培训；发现事故隐患或其他不安全因素，应立即报告。

第三，生产安全事故的应急救援和调查处理。对生产安全事故的应急救援：县级以上地方各级政府应制定应急救援预案，凡危险物品的生产、经营、储存单位以及矿山、建筑施工单位应建立应急救援组织；对生产安全事故的调查处理：事故现场有关人员应立即报告本单位负责人，单位负责人接报后应当迅速采取有效措施，组织抢救，并如实报告有关部门，然后应及时、准确地查清事故原因，查明事故性质和责任，提出整改措施。

（二）矿山安全的特别规定

在中国的生产安全事故中，矿山安全事故所占比例较大，因此，早于制定《安全生产法》10年的1992年，中国就已经制定了《矿山安全法》。矿山是指开采矿石和生产矿物原料的场所，包括一个或若干个露天采场、矿井和坑口，以及各种必要的辅助车间，其种类包括煤矿、金属矿、非金属矿、建材矿和化学矿等。矿山安全的规范如下：

第一，矿山建设的安全保障：矿山建设工程安全设施须和主体工程同时设计、施工、投入生产和使用；矿山建设工程设计文件须符合规范，矿井的通风系统和供风量、风质、风速，露天矿的边坡角和台阶的宽度、高度，供电系统，提升、运输系统，防水、排水系统和防火、灭火系统，防瓦斯系统和防尘系统等有关安全的项目，其设计须符合规范。

第二，矿山开采的安全保障：矿山开采须具备保障安全生产的条件，符合有关规范；矿山设计规定保留的矿柱、岩柱，在规定的期限内应予以保护；矿山使用的有特殊安全要求的设备、器材、防护用品和安全检测仪器须符合标准；矿山企业对机电设备及其防护装置、安全检测仪器必须定期检查、维修，对作业场所中的有毒有害物质和井下空气含氧量进行检测，对瓦斯爆炸、煤尘爆炸、冲击地压、瓦斯突出、井喷等须采取预防措施。

第三，矿山企业的安全管理制度：矿山企业须建立、健全安全生产责任制；对矿山安全须发挥职工代表大会的监督作用；企业职工须遵守安全的规章制度，矿山企业须对职工进行安全教育、培训、考核；必须向职工发放劳动防护用品，不得录用未成年人从事井下劳动，不得分配女职工从事井下劳动；建立配有必要装备、器材和药物的医疗急救组织。

第四，矿山事故处理：一旦发生矿山事故，矿山企业必须立即组织抢救，并对伤亡事故如实上报有关主管部门，以及对矿山事故中伤亡的职工按国家规定给予抚恤和补偿。

（三）职业病的防治与职业病病人权益保障

劳动保护制度主要涵盖两个方面：一个是劳动安全，另一个是劳动卫生。劳动卫生主要涉及生产过程中如何保障劳动者的身体健康以及防治职业病的问题。关于职业病防治的规范，在1994年《劳动法》基础上，2001年专门制定了《职业病防治法》，规定了有关职业病防治以及职业病病人权益保障的法律规范。

第一，职业病的定义及其法定种类。职业病指企业、事业单位和个体经济组织的劳动者在职业活动中，因接触粉尘、放射性物质和其他有毒、有害物质等因素而引起的疾病。职业病分为10类115种：一类是尘肺，含矽肺等13种；二类是职业性放射性疾病，含外照射急性放射病等11种；三类是职业中毒，含铅及其化合物中毒（不包括四乙基铅）等56种；四类是物理因素所致职业病，含中暑等5种；五类是生物因素所致职业病，含炭疽等3种；六类是职业性皮肤病，含接触性皮炎等8种；七类是职业性眼病，含化学性眼部灼伤等3种；八类是职业性耳鼻喉口腔疾病，含噪声聋等3种；九类是职业性肿瘤，含石棉所致肺癌间皮瘤等8种；十类是其他职业病，含金属烟热等5种。

第二，职业病的前期预防。职业病可预防和控制，其危害所造成的对劳动者身体健康的各种损害可通过实施预防措施而予以避免和减少，这在于有关企业、单位应依法切实做好职业病防治中的前期预防工作，以使职业病对劳动者造成的危害尽可能地避免和减少。

第三，劳动过程中对职业病防护。防护职业病，用人单位必须采用有效的职业病防护措施，应当优先采用防治职业病的新技术、新工艺、新材料。

第四，对职业病的诊断。诊断职业病，应按有关标准和办法进行，并应综合分析病人的职业史、病人的职业病危害接触史和现场危害调查与评价、病人的临床表现及辅助检查结果等因素。

第五，职业病病人权益保障：职业病病人依法享受国家规定的职业病待遇，职业病病人的诊断、康复费用，伤残及丧失劳动能力的职业病病人的社会保障，按有关工伤社会保险的规定执行；若尚有获得赔偿权利的，职业病病人还有权向用人单位提出赔偿要求。

（四）女职工和未成年工的特殊保护

根据《劳动法》《妇女权益保障法》等法律以及《女职工劳动保护规定》《女职工禁忌劳动范围的规定》等法规、规章，女职工享受国家规定的特殊劳动保护，任何单位不得安排不适合妇女从事的工作和劳动，特别是妇女在经期、孕期、产期、哺乳期受法律规定的特殊保护。未成年工指年满16周岁未满18周岁的劳动者。根据《劳动法》和《未成年人保护法》，未成年工享受国家规定的特殊劳动保护，任何组织或个人按国家有关规定招用未成年工的，应执行国家在工种、劳动时间、劳动强度和保护措施等方面的规定，不得安排其从事不适合未成年工从事的工作和劳动，特别是矿山井下、有毒有害等作业。

（五）劳动工作时间以及休息休假的规定

中国的劳动保护制度还包含了劳动者的劳动工作时间以及休息休假的规范。对于计时工资的劳动者，其工作时间规定为每日不超过 8 小时，平均每周不超过 44 小时；对于计件工资的劳动者，则以计时工资工时制度合理确定其劳动定额和计件报酬标准。每周至少休息 1 日，元旦、春节等法定节假日，应安排休假，休息日安排工作的，支付不低于工资 200% 的报酬，法定休假日安排工作的，支付不低于工资 300% 的报酬。

三 劳动争议解决办法

劳动争议的解决是劳动制度的一个重要方面。在计划经济时代，劳动争议不多，即便产生纠纷，用所谓思想政治工作也便可解决。故计划经济时代仅有 1950 年的《关于劳动争议解决程序的规定》和 1987 年的《国营企业劳动争议处理暂行规定》。随着中国改革开放的步伐，由计划经济转型为市场经济，其劳资纠纷的问题凸显出来，而且越来越多。面对新的经济社会所带来的矛盾，过去计划经济时代那种解决劳动争议的政治方式已显得过时，需要有市场经济的法律方式来取代。正因为解决劳动争议引发的社会矛盾越来越迫切，所以呼唤着相应的法律制度的确立和完善，与此相应的有 1993 年的《企业劳动争议处理条例》和 1994 年的《劳动法》；又经过 10 多年的发展，有了 2007 年的《劳动争议调解仲裁法》。

（一）劳动争议的定义

劳动争议指订立劳动关系合同的用人单位和劳动者之间，因实现劳动权利和履行劳动义务所发生的纠纷。劳动争议的主体范围涉及中国境内或签订、履行劳动合同发生在中国境内的有关用人单位和劳动者双方，劳动争议的客体内容是中国境内的用人单位与劳动者发生的有关劳动争议，劳动争议的类型包括国内劳动争议和涉外劳动争议、个人争议和集体争议、劳动关系确认争议、劳动合同争议、雇佣关系解除争议、工资福利劳保争议。

（二）解决劳动争议的基本原则

基本原则1　合法原则

本原则指劳动争议发生后，劳动争议的双方当事人应依照法律规定，在合法性的基础上解决纠纷；处理劳动争议的有关机构应依法对劳动争议案件予以调解、仲裁或审判。

基本原则2　公平原则

本原则指劳动争议发生后有关机构处理劳动争议案件应公正、平等对待双方当事人。尽管劳动争议的双方当事人的地位事实上是不平等的，用人单位总是处于领导者和支配者的主动地位，劳动者总是处于被领导者和被支配者的被动地位，但一经发生劳动争议而进入案件处理程序以后，双方就是平等的争议主体，同受法律保护。

基本原则3　及时原则

本原则指有关机构处理劳动争议案件应在法定时限内对案件予以受理、审理及结案。

基本原则4　着重调解原则

本原则指调解手段贯穿于劳动争议案件的全过程，不但有关调解组织的全部工作本身就是调解，且劳动争议仲裁委员会或法院也通常先行调解，调解不成才依法仲裁或判决。

（三）解决劳动争议的方式

第一，和解。劳动争议的和解指发生劳动争议后，劳动者与用人单位协商达成和解协议，或者劳动者请工会或第三方共同与用人单位协商达成和解协议。和解是劳动争议当事人在自愿、平等基础上相互协商、互谅互让，从而对劳动争议的解决达成协议的活动，它具有及时解决纠纷、节约解决纠纷成本、保护双方继续合作关系等优点。和解虽不是解决劳动争议的必经程序，但它确实是发生劳动争议双方当事人解决劳动争议的首选方式。和解达成的和解协议不像调解协议、仲裁裁决、法院判决等那样具有法律强制性，当事人不履行和解协议时，就意味着和解无效，当事人只能寻求另外的方式解决劳动争议。

第二，调解。调解专指在有关调解委员会主持下的民间调解①。劳动争议调解是指发生劳动争议后，劳动者与用人单位通过协商一致愿意通过有关调解组织居中调解，并达成调解协议。调解相对于仲裁、诉讼，具有成本低、程序简单、和为贵等优点，故其不失为解决纠纷的好方式。劳动争议发生后，当事人愿意通过调解解决纷争的，可以到企业劳动争议调解委员会、基层调解委员会②或在乡镇、街道设立的具有劳动争议调解职能的组织申请调解。经调解达成协议的，应制作调解协议书，由双方当事人签名或盖章，并经调解员签名和调解组织盖章后生效，对双方当事人均具约束力。经调解未能达成协议的，应终止调解；当事人可依法通过仲裁、行政、司法等途径维护自己权益。

第三，行政解决。劳动争议的行政解决是指劳动争议发生后，劳动者一方要求有关劳动保障行政部门解决与用人单位的劳动纠纷，或向其举报、投诉用人单位违反劳动法的行为，以维护自身劳动合法权益。劳动争议的行政解决是解决劳动争议的成本较低而有效的方式。与劳动争议相关的行政解决包括：签订集体合同发生争议的行政解决，即因签订集体合同发生争议，当事人协商解决不成的，政府劳动行政部门组织有关各方协调处理；对违反劳动法律法规行为检举和控告的行政处理，即县级以上各级政府劳动行政部门有权对

---

① 调解分为调解委员会主持的民间调解、仲裁委员会主持的仲裁调解、政府主持的行政调解、法院主持的司法调解。除法院主持的司法调解属于诉讼内调解外，其他调解均属于诉讼外调解。

② 根据2010年制定的《人民调解法》，基层调解委员会是指村民委员会、居民委员会设立的调解委员会，以及企业事业单位根据需要设立的调解委员会。

用人单位遵守劳动法律、法规的情况进行监督检查，并处理与之相关的检举、控告。

第四，仲裁。仲裁专指劳动争议仲裁委员会主持下的劳动仲裁①。劳动争议仲裁不同于劳动争议调解，劳动争议调解基于双方当事人的自愿，而劳动争议仲裁则是解决劳动争议的必经程序。劳动争议仲裁是当双方当事人不愿调解、调解不成或达成调解协议后不履行以及也不愿意通过行政方式解决时，当事人为继续解决劳动争议，不能直接诉至法院，而只能先通过劳动争议仲裁委员会对劳动争议作出裁决；只有对仲裁裁决不服时，才可诉至法院。一般合同纠纷的仲裁适用仲裁法，劳动合同争议仲裁不由仲裁法来规范②，而由劳动争议调解仲裁法来规范。劳动争议申请仲裁的时效期间为1年，从当事人知道或应知道其权利被侵害之日起计算；其时效基于法定原因可中断或中止；因拖欠劳动报酬发生争议的，劳动者申请仲裁不受时效限制，除非劳动关系终止。

第五，诉讼③。劳动争议的诉讼是指当劳动争议发生后，双方当事人通过向劳动争议仲裁委员会申请仲裁，而一方或双方对仲裁裁决不服，有权向法院提起诉讼，以解决劳动争议。劳动争议诉讼是对劳动争议当事人的一个法律救济。在中国诉讼法体系中，有关劳动争议提起的诉讼，适用民事诉讼法。当事人对非法定终局裁决的仲裁裁决不服或仲裁委员会逾期未作出裁决的，有权提起诉讼；劳动者对情如追索劳动报酬等，或者因工作时间、社会保险等的争议的法定终局裁决的仲裁裁决不服的，有权提起诉讼；用人单位对上述法定终局裁决的仲裁裁决，只要有证据证明其适用法律错误，或者程序失当，或者证据疏漏、伪造，或者仲裁员枉法裁决，就有权申请法院撤销；对发生法律效力的调解书、裁决书，一方当事人逾期不履行的，另一方当事人有权向法院申请执行。

第四节　中国关于保护特殊群体的制度

中国法律经过一个甲子的发展，作为社会法的一个方面，国家对特殊群体保护已经形成一个制度。看一个国家的文明程度只要透过这个国家如何对待特殊群体就可见一斑；越是文明的国家，就越是重视对特殊群体的保护。社会法所称之特殊群体是指在社会生活中相比其他群体，在年龄上、身体状况上、性别上总处于相对弱势的社会地位，因而又称为弱势群体。中国法律体系保护特殊群体的法律有1990年的《残疾人保障法》、1991年的

---

① 就仲裁的不同领域，仲裁可以分为劳动争议仲裁委员会主持的劳动仲裁、经济贸易仲裁委员会主持的商事仲裁、海事仲裁委员会主持的海事仲裁。
② 事实上，《仲裁法》第77条就明确规定："劳动争议和农村集体经济组织内部的农业承包合同纠纷的仲裁，另行规定。"
③ 此处所谓诉讼，当包括依法向法院申请执行仲裁裁决的程序。

《未成年人保护法》、1992 年的《妇女权益保障法》、1996 年的《老年人权益保障法》、1999 年的《预防未成年人犯罪法》。

一 未成年人保护制度

(一) 从法律角度认识的未成年人

这里的未成年人是一个法律概念，指未满 18 周岁的公民，并具有两个特征[①]：一是未成年人的权利能力，即享受权利而必须属于主体的能力，指民事权利能力；它是与生俱来的享有权利、承担义务的资格，不能转让、放弃，并且它由国家法律规定，而不是由个人决定。二是未成年人的行为能力，即未成年人能以自己独立行为享有权利、承担义务的主观条件，它不是与生俱来，在一定条件下可转让、放弃。未成年人的行为能力分为：未成年人的民事行为能力，指未成年人以自己独立行为享有民事权利和承担民事义务的主观条件，包括完全民事行为能力、限制民事行为能力、无民事行为能力；未成年人的刑事责任能力，指未成年人对自己所实施的犯罪行为依法应承担刑事责任的主观条件，包括有刑事责任能力、无刑事责任能力、相对刑事责任能力、从轻或减轻刑事责任能力；未成年人的行政责任能力，指未成年人对自己实施的行政违法行为依法应承担行政责任的主观条件，包括无行政责任能力、从轻或减轻行政责任能力。

(二) 对未成年人的一般保护：家庭保护、学校保护、社会保护、司法保护

对未成年人的保护是国家的责任，国家机关、武装力量、政党、社会团体、企业事业组织、城乡基层群众性自治组织、未成年人的监护人及其他成年公民，都应担负起保护未成年人这个共同责任。保护未成年人包括：对未成年人的家庭保护，要求父母或其他监护人须履行对未成年人的保护责任；对未成年人的学校保护，是未成年人到达入学年龄，学校对未成年人应履行的相关职责；对未成年人的社会保护，是未成年人在离开学校和家庭的状态下对其保护的社会责任；对未成年人的司法保护，是对未成年人保护的一种救济，即对未成年人的家庭、学校、社会等保护未达目的时，司法保护作为最后一道防线。[②]

(三) 对未成年人的特殊保护：预防未成年人犯罪

有效地预防未成年人犯罪，培养未成年人良好品行，保障未成年人身心健康，是对未成年人的一种特殊保护，其规范包括：预防未成年人犯罪从教育入手，教育未成年人要有理想，要有道德，要遵守法律；预防未成年人犯罪应防患于未然，对其不良行为要预防，家庭、学校都应教育未成年学生不能有不良行为，公安机关、居民委员会、村民委员会及社会对预防未成年人发生不良行为也应各尽其责；未成年人对犯罪的自我防范体现在，本身应培养成遵纪守法的习惯，增强辨别是非的能力；对未成年人重新犯罪的预防体现在，对犯罪的未成年人追究刑事责任时，应坚持教育为主，处罚为辅的原则，有针对性地进行

[①] 关于未成年人的权利能力和行为能力的具体规范，可以参看本书民商法章、刑法章的有关内容。
[②] 对未成年人的一般保护，有关规范可参看宪法规范。

法制教育，审理未成年人犯罪案件时应保障其诉讼权利，并得到法律帮助。①

二 残疾人保障制度

（一）残疾人的基本权利和国家对残疾人的基本政策

残疾人指在心理、生理、人体结构上，某些组织、功能丧失或不正常，全部或部分丧失以正常方式从事某种活动能力的人，包括基于国家残疾标准的视力残疾、听力残疾、言语残疾、肢体残疾、智力残疾、精神残疾、多重残疾和其他残疾。② 残疾人享有与其他公民平等的权利，包括政治权利、经济权利、文化教育权利等各种权利，其公民权利和合法权益受法律保护。国家政策采取辅助方法和扶持措施，对残疾人给予特别扶助，各级政府将残疾人事业纳入经济和发展计划，经费列入财政预算；国家和社会优待和抚恤残疾军人、因公致残人员及其他维护国家和人民利益致残的人员，对其实行特别保障。

（二）残疾人的各项权利

残疾人的权利包括康复权、受教育权和享受文化生活权、劳动权、平等参与社会生活权、社会保障权等各方面的权利。这些基本权利本书第三章已作阐述，此处不再赘述。

三 老年人权益保障制度

（一）中国对老年人权益保障的政策和法律

老年人指60周岁以上的人。③ 中国人口老化速度加快，1999年，老年人口占总人口的10%，至2010年底，老年人口达1.78亿，占总人口的13.26%，预测2020年，老年人口将达2.21亿，老龄化水平达16%，2025年突破3亿，2033年更突破4亿。老龄化问题是关系国计民生和国家长治久安的社会问题，实现"老有所养、老有所医、老有所为、老有所学、老有所乐"是老年人权益保障的目标。保障老年人合法权益是全社会的共同责任，老年人有从国家和社会那里获得物质帮助的权利，有享受社会服务和社会优待的权利，有参与社会发展和共享社会发展成果的权利；禁止歧视、侮辱、虐待或遗弃老年人。

（二）对老年人的家庭赡养和扶养

保障对老年人的家庭赡养和扶养是落实"老有所养"的最重要的环节，应从以下方面着手：对老年人有赡养义务的人应依法履行对老年人的赡养义务；对老年人有扶养义务的人应依法履行对老年人的扶养义务；赡养人、扶养人的法律责任是依法履行对老年人的赡养义务、扶养义务；对老年人应依法确定其监护人和监护监督人，老年人的监护人指自老

---

① 对未成年人的特殊保护，有关规范可参看本书刑法章的有关内容。
② 参见《残疾人保障法》第2条。
③ 参看《老年人权益保障法》第2条。

年人丧失或部分丧失民事行为能力时，依法承担监护责任的主体，包括个人或组织。

（三）老年人权益的社会保障

对老年人权益保障应建立多层次社会保障体系，包括：国家建立基本养老保险制度，其目的是保障老年人的基本生活所需；国家建立基本医疗保险制度，其目的是保障老年人的基本医疗需要；国家建立老年人救助制度，例如享受最低生活保障的老年人和符合条件的低收入家庭的老年人参加基本医疗保险所需个人缴费部分，由政府给予补贴；国家建立和完善老年人福利制度，例如在实施廉租房、公租房时优先照顾符合条件的老年人。

（四）为老年人设置的社会服务、社会优待和宜居环境

国家建立和完善社会养老服务体系，照顾到居家、社区、机构三方面的服务功能；对老年人的多方面社会优待提供各种条件；为老年人打造安全、便利、舒适的宜居环境。

（五）保障老年人参与社会发展

保障老年人权益，不仅要从基本的养老生活上保障他们、帮助他们，而且要从精神层面上关心他们、成就他们。老年人并非只是从社会、国家那里获得帮助、救济，而是会以他们的知识、技能、经验等专长及他们的优良品德参与社会发展、回报社会。国家和社会应重视老年人的专长和优良品德，发挥他们参与经济、政治、文化和社会发展的作用。

四 妇女权益保障制度

（一）中国对妇女权益保障的政策和法律

妇女通常指年满18周岁的女性。中国重视妇女事业的发展，把男女平等作为促进国家社会发展的一项基本国策，把对妇女事业的重视视为保障基本人权的一个重要方面。保障妇女权益，就要保障其政治权利、经济权利、文化教育权、人身权等各种基本权利。

（二）妇女的政治权利

保障妇女的政治权利，是保障妇女各种权利中最重要的权利，包括：妇女享有管理国家事务的权利，即妇女有权参政、议政；妇女享有管理社会事务的权利，即妇女有权参与社会发展，管理社会事务；妇女享有管理经济和文化事业的权利，即妇女有权管理国家经济；妇女也有权管理国家的文化事业；妇女享有与男子平等的选举权和被选举权等。

（三）妇女的经济权利：劳动和社会保障权益、财产权益

保障妇女的经济权利，是保障妇女各种权利中另一个重要权利，包括：妇女享有劳动和社会保障权，劳动权诸如就业权、同工同酬权、福利权、安全和健康权，社会保障权诸如享有平等的退休权利，享有社会保险、社会救助、社会福利和卫生保健等权益；妇女享有财产权益，诸如婚姻、家庭共有财产关系中的财产权和财产继承权，在农村土地承包经营、集体经济组织收益分配、土地征收或征用补偿费及宅基地使用等方面的财产权益，任

何组织和个人不得以妇女未婚、结婚、离婚、丧偶等为由，侵害妇女在农村集体经济组织中的各项权益。

（四）妇女的文化教育权

保障妇女的文化教育权，是保障妇女各种权利中又一重要权利，包括妇女享有与男子平等的受教育的权利和义务，妇女享有与男子平等的文学艺术创作和科学研究的权利。

（五）妇女的人身权

保障妇女的人身权，是保障妇女各种权利中再一个重要权利，包括妇女享有平等的人身自由权，妇女享有平等的生命健康权，妇女享有平等的人格权。

（六）妇女的婚姻家庭权益

保障妇女的婚姻家庭权益，是保障妇女各种权利中容易被忽略的权利，包括妇女享有婚姻自主权，妇女享有生育的权利和不生育的自由，妇女享有与男子平等的对未成年子女的监护权，妇女对夫妻共同财产享有平等权利，妇女在家庭生活中有权抵制家庭暴力。

第五节　中国关于公益事业的法律规范

公益事业的法律规范属于社会法的一个重要部分。公益事业指非营利性的、促进社会发展和进步的、有益于社会公共和福利的事业，包括以下事项：救助灾害、救济贫困、扶助残疾人等困难的社会群体和个人的活动，教育、科学、文化、卫生、体育事业，环境保护、社会公共设施建设，促进社会发展和进步的其他社会公共和福利事业。[①] 公益指公共的利益。公益活动指非营利性的、促进社会发展和进步的、有益于社会公共和福利的、一定的组织或个人向社会捐赠财物、服务、知识等活动，包括以下活动：社区服务、环境保护、公共福利、社会救助、慈善活动、帮助他人、社会援助、紧急救援、知识传播、专业服务、文化艺术活动、志愿者活动等。公益事业的立法，最早是1988年的基金会管理办法及其后取而代之的2004年的基金会管理条例。基金会，即公益事业基金会，指利用自然人、法人或非法人组织捐赠的财产，以从事公益事业为目的，按《基金会管理条例》成立的非营利性法人，分为面向公众募捐的基金会（简称公募基金会）和不得面向公众募捐的基金会（简称非公募基金会），公募基金会又分为全国性公募基金会和地方性公募基金

---

① 参看《公益事业捐赠法》第3条。

会。① 在基金会管理办法的基础上，有1993年的红十字会法和1999年的公益事业捐赠法，形成公益事业的法律规范。中国有关公益事业的法律规范主要是两个方面：一个是财产捐赠的法律规范，另一个是与红十字会相关的公益事业的法律规范。

一 财产捐赠的法律规范

财产捐赠是一种有利于国家、社会、人民的公益活动，捐赠财产是公益事业能以为继的重要的物质基础。可以说，没有财产捐赠，就没有公益事业。捐赠财产实际上是一种扶贫济困、乐善好施的行为。因此，国家鼓励财产捐赠：国家鼓励公益事业的发展，对公益性社会团体和公益性非营利的事业单位给予扶持和优待；国家鼓励自然人、法人和非法人组织对公益事业进行捐赠，对公益事业捐赠有突出贡献者，国家予以表彰。

（一）捐赠和受赠

《公益事业捐赠法》规范的是公益事业的财产捐赠，不是民法意义上的财产捐赠。公益事业的财产捐赠也涉及捐赠、受赠，捐赠人、受赠人、受益人和捐赠协议等几个基本术语：捐赠指捐赠主体把财物或金钱自愿无偿地给予受赠客体的行为；受赠指受赠客体接受捐赠主体捐赠财物或金钱的行为；捐赠人，即捐赠主体，可以是自然人，也可以是组织，可以是中国境内的，也可以是中国境外的；受赠人，即受赠客体，通常是公益性社会团体或公益性非营利的事业单位；受益人，指基于捐赠和受赠，在财产捐赠行为中直接从捐赠物那里获得利益的客体；捐赠协议指捐赠人与受赠人就捐赠财产的种类、质量、数量和用途等捐赠事项彼此协商一致达成的书面协议。注意，就民法意义上的捐赠而言②，受赠人与受益人通常是交叉关系，有的受赠人是受益人，有的受赠人不是受益人，反之亦然。但公益事业财产捐赠中的受赠人通常是公益性社会团体或公益性非营利的事业单位，它们接受公益性捐赠，不是用于自身，而是仅仅代为受赠，用于某些公益事业，故公益事业财产捐赠中的受赠人与受益人往往是不相交的，受赠人通常不是受益人，反之亦然。

（二）捐赠财产的使用和管理

捐赠财产的使用规范如下：受赠人应按国家规定，建立健全受赠财产的使用制度，接受监督；受赠人应按捐赠协议使用捐赠财产，不得擅自改变捐赠财产用途，因特别原因确需改变用途的，应征得捐赠人同意；受赠人应将受赠财产用于公益事业，不得将其挪作他用；受赠人对捐赠财产的使用，应做到公开、透明，接受包括捐赠人在内的社会监督。

捐赠财产的管理应符合以下规范：受赠人对受赠财产的管理职责主要基于公益性捐赠的受赠人往往不是受益人，而实际仅是公益性受赠财产管理人这一事实，故受赠人应严格依法管理受赠财产，接受社会监督；作为受赠人的公益性社会团体的基金会对受赠财产的管理职责主要基于基金会作为管理捐赠财产的专门机构或组织这一事实，故基金会依照章

---

① 参看《基金会管理条例》第2条和第3条。
② 民法意义上的捐赠，通常称为赠予，其法律关系由《民法总则》《民法通则》《合同法》来调整，而不是由《公益事业捐赠法》来调整。

程从事公益活动，应遵循公开、透明、合法、安全、有效的原则，对所管理的基金可恰当地进行投资，使其实现保值、增值，但应依法进行会计核算，定期向社会公布。

（三）对捐赠人的优惠措施

捐赠人热心社会公益事业，除应得到社会尊重外，还应获得国家给予的相应回报；国家对捐赠人实施优惠措施，主要在税收方面，即可以获得减征或免征有关税收的优惠。

二 以公益事业为己任的中国红十字会组织

红十字会自诞生后就一直成为遍布全球的慈善组织。创立于1863年的国际红十字会源于战时的特定环境，创始人瑞士的亨利－杜南1859年路经意大利伦巴底，目睹奥地利、法国、撒丁王国军队在索尔弗利诺的悲惨战役中，伤兵没人照顾，于1862年出版了《索尔弗利诺回忆录》一书，号召成立民间的中立救援组织。1863年，杜南与其他人一同成立了"伤兵救护国际委员会"，1875年改名为"红十字国际委员会"，自此，红十字成为一种国际人道主义运动，一直遵循人道、公正、中立、独立、志愿服务、统一、普遍的基本原则，并肩负对自然灾害的援助、意外伤害的急救、自愿输血、社会福利等任务，并扩展至伊斯兰国家。由于伊斯兰国家认为十字是基督教的宗教符号，不愿接受，因而在1876年奥斯曼帝国采用"红新月"标志，波斯帝国采用古老的狮子和太阳图案，1929年国际红十字会承认了这两个符号。国际红十字会于1986年改名为"红十字与红新月运动"，红十字会联合会于1991年改名为"红十字会与红新月会国际联合会"。红十字运动自开展以来，一直扮演的角色，都与社会救助、慈善事业等密切相关。

（一）中国红十字会的历史沿革、性质和宗旨

中国红十字会成立于1904年，即清光绪三十年二月，工部尚书吕海寰约集上海官绅及各国驻沪代表，倡议成立大清红十字会，由海关道沈敦和等3位中国办事总董与英、法、德、美等国人士组成的外国办事总董们拟定了会章，国际红十字会上海支会成立；辛亥革命后1912年民国政府将大清红十字会改名为中国红十字会；中华人民共和国成立后于1950年对中国红十字会进行改组，成立中华人民共和国红十字会，1993年的红十字会法使当今中国红十字运动走上法律化的轨道。中国红十字会的性质是一个具有人道主义和社会救助性质的组织，它决定了凡中国公民，不分民族、种族、性别、职业、宗教信仰、教育程度，只要遵循红十字会法以及承认《中国红十字会章程》，并缴纳会费，就可自愿参加红十字会。① 中国红十字会的性质与国际红十字会的性质是完全一致的，即红十字会是秉承中立的民间救援组织，具有人道主义的性质；中国红十字会将秉持红十字运动的7项基本原则展开红十字运动：人道性，是红十字运动的宗旨在于保护人的生命和健康，保障人类尊严，促进人与人之间的相互了解和友谊；公正性，是红十字运动决不因国籍、民族、种族、宗教信仰、阶级和政治见解的不同而有所歧视，优先救助最困难的人；中立性，是红十字运动在冲突双方之间不采取任何立场，任何时候都不参与带有政治、种族、

---

① 参看《红十字会法》第3条、《中国红十字会章程》第18条的相关规定。

宗教或意识形态色彩的争论；独立性，是各国红十字会虽为该国政府的人道助手，并受该国法律的制约，但它是独立于各国政府的民间组织；志愿服务，是红十字运动是一种志愿者运动，决不期望以任何方式得到利益回报；统一性，是任何一个国家只能有一个红十字会或红新月会，必须向所有人开放，只要志愿参加，都可参与全国范围内开展的红十字运动；普遍性，是红十字运动作为世界性运动，所有红十字会和红新月会都享有同等的地位，负有同等的责任和义务，彼此应相互支援。中国红十字会以发扬人道、博爱、奉献精神，保护人的生命和健康，促进人类和平进步事业为宗旨，面对生命受到伤害时，发扬人道情怀，不分国籍、种族、民族、宗教信仰、阶级和政治见解一律给予救助，博爱天下。

（二）中国红十字会的任务和职责

中国红十字会在和平时期的主要任务和职责包括：备灾与救灾，平常做好防备灾难发生的工作，自然灾害和突发事件发生时开展救护和救助工作；社区卫生救护和防病知识普及、服务、培训工作；宣传和传播红十字会的宗旨和任务；推动无偿献血工作，开展捐献造血干细胞的宣传和组织工作；开展红十字青少年活动，鼓励其参与红十字活动；公益活动，兴办符合红十字会宗旨的社会福利事业，依法开展专为社会公益事业、救灾救援而设的募捐活动，在公共场所设立红十字募捐箱；国际人道主义救援工作；按红十字运动基本原则，完成政府委托的事宜；按日内瓦公约及其附加议定书的规定开展红十字工作。

红十字会在战时和武装冲突时期的主要任务和职责包括：战地救护，红十字会在战时和武装冲突时期，组织红十字救护队，参与战地救护；救助平民，红十字会在战时和武装冲突时期，对战区平民进行救助；传染病防治工作，红十字会在战时和武装冲突时期，在军队中开展传染病防治工作；人道关怀，红十字会在战时和武装冲突时期，协助战俘、被监禁者及难民与家人取得联系，并为此建立必要通信渠道，参与探视和见证交换战俘。

（三）中国红十字会的组织

中国公民均可申请加入红十字会。红十字会会员分为个人会员和团体会员：公民以个人身份加入红十字会的，为个人会员，在校学生加入红十字会的，为红十字青少年会员；机关、企业事业单位及有关团体加入红十字会的，为团体会员。中国红十字会总会具有社会团体法人资格，地方各级红十字会、全国性行业红十字会依法取得社会团体法人资格。红十字会由会员民主选举产生理事会。红十字会组织的经费与财产受国家保护。红十字会经费主要来源于红十字会会员交纳的会费、接受境内外组织和个人捐赠的款物、自身所有的动产和不动产的收入、政府的拨款等。红十字会建立经费审查监督制度，其经费的使用情况接受政府的监察监督，任何组织和个人不得侵占和挪用红十字会的经费和财产。

第十章

国 际 法

本章不同于前面的是，前面各章纯属国内法，而本章涉及的是国际法，尽管其中也掺杂了部分的国内法，但这部分国内法也是与国际法相关的，或者说，是解决中国与其他国家关系的国内法。作为一个完整法律体系，当包括这样的国际法，其主要是中国参与缔结或参加的国际条约，以及与国际法相关的国内法，即解决中国与外国之间关系的国内法。《大英百科全书》亦是将法律分为公法与私法两类，再分别将公法和私法分为实体法和程序法两种，最后将调整国家关系的国际法置于实体公法之中。一个完善的法律体系当包含国际法，中国法律体系也当如是。

第一节 国际法概述：一般规定

本节作为概述性的，主要涉及国际法的一些基本概念和一般原理。

一 国际法的定义、特征、基本原则

国际法是解决主权国家（包括具有国际关系独立人格的地区）之间关系的法律规范的总称。本来，在国际法规范中，与归属于各种法律体系之国内法区分为公法和私法一样，国际法也相应地可以区分为公法和私法，并分别称为国际公法和国际私法。在习惯上，国际法学界将国际公法简称为国际法，而将国际私法仍称为国际私法。因此，我们现在要阐述的当是国际公法。顺及，因世界各国在各自法系下的民商法在国际交往中存在差异，即相互之间存在法律冲突或相互抵触，因而需要一种特定的国际法来解决这种各国之间民商法冲突或抵触的问题，这种特定的国际法就相应地称为国际私法，并与国际公法相区别。

现在再回到本章主题国际法上来。根据国际法定义，它有以下特征：与国内法的法律关系主体为自然人、法人和非法人组织不同，国际法的法律关系主体是主权国家，包括具有国际关系独立人格的地区，故就此而言，国际法实质是国际关系法；与国内法的立法主体为本国立法机关且其立法过程按严格法律程序予以立法不同，国际法的立法主体为各主权国家且其造法过程以相互之间订立协议的方式来制定，故就此而言，国际法实质是国际条约法；与国内法的强制方式由国家司法机关强制执行不同，国际法主要依靠有组织的国际强制机关予以实施，故就此而言，国际法实质是一种强行法，又称强制法或绝对法，即国际社会全体接受，并公认为不许损抑，且唯有以后具有同样强制性质之规则始得更改。

国际法基本原则是指国际社会公认的适用国际法各个领域，并构成国际法基础的原则。目前国际上通行的国际法基本原则主要涵盖两个方面，一个是《联合国宪章》第2条规定的实际上就是国际法的基本原则："为求实现第一条所述各宗旨起见，本组织及其会员国应遵行下列原则：一、本组织系基于各会员国主权平等之原则。二、各会员国应一秉善意，履行其依本宪章所担负之义务，以保证全体会员国由加入本组织而发生之权益。三、各会员国应以和平方法解决其国际争端，避免危及国际和平、安全及正义。四、各会员国在其国际关系上不得使用威胁或武力，或以与联合国宗旨不符之任何其他方法，侵害任何会员国或国家之领土完整或政治独立。五、各会员国对于联合国依本宪章规定而采取之行动，应尽力予以协助，联合国对于任何国家正在采取防止或执行行动时，各会员国对该国不得给予协助。六、本组织在维持国际和平及安全之必要范围内，应保证非联合国会员国遵行上述原则。七、本宪章不得认为授权联合国干涉在本质上属于任何国家国内管辖之事件，且并不要求会员国将该项事件依本宪章提请解决；但此项原则不妨碍第七章内执行办法之适用。"上述规范可以概括为国际法的7个基本原则：主权平等原则，善意履行国家义务原则，和平解决国际争端原则，禁止以武力相威胁或使用武力原则，国际合作原则，保证非会员国遵行宪章原则，不干涉他国内政原则。另一个是1954年中国和印度《关于中国西藏地方和印度之间通商和交通协定》首次提出和平共处五项原则，即互相尊重主权和领土完整原则、互不侵犯原则、互不干涉内政原则、平等互利原则、和平共处原则。该五项原则被世界大多数国家所承认，并成为国际法的基本原则。

二 国际法的法律渊源

国际法的法律渊源是指国际法的形式，或者指国际法的构成形式或来源形式。《联合国宪章》之《国际法院规约》第38条规定："一、法院对于陈诉各项争端，应依国际法裁判之，裁判时应适用：（甲）不论普通或者特别国际协约，确立诉讼当事国明白承认之规条者。（乙）国际习惯，作为通例之证明而经接受为法律者。（丙）一般法律原则为文明各国所承认者。（丁）在第五十九条规定之下，司法判例及各国权威最高之公法学家学说，作为确定法律原则之补助资料者。二、前项规定不妨碍法院经当事国同意本'公允及善良'原则裁判案件之权。"① 由此规定可知，国际法的法律渊源主要涉及以下方面：一是国际条约，国际法主体即当事国之间参与缔结或者参加的以国际法为准则确立其相互权利义务关系的双边或者多边书面协议。二是国际习惯，是各国重复使用的具有法律约束力的不成文的国际法律规范，专指在国际法上有法律约束力的国际惯例，当国际惯例仍未具有国际法上的法律约束力时，仅作为一种通例被使用，还不是具有法律约束力的国际习惯。三是一般法律原则，指在国际法体系中作为国际法规范的指导思想、法理基础、法律本源的法律原理和准则。四是司法判例及法学学说，国际司法判例指国际法院和国际仲裁庭在过往审裁活动中所作出的具有示范性质的判例或咨询意见；法学学说指具有公认国际权威性的法学家的研究成果，包括法学思想、理论、观点。顺及，国际法院是联合国设立的解决国际争端的司法机关，根据《联合国宪章》设立，以实现联合国的一项宗旨："以

---

① 《国际法院规约》第59条规定是："法院之裁判除对于当事国及本案外，无拘束力。"

和平方法且依正义即国际法之原则,调整或者解决足以破坏和平之国际争端或者情势。"国际法院依据《国际法院规约》及相关规则运作。

三 中国与国际法

中华人民共和国政府1949年成立后,随着国内秩序的恢复和立法的开始,作为独立自主的主权国家资格也同时登上世界舞台,参与国际相关事务,成为国际法的主体,中国的国际法地位亦日益彰显。中国1949年后在国际法方面的作为主要体现为如下方面:

第一,废除过去强加于中国头上的一系列不平等条约。众所周知,自1842年《南京条约》签订以后,一百多年来是中国处于对外关系中的不平等条约的屈辱时期,外国强权强加于中国许多不平等条约,并利用这些不平等条约,侵占中国领土,相互之间掠夺租借地,划分势力范围,设立租界,驻扎军队,剥夺中国的关税自主权,攫取对中国的经济特权,控制中国的经济命脉,建立领事裁判权制度,在中国土地上为所欲为。在这样情形下,根本就谈不上国际法对中国的平等,更不用提中国的主权国地位。1949年中华人民共和国成立后,首要之务便是废除那些强加给中国的一系列不平等条约。中国与国际法关系发生本质变化的标志是,逐步废除所有强加于中国头上的不平等条约,取消外国一切特权。中国对外关系建立在平等、相互尊重国家主权和领土完整等国际法原则基础上;中国要反对的,只是那些不平等国际条约。中国不但不否定国际法,而且尊重那种相互平等的国际法,中国接受并遵守国际社会公认的国际法原则和规则,与世界各国发展友好关系,并为建立健康的国际法秩序作出自己的贡献。

第二,参与缔结或参加有关国际条约。如前所述,中国不承认不平等的条约,但承认符合国际规范的国际法原则、规则,并因此努力按照国际法基本原则参与缔结或参加有关国际条约,包括双边的、多边的国际条约,包括各种各类的涉及各个领域的国际条约。

第三,围绕国际法的国内立法。在国内立法方面,与国际法接轨,制定与国际法相关的法律、法规,并适时地修订相关法律规范,以适应符合国际法基本原则的国际法规范。

第二节 与国际法相关的国内法

为了与国际法发展同步,中国在基于国际法的国内立法中,也有长足的建树。与国际法相关的国内法立法主要涉及领土、外交、条约、司法协助、反恐、出入境等方面规范。

一　领土方面的与国际法相关的国内立法

《领海及毗连区法》，1992年制定，共17条。该法规定以下概念的定义：领海为邻接中国陆地领土和内水的一带海域，其宽度从领海基线量起为12海里；陆地领土包括中国大陆及其沿海岛屿、台湾及其包括钓鱼岛在内的附属各岛、澎湖列岛、东沙群岛、西沙群岛、中沙群岛、南沙群岛以及其他一切属于中国的岛屿；内水为中国领海基线向陆地一侧的水域；毗连区为领海以外邻接领海的一带海域，其宽度为12海里。基于对领海及毗连区的界定，该法规定外国船舶、航空器通过中国领海及毗连区的规范，规定外国军用船舶或用于非商业目的的外国政府船舶通过中国领海及毗连区的规范，规定国际组织、外国的组织或个人在中国领海内进行科研、海洋作业的规范，特别是规定对违反中国法律法规的外国船舶的紧追权，并由中国军方或政府授权执行公务方的船舶或航空器行使。

《专属经济区和大陆架法》，1998年制定，共16条。该法规定以下概念的定义：专属经济区为中国领海以外并邻接领海的区域，从测算领海宽度的基线量起延至200海里；大陆架为中国领海以外依本国陆地领土全部自然延伸，扩展到大陆边外缘的海底区域的海床和底土，如果从测算领海宽度的基线量起至大陆边外缘的距离不足200海里，则扩展至200海里。中国在专属经济区行使主权权利，其活动包括进行勘查、开发、养护和管理海床上覆水域、海床及其底土的自然资源，以及进行其他经济性开发和勘查，并对专属经济区的人工岛屿、设施和结构的建造、使用和海洋科学研究、海洋环境的保护和保全，行使管辖权；专属经济区自然资源包括生物资源和非生物资源。中国在大陆架行使主权权利，其活动包括勘查大陆架和开发大陆架的自然资源，并对大陆架的人工岛屿、设施和结构的建造、使用和海洋科学研究、海洋环境保护和保全，行使管辖权；大陆架自然资源包括海床和底土的矿物和其他非生物资源，以及属于定居种的生物，即在可捕捞阶段在海床上或海床下不能移动或其躯体须与海床或底土保持接触才能移动的生物。基于上述界定，该法规定任何国际组织、外国的组织或个人进入专属经济区、大陆架从事活动须经中国政府批准，而任何国家只要遵守国际法和中国法律法规，在中国专属经济区享有航行、飞越的自由，在中国专属经济区和大陆架经中国政府同意，享有铺设海底电缆和管道的自由；特别是规定中国有权对违反中国法律法规的，行使紧追权，规定中国与海岸相邻或相向国家关于专属经济区和大陆架的主张重叠的，在国际法基础上按公平原则以协议划定界限。

应当注意，上述二法关于领海、毗连区、专属经济区、大陆架的界定及法律规范，如12海里以及200海里的规定，其法理依据主要来自《联合国海洋法公约》。

二　外交方面的与国际法相关的国内立法

《外交特权与豁免条例》，1986年制定，共29条。本条例旨在规范外国驻中国使馆和使馆人员的外交特权与豁免，以便于外国驻中国使馆代表其国家有效地执行职务。本条例规定的外国使馆外交人员原则上是有派遣国国籍的人，如果委派中国或第三国国籍的人为使馆外交人员，须经得中国主管机关同意，且随时可撤销此项同意。外国使馆依规定享有以下特权和豁免：主权标志的特权，即有权在使馆馆舍、馆长交通工具上使用其国旗或国徽；不受侵犯的特权，包括外交代表人身不受侵犯，不受逮捕或拘留，馆舍、财产、档案文件不受侵犯，使馆人员在中国境内有行动和旅行的自由，馆舍、设备、交通工具及馆舍内其他财产免受搜查、征用、扣押或强制执行；通讯自由的特权，即使馆为公务目的享有通讯自由，使馆档案、文件及来往公文不受侵犯；管辖豁免的特权，即外交代表享有刑事管辖豁免，免受强制执行，除另外规定外，享有民事管辖豁免和行政管辖豁免，免受强制执行；免纳关税和捐税的特权，即外交代表免纳捐税，公务用品、自用品免纳关税。

《领事特权与豁免条例》，1990年制定，共29条。本条例旨在规范外国驻中国领馆和领馆成员的领事特权与豁免，以便于外国驻中国领馆在领馆区内代表其国家有效地执行职务。本条例规定的领馆官员应具有派遣国的国籍，如果委派具有中国或第三国国籍的人或派遣国在中国永久居留的人为领事官员，须得中国主管机关同意，且随时可撤销此项同意。依据规定，外国领馆享有的权利与《外交特权与豁免条例》的规定类似，此处从略。

三 条约方面的与国际法相关的国内立法

《缔结条约程序法》，1990年制定，共21条。本法规定了中国与外国缔结双边和多边条约、协定和其他具有条约、协定性质的文件应遵循的法律规范，这些法律规范包括：国务院、全国人大常委会、国家主席、外交部在与外国缔结条约和重要协定时的权限；条约、重要协定包括友好合作条约、和平条约等政治性条约，有关领土和划定边界的条约、协定，有关司法协助、引渡的条约、协定，同中国法律有不同规定的条约、协定，缔约各方议定须经批准的条约、协定，其他须经批准的条约、协定；中国分别以国家、政府、政府部门的名义同外国缔结条约和协定，并按各自不同程序进行并完成；所缔结的条约和协定编入《中华人民共和国条约集》，并按联合国宪章的有关规定向联合国秘书处登记。

四 国际司法协助方面的与国际法相关的国内立法

《关于对缔结或者参加的国际条约所规定的罪行行使刑事管辖权的决定》，1987年制定，该决定规定：对于中国缔结或者参加的国际条约所规定的罪行，中国在所承担条约义务的范围内，行使刑事管辖权。中国缔结或参加的几个公约及其相关条款：《关于防止和惩处侵害应受国际保护人员包括外交代表的罪行的公约》第三条第二款、第七条，《海牙公约》第四条第二款、第七条，《蒙特利尔公约》第五条第二款、第七条，《核材料实体保护公约》第八条第二款，《反对劫持人质国际公约》第五条第二款、第八条第一款。

《国际刑事司法协助法》，2016年制定。该法旨在加强惩罚犯罪的国际合作，保护个人和组织的合法权益，维护国家利益和社会秩序。中国与外国之间的刑事司法协助，依据本法及中国与外国缔结或共同参加的相关国际条约进行，之间有不同规定的，适用该国际条约的规定，除非是中国声明保留的条款。中国与其他国家进行刑事司法协助，基于平等互惠，通过双方缔结或共同参加的国际条约所规定的方式进行联系，如果没有上述方式，则通过外交途径联系。本法具体规定了中国同外国相互之间以下方面的刑事司法协助：送达文书和调查取证、扣押冻结没收财物、移管被判刑人、刑事诉讼移管等法律规范。

《引渡法》，2000年制定，该法旨在加强惩罚犯罪方面的国际合作，保护个人和组织的合法权益，维护国家利益和社会秩序。中国与外国进行引渡，基于平等互惠，通过外交途径联系。本法具体规定了外国向中国请求引渡、中国向外国请求引渡的规范，包括引渡的条件、引渡请求的提出、对引渡请求的审查、为引渡而采取的强制措施、引渡的执行、暂缓引渡和临时引渡、引渡的过境等规范。并提出办理引渡案件，可以根据具体情况，对被请求引渡人采取引渡拘留、引渡逮捕或者引渡监视居住的强制措施。

《外国中央银行财产司法强制措施豁免法》，2005年制定。该法规定中国对外国中央银行财产给予财产保全和执行的司法强制措施的豁免，但外国中央银行或其所属国政府书面放弃豁免的或指定用于财产保全和执行的财产除外。该法所涉外国中央银行指外国的和区域经济一体化组织的中央银行或履行中央银行职能的金融管理机构；外国中央银行财产指外国中央银行的现金、票据、银行存款、有价证券、外汇储备、黄金储备以及该银行的不动产和其他财产。该法还规定外国不给予中国中央银行或中国特别行政区金融管理机构的财产以豁免，或所给予的豁免低于中国所给予的豁免的，中国根据对等原则办理。

五 刑事方面的与国际法相关的国内立法

《反间谍法》，2014年制定，共计5章40条。该法目的是防范、制止和惩治间谍行为，维护国家安全。该法主要规定国家安全机关是反间谍工作的主管机关，且规定其在反间谍工作中的职权，并规定其不得超越职权、滥用职权，反间谍工作应尊重和保障人权，保障公民和组织的合法权益；该法还规定公民和组织在反间谍中的义务权利及法律责任。

《反恐怖主义法》，2015年制定，共计10章97条。本法旨在防范和惩治恐怖活动，反对一切形式的恐怖主义，取缔恐怖活动组织，维护国家安全、公共安全和人民生命财产安全。本法界定了以下相关概念：恐怖主义指通过暴力、破坏、恐吓等手段，制造社会恐慌、危害公共安全、侵犯人身财产，或者胁迫国家机关、国际组织，以实现其政治、意识形态等目的的主张和行为；恐怖活动则指带有恐怖主义性质的有关暴力、破坏、恐吓等行为；恐怖活动组织指3人以上为实施恐怖活动而组成的犯罪组织；恐怖活动人员指实施恐怖活动的人和恐怖活动组织的成员；恐怖事件指正在发生或已经发生的造成或可能造成重大社会危害的恐怖活动。本法规定了恐怖活动组织和人员的认定规范、对恐怖主义活动安全防范的规范、国家建立反恐怖主义情报信息机制的规范、国家反恐专门机关对恐怖活动进行调查的规范、国家建立健全恐怖事件应对处置预案体系的规范、关于加强打击恐怖主义国际合作的规范、对反恐怖主义的保障措施的规范、与反恐相关的法律责任等。

六 出入境方面的与国际法相关的国内立法

《出境入境管理法》，旨在规范出境入境管理，维护中国的主权、安全和社会秩序，促进对外交往和对外开放。本法规定中国公民出境入境、外国人入境出境、外国人在中国境内停留居留、交通运输工具出境入境边防检查、调查和遣返等法律规范。注意以下用语的含义：出境，指由中国内地前往其他国家或地区，由中国内地前往香港、澳门，由中国大陆前往台湾地区；入境，指由其他国家或地区进入中国内地，由香港、澳门进入中国内地，由台湾地区进入中国大陆；外国人，指不具有中国国籍的人。另可参看行政法章。

《护照法》，本法旨在规范中国护照的申请、签发和管理。另可参看行政法章。

《国籍法》，1980 年制定，不分章节，共计 18 条。本法对中国国籍的取得、丧失和恢复均作了严格规范。中国不承认中国公民具有双重国籍。

第三节　中国参与缔结或者参加的国际条约

一个完整的法律体系当包括与其相关的国际条约。人类社会发展至公元 21 世纪的今天，任何一个国家或地区都不可能与外部世界隔绝，哪怕是现今地球上公认的最封闭的国家，也不可能真正地把自己关起来。国家之间交往必有摩擦，如何在现代政治文明的框架下解决国与国之间的矛盾，就是国际法的任务和宗旨，而这样的国际法最基本的是国家之间签订的国际条约。这样，一个国家的法律体系，除了国内法外，还有这种在国际法规范下的国际条约，并成为自身法律体系的一个组成部分。国际条约与国内法相比，其重要性更为明显；一般而言，国际条约在法律顺序上具有优先性。因为按国际法，国际条约一经生效，即对缔约国产生法律约束力，各缔约国均有义务履行该国际条约，国内法同该国际条约不一致的，也应以该国际条约为准，除非是缔约国声明保留的条款。

缔约国如何执行国际条约，履行国际法义务，国际通行的惯例无非通过法律程序认可，从而适用该国际条约，主要有两种方式：一种是直接将国际条约纳入其国内法的一部分，即直接采用国际条约作为国内法的组成部分，与国内法一道同时适用，用此方式者诸如美国，就在其宪法中规定基于合众国授权而缔结的国际条约应成为全国最高法律；另一种是间接将国际条约融入其国内法的立法，即间接将国际条约的规范转换为国内法的规范，通过国内法执行国际条约，用此方式者诸如英国，其政府缔结或参加之国际条约只有在国会通过相应法律将其转换为国内法后方得以在国内执行。中国对自己参与缔结或参加的国际条约的执行，则灵活地兼容上述两种方式：《刑事诉讼法》第 17 条规定根据中国缔结或参加的国际条约，中国司法机关与外国司法机关可相互请求刑事司法协助，《民事诉讼法》第 260 条规定中国缔结或参加的国际条约同本法有不同规定的，适用该国际条约规定，但中国声明保留的条款除外，这就是直接采用国际条约作为国内法一部分的对国际条约的执行方式；本章第二节所列之国内法都是通过制定法律将相关国际条约融入国内法，其中的领海及毗连区法、专属经济区和大陆架法便是将中国参加的《联合国海洋法公约》及其他相关国际条约融入其中的国内法，这些法律的内容甚至相关术语的表述更是原封不动地从国际条约中移植过来的。正是基于这样的背景考量，本书依据中国法律体系立法本意，将中国参与缔结或参加的国际条约纳入其法律体系，作为与中国相关国际法的一部分，也正是基于这一考量，并将国际法作为一章，与其他国内法部门一道共同构筑中国法律体系的大厦。

现行中国法律体系自中华人民共和国 1949 年成立以来，与其他国家或地区共同缔结了许多双边、多边的国际条约，也参加了许多国际条约，这些国际条约详见《中华人民共和国条约集》一书，该书收录中国同外国（包括政府间和政府部门间）或国际组织签订的双边条约和多边条约，其内容主要由八大类组成：联合声明、换文、议定书、备忘录、执行计划、协定、条约、协议。该条约集到 2017 年出版至第六十四集，基本上每年出版一集。

以下是中国自 1949 年建政以来参与缔结或参加的其中一些重要的多边国际条约，它们涉及国际组织、外交、领土、人权、国际贸易、知识产权、海事、交通运输、反恐、禁止核武器、环境保护、邮政、电信、金融、太空等多个领域[①]：

《联合国宪章》，中国是联合国原始成员国，分别于 1945 年 6 月 26 日和 1945 年 9 月 28 日签署和批准本宪章。中华人民共和国 1971 年恢复联合国成员国的活动。

《联合国粮食及农业组织章程》，中华人民共和国 1973 年恢复参加组织活动。

《联合国教育、科学及文化组织组织法》，中华人民共和国 1972 年参加大会。

《关税和贸易总协定》，1986 年 7 月 11 日恢复中国缔约国地位。

《联合国海洋法公约》，中国 1996 年 5 月 15 日批准。

《马拉喀什建立世界贸易组织协定》，中国 2001 年 11 月 1 日加入。

《经济、社会及文化权利国际公约》，中国 2001 年 2 月 28 日批准。

《公民和政治权利国际公约》，中国 1998 年 10 月 5 日签署，但遗憾的是至今（2017 年）未获全国人大的批准。

《联合国特权和豁免公约》，中国 1979 年 9 月 11 日加入。

《专门机构特权和豁免公约》，中国 1979 年 9 月 11 日加入。

《国际法院规约》，中国为联合国原始成员国，是国际法院规约的当然当事国。

《各国议会联盟章程》，1984 年 4 月 2 日接纳全国人大代表为联盟代表团成员。

《国际原子能机构规约》，中国 1984 年 1 月 1 日交存接受书。

《维也纳外交关系公约》，中国 1975 年 11 月 25 日加入。

《维也纳领事关系公约》，中国 1979 年 7 月 3 日加入。

《维也纳条约法公约》，中国 1997 年 5 月 9 日加入。

《儿童权利公约》，中国 1991 年 12 月 29 日批准。

《禁止和立即行动消除最恶劣形式的童工劳动公约》，中国 2002 年 6 月 29 日批准。

《确定准许儿童在海上工作的最低年龄公约》，1984 年 9 月 11 日承认当时中国对上述公约的批准。

《男女工人同工同酬公约》，中国 1990 年 9 月 7 日批准。

《残疾人职业康复和就业公约》，1984 年 11 月 12 日被提交给中国国务院。

《就业政策公约》《国际电信联盟组织法》《国际电信联盟公约》中国 1997 年 5 月 9 日批准。

《准予就业最低年龄公约》，中国 1998 年 12 月 29 日批准。

《关于难民地位的公约》，中国 1982 年 9 月 24 日加入。

《关于难民地位的议定书》，中国 1982 年 9 月 24 日加入。

---

① 本书所列的仅是其中一些重要的国际条约，而不是全部。

《消除一切形式种族歧视国际公约》，中国 1981 年 12 月 29 日加入。

《消除对妇女一切形式歧视公约》，中国 1980 年 7 月 17 日签署。

《反对劫持人质国际公约》，中国 1992 年 12 月 28 日加入。

《儿童权利公约关于儿童卷入武装冲突问题的任择议定书》，中国 2007 年 12 月 29 日批准。

《〈儿童权利公约〉关于买卖儿童、儿童卖淫和儿童色情制品问题的任择议定书》《上海合作组织宪章》，中国 2002 年 8 月 29 日批准。

《国际纺织品贸易协议》，1984 年 1 月 18 日起对中国生效。

《联合国工业发展组织章程》，中国 1979 年 9 月 6 日签署。

《联合国国际货物销售合同公约》，中国 1981 年 9 月 30 日签署。

《国际纺织品贸易协议的延长议定书》，1984 年 1 月 18 日起对中国生效。

《设立国际纺织品和服装局的安排》，中国 1985 年 1 月 11 日交存核准书。

《多边投资担保机构公约》，中国 1988 年 4 月 30 日加入。

《国际海事组织公约》，中国 1973 年 3 月 1 日交存接受书。

《1972 年国际海上避碰规则公约》，中国 1980 年 1 月 7 日交存加入书。

《铁路合作组织委员会国际铁路货物联运协定》，中国 1953 年 7 月加入。

《铁路合作组织委员会国际旅客联运协定》，中国 1951 年 11 月 1 日实行。

《统一国际航空运输某些规则的公约》，中国 1958 年 7 月 20 日交存加入书。

《国际民用航空公约》，中国 1974 年 2 月 15 日承认公约。

《关于各国探索和利用包括月球和其他天体在内外层空间活动的原则条约》，中国分别于 1983 年 12 月 30 日、1984 年 1 月 6 日和 1 月 12 日向美国政府、苏联政府和英国政府交存加入书。

《关于援救航天员，送回航天员及送回射入外空之物体之协定》《外空物体所造成损害之国际责任公约》《关于登记射入外层空间物体的公约》，中国 1988 年 11 月 8 日加入。

《国际通信卫星组织协定》，中国 1978 年 8 月 16 日交存加入书。

《国际通信卫星组织业务协定》，中国 1977 年 8 月 16 日签字。

《亚洲——太平洋地区电信组织章程》，中国 1976 年 10 月 25 日签署。

《国际通信卫星组织特权、免除和豁免议定书》，中国 1982 年 7 月 26 日接受。

《万国邮政联盟组织法》，中国 1973 年 2 月 7 日加入。

经第 25 届邮联大会修订的《万国邮政公约》《万国邮政联盟总规则》，中国 2015 年 8 月 2 日核准。

《亚洲太平洋邮政公约》，中国 1981 年 3 月 27 日签署。

《国际电信公约》，中国 1985 年 8 月 15 日交存批准书。

《国际货币基金协定》，1945 年 12 月 27 日生效，中国系当事国。

《国际复兴开发银行协定》，1944 年 7 月 22 日签订，中国系当事国。

《国际开发协会协定》，中国参加情况同上。

《国际金融公司协定》，中国参加情况同上。

《建立亚洲开发银行协定》，亚行通知中国 1986 年 3 月 10 日起为亚行成员。

《成立新开发银行的协议》，中国 2015 年 7 月 1 日批准。

《亚洲基础设施投资银行协定》，中国 2015 年 11 月 4 日批准。

《建立商品共同基金协定》，中国 1981 年 9 月 2 日交存核准书。

《关于建立国际农业发展基金的协定》，中国 1980 年 1 月 15 日交存加入书。

《防止倾倒废物及其他物质污染海洋的公约》，1985 年 12 月 15 日起对中国生效。

《保护臭氧层维也纳公约》，中国 1989 年 10 月 25 日交存接受书。

《控制危险废物越境转移及其处置巴塞尔公约》，中国 1991 年 9 月 4 日批准。

《国际承认航空器权利公约》《关于发生武装冲突时保护文化财产的公约》，中国 1999 年 10 月 31 日批准或加入。

《生物多样性公约》，中国 1993 年 1 月 5 日交存批准书。

《及早通报核事故公约》，中国 1986 年 9 月 26 日参与签订于维也纳。

《核事故或辐射紧急情况援助公约》，同上。

《核安全公约》，中国 1996 年 3 月 1 日批准。

《中亚无核武器区条约》议定书，中国 2015 年 4 月 24 日核准。

《非洲无核武器区条约》，中国 1997 年 7 月 3 日批准。

《关于禁止发展、生产、储存和使用化学武器及销毁此种武器的公约》，中国 1996 年 12 月 30 日批准。

《海员海上和港口福利公约》《海员保健医疗公约》《海员海上和港口福利建议书》《海员社会保障公约（修正本）》，1989 年 3 月 2 日提交中国国务院。

《保护工业产权巴黎公约》，中国 1984 年 12 月 19 日交存加入书。

《伯尔尼保护文学和艺术作品公约》《世界版权公约》，中国 1992 年 7 月 1 日加入。

《商标国际注册马德里协定》，中国 1989 年 7 月 14 日交存加入书。

《建立世界知识产权组织公约》，中国 1980 年 3 月 4 日交存加入书。

《保护和促进文化表现形式多样性公约》《世界知识产权组织版权条约》《世界知识产权组织表演和录音制品条约》，中国 2006 年 12 月 29 日批准或加入。

《视听表演北京条约》，中国 2014 年 4 月 24 日批准。

《禁止酷刑和其他残忍、不人道或有辱人格的待遇或处罚公约》，中国 1988 年 9 月 5 日加入。

《防止及惩治灭绝种族罪公约》，中国 1983 年 4 月 18 日交存批准书。

《关于在航空器内的犯罪和犯有某些其他行为的公约》，中国 1978 年 11 月 14 日交存加入书。

《关于制止非法劫持航空器的公约》《关于制止危害民用航空安全的非法行为的公约》，中国 1980 年 9 月 10 日交存加入书。

《制止与国际民用航空有关的非法行为的公约》《制止非法劫持航空器公约的补充议定书》，2010 年 9 月 10 日签订于北京，中国均于 2010 年 9 月 10 日签署公约。

《禁止并惩治种族隔离罪行国际公约》，中国 1983 年 4 月 18 日交存加入书。

《关于防止和惩处侵害应受国际保护人员包括外交代表的罪行的公约》，中国 1987 年 6 月 23 日加入。

《制止危及海上航行安全非法行为公约》，中国 1991 年 6 月 29 日批准。

《关于向国外送达民事或商事司法文书和司法外文书公约》，1965 年订于海牙。

《北京—汉堡调解中心合作协议》，中国 1987 年 5 月 2 日参与签订。

《北京—汉堡调解规则》，中国 1987 年参与签订。

《承认及执行外国仲裁裁决公约》，中国 1987 年 1 月 22 日交存加入书。

《联合国国际贸易法委员会仲裁规则》《联合国国际贸易法委员会调解规则》，由联合国大会推荐供各国采用。

《联合国国际商事仲裁示范法》，联合国要求各国通过立法将其吸收为国内法。

《国际商会调解与仲裁规则》，修订本自 1988 年 1 月 1 日起生效。

《国际海关税则出版联盟公约》，1976 年 12 月致中国备忘录。

《建立海关合作理事会的公约》，中国 1983 年 7 月 18 日交存加入书。

《关于简化和协调海关业务制度的国际公约（京都公约）》，中国 1988 年 4 月 8 日加入。

《国际捕鲸公约》，中国 1980 年 9 月 24 日加入。

《北太平洋公海渔业资源养护和管理公约》，中国 2014 年 4 月 24 日批准。

《国际气象组织公约》，1972 年 2 月 25 日恢复中国大陆合法席位。

《联合国气候变化框架公约》，中国 1993 年 1 月 5 日交存批准书。

《南极条约》，中国 1983 年 6 月 8 日交存加入书。

《保护世界文化和自然遗产公约》，1986 年 3 月 12 日起对中国生效。

《世界卫生组织组织法》，1972 年 5 月 10 日恢复中国大陆合法席位。

《国际卫生条例》，中国 1982 年 5 月 20 交存接受书。

《欧亚反洗钱和反恐融资组织协议》，中国 2012 年 2 月 17 日核准。

《制止向恐怖主义提供资助的国际公约》，中国 2006 年 4 月 19 日交存批准书。

《亚洲地区反海盗及武装劫船合作协定》，2006 年 11 月 26 日对中国生效。

《关于合作查明和切断在上海合作组织成员国境内参与恐怖主义、分裂主义和极端主义活动人员渗透渠道的协定》，中国 2012 年 5 月 21 日核准。

《上海合作组织反恐怖主义公约》，中国 2014 年 12 月 28 日决定批准。

《上海合作组织成员国政府间卫生合作协定》，2011 年 6 月 15 日中国参与签订于阿斯塔纳。

《联合国禁止非法贩运麻醉药品和精神药物公约》，中国 1989 年 9 月 4 日批准。

《制止向恐怖主义提供资助的国际公约》，中国 2006 年 4 月 19 日交存批准书。

《亚洲地区反海盗及武装劫船合作协定》，2006 年 11 月 26 日对中国生效。

《联合国打击跨国有组织犯罪公约》，中国 2003 年 8 月 27 日批准。

《亚太空间合作组织公约》，中国 2006 年 6 月 30 日交存批准书。

《南极海洋生物资源养护公约》，中国 2006 年 9 月 19 日交存加入书。

《保护非物质文化遗产公约》，中国 2004 年 12 月 2 日交存加入书。

《反对在体育运动中使用兴奋剂国际公约》，中国 2006 年 10 月 9 日交存加入书。

《东南亚友好合作条约》第三修改议定书，2010 年 7 曰 23 日签订于河内。

《建立国际反腐败学院的协定》，中国 2014 年 9 月 3 日加入。

《多边税收征管互助公约》，中国 2015 年 7 月 1 日批准。

《国际刑事警察组织章程与规则》，1984 年 9 月 5 日接纳中国为正式成员国。

《政府间陆港协定》，中国 2015 年 11 月 30 日核准。

附　各章主要涉及的法律、法规、规章

第一章　导论：一般原理

1. 《宪法》
2. 《共同纲领》

第二章　中国的法制环境

1. 《宪法》
2. 《人民法院组织法》
3. 《全国人民代表大会常务委员会关于在沿海港口城市设立海事法院的决定》
4. 《刑事诉讼法》
5. 《民事诉讼法》
6. 《行政诉讼法》
7. 《海事诉讼特别程序法》
8. 《引渡法》
9. 《法官法》
10. 《监察官法》
11. 《律师法》
12. 《公证法》
13. 《关于加强法律解释工作的决议》
14. 《国家司法考试办法》
15. 《律师事务所管理办法》
16. 《律师执业管理办法》
17. 《公证程序规则》
18. 《公证机构执业管理办法》
19. 《公证员执业管理办法》
20. 《法律援助管理办法》

第三章　宪制法

1. 《宪法》（包括1954年、1975年、1978年、1982年分别制定的4部《宪法》）
2. 《共同纲领》
3. 《立法法》
4. 《国家赔偿法》
5. 《未成年人保护法》

6. 《老年人权益保障法》
7. 《婚姻法》
8. 《继承法》
9. 《妇女权益保障法》
10. 《残疾人保障法》
11. 《归侨侨眷权益保障法》
12. 《国务院组织法》
13. 《地方各级人民代表大会和地方各级人民政府组织法》
14. 《城市居民委员会组织法》
15. 《村民委员会组织法》
16. 《人民法院组织法》
17. 《人民检察院组织法》
18. 《民族区域自治实施纲要》
19. 《民族区域自治法》
20. 《香港特别行政区基本法》
21. 《澳门特别行政区基本法》
22. 《香港特别行政区驻军法》
23. 《澳门特别行政区驻军法》
24. 《全国人民代表大会和地方各级人民代表大会选举法》
25. 《各级人民代表大会常务委员会监督法》
26. 《中国人民解放军选举全国人民代表大会和县级以上地方各级人民代表大会代表的办法》
27. 《全国人民代表大会常务委员会关于县级以下人民代表大会代表直接选举的若干规定》
28. 《全国人民代表大会议事规则》
29. 《全国人民代表大会常务委员会议事规则》
30. 《城市街道办事处组织条例》
31. 《国旗法》
32. 《国徽法》
33. 《关于深化行政管理体制和机构改革的意见》
34. 《国务院发布机构改革和职能转变方案》
35. 《国务院工作规则》
36. 《国务院行政机构设置和编制管理条例》
37. 《地方各级人民政府机构设置和编制管理条例》
38. 《中国的法治建设》

第四章　诉讼和非诉讼程序法

1. 《宪法》
2. 《刑事诉讼法》
3. 《全国人大常委会关于对中华人民共和国缔结或者参加的国际条约所规定的罪行行

使刑事管辖权的决定》

4.《民事诉讼法》

5.《海事诉讼特别程序法》

6.《行政诉讼法》

7.《仲裁法》

8.《人民调解法》

9.《引渡法》

10.《国际刑事司法协助法》

11.《外国中央银行财产司法强制措施豁免法》

12.《人民法院组织法》

13.《人民检察院组织法》

14.《中国国际经济贸易仲裁委员会仲裁规则》

15.《中国海事仲裁委员会仲裁规则》

16.《人民调解委员会组织条例》

第五章 刑法

1.《宪法》

2.《刑法》

3.《全国人大常委会关于惩治骗购外汇、逃汇和非法买卖外汇犯罪的决定》

4.《共同纲领》

5.《监狱法》

6.《引渡法》

第六章 民商法

第六·一分章 民法

1.《宪法》

2.《民法总则》

3.《民法通则》

4.《涉外民事关系法律适用法》

5.《物权法》

6.《婚姻法》

7.《反家庭暴力法》

8.《继承法》

9.《收养法》

10.《合同法》

11.《著作权法》

12.《专利法》

13.《商标法》

14.《侵权责任法》

15.《残疾人保障法》

16.《妇女权益保障法》

17. 《未成年人保护法》
18. 《老年人权益保障法》
19. 《担保法》
20. 《土地管理法》
21. 《农村土地承包法》
22. 《产品质量法》
23. 《环境保护法》
24. 《水污染防治法》
25. 《卫生法》
26. 《药品管理法》
27. 《道路交通安全法》
28. 《民用航空法》
29. 《铁路法》
30. 《著作权法实施条例》
31. 《计算机软件保护条例》
32. 《集成电路布图设计保护条例》
33. 《实施国际著作权条约的规定》
34. 《专利法实施细则》
35. 《专利实施强制许可办法》
36. 《商标法实施细则》
37. 《征信业管理条例》
38. 《医疗事故处理条例》

第六·二分章 商法

1. 《宪法》
2. 《公司法》
3. 《全民所有制工业企业法》
4. 《中外合资经营企业法》
5. 《中外合作经营企业法》
6. 《外资企业法》
7. 《合伙企业法》
8. 《个人独资企业法》
9. 《乡镇企业法》
10. 《农村土地承包法》
11. 《农民专业合作社法》
12. 《合同法》
13. 《拍卖法》
14. 《招标投标法》
15. 《反不正当竞争法》
16. 《票据法》

17. 《电子签名法》
18. 《商业银行法》
19. 《证券法》
20. 《证券投资基金法》
21. 《担保法》
22. 《保险法》
23. 《信托法》
24. 《物权法》
25. 《企业破产法》
26. 《海商法》
27. 《产品质量法》
28. 《消费者权益保护法》
29. 《会计法》
30. 《税收征收管理法》
31. 《个体工商户条例》
32. 《外商投资产业指导目录》
33. 《乡村集体所有制企业条例》
34. 《城镇集体所有制企业条例》
35. 《私营企业暂行条例》
36. 《中外合资经营企业法实施条例》
37. 《中外合作经营企业法实施细则》
38. 《外资企业法实施细则》
39. 《征信业管理条例》
40. 《期货交易管理条例》
41. 《发票管理办法》

第七章　行政法

1. 《宪法》
2. 《立法法》
3. 《国务院组织法》
4. 《地方各级人民代表大会和地方各级人民政府组织法》
5. 《公务员法》
6. 《行政诉讼法》
7. 《行政处罚法》
8. 《行政监察法》
9. 《行政复议法》
10. 《行政许可法》
11. 《行政强制法》
12. 《国家赔偿法》
13. 《审计法》

14. 《预算法》
15. 《国家安全法》
16. 《反分裂国家法》
17. 《反间谍法》
18. 《反恐怖主义法》
19. 《境外非政府组织境内活动法》
20. 《网络安全法》
21. 《保守国家秘密法》
22. 《档案法》
23. 《治安管理处罚法》
24. 《居民身份证法》
25. 《集会游行示威法》
26. 《戒严法》
27. 《突发事件应对法》
28. 《道路交通安全法》
29. 《护照法》
30. 《禁毒法》
31. 《出境入境管理法》
32. 《消防法》
33. 《枪支管理法》
34. 《人民警察法》
35. 《人民武装警察法》
36. 《人民防空法》
37. 《国防法》
38. 《国防教育法》
39. 《现役军官法》
40. 《预备役军官法》
41. 《兵役法》
42. 《军事设施保护法》
43. 《防空法》
44. 《香港特别行政区驻军法》
45. 《澳门特别行政区驻军法》
46. 《缔结条约程序法》
47. 《外交特权与豁免条例》
48. 《领事特权与豁免条例》
49. 《驻外外交人员法》
50. 《海关法》
51. 《律师法》
52. 《公证法》

53. 《监狱法》
54. 《防震减灾法》
55. 《公益事业捐赠法》
56. 《残疾人保障法》
57. 《老年人权益保障法》
58. 《未成年人保护法》
59. 《妇女权益保障法》
60. 《婚姻法》
61. 《收养法》
62. 《测绘法》
63. 《村民委员会组织法》
64. 《城市居民委员会组织法》
65. 《归侨侨眷权益保护法》
66. 《教育法》
67. 《义务教育法》
68. 《高等教育法》
69. 《职业教育法》
70. 《民办教育促进法》
71. 《教师法》
72. 《科学技术进步法》
73. 《科学技术普及法》
74. 《促进科技成果转化法》
75. 《关于处理违法的图书杂志的决定》
76. 《文物保护法》
77. 《国家通用语言文字法》
78. 《关于汉语拼音方案的决议》
79. 《电影产业促进法》
80. 《食品安全法》
81. 《农产品质量安全法》
82. 《药品管理法》
83. 《母婴保健法》
84. 《传染病防治法》
85. 《国境卫生检疫法》
86. 《献血法》
87. 《精神卫生法》
88. 《执业医师法》
89. 《人口与计划生育法》
90. 《体育法》
91. 《土地管理法》

92. 《城乡规划法》
93. 《城市房地产管理法》
94. 《建筑法》
95. 《节约能源法》
96. 《测绘法》
97. 《环境保护法》
98. 《水污染防治法》
99. 《海洋环境保护法》
100. 《大气污染防治法》
101. 《防沙治沙法》
102. 《固体废物污染环境防治法》
103. 《放射性污染防治法》
104. 《环境噪音污染防治法》
105. 《环境影响评价法》
106. 《循环经济促进法》
107. 《清洁生产促进法》
108. 《气象法》
109. 《国务院工作规则》
110. 《国务院行政机构设置和编制管理条例》
111. 《地方各级人民政府机构设置和编制管理条例》
112. 《国务院机构改革方案》
113. 《中共中央、国务院关于地方政府机构改革的意见》
114. 《国务院关于机构设置的通知》
115. 《国务院关于部委管理的国家局设置的通知》
116. 《行政法规制定程序条例》
117. 《规章制定程序条例》
118. 《法规规章备案条例》
119. 《海关关衔条例》
120. 《宗教事务条例》
121. 《学位条例》
122. 《信访条例》

第八章 经济法

1. 《宪法》
2. 《合同法》
3. 《反垄断法》
4. 《反不正当竞争法》
5. 《广告法》
6. 《产品质量法》
7. 《农产品质量安全法》

8. 《进出口商品检验法》
9. 《进出境动植物检疫法》
10. 《价格法》
11. 《反洗钱法》
12. 《标准化法》
13. 《计量法》
14. 《动物防疫法》
15. 《预算法》
16. 《会计法》
17. 《审计法》
18. 《统计法》
19. 《注册会计师法》
20. 《台湾同胞投资保护法》
21. 《全国人大常委会关于批准"广东省经济特区条例"的决议》
22. 《华侨申请使用国有的荒山荒地条例》
23. 《个人所得税法》
24. 《企业所得税法》
25. 《税收征收管理法》
26. 《全国人大常委会关于外商投资企业和外国企业适用增值税、消费税、营业税等税收暂行条例的决定》
27. 《中国人民银行法》
28. 《银行业监督管理法》
29. 《商业银行法》
30. 《外国中央银行财产司法强制措施豁免法》
31. 《对外贸易法》
32. 《WTO协定》之《中国加入议定书》
33. 《森林法》
34. 《草原法》
35. 《渔业法》
36. 《农业技术推广法》
37. 《农业法》
38. 《乡镇企业法》
39. 《中小企业促进法》
40. 《农业机械化促进法》
41. 《畜牧法》
42. 《铁路法》
43. 《公路法》
44. 《烟草专卖法》
45. 《农民专业合作社法》

46. 《农村土地承包法》
47. 《土地管理法》
48. 《政府采购法》
49. 《企业国有资产法》
50. 《海关法》
51. 《水土保持法》
52. 《城市房地产管理法》
53. 《城乡规划法》
54. 《水法》
55. 《防洪法》
56. 《水污染防治法》
57. 《环境保护法》
58. 《矿产资源法》
59. 《电力法》
60. 《煤炭法》
61. 《节约能源法》
62. 《海域使用管理法》
63. 《可再生能源法》
64. 《种子法》
65. 《海洋环境保护法》
66. 《野生动物保护法》
67. 《民用航空法》
68. 《港口法》
69. 《海上交通安全法》
70. 《石油天然气管道保护法》
71. 《道路交通安全法》
72. 《航道法》
73. 《国防交通法》
74. 《邮电法》
75. 《反倾销条例》
76. 《反补贴条例》
77. 《直销管理条例》
78. 《禁止传销条例》
79. 《企业会计准则》
80. 《总会计师条例》
81. 《企业财务会计报告条例》
82. 《股份有限公司会计制度》
83. 《会计基础工作规范》
84. 《会计档案管理办法》

85.《外汇管理条例》
86.《城镇土地使用税暂行条例》
87.《价格违法行为行政处罚规定》
88.《增值税暂行条例》
89.《增值税暂行条例实施细则》
90.《消费税暂行条例》
91.《消费税暂行条例实施细则》
92.《营业税暂行条例》
93.《营业税暂行条例实施细则》
94.《进出口关税条例》
95.《海关进出口细则》
96.《进境物品进口税税率表》
97.《进境物品归类表》
98.《进境物品完税价格表》
99.《个人所得税法实施条例》
100.《企业所得税法实施条例》
101.《资源税暂行条例》
102.《资源税暂行条例实施细则》
103.《城镇土地使用税暂行条例》
104.《耕地占用税暂行条例》
105.《耕地占用税暂行条例实施细则》
106.《土地增值税暂行条例》
107.《土地增值税暂行条例实施细则》
108.《房产税暂行条例》
109.《契税暂行条例》
110.《契税暂行条例实施细则》
111.《车辆购置税暂行条例》
112.《印花税暂行条例》
113.《印花税暂行条例施行细则》
114.《车船税暂行条例》
115.《车船税暂行条例实施细则》
116.《城市维护建设税暂行条例》
117.《税收征收管理法实施细则》
118.《外资银行管理条例》
119.《外资银行管理条例实施细则》
120.《农村信用合作社管理暂行规定》
121.《城市信用合作社管理暂行规定》
122.《土地管理法实施条例》
123.《城镇国有土地使用权出让和转让暂行条例》

124. 《取水许可和水资源费征收管理条例》
125. 《水资源费征收使用管理办法》
126. 《森林法实施条例》
127. 《森林防火条例》
128. 《草原防火条例》
129. 《矿产资源法实施细则》
130. 《矿产资源勘查区块登记管理办法》
131. 《矿产资源开采登记管理办法》
132. 《探矿权采矿权转让管理办法》
133. 《渔业法实施细则》
134. 《公路安全保护条例》
135. 《铁路运输安全保护条例》
136. 《通用航空飞行管制条例》
137. 《航道管理条例》
138. 《国际海运条例》
139. 《国内水路运输管理条例》
140. 《内河交通安全管理条例》
141. 《民用航空器适航管理条例》
142. 《外国民用航空器飞行管理条例》
143. 《海上交通事故调查处理条例》
144. 《公路汽车旅客运输规则》
145. 《公路汽车货物运输规则》
146. 《电信条例》
147. 《烟草专卖法实施条例》

第九章　社会法

1. 《宪法》
2. 《社会保险法》
3. 《劳动合同法》
4. 《就业促进法》
5. 《劳动争议调解仲裁法》
6. 《民事诉讼法》
7. 《劳动法》
8. 《全国人大常委会关于批准"国务院关于工人退休、退职的暂行办法"的决议》
9. 《全国人大常委会关于批准"国务院关于职工探亲待遇的规定"的决议》
10. 《工会法》
11. 《矿山安全法》
12. 《职业病防治法》
13. 《安全生产法》
14. 《妇女权益保障法》

15. 《未成年人保护法》
16. 《残疾人保障法》
17. 《老年人权益保障法》
18. 《预防未成年人犯罪法》
19. 《红十字会法》
20. 《公益事业捐赠法》
21. 《社会保险费征缴暂行条例》
22. 《实施社会保险法若干规定》
23. 《矿山安全监察条例》
24. 《女职工劳动保护规定》
25. 《女职工禁忌劳动范围的规定》
26. 《特别重大事故调查程序暂行规定》
27. 《企业职工伤亡事故报告和处理规定》
28. 《国务院关于职工工作时间的规定》
29. 《基金会管理条例》

第十章 国际法

1. 《宪法》
2. 《领海及毗连区法》
3. 《专属经济区和大陆架法》
4. 《外交特权与豁免条例》
5. 《领事特权与豁免条例》
6. 《缔结条约程序法》
7. 《关于对缔结或者参加的国际条约所规定的罪行行使刑事管辖权的决定》
8. 《国际刑事司法协助法》
9. 《引渡法》
10. 《外国中央银行财产司法强制措施豁免法》
11. 《反间谍法》
12. 《反恐怖主义法》
13. 《出境入境管理法》
14. 《护照法》
15. 《国籍法》
16. 《涉及民事关系法律适用法》
17. 《驻外外交人员法》
18. 《外国民用航空器飞行管理条件》
19. 《实施国际著作权条约的规定》
20. 《中国国际经济贸易仲裁委员会仲裁规则》

后　　记

早于2004年中山大学出版社出版我的拙著《中国程序法》之前，我就有写作《中国法律和法律体系》的冲动。那时为了写作，我几乎找遍了中国法律和法律体系的有关资料，但后来发现那时写作本书总有这样那样的遗憾，感觉总有不尽如人意之处，其主要原因在于那时中国还没有建成自己的法律体系，硬要成书，难免有牵强附会之嫌。这样就不得不把正在伏案当中的该书暂时搁置下来，而改为先写作《中国程序法》，因为中国程序法体系于21世纪初已初具规模，比起整个法律体系来说相对完善。2010年，中国向世人宣示初步形成具有自己特色的法律体系，其构建工作基本完成。此时我想，在这样背景下写作本书已经水到渠成，于是在2015年重操旧业，又开始写作本书；尤其到了2017年，《民法总则》出台，离《民法典》最终完成只差一步之遥，而《民法典》是中国法律体系建构最后完成的标志，这就使得本书的完成更趋于完善和成熟。因此，本书的写作确是基于17年前关于中国法律的构思，也是作者自1993年从事律师执业工作以来对中国法律实践和研究的体会。当时写作本书的另一个动因是有感于偌大一个法律体系却不见有阐述或者介绍它的著作，可以说，本书的出版，也许是专门阐述、介绍中国法律体系的第一本相关书籍。

此书出版之际，适逢公元1977年中国恢复高等教育考试制度40周年。作者有幸作为当年数百万赶考的莘莘学子之一员，回首往事，感叹人生，不经意间，由弱冠之龄而步入花甲之年，真乃光阴者百代之过客，有如白驹过隙，日月穿梭。此时此刻，仰望星空，更感悟中国这40年之历史变迁。如果中国发生于40年前的改革转型是千里之行的话，那么1977年那次高等教育考试制度的恢复就不啻于足下之步了，其意义和影响深远：就作者而言，因此才有了之后正规而严格的高等教育所历练的治学方法和精神，也才有了作者日后对学问，尤其对中国法律和法律体系矢志追寻的兴趣和毅力，以及进行深入探究的学术根基；就国家而论，更由此展开了全面改革开放、社会转型的伟大历史进程，尤其自此以后，为建立国人一个多世纪以来梦寐以求的宪制、民主、自由、法治、公义、富强的国家，为建立和完善包括经济制度、政治制度、法律制度在内的整个社会制度，而迎来了国家法制建设的春天，国家加大了包括宪法、刑法、民商法、行政法、经济法、社会法、诉讼和非诉程度法等各个法律部门在内的立法步伐，使其经过近40年的发展，初步形成了具有中国自己特色的法律和法律体系，这才有了当今中国社会方方面面的进步，也正因为中国法律和法律体系的建构成型，所以才有了本书问世的可能。

谨以此书纪念我的先祖父郑柏和、先祖母梁柳香！先外祖父凌炽檀、先外祖母杨升添！先父郑锦淳、先母凌雪芝！先姨妈凌洁诚！此书出版之际，更加怀念我的父亲和母亲，是他们给予我生命的源泉和力量，也教会我如何成为一个合格的社会人。先父1937年起投身于国家建设，参与或主持国家各时期有关重点建设工程项目的技术设计与工程施工工作，直至20世纪80年代中以近70岁退休，一生忠于职守，任劳任怨，是我心目中永远的楷模。先母一生豁达正直、乐于助人，早年作为最早的居民委员会调解员参与民众自治调解工作，在我成长的年轻心灵中播下了追求正义和公理的种子，其厚道和善良品格深深地影响了我。

本书主要参考书籍：《中华人民共和国法律全书》（吉林人民出版社，1990年至2017年各版）；*American Law and Legal Systems*（James V. Calvi / Susan Coleman，2016）；*The Oxford International Encyclopedia of Legal History*（2009）；*Encyclopedia Britannica*（2010）；*The World Book Encyclopedia*（2016）。感谢上述书籍的作者、编辑者。

感谢中山大学出版社徐劲社长，感谢钟永源编审的辛勤工作，他们对本书出版起了关键作用。感谢本书的封面设计曾斌、责任校对杨文泉、责任技编何雅涛，以及中山大学出版社为本书的出版付出辛勤工作的其他相关人士。

感谢 Robert Ward 和 Kathleen R. Pheifer 夫妇一直以来对我写作本书的关心，尤其感谢 Kathleen R. Pheifer 女士为我校阅本书的英文目录，并提出了宝贵的意见。

感谢我的妻子和孩子，是他们给予我生命的动力以及完成本书所应有的勇气和毅力。感谢与我一块长大的兄弟姐妹，是他们造就了我健全的人格；尤其感谢我的胞弟，他不仅鼓励我写作本书，而且对本书的写作提出了许多有益的建设性建议。

本书不当之处，恳请读者指正。

郑文辉
2017年10月